인터넷 일본어

배석주 저

▶ 인터넷 상에서의 일본어 보기와 쓰기

▶ 일본어 가나 문자 및 한자의 입력 방법

▶ 웹 문서의 저장과 편집

Japanese Technical
Publishing Company

머리말

　우리나라는 IT 선진국답게 일반인들의 인터넷 사용이 일반화되면서 일본어 교육의 장에 있어서도 인터넷일본어, 일본어정보실습, 컴퓨터일본어 등 컴퓨터와 일본어가 접목된 교과목이 신설되거나 강화되는 추세에 있다. 또한 E-mail이 우리 생활 깊숙이 자리 매김을 하면서 일본인과 인터넷 망 위에서 통신과 정보 교환이 눈부신 속도로 상용화되어 가고 있다.

　불과 몇 년 전까지만 하더라도 대학에서의 일본어교육은 일본 어학과 문학을 중심으로 한 이론 교육이 주류를 이루고 있었다. 또한 고등학교와 학원 등의 일본어 교육의 장에 있어서도 문법과 회화를 중심으로 한 강의가 교육의 대부분을 접하고 있었다.

　시대는 변하여 사회가 요구하는 일본어 능력도 첨단 정보화 능력을 갖춘 인재의 육성, 대학 졸업 후 바로 사회에서 통용될 수 있는 일본어 능력이 필수적으로 요구되고 있다. 향후 이러한 시대적 사회적인 요구는 더욱 강화될 것으로 능히 추측할 수 있다.

　이 책은 컴퓨터와 관련된 어려운 이론서가 아니다. 일본어 혹은 일본과 관련된 정보를 인터넷상에서 얻고자 하는 일반인들이 초급 일본어 수준의 일본어 능력과 워드 작업 및 인터넷 사용이 가능한 능력을 갖추고 있다면 누구나 쉽게 컴퓨터를 이용해서 필요한 정보를 찾아낼 수 있는 "도우미"의 역할을 하고자 하는 안내서이다. 따라서 손쉽게 일본어 정보를 얻을 수 있는 방법을 해설하고자 노력한 책이다.

　우리나라에서 현재 Windows 환경에서 사용되고 있는 일본어 입력 워드프로세서는 아래 흔글과 Microsoft-Word가 대표적인 것이다. 최근에 이르러 일본어와 관련된 문서작성의 경우는 특히 일본어 관련 학회를 중심으로 아래 흔글의 사용이 가장 일반화되고 있다.

한글 워드 프로세서는 초기의 DOS용 운영체계에서 출발하여 최근에 출시된 한글 2002에 이르기까지 여러 종류가 사용되어 왔으나, 일본어 입력이 가능한 프로그램은 한글 815국제판, 한글 97 기능강화판, 한글 2002 순으로 업그레이드되어 왔다. 한글 각 프로그램은 조금씩 다른 특징을 가지고 있으나, 한글 97 기능강화판이 현재로서는 가장 많이 사용되고 있다.

이 책에서는 한글 97 기능강화판 및 한글 2002SE판 워드 프로세서를 이용한 일본어 워드 입력 방법에 대해 자세히 해설하고, 인터넷상에서의 일본어 웹 문서의 보기와 쓰기 등의 일본어 활용 방법 및 한글 프로그램을 이용해서 일본 관련 주요 웹 사이트의 일본어 문서를 저장하고 편집하는 방법 등에 관해 일반인들이 누구나 쉽게 이해할 수 있도록 기술하였다.

컴퓨터 관련 프로그램은 그 발전 속도가 너무나 빨라 아마도 이 책이 간행되는 시점에 더 좋은 일본어 입력 프로그램 혹은 훨씬 더 발전된 일본어 웹 문서 번역기 등이 출시되어 이 책과 같은 안내서가 무용지물이 될 가능성도 높다. 그렇지만 이 책의 유용 기간이 불과 6개월에 불과하더라도 일본어 학습에 도움이 될 수 있다면 기꺼이 수고를 감내하며 다시 개정판 안내서 제작에 들어갈 생각을 갖고 있다. 왜냐하면 교육의 장에 있어서 정보라 함은 반드시 **"공유"**의 개념이 되어야 하며 지속적인 발전이 필요하다고 인식하기 때문이다.

이 책의 감수해두신 이준한 교수님과 간행을 맡아 주신 제이앤씨 윤석산 사장님에게 감사를 드리며, 몇 번의 바이러스 침투에도 묵묵히 견뎌낸 나의 노트북 및 연구실 컴퓨터에게도 감사의 뜻을 전하려 한다.

경주 효현 동산에서
저자 씀

목 차

YNIT 1. 혼글 프로그램을 이용한 일본어 입력 ·· 1

1. 혼글 프로그램의 실행과 글자판의 설정 ·· 3
  1.1. 혼글을 실행하려면? ·· 3
    1.1.1. 혼글 97의 실행 ·· 3
    1.1.2. 혼글 2002의 실행 ·· 5
  1.2. 글자판의 설정 ·· 7
    1.2.1. 혼글 97의 글자판 설정 ·· 7
      1.2.1.1 [글자판 바꾸기] 창으로 ·· 7
      1.2.1.2. [한글]과 [영문] 글자판의 설정 ······································ 8
      1.2.1.3. [일본어 Kana]와 [중국어] 글자판의 설정 ·················· 10
      1.2.1.4. 글자판 입력 상태의 확인 ·· 13
    1.2.2. 혼글 2002의 글자판 설정 ·· 14
      1.2.2.1. [입력기 환경 설정] 창으로 ·· 14
      1.2.2.2. [글자판 바꾸기]의 설정 ·· 15
      1.2.2.3. 글자판 입력 상태의 확인 ·· 17

2. 일본어 가나 문자와 한자의 입력 ·· 18
  2.1. 글자판을 이용한 일본어의 입력 ·· 18
    2.1.1. 일본어 입력을 위한 글꼴(FONT)의 선택 ······························ 19
      2.1.1.1. 혼글 97 글꼴의 선택 ·· 19
      2.1.1.2. 혼글 2002 글꼴의 선택 ·· 20
    2.1.2. 일본어 가나 한 문자의 입력 방법 ·· 21
      2.1.2.1. 히라가나 "あ"를 입력하는 방법 ·································· 21
      2.1.2.2. 가타카나 "ア"를 입력하는 방법 ·································· 22
      2.1.2.3. "あ"로 읽는 한자 "亞"를 입력하는 방법 ···················· 23
    2.1.3. 일본어 가나 두 문자 이상의 입력 방법 ·································· 24
      2.1.3.1. "はな"로 읽는 한자 "花"를 입력하는 방법 ················ 24
      2.1.3.2. 히라가나 세 문자 "きれい"를 입력하는 방법 ············ 25

목 차

2.1.3.3. 가타카나 세 문자 "バナナ"를 입력하는 방법 ·· 26
2.1.3.4. "こうこう"로 읽는 한자 "高校"를 입력하는 방법 ································· 27
2.1.4. 일본어 특수 문자의 입력 ·· 28
2.1.4.1. 촉음(促音/そくおん) "っ"의 입력 방법 ··· 28
2.1.4.2. 발음(撥音/はつおん) "ん"의 입력 방법 ·· 30
2.1.4.3. 장음(長音/ちょうおん) "ー"의 입력 방법 ····································· 32
2.2. 마우스를 이용한 일본어의 입력 ·· 34
2.2.1. 훈글 97의 [글자판 배열 보기] 창으로 ·· 34
2.2.1.1. [한글]과 [영문]의 입력 ··· 34
2.2.1.2. [일본어]의 입력 ··· 35
2.2.2. 훈글 2002의 [글자판 보기] 창으로 ·· 39
2.2.2.1. [한글]과 [영문]의 입력 ··· 39
2.2.2.2. [일본어]의 입력 ··· 40
2.3. 일본어 입력 변환 방식의 설정 ·· 42
2.3.1. 훈글 97의 일본어 변환 방식 설정 ··· 42
2.3.1.1. [변환 입력 설정] 창으로 ·· 42
2.3.1.2. [입력]의 설정 ·· 43
2.3.1.3. [변환]의 설정 ·· 47
2.3.1.4. [글꼴]의 설정 ·· 49
2.3.1.5. [사전]의 설정 ·· 50
2.3.1.6. [단어]의 설정 ·· 50
2.3.2. 훈글 2002의 일본어 입력 변환 방식 설정 ·· 52
2.3.2.1. [언어 선택 사항] 창으로 ·· 52
2.3.2.2. [변환]의 설정 ·· 53
2.3.2.3. [확장]의 설정 ·· 54
2.3.3. 한컴 사전을 이용한 한일/일한 사전의 활용 ··· 55
2.3.3.1. 훈글 97 [한컴 사전] 창으로 ··· 55
2.3.3.2. 훈글 2002 [한컴 사전] 창으로 ··· 58

3. 기타 훈글 프로그램의 일본어 관련 기능 ·········· 62
3.1. [글자 바꾸기] 기능 ·········· 62
3.1.1. 훈글 97의 [글자 바꾸기] ·········· 62
3.1.2. 훈글 2002의 [글자 바꾸기] ·········· 63
3.2. 일본어 가나 문자의 정렬(소트 기능) ·········· 64
3.2.1. 훈글 97 가나 문자의 정렬 ·········· 64
3.2.2. 훈글 2002 가나 문자의 정렬 ·········· 66
3.3. 일본 달력 ·········· 67

YNIT 2. 일본어 워드 입력 연습 ·········· 69

1. 일본어 가나 문자의 입력 방법 ·········· 71
1.1. 가나 오십음도 입력 연습 ·········· 71
1.1.1. 히라가나(ひらがな)의 입력 ·········· 71
1.1.2. 가타가나(かたかな)의 입력 ·········· 71
1.1.3. 가나 탁음(濁音)과 반탁음(半濁音) 입력 연습 ·········· 72
1.1.4. 가나 요음(拗音)의 입력 연습 ·········· 72
1.1.5. 가나 촉음(促音)과 발음(撥音)입력 연습 ·········· 73
1.1.6. 가나 장모음(長母音)과 외래어 표기 입력 연습 ·········· 73
1.1.7. 외래어 표기에 사용되는 가나 문자의 입력 ·········· 74

2. 일본어 문(문장) 입력 연습 ·········· 76
2.1. 일본어 단문 입력 연습 ·········· 76
2.2. 일본어 문장 입력 연습(일본의 옛 동화) ·········· 78
2.3. 일본어 편지 입력 연습 ·········· 80
2.4. 일본어 장문의 입력 연습 ·········· 81

목 차

YNIT 3. 인터넷 상에서의 일본어 활용 ··············· 83

1. 웹 상에서 일본어 보기와 쓰기 ··············· 85
1.1. 웹 상에서 일본어 사이트 보기 ··············· 85
1.2. 다국어 입력기를 이용한 일본어 보기와 쓰기 ··············· 86
1.2.1. Global IME 찾기 ··············· 86
1.2.2. Global IME의 설치(Install) ··············· 87
1.2.2.1. Windows 98, 2000 용 Global IME의 설치 ··············· 87
1.2.2.2. Windows XP 용 Global IME의 설치 ··············· 91
1.2.3. Global IME의 설치 확인 ··············· 93
1.3. 일본어 사이트에서 일본어 쓰기 ··············· 95
1.3.1. 일본어 홈페이지에서의 일본어 입력 예 ··············· 95
1.3.1.1. "YAHOO JAPAN"에서의 일본어 검색 ··············· 95
1.3.1.2. 일본어 사전(goo國語辭典)에서의 일본어 검색 ··············· 96
1.3.2. MS-WORD 상에서의 일본어 입력 예 ··············· 97
1.3.3. Outlook Express 상에서 일본어로 E-mail 작성 예 ··············· 97
1.3.4. Outlook Express 상에서 일본으로 E-mail 보내기의 예 ··············· 98

2. 일본어 웹 문서의 편집 ··············· 100
2.1. 일본어로 된 웹 문서의 저장 및 편집 ··············· 100
2.1.1. MS-WORD에서의 웹 문서의 저장 ··············· 101
2.1.2. 훈글 97에서의 웹 문서의 저장 ··············· 102
2.1.2.1. 웹 문서 단순 붙여놓기의 경우 ··············· 102
2.1.2.2. 웹 문서의 정상적인 복사 및 저장 ··············· 103
2.1.2.3. 저장된 일본어 웹 문서 불러오기 ··············· 106
2.1.2.4. [불러오기]한 웹 문서의 저장과 편집 ··············· 107
2.1.2.5. [바로가기 복사]를 이용한 웹 문서의 저장과 편집 ··············· 110
2.1.2.6. 그림 파일의 삽입과 편집 ··············· 114
2.1.3. 훈글 2002에서의 웹 문서의 복사 및 저장 ··············· 118
2.2. 일본 관련 웹 문서의 실제 편집 문서의 예 ··············· 122
2.2.1. 일본 관련 정보의 편집 순서 ··············· 123
2.2.2. 일본 관련 정보의 실제 편집 예 ··············· 124

UNIT 1

한글 프로그램을 이용한 일본어 입력

> **UNIT 1.**에서는 **한글 97 기능강화판**과 **한글 2002SE판** 프로그램을 이용한 일본어 워드 입력 방법을 중심으로 일본어 입력을 위한 글자판의 설정, 일본어 가나 문자와 한자의 입력 방법, 일본어 변환 방식의 설정, 기타 한글 프로그램의 일본어 관련 기능 순으로 해설하기로 한다.

* 이 책의 내용은 최종적으로 2003년 3월에 작성된 것으로, 컴퓨터 관련 정보의 특성상 내용 구성 중에 인용한 프로그램 및 웹사이트 정보가 수정 및 삭제 혹은 업그레이드에 의해 변경되었을 가능성이 있으나, 일본어 입력 및 저장과 편집 등의 기능은 그 기본 원리가 동일한 것이므로 학습에는 지장이 없을 것으로 판단된다.

1. 흔글 프로그램의 실행과 글자판의 설정

흔글 97 **기능강화판**(이하 "흔글 97"로 표시)과 흔글 2002 최신 버전인 흔글 **2002SE 판**(이하 "흔글 2002"로 표시)에는 **일본어 입력기(IME)**가 내장되어 있기 때문에 별도의 프로그램의 설치 없이 편리하게 일본어를 입력할 수 있다. 일본어를 입력하기 위해서는 우선 흔글 워드 프로세서를 실행하여야 한다. 흔글이 실행되면 초기화면에 일본어를 입력할 수 있도록 글자판을 설정해 주어야 한다.

1.1. 흔글을 실행하려면?

1.1.1. 흔글 97의 실행

① Windows 바탕화면 아래 작업 표시줄 가장 왼쪽에 있는 시작버 튼에 마우스 포인트를 이동하여 클릭하면 시작 메뉴가 나타난다.

② 시작 메뉴에서 **[프로그램]** 폴더로 마우스 포인트를 옮기면 PC에 설치되어 있는 프로그램 메뉴가 전부 나타난다.

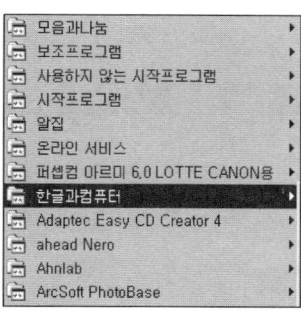

③ 프로그램 메뉴 중에서 [한글과 컴퓨터] 폴더로 마우스 포인트를 이동하면 다시 몇 가지의 작은 메뉴가 나타난다.

④ 메뉴 중에서 [한글 97]로 마우스 포인트를 이동하여 마우스 왼쪽 버튼을 클릭하면 [훈글 97 기능강화판]이라 적힌 로고 화면이 잠시 나타나고 바로 훈글 97 프로그램의 초기화면이 나타나게 된다[1].

---

1) PC에 따라 실행 방법에 차이가 있을 수 있으며, Windows 바탕화면에서 훈글 97 아이콘을 클릭하거나, 탐색기를 이용한 실행도 가능하다. 또한 사용자에 따라 훈글 97의 실행 방법이 다를 수 있다.

1.1.2. 훈글 2002의 실행

① 바탕화면(Windows 메인 화면) 아래 작업 표시줄 가장 왼쪽에 있는 시작버튼에 마우스 포인트를 이동하여 클릭하면 시작 메뉴가 나타난다.

② 시작 메뉴에서 **[프로그램]** 폴더로 마우스 포인트를 옮기면 PC에 설치되어 있는 프로그램 메뉴가 전부 나타난다.

③ 프로그램 메뉴 중에서 **[한글과 컴퓨터]** 폴더로 마우스 포인트를 이동하면 **[한글 2002]**를 비롯한 몇 가지의 작은 메뉴가 나타난다.

④ [한글 2002] 메뉴에서 [한글 2002]를 클릭한다.

⑤ [한글 2002]로 마우스 포인트를 이동하여 마우스 왼쪽 버튼을 클릭하면 [호글 2002SE판]이라 적힌 로고 화면이 잠시 나타나고 바로 호글 2002 프로그램의 초기화면이 나타나게 된다[2].

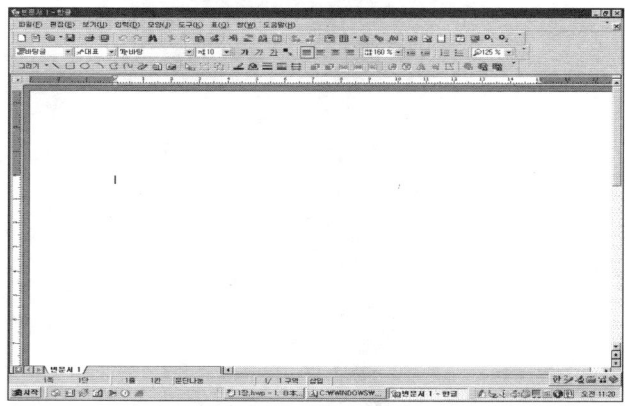

---

[2] 호글 2002 역시 호글 97과 마찬가지로 PC에 따라 실행 방법에 차이가 있을 수 있으며, Windows 바탕화면에서 호글 2002 아이콘을 클릭하거나, 탐색기를 이용한 실행도 가능하다. 또한 사용자에 따라 실행 방법이 다를 수 있다.

1.2. 글자판의 설정

1.2.1. 훈글 97의 글자판 설정

1.2.1.1 [글자판 바꾸기] 창으로

훈글 97 초기화면에서 사용자가 한글 및 영문, 일본어 등의 글자를 입력하기 위해서는 **[글자판 바꾸기]**를 이용해서 원하는 언어의 자판을 설정해 주어야 한다.

① 훈글 97 초기화면 제일 위에 있는 주 메뉴의 네 번째 항목 **[입력]**을 마우스 왼쪽 버튼으로 클릭한다.

② **[입력]** 메뉴의 **[글자판]** > **[바꾸기]**를 선택하면 **[글자판 바꾸기]** 창이 나타난다.

③ 간단하게는 단축키를 사용해서 Alt+F2를 누르면 **[글자판 바꾸기]** 창이 나타난다.

1.2.1.2. [한글]과 [영문] 글자판의 설정

호글 97 사용자가 입력하고자 하는 해당 언어의 글자판을 선택하기 위해서는 [글자판 바꾸기] 창의 [현재 글자판 정보]를 본인의 쓰임새에 맞게 설정할 필요가 있다. 이것은 각각의 언어를 사용할 때마다 [글자판 바꾸기]를 새로 설정하지 않고, 왼쪽과 오른쪽 [Shift]+[Space Bar]의 전환만으로 원하는 언어의 입력 상태를 만들어 주는 작업이다. 글자판의 설정은 보편적으로 가장 많이 사용하는 [한글]과 [영문] 입력은 왼쪽 [Shift]+[Space Bar] 전환에 의한 방법으로, [일본어] 등 외국어의 경우는 오른쪽 [Shift]+[Space Bar] 전환에 의한 방법이 주로 사용되고 있다[3].

가장 일반적인 [한글]과 [영문] 자판의 입력 설정 방법은 다음과 같다.

☞ [한글] 글자판의 설정

① [글자판 바꾸기] 창에서 [글자판 종류]를 [한글]로 선택하면 [한글 2벌식] [한글 3벌식] [한글 로마자] [한글 2벌식#]의 네 가지 종류의 글자판[4]이 나타난다.

② [한글 2벌식] 글자판을 마우스 왼쪽 버튼으로 선택한 후, 바로 오른쪽 제일 위에 있는 화살표를 클릭하면 [현재 글자판 정보]가 [한글 2벌식]으로 결정된다. 다시 [설정]을 클릭하면 [왼쪽 [Shift]+[Space Bar] 전환]을 이용한 한글 입력 자판이 결정된다.

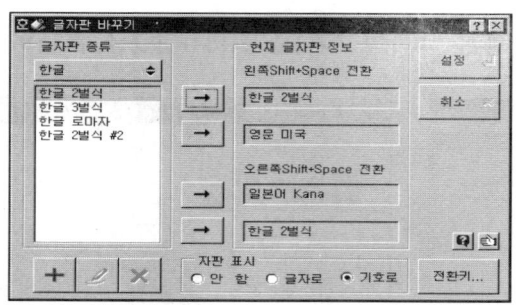

---

3) 단, 글자판은 사용자가 편리한 방법을 선택하는 것이므로 사용자의 임의대로 설정이 가능하다. 이 책에서는 한글과 영문 입력을 왼쪽 [Shift]+[Space Bar] 전환 글자판으로 설정하고, 일본어와 중국어 입력을 오른쪽 [Shift]+[Space Bar] 전환을 이용하는 글자판으로 설정하기로 한다.

4) 호글 97 한글 글자판의 종류에는 이 네 가지 이외에 현대어를 위한 [한글 3벌식 최종]과 고어를 위한 [한글 고어] [한글 3벌식 #2] 등의 글자판이 있으나 일반적인 한글 입력의 경우는 [한글 2벌식]으로 무난하다.

YNIT 1 훈글 프로그램을 이용한 일본어 입력

☞ **[영문] 글자판의 설정**

① **[글자판 바꾸기]** 창에서 **[글자판 종류]**를 **[영문]**으로 선택하면 **[영문 미국]**과 **[영문 드보락]**의 두 가지 종류의 글자판5)이 나타난다.

② **[영문 미국]** 글자판을 마우스 왼쪽 버튼으로 선택한 후 바로 오른쪽 위에서 두 번째 화살표를 클릭하면 **[현재 글자판 정보]**가 **[영문 미국]**으로 결정된다. 다시 **[설정]**을 클릭하면 [왼쪽 Shift + SpaceBar 전환]을 이용한 영문 입력 자판이 결정된다.

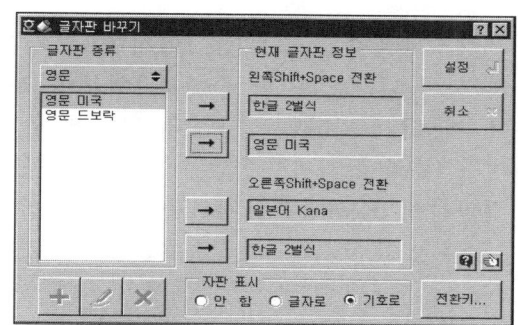

* 훈글 97에서의 한글과 영문 글자판의 설정 방법을 정리하면 아래 표와 같다.

[왼쪽 Shift + SpaceBar 전환] 이용한 [한글] 및 [영문] 글자판의 설정					
글자판 종류	선택	왼쪽	현재 글자판 정보		
			왼쪽 Shift + SpaceBar 전환		
한 글	한글 2벌식	→	**[한글 2벌식]** 변경 확인		설정
영 문	영문 미국	→	**[영문 미국]** 변경 확인		설정

---

5) [영문 드보락]은 [영문 미국]의 글자판을 보완한 글자판이나 우리나라에서 일반적인 영문 입력의 경우는 [영문 미국]을 주로 사용하고 있다.

인터넷 일본어

1.2.1.3. [일본어 Kana]와 [중국어] 글자판의 설정

  훈글 97 사용자가 초기화면에 일본어를 입력하고자 할 때에도 **[글자판 바꾸기]** 창의 **[현재 글자판 정보]**를 본인의 쓰임새에 맞게 설정할 필요가 있다. 일반적으로 일본어 글자판의 설정은 오른쪽 [Shift]+[Space Bar] 전환에 의한 방법이 주로 사용되고 있다. 물론 **[한글]** 입력과 마찬가지로 일본어 입력의 전환 방식 또한 사용자가 임의대로 설정할 수 있다. 가장 일반적인 일본어 자판의 입력 설정 방법은 다음과 같다.

☞ **[일본어 Kana]** 글자판의 설정

  ① **[글자판 바꾸기]** 창에서 **[글자판 종류]**를 **[아시아]**로 선택하면 다섯 가지 종류의 글자판이 나타난다. 이 중에서 **[일본어 かな] [일본어 Kana] [일본어 가나]** 글자판 세 가지가 일본어 입력을 위한 자판이며, 나머지 두 종류의 글자판은 중국어 입력을 위한 글자판이다. 이 책에서는 **[일본어 Kana]**[6] 글자판을 선택하기로 한다.

  ② **[일본어 Kana]** 글자판을 마우스 왼쪽 버튼으로 선택한 후 바로 오른쪽 위에서 세 번째 화살표를 클릭하면 **[현재 글자판 정보]**가 **[일본어 Kana]**로 결정된다. 다시 **[설정]**을 클릭하면 오른쪽 [Shift]+[Space Bar] 전환을 이용한 일본어 입력 자판이 결정된다.

---

[6] 일본어 입력이 가능한 글자판 중에서 외국인이 사용하기에 가장 바람직한 글자판은 **[일본어 Kana]** 글자판을 이용한 입력 방식이다. 왜냐하면 **[일본어 かな]** 글자판 입력은 일본어 가나로 이루어진 자판이 필요하며, **[일본어 가나]** 입력 방식은 한국어로 입력하는 장점은 있으나 일본어의 완전한 입력이 불가능한 단점을 갖고 있기 때문이다. 그에 비해 **[일본어 Kana]** 글자판을 이용한 입력 방식은 일본어를 **로마자(영문)**로 입력하는 것으로, 일본의 가나 문자에 관한 기초 지식만 있으면 누구나 쉽게 입력이 가능하기 때문이다.

YNIT 1 혼글 프로그램을 이용한 일본어 입력

※ [글자판 종류] > [아시아]의 다섯 가지 글자판의 쓰임새는 각각 다음과 같다.

글자판 종류	쓰임새 및 입력 방법
일본어 かな	일본어 かな로 구성된 자판을 직접 입력하는 방식
	かな 자판에서「あ+た+ま」를 입력하면「あたま」가 확정
일본어 Kana	로마자로 일본어를 입력하는 방식. 외국인들이 주로 사용
	영문 자판에서「A+T+A+M+A」를 입력하면「あたま」가 확정
일본어 가나	한글 2벌식으로 일본어 가나를 입력하는 방식이다.
	한글 자판에서「ㅇ+ㅏ+ㄷ+ㅏ+ㅁ+ㅏ」를 입력하면「あたま」가 확정
중국간체 병음	중국어 간체(簡體, 중국식 약자체)의 입력 방식이다.
중국번체 주음	중국어 번체(繁體, 중국식 정자체)의 입력 방식이다.

☞ [중국어] 글자판의 설정

혼글 97 사용자가 초기화면에서 중국어를 입력하고자 할 때에도 [글자판 바꾸기] 창의 [현재 글자판 정보]를 본인의 쓰임새에 맞게 설정할 필요가 있다. 일반적으로 중국어 글자판의 설정은 일본어와 마찬가지로 오른쪽 [Shift]+[Space Bar] 전환에 의한 방법이 주로 사용되고 있으나 중국어 입력의 전환 방식 또한 사용자가 임의대로 설정할 수 있다.

① [글자판 바꾸기] 창에서 [글자판 종류]를 [아시아]로 선택하면 다섯 가지 종류의 글자판이 나타난다. 이 중에서 [일본어 かな] [일본어 Kana] [일본어 가나]를 제외한 [중국간체 병음] [중국번체 주음][7] 나머지 두 가지 글자판이 중국어 입력을 위한 글자판이다.

---

7) 중국어는 번체자(繁體字)와 간체자(簡體字) 두 가지가 있다.
  *번체자(중국번체 주음)는 현재 우리가 쓰는 한자와 같은 한자체로 한국, 대만, 싱가포르, 홍콩에서 통용되는 중국어이다. (대만과 홍콩에서 사용하는 한자의 정자체)
  *간체자(중국간체 병음)는 1950년대 중국 대륙에서 사용하기 시작한 것으로 기존 한자의 획수를 획기적으로 간소화한 한자체이다. (중국에서 사용하는 한자의 약체)
  *일본에서 많이 사용하는 한자의 약체는 간체자와는 전혀 성질이 다른 것임에 주의.

② [중국간체 병음] 글자판을 마우스 왼쪽 버튼으로 선택한 후 바로 오른쪽 위에서 네 번째 화살표를 클릭하면 [현재 글자판 정보]가 [중국간체 병음]으로 결정된다. 이 상태에서 [설정]을 클릭하면 오른쪽 [Shift]+[SpaceBar] 전환을 이용한 중국어간체 입력 자판이 결정된다.

※ 1.2.1.2.에서 언급했듯이 [현재 글자판 정보]의 왼쪽(혹은 오른쪽) [Shift]+[SpaceBar] 전환을 이용하는 글자판 두 가지는 우리 나라 사람들이 자주 사용하는 [한글 2벌식]과 [영문 미국]으로 설정하는 것이 바람직하다. 따라서 일본어 입력의 경우, 원칙적으로 [글자판 바꾸기]의 [현재 글자판 정보]에서 오른쪽(혹은 왼쪽) [Shift]+[SpaceBar] 전환을 이용하는 글자판 두 가지 중의 하나를 [일본어 Kana]로 설정하고, 중국어 입력을 병행하고자 할 때에는 위의 방식에 따라 [중국간체 병음] 혹은 [중국번체 주음]을 임의로 선택하여 설정하면 된다.

* 일본어와 중국어 글자판의 설정 방법을 정리하면 아래 표와 같다.

[일본어] 및 [중국어] 글자판의 설정					
글자판 종류	선택	오른쪽	현재 글자판 정보		
^^	^^	^^	오른쪽 [Shift]+[SpaceBar] 전환		
아 시 아	일본어 Kana	→	[일본어 Kana] 변경 확인		설정
아 시 아	중국간체 병음	→	[중국간체 병음] 변경 확인		설정

1.2.1.4. 글자판 입력 상태의 확인

☞ 한글과 영문 글자판 입력 상태의 확인

[글자판 바꾸기] 창에서 자판의 왼쪽 [Shift]+[Space Bar] 전환을 이용한 글자판을 [한글 2벌식]과 [영문 미국]으로 설정하고 왼쪽 [Shift]+[Space Bar]를 몇 번 눌러보면 훈글 97 초기화면의 왼쪽 밑 상황판에 [한글 2벌식]과 [영문 미국]의 표기가 번갈아 나타남을 확인할 수 있다. 단, 왼쪽 혹은 오른쪽 [Shift]+[Space Bar] 전환을 이용한 글자판의 선택은 사용자가 왼쪽과 오른쪽을 임의로 선택할 수 있다는 점을 재차 강조한다.

☞ 일본어와 중국어 입력 상태의 확인

[글자판 바꾸기] 창에서 자판의 오른쪽 [Shift]+[Space Bar] 전환을 이용한 글자판을 [일본어 Kana]와 [중국간체 병음]으로 설정하고 오른쪽 [Shift]+[Space Bar]를 몇 번 눌러보면 훈글 97 초기화면의 왼쪽 밑 상황판에 [일본어 Kana]와 [중국간체 병음]의 표기가 번갈아 나타남을 확인할 수 있다.

※ 입력 상태가 확인되면 입력하고자 하는 언어의 글자판이 설정된 것으로서, 자판을 이용해서 당장 해당 언어의 입력이 가능한 상태가 되었다는 것을 의미한다.

1.2.2. 한글 2002의 글자판 설정

1.2.2.1. [입력기 환경 설정] 창으로

한글 2002 초기화면에서 사용자가 한글 및 영문, 일본어 등의 글자를 입력하기 위해서는 [글자판 바꾸기] > [입력기 환경 설정] 창을 이용해서 원하는 언어의 자판을 설정해 주어야 한다. [입력기 환경 설정] 창에는 [글자판 바꾸기] [글자판 보기] [도구상자/아이콘] [기타]의 네 가지 메뉴가 있다.

① 한글 2002 초기화면 제일 위에 있는 주 메뉴의 네 번째 항목 [입력]을 마우스 왼쪽 버튼으로 클릭한다.

② [입력] 메뉴의 [글자판] > [글자판 바꾸기]를 선택하면 [입력기 환경 설정] 창이 나타난다.

③ 간단하게는 단축키를 사용해서 [Alt]+[F2]를 누르면 [입력기 환경 설정] 창이 나타난다.

④ 또한 한글 2002를 실행하면 초기화면의 오른쪽 아랫부분에 나타나는 [입력기 도구 상자]의 세 번째 아이콘( )을 마우스로 클릭하면 역시 [입력기 환경 설정] 창이 나타난다.

1.2.2.2. [글자판 바꾸기]의 설정

훈글 2002 사용자가 입력하고자 하는 해당 언어의 글자판을 선택하기 위해서는 **[입력기 환경 설정]** 창의 **[글자판 바꾸기]** 메뉴(탭)를 사용자의 쓰임새에 맞게 설정할 필요가 있다. [글자판 바꾸기]는 각각의 언어를 사용할 때마다 [글자판 바꾸기]를 새로 설정하지 않고, 왼쪽과 오른쪽 [Shift]+[SpaceBar]의 전환만으로 원하는 필요한 언어의 입력 상태를 만들어 주는 작업이다. 훈글 2002 [글자판 바꾸기]의 설정 역시 훈글 97과 마찬가지로 왼쪽과 오른쪽 [Shift]+[SpaceBar] 전환 방법을 이용하여 [한글]과 [영문], [일본어] 등의 외국어와 [특수기호] 입력 등을 지정하여 설정하도록 되어 있다8).

훈글 97과 설정 방식은 조금 다르지만 훈글 2002에서도 왼쪽 [Shift]+[SpaceBar] 전환을 이용하는 제1글자판과 제2글자판을 우리나라 사람들이 자주 사용하는 [한국어]와 [영어]로 설정하고, [일본어] 등 [외국어] 및 [특수기호]의 입력은 오른쪽 [Shift]+[SpaceBar] 전환을 이용하는 제3글자판과 제4글자판을 선택하여 설정하기로 한다.

☞ **[한국어]와 [영어] 글자판의 설정**

왼쪽 [Shift]+[SpaceBar] 전환 방법을 이용하는 글자판(한국어와 영어)의 설정 순서는 다음과 같다.

① **[입력기 환경 설정]** 창의 [글자판 바꾸기] 메뉴를 선택한다. 왼쪽 [Shift]+[SpaceBar] 전환을 사용하는 제1글자판을 [한국어]로 선택하고 하고 오른쪽 글자판 종류9)를 [두벌식 표준]으로 선택한다.

② 왼쪽 [Shift]+[SpaceBar] 전환을 이용하는 제2글자판을 [영어]로 선택하고 하고 오른쪽 글자판 종류를 [쿼티](훈글 97의 [영문 미국])로 선택한 후 [설정]을 누르면 왼쪽 [Shift]+[SpaceBar] 전환을 이용한 한글과 영문 입력 글자판이 결정된다.

---

8) 훈글 2002는 훈글 97의 한글과 영문, 일본어와 중국어 글자판에 추가하여, 프랑스어 독일어 등의 외국어 및 도형 단위 등의 특수기호, 윈도우 입력기를 이용한 글자판까지 지정할 수 있도록 업그레이드되어 있다.

9) 훈글 2002는 훈글 97보다 다양한 12종류의 한국어 글자판이 내장되어 있다. 특히 **[로마자 표준]** 글자판은 한국어를 모르는 해외 교포나 외국인이 표준 로마자표기법에 의해 쉽게 한국어를 입력할 수 있는 글자판이며, 일본에서 한글 입력에 사용되고 있는 프로그램의 한글 로마자 입력 방식의 **[로마자 현필]**과 **[로마자 KW]** 글자판도 내장되어 있다.

인터넷 일본어

☞ [일본어 Kana]와 [중국어] 글자판의 설정

ᄒᆞᆫ글 2002 역시 ᄒᆞᆫ글 97에서와 마찬가지로 일본어 등 외국어 글자판의 설정은 오른쪽 [Shift]+[Space Bar] 전환에 의한 방법이 주로 사용되고 있다. 물론 왼쪽 혹은 오른쪽 [Shift]+[Space Bar] 전환 방식에 의한 글자판의 설정은 사용자가 임의대로 설정할 수 있다.

① **[입력기 환경 설정]** 창의 **[글자판 바꾸기]** 메뉴를 선택한다. 오른쪽 [Shift]+[Space Bar] 전환을 사용하는 제3글자판을 **[일본어]**로 선택하고 하고 오른쪽 글자판 종류를 **[Hiragana]**(ᄒᆞᆫ글 97의 [일본어 Kana]와 같은 일본어의 로마자 입력 방식임)로 선택한다.

② 오른쪽 [Shift]+[Space Bar] 전환을 이용하는 제4 글자판을 **[중국어]**로 선택하면 오른쪽 글자판 종류가 **[병음]**으로 자동 선택된다. 다시 **[설정]**을 누르면 [오른쪽 [Shift]+[Space Bar] 전환]을 이용한 일본어와 중국어 입력 글자판이 결정된다.

※ **[입력기 환경 설정]** 창의 **[글자판 바꾸기]** 설정은 ᄒᆞᆫ글 2002를 실행하면 초기화면의 오른쪽 아랫부분에 나타나는 **[입력기 도구 상자]**를 이용해서도 가능하다. 즉 **[입력기 도구 상자]**의 세 번째 아이콘을 마우스로 클릭하면 나타나는 **[입력기 환경 설정]** 창을 앞에서 해설한 각 언어의 글자판 설정방법을 참고로 설정하면 된다.

1.2.2.3. 글자판 입력 상태의 확인

☞ [한국어]와 [영어] 글자판 입력 상태의 확인

훈글 2002 [입력] > [글자판] > [글자판 바꾸기] > [입력기 환경 설정] 창의 [글자판 바꾸기] 메뉴(탭)에서 자판의 왼쪽 [Shift]+[SpaceBar] 전환을 이용한 글자판을 [한국어]와 [영어]로, 오른쪽 [Shift]+[SpaceBar] 전환을 이용한 글자판을 [일본어]와 [중국어]로 설정하면, 훈글 97에서와 달리 훈글 2002 초기화면의 오른쪽 아랫부분에 나타나 있는 **입력기 도구 상자**의 표시가 왼쪽 혹은 오른쪽 [Shift]+[SpaceBar]의 전환에 따라 각 언어의 입력상태를 나타내는 표시로 바뀌게 된다.

→ 왼쪽 [Shift]+[SpaceBar] 전환을 이용한 글자판 입력 상태의 확인

[한국어] 글자판   [영어] 글자판

→ 오른쪽 [Shift]+[SpaceBar] 전환을 이용한 글자판 입력 상태의 확인

[일본어] 글자판   [중국어] 글자판

※ 훈글 2002는 훈글 97과 달리 초기화면에 입력기 도구 상자가 항상 나타나 있으므로 입력기 도구 상자의 첫 번째 아이콘을 클릭하여 사용자가 원하는 글자판으로 바꾸고 두 번째 아이콘을 클릭하여 해당 언어의 글자판 종류를 선택하면 간단히 글자판 선택이 완료된다. 일본어 선택의 경우는 아래와 같다.

2. 일본어 가나 문자와 한자의 입력

UNIT 1. 1항 훈글 프로그램의 실행과 글자판의 설정이 완료되면 훈글 97과 훈글 2002에 내장되어 있는 **일본어 입력기(IME)**를 이용해서 일본어를 입력할 수 있는 환경이 설정된 것이다. 이번 항에서는 훈글 97 초기화면에서 일본어 글자판을 이용하여 일본어의 가나 문자와 한자를 입력하는 방법에 대해 알아보기로 한다. 일본어 입력 방법은 훈글 97과 훈글 2002가 거의 동일하므로 훈글 97 초기화면에서의 입력방법을 중심으로 해설하기로 한다.

2.1. 글자판을 이용한 일본어의 입력

1.2.1.3에서 해설한 바와 같이 훈글 97의 경우 [글자판 바꾸기] 창에서 자판의 오른쪽 [Shift]+[SpaceBar] 전환을 이용한 글자판 두 가지 중 한 가지를 [일본어 Kana]로 설정하고 오른쪽 [Shift]+[SpaceBar] 전환을 통해 훈글 97 초기화면의 왼쪽 밑 상황판에 [일본어 Kana]의 표기가 나타나면 로마자, 즉 영문 입력에 의한 일본어 입력이 가능한 상태가 설정된다. 훈글 2002의 경우도 1.2.2.1에서 해설한 바와 같이 [입력기 환경 설정] 창 [글자판 바꾸기]의 오른쪽 [Shift]+[SpaceBar] 전환을 통해 훈글 2002 초기화면의 입력기 도구 상자의 첫 번째 아이콘과 두 번째 아이콘을 [日]과 [Hiragana]로 변경하면 로마자 입력에 의한 일본어 입력이 가능한 상태가 설정된다.

※ 일본어 가나를 [일본어 Kana] 글자판을 이용해서 로마자 입력 방법으로 표기하는 예는 다음과 같다. (자세한 입력 예는 UNIT 2. 일본어 워드 입력 연습 참조)

일본어 가나 문자의 입력 예

히라가나		가타카나	
あ	は	ア	ハ
A	HA	A	HA
き	み	キ	ミ
KI	MI	KI	MI
て	れ	テ	レ
TE	RE	TE	RE

2.1.1. 일본어 입력을 위한 글꼴(FONT)의 선택

일본어를 정확하게 표기하기 위해서는 일본어 입력을 위한 글꼴의 선택이 필요하다. 왜냐하면 일본에서는 **한자의 약체**를 주로 사용하고 있기 때문이다. 1.2.1.3. 주 7에서 해설한 바와 같이 우리 나라에서는 한자의 정자체, 즉 대만, 싱가포르, 홍콩에서 통용되는 이른바 번자체를 주로 사용하고 있고, 중국에서는 기존 한자의 획수를 획기적으로 간소화한 간자체를 사용하고 있어 한자의 입력에 있어서도 각 나라별로 통용되는 자체에 따라 글꼴을 달리 정해서 입력할 필요가 있다.

2.1.1.1. 훈글 97 글꼴의 선택

훈글 97에서 일본어 입력에 가장 적합한 글꼴은 [신명조 약자] [해서 약자] [MS Gothic] [MS Mincho] [MS PMincho] [SimSun] 등으로 이러한 글꼴들은 일본어의 가나 문자와 한자를 거의 완벽하게 지원할 수 있다. 그 중에서도 Windows 환경에서 일본어 문서와 가장 호환성이 높은 [MS Gothic] 글꼴의 사용이 가장 바람직하다고 하겠다. 다만 사용자의 취향에 따라 세 가지 중 어느 글꼴을 사용하여도 무방하다. 아래에 각 글꼴로 작성된 예문을 표시하면 다음과 같다.

글 꼴	한국	중국	경제	증거
명 조	**韓國**	**中國**	**經濟**	**證據**
고 딕	韓國	中國	經濟	證據
신명조약자	韓国	中国	経済	証拠
해서약자	韓国	中国	経済	証拠
MS Gothic	韓国	中国	経済	証拠

글 꼴	예문) 한국의 경제가 중국 경제보다 안전하다고 하는 증거이다.
명 조	**韓國**의 **經濟**가 **中國**의 **經濟**보다 安全다는 **證據**이다.
고 딕	韓國의 經濟가 中國의 經濟보다 安全다는 證據이다.
신명조약자	韓国의 経済가 中国의 経済보다 安全다는 証拠이다.
해서약자	韓国의 経済가 中国의 経済보다 安全다는 証拠이다.
MS Gothic	韓国의 経済가 中国의 経済보다 安全다는 証拠이다.

2.1.1.2. 훈글 2002 글꼴의 선택

훈글 2002의 경우는 훈글 97의 글꼴과 조금 차이가 있어 일본어 입력에 적합한 글꼴은 [MS Gothic] [MS Mincho] [MS PMincho] [SimSun] 등이다. 단, 훈글 2002의 경우는 일단 초기화면의 [입력 도구 상자]를 일본어 입력 상태로 선택하면 어떠한 글꼴을 선택하여 일본어를 입력하더라도 한자가 일본식 약체로 표시되는 장점을 가지고 있다. 다만 Windows 환경에서는 훈글 2002 역시 가장 호환성이 높은 [MS Gothic]글꼴의 사용이 가장 바람직하므로 글꼴을 [MS Gothic]으로 선택한 후 입력하는 것이 바람직하다.

훈글 2002는 훈글 97과 글꼴의 선택 방법이 조금 다르다. 예로 글꼴 종류를 [MS Gothic]을 선택하기 위해서는 서식 도구 상자의 아이콘 모음 중에서 [A 글꼴] 아이콘을 [일어]로, [T 글꼴 종류] 아이콘을 [MS Gothic]으로 선택 후 일본어로 입력한다.

2.1.2. 일본어 가나 한 문자의 입력 방법

2.1.2.1. 히라가나 "あ"를 입력하는 방법

① 호글 97 초기화면 왼쪽 밑 상황판의 표기가 [일본어 Kana]가 되도록 오른쪽 [Shift]+[SpaceBar]를 눌러 전환한다. (1.2.1.4. 참조)
    호글 2002의 경우는 초기화면 왼쪽 밑에 나타나는 [입력 도구 상자]를 일본어 입력([日]과 [Hiragana]선택)으로 설정한 후 일본어 가나를 입력한다. 이후 호글 2002에서의 일본어 가나 문자 입력 방법은 호글 97과 동일하므로 생략하기로 한다.

② 영문 "A"를 입력한다. 그러면 호글 초기화면에 파란색10)으로 히라가나 "あ"가 나타나고 글자 밑 밑줄 역시 파란색으로 나타난다. 호글 2002에서는 글자 속성이 글자색은 검은색으로 글자 밑 밑줄(점선)은 파란색으로 기본 설정되어 있다.

③ [Enter↵]를 눌러 히라가나 "あ"를 확정한다.

* 히라가나 "あ"입력의 경우

* 이하 호글 2002 초기화면의 일본어 입력 예는 생략하기로 한다.

---

10) 호글 97은 [입력] > [글자판] > [변환설정] > [글꼴] > [변환 입력 글자 속성]의 설정에 따라 문자 색과 변환 방법은 달라질 수 있다. (2.3.2.3. 참조) 단, 호글 2002에서는 글자 속성이 글자색은 검은색으로 글자 밑 점선은 파란색으로 기본 설정되어 있다.

2.1.2.2. 가타카나 "ア"를 입력하는 방법

① 상황판의 표기가 [일본어 Kana]가 되도록 오른쪽 [Shift]+[Space Bar]를 눌러 전환한다. 흔글 2002는 [입력 도구 상자]를 [日]과 [Hiragana]로 선택.

② 영문 "A"를 입력한다. 그러면 초기화면에 파란색으로 "あ"가 나타난다. 흔글 2002는 검은색.

③ [Space Bar]를 누르면 파란색으로 블록이 설정된다.

④ **다시 한번** [Space Bar]를 누르면 일본어로 "あ"로 읽히는 가나와 한자 등의 목록이 나타난다.

⑤ 한자의 목록에 포함되어 있는 가타카나 "ア"를 [Space Bar]로 선택하여 [Enter↵]를 눌러 확정하거나, 혹은 해당 번호를 눌러 글자를 확정한다.

* 가타카나 "ア" 입력의 경우

2.1.2.3. "あ"로 읽는 한자 "亞"를 입력하는 방법

① 상황판의 표기가 [일본어 Kana]가 되도록 오른쪽 [Shift]+[SpaceBar]를 눌러 전환한다. ᄒ글 2002는 [입력 도구 상자]를 [日]과 [Hiragana]로 선택.

② 영문 "A"를 입력한다. 그러면 초기화면에 파란색으로 "あ"가 나타난다. ᄒ글 2002는 검은색.

③ [SpaceBar]를 누르면 파란색으로 블록이 설정된다.

④ 다시 한번 [SpaceBar]를 누르면 일본어로 "あ"로 읽히는 가나와 한자 등의 목록이 나타난다.

⑤ 한자의 목록 중 원하는 한자 "亞"를 [SpaceBar]로 선택하여 [Enter↲]를 눌러 확정하거나 혹은 해당 한자의 번호를 누르면 필요한 한자가 확정된다.

* 한자 "亞" 입력의 경우

[SpaceBar]로 "亞" 선택 후 [Enter↲] 혹은 "亞"에 해당하는 번호 선택   亞 확정

2.1.3. 일본어 가나 두 문자 이상의 입력 방법

2.1.3.1. "はな"로 읽는 한자 "花"를 입력하는 방법

① 상황판의 표기가 [일본어 Kana]가 되도록 오른쪽 [Shift]+[SpaceBar]를 눌러 전환한다. 흔글 2002는 [입력 도구 상자]를 [日]과 [Hiragana]로 선택.

② 영문 "HANA"를 입력한다. 그러면 초기화면에 파란색으로 "はな"가 나타난다. 흔글 2002는 검은색.

③ [SpaceBar]를 누르면 파란색으로 블록이 설정된다.

④ 다시 한번 [SpaceBar]를 누르면 일본어로 "はな"로 읽히는 한자의 목록이 나타난다.

⑤ 한자의 목록 중 원하는 한자 "花"를 [SpaceBar]로 선택하여 [Enter↵]를 눌러 확정하거나 혹은 해당 한자의 번호를 누르면 필요한 한자가 확정된다.

* 한자 "花" 입력의 경우

2.1.3.2. 히라가나 세 문자 "きれい"를 입력하는 방법

① 상황판의 표기가 [일본어 Kana]가 되도록 오른쪽 [Shift]+[Space Bar]를 눌러 전환한다. 한글 2002는 [입력 도구 상자]를 [日]과 [Hiragana]로 선택.

② 영문 "KIREI"를 입력한다. 그러면 초기화면에 파란색으로 "きれい"가 나타난다. 한글 2002는 검은색.

③ [Enter↵]를 눌러 히라가나 "きれい"를 확정한다.

* 가나 "きれい" 입력의 경우

※ "きれい"의 한자 "綺麗"를 입력하는 방법

①②는 위와 동일.
③ [Space Bar]를 누르면 파란색으로 블록이 설정된다.
④ 다시 한번 [Space Bar]를 누르면 "きれい"로 읽히는 한자의 목록이 나타난다.
⑤ 한자의 목록 중 원하는 한자 "綺麗"를 [Space Bar]로 선택하여 [Enter↵]를 눌러 확정하거나 혹은 해당 한자의 번호를 누르면 필요한 한자가 확정된다.

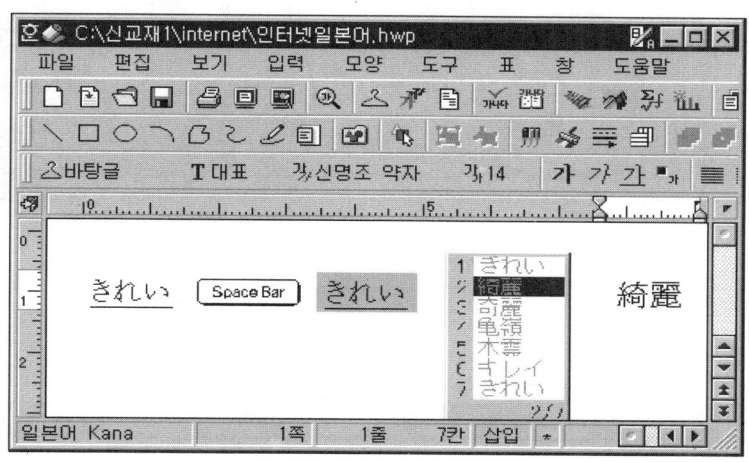

인터넷 일본어

2.1.3.3. 가타카나 세 문자 "バナナ"를 입력하는 방법

① 상황판의 표기가 [일본어 Kana]가 되도록 오른쪽 [Shift]+[Space Bar]를 눌러 전환한다. ᄒᆞᆫ글 2002는 [입력 도구 상자]를 [日]과 [Hiragana]로 선택.

② 영문 "BANANA"를 입력하면 초기화면에 파란색으로 "ばなな"가 나타난다. ᄒᆞᆫ글 2002는 검은색.

③ [Space Bar]를 누르면 파란색으로 블록이 설정된다.

④ 다시 한번 [Space Bar]를 누르면 히라가나와 가타카나 영문 등의 "ばなな"와 관련된 가나와 영문 등의 목록이 나타난다. (단, 전각 반각 등의 글체는 필요에 따라 선택 가능. 보통은 전각체 사용)

⑤ 목록 중에 포함되어 있는 가타카나 "バナナ"를 [Space Bar]로 선택하여 [Enter↵]를 눌러 확정하거나 혹은 번호를 눌러 글자를 확정한다.

*가타카나 "バナナ" 입력의 경우

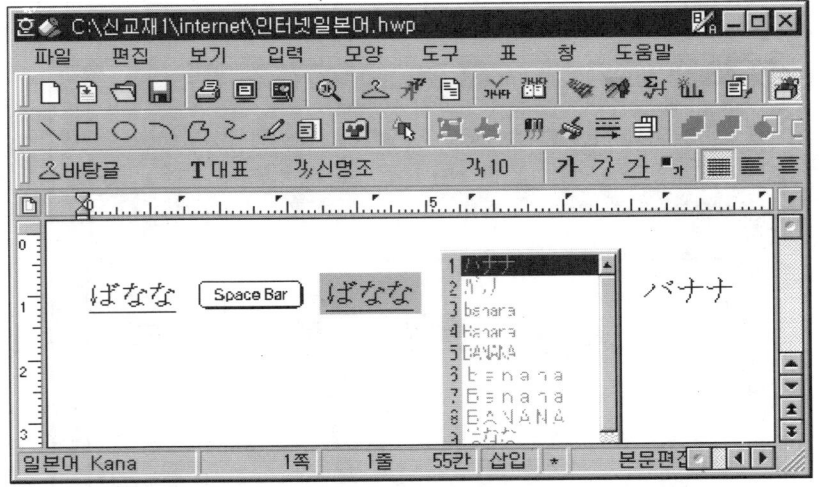

26

2.1.3.4. "こうこう"로 읽는 한자 "高校"를 입력하는 방법

① 상황판의 표기가 [일본어 Kana]가 되도록 오른쪽 [Shift]+[Space Bar]를 눌러 전환한다. 호글 2002는 [입력 도구 상자]를 [日]과 [Hiragana]로 선택.

② 영문 "KOUKOU"를 입력하면 초기화면에 파란색으로 "こうこう"가 나타난다. 호글 2002는 검은색.

③ [Space Bar]를 누르면 파란색으로 블록이 설정된다.

④ 다시 한번 [Space Bar]를 누르면 "こうこう"로 읽는 가나와 한자 등의 목록이 나타난다.

⑤ 한자의 목록 중 원하는 한자 "高校"를 [Space Bar]로 선택하여 [Enter↵]를 눌러 확정하거나 혹은 해당 한자의 번호를 누르면 필요한 한자가 확정된다.

* 한자 "高校" 입력의 경우

2.1.4. 일본어 특수 문자의 입력

2.1.4.1. 촉음(促音/そくおん) " っ "의 입력 방법

☞ 촉음 문자 "っ"만을 입력하는 방법

① 상황판의 표기가 [일본어 Kana]가 되도록 오른쪽 Shift + Space Bar 를 눌러 전환한다. 훈글 2002는 [입력 도구 상자]를 [日]과 [Hiragana]로 선택.

② 영문으로 무성음과 유성음의 구별 없이 같은 자음을 두 번 연속해서 "KK, SS, PP, DD, GG" 등을 입력한다. 그러면 초기화면에 파란색으로 작은 "っ"가 나타난다. 훈글 2002는 검은색.

③ Space Bar 를 누르면 파란색으로 블록이 설정된다.

④ 다시 한번 Space Bar 를 누르면 히라가나 "っ"와 가타카나 "ッ"의 두 문자만이 나타난다. 그 중 원하는 것을 선택하여 Enter 를 눌러 확정한다.

* 촉음 "っ"만을 입력하는 경우

YNIT 1 흔글 프로그램을 이용한 일본어 입력

☞ 어중에 촉음이 있는 "しっかり"를 입력하는 방법

① 상황판의 표기가 [일본어 Kana]가 되도록 오른쪽 [Shift]+[Space Bar]를 눌러 전환한다. 흔글 2002는 [입력 도구 상자]를 [日]과 [Hiragana]로 선택.

② 어중에서 촉음 뒤에 오는 가나 문자의 **자음에 해당하는 영문을** 연속적으로 두 번 입력하면 촉음이 입력된다. "しっかり"의 경우는 영문으로 "SIKKARI"를 입력한다. 그러면 초기화면에 파란색으로 "しっかり"가 나타난다. 흔글 2002는 검은색.

③ [Space Bar]를 누르면 파란색으로 블록이 설정된다.

④ 다시 한번 [Space Bar]를 누르면 가나와 한자 등의 목록이 나타난다.

⑤ 목록 중 원하는 히라가나 "しっかり"를 [Space Bar]로 선택하여 [Enter↵]를 눌러 확정하거나 혹은 해당 번호를 눌러 확정한다. (やっぱり-YAPPARI / コック-KOKKU)

* "しっかり" 입력의 경우

29

인터넷 일본어

2.1.4.2. 발음(撥音/はつおん) "ん"의 입력 방법

☞ 발음 문자 "ん"만을 입력하는 방법

① 상황판의 표기가 [일본어 Kana]가 되도록 오른쪽 [Shift]+[SpaceBar]를 눌러 전환한다. 한글 2002는 [입력 도구 상자]를 [日]과 [Hiragana]로 선택.

② 영문으로 자음 "N"을 두 번 연속해서 "NN"을 입력한다. 그러면 초기화면에 파란색으로 "ん"이 나타난다. 한글 2002는 검은색.

③ [SpaceBar]를 누르면 파란색으로 블록이 설정된다.

④ 다시 한번 [SpaceBar]를 누르면 후 히라가나 "ん"과 가타카나 "ン"의 두 문자만이 나타난다. 그 중 원하는 것을 선택하여 [Enter↵]를 눌러 확정한다.

* "ん"만을 입력하는 경우

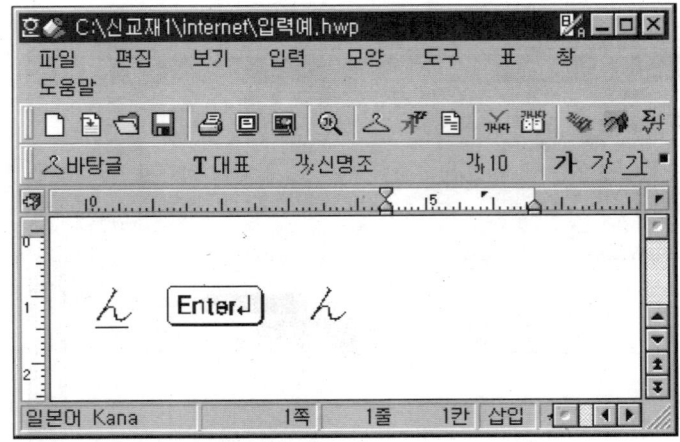

30

UNIT 1 훈글 프로그램을 이용한 일본어 입력

☞ 어말에 발음이 있는 "にほん"을 입력하는 방법

① 상황판의 표기가 [일본어 Kana]가 되도록 오른쪽 [Shift]+[SpaceBar]를 눌러 전환한다. 훈글 2002는 [입력 도구 상자]를 [日]과 [Hiragana]로 선택.

② 영문으로 "にほん"의 경우는 "NIHONN"을 입력한다. 그러면 초기화면에 파란색으로 "にほん"이 타난다. 훈글 2002는 검은색.

③ [SpaceBar]를 누르면 파란색으로 블록이 설정된다.

④ 다시 한번 [SpaceBar]를 누르면 후 가나와 한자 등의 목록이 나타난다.

⑤ 목록 중 원하는 히라가나 "にほん"을 [SpaceBar]로 선택하여 [Enter↵]를 눌러 확정하거나 혹은 해당 번호를 눌러 확정한다. (しんぶん-SINNBUNN / アイロン-AIRONN)

* "にほん" 입력의 경우

인터넷 일본어

2.1.4.3. 장음(長音/ちょうおん) " ー "의 입력 방법

☞ 장음 문자 " ー "만을 입력하는 방법

① 상황판의 표기가 [일본어 Kana]가 되도록 오른쪽 [Shift]+[SpaceBar]를 눌러 전환한다. 흔글 2002는 [입력 도구 상자]를 [日]과 [Hiragana]로 선택.

② 글자판(키캡)의 [=] 를 누르면 초기화면에 파란색으로 " ー "이 나타난다. 흔글 2002는 검은색.

③ [Enter↵] 를 눌러 장음 문자 " ー "를 확정한다.

* 장음 문자 " ー " 입력의 경우

UNIT 1 한글 프로그램을 이용한 일본어 입력

☞ 어중·어말에 장음 표기가 있는 "コーヒー"를 입력하는 방법

① 상황판의 표기가 [일본어 Kana]가 되도록 오른쪽 [Shift]+[Space Bar]를 눌러 전환한다. 한글 2002는 [입력 도구 상자]를 [日]과 [Hiragana]로 선택.

② 영문으로 "コーヒー"의 경우는 "KO-HI-"를 입력한다. 그러면 초기화면에 파란색으로 "こーひー"가 나타난다. 한글 2002는 검은색.

③ [Space Bar]를 누르면 파란색으로 블록이 설정된다.

④ 다시 한번 [Space Bar]를 누르면 "こーひー"의 가나, 영문 등의 목록이 나타난다.

⑤ 목록 중 원하는 가타가나 "コーヒー"를 [Space Bar]로 선택하여 [Enter↵]를 눌러 확정하거나 혹은 해당 번호를 눌러 확정한다.

* "コーヒー" 입력의 경우

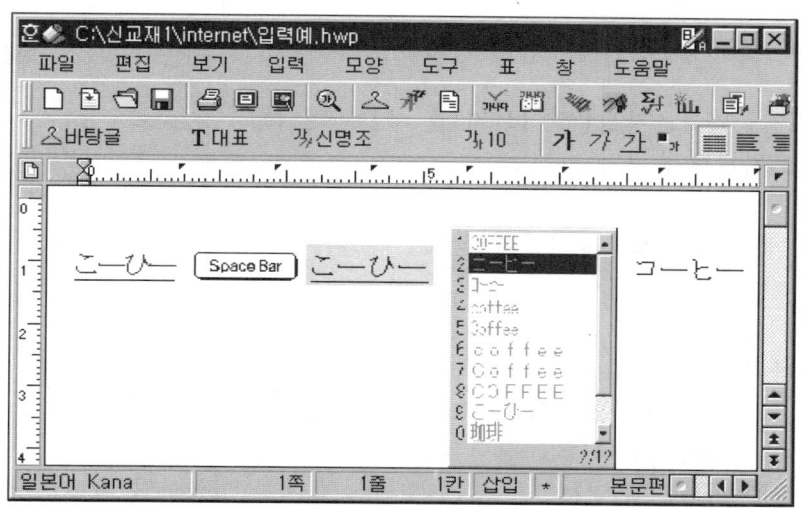

2.2. 마우스를 이용한 일본어의 입력

　한글과 영문을 입력 할 때에는 보통 키보드(자판)를 사용해서 문서를 입력한다.
　훈글 97의 일본어 입력에서도 한글 입력을 이용한 **[일본어 가나]** 입력 방식의 경우와 영문(로마자) 입력을 이용한 **[일본어 Kana]** 입력 방식의 경우는 기존의 키보드를 사용하면 된다. 그러나 **[일본어かな]** 입력의 경우는 키보드에 가나로 작성된 비닐 덮개를 놓은 후 입력하거나 키보드에 일본어 가나를 적어 넣어 사용해야만 한다. 또 하나의 입력 방법은 **[글자판] > [보기]**를 이용한 입력 방법이 있다. **[보기]**를 이용한 입력 방법은 키보드를 이용하지 않고 마우스를 이용해서 입력하는 방식이다.
　훈글 2002의 입력의 경우도 키보드(자판)을 사용하지 않고 마우스로 입력하는 방법이 있다. 이것은 **[입력기 환경 설정]** 창의 **[글자판 보기]**를 이용하거나, **[입력 도구 상자]**의 아이콘을 눌러 초기화면에 글자판을 표시하고 마우스로 일본어를 입력하는 방법이다.

2.2.1. 훈글 97의 [글자판 배열 보기] 창으로

2.2.1.1. [한글]과 [영문]의 입력

　① 훈글 97 초기화면 제일 위에 있는 주 메뉴의 4번째 **[입력]**을 누른다.

　② **[입력]**메뉴의 **[글자판] > [보기]**를 선택하면 **[글자판 배열 보기]** 창이 나타난다.

　③ 간단하게는 `Alt`+`F1` 으로 **[글자판 배열 보기]** 창이 나타난다.

　④ **[글자판 배열 보기]** 창의 오른쪽 위에 연필 모양의 아이콘을 마우스 왼쪽 버튼으로 한번 클릭하면 **[한글]**과 **[영문]** 글자판 중 하나가 선택된다. 글자판 선택 후 마우스 왼쪽 버튼으로 키보드를 눌러 원하는 문자를 입력하면 아래 빈칸에 입력한 글자가 나타나고 다시 **[넣기]**를 누르면 훈글 97 초기화면에 입력한 글자가 나타난다.

2.2.1.2. [일본어]의 입력

ᄒힻ글 97의 [글자판 배열 보기] 창을 이용하여 일본어를 입력하고자 할 때에는 우선 일본어의 세 가지 입력 방식을 [입력] > [글자판] > [바꾸기]를 통해 각각의 입력 상태로 만들어 준 후(1.2. 글자판의 설정 참조) 다시 [입력] > [글자판] > [보기]의 [글자판 배열 보기] 창에 나타나는 자판을 이용해서 일본어를 입력하여야 한다.

☞ [일본어 かな] 입력의 경우

① [글자판 바꾸기] 창에서 [글자판 종류]를 [아시아]로 선택한 후 [일본어 かな]를 선택한다.

② 오른쪽 Shift + Space Bar 전환을 이용하여 상황판에 [일본어 かな]가 나타날 수 있도록 글자판 정보를 변경한 후 설정을 누른다. * 상황판의 [일본어 かな] 상태 확인.

③ 훈글 97 초기화면 제일 위에 있는 주 메뉴의 4번째 항목 [입력]을 누른다.

④ [입력] 메뉴의 [글자판] > [보기]를 선택하면 [글자판 배열 보기] 창이 나타난다. 이때 나타난 글자판이 일본어 가나로 이루어진 글자판이다.

⑤ 간단하게는 [Alt]+[F1]으로 [글자판 배열 보기] 창이 나타난다.

⑥ [일본어 かな]용 자판을 이용하여 원하는 가나 문자를 마우스 왼쪽 버튼으로 누르면 아래 빈칸에 입력한 글자가 나타난다. 일본어 입력 방식을 이용하여 문자를 확정한 후 [넣기]를 누르면 초기화면에 문자가 입력된다.

※ 입력 예) にほん → にほん

☞ [일본어 Kana] 입력의 경우

① [입력] > [글자판] > [바꾸기] > [글자판 바꾸기] 창에서 [현재 글자판 정보]를 오른쪽 [Shift]+[Space Bar] 전환을 이용하는 [일본어 Kana] 입력 방식으로 전환한다.

② 훈글 97 초기화면 왼쪽 밑 상황판에 [일본어 Kana]가 나타난 것을 확인한다.

③ 훈글 97 초기화면 제일 위에 있는 주 메뉴의 4번째 항목 [입력]을 누른다.

④ [입력] 메뉴의 [글자판] > [보기]를 선택하면 [글자판 배열 보기] 창이 나타난다. 이때 나타난 글자판이 영문으로 이루어진 글자판이다. * 상황판의 [일본어Kana] 상태 반드시 확인.

⑤ 간단하게는 [Alt]+[F1]으로 [글자판 배열 보기] 창이 나타난다.

⑥ [일본어 Kana]용 자판(영문 자판)을 이용하여 마우스 왼쪽 버튼으로 원하는 일본어를 영문(로마자) 입력 방식으로 입력하면 아래 빈칸에 입력한 글자가 나타나고, 전술한 일본어 가나 문자와 한자의 입력 방법을 이용하여 문자를 확정한 후 [넣기]를 누르면 ᄒᆞᆫ글 97 초기화면에 일본어가 입력된다.

※ 입력 예) INNTA-NETTO NIHONNGO → インターネット 日本語

☞ [일본어 가나] 입력의 경우

① [입력] > [글자판] > [바꾸기] > [글자판 바꾸기] 창에서 [현재 글자판 정보]를 오른쪽 [Shift]+[SpaceBar] 전환을 이용하는 [일본어 가나] 입력 방식으로 전환한다.
  * 상황판에 [일본어 가나]가 나타난 것을 확인.

③ ᄒᆞᆫ글 97 초기화면 제일 위에 있는 주 메뉴의 4번째 항목 [입력]을 누른다.

④ [입력] 메뉴의 [글자판] > [보기]를 선택하면 [글자판 배열 보기] 창이 나타난다. 이때 나타난 글자판이 한글로 이루어진 글자판이다. * 상황판의 [일본어 가나] 상태 반드시 확인.

⑤ 간단하게는 [Alt]+[F1]으로 [글자판 배열 보기] 상태가 설정된다.

⑥ [일본어 가나]용 자판(한글 자판)을 이용하여 원하는 일본어를 한글 입력 방식으로 입력하면 아래 빈칸에 입력한 글자가 나타나고, 전술한 일본어 입력 방식을 이용하여 문자를 확정한 후 [넣기]를 누르면 ᄒᆞᆫ글 97 초기화면에 문자가 입력된다.

인터넷 일본어

※ 입력 예) **인타-넷토 니혼(홍)고 → インターネット 日本語**

※ **[일본어 가나]** 입력의 경우 한글에 의한 일본어 입력 방법11)은 대략 다음과 같다.

* 히라가나 / 촉음 / 발음 / 요음														
あ	か	が	さ	ざ	た	だ	な	は	ば	ぱ	ま	や	ら	わ	っ
아	**카/까**	**가**	**사**	**자**	**타/따**	**다**	**나**	**하**	**바/빠**	**파**	**마**	**야**	**라**	**와**	**ㅅ**
い	き	ぎ	し	じ	ち	ぢ	に	ひ	び	ぴ	み	-	り	-	-
이	**키/끼**	**기**	**시**	**지**	**치/찌**	**디**	**니**	**히**	**비/삐**	**피**	**미**		**리**		
う	く	ぐ	す	ず	つ	づ	ぬ	ふ	ぶ	ぷ	む	ゆ	る	-	い
우	**쿠/꾸**	**구**	**스**	**즈**	**츠/쯔**	**드**	**누**	**후**	**부/뿌**	**푸**	**무**	**유**	**루**		**ㅣ**
え	け	げ	せ	ぜ	て	で	ね	へ	べ	ぺ	め	-	れ	-	
에	**케/께**	**게**	**세**	**제**	**테/떼**	**데**	**네**	**헤**	**베/뻬**	**페**	**메**		**레**		
お	こ	ご	そ	ぞ	と	ど	の	ほ	ぼ	ぽ	も	よ	ろ	を	ん
오	**코/꼬**	**고**	**소**	**조**	**토/또**	**도**	**노**	**호**	**보/뽀**	**포**	**모**	**요**	**로**	**어**	**ㄴ**
きゃ	しゃ	ちゃ	にゃ	ひゃ	みゃ	りゃ	ぎゃ	じゃ	びゃ	ぴゃ					
캬/꺄	**샤**	**챠/쨔**	**냐**	**햐**	**먀**	**랴**	**갸**	**쟈**	**뱌**	**퍄/뺘**					
きゅ	しゅ	ちゅ	にゅ	ひゅ	みゅ	りゅ	ぎゅ	じゅ	びゅ	ぴゅ					
큐/뀨	**슈**	**츄/쮸**	**뉴**	**휴**	**뮤**	**류**	**규**	**쥬**	**뷰**	**퓨/쀼**					
きょ	しょ	ちょ	にょ	ひょ	みょ	りょ	ぎょ	じょ	びょ	ぴょ					
쿄/꾜	**쇼**	**쵸/쬬**	**뇨**	**효**	**묘**	**료**	**교**	**죠**	**뵤**	**표/뾰**					

---

11) [일본어 가나] 입력 방법의 특징은 다음과 같다. 일본어의 유성자음(が·だ·ば행)은 우리말의 예사소리(ㄱ/ㄷ/ㅂ)으로, 일본어의 무성자음(か·た·ぱ행)은 우리말의 거센소리(ㅋ/ㅌ/ㅍ)와 된소리(ㄲ/ㄸ/ㅃ)로 표기하며, 모음은 あ→ㅏ, い→ㅣ, う→ㅜ, え→ㅔ, お→ㅗ, わ→와 로 표기한다. 특히 조사 "を"는 "어" 혹은 "[Shift]+오"로 입력하며, 일본어의 촉음 "っ"는 "ㅅ"으로, 일본어의 발음 "ん"은 "ㄴ 혹은 ㅁ, ㅇ"으로 입력한다.

2.2.2. 훈글 2002의 [글자판 보기] 창으로

훈글 2002에서 마우스로 언어를 입력하는 방법은 두 가지가 있다. 즉 [입력] > [글자판] > [글자판 보기]를 이용해서 입력하거나, 훈글 2002 초기화면에 표시되는 [입력 도구 상자]의 아이콘을 누르면 나타나는 글자판을 마우스로 클릭하여 입력하는 방법이다.

2.2.2.1. [한글]과 [영문]의 입력

☞ [글자판 보기]를 이용한 입력

① 훈글 2002의 글자판을 설정(1.2.2.1. 참조)한 후 초기화면 [입력 도구 상자]의 첫 번째 아이콘을 마우스 왼쪽 버튼을 이용하여 한국어, 즉 "한"을 선택한다. ([영문]의 경우는 "E")

② 훈글 2002 초기화면 제일 위에 있는 주 메뉴의 4번째 [입력]을 누른다.

③ [입력]메뉴의 [글자판] > [글자판 보기]를 선택하면 [한글]의 표준 자판인 [한국어 두벌식 표준] 자판이 나타난다. ([영문]의 경우는 [영어 쿼티] 자판)

④ 간단하게는 Alt+F1으로 [한국어 두벌식 표준]([영문]의 경우는 [영어 쿼티] 자판)이 나타난다.

⑤ [글자판 보기] 선택으로 나타나는 한글 자판(혹은 영문 자판)을 마우스 왼쪽 버튼으로 원하는 문자를 입력하면 바로 훈글 2002 초기화면에 입력한 한글(혹은 영문) 글자가 입력된다.

☞ **[입력 도구 상자]를 이용한 입력**

① ᄒᆞᆫ글 2002의 글자판을 설정(1.2.2.1. 참조)한 후 초기화면 [입력 도구 상자]의 첫 번째 아이콘을 마우스 왼쪽 버튼을 이용하여 한국어, 즉 "**한**"을 선택한다. ([**영문**]의 경우는 "E")

② [입력 도구 상자]의 두 번째 아이콘을 클릭하여 한국어 입력은 [**두벌식 표준**]을, 영문 입력은 [**쿼티**]를 선택한다.

③ [입력 도구 상자]의 네 번째 아이콘을 클릭하면 초기화면에 [**한국어 두벌식 표준**] 자판([**영문**]의 경우는 [**영어 쿼티**] 자판)이 나타난다.

③ 간단하게는 Alt+F1 으로 [**한국어 두벌식 표준**]([**영문**]의 경우는 [**영어 쿼티**] 자판)이 나타난다.

④ 초기화면에 나타난 한글 자판(혹은 영문자판)을 마우스 왼쪽 버튼으로 원하는 문자를 입력하면 바로 ᄒᆞᆫ글 2002 초기화면에 입력한 한글(혹은 영문)글자가 입력된다.

2.2.2.2. [일본어]의 입력

ᄒᆞᆫ글 2002에서는 일본어의 로마자(영문) 입력 방식, 즉 글자판 종류가 [Hiragana] [Katakana]의 경우에는 [**글자판 보기**]를 선택하여 마우스로 일본어를 입력하는 방법이 생략되고, 일본어로 이루어진 글자판을 직접 입력하는 [**ひらがな**] [**カタカナ**] 만을 마우스로 직접 입력할 수 있다. 따라서 [**입력 도구 상자**]를 이용하여 마우스로 일본어를 입력하는 방법만을 해설하기로 한다.

☞ [입력 도구 상자]를 이용한 일본어 입력

① 훈글 2002의 글자판을 설정(1.2.2.1. 참조)한 후 초기화면 [입력 도구 상자]의 첫 번째 아이콘을 마우스 왼쪽 버튼을 이용하여 일본어, 즉 "日"을 선택한다.

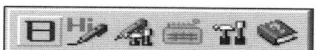

② [입력 도구 상자]의 두 번째 아이콘을 클릭하여 [Hiragana]로 기본 설정한 일본어 글자판 종류를 [ひらがな](혹은 [カタカナ])로 선택한다.

③ [입력 도구 상자]의 네 번째 아이콘을 클릭하면 초기화면에 [일본어 ひらがな](혹은 [일본어 カタカナ]) 자판이 나타난다.

③ 간단하게는 ②의 설정 상태에서 [Alt]+[F1] 으로 [일본어 ひらがな](혹은 [일본어 カタカナ]) 자판이 나타난다.

④ 초기화면에 나타난 일본어로 구성된 자판에 마우스 왼쪽 버튼으로 원하는 일본어의 ひらがな와 カタカナ를 입력하면 바로 훈글 2002 초기화면에 입력한 일본어 문자가 입력된다.

인터넷 일본어

2.3. 일본어 입력 변환 방식의 설정

　일본어의 문자는 가나 문자(히라가나와 가타카나)만이 아니라 **한자**와 **로마자**도 사용되고 있다. 특히 일본어 문장의 경우 의미를 나타내는 부분은 대개 한자가 주로 사용되고 조사, 조동사 등 문의 보조적인 부분을 가나 문자(히라가나)가 담당하고 있다. 따라서 일본어에 있어서 한자의 입력은 필수적인 것이다. 한자의 변환 등과 관련된 기능은 ᄒᆞ글 97에서는 **[변환 입력 설정]** 창을 사용자의 필요에 맞게 설정하며, ᄒᆞ글 2002의 경우는 **[언어 선택 사항]** 창을 이용해서 일본어 변환 입력 방법을 설정하여야 한다.

2.3.1. ᄒᆞ글 97의 일본어 변환 방식 설정

　ᄒᆞ글 97의 **[변환 입력 설정]** 창은 **[입력] [변환] [글꼴] [사전] [단어]**의 다섯 가지 메뉴(탭)로 구성되어 있다. 단, **[변환 입력 설정]**은 일본어 입력 상태에서만 나타나므로 반드시 **[입력]** > **[글자판]** > **[바꾸기]**를 통해 글자판을 **[일본어 Kana]**(혹은 **[일본어 かな]** 및 **[일본어 가나]**)로 선택한 뒤에 설정할 수 있다.

2.3.1.1. [변환 입력 설정] 창으로

　① 오른쪽 [Shift]+[Space Bar] 전환을 이용하여 ᄒᆞ글 97 초기화면의 왼쪽 밑에 보이는 상황판의 표기가 **[일본어 Kana]**가 되도록 하여 일본어 입력 상태를 설정한다.

　② ᄒᆞ글 97 초기화면 제일 위에 있는 주 메뉴의 4번째 항목 **[입력]**을 누른다.

　③ **[입력]** > **[글자판]**을 선택하면 나타나는 세 가지 메뉴 중에서 **[변환설정]**을 선택하면 일본어 **[변환 입력 설정]** 창이 나타난다.

　④ 간단하게는 일본어 입력 상태(**[일본어 Kana]**)에서 [Shift]+[F3]을 누르면 **[변환 입력 설정]** 창이 나타난다. ※ 상황판의 **[일본어 Kana]** 상태 반드시 확인.

YNIT 1 훈글 프로그램을 이용한 일본어 입력

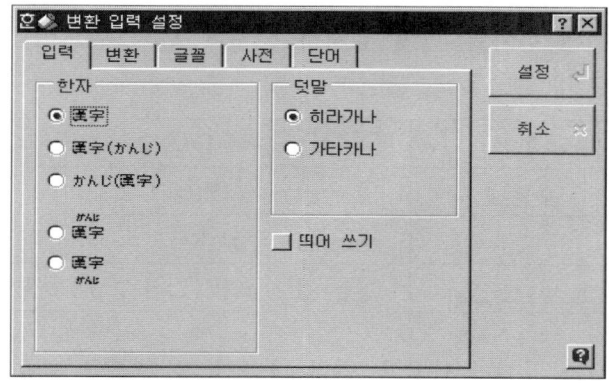

2.3.1.2. [입력]의 설정

[입력]의 [한자]는 입력한 일본어를 한자로 표기할 것인가 혹은 한자의 앞 뒤 혹은 위아래에 일본어 독음으로 덧말을 표기할 것인가를 선택하는 것이다. [입력]의 [덧말]은 덧말 표기를 히라가나와 가타카나 중 어느 것으로 선택할 것인가를 결정하는 것이다.

☞ [한자] 변환의 종류

[입력]의 [한자] 변환 방법에는 [漢字] [漢字(かんじ)] [かんじ(漢字)] [漢字] [漢字]의 다섯 가지가 있다. 그 중 [漢字]를 선택하는 것이 가장 기본적인 일본어 입력 방법이다. [한자] 변환 방법의 종류 및 표시 방법의 설명은 다음과 같다.

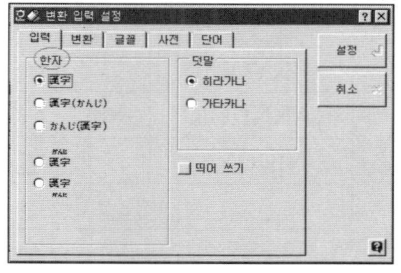

① [漢字]를 선택하면 일본어 입력시 한자의 일본어 독음(読み仮名)은 나타내지 않고 한자로만 표시되는 방법으로 가장 일반적인 일본어 입력 방법이다.

KYOU	きょう	Space Bar	今日	확정
KANNKOKU	かんこく	Space Bar	韓國	확정
NIHONN	にほん	Space Bar	日本	확정
こうこうのせんせいです		Space Bar	高校の先生です	

43

② **[漢字(かんじ)]**는 한자를 먼저 표시하고 괄호 안에 일본어 독음을 병기하고자 할 때 선택하는 입력 방식이다.

KYOU	きょう	Space Bar	今日(きょう)	확정
KANNKOKU	かんこく	Space Bar	韓國(かんこく)	확정
NIHONN	にほん	Space Bar	日本(にほん)	확정
こうこうのせんせいです		Space Bar	高校(こうこう)の先生(せんせい)です	

③ **[かんじ(漢字)]**는 일본어 독음을 먼저 나타낸 후 한자를 괄호 안에 한자를 병기하고자 할 때 선택하는 입력 방식이다.

KYOU	きょう	Space Bar	きょう(今日)	확정
KANNKOKU	かんこく	Space Bar	かんこく(韓國)	확정
NIHONN	にほん	Space Bar	にほん(日本)	확정
こうこうのせんせいです		Space Bar	こうこう(高校)のせんせい(先生)です	

④ **[漢字]**는 입력한 한자 위에 일본어 독음을 병기하고자 할 때 선택하는 입력 방식이다.

KYOU	きょう	Space Bar	今日	확정
KANNKOKU	かんこく	Space Bar	韓國	확정
NIHONN	にほん	Space Bar	日本	확정
こうこうのせんせいです		Space Bar	高校の先生です	

⑤ **[漢字]**는 입력한 한자 아래에 일본어 독음을 병기하고자 할 때 선택하는 입력 방식이다.

KYOU	きょう	Space Bar	今日	확정
KANNKOKU	かんこく	Space Bar	韓國	확정
NIHONN	にほん	Space Bar	日本	확정
こうこうのせんせいです		Space Bar	高校の先生です	

UNIT 1 한글 프로그램을 이용한 일본어 입력

☞ [덧말]

[입력]의 오른쪽 [덧말]은 입력한 한자의 오른쪽과 왼쪽 혹은 위아래에 히라가나 혹은 가타카나로 일본어 독음을 표시하는 방법이다.

① [히라가나] : [덧말]의 두 가지 메뉴 중에서 [히라가나]를 선택하면 입력한 한자의 오른쪽과 왼쪽 혹은 위와 아래에 일본어 독음이 "히라가나"로 표시된다.

| 韓國(かんこく) | かんこく(韓國) | かんこく
韓國 | 韓國
かんこく |

② [가타카나] : [덧말]의 두 가지 메뉴 중에서 [가타카나]을 선택하면 입력한 한자의 오른쪽과 왼쪽 혹은 위와 아래에 일본어 독음이 "가타카나"로 표시된다.

| 日本(ニホン) | ニホン(日本) | ニホン
日本 | 日本
ニホン |

※ [입력] > [덧말 넣기]: 일본어 문장에서 특정 한자 단어에만 덧말을 표시하고자 할 때에는 [입력] > [덧말 넣기]를 이용해서 삽입하는 것이 더 효과적이다. 그 순서는 다음과 같다.

① 글자판을 일본어 입력 상태([일본어 Kana])로 설정한다.

② 한글 97 초기화면 제일 위에 있는 주 메뉴의 4번째 항목 [입력]을 누른다.

③ [입력] > [덧말 넣기]를 선택하면 [덧말 넣기] 창이 나타난다.

45

④ [덧말 위치](덧말을 넣을 위치)를 지정한다. (한자의 위 혹은 아래 선택)

덧 말 위 치	위	아래
덧말넣기 예	韓国(かんこく)	韓国(かんこく)

⑤ [본말]의 빈칸에는 **입력할 한자**를, [덧말]의 빈칸에는 한자의 **일본어 독음**을 일본어 가나 문자로 입력하고 [넣기]를 누르면 ᄒᆞᆼ글 97 초기화면에 덧말을 넣은 일본 한자가 나타난다[12]. 또는 초기화면에서 덧말을 넣고자 하는 한자를 블록 설정한 후 [덧말 넣기]를 실행하면 [본말] 빈칸에 한자가 자동적으로 입력되므로 덧말 빈칸에 일본어 독음을 가나로 입력하고 [넣기]를 누르면 역시 ᄒᆞᆼ글 97 초기화면에 덧말을 넣은 한자가 나타난다.

※ 덧말의 수정 및 삭제

덧말을 수정하려면 덧말을 넣은 문자(일본어의 경우는 한자) 앞에 커서를 두고(마우스 포인트를 옮기고) [편집] > [고치기]를 실행하여 덧말을 수정한다. 덧말을 삭제하려면 덧말을 넣은 문자(일본어의 경우는 한자) 앞에 마우스 포인트를 옮기고 **Delete** (⌦)를 눌러 덧말을 지우거나, 덧말을 넣은 문자 뒤에 커서를 두고 **Back Space** ([Back Space])를 눌러 덧말을 지울 수 있다.

※ [변환 입력 설정] 창 [입력]의 오른쪽 밑 [띄어쓰기]는 일본어 문장을 입력할 때 자동적으로 띄어쓰기를 실행하는 메뉴이지만 거의 사용하지 않는 메뉴이다.

---

12) 글자판이 한글 입력 상태에서 같은 방법으로 한자의 한글 덧말 넣기도 가능하다.

2.3.1.3. [변환]의 설정

☞ [변환 방식]의 종류

[변환 방식]이란 입력하는 문자의 변환 방식을 설정하는 것으로, [변환 방식]에는 [변환 안함] [수동 변환] [반자동 변환] [자동 변환]의 네 가지 종류가 있다. 일본어 입력의 경우는 표준적으로 [반자동 변환]을 선택한다.

① [변환 안함] : 일본어를 입력하면 한자로 변환되지 않고 바로 가나 문자로 나타나는 방식이다.

| KYOUHA | きょうは | 확정 |

② [수동 변환] : 일본어 입력 후 Space Bar 를 눌러 수동적으로 입력한 가나 문자에 대응되는 한자를 나타내는 방식이다.

| KYOUHA | きょうは | Space Bar | 今日は | 확정 |

③ [반자동 변환] : 일본어 입력 중에 변환의 기준이 되는 문자 앞에서 자동적으로 입력한 가나에 대응되는 한자를 나타내주는 방식으로, 일본어 입력 시에는 [반자동 변환]으로 설정하는 것이 일반적이다.

| KYOUHA | 今日は | 확정 |

④ [자동 변환] : [수동 변환] 방식처럼 Space Bar 를 누르거나 반자동 변환 방식처럼 변환 기준 문자의 설정 없이 자동적으로 가나 혹은 가나와 대응하는 한자를 자동적으로 변환하는 방식이다. 단, 한자의 변환이 자동적으로 이루어지는 장점은 있으나 한자의 변환이 완벽하지 않아 원하는 한자로 재 변환시켜야 하는 번거로움이 있어 잘 사용되지 않고 있다.

※ [후보창 표시] : [변환]의 오른쪽 [후보창 표시]를 선택하면 일본어 입력 시 훈글 97 초기화면에 입력한 문자에 대응되는 가나와 한자 및 영문 등의 목록이 전부 나타나 필요한 문자를 쉽게 선택할 수 있다. [후보창 표시]를 선택하지 않으면 입력한 문자에 대응되는 가나와 한자 및 영문 등이 하나씩 나타나는 불편함이 있다.

※ [후보 번호 표시] : [후보창 표시]를 선택한 후 다시 [후보 번호 표시]를 선택하면 목록에 번호가 나타나 해당 번호의 지정으로도 입력이 되도록 설정된다.

※ [변환 결과 학습] : 일본어 입력 시 이전에 변환했던 단어 혹은 문장을 다시 입력할 경우, 이전에 변환했던 한자 혹은 가나 등의 후보를 우선적으로 보여주는 기능으로서 설정해두면 편리하고 빠르게 일본어를 변환시킬 수 있다.

◎ [후보창 표시] [후보 번호 표시] [변환 결과 학습]은 모두 선택하여 설정하는 것이 일본어를 가나와 한자 등으로 변환할 때 편리하다.

※ [초기 입력 모드] : 일본어 입력 시 훈글 97 초기화면에 글자가 입력되는 방식을 선택하는 것으로, 특히 영문(로마자)에 의한 일본어 입력, 즉 글자판이 [일본어 Kana]로 설정되어 있을 때에는 [かな]를 선택하여야 한다. 초기 입력 모드를 변경할 때에는 한글을 다시 실행하여야 초기 입력 모드가 변경되므로 주의를 요한다.

※ [변환 기준 문자] : [변환 방식]을 [반자동 변환]으로 설정하면 반자동 변환의 기준 문자가 되는 가나 문자(일본어 조사)를 지정해서 입력하여야 한다. 일반적으로 변환 기준 문자는 [が, で, に, の, は, を]를 입력한다.

2.3.1.4. [글꼴]의 설정

　[글꼴]은 일본어 입력 시에 가나 문자를 한자로 변환하고자 할 때 나타나는 후보창의 크기와 글꼴을 지정하고 변환글자의 속성을 설정하는 것이다. [글꼴]은 특별한 사유가 없는 한 수정할 기회가 매우 드문 것이므로 **초기 설정 상태**를 유지하는 것이 바람직하다. 또한 [글꼴] 창 중간에 보이는 [**변환 글자 속성**]은 문자의 변환 상태를 설정해 주는 것으로 사용자가 임의로 변경이 가능한 것이나 [글꼴]과 마찬가지로 특별한 사유가 없는 한 수정할 기회가 매우 드문 것이므로 역시 초기 설정 상태를 유지하는 것이 바람직하다.

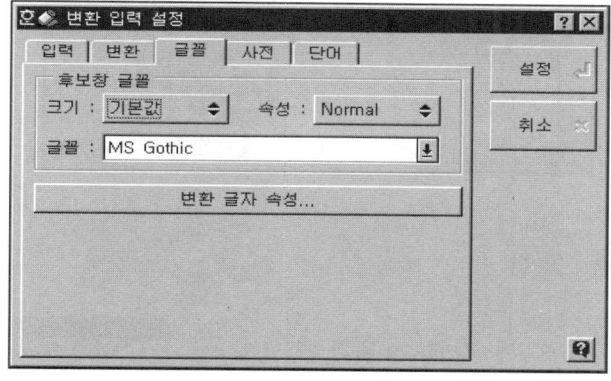

2.3.1.5. [사전]의 설정

※ **[시스템 사전]** : 일본어 환경에 등록되어 시스템 사전을 알려주는 것으로 사용자가 개인적으로 수정할 수 없다.

※ **[사용자 사전]** : 일본어 환경에 등록되어 사용자 사전을 알려주는 것으로 사용자 사전은 추가 등록 할 수 있다.

2.3.1.6. [단어]의 설정

[단어]는 일본어 입력 시 자주 사용되는 단어를 사용자 사전에 추가하거나 삭제하는 기능으로, 단어나 기호 등을 추가할 때에는 필요한 단어(한자)와 그 단어의 일본어 독음(축약도 가능)을 입력하고 품사를 선택한 후 설정한다.

※ "村上 龍(むらかみ りゅう)"를 입력하는 경우

① [단어]의 오른쪽 빈칸에 "村上 龍"를 입력한다.

② [발음]의 오른쪽 빈칸에 "村上 龍"의 일본어 독음 "むらかみりゅう" 혹은 축약해서 "むらかみ"("むら" 혹은 "む"만의 입력도 가능)라고 입력한다.

③ [품사]를 [人名]으로 지정한 후 [추가]를 누르면 [알림]에 등록된 단어가 나타난다. 다시 [설정]을 누르면 사전에 "村上 龍"라는 단어가 입력된다.

④ 훈글 97 초기화면에 일본어로 "**むらかみりゅう**"(혹은 "**むらかみ**", "**むら**", "**む**") 를 입력하면 "村上 龍"로 변환되는 것을 확인할 수 있다.

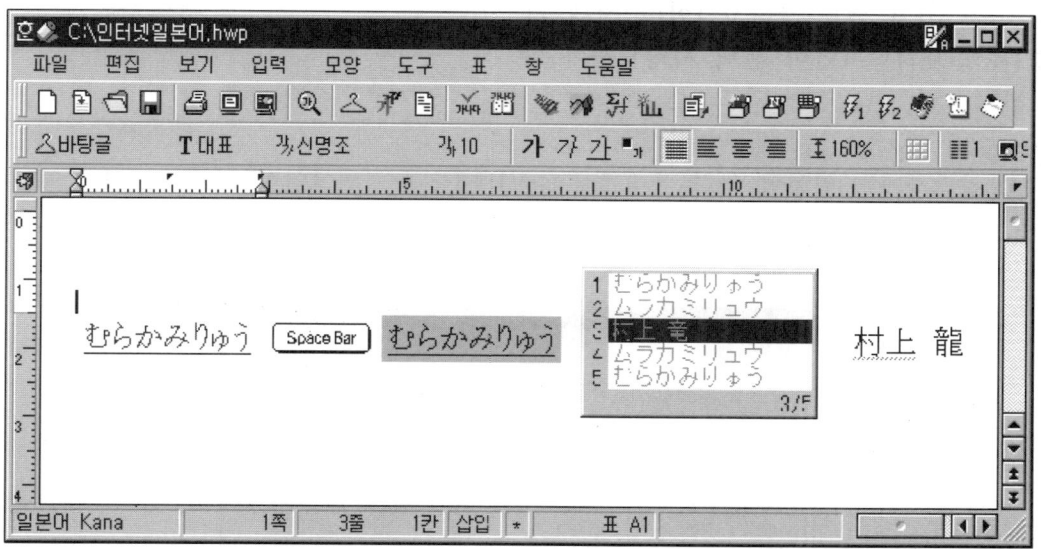

2.3.2. 훈글 2002의 일본어 입력 변환 방식 설정

훈글 2002의 일본어 입력 변환 방식은 [**언어 선택 사항**] 창을 이용하여 설정한다. [**언어 선택 사항**] 창은 훈글 97의 [**변환 입력 설정**] 창을 이용한 입력 방식의 설정과 달리 그 순서가 바뀌고 내용이 간결해진 특징이 있다.

2.3.2.1. [언어 선택 사항] 창으로

① 훈글 2002의 글자판을 설정(1.2.2.1. 참조)한 후 초기화면 [**입력 도구 상자**]의 첫 번째 아이콘을 마우스 왼쪽 버튼을 이용하여 일본어, 즉 "日"을 선택한다.

② 훈글 2002초기화면 제일 위에 있는 주 메뉴의 4번째 항목 [**입력**]을 누른다.

③ [**입력**] > [**글자판**]을 선택하면 나타나는 세 가지 메뉴 중에서 [**언어 선택 사항**]을 선택하면 [**언어 선택 사항**] 창이 나타난다.

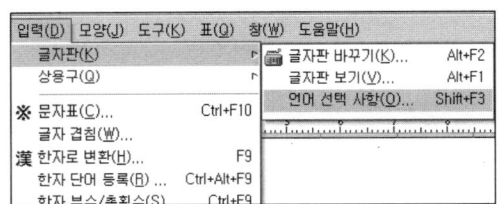

④ 간단하게는 일본어 입력 상태에서 Shift+F3를 누르면 [**언어 선택 사항**] 창이 나타난다. ※ 훈글 2002 초기화면의 [**입력 도구 상자**]를 반드시 일본어 입력 상태로.

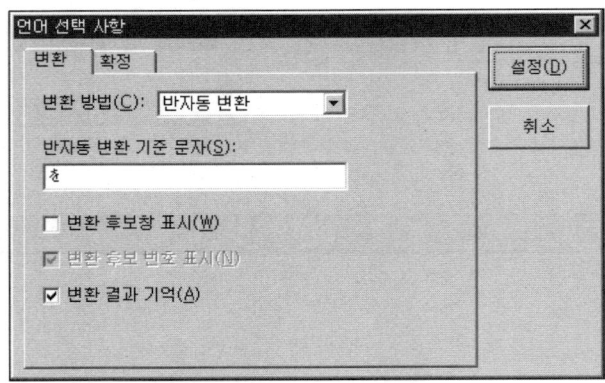

2.3.2.2. [변환]의 설정

☞ [변환 방법]의 선택

[언어 선택 사항] 창 [변환] 메뉴의 [변환 방법]은 입력하는 문자의 변환 방법을 설정하는 것으로, [변환 방법]에는 [수동 변환] [반자동 변환]의 두 가지 종류13)가 있다. 훈글 2002 역시 일본어 입력의 경우는 표준적으로 [반자동 변환]을 선택한다. [변환 방법] 설정에 의한 구체적인 입력 방법은 훈글 97에서와 같다. (2.3.2.2. [변환]의 [변환 방식]의 종류 참조)

※ [변환] 창의 [변환 후보창 표시] [변환 후보 번호 표시] [변환 결과 기억]의 선택 역시 모두 선택하여 설정하는 것이 일본어를 가나와 한자 등으로 변환할 때 편리하다. (2.3.2.2. [변환 방식]의 종류의 훈글 97 [후보창 표시] [후보 번호 표시] [변환 결과 학습] 참조)

※ [변환] 메뉴의 [반자동 변환 기준 문자] 역시 일반적으로 [が, で, に, の, は, を]를 입력한다. (2.3.2.2. [변환 방식]의 종류의 훈글 97 [변환 기준 문자] 참조)

---

13) 훈글 97에서는 [변환 방식]의 종류에 네 가지가 있었으나, 2.3.2.2. [변환]의 [변환 방식]의 종류에서 해설한 바와 같이 일본어 입력의 경우 [자동 변환] 방식이 더 번거로우며, [수동 변환] 역시 필요가 없으므로 훈글 2002에서는 생략된 것으로 판단된다.

2.3.2.3. [확장]의 설정

☞ [확장 문자 입력 형식]의 선택

[언어 선택 사항] 창 [확장] 메뉴의 [확장 문자 입력 형식]은 일본어를 가나 및 한자로 표시할 것인가, 또는 한자의 앞뒤 혹은 위아래에 일본어 독음으로 덧말을 달 것인가를 선택하는 것이다.

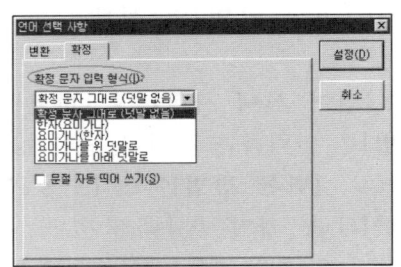

한글 2002 [확장 문자 입력 형식]의 설정은 한글 97 [입력 변환 설정] 창 [입력]의 [한자] 변환의 종류 설정에 의한 표시 방법과 동일하나, 입력 형식의 명칭이 한글 97과 다르다. (2.3.1.2. [입력]의 설정 [한자] 변환의 종류 참조)

한글 2002	한글 97
[확정] > [확정 문자 입력 형식]	[입력] > [한자]
확정문자 그대로	漢字
한자(요미가나)	漢字(かんじ)
요미가나(한자)	かんじ(漢字)
요미가나를 위 덧말로	^(かんじ)漢字
요미가나를 아래 덧말로	漢字_(かんじ)

※ [덧말]의 표시 방법은 한글 97과 동일하며, [문장 자동 띄어쓰기] 역시 한글 97과 마찬가지로 선택하지 않는 것이 좋다. (2.3.1.2. [입력]의 설정 [덧말] 참조)

2.3.3. 한컴 사전을 이용한 한일/일한 사전의 활용

훈글 97과 훈글 2002에서는 프로그램에 내장되어 있는 [한컴 사전]을 실행하여 한일 사전과 일한 사전을 편리하게 활용할 수 있다.

2.3.3.1. 훈글 97 [한컴 사전] 창으로

☞ [한일 사전]의 활용

한글 입력 상태에서 [한컴 사전]에 등록되어 있는 한일 사전을 이용하여 한국어에 대응하는 일본어를 찾아낼 수 있다. 그 순서는 다음과 같다.

① 훈글 97 초기화면 제일 위에 있는 주 메뉴의 6번째 항목 [도구]를 누른다.

② [도구] > [한컴 사전]을 누르면 [한컴 사전] 창이 나타난다.

③ 간단하게는 F12 혹은 Shift + F6 으로 한컴 사전이 나타난다.

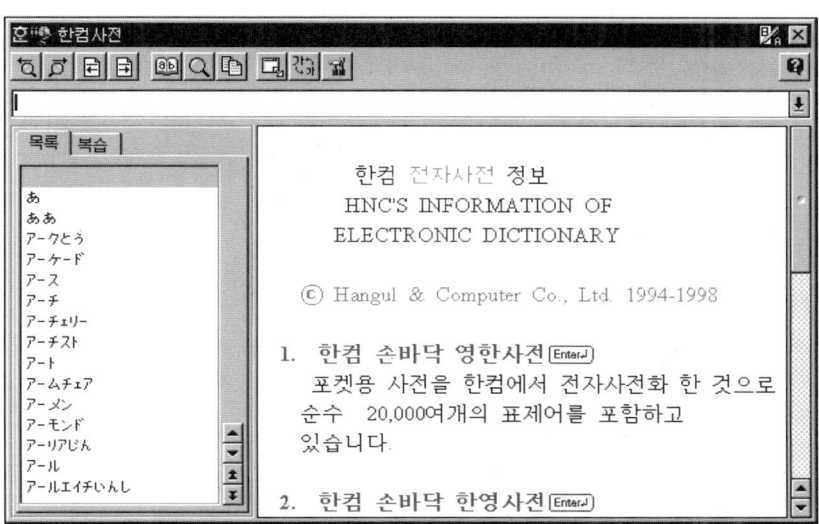

④ [한컴 사전] 도구상자의 제일 오른쪽에 있는 [환경 설정] 단추(　)를 누르면 [환경 설정] 대화상자가 나타난다.

⑤ [환경 설정]의 [기본 환경]은 표준 설정 그대로 두고 아래 쪽 [사전 선택]의 [한글 단어 찾기]를 [일어로]로 선택한 후 닫기를 누르면 [한일 사전 환경]으로 자동 전환된다.

⑥ [한컴 사전]의 입력 칸에 알고자 하는 한글 단어를 입력하면 오른쪽(혹은 오른쪽 아래)에 한글에 대응하는 일본어와 단어 해설이 나타난다.

☞ [일한 사전]의 활용

한글 입력 상태에서 한컴 사전에 등록되어 있는 [일한 사전]을 이용하여 한국어에 대응하는 일본어를 찾아낼 수 있다. 그 순서는 다음과 같다.

① 글자판을 일본어 입력 상태([일본어 Kana])로 전환한다.

② 흔글 97 초기화면 제일 위에 있는 주 메뉴의 6번째 항목 [도구]를 누른다.

③ [도구] > [한컴 사전]을 누르면 [한컴 사전] 창이 나타난다.

④ 간단하게는 F12 혹은 Shift+F6로 한컴 사전이 나타난다.

⑤ [한컴 사전] 창의 오른쪽 아래에 [한컴 전자사전 정보]가 나타난다. 전자사전의 종류는 다섯 가지로, 그 중에서 [한컴 중급 일한 사전]을 선택해서 Enter↵를 누르면 일한 사전의 상태로 전환된다.

⑥ 한컴 사전의 입력 칸에 알고자 하는 일본어 단어를 입력하면 오른쪽 아래에 일본어에 대응하는 한국어와 단어 해설이 나타난다. ("はな"의 경우)

57

는 기구이다.
  (㈎) 풍량 조절용 댐퍼 : 루버 댐퍼, 베인 댐퍼, 버터플라이 댐퍼
  (㈏) 풍량 분배용 댐퍼 : 스플릿 댐퍼
  (㈐) 정압 밸런스용 댐퍼 : 밸런싱 댐퍼
  (㈑) 역류 방지용 댐퍼 : 릴리프 댐퍼
  (㈒) 방화 댐퍼 : 루버형, 피벗형

41. 덕트의 설계법 중에서 모든 덕트 계통에서 동일한 단위마찰저항으로 하여 각부의 덕트 치수를 결정하는 방법은?
① 등속법　　　　② 정압법
③ 등분기법　　　④ 등압재취득법

[해설] 정압법 : 덕트 설계 방법의 일종으로 주 덕트의 풍속과 풍량으로부터 1 m당 마찰저항을 구하고, 이 마찰저항 값과 다른 각 덕트의 마찰저항이 동일하게 되도록 각 덕트의 치수를 결정하는 방법이다.

42. 최근에 심야전력을 이용한 축열 시스템의 도입이 활발하다. 다음 중 수축열 시스템과 비교한 빙축열 시스템에 대한 설명으로 틀린 것은?
① 축열조 출구의 냉수온도를 낮출 수 있다.
② 냉동기의 동력이 다소 많아진다.
③ 냉동기의 능력이 다소 높아진다.
④ 축열조의 용량을 줄일 수 있다.

[해설] 빙축열의 장점
  (㈎) 잠열을 이용하므로 축열조 크기를 축소할 수 있다(수축열의 1/4~1/10).
  (㈏) 환수에 의한 온도 혼합, 즉 유용에너지의 감소가 거의 없다.
  (㈐) 열 손실도 1~3 %로 작아진다.
  (㈑) 펌프, 팬 등의 동력비가 감소한다.
  (㈒) 부하측 순환회로가 폐회로가 되므로 배관 부식 문제가 해결된다.
  (㈓) 축열조가 작으므로 전반적으로 가격이 낮아진다.

43. 다음 중 지역난방의 특징 설명으로 잘 못된 것은?
① 연료비는 절감되나 열효율이 낮고 인건비가 증가된다.
② 개별건물의 보일러실 및 굴뚝이 불필요하므로 건물 관리의 효용이 높다.
③ 설비의 합리화로 대기오염이 적다.
④ 대규모 열원기기를 이용하므로 에너지를 효율적으로 이용할 수 있다.

[해설] 지역난방의 특징
  (㈎) 경제성 : 중앙난방에 비해서 난방비가 저렴(40 % 수준)하고 보일러 수선유지비, 전문자격자가 필요 없다.
  (㈏) 안전성 : 열원이 온수이므로 안전하며 아파트 및 건물 내에는 가스보일러와 같은 자체 열 생산 시설이 전혀 없어 무재해, 무사고, 무공해이다.
  (㈐) 환경보호 : 선진국형 냉·난방 방식으로 단지 내 굴뚝이 없으므로 중앙난방에 비하여 48 %의 공해 감소 효과와 고성능 공해 방지 설비로 대기 오염물질을 획기적으로 줄일 수 있다.
  (㈑) 편리성 : 24시간 365일 연속난방으로 언제나 난방 및 급탕 사용이 가능하여 쾌적한 생활을 영위할 수 있다.

44. 높고 낮은 건물이 산재해 있는 광범위한 지역에 일괄하여 난방하고자 할 때 적당한 방법은?
① 복사난방　　　② 지역난방
③ 개별난방　　　④ 온풍난방

[해설] 광범위한 지역을 일괄하여 난방할 때 지역난방이 적합하다.

45. 자연형 태양열 난방 방식의 종류에 속하지 않는 것은?
① 직접 획득 방식　② 부착 온실 방식
③ 공기 방식　　　　④ 축열벽 방식

[해설] 태양열 난방 방식으로는 직접 획득 방식, 축열벽 방식, 부착 온실 방식이 있다.

정답 41. ②　42. ③　43. ①　44. ②　45. ③

PART 02

공조냉동설계

냉동사이클 및
$P-h$ 선도

제1장	냉동 이론
제2장	냉매
제3장	압축기 및 냉동장치의 계산
제4장	응축기 및 냉각탑
제5장	증발기
제6장	팽창밸브
제7장	제어기기
제8장	기타기기

제1장 냉동 이론

1 증기 압축식 냉동기

액체가 증발할 때 필요한 증발열을 피냉각 물체로부터 빼앗아 냉동 목적을 달성하는 방법으로 일반적으로 NH_3, R-12, R-22 등이 사용되고 있다.

증기 압축식 냉동기

> **참고**
> - **냉동 사이클** : 냉동장치 내에서 증발, 응축을 연속적으로 하여 냉동작용을 하는 사이클을 말한다.
> - **냉매** : 냉동장치 내에서 열을 운반하는 작업유체를 말한다.

[증기 압축식 냉동기의 4대 요소의 역할]

① **압축기** : 증발기에서 증발한 저온 저압의 기체를 압축하여 고온 고압의 기체로 만들어 응축기로 보낸다. 즉, 압축기에서 기체의 체적을 줄여 분자 간의 거리를 가깝게 하여 응축기에서 조금만 열을 빼앗아도 쉽게 응축시킬 수 있게 한다. 이때 피스톤의 압축일이 열로 변하여 가스에 가해지므로 압축기를 나오는 가스의 온도는 높아진다 (압력 상승, 체적 감소, 온도 상승).

② **응축기** : 압축기에서 토출된 고온 고압의 냉매가스를 상온하의 물이나 공기로 냉각하여 응축시킴으로써 고온 고압의 액으로 만드는 과정이다(체적 감소, 압력 일정).

③ **팽창밸브** : 응축기에서 오는 고온 고압의 냉매액을 교축 팽창하여 저온 저압의 냉매액으로 만들어 증발기로 보낸다. 즉, 증발기에서 증발하기 쉽도록 압력과 온도를 내리는 과정이다. 또한 팽창밸브에서의 팽창은 단열 팽창이므로 엔탈피는 변하지 않는다(온도·압력 강하, 체적 증가).

④ **증발기** : 팽창밸브를 통과한 저온 저압의 냉매액이 피냉각 물체로부터 열을 흡수하여 저온 저압의 가스로 되어 압축기에 흡입된다. 이때 증발기 입출구의 온도차는 없고 피냉각 물체로부터 흡수한 열량만큼 엔탈피가 증가하게 되는데, 이 증가한 엔탈피를 냉동효과(냉동력)이라고 한다(압력 · 온도 일정, 체적 증가)

2 흡수식 냉동기

기계적 일을 사용하지 않고 열을 적용시켜 냉동하는 것으로 서로 잘 용해하는 두 물질을 사용한다. 즉, 저온에서 두 물질이 용해하고 고온에서 분리하는 것이다. 이때 열을 운반하는 것을 냉매라 하고 가스를 용해하는 물질을 흡수제라 한다.

발생기는 가스의 압축작용에 해당되고 흡수기는 흡입작용을 하게 되는 것으로 증기 압축식 냉동기의 압축기 역할을 한다. 발생기에서 나오는 증기 중 냉매와 흡수제를 분리하는 역할을 하는 것으로 애널라이저(analyzer)와 정류기가 있다.

흡수식 냉동기

냉매	흡수제
NH_3	H_2O
H_2O	LiBr(리튬브로마이드)

3 몰리에르 선도의 각 성질과 구성

① **과냉각액 구역** : 동일 압력하에서 포화 온도 이하로 냉각된 액의 구역
② **과열증기 구역** : 건조포화증기를 더욱 가열하여 포화 온도 이상으로 상승시킨 구역
③ **습포화증기 구역** : 포화액이 동일 압력하에서 동일 온도의 증기와 공존할 때의 상태 구역
④ **포화액선** : 포화 온도 압력이 일치하는 비등 직전의 상태의 액선
⑤ **건조포화증기선** : 포화액이 증발하여 포화 온도의 가스로 전환한 상태의 선

$P-i$ 선도

4 몰리에르 선도상의 6대 구성 요소

① **등압선** P [kPa]
   (가) 가로축과 나란하며 절대 압력으로 표시되어 있다.
   (나) 등압 선상에서 절대 압력으로 표시되어 있다.
   (다) 응축 증발 압력을 알 수 있다.
   (라) 압축비를 구할 수 있다.

② **등엔탈피선** i [kJ/kg]
   (가) 세로축과 평행하며 가로축과 직교한다.
   (나) 이 선상의 엔탈피는 같다.
   (다) 냉매 1 kg에 대한 엔탈피를 구할 수 있다.
   (라) 냉동효과, 압축일량, 응축일량, 플래시가스량을 구할 수 있다.

등압선

등엔탈피선

③ **등온선** t [℃]
   (가) 이 선상의 온도는 모두 같다.
   (나) 과냉각 구역에서는 등엔탈피선과 평행하며 과열증기 구역에서는 건조포화증기선 상에서 오른쪽으로 약간 구부린 다음 급히 하향한다.
   (다) 습증기 구역에서는 일반적으로 표시가 되어 있지 않고 포화액선, 건조포화증기선에 온도가 표시되어 있다.
   (라) 토출 가스의 온도, 증발 온도, 응축 온도, 팽창밸브 직전의 냉매 온도를 알 수 있다.

등온선

④ **등비체적선 $V[\text{m}^3/\text{kg}]$**
   (개) 습증기 구역과 과열증기 구역에서만 존재하는 선으로서 오른쪽으로 향하여 상향으로 그려져 있다.
   (내) 압축기로 흡입되는 냉매 1 kg의 체적을 구할 때 쓰인다.

등비체적선

⑤ **등엔트로피선 $S[\text{kJ/kg} \cdot \text{K}])$**
   (개) 습증기 구역과 과열증기 구역에만 존재하며 엔트로피가 같은 점을 이은 선이다.
   (내) 급경사를 이루고 상향한 곡선이다.
   (다) 압축기는 단열압축이므로 등엔트로피선을 따라 압축된다.

⑥ **등건조도선 $X[\%]$**
   (개) 습증기 구역에만 존재하며 냉매 1 kg에 포함되고 있는 증기량을 나타낸다.
   (내) 포화액의 건조도는 0이며 건조포화증기의 건조도는 1이다.

등엔트로피선

등건조도선

출제 예상 문제

1. 냉동을 행하는 데 있어 냉동기를 사용하지 않고 드라이아이스(dry ice)를 이용하는 경우가 있는데, 이는 드라이아이스의 무엇을 이용한 것인가?
① 융해열　　② 증발열
③ 승화열　　④ 응축열

[해설] 승화열 : 고체↔기체로의 변화 시 필요한 열로 드라이아이스(고체 이산화탄소), 요오드, 나프탈렌, 장뇌 등이 해당된다.

2. 일정한 압력하에서 물체의 온도가 변화하지 않고 상태만 변화할 때, 이 열량을 무엇이라 하는가?
① 현열　　② 잠열
③ 생성열　　④ 폐열

[해설] • 잠열 : 온도 변화 없이 상태 변화에 필요한 열
• 감열(현열) : 상태 변화 없이 온도 변화에 필요한 열

3. 초저온 동결에 액체 질소를 사용할 때의 장점이라 할 수 없는 것은?
① 동결시간이 단축되어 연속작업이 가능하다.
② 급속 동결이 가능하므로 품질이 우수하다.
③ 동결건조가 일어나지 않는다.
④ 발생되는 질소 가스를 다시 사용할 수 있다.

[해설] 액체 질소의 경우 비등점이 −196℃ 이하이므로 급속 동결이 가능하며 동결시간 또한 단축이 되나 한 번 사용한 질소 가스는 대기 중으로 방출하여 재사용이 어렵다.

4. 열의 이동에 대한 설명으로 옳지 않은 것은?
① 고체 표면과 이에 접하는 유동 유체 간의 열이동을 열전달이라 한다.
② 자연계의 열이동은 비가역 현상이다.
③ 열역학 제1법칙에 따라 고온체에서 저온체로 이동한다.
④ 자연계의 열이동은 엔트로피가 증가하는 방향으로 흐른다.

[해설] "열은 높은 곳에서 낮은 곳으로 흐른다."는 것은 열역학 제2법칙에 해당한다.

5. 주위압력이 750 mmHg인 냉동기의 저압 gauge가 100 mmHgv를 나타내었다. 절대압력은 약 몇 kPa인가?
① 50　　② 730
③ 86.6　　④ 96

[해설] $(750-100) \times \dfrac{101.3}{760} = 86.64 \text{ kPa}$

6. 냉동기 중 공급 에너지원이 동일한 것끼리 짝지어진 것은?
① 흡수 냉동기, 기체 냉동기
② 증기분사 냉동기, 증기압축 냉동기
③ 기체 냉동기, 증기분사 냉동기
④ 증기분사 냉동기, 흡수 냉동기

[해설] 증기분사식 냉동기와 흡수식 냉동기는 냉매로 물을 사용하여 물의 증발잠열을 이용한다.

7. 스테판-볼츠만(Stefan-Boltzmann)의 법칙과 관계있는 열이동 현상은 무엇인가?

정답 1. ③　2. ②　3. ④　4. ③　5. ③　6. ④　7. ③

① 열전도　　② 열대류
③ 열복사　　④ 열통과

[해설] 복사 전열량은 스테판-볼츠만(Stefan-Boltzmann)의 법칙을 적용한다.
$$Q = \sigma \cdot A(T_1^4 - T_2^4)$$

8. 이상 기체를 정압하에서 가열하면 체적과 온도의 변화는 어떻게 되는가?
① 체적 증가, 온도 상승
② 체적 일정, 온도 일정
③ 체적 증가, 온도 일정
④ 체적 일정, 온도 상승

[해설] 정압하에서 기체를 가열하면 샤를의 법칙을 적용하여 온도와 체적은 비례하므로 같이 상승하게 된다.

9. 이상적 냉동 사이클의 상태변화 순서를 표현한 것 중 옳은 것은?
① 단열팽창 → 단열압축 → 단열팽창 → 단열압축
② 단열압축 → 등온팽창 → 단열압축 → 등온압축
③ 단열팽창 → 등온팽창 → 단열압축 → 등온압축
④ 단열압축 → 등온팽창 → 등온압축 → 단열팽창

[해설] 냉동 사이클은 역카르노 사이클이므로 단열압축(압축기) → 등온압축(응축기) → 단열팽창(팽창밸브) → 등온팽창(증발기) 순으로 이루어진다.

10. 열원에 따른 열펌프의 종류가 잘못된 것은?
① 공기-공기 열펌프
② 잠열 이용 열펌프
③ 태양열 이용 열펌프
④ 물-공기 열펌프

[해설] 열펌프는 주로 공기와 물 등을 이용하는 것으로 현열을 이용한다.

11. 공기열원 열펌프 장치를 여름철에 냉방 운전할 때 건구온도가 저하하면 일어나는 현상으로 올바른 것은?
① 응축압력이 상승하고, 장치의 소비전력이 증가한다.
② 응축압력이 상승하고, 장치의 소비전력이 감소한다.
③ 응축압력이 저하하고, 장치의 소비전력이 증가한다.
④ 응축압력이 저하하고, 장치의 소비전력이 감소한다.

[해설] 여름철에 외기 건구온도가 저하하게 되면 응축기에서의 열 교환이 원활해지므로 응축압력이 저하하게 되며 이로 인하여 소비전력 또한 감소하게 된다.

12. 증기분사식 냉동기에 대한 설명 중 옳지 않은 것은?
① 물의 증발잠열을 이용하여 냉동효과를 얻는다.
② 공급 열원은 증기이다.
③ -10℃ 정도의 냉각에 이용된다.
④ 증기를 고속으로 분출시켜, 증기를 증발기로부터 끌어올려 저압을 형성한다.

[해설] 증기분사식 냉동기는 물을 냉매로 사용하는 냉방용으로 영하로 내려가면 동결로 인하여 사용이 불가능하다.

13. 흡수식 냉동기의 특징 중 틀린 것은?
① 증기열원을 사용할 경우 전력수요가 적다.

② 소음 및 진동이 적다.
③ 자동제어가 용이하고 운전경비가 절감된다.
④ 증기압축식 냉동기에 비해 예랭 시간이 짧다.

[해설] 흡수식 냉동기는 증기압축식 냉동장치에 비해 압축기 대신 흡수기와 발생기를 사용함으로써 동력 소비 및 소음, 진동이 적으나 예랭 시간은 길며 냉방용으로 사용한다.

14. 냉동용 압축기를 냉동법의 원리에 의해 분류할 때, 저온에서 증발한 가스를 압축하여 고온으로 이동시키는 냉동법은 어느 것인가?

① 화학식 냉동법 ② 기계식 냉동법
③ 흡착식 냉동법 ④ 전자식 냉동법

[해설] 압축기를 이용하는 냉동기를 증기압축식 냉동기 또는 기계식 냉동법이라 한다. 이 방법은 냉동, 제빙, 냉방 등 다양하게 사용할 수 있는 것으로 가장 널리 이용되지만 전력 소비가 많은 것이 단점이다.

15. 냉동장치에서 일원 냉동 사이클과 이원 냉동 사이클과의 가장 큰 차이점은?

① 압축기의 대수
② 증발기의 수
③ 냉동장치 내의 냉매 종류
④ 중간냉각기의 유무

[해설] 이원 냉동 사이클은 저온측 냉동기와 고온측 냉동기 두 대를 사용하고 저온측에는 R-13, R-14, 에틸렌 등을 사용하며 고온측에는 R-12, R-22 냉매를 사용한다.

16. 냉동기에 사용되는 냉매는 일반적으로 비체적이 작은 것이 요구된다. 그러나 냉매의 비체적이 어느 정도 큰 것을 사용하는 냉동기는 어느 것인가?

① 회전식 ② 흡수식
③ 왕복동식 ④ 터보(원심)식

[해설] 비체적은 단위 중량당 체적(m^3/kg)으로 원심식 압축기에서는 압축기의 원심력에 의하여 압축이 이루어지므로 냉매의 비체적이 다른 압축기에 비하여 큰 것이 요구된다.

17. 15℃의 물로부터 0℃의 얼음을 매시 50 kg을 만드는 냉동기의 냉동능력은 약 몇 kW인가?

① 5.54 ② 6.78
③ 7.72 ④ 8.36

[해설] 15℃ 물 → 0℃ 물 → 0℃ 얼음
$$Q = \frac{50\,\text{kg/h} \times (4.2\,\text{kJ/kg} \times 15℃ + 336\,\text{kJ/kg})}{3600\,\text{s/h}}$$
$= 5.54\,\text{kJ/s} = 5.54\,\text{kW}$

18. 역카르노 사이클에서 $T-S$ 선도상 성적계수 ε를 구하는 식은 어느 것인가? (단, AW: 외부로부터 받은 일, Q_1: 고온으로 배출하는 열량, Q_2: 저온으로부터 받은 열량, T_1: 고온, T_2: 저온)

① $\varepsilon = \dfrac{AW}{Q_1}$ ② $\varepsilon = \dfrac{Q_1 - Q_2}{Q_2}$

③ $\varepsilon = \dfrac{T_1 - T_2}{T_1}$ ④ $\varepsilon = \dfrac{T_2}{T_1 - T_2}$

[해설] $\varepsilon = \dfrac{T_2}{(T_1 - T_2)} = \dfrac{Q_2}{(Q_1 - Q_2)}$

19. 열펌프의 특징에 대한 설명으로 틀린 것은?

① 성적계수가 1보다 작다.
② 하나의 장치로 난방 및 냉방으로 사용할 수 있다.
③ 증발온도가 높고 응축온도가 낮을수록 성적계수가 커진다.
④ 대기 오염이 없고 설치공간을 절약할 수 있다.

[해설] 열효율이 1보다 작으며 성적계수는 대부분 1보다 크게 표시된다.

20. 냉장고 방열재의 두께가 200 mm이었는데, 냉동효과를 좋게 하기 위해서 300 mm로 보강시켰다. 이 경우 열손실은 약 몇 % 감소하는가? (단, 외기와 외벽면과의 사이에 열전달률은 20 kJ/m²·h·℃, 창고 내 공기와 내벽면과의 사이에 열전달률은 10 kJ/m²·h·℃, 방열재의 열전도율은 0.035 kJ/m·h·℃이다.)
① 30   ② 33
③ 38   ④ 40

[해설] $\dfrac{300\,mm - 200\,mm}{300\,mm} = 0.33 = 33\,\%$

21. 흡수식 냉동기에 적용하는 원리 중 잘못된 것은?
① 대기압의 물은 100℃에서 증발하지만, 높은 산과 같이 대기압이 1기압 이하인 곳은 100℃ 이하에서 증발한다.
② 냉매로 물을 사용할 때에는 흡수제로서 LiBr(리튬브로마이드)를 사용한다.
③ 흡수식 냉동기에서 물이 증발할 때에는 주위에서 기화열을 빼앗고 열을 빼앗기는 쪽은 냉각된다.
④ 흡수식 냉동기는 증발기, 흡수기, 재생기, 응축기, 압축기, 열교환기로 구성되어 있다.

[해설] 흡수식 냉동기에서는 압축기 대신에 흡수기와 열교환기, 발생기를 사용한다. 즉, 흡수식 냉동기에서는 압축기를 사용하지 않는다.

22. 흡수식 냉동장치에서의 흡수제 유동방향으로 적당하지 않은 것은?

① 흡수기 → 재생기 → 흡수기
② 흡수기 → 용액 열교환기 → 재생기 → 용액 열교환기 → 흡수기
③ 흡수기 → 고온 재생기 → 저온 재생기 → 흡수기
④ 흡수기 → 재생기 → 증발기 → 응축기 → 흡수기

[해설] 흡수제는 냉매를 용해하고 분리하는 것으로 흡수기와 열교환기, 재생기 등을 순환하며 증발기와 응축기는 냉매가 순환하게 된다.

23. 냉동 사이클에서 습압축으로 일어나는 현상이 아닌 것은?
① 응축잠열 감소
② 냉동능력 감소
③ 압축기의 체적 효율 감소
④ 성적계수 감소

[해설] 습압축이란 증발기에서 냉매액이 완전히 기화되지 않고 일부가 액상태로 압축기로 흡입되는 과정이며 냉동력의 감소로 냉동능력 및 성적계수가 저하된다.

24. 냉각수 입구 온도가 32℃, 출구 온도가 37℃, 냉각수량이 100 L/min인 수랭식 응축기가 있다. 압축기에 사용되는 동력이 8 kW라면 이 장치의 냉동능력은 약 몇 kW인가?
① 27   ② 32
③ 35   ④ 43

[해설] 응축기 방열량(Q_1)
$= \dfrac{100\,kg}{60\,s} \times 4.2\,kJ/kg\cdot℃ \times (37-25)℃$
$= 35\,kJ/s = 35\,kW$
냉동능력 = 응축기 방열량 − 소요동력
$= 35\,kW - 8\,kW = 27\,kW$

정답 20. ② 21. ④ 22. ④ 23. ① 24. ①

25. 카르노 사이클 기관이 0℃와 100℃ 사이에서 작용할 때와 400℃와 500℃ 사이에서 작용할 때와의 열효율을 비교하면 전자는 후자의 약 몇 배가 되겠는가?

① 1.2배 ② 2배 ③ 4배 ④ 3배

[해설] $\eta_1 = \dfrac{(373-273)}{373} = 0.268$

($T_1 = 273 + 100 = 373$ K, $T_2 = 273 + 0 = 273$ K)

$\eta_2 = \dfrac{(773-673)}{773} = 0.129$

($T_1 = 273 + 500 = 773$ K, $T_2 = 273 + 400 = 673$ K)

$\therefore \dfrac{0.268}{0.129} = 2.08$

26. 흡수식 냉동기의 구성품 중 왕복동 냉동기의 압축기와 같은 역할을 하는 것은?

① 발생기 ② 증발기
③ 응축기 ④ 순환펌프

[해설] 흡수식 냉동기에서 흡수기와 발생기, 액 펌프 등은 왕복동식 냉동기에서의 압축기 역할을 한다.

27. 다음 그림은 이상적인 냉동 사이클을 나타낸 것이다. 설명이 맞지 않는 것은?

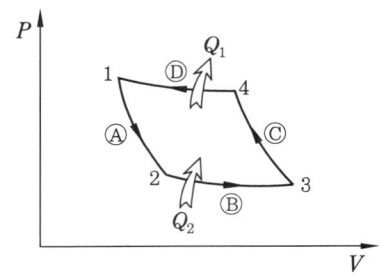

① Ⓐ 과정은 단열팽창이다.
② Ⓑ 과정은 등온압축이다.
③ Ⓒ 과정은 단열압축이다.
④ Ⓓ 과정은 등온압축이다.

[해설] Ⓑ 과정은 등온팽창으로 증발기에 해당된다.

28. 다음 그림과 같은 몰리에르(Mollier) 선도상에서 압축냉동 사이클의 각 상태점에 있는 냉매의 상태 설명 중 틀린 것은?

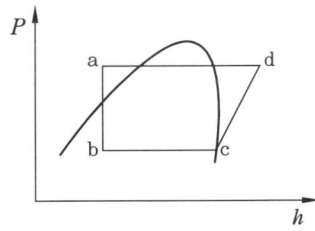

① a점의 냉매는 팽창밸브 직전의 과냉각된 냉매액
② b점은 감압되어 증발기에 들어가는 포화액
③ c점은 압축기에 흡입되는 건포화 증기
④ d점은 압축기에서 토출되는 과열 증기

[해설] b점은 교축(감압)되어 습증기상태로 증발기로 유입된다.

29. 다음과 같은 상태에서 운전되는 암모니아 냉동기에 있어서 압축기가 흡입하는 가스 1 m³/h의 냉동능력은 약 얼마인가?

① 1807.54 kJ/h ② 2107.92 kJ/h
③ 2583.22 kJ/h ④ 3065.24 kJ/h

[해설] $(1675.8 - 558.6)\text{kJ/kg} \times \dfrac{1}{0.53 \text{ m}^3/\text{kg}}$

$\times 1 \text{ m}^3/\text{h} = 2107.92 \text{ kJ/h}$

정답 25. ② 26. ① 27. ② 28. ② 29. ②

30. 다음과 같은 1단 압축 1단 팽창 냉동 사이클에서 증발기 입구의 냉매 중 포화액의 유량이 13 kg/min일 때 증발기를 통과하는 전체 냉매 순환량은 약 얼마인가?

① 46.4 kg/min ② 28.6 kg/min
③ 18 kg/min   ④ 16.4 kg/min

[해설] $A \times \dfrac{(615.3 - 453.6)}{(615.3 - 390.6)} = 13$

$A = 18.06$ kg/min

31. 그림과 같은 운전상태에서 운전되는 암모니아 냉동장치에서 피스톤의 배제량이 400 m³/h이고, 체적 효율이 0.80일 때 냉동능력은 얼마가 되는가?

① 157.22 kW   ② 199.36 kW
③ 212.78 kW   ④ 229.53 kW

[해설] $Q = \dfrac{400\,\text{m}^3/\text{h} \times 0.8}{0.5\,\text{m}^3/\text{kg}}$
$\times (1659 - 537.6)\,\text{kJ/kg} \times \dfrac{1\,\text{h}}{3600\,\text{s}}$
$= 199.36$ kW

32. 몰리에르(P-h) 선도상에서 응축온도를 일정하게 하고, 증발온도를 저하시킬 때 발생하는 현상으로 잘못된 것은?

① 소요동력이 증대한다.
② 압축비가 감소한다.
③ 냉동능력이 감소한다.
④ 플래시가스 발생량이 증가한다.

[해설] 증발온도 저하로 압축비가 증대되므로 비열비가 큰 경우와 동일한 현상을 일으킨다.

33. 몰리에르 선도 내 등건조도선의 건조도 0.2는 무엇인가?

① 습증기 중의 건포화 증기 20 %(중량 비율)
② 습증기 중의 액체인 상태 20 %(중량 비율)
③ 건증기 중의 건포화 증기 20 %(중량 비율)
④ 건증기 중의 액체인 상태 20 %(중량 비율)

[해설] 몰리에르 선도는 냉매 1 kg에 대한 과정을 나타낸 것으로 건조도 0.2는 습증기 중의 건포화 증기가 중량 비율로 20 % 존재한다는 것을 의미한다.

34. 실제 냉동 사이클에서 냉매가 증발기를 나온 후 압축될 때까지 압축기의 흡입가스 변화는?

① 압력은 떨어지고 엔탈피는 증가한다.
② 압력과 엔탈피는 떨어진다.
③ 압력은 증가하고 엔탈피는 떨어진다.
④ 압력과 엔탈피는 증가한다.

[해설] 증발기에서 압축기로 흡입될 때까지 배관의 마찰저항과 부속기기의 저항에 의하여 압력은 감소하게 되며, 주변으로부터 지속적으로 열을 받아 엔탈피는 상승하게 된다.

35. 증발압력이 낮아졌을 때에 관한 설명 중 옳은 것은?

① 냉동능력이 증가한다.
② 압축기의 체적 효율이 증가한다.
③ 압축기의 토출가스 온도가 상승한다.
④ 냉매 순환량이 증가한다.

[해설] 증발압력이 낮아지면 압축비가 증가되어 소요동력이 증가하며 냉동능력은 감소하고 토출가스 온도는 상승하며 효율은 감소한다.

36. 응축온도가 30℃, 증발온도가 −15℃인 R-12 냉동기에서 이상적인 냉동 사이클 시 성적계수(COP_R)와 열 펌프(heat pump) 사이클 시 성적계수(COP_H)는 얼마인가?

① $COP_R = 3.7$, $COP_h = 4.7$
② $COP_R = 4.7$, $COP_h = 5.7$
③ $COP_R = 5.7$, $COP_h = 6.7$
④ $COP_R = 6.7$, $COP_h = 7.7$

[해설] $COP_R = \dfrac{258}{(303-258)} = 5.73$

$COP_h = \dfrac{303}{(303-258)} = 6.73$

37. 다음 그림에서 중간냉각기 냉매 순환량은 얼마인가? (단, 주냉동 사이클 순환 냉매량은 1 kg이고, 각 점의 엔탈피 값은 다음과 같다.)

i_1, $i_2 = 464.52$ kJ/kg, $i_3 = 623.28$ kJ/kg
$i_4 = 640.08$ kJ/kg, $i_5 = 418.74$ kJ/kg

① 0.284 kg   ② 0.394 kg
③ 0.493 kg   ④ 0.582 kg

[해설] 중간냉각기 순환량(G_m)
$= 1 \text{kg} \times \dfrac{[(640.08-623.28)+(464.52-418.74)]}{(623.28-464.52)}$
$= 0.394$ kg

38. 다음 중 2원 냉동 사이클에 대한 설명으로 옳은 것은?

① 팽창탱크는 저압측에 설치하는 안전장치이다.
② 고압측과 저압측에 사용하는 윤활유는 동일하다.
③ 일반적으로 저온측에 사용하는 냉매는 R-12, R-22, 프로판 등이다.
④ 일반적으로 고온측에 사용하는 냉매는 R-13, R-14 등이다.

[해설] 저압측에는 90번 오일을 사용하며 고압측에는 300번 오일을 사용한다. 저압측에는 R-13, 에틸렌, 프로필렌 등이 냉매로 사용되며 고압측에는 R-12, R-22 등이 사용된다.

39. 다음 이원 냉동장치에 대한 설명 중 틀린 것은?

① −70℃ 이하의 초저온을 얻기 위하여 사용한다.
② 팽창탱크는 고온측 증발기 출구에 부착한다.
③ 고온측 냉매로는 비등점이 높고 응축압력이 낮은 냉매를 사용한다.
④ 저온 응축기와 고온측 증발기를 조합한 것을 캐스케이드 콘덴서라고 한다.

[해설] 이원 냉동장치는 고온측 냉동기와 저온측 냉동기 두 대를 조합하여 사용하는 것으로 냉동실의 온도는 −70℃ 이하의 저온이며 냉동기 정지 또는 외기 침투로 인하여 초저온 냉매의 급격한 증발로 압력이 상승하면 배관 파열 등 피해의 우려가 있으므로

정답 36. ③ 37. ② 38. ① 39. ②

저온측 증발기에 팽창탱크를 연결하여 압력 상승을 방지한다.

40. 2원 냉동 사이클의 주요 장치와 거리가 먼 것은?
① 저온압축기 ② 고온압축기
③ 중간냉각기 ④ 팽창밸브

[해설] 중간냉각기는 2단 압축장치에서 사용한다.

41. 다음과 같은 57.9 kW 암모니아 냉동장치의 압축기 운전 소요 동력(kW)은 약 얼마인가? (단, 압축기 압축 효율 η_c = 0.7, 기계 효율 η_m = 0.9이다.)

① 24.3 ② 22.7
③ 16.8 ④ 11.5

[해설] $H_{kW} = \dfrac{57.9\,\text{kJ/s}}{(1667.4 - 562.8)\,\text{kJ/kg}}$
$\times \dfrac{(1940.4 - 1667.4)\,\text{kJ/kg}}{0.7 \times 0.9}$
$= 22.7\,\text{kW}$

42. 다음과 같은 냉동 사이클 중 성적계수가 가장 큰 사이클은 어느 것인가?

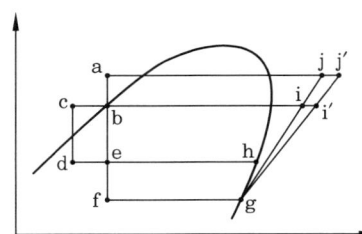

① b-e-h-i-b ② c-d-h-i-c
③ b-f-g-i′-b ④ a-e-h-j-a

[해설] 고압은 낮을수록 저압은 높을수록 성적계수가 증가하게 된다.

43. 그림에서와 같이 어떤 사이클에서 응축온도만 변화하였을 때, 다음 중 틀린 것은? (단, 사이클 A : (A-B-C-D-A), 사이클 B : (A-B′-C′-D′-A), 사이클 C : (A-B″-C′-D′-A))

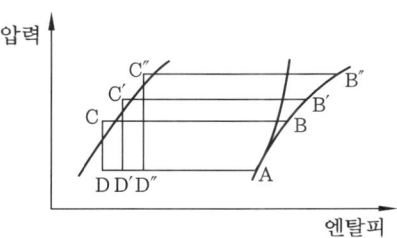

응축온도만 변했을 경우의 압력-엔탈피선도

① 압축비 : 사이클 C>사이클 B>사이클 A
② 압축일량 : 사이클 C>사이클 B>사이클 A
③ 냉동효과 : 사이클 C>사이클 B>사이클 A
④ 성적계수 : 사이클 C<사이클 B<사이클 A

[해설] 냉동효과 : 사이클 A>사이클 B>사이클 C

44. 2단 압축 1단 팽창식과 2단 압축 2단 팽창식을 동일 운전 조건하에서 비교한 설명 중 맞는 것은?
① 2단 팽창식의 경우가 조금 성적계수가 높다.
② 2단 팽창식의 경우가 운전이 용이하다.
③ 2단 팽창식은 중간냉각기를 필요로 하지 않는다.

[정답] 40. ③ 41. ② 42. ② 43. ③ 44. ①

④ 1단 팽창식의 팽창밸브는 1개가 좋다.

[해설] 2단 압축은 압축비가 6을 초과하는 경우에 채용하는 것이며 2단 팽창은 주 라인에 팽창밸브가 2개 들어가는 것으로 1단 팽창에 비하여 성적계수를 높게 유지할 수 있다.

45. 2단 압축 1단 팽창 냉동장치에서 각 점의 엔탈피는 다음의 $P-h$ 선도와 같다고 할 때 중간냉각기 냉매 순환량(kg/h)은 얼마인가? (단, 냉동능력은 77.2 kW이다.)

① 69.08
② 85.89
③ 222.82
④ 290.8

[해설] 저단 냉매 순환량
$= \dfrac{77.2\,\text{kJ/s} \times 3600\,\text{s/h}}{(1650.6 - 399)\,\text{kJ/kg}} = 222.05\,\text{kg/h}$

중간냉각기 냉매 순환량
$= 222.05\,\text{kg/h}$
$\times \dfrac{[(1835.4 - 1671.8) + (571.2 - 399)]}{(1650.6 - 571.2)}$
$= 69.08\,\text{kg/h}$

46. 다음 그림은 2단 압축 암모니아 사이클을 선도로 나타낸 것이다. 냉동능력 3.86 kW에 대해 저단 압축기 냉매 순환량(G)은 약 몇 kg/h인가?

① 10.7 kg/h
② 11.6 kg/h
③ 12.5 kg/h
④ 13.2 kg/h

[해설] $G = \dfrac{3.86\,\text{kJ/s} \times 3600\,\text{s/h}}{(1617 - 420)\,\text{kJ/kg}} = 11.61\,\text{kg/h}$

47. 다음 그림과 같이 2단 압축 1단 팽창을 하는 냉동 사이클이 R-22 냉매로 작동되고 있을 때 성적계수는 얼마인가? (단, 각 상태점의 엔탈피는 a : 399, c : 600.6, d : 646.8, e : 625.8, f : 663.6 kJ/kg이다.)

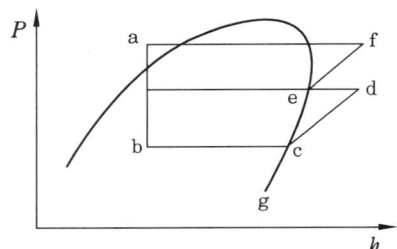

① 0.9
② 1.4
③ 2.4
④ 3.1

[해설] 이론적인 성적계수
$= \dfrac{냉동효과}{저단\,압축열량 + 고단\,압축열량}$
$= \dfrac{(600.6 - 399)}{(646.8 - 600.6) + (663.6 - 625.8)} = 2.4$

제2장 냉매

1. 냉매에 필요한 조건

1 물리적 조건

① 온도가 낮아도 대기압 이상의 압력에서 증발하고 또한 상온에서 비교적 저압에서 액화할 수 있을 것
   [대기압하에서 물질(냉매)의 증발온도]
   NH_3 : -33.3℃, R-12 : -29.8℃, R-22 : -40.8℃

② 임계온도가 높아 상온에서 반드시 액화할 것
   NH_3 : 133℃, R-12 : 111.5℃, R-22 : 96℃

③ 응고온도가 낮을 것
   NH_3 : -77.7℃, R-12 : -158.2℃, R-22 : -160℃

④ 증발잠열이 크고 증발잠열에 비해 액체의 비열이 작을 것(액체의 비열이 작으면 플래시가스의 발생량이 적어서 좋다.)
   NH_3 : 313.5 kcal/kg(1.156)
   R-12 : 39.2 kcal/kg(0.243)
   R-22 : 522 kcal/kg(0.335)

⑤ 윤활유와 냉매가 작용하여 냉동작용에 영향을 주지 않을 것
   유+냉매 : 증발온도 상승, 유점도 저하로 윤활 작용 저해

⑥ 점도가 작고 전열이 양호하며 표면장력이 작을 것
   NH_3 : 전열 양호, R-12 : 전열 불량

⑦ 누설이 곤란하고 또한 누설 발견이 용이할 것
   NH_3 : 누설의 발견이 쉽다.
   프레온 : 누설 발견이 어렵다.

⑧ 비열비(C_p/C_v)가 작을 것
   ※ 비열비가 크면 토출가스의 온도 상승이 크다.

[기준 냉동 사이클에서 토출가스 온도]
NH₃ : 1.31(98℃), R-12 : 1.136(37.8℃), R-22 : 1.183(55℃)

⑨ 수분이 냉매 중에 혼입되어도 냉매의 작용에 지장이 없을 것
  NH₃ : 잘 용해되므로 지장이 없다(수분 1%에 증발온도 0.5℃ 상승)
  프레온 : 수분과 분리(팽창밸브 동결 현상), 산(HF, HCl)을 생성하여 장치를 부식시킨다.
⑩ 절연 내력이 크고 전기 절연물을 침식시키지 않을 것
  질소를 1로 기준할 때
  NH₃ : 0.83(밀폐형 사용 불가), R-12 : 2.4, R-22 : 1.3
⑪ 패킹 재료에 대하여 냉매가 영향을 미치지 않을 것
  NH₃ : 아스베스토스+고무
  프레온 : 특수고무(천연고무는 침식됨)
  ㈎ 패킹(packing) : 움직이는 부분의 누설 방지
  ㈏ 개스킷(gasket) : 움직이지 않는 부분의 누설 방지
⑫ 터보 냉동기의 경우에는 냉매가스의 비중량이 클 것

2 화학적 조건

① 화학적으로 결합이 양호하고 안정하며 분해하는 일이 없을 것
② 금속을 부식시키는 일이 없을 것
  ㈎ NH₃ : 동 및 동합금 부식
  ㈏ 프레온 : 마그네슘 및 2% 이상 알루미늄 합금 부식
  ㈐ CH_3Cl(염화메틸, R-40) : Al · Mg · Zn 및 그 합금을 부식
③ 인화 폭발성이 없을 것

3 생물학적 조건

① 인체에 무해하고 누설하여도 냉장품을 손상시키지 않을 것
② 악취가 없을 것

4 경제적 조건

① 가격이 저렴할 것
② 동일 냉동 능력에 대하여 소요 동력이 적게 들 것
③ 동일 냉동 능력에 대하여 압축해야 할 가스의 체적이 작을 것
④ 자동 운전이 쉬울 것

2. 냉매의 장치 내 영향

1 에멀션 현상(emulsion : 유탁액 현상)

NH$_3$용 냉동장치 중에 수분이 함유되면 NH$_3$와 작용하여 NH$_4$OH를 생성하게 되며 이 NH$_4$OH는 기름을 미립자로 분리시키고 기름이 우윳빛으로 변색되는 현상으로서 유분리기에서 기름이 분리되지 않고 응축기, 증발기 등으로 흘러들어가는 예가 있다.

2 코퍼 플레이팅 현상(copper plating : 동부착 현상)

프레온 냉동기 중에서 수분과 프레온이 작용하여 산이 생성되고 나아가 침입한 공기 중의 산소와 화합하여 동에 반응한 다음 압축기 각 부분의 금속 표면(메탈 부분)에 동을 도금하는 현상으로서 장치 내 수분이 많을 때 수소 원자가 많은 냉매일수록 왁스분이 많은 오일을 사용할 때 온도가 높은 부분일수록 잘 일어난다. 이 현상은 R-12보다 R-22에서 잘 일어나며, R-22보다 염화메틸에서 더 잘 일어난다.

3 오일 포밍(oil foaming) 현상

프레온 냉동기에서 압축기 정지 시 크랭크 케이스 내의 오일 중에 용해되어 있던 프레온 냉매가 압축기 기동 시 크랭크 케이스 내의 압력이 급격히 낮아지므로 오일과 냉매가 급격히 분리된다. 이 때문에 유면이 약동하며 윤활유가 거품이 일어나는 현상으로서, 오일 포밍이 급격히 일어나면 피스톤 상부로 다량의 오일이 올라가 오일을 압축하게 되는데 이때 이상음이 나는 것을 오일 해머링(oil hammering)이라고 한다. 오일 해머링이 일어나면 압축기의 파손 우려가 있을 뿐 아니라 압축기 오일이 장치 중으로 넘어가 압축기의 유량이 부족하게 되므로 운전이 불능케 될 우려가 많다.

4 오일 포밍(oil foaming)의 방지책

크랭크 케이스(crank case) 내에 오일 히터(oil heater)를 설치하여 기동 30분~2시간 전에 예열하여 오일과 냉매를 분리시킨 뒤에 압축기를 가동시키면 오일 포밍이 방지된다. 특히 터보 냉동기에서는 무정전 상태로 항상 크랭크 케이스 내의 유온을 60~80℃ 정도 유지시켜 줌으로써 오일 포밍으로 인한 악영향을 방지한다.

> **참고) 냉매 번호**
> ① 10 – 50번대 : 메탄계 할로겐화 탄소화합물
> ② 110 – 170번대 : 에탄계 할로겐화 탄소화합물
> ③ 200 – 290번대 : 프로판계 할로겐화 탄소화합물
>   • R – 216ca($CClF_2CF_2CF_2CClF_2$)
>   • R – 218($CF_3CF_2CF_3$)
>   • R – 245cb($CF_3CF_2CH_3$)
>   • R – 290($CH_3CH_2CH_3$)
> ④ C300번대 : 환상 부탄계 할로겐화 탄소화합물
>   • C316–($C_4Cl_2F_6$)
>   • C317–(C_4ClF_7)
>   • C318–(C_4F_8)
> ⑤ 400번대 : 비공비 혼합냉매
> ⑥ 500번대 : 공비 혼합냉매
>   • R – 500 : R22/152a(73.8/26.2)
>   • R – 501 : R22/12(75.0/25.0)
>   • R – 502 : R22/115(48.8/51.2)
>   • R – 503 : R23/13(40.1/59.9)
>   • R – 504 : R32/115(48.2/51.8)
>   • R – 505 : R12/31(78.0/22.0)
> ⑦ 600번대 : 탄화수소, 산소화합물, 유황화합물, 질소화합물
>   • 부탄계 : R – 60?
>   • 산소화합물 : R – 61?
>   • 유기화합물 : R – 62?
>   • 질소화합물 : R – 63?
> ⑧ 700번대 : 무기화합물
> ⑨ 1000번대 : 불포화 유기화합물
>   • R – 1???
>   • 할로카본 냉매의 번호 R – 1270 : 프로필렌

출제 예상 문제

1. 다음 중 냉매의 구비조건으로 틀린 것은?
① 전기저항이 클 것
② 불활성이고 부식성이 없을 것
③ 응축압력이 가급적 낮을 것
④ 증기의 비체적이 클 것
[해설] 증기의 비체적이 작아야 배관의 직경을 작게 할 수 있다.

2. 암모니아(NH_3) 냉매의 특성 중 잘못된 것은?
① 기준증발온도(-15℃)와 기준응축온도(30℃)에서 포화압력이 별로 높지 않으므로 냉동기 제작 및 배관에 큰 어려움이 없다.
② 암모니아수는 철 및 강을 부식시키므로 냉동기와 배관재료로 강관을 사용할 수 없다.
③ 리트머스 시험지와 반응하면 청색을 띠고, 유황 불꽃과 반응하여 흰 연기를 발생시킨다.
④ 오존파괴계수(ODP)와 지구온난화계수(GWP)가 각각 0이므로 누설에 의해 환경을 오염시킬 위험이 없다.
[해설] 암모니아는 동 및 동합금을 부식시키므로 강관을 사용하여야 한다.

3. 냉매의 구비조건 중 맞는 것은?
① 활성이며 부식성이 없을 것
② 전기저항이 작을 것
③ 점성이 크고 유동저항이 클 것
④ 열전달률이 양호할 것

[해설] 냉매의 구비조건
 ㈎ 증발잠열이 크고 액체의 비열이 작을 것
 ㈏ 점도가 작고 전열이 양호할 것
 ㈐ 절연내력이 크고 전기 절연물을 침식시키지 않을 것
 ㈑ 수분이 침입하여도 냉매의 작용에 지장이 적을 것
 ㈒ 누설이 곤란하고 누설 시 발견이 용이할 것

4. H_2O-LiBr 흡수식 냉동기에 대한 설명 중 틀린 것은?
① 냉매는 물(H_2O), 흡수제는 LiBr를 사용한다.
② 냉매 순환과정은 발생기 → 응축기 → 증발기 → 흡수기로 되어 있다.
③ 소형보다는 대용량 공기조화용으로 많이 사용한다.
④ 흡수제는 가능한 농도가 낮고, 고온이어야 한다.
[해설] 흡수제는 가능한 농도가 높아야 하며 온도가 낮아야 흡수력이 증가하게 된다.

5. 흡수식 냉동기의 냉매와 흡수제 조합으로 올바른 것은?
① 물(냉매)-프레온(흡수제)
② 암모니아(냉매)-물(흡수제)
③ 메틸아민(냉매)-황산(흡수제)
④ 물(냉매)-디메틸에테르(흡수제)
[해설] 흡수식 냉동기의 냉매와 흡수제의 관계

냉매	암모니아	물
흡수제	물	리튬브로마이드

정답 1. ④ 2. ② 3. ④ 4. ④ 5. ②

6. 흡수식 냉동기에서 냉동 시스템을 구성하는 기기들 중 냉각수가 필요한 기기의 구성으로 올바른 것은?
① 재생기와 증발기
② 흡수기와 응축기
③ 재생기와 응축기
④ 증발기와 흡수기

[해설] 흡수기와 응축기는 냉각수가 필요하며 재생기는 냉매와 흡수제를 분리시키기 위하여 온수가 필요하다.

7. 흡수식 냉동기의 용량 제어 방법으로 옳지 않은 것은?
① 흡수식 공급 흡수제 조절
② 재생기 공급 용액량 조절
③ 재생기 공급 증기 조절
④ 응축수량 조절

[해설] 흡수식 냉동기의 용량 제어 방법
 ㈎ 냉각수량 제어법
 ㈏ 바이패스 제어법
 ㈐ 가열증기 제어법
 ㈑ 온수 유량 제어법
 ㈒ 흡입액 순환량 제어법

8. 물(H_2O)-리튬브로마이드(LiBr) 흡수식 냉동기 설명 중 잘못된 것은?
① 특수 처리한 순수한 물을 냉매로 사용한다.
② 열교환기의 저항 등으로 인해 보통 7℃ 전후의 냉수를 얻도록 설계되어 있다.
③ LiBr 수용액은 성질이 소금물과 유사하여 농도가 진하고 온도가 낮을수록 냉매 증기를 잘 흡수한다.
④ 묽게 된 흡수액(희용액)을 연속적으로 사용할 수 있도록 하는 장치가 압축기이다.

[해설] 흡수기에서 증발기에서 증발된 냉매(물)를 흡수하여 묽은 용액이 되며 발생기에서는 물을 흡수제와 분리시켜 흡수액의 농도를 진하게 만들어 주는 역할을 한다.

9. 흡수식 냉동장치에 대한 설명으로 적당하지 않은 것은?
① 초기 운전 시 정격 성능을 발휘할 때까지의 도달 속도가 느리다.
② 대기압 이하에서 작동하므로 취급에 위험성이 완화된다.
③ 용액의 부식성이 크므로 기밀성 관리와 부식 억제제의 보충에 엄격한 주의가 필요하다.
④ 야간에 열을 저장하였다가 주간의 부하에 대응할 수 있다.

[해설] ④항은 축열조에 대한 설명이다.

10. 일반적으로 냉방 시스템에 물을 냉매로 사용하는 냉동방식은?
① 터보식   ② 흡수식
③ 진공식   ④ 증기압축식

[해설] 물을 냉매로 사용할 경우 흡수제는 리튬브로마이드를 사용한다.

11. H_2O-LiBr 흡수식 냉동기에서 냉매의 순환과정을 올바르게 표시한 것은? (단, ㈎ 냉각기(증발기), ㈏ 흡수기, ㈐ 응축기, ㈑ 발생기이다.)
① ㈑→㈐→㈎→㈏
② ㈑→㈎→㈐→㈏
③ ㈐→㈑→㈎→㈏
④ ㈐→㈏→㈑→㈎

[해설] 흡수식 냉동기의 냉매 순환과정 : 증발기 → 액펌프 → 열교환기 → 흡수기 → 발생기 → 응축기 → 증발기

[정답] 6. ② 7. ① 8. ④ 9. ④ 10. ② 11. ①

12. 중간 냉각기의 역할을 설명한 것이다. 틀린 것은?
① 저압 압축 토출가스의 과열도를 낮춘다.
② 증발기에 공급되는 액을 냉각시켜 엔탈피를 적게 하여 냉동효과를 증대시킨다.
③ 고압 압축기 흡입가스 중의 액을 분리시켜 리퀴드백을 방지한다.
④ 저·고압 압축기가 작용함으로써 동력을 증대시킨다.

[해설] 중간 냉각기는 2단 압축기에서 사용하는 것으로 역할은 다음과 같다.
⑺ 부스터에서 토출된 가스의 과열도를 제거하여 고단 압축기 소요 동력을 감소시킨다.
⑷ 고온 고압의 냉매에 과냉각도를 주어 팽창변 통과 시 플래시가스 발생량을 감소시켜 냉동능력을 증대시킨다.
⑸ 고단 압축기로 액 흡입을 방지한다.

13. 흡수식 냉동기의 재생기로 들어가는 용액의 농도를 ξ_1, 발생기에서 나오는 용액의 농도를 ξ_2라고 할 때 용액순환비 a를 나타내는 식으로 적당한 것은?
① $a = \dfrac{\xi_1}{\xi_1 - \xi_2}$ ② $a = \dfrac{\xi_2}{\xi_1 - \xi_2}$
③ $a = \dfrac{\xi_1}{\xi_2 - \xi_1}$ ④ $a = \dfrac{\xi_2}{\xi_2 - \xi_1}$

[해설] 발생기는 냉매와 흡수제를 분리하는 곳으로 재생기라고도 한다.
용액순환비 = $\dfrac{\text{출구 농도}}{(\text{출구 농도} - \text{입구 농도})}$

14. 압축식 냉동기와 흡수식 냉동기에 대한 설명 중 잘못된 것은?
① 증기를 저렴하게 얻을 수 있는 장소에서는 흡수식 냉동기가 경제적으로 유리하다.
② 흡수식 냉동기에 비해 압축식 냉동기의 열효율이 높다.
③ 냉매 압축 방식은 압축식에서는 기계적 에너지, 흡수식은 화학적 에너지를 이용한다.
④ 동일한 냉동능력을 갖기 위해서 흡수식은 압축식에 비해 냉동장치가 커진다.

[해설] 흡수식 냉동기는 냉매와 흡수제의 용해와 분리를 이용하는 것으로 열에너지를 이용한다.

15. 냉동 사이클의 냉매 상태 변화와 관계가 없는 것은?
① 등엔트로피 변화
② 등압 변화
③ 등엔탈피 변화
④ 등적 변화

[해설] 냉동 사이클에서 상태 변화
• 등압 변화 : 증발과정, 응축과정
• 등엔탈피 변화 : 팽창과정
• 등엔트로피 변화 : 압축과정

16. 냉매와 브라인에 관한 설명 중 틀린 것은?
① 프레온 냉매에서 동부착 현상은 수소 원자가 작을수록 크다.
② 유기 브라인은 무기 브라인에 비해 금속을 부식시키는 경향이 작다.
③ 염화칼슘 브라인에 의한 부식을 방지하기 위해 방식제를 첨가한다.
④ 프레온 냉매와 냉동기유의 용해 정도는 온도가 낮을수록 많아진다.

[해설] 동부착 현상은 냉매 중에 수소 원자가 많을수록, 장치 내에 수분이 많을수록, 오일 중에 왁스 성분이 많을수록 심하게 일어난다.

[정답] 12. ④ 13. ④ 14. ③ 15. ④ 16. ①

17. 다음 냉매 중 비등점이 가장 낮은 것은?

① R-717　　② R-14
③ R-500　　④ R-502

[해설] 냉매의 비등점
R-717, R-500 : -33.3℃,
R-502 : -38℃, R-14 : -128℃

18. 다음 냉매 중 가연성이 있는 냉매는?

① R-717　　② R-744
③ R-718　　④ R-502

[해설] R-700 단위는 무기질 냉매 표시이며 뒤의 두 자리수는 냉매의 분자량 표시이다.
R-717 : 암모니아
R-744 : 이산화탄소
R-718 : 물
R-502 : 공비혼합냉매
암모니아는 가연성(폭발범위 : 15~28 %), 독성(25 ppm) 가스이다.

19. 암모니아 냉매를 사용하고 있는 과일 보관용 냉장창고에서 암모니아가 누설되었을 때 보관물품의 손상을 방지하기 위한 해결 방법으로 옳지 않은 것은?

① SO_2로 중화시킨다.
② CO_2로 중화시킨다.
③ 환기시킨다.
④ 물로 씻는다.

[해설] 암모니아 누설 시 물로 흡수시키는 것이 좋으며 환기 시에는 공기보다 가벼우므로 천장 가까이의 문을 열어 환기시킨다. 이산화탄소로 중화시키며 아황산가스와 만나면 황산암모늄을 형성하여 독성의 물질이 되기 때문에 피하여야 한다.

20. 프레온(freon)계 냉매 중 R-22와 R-115의 혼합 냉매는?

① R-717　　② R-744
③ R-500　　④ R-502

[해설] R-500 = R-12 + R-152
R-501 = R-13 + R-23
R-502 = R-115 + R-22
R-503 = R-13 + R-23

21. 프레온 냉동장치에서 압축기 흡입배관과 응축기 출구배관을 접촉시켜 열교환시킬 때가 있다. 이때 장치에 미치는 영향으로 옳은 것은?

① 압축기 운전 소요 동력이 다소 증가한다.
② 냉동효과가 증가한다.
③ 액백(liquid back)이 일어난다.
④ 성적계수가 다소 감소한다.

[해설] 열교환기는 주로 프레온 냉동장치에서 사용하며 압축기 흡입배관과 응축기 출구 배관을 열교환시키면
(가) 저온 저압의 가스에 과열도를 주어 냉동효과를 증대시킨다.
(나) 고온, 고압의 액에 과냉각도를 주어 성적계수를 향상시킨다.
(다) 압축기로 리퀴드 백을 방지한다.

22. 암모니아 냉동기의 배관재료로서 부적절한 것은 어느 것인가?

① 배관용 탄소강 강관
② 동합금관
③ 압력배관용 탄소강 강관
④ 스테인리스 강관

[해설] 암모니아는 동 및 동합금을 부식시키므로 동합금관은 사용하지 못한다.

23. 암모니아 냉매의 누설검지에 대한 설명으로 잘못된 것은?

[정답] 17. ②　18. ①　19. ①　20. ④　21. ②　22. ②　23. ④

① 냄새로써 알 수 있다.
② 리트머스 시험지가 청색으로 변한다.
③ 페놀프탈레인 시험지가 적색으로 변한다.
④ 할로겐 누설검지기를 사용한다.

[해설] 암모니아 냉매 누설검지법
  (가) 냄새로 알 수 있다(악취).
  (나) 유황초, 유황 걸레 등과 접촉 시 흰 연기가 발생한다.
  (다) 리트머스 시험지를 사용한다(적색→청색).
  (라) 페놀프탈레인지를 사용한다(백색→홍색).
  (마) 브라인에 누설 시 네슬러 시약을 사용한다(미색(정상)→황색(약간)→갈색(다량)).
  ※ 할라이드 토치와 할로겐 원소 누설검지기는 프레온 누설에 사용한다.

24. 암모니아를 냉매로 사용하는 냉동설비에서 시운전에 사용하면 안되는 기체는 어느 것인가?
① 이산화탄소   ② 산소
③ 질소   ④ 일반공기

[해설] 암모니아가스는 가연성가스(폭발범위 : 15~28%)로 지연성가스인 산소와 반응하면 폭발범위가 15~79%로 급격히 증가하여 폭발의 우려가 커지므로 반드시 질소 등 불연성가스로 시운전을 하여야 한다.

25. 다음 설명 중 옳은 것은?
① 메틸렌클로라이드, 프로필렌글리콜, 염화칼슘 용액은 유기질 브라인이다.
② 브라인은 잠열 및 현열 형태로 열을 운반한다.
③ 프로필렌글리콜은 부식성이 적고 독성이 없어 냉동식품의 동결용으로 사용된다.

④ 식염수의 공정점은 염화칼슘의 공정점보다 낮다.

[해설] 브라인은 pH 7.5~8.2의 약알카리성으로 유지하고 유기질 브라인은 부식성이 거의 없으며 무기질 브라인에는 염화칼슘, 염화마그네슘, 염화칼슘 등이 있다.

26. 염화칼슘 브라인에 대한 설명 중 옳은 것은?
① 냉동 작용은 브라인의 잠열을 이용하는 것이다.
② 강관에 대한 부식도는 염화나트륨 브라인보다 일반적으로 부식성이 크다.
③ 공기 중에 장시간 방치하여 두어도 금속에 대한 부식성이 없다.
④ 가장 일반적인 브라인으로 제빙, 냉장 및 공업용으로 이용된다.

[해설] 염화칼슘 브라인은 공정점 −55℃(비중 1.2~1.24)로서 주로 제빙용, 냉동용으로 많이 사용하며 감열(현열) 상태로 열을 운반한다.

27. 무기질 브라인이 아닌 것은?
① $CaCl_2$ ② CH_3OH
③ $MgCl_2$ ④ $NaCl$

[해설] 무기질 브라인은 탄소가 함유되지 않은 것으로 염화나트륨($NaCl$), 염화마그네슘($MaCl_2$), 염화칼슘($CaCl_2$) 등이 있다.

28. 압축 냉동 사이클에서 응축온도가 일정할 때 증발온도가 낮아지면 일어나는 현상 중 틀린 것은?
① 압축일의 열당량 증가
② 압축기 토출가스 온도 상승
③ 성적계수 감소
④ 냉매 순환량 증가

정답 24. ② 25. ③ 26. ④ 27. ② 28. ④

[해설] 증발온도가 낮아지면 압축비가 증가하게 되고 냉매 순환량이 감소하게 되며 성적계수가 저하하게 된다.

29. 유량 100 L/min의 물을 15℃에서 5℃로 냉각하는 수 냉각기가 있다. 이 냉동장치의 냉동효과(냉매단위 질량당)가 168 kJ/kg일 경우 냉매 순환량은 얼마인가?

① 25 kg/h ② 1000 kg/h
③ 1500 kg/h ④ 500 kg/h

[해설] 냉동능력
= 100 L/min × 60 min/h × 4.2 kJ/kg · ℃ × (15 − 5)℃
= 252000 kJ/h
냉동능력 = 냉동효과 × 냉매 순환량
252000 kJ/h = 168 kJ/kg × G
∴ G = 1500 kg/h

30. 다음 중간 압력에 대한 설명 중 맞는 것은? (단, 저압 압축기, 고압 압축기 모두 건조 포화증기가 흡입 압축되는 정상 운전을 하는 것으로 고려한다.)

① 중간 압력을 저압에 가까이 하면 성적계수는 커진다.
② 중간 압력을 고압에 가까이 하면 성적계수는 커진다.
③ 중간 압력이 낮을수록 냉동효과는 커진다.
④ 중간 압력이 낮을수록 고압 압축기 일량이 적어진다.

[해설] 중간 압력이 낮아지면 압축비 또한 낮아져 고온, 고압액에 과냉각도를 많이 줄 수 있으므로 플래시가스 발생량이 감소하여 냉동효과가 증가하게 된다.

제3장 압축기 및 냉동장치의 계산

1 회전식(rotary type) 압축기

① 회전자(rotor)의 회전에 의해 가스를 압축(주로 소형)시킨다.
② 오일 쿨러가 있다.
③ 압축기가 완전한 회전수에 달하기 전에는 블레이드는 원심력이 작아져 실린더에 꼭 밀착할 수 없고 가동 시에는 압축이 행해지지 않으므로 전력 소비가 적게 든다.
④ 일반적으로 1000 rpm 이상에서 블레이드가 정확히 실린더벽에 밀착된다. 보통 가정용 냉장고는 1725 rpm, 상업용 압축기는 약 1000~1800 rpm에서 운전되고 있다.

2 스크루식(screw type) 압축기

2개의 맞물린 나사 형상의 로터 회전으로 가스를 압축하는 것이므로 구동할 때는 정해진 회전방향이 있다.

① 스크루 압축기의 장점
㈎ 토출가스 온도가 낮아 윤활유 열화 및 탄화가 적다.
㈏ 용량에 비해 소형이다.
㈐ 흡입밸브 및 토출밸브 등이 없으므로 마찰, 마모 부분이 적다.

② 스크루 압축기의 단점
㈎ 윤활유가 많이 든다(오일과 냉매 가스를 같이 압축).
㈏ 고속 회전이므로 소음이 크고 음향에 의한 고장 발견이 어렵다.
㈐ 전력 소비가 크고 가격이 비싸다.

㈑ 용량 제어 시 효율 저하가 크다.

(a)

(b)

3 왕복동 압축기 피스톤 압출량

$$V = \frac{\pi}{4} \cdot D^2 \cdot L \cdot N \cdot r \cdot 60$$

여기서, V : 시간당 피스톤 압출량(m^3/h)
D : 피스톤의 직경(m)
L : 피스톤의 행정(m)
r : 분당 회전속도(rpm)
N : 기통수

4 회전식 압축기 피스톤 압출량

$$V = 60 \times 0.785 \times (D^2 - d^2) \cdot t \cdot n$$

여기서, D : 기통경(m)
d : 회전 피스톤 외경(m)
t : 기통의 두께(m)
n : 회전수

출제 예상 문제

1. 암모니아 입형 저속 압축기에 많이 사용되는 포핏 밸브에 관한 설명으로 틀린 것은?
① 구조가 튼튼하고 파손되는 일이 적다.
② 회전수가 높아지면 밸브의 관성 때문에 개폐가 자유롭지 못하다.
③ 흡입밸브는 피스톤 상부 스프링으로 가볍게 지지되어 있다.
④ 중량이 가벼워 밸브 개폐가 불확실하다.
[해설] 포핏 밸브는 중량이 무거우며 밸브 개폐는 확실하게 작동한다.

2. 고속 다기통 압축기의 단점에 대한 설명으로 옳지 않은 것은?
① 윤활유의 소비량이 많다.
② 토출가스의 온도와 윤활유 온도가 높다.
③ 압축비의 증가에 따른 체적 효율의 저하가 크다.
④ 수리가 복잡하며 부품은 호환성이 없다.
[해설] 고속 다기통은 각 부품의 호환성이 있으며 동적·정적 밸런스가 양호하다.

3. 다음 중 회전식 압축기에 대한 설명으로 틀린 것은?
① 소형으로 설치면적이 작다.
② 진동과 소음이 적다.
③ 용량 제어를 자유롭게 할 수 있다.
④ 흡입밸브가 없다.
[해설] 회전식 압축기는 회전자의 회전에 의하여 압축하는 방식으로 주로 소형 냉동기에 이용되고 흡입, 토출밸브가 없으며 토출측 역지밸브(check valve)가 토출밸브 역할을 한다.

4. 회전식 압축기에 관한 설명 중 옳지 않은 것은?
① 압축이 연속적이다.
② 소형 경량화가 가능하여 설치면적이 작다.
③ 진동이 작다.
④ 왕복동식 압축기보다 구조가 복잡하다.
[해설] 왕복동 압축기는 부속도 많고 장치가 다른 압축기에 비해 매우 복잡하다.

5. 흡입, 압축, 토출의 3행정으로 구성되며, 밸브와 피스톤이 없어 장시간의 연속운전에 유리하고 소형으로 큰 냉동능력을 발휘하기 때문에 대형 냉동공장에 적합한 압축기는?
① 왕복식 압축기
② 스크루 압축기
③ 회전식 압축기
④ 원심 압축기
[해설] 스크루 압축기는 암수 치형이 맞물려 돌아가는 것으로 냉매와 오일을 같이 압축하며 진동은 적으나 소음이 큰 것이 단점이다.

6. 스크루(screw) 압축기의 특징을 설명한 것으로 틀린 것은?
① 동일 용량의 왕복동식 압축기에 비해 부품의 수가 적고 수명이 길다.
② 10~100 % 사이의 무단계 용량 제어가

정답 1. ④ 2. ④ 3. ③ 4. ④ 5. ② 6. ④

되므로 자동운전에 적합하다.
③ 다른 압축기에 비해 오일 해머의 발생이 적다.
④ 소형 경량이긴 하나 진동이 많으므로 견고한 기초가 필요하다.

[해설] 스크루 압축기(screw compressor : 나사 압축기) 특징
㉮ 토출가스 온도가 낮아 윤활유 열화·탄화의 우려가 거의 없다.
㉯ 용량에 비하여 소형이다.
㉰ 흡입밸브 및 토출밸브의 마찰·마모 부분이 적다.
㉱ 냉매와 오일을 같이 압축하므로 윤활유 소비량이 많다.
㉲ 고속회전이므로 소음이 크나 암수 치형이 맞물려 회전하기 때문에 진동은 적다.
㉳ 용량 제어 시 효율 저하가 크고 전력 소비가 많다.

7. 다음 중 스크루 압축기에 관한 설명으로 틀린 것은?
① 흡입밸브와 피스톤을 사용하지 않아 장시간의 연속운전이 가능하다.
② 압축기의 행정은 흡입, 압축, 토출행정의 3행정이다.
③ 회전수가 3500 rpm 정도의 고속회전임에도 소음이 적으며, 유지보수에 특별한 기술이 없어도 된다.
④ 10~100 %의 무단계 용량 제어가 가능하다.

[해설] 암수 치형이 맞물려 돌아가므로 진동은 적으나 소음은 크게 발생하여 반드시 방음 장치를 하여야 한다.

8. 압축기의 피스톤 링이 현저하게 마모되면 압축기의 작용은 어떻게 되는지 다음 보기에서 옳은 것만 고른 것은?

―〈보 기〉―
㉮ 냉동능력이 감소한다.
㉯ 실린더 내에 기름이 올라가는 양이 많아진다.
㉰ 단위 냉동능력당의 동력 소비가 적게 된다.
㉱ 체적 효율은 변화가 없다.

① ㉮, ㉰   ② ㉮, ㉯
③ ㉯, ㉱   ④ ㉰, ㉱

[해설] 피스톤 링이 마모되면 압축이 제대로 되지 않아 피스톤 압출량 감소로 인하여 냉동능력이 감소하며, 또 오일이 피스톤 상부로 올라가 오일 해머링의 원인이 되기도 한다.

9. 압축기 톱클리어런스가 클 경우에 대한 설명으로 틀린 것은?
① 냉동능력이 감소한다.
② 토출가스 온도가 저하한다.
③ 체적 효율이 저하다.
④ 압축기가 과열된다.

[해설] 톱클리어런스(통극 체적)가 크면 토출가스 온도가 상승한다.

10. 용량 제어가 불가능한 압축기는?
① 스크루 압축기
② 고속 다기통 압축기
③ 로터리 압축기
④ 터보 압축기

[해설] 로터리 압축기는 회전식 압축기로 로터의 회전에 의해 압축이 되는 형식이며 용량 제어가 불가능하다.

11. 체적 효율 감소에 영향을 미치는 요소가 아닌 것은?
① 클리어런스(clearance)가 작음
② 흡입·토출밸브 누설
③ 실린더 피스톤 과열
④ 회전속도가 빨라질 경우

[정답] 7. ③   8. ②   9. ②   10. ③   11. ①

해설 클리어런스가 작으면 체적 효율이 증가한다.

12. 피스톤 압출량이 320 m³/h인 압축기가 다음과 같은 조건으로 단열 압축 운전되고 있을 때 토출가스의 엔탈피는 1876.56 kJ/kg이었다. 이 압축기의 소요동력(kW)은 약 얼마인가?

조건	
흡입증기의 엔탈피	1680 kJ/kg
흡입증기의 비체적	0.38 m³/kg
체적 효율	0.72
기계 효율	0.90
압축 효율	0.80

① 32.92 ② 37.48
③ 45.97 ④ 48.63

해설 소요동력 = 냉매순환량 × 압축열량

$$= \frac{320\,m^3/h \times 0.72}{0.38\,m^3/kg}$$

$$\times \frac{(1876.56 - 1680)\,kJ/kg}{0.9 \times 0.8 \times \frac{3600\,s}{1\,h}}$$

$$= 45.97\,kW$$

13. 실리더 직경 80 mm, 행정 50 mm, 실린더 수 6개, 회전수 1750 rpm인 왕복동식 압축기의 피스톤 압출량은 약 얼마인가?

① 158 m³/h ② 168 m³/h
③ 178 m³/h ④ 188 m³/h

해설 $V = \frac{\pi}{4} \times (0.08\,m^2) \times 0.05\,m \times 6$
$\times 1750 \times 60 = 158.33\,m^3/h$

14. 왕복동식 압축기의 회전수를 n[rpm], 피스톤의 행정을 S[m]라 하면 피스톤의 평균속도 V_s[m/s]를 나타내는 식은?

① $\frac{\pi \cdot S \cdot n}{60}$ ② $\frac{S \cdot n}{60}$

③ $\frac{S \cdot n}{30}$ ④ $\frac{S \cdot n}{120}$

해설 실린더의 상사점과 하사점 사이의 거리를 행정(S)이라 하며 1회전하면 $2S$가 된다.

피스톤의 평균속도 = $\frac{2S \times n}{60} = \frac{S \times n}{30}$

15. 다음 설명 중 ( )에 적당한 것은?

> 압축기의 토출밸브가 누설하면 실린더가 과열되고, 토출가스 온도가 높아지며, 냉동능력이 ( )진다.

① 낮았다가 높아 ② 낮아
③ 일정해 ④ 높아

해설 토출밸브에서의 누설은 압축된 가스의 역류이고 다시 압축되는 과정의 반복으로 토출가스 온도는 상승하게 되며 이로 인하여 실린더 과열, 피스톤 마모, 냉동능력 감소 등 비열비가 높은 상태와 동일한 영향을 미친다.

16. 응축압력 및 증발압력이 일정할 때 압축기의 흡입증기 과열도가 크게 된 경우의 설명 중 옳은 것은?

① 증발기의 냉동효과는 증대한다.
② 냉매 순환량이 증대한다.
③ 압축기의 토출가스 온도가 상승한다.
④ 압축기의 체적 효율은 변하지 않는다.

해설 흡입가스가 과열되면 토출가스 온도가 상승하게 된다.

17. 압축기 과열의 원인으로 가장 적합한 것은?

① 냉각수 과대

② 수온 저하
③ 냉매 과충전
④ 압축기 흡입밸브 누설

[해설] 냉각수 과대 및 수온 저하는 응축압력 저하로 압축기 과열을 방지하며 냉매 과충전의 경우 압축기로 리퀴드백 우려가 있다. 흡입밸브의 누설은 압축된 가스가 토출되지 못하고 재흡입되므로 결국 압축기 과열의 원인이 된다.

18. 냉동장치 중 압축기의 토출압력이 너무 높은 경우의 원인으로 옳지 않은 것은?
① 공기가 냉매 계통에 흡입하였다.
② 냉매 충전량이 부족하다.
③ 냉각수 온도가 높거나 유량이 부족하다.
④ 응축기내 냉매배관 및 전열핀이 오염되었다.

[해설] 냉매 충전량이 부족한 경우 토출가스 온도가 높아지며 토출압력은 변함이 없거나 낮아진다.

19. 압축기의 용량 제어 방법 중 왕복동 압축기와 관계가 없는 것은?
① 바이패스법
② 회전수 가감법
③ 흡입 베인 조절법
④ 클리어런스 증가법

[해설] 터보 냉동기에서 용량 제어 방법으로 베인 조정법, 댐퍼 조정법, 회전수 가감법 등이 있다.

20. 냉동장치를 운전하는 중 압축기의 패킹, 배관의 이음쇠 등에서 공기가 침입했을 때의 설명으로 옳은 것은?
① 모터의 암페어(ampere)에는 변화가 없다.

② 압축기 토출압력은 정상운전의 경우에 비하여 높아진다.
③ 공기가 존재함으로 인하여 고압압력이 상승하는 한도가 대기압까지이다.
④ 토출가스 온도가 낮아진다.

[해설] 공기는 불응축 가스로 장치에 침입하면 냉매의 압력에 불응축 가스 압력이 더해지므로 장치 압력이 높아져 동력 소비가 증가한다.

21. 증기 압축식 냉동 사이클에서 증발온도를 일정하게 유지시키고 응축온도를 상승시킬 때 나타나는 현상이 아닌 것은?
① 소요동력 증가
② 플래시가스 발생량 감소
③ 성적계수 감소
④ 토출가스 온도 상승

[해설] 응축온도가 상승하면 압축비가 증대되며 플래시가스 발생도 많아진다.

22. 1대의 압축기로 증발온도를 −30℃ 이하의 저온도로 만들 경우 일어나는 현상이 아닌 것은?
① 압축기 체적 효율의 감소
② 압축기 토출증기의 온도 상승
③ 압축기 행정체적의 증가
④ 냉동능력당의 소요동력 증대

[해설] 증발온도가 낮아지면 증발압력 또한 낮아지므로 압축비 증대로 소요동력이 증대되며 효율이 감소하게 된다. 행정체적의 증가와는 무관하다.

23. 용량 조절장치가 있는 프레온 냉동장치에서 무부하(unload) 운전 시 냉동유 반송을 위한 압축기의 흡입관 배관 방법은?
① 압축기를 증발기 밑에 설치한다.

정답 18. ② 19. ③ 20. ② 21. ② 22. ③ 23. ②

② 2중 수직 상승관을 사용한다.
③ 수평관에 트랩을 설치한다.
④ 흡입관을 가능한 길게 배관한다.
[해설] 2중 입상관은 프레온 소형장치에서 유회수를 주목적으로 설치한다.

24. 냉동기유가 갖추어야 할 조건으로 알맞지 않은 것은?
① 응고점이 낮고, 인화점이 높아야 한다.
② 냉매와 잘 반응하지 않아야 한다.
③ 산화되기 쉬운 성질을 가져야 된다.
④ 수분, 산분을 포함하지 않아야 된다.
[해설] 냉동기유의 조건
  (가) 응고점이 낮고 인화점이 높을 것
  (나) 점도가 적당하고 변질되지 말 것
  (다) 수분이 포함되지 않아야 하며 불순물이 없고 절연내력이 클 것
  (라) 저온에서 왁스가 분리되지 않고 냉매가스 흡수가 적어야 한다.
  (마) 항유화성이 있을 것
  (바) 오일 포밍에 대한 소포성이 있을 것

25. 다음 중 냉동기유의 구비조건으로 옳지 않은 것은?
① 점도가 적당할 것
② 응고점이 높고 인화점이 낮을 것
③ 항유화성이 있을 것
④ 수분 및 산류 등의 불순물이 적을 것
[해설] 응고점이 낮아야 오일이 얼지 않고 인화점이 높아야 압축 시 발생하는 열에 의하여 불이 붙지 않는다.

26. 냉동장치의 윤활 목적에 해당되지 않는 것은?
① 마모 방지   ② 부식 방지
③ 냉매 누설 방지 ④ 동력손실 증대
[해설] 냉동장치의 윤활유 사용 목적은 크게 4가지로 대별한다.
  (가) 발열 제거
  (나) 누설 방지
  (다) 마모 방지
  (라) 패킹재료 보호

정답 24. ③ 25. ② 26. ④

제4장 응축기 및 냉각탑

1 입형 셸 앤드 튜브식 응축기

① 셸 내에는 냉매, 튜브에는 냉각수가 흐른다.
② 응축기 상부와 수액기 상부에 균압관이 있다.
③ 수실에 스윌(swirl)이 부착되어 있어 관벽을 따라 흐르도록 되어 있다.
④ 주로 대형 NH_3 냉동기에 사용된다.
⑤ 입·출구 온도차는 일반적으로 3~4℃이다.
⑥ 물이 많이 소비된다(냉각수량 : 20 L/min·RT).
⑦ **전열계수** : 750 kcal/m²·h·℃(수량 2″관당, 약 12 L/min)
⑧ **냉각면적** : 1.2 m²/RT

입형 셸 앤드 튜브식 응축기

2 횡형 셸 앤드 튜브식 응축기

① 셸 내에는 냉매 가스, 튜브 내에는 냉각수가 흐른다.
② 수액기를 겸하고 있어 별도의 수액기가 필요 없다.
③ 입구·출구에 각각의 수실이 있으며 판으로 막혀 있다.
④ 냉각수 출입구 온도차는 일반적으로 6~8℃이다.

⑤ 일반적으로 쿨링타워를 함께 사용한다.
⑥ NH_3, 프레온 대중소형에 모두 사용된다.

횡형 셸 앤드 튜브식 응축기

3 7통로식 응축기

① 셸 내로 냉매, 튜브 내로 냉각수가 흐른다.
② 튜브 패스 7이다.
③ NH_3 냉동기에 주로 쓰인다.
④ 능력에 따라 조합시켜 쓸 수 있다.
⑤ 전열이 가장 양호하다(1000 kcal /m^2·h·℃, 수속 1.3 m/s).

7통로식 응축기

4 2중관식 응축기

① NH_3, 프레온 중 비교적 소형(CO_2 사용가)에 사용한다.
② 수평 냉각관에 냉각수, 외측관에 냉매가스가 역류한다.

2중관식 응축기

5 증발식 응축기

① 냉각수의 증발에 의해 냉매 가스가 응축한다.
② 상부의 살수 수온과 하부의 물 탱크 수온이 같다.
③ 팬, 노즐, 냉각수 펌프 등 부속 설비가 많다.
④ 겨울에는 공랭식으로 사용할 수 있다.
⑤ 외기 습구 온도에 의해 능력이 좌우된다.
⑥ 냉매 압력 강하가 크다.

증발식 응축기

6 냉각탑

① 응축기에서 냉매를 응축시키고 온도가 높은 냉각수를 다시 사용하고자 냉각시키는 역할을 한다.
② 수원이 풍부하지 못하거나 냉각수를 절약하고자 할 때 사용한다.
③ 증발식 응축기와 같은 원리이다.
④ 외기 습구 온도에 영향을 많이 받는다.
⑤ 물의 증발열을 이용하여 냉각한다.
⑥ 물의 회수율은 95 %이다.
⑦ 증발식 응축기에서는 냉각탑이 필요 없다.

냉각탑

> **참고) 냉각탑**
> - 쿨링레인지(cooling range) = 냉각수 입구 온도 - 출구 온도
> - 어프로치(approach) = 냉각수 출구 온도 - 외기 습구 온도
> - 냉각탑의 출구 온도는 대기의 습구 온도보다 낮아지는 일이 없다. 일반적으로 냉각탑 입구관이 출구관보다 크다.
> - 쿨링타워 능력(kcal/h) = 순환 수량(L/min) × 쿨링 레인지 × 60
> - 1냉각톤 : 쿨링타워에서 능력을 표시할 때 냉각톤이란 말을 쓰는데 1냉각톤은 3900 kcal/h를 말한다. 즉, 냉동 능력 1 RT(3320 kcal/h)에서 응축기 방열량(쿨링타워 냉각 열량)은 약 3900 kcal/h 정도 된다는 것을 의미한다.

출제 예상 문제

1. 응축기에 관한 설명 중 옳은 것은?
① 횡형 셸 앤튜브식 응축기의 관내 수속은 5 m/s가 적당하다.
② 공랭식 응축기는 기온의 변동에 따라 응축능력이 변하지 않는다.
③ 입형 셸 튜브식 응축기는 운전 중에 냉각관의 청소를 할 수 있다.
④ 주로 물의 감열로서 냉각하는 것이 증발식 응축기이다.

[해설] 횡형 응축기의 수속은 1 m/s 정도가 좋고 수속이 너무 크면 관의 부식이 크게 되며 공랭식은 외기 온도 변화에 크게 영향을 받는다. 증발식 응축기는 물의 증발잠열에 의하여 응축이 이루어진다.

2. 다음 응축기 중 열통과율이 가장 작은 형식은?
① 7통로식 응축기
② 입형 셸 튜브식 응축기
③ 공랭식 응축기
④ 2중관식 응축기

[해설] 열통과율은 7통로식 응축기(1000 kcal/$m^2 \cdot h \cdot ℃$)가 가장 좋으며 2중관식 및 횡형 응축기(900 kcal/$m^2 \cdot h \cdot ℃$), 입형 셸 앤드 튜브식 응축기(750 kcal/$m^2 \cdot h \cdot ℃$), 증발식 응축기(300 kcal/$m^2 \cdot h \cdot ℃$) 순이며 공랭식은 계절별로 다르므로 가장 전열이 나쁘다.

3. 나선상의 관에 냉매를 통과시키고, 그 나선관을 원형 또는 구형의 수조에 담그고, 물을 순환시켜서 냉각하는 방식의 응축기는?
① 대기식 응축기
② 이중관식 응축기
③ 지수식 응축기
④ 증발식 응축기

[해설] 지수(漬水)식 응축기(submerged condenser)
㉮ 나선 모양의 관에 냉매증기를 통과시키고 이 나선관을 원형 또는 구형의 수조에 넣어 냉매를 응축시키는 것으로, 셸코일식 응축기라고도 한다.
㉯ 구조가 간단하여 제작이 용이하지만 점검과 손질이 곤란하다.
㉰ 고압에 잘 견디고 가격이 싸지만 다량의 냉각수가 필요하고 전열효과도 나빠 현재는 거의 사용하지 않는다.

4. 다음 중 증발식 응축기에 관한 설명으로 옳은 것은?
① 외기의 습구온도 영향을 많이 받는다.
② 외부 공기가 깨끗한 곳에서는 일리미네이터(eliminator)를 설치할 필요가 없다.
③ 공급수의 양은 물의 증발량과 일리미네이터에서 배제하는 양을 가산한 양으로 충분하다.
④ 냉각 작용은 물을 살포하는 것만으로 한다.

[해설] 증발식 응축기의 특징
㉮ 냉각수의 증발에 의하여 냉매가스를 응축시킨다.
㉯ 상부의 살수 수온과 하부의 물탱크 수온이 같다.
㉰ 외기 습구온도에 의해 능력이 좌우된다.
㉱ 냉각수 일부의 비산을 방지하기 위하여 일리미네이터를 설치하여야 한다.
㉲ 수랭식 응축기 중에 냉각수 소비량이

정답 1. ③ 2. ③ 3. ③ 4. ①

가장 적게 드나 구조가 복잡하다.
(ㅂ) 냉각탑을 별도로 사용하지 않아도 된다.

5. 응축기에서 냉매가스의 열이 제거되는 방법은?
① 대류와 전도 ② 증발과 복사
③ 승화와 휘발 ④ 복사와 액화

[해설] 응축기에서는 전도와 대류에 의하여 열을 제거한다.

6. 다음 증발식 응축기에 대한 설명 중 옳은 것은?
① 냉각수의 감열(현열)로 냉매가스를 응축시킨다.
② 외기의 습구온도가 높아야 응축능력이 증가한다.
③ 응축온도가 낮아야 응축능력이 증가한다.
④ 냉각탑과 응축기의 기능을 하나로 합한 것이다.

[해설] 증발식 응축기는 외기 습도의 영향을 받으며 냉각수의 증발잠열에 의하여 냉매가 응축된다. 즉, 외기 습도가 낮으면 물의 증발이 많이 이루어지므로 응축능력이 증가하고 응축온도가 높아야 쉽게 응축된다.

7. 증발식 응축기의 보급수량의 결정 요인과 관계가 없는 것은?
① 냉각수 상·하부의 온도차
② 냉각할 때 소비한 증발수량
③ 탱크 내의 불순물의 농도를 증가시키지 않기 위한 보급수량
④ 냉각공기와 함께 외부로 비산되는 소비수량

[해설] 증발식 응축기 냉각수 소비 형태
(가) 증발
(나) 비산
(다) 드레인

8. 냉각탑(cooling tower)에 관한 설명 중 맞는 것은?
① 오염된 공기를 깨끗하게 하며 동시에 공기를 냉각하는 장치이다.
② 냉매를 통과시켜 공기를 냉각시키는 장치이다.
③ 찬 우물물을 냉각시켜 공기를 냉각하는 장치이다.
④ 냉동기의 냉각수가 흡수한 열을 외기에 방사하고 온도가 내려간 물을 재순환시키는 장치이다.

[해설] 냉각탑은 냉각수가 응축기에서 냉매로부터 흡수한 열량을 방출하는 역할을 한다.

9. 냉동시스템 운전 중 냉각탑 수조내 물의 온도가 갑자기 상승하는 원인으로 틀린 것은?
① 수동 급수밸브가 열려 있다.
② 팬 또는 전동기가 고장이다.
③ 공기 흡입구 및 흡출구에 장애물이 붙었다.
④ 물의 분무가 불균등하다.

[해설] 수동 급수밸브가 열리면 냉각수 공급으로 냉각탑 수조 내의 물의 온도는 내려가게 된다.

10. 냉동기, 열기관, 발전소, 화학 플랜트 등에서의 뜨거운 배수를 주위의 공기와 직접 열교환시켜 냉각시키는 방식의 냉각탑은?
① 밀폐식 냉각탑 ② 증발식 냉각탑
③ 원심식 냉각탑 ④ 개방식 냉각탑

[해설] 주변의 공기와 열교환하여 냉각하는 냉각탑은 개방식 냉각탑이다.

정답 5. ① 6. ④ 7. ① 8. ④ 9. ① 10. ④

11. 불응축 가스가 냉동기에 미치는 영향에 대한 설명으로 틀린 것은?
① 토출가스 온도의 상승
② 응축압력의 상승
③ 체적 효율의 증대
④ 소요동력의 증대

[해설] 불응축 가스가 존재하게 되면 응축압력이 상승하게 되며 압축기의 토출압력 또한 높아지게 된다. 즉, 압축비의 증대로 체적 효율은 감소하게 되고 동력 소비는 증대된다.

12. 불응축 가스를 제거하는 역할을 하는 장치는?
① 중간냉각기 ② 가스퍼저
③ 제상장치 ④ 여과기

[해설] 가스퍼저는 응축기와 수액기 상부에 모인 불응축 가스를 방출하는 부속기기이다.

13. 다음 조건을 갖는 수랭식 응축기의 전열면적은 약 얼마인가? (단, 응축기 입구의 냉매가스의 엔탈피는 450 kJ/kg, 응축기 출구의 냉매액의 엔탈피는 150 kJ/kg, 냉매 순환량은 100 kg/h, 응축온도는 40°C, 냉각수 평균온도는 33°C, 응축기의 열관류율은 800 kJ/m² · h · °C이다.)
① 3.86 m² ② 4.56 m²
③ 5.36 m² ④ 6.76 m²

[해설] $Q = K \times F \times \Delta t_m$ 에서
$(450-150) \text{kJ/kg} \times 100 \text{ kg/h}$
$= 800 \text{ kJ/m}^2 \cdot °C \times F \times (40°C - 33°C)$
∴ $F = 5.36 \text{ m}^2$

14. 응축기에서 두께 3 mm의 냉각관에 두께 0.1 mm의 물때와 0.02 mm의 유막이 있다. 열전도도는 냉각관 40 kJ/m · h · °C, 물때 0.8 kJ/m · h · °C, 유막 0.1 kJ/m · h · °C이고 열전달률은 냉매측 2500 kJ/m² · h · °C, 냉각수측 1500 kJ/m² · h · °C일 때 열통과율은 약 얼마인가?
① 681.8 kJ/m² · h · °C
② 618.7 kJ/m² · h · °C
③ 714.7 kJ/m² · h · °C
④ 741.8 kJ/m² · h · °C

[해설] 열통과율(k)
$= \dfrac{1}{\dfrac{1}{2500} + \dfrac{0.003}{40} + \dfrac{0.0001}{0.8} + \dfrac{0.00002}{0.1} + \dfrac{1}{1500}}$
$= 681.8 \text{ kJ/m}^2 \cdot h \cdot °C$

15. 냉동기에서 성적계수가 6.84일 때 증발온도가 −15°C이다. 이때 응축온도는 몇 °C인가?
① 17.5 ② 20.7
③ 22.7 ④ 25.5

[해설] $COP = \dfrac{T_2}{T_1 - T_2}$
$T_2 = 273 + (-15) = 258 \text{ K}$
$6.84 = \dfrac{258}{T_1 - 258}$
∴ $T_1 = 295.71 \text{ K} = 22.7°C$

16. 냉동사이클에서 응축온도 상승에 의한 영향과 가장 거리가 먼 것은?
① COP 감소
② 압축기 토출가스 온도 상승
③ 압축비 증가
④ 압축기 흡입가스 압력 상승

[해설] 응축온도가 상승하면 응축압력 상승으로 압축비가 증대하며 흡입압력과는 관계가 없다.

17. 외기 습구온도에 영향을 받는 것은?
① 증발식 응축기
② 대기식 응축기

정답 11. ③ 12. ② 13. ③ 14. ① 15. ③ 16. ④ 17. ①

③ 입형 앤드 튜브식 응축기
④ 7통로식 응축기

[해설] 증발식 응축기는 물의 증발잠열에 의하여 냉각수의 온도를 낮추므로 외기 습구온도에 영향을 받는다.

18. 다음 설명 중 틀린 것은?
① 응축기의 역할은 저온, 저압의 냉매 증기를 냉각하여 액화시키는 것이다.
② 응축기의 용량은 응축기에서 방출하는 열량에 의해 결정된다.
③ 응축기의 열 부하는 냉동능력과 압축기 소요 일의 열당량을 합한 값과 같다.
④ 응축기 내에서의 냉매상태는 과열영역, 포화영역, 액체영역 등으로 구분할 수 있다.

[해설] 응축기는 고온, 고압의 기체 냉매를 고온, 고압의 액체 냉매로 만드는 역할을 한다.

19. 다음 냉동장치에 이용되는 응축기에 관한 설명 중 틀린 것은?
① 증발식 응축기는 주로 물의 증발로 인해 냉각하므로 잠열을 이용하는 방식이다.
② 이중관식 응축기는 좁은 공간에서도 설치가 가능하므로 설치면적이 작고, 또 냉각수량도 적기 때문에 과냉각냉매를 얻을 수 있는 장점이 있다.
③ 입형 셸 튜브 응축기는 설치면적이 작고 전열이 양호하며 운전 중에도 냉각관의 청소가 가능하다.
④ 공랭식 응축기에서의 능력 변동 요소는 공기의 습구온도이다.

[해설] 공랭식 응축기는 건구온도 변화에 의하여 능력이 좌우된다.

정답 18. ① 19. ④

제5장 증발기

1 보데로 냉각기

① 구조는 대기식 응축기와 같은 구조이다.
② 습식 팽창형이다.
③ 액체가 동결하여도 장치에 대한 위험성이 적다.
④ 물이나 우유의 냉각에 사용된다.
⑤ 냉각관 청소가 쉬우므로 위생적이다.
⑥ 서지 드럼(surge drum)과 저압 플로트 밸브에 사용된다.

2 탱크형 냉각기(헤링본식 증발기)

① 주로 암모니아용이며, 제빙에 사용한다.
② 만액식이다.
③ 전열률이 양호하다.
④ 브라인 교반기가 있다.
⑤ **냉각관 주위 유속** : 0.3~0.75 m/s

3 캐스케이드 증발기

① 액냉매를 공급하고 가스를 분리하는 형식이다.
② 공기 동결식의 동결 선반에 사용한다.
③ 액 헤더 : 2, 4, 6, 가스 헤더 : 1, 3, 5

4 직접 팽창식과 브라인식의 장단점

① **직접 팽창식**

⑴ 장점
- 동일한 냉장고 온도 유지에 대하여 냉매의 증발온도가 높다.
- 시설이 간단하다.

⑵ 단점
- 냉매의 누설에 의한 냉장품의 손상 우려가 있다.
- 여러 개의 냉장실을 동시에 운영할 때 팽창밸브의 수가 많다.
- 능률적인 냉동기 운전이 곤란하다.
- 압축기 정지와 동시에 냉장실 온도가 상승한다.

② **간접 팽창식**

⑴ 장점
- 냉매의 누설에 의한 냉장품의 손상 우려가 없다.
- 냉장실이 여러 개일 때도 능률적인 운전이 가능하다.
- 운전이 정지되더라도 온도 상승이 느리다.

⑵ 단점
- 동일한 냉장고 온도 유지에 대하여 냉매의 증발온도가 낮다.
- 구조가 복잡해진다.
- 동력소비가 크다.

5 직접 팽창식과 브라인식의 비교(동일한 실온을 얻는 경우)

구분	직접 팽창식	브라인식
냉매의 증발온도	고	저
소요동력	소	대
설비의 복잡성	간단	복잡
냉매 순환량	소	대
냉동능력(RT)	소	대
냉매 충진량	대	소

출제 예상 문제

1. 다음 사항은 증발기의 구조와 작용에 관한 설명이다. 이 중 옳은 것은?
① 동일 운전상태에서는 만액식 증발기가 건식 증발기보다 열통과율이 나쁘다.
② 만액식 증발기에서 부하가 커지면 냉매 순환량이 작아진다.
③ 건식 증발기는 주로 온도식 팽창밸브와 모세관을 팽창밸브로 사용한다.
④ 증발기의 냉각능력은 전열면적이 작을수록 증가한다.
[해설] 건식 증발기는 증발기 내의 액과 가스의 비율이 25 : 75로 냉매량이 적기 때문에 모세관이나 온도식 자동팽창밸브를 이용한다.

2. 냉매액 강제순환식 증발기에 대한 설명 중 틀린 것은?
① 냉매액이 충분한 속도로 순환되므로 다른 증발기에 비해 전열이 좋다.
② 일반적으로 설비가 복잡하며 대용량의 저온냉장실이나 급속 동결장치에 사용한다.
③ 강제순환식이므로 증발기에 오일이 고일 염려가 적고 배관 저항에 의한 압력강하도 보강된다.
④ 냉매액의 의한 리퀴드 백(liquid back)의 발생이 적으며 저압 수액기와 액펌프의 위치에 제한이 없다.
[해설] 강제순환식 증발기의 경우 액펌프를 저압 수액기보다 하단에 설치해야 공동 현상을 방지할 수 있으며 저압 수액기에서 액을 분리하여 압축기로 리퀴드 백을 방지할 수 있다.

3. 동일한 냉동실 온도 조건으로 냉동설비를 할 경우 브라인식과 비교한 직접 팽창식의 설명으로 옳지 않은 것은?
① 냉매의 증발온도가 낮다.
② 냉매 소비량(충전량)이 많다.
③ 소요동력이 적다.
④ 설비가 간단하다.
[해설] 직접 팽창식은 냉매와 피냉각물체가 직접 열교환하는 것으로 브라인식에 비하여 증발온도가 높고 열효율이 좋은 장점이 있으나 일정 이상의 부하 변동 시 대응이 곤란한 단점이 있다.

4. 다음 내용은 브라인에 대한 설명이다. 틀린 것은?
① 브라인은 농도가 진하게 될수록 부식성이 크다.
② 염화칼슘 브라인은 동결점이 매우 낮으며 부식성도 비교적 적다.
③ 염화나트륨 브라인은 염화칼슘 브라인에 비해 동결온도는 아주 높고 금속 재료에 대한 부식성도 크다.
④ 브라인에 대한 부식 방지를 위해서는 밀폐순환식을 채용하여 공기에 접촉하지 않게 해야 한다.
[해설] 브라인(간접 냉매)은 감열에 의하여 열을 운반하는 냉매로 브라인의 농도보다는 pH 값에 의하여 부식성 정도가 달라지는데 일반적으로 브라인의 pH는 7.5~8.2 정도가 적당하다.

5. 증발압력이 낮아졌을 때에 관한 설명 중

정답 1. ③ 2. ④ 3. ① 4. ① 5. ③

옳은 것은?
① 냉동능력이 증가한다.
② 압축기의 체적 효율이 증가한다.
③ 압축기의 토출가스 온도가 상승한다.
④ 냉매 순환량이 증가한다.

[해설] 증발압력이 낮아지면 압축비 증대로 토출가스 온도가 상승하게 된다.

6. 다음은 증발기에 관한 내용이다. 잘못 설명된 것은?
① 냉매는 증발기 속에서 습증기가 건포화증기로 변한다.
② 건식 증발기는 유회수가 용이하다.
③ 만액식 증발기는 리퀴드백을 방지하기 위해 액분리기를 설치한다.
④ 액순환식 증발기는 액펌프나 저압 수액기가 필요 없으므로 소형 냉동기에 유리하다.

[해설] 액순환식 증발기는 액펌프나 저압 수액기에 의하여 강제순환되는 방식으로 급속 동결을 요하는 장치에 많이 이용되고 있다.

7. 193 kW의 브라인 쿨러에서 입구온도 −15 ℃일 때 브라인의 유량은 0.5 m³/min이라면 출구의 온도는 약 몇 ℃인가?(단, 브라인의 비중은 1.27, 비열은 2.772 kJ/kg · ℃이다.)
① −20.3℃   ② −21.6℃
③ −11℃   ④ −18.3℃

[해설] 193 kJ/s × 60 s/min
= 500 L/min × 1.27 kg/L × 2.772 kJ/kg · ℃
× {(−15) − t}
∴ t = −21.578 ≒ −21.6℃

8. 어떤 냉장고의 증발기가 냉매와 공기의 평균 온도차가 8℃로 운전되고 있다. 이때 증발기의 열통과율이 84 kJ/m² · h · ℃라

고 하면 1냉동톤당 증발기의 소요 외표면적은 몇 m²인가?(단, 1RT = 3.86 kW)
① 15.03   ② 17.83
③ 20.68   ④ 23.42

[해설] $Q = K \times F \times \Delta t_m$

$F = \dfrac{Q}{K \times \Delta t_m} = \dfrac{3.86 \, kJ/s \times 3600 \, s/h}{84 \, kJ/m^2 \cdot h \cdot ℃ \times 8℃}$

$= 20.68 \, m^2$

9. 제빙장치에서 두께가 29 cm인 얼음을 만드는 데 48시간이 걸렸다. 이때의 브라인 온도는 약 몇 ℃인가?
① 0℃   ② −10℃
③ −20℃   ④ −30℃

[해설] $T = \dfrac{0.56 \times t^2}{-t_b}$

여기서, T : 결빙시간
t : 얼음의 두께
t_b : 브라인 온도

$48 = \dfrac{0.56 \times 29^2}{-t_b}$

∴ $t_b = -9.8℃ ≒ -10℃$

10. 제빙에 필요한 시간을 구하는 식으로 $\tau = (0.53 \sim 0.6)\dfrac{a^2}{-b}$ 과 같은 식이 사용된다. 이 식에서 a와 b가 의미하는 것은?
① a : 결빙두께, b : 브라인온도
② a : 브라인온도, b : 결빙두께
③ a : 결빙두께, b : 브라인유량
④ a : 브라인유량, b : 결빙두께

[해설] a : 얼음의 두께(cm)
b : 브라인 온도(℃)
상수는 통상 0.56을 많이 사용한다.

11. 제빙장치에서 158 m³ 빙관을 사용하여 만든 얼음의 중량은 약 얼마인가?
① 약 145 kg   ② 약 175 kg

[정답] 6. ④   7. ②   8. ③   9. ②   10. ①   11. ①

③ 약 225 kg   ④ 약 275 kg

[해설] 순수한 물이 0℃에서 얼게 되면 체적은 약 9% 증가하게 된다. 그러므로 물로 변하면 (158/1.09) = 145 kg이다.

12. 제빙능력은 원료수 온도 및 브라인 온도 등의 조건에 따라서 다르다. 다음 중 제빙에 필요한 냉동능력을 구하는 데 필요한 항목으로 거리가 먼 것은?
① 온도 t_w[℃]의 제빙용 원수를 0℃까지 냉각하는데 필요한 열량
② 물의 동결 잠열에 대한 열량(79.68 kcal/kg)
③ 제빙장치 내의 발생열과 제빙용 원수의 수질 상태
④ 브라인 온도 t_1[℃] 부근까지 얼음을 냉각하는 데 필요한 열량

[해설] 제빙용 원수의 수질 상태는 얼음의 식용 또는 식품 저장용과 관계있고 냉동능력과는 무관하다.

13. 다음 중 얼음 제조 설비가 아닌 것은 어느 것인가?
① 팩 아이스 머신(pack ice machine)
② 칩 아이스 머신(chip ice machine)
③ 드라이 아이스(dry ice)
④ 튜브 아이스 머신(tube ice machine)

[해설] 소형빙의 제조 장치 종류
 (가) 팩 아이스 머신(pack ice machine)
 (나) 플레이크 아이스 머신(flake ice machine)
 (다) 튜브 아이스 머신(tube ice machine)
 (라) 칩 아이스 머신(chip ice machine)
 (마) 플레이트 아이스 머신(plate ice machine)

14. 냉동장치의 제상에 대한 설명 중 맞는 것은?
① 제상은 증발기의 성능 저하를 막기 위해 행해진다.
② 증발기에 착상이 심해지면 냉매 증발압력은 높아진다.
③ 살수식 제상 장치에 사용되는 일반적인 수온은 50~80℃로 한다.
④ 핫가스 제상이라 함은 뜨거운 수증기를 이용하는 것이다.

[해설] 제상은 증발기 코일 표면에 부착하는 서리를 제거하여 증발기 성능을 향상시키는 것으로 대부분 고압가스 제상을 행한다. 온수 살포 제상의 경우 온수의 온도는 20℃ 정도이며 수증기를 이용하는 제상은 행하지 않는다.

15. 증발기의 착상이 냉동장치에 미치는 영향에 대한 설명 중 틀린 것은?
① 냉동능력 저하에 따른 냉장(동) 실내 온도 상승
② 증발온도 및 증발압력의 상승
③ 냉동능력당 소요동력의 증대
④ 액압축 가능성의 증대

[해설] 착상은 증발기에 서리가 부착하게 되는 현상으로 냉매와 피냉각체의 열교환이 저해되므로 증발압력이 낮아지게 된다.

16. 고온가스 제상(hot gas defrost) 방식에 대하여 설명한 것이다. 관계가 먼 것은?
① 압축기의 고온 고압가스를 이용한다.
② 소형 냉동장치에 사용하면 언제라도 정상 운전을 할 수 있다.
③ 비교적 설비하기가 용이하다.
④ 제상 소요시간이 비교적 짧다.

[해설] 고온가스 제상(hot gas defrost)은 고온의 가스를 증발기로 보내 응축잠열을 이용하여 제상하는 방법으로 비교적 용이하게 설비를 할 수 있으며 제상 소요시간도 짧으므로 경제적 운전이 가능하나 제상 시 응축된 액

정답 12. ③   13. ③   14. ①   15. ②   16. ②

을 다른 증발기로 보내야 하므로 정상 운전까지는 시간을 요한다.

17. 일반적으로 사용되고 있는 제상 방법이라고 할 수 없는 것은?
① 핫 가스에 의한 방법
② 전기가열기에 의한 방법
③ 운전 정지에 의한 방법
④ 액 냉매 분사에 의한 방법
[해설] ①, ②, ③항 이외에 온수 살포에 의한 방법, 브라인 분무에 의한 제상 등이 있다.

18. 냉동고내 유지온도에 따라 저압압력이 낮아지는 원인이 아닌 것은?
① 고내 공기가 냉각되므로 증발기에 서리가 두껍게 부착한다.
② 냉매가 장치에 과충전되어 있다.
③ 냉장고의 부하가 작다.
④ 냉매 액관 중에 플래시가스(flash gas)가 발생하고 있다.
[해설] 냉매 충전량이 부족하게 되면 냉매 순환량 또한 감소하게 되어 저압은 낮아지게 된다.

19. 다음 빙축열 방식에 대한 설명 중 틀린 것은?
① 제빙을 위한 냉동기 운전은 냉수 취출을 위한 운전보다 증발온도가 낮기 때문에 성능계수(COP)가 높아 20~30% 소비동력이 감소한다.
② 냉매의 종류는 프레온 냉매를 직접 제빙부에 공급하는 직접팽창식과 냉동기에서 냉각된 브라인을 제빙부에 공급하는 브라인 방식으로 나눈다.
③ 제빙 방식은 축열조 내측 또는 외측에 얼음을 생성시키는 정적 제빙 방식과 축열조 외부에서 제빙하고 그 얼음을 축열조에 옮겨 축열하는 동적 제빙 방식으로 나눈다.
④ 빙축열조 축열용량 = 냉동기 능력 × 야간 축열 운전시간이 된다. 여기에 제빙 온도 등을 고려하여 기기를 선정한다.
[해설] 증발온도는 높게 유지하고 응축온도는 낮게 유지하는 것이 성적계수가 양호해진다.
빙축열의 장점
㈎ 잠열을 이용하므로 축열조 크기를 축소할 수 있다(수축열의 1/4~1/10).
㈏ 환수에 의한 온도 혼합, 즉 유용에너지의 감소가 거의 없다.
㈐ 열손실도 1~3%로 작아진다.
㈑ 펌프, 팬 등의 동력비가 감소한다.
㈒ 부하측 순환회로가 폐회로가 되므로 배관 부식 문제가 해결된다.
㈓ 축열조가 작으므로 전반적으로 가격이 낮아진다.

20. 빙축열 방식이 수축열 방식에 비해 유리하다고 할 수 없는 것은?
① 축열조를 소형화할 수 있다.
② 낮은 온도를 이용할 수 있다.
③ 난방 시의 축열대응에도 적합하다.
④ 축열조의 설치장소가 자유롭다.
[해설] 빙축열은 공기와 얼음을 열교환시켜 냉방하는 것으로 난방과는 관계가 없다.

정답 17. ④ 18. ② 19. ① 20. ③

제6장 팽창밸브

1 온도식 자동 팽창밸브

① 2개의 벨로스를 갖는 디트로이트(Detroit)형과 다이어프램형의 2가지가 있다.
② 주로 프레온 건식 증발기에 사용한다.
③ 증발기 출구 냉매의 과열도를 일정하게 한다.
④ 부하 변동에 따른 유량 제어가 가능하다.
⑤ 내부 균압형과 외부 균압형이 있다.

내부 균압형   외부 균압형

⑥ 과열도
  (가) 부하 변동이 작은 곳 : 3℃
  (나) 부하 변동이 큰 곳 : 7℃
  (다) 일반적인 부하 변동 : 5℃
⑦ 코일 내의 압력강하($0.14\,kg/cm^2$ 이상)가 있을 때 : 외부 균압형 사용, 코일 내의 압력강하($0.14\,kg/cm^2$ 미만)가 없을 때 : 내부 균압형 사용
⑧ 다이어프램 상부에는 감온통의 압력이 하부에는 조정스프링의 압력과 증발기 입구 압력이 걸려 있다.
⑨ **외부 균압관** : 증발기 코일 내에 압력강하($0.14\,kg/cm^2$ 이상)가 있으면 감온통 부분의 포화온도는 증발기 입구의 포화온도보다 항상 낮다. 따라서 팽창밸브를 정상으로 조정해도 팽창밸브는 적게 열리게 된다. 그러면 냉매량이 적게 공급되어 냉동능력이

감소되므로 외부 균압관을 설치하여 강하된 압력을 다이어프램 하부에 걸리게 함으로써 코일에서 발생하는 압력강하의 영향을 없애준다.
⑩ 팽창밸브 직전에 전자밸브를 설치하여 압축기 정지 시 계속 증발기 내로 유입되는 것을 방지한다.
⑪ **감온통 내의 냉매 충전**
  (가) 가스 충전
   - 충전된 가스는 장치 내의 냉매와 동일하다.
   - 가스 충전 시 충전된 가스는 감온통 내의 온도가 일정 온도 이상이 되면 과열만 될 뿐, 압력 상승이 별로 없기 때문에 감온통 내의 최고 압력을 한정시킨다. 그러므로 증발압력을 일정 압력 이상이 되지 않게 한정시킬 수 있으며 과열도는 일정한 상태 이상은 조정이 불가능하다.
   - 감온통의 부착 위치는 항상 밸브 본체보다 온도가 낮은 곳이어야 한다(응축액화 방지).
  (나) 액 충전
   - 밸브 본체의 온도와 관계없이 여하한 경우에도 액이 감온통 내에 남아 있도록 충분히 충전한다.
   - 부하 변동이 크더라도 과열도가 일정하게 유지된다.
   - 기동 시 부하가 장시간 걸리는 것이 단점이다(압축기 정지 시 흡입관이 과열되어 밸브가 열리기 때문에).
  (다) 액 크로스 충전
   - 충전되는 냉매는 장치 내 사용 냉매와 다르다.
   - 저온용에 적합하다.
⑫ **온도식 자동 팽창밸브의 설치**
  (가) 밸브 본체
   - 증발기 가까운 곳에 설치한다.
   - 냉매 분배기 가까운 곳에 설치한다.
   - 가스 충전 팽창밸브일 때는 감온통 설치위치보다 따뜻한 곳에 설치한다.
  (나) 감온통의 설치
   - 증발기 출구 압축기 흡입관에 설치한다.
   - 강관일 때는 알루미늄칠을 하여 녹을 방지한다.
   - 흡입관 외경이 (7/8)″ 이하일 경우 : 흡입관 상부
     흡입관 외경이 (7/8)″ 이상일 경우 : 수평보다 45° 하부에 부착한다.
   - 외기의 영향을 받을 때는 보온해 준다.
   - 감온도를 증가시키기 위해 감온통 포켓을 설치한다.
   - 여하한 경우에도 트랩에 설치하는 것은 피한다.
   - 감온통 충전구가 상부로 향하게 한다.

㈐ 외부 균압관의 설치
  • 증발기 출구의 감온통 부착 위치 뒤에 설치한다.
  • 항상 흡입관 상부에 연결한다.

⑬ **냉매 분배기**(distributor) : 팽창밸브에서 증발기로 보낼 경우에 각 계통의 증발기에 균등량의 냉매를 흐르게 하는 데 사용된다.

2 정압식 자동 팽창밸브

냉동장치 운전 초기에 밸브의 조정 압력(스프링 압력)보다 증발기 내 압력이 높으면 밸브는 닫혀 있다가 압축기가 시동되어 증발기 압력이 스프링 압력보다 낮아지면 밸브가 열리게 된다. 증발압력이 일정 이하로 내려가게 되면 밸브가 열려 냉매를 많이 공급하고 증발압력이 일정 이상 상승하면 밸브가 닫혀 냉매 공급량을 줄인다. 따라서 부하에 따른 유량 제어가 불가능하다.
① 증발기 내의 압력을 일정하게 유지시킨다.
② 냉동부하의 변동이 작을 때 또는 냉수 브라인 등의 동결방지용으로 사용된다.
③ 부하 증대에 따른 유량 제어가 불가능하다.

출제 예상 문제

1. 다음 중 모세관의 압력강하가 가장 큰 경우는?
① 직경이 가늘고 길수록
② 직경이 가늘고 짧을수록
③ 직경이 굵고 짧을수록
④ 직경이 굵고 길수록
[해설] 모세관은 관경이 0.8~1.3 mm 정도이며 관경이 가늘수록 길이가 길수록 압력강하가 증가한다.

2. 모세관의 용도 및 특징에 관한 설명 중 틀린 것은?
① 부하 변동에 따른 유량 조절이 불가능하다.
② 구조가 간단하나 기동 시 경부하 기동이 어렵다.
③ 수분이나 이물질에 의해 동결, 폐쇄의 우려가 있다.
④ 고압측에 수액기를 설치할 수 없다.
[해설] 냉동기 정지 시 모세관은 고저압이 밸런스가 되어 기동 시 경(무)부하 운전이 가능하다.

3. 온도식 자동 팽창밸브에 관한 설명이 잘못된 것은?
① 주로 프레온 냉동기에 사용한다.
② 온도식 자동 팽창밸브의 작동 불량 원인은 감온통이 토출관에 너무 밀착되어 있기 때문이다.
③ 부하 변동에 따라 냉매유량의 제어가 가능하다.
④ 내부 균압형과 외부 균압형이 있다.
[해설] 온도식 자동 팽창밸브의 감온통은 흡입관에 밀착시켜 설치한다.

4. 온도식 자동 팽창밸브의 감온통 설치 방법으로 잘못된 것은?
① 증발기 출구측 압축기로 흡입되는 곳에 설치할 것
② 흡입 관경이 20 A 이하인 경우에는 관 상부에 설치할 것
③ 외기의 영향을 받을 경우는 보온해 주거나 감온통 포켓을 설치할 것
④ 압축기 흡입관에 트랩이 있는 경우에는 트랩 부분에 부착할 것
[해설] 온도식 자동 팽창밸브의 감온통은 흡입관경이 20 mm 이하인 경우 흡입관 상부에, 20 mm 이상인 경우 수평부분보다 45° 하부에 설치하며 흡입관에 트랩이 설치되어 있으면 트랩 전에 설치해야 정확히 감지할 수 있다.

5. 온도식 팽창밸브(thermostatic expansion valve)에 있어서 과열도란 무엇인가?
① 고압측 압력이 너무 높아져서 액냉매의 온도가 충분히 낮아지지 못할 때 정상 시와의 온도차
② 팽창밸브가 너무 오랫동안 작용하면 밸브 시트가 뜨겁게 되어 오동작할 때 정상 시와의 온도차
③ 흡입관 내의 냉매가스 온도와 증발기 내의 포화온도와의 온도차
④ 압축기와 증발기 속의 온도보다 1℃ 정

정답 1. ①   2. ②   3. ②   4. ④   5. ③

도 높게 설정되어 있는 온도와의 온도차
[해설] 과열도란 압축기 흡입가스가 건조포화증기가 열을 받아 과열증기가 된 상태로 흡입가스 온도와 증발온도 차이를 말한다.

6. 다음 팽창밸브에 관한 설명 중에서 맞는 것은?
① 정압식 팽창밸브는 큰 용량에만 사용된다.
② 온도식 자동 팽창밸브는 감온통이 고온을 받으면 냉매의 유량이 증가된다.
③ 모세관은 대형 냉장고 또는 수랭식 콘덴싱 유닛 등에만 적용되고, 소형에는 적용되지 않는다.
④ 수동식 팽창밸브에는 플로트식이 있다.
[해설] 정압식 팽창밸브는 부하 변동에 따라 유량 제어가 불가능하고 증발기 내의 압력을 일정하게 유지시키며 냉수 또는 브라인 동결방지용으로 사용한다. 모세관의 경우에는 부하 변동에 따라 유량 제어가 불가능하므로 주로 소형 냉장고 등에 사용된다. 플로트(float) 식은 부하 변동에 대응하여 유량 제어가 가능하며 대용량의 자동식 팽창밸브에 해당된다.

7. 냉동장치 운전 중 팽창밸브의 열림이 적을 때 발생하는 현상이 아닌 것은?
① 증발압력은 저하한다.
② 순환 냉매량은 감소한다.
③ 압축비는 감소한다.
④ 체적 효율은 저하한다.
[해설] 팽창밸브의 열림이 적을 경우 증발압력 저하로 인하여 압축비가 증가하게 되며 플래시가스 발생의 증가로 냉매 순환량이 감소하게 된다.

8. 다음 중 팽창밸브에 대한 설명으로 틀린 것은?
① 냉동부하 변동에 의해 증발기에 공급되는 냉매량을 제어한다.
② 고압측과 저압측 간의 일정 압력 차를 유지시킨다.
③ 밸브의 교축 작용 시 플래시가스가 발생한다.
④ 증발기 크기, 냉매의 종류에 따라 밸브를 달리할 필요가 없다.
[해설] 냉매의 종류와 증발기 용량에 따라 팽창밸브의 종류를 선정해야 한다.

9. 팽창밸브에 사용하는 감온통의 배관상 설치 위치에 대한 설명이 잘못된 것은?
① 증발기 출구측 흡입관의 수평부에 설치한다.
② 흡입관 관경이 20 mm 이상일 때는 중심부 수평에서 45° 상부에 설치한다.
③ 흡입관 관경이 20 mm 이하일 때는 배관 상부에 설치한다.
④ 트랩부분에는 설치하지 않는다.
[해설] 흡입관경이 20 mm 이하인 경우 흡입관 상부에, 20 mm 초과하는 경우 수평부분보다 45° 하부에 부착해야 한다.

10. 냉동장치의 전자식 팽창밸브에 대한 설명 중 틀린 것은?
① 응축압력 변화에 따른 영향을 받지 않는다.
② 응축기 출구 과냉각의 변화를 보상할 수 있다.
③ 높은 과열도를 유지하여 시스템의 효율을 높일 수 있다.
④ 센서를 사용하여 감지하고 제어함으로써 설치 위치 선정이 용이하다.

[정답] 6. ② 7. ③ 8. ④ 9. ② 10. ③

[해설] 전자식 팽창밸브는 높은 과열도를 유지하면 시스템 효율 자체가 저하하게 되므로 과열도는 너무 높지 않게 유지해야 한다.

11. 냉매 교축 후의 상태가 아닌 것은?
① 온도는 강하한다.
② 압력은 강하한다.
③ 엔탈피는 일정 불변이다.
④ 엔트로피는 감소한다.
[해설] 팽창밸브에서 냉매의 교축작용이 일어나는 것으로, 이때 압력과 온도는 강하하나 엔탈피는 단열변화로 간주하므로 불변이 되며 엔트로피는 증가하게 된다.

12. 증발기 내의 압력에 의해 작동하는 팽창밸브는?
① 정압식 자동 팽창밸브
② 열전식 팽창밸브
③ 모세관
④ 수동식 팽창밸브
[해설] 정압식 자동 팽창밸브 : 증발기 내에서의 증발압력을 일정하게 유지시켜 증발온도를 일정하게 유지하는 방식

13. 팽창밸브 중에서 과열도를 검출하여 냉매 유량을 제어하는 것은?
① 정압식 자동 팽창밸브
② 수동 팽창밸브
③ 온도식 자동 팽창밸브
④ 모세관
[해설] 온도식 자동 팽창밸브(TEV)는 흡입 배관에 감온통을 설치하여 과열도를 일정하게 유지하게 해주는 프레온 소형장치에서 주로 사용한다.

정답 11. ④ 12. ① 13. ③

제7장 제어기기

1 압력자동 급수밸브

① **설치 위치** : 응축기 냉각수 입구
② **작동 개요** : 압축기 토출압력의 변화에 의하여 응축기로 공급하는 냉각수량을 증감시킨다. 항상 응축압력을 일정하게 유지시켜 주며 압축기 정지와 동시에 냉각수 공급을 중단시킨다. 압축기 토출압력이 높아지면 벨로스가 줄어들면서 밸브봉을 밀어낸다. 따라서 밸브가 열리게 되고 냉각수는 응축기로 다량 넘어가게 되며 토출압력이 낮아지면 벨로스가 스프링 압력에 의해 늘어나게 되고 밸브는 닫혀 항상 응축압력을 일정하게 해준다.

(a) 압력자동 급수밸브   (b) 온도자동 급수밸브

2 증발압력 조정밸브(EPR)

① 증발압력이 일정 이하가 되는 것을 방지한다.
② 압축기 흡입관에 설치하며 밸브 입구의 압력에 의해서 작동한다.
③ 냉수 브라인의 동결 방지용으로 사용한다.
④ 고압가스 제상 시 응축기의 압력 제어로 응축기 냉각수의 동결 방지에도 사용한다.
⑤ 한 대의 압축기로 유지온도가 다른 여러 대의 증발기를 사용할 경우 증발압력이 높은 곳에 EPR을 설치하고 제일 낮은 곳에는 체크밸브를 설치한다.
⑥ 냉장실온이 소정 온도 이하가 되면 좋지 않은 경우에 설치한다.
⑦ 냉장실 내가 과도하게 제습되는 것을 방지할 때 사용한다.

3 흡입압력 조정밸브(SPR)

① 흡입압력이 일정 이상이 되는 것을 방지한다.
② 흡입관에 설치하며 밸브 출구의 압력에 의해 작동한다.
③ 흡입압력의 변동이 많은 경우에 사용한다.
④ 저전압에서 높은 흡입력으로 기동 시 사용한다.
⑤ 고압가스 제상으로 흡입압력이 높을 때 사용한다.
⑥ 흡입압력이 과도하게 높아 리퀴드 백이 일어날 경우에 사용한다.

4 고저압 차단 스위치(DPS, HLPS)

① 고압이 일정 이상으로 되거나 저압이 일정 이하로 되면 압축기용 모터를 정지시킨다.
② 고압 차단 스위치와 저압 차단 스위치가 그림과 같이 내장되어 있다.
③ 고압과 저압이 정상일 때는 전류가 5→A→4→2→B→1로 흐른다.
④ 고압이 높아지면 B가 떨어지고 C가 붙음으로 전류는 5→A→4→2→C→3으로 흘러서 경보기가 작동한다.
⑤ 저압이 낮아지면 A가 떨어진다.

5 유압 보호 스위치(OPS)

① 20 HP 이상의 강제 윤활방식을 채택하는 압축기에서 유압이 일정 압력 이하가 되어 일정 시간(60~90초)이 지나면 작동하여 전기적인 접점을 차단시키므로 압축기를 정지시켜 윤활 불량에 의한 압축기 소손을 방지한다.
② OPS가 작동하여 압축기가 정지한 후 재기동시킬 경우는 리셋 버튼을 눌러주어야 하는 수동 복귀형이다.
③ 바이메탈식과 가스통식이 있다.

(a) 바이메탈식   (b) 가스통식

6 단수 릴레이

① **역할** : 냉동장치의 브라인 쿨러나 수냉각기에서 브라인이나 냉수의 유량이 감수되거나 단수되었을 때 동파의 위험이 있게 되고 또 수랭 응축기에서 냉각수 유량이 단수 또는 감수되면 이상 고압 원인이 되므로 이를 방지하기 위해 설치한다.
② **설치 위치** : 냉수 또는 브라인 배관 입구
③ **종류**
　㈎ 플로(flow) 스위치
　㈏ 차압 스위치

④ **설치 시 주의사항**
　㈎ 스위치의 화살표 방향과 유체 흐름 방향을 일치시킨다.
　㈏ 가동편이 흐름에 직각으로 설치되어야 한다.
⑤ 최고 압력 $7\,\text{kg/cm}^2$, 최고 온도 150℃

출제 예상 문제

1. 응축기와 팽창밸브 사이에 설치되는 기기 순서는?
① 응축기 → 사이트 글라스 → 제습기 → 전자밸브 → 팽창밸브
② 응축기 → 제습기 → 사이트 글라스 → 전자밸브 → 팽창밸브
③ 응축기 → 전자밸브 → 제습기 → 사이트 글라스 → 팽창밸브
④ 응축기 → 제습기 → 전자밸브 → 사이트 글라스 → 팽창밸브

[해설] 냉매 봉입량의 과충전을 방지하기 위해 냉매 액관 중 사이트 글라스를 설치한다.

2. 증발압력 조정밸브에 대한 설명 중 틀린 것은?
① 증발기 내 냉매의 증발압력을 일정 압력 이상이 되게 한다.
② 증발기 내의 압력을 일정 압력 이하가 되지 않게 한다.
③ 밸브 입구의 압력으로 작동한다.
④ 1대의 압축기로 증발온도가 다른 여러 대의 증발기를 유지할 때 설치한다.

[해설] 증발압력 조정밸브는 증발기에서 압축기에 이르는 흡입배관에 설치한다. 증발압력 조정밸브는 증발기 내의 증발압력이 소정의 압력 이하가 되는 것을 방지한다.

3. 흡입압력 조정밸브에 관한 사항 중 옳은 것은?
① 냉각부하가 감소하여도 흡입압력이 일정 압력보다 저하하지 않도록 흡입관에 부착한다.
② 증발압력 조정밸브와 같은 것이며 증발기 가까이 설치하면 EPR이라 한다.
③ 흡입압력이 저하하면 열리기 시작하고 상승하면 닫히기 시작하여 압축기용 전동기의 과부하를 방지하는 데 사용한다.
④ 고압가스 제상과는 관계없다.

[해설] 흡입압력 조정밸브는 증발기와 압축기의 흡입관 도중에 설치하여 압축기의 흡입압력이 소정 압력 이상으로 운전되지 않도록 조절하는 것이다.

4. 다음 중 흡입압력 조정밸브에 대한 설명으로 틀린 것은?
① 저전압에서 높은 압력으로 운전될 때 사용된다.
② 흡입압력이 일정 압력 이하가 되는 것을 방지한다.
③ 급격한 부하의 증대로 인하여 리퀴드백의 우려가 있을 때 설치한다.
④ 고압가스 제상장치가 있으면 설치한다.

[해설] 문제 3번 해설 참조

5. 증발압력 조정밸브(EPR)는 밸브의 어느 압력에 의해 작동하는가?
① 어느 압력이라도 관계없다.
② 밸브 중간 압력
③ 밸브 출구측 압력
④ 밸브 입구측 압력

[해설] 흡입압력 조정밸브는 밸브 출구 압력에 의해 작동한다.

정답 1. ① 2. ① 3. ③ 4. ② 5. ④

6. 다음 중 가용전의 역할은 어느 것인가?
① 토출가스 과열에 의한 압축기 파손 방지
② 과열로 인한 이상 고압에 따른 응축기 파손 방지
③ 유분리에서 이상 과열에 의한 윤활유 열화 방지
④ 증발기에서 냉매가 증발하는 온도의 상승 방지

[해설] 가용전은 고압 상승 시 응축기 파손을 막는 안전장치의 일종으로 주로 프레온용 응축기, 수액기에 안전밸브 대신 사용하며 용융온도는 75℃ 이하로 되어 있다.

7. 가용전의 구성요소가 아닌 것은?
① Sn(주석) ② Cd(카드뮴)
③ Bi(비스무트) ④ Cu(구리)

[해설] 가용전은 냉매액과 증기가 공존하고 있는 부분에 설치하여 불의사고 시 일정한 온도에서 녹아 고압가스를 외기로 방출함으로써 이상 고압에 의한 장치 폭발을 방지한다.

8. 파열판이 주로 사용되는 곳은?
① 터보 냉동기 저압측
② 고속다기통 크랭크 케이스
③ 암모니아 만액식 증발기
④ 프레온 냉동기 저압측

[해설] 터보 냉동기는 운전 중 또는 정지 중에도 냉매가 저압측에 모여 있다.

9. 냉동장치 설치 후 제일 먼저 행하여야 하는 시험은?
① 내압시험 ② 기밀시험
③ 진공방치시험 ④ 냉각시험

[해설] 냉동장치 시험 순서 : 내압 → 기밀 → 누설 → 진공방치 → 충전 → 냉각 → 방열 → 해방 순이나 설치 후 제일 먼저 행하는 시험은 누설시험이다. 누설시험이 없으면 진공시험으로 한다.

10. 안전설비를 하기 위하여 냉동배관 이외의 부분에 행하는 시험 중 옳은 것은?
① 냉동기 제작상 내압시험을 하지 않아도 된다.
② 기밀시험에 합격하여 내압시험을 생략해도 된다.
③ 프레온에서 내압시험 시 물을 사용하지 않는 것은 건조가 곤란하기 때문이다.
④ 내압시험 시 사용되는 가스는 공기, 질소 등이다.

[해설] 내압시험은 압축기, 압력용기, 밸브 등 냉동장치의 배관을 제외한 구성기기의 개별적인 것에 대하여 실시하는 시험으로 피시험품에 액체(물, 작동유 등)를 채우고 공기를 완전하게 배제한 다음, 액압을 서서히 가하면서 피시험품의 각부에 이상이 없는 것을 확인하는 것이다.

11. 냉동장치에 열교환기를 설치하는 주요 이유로서 아래 사항 중 맞는 것은?
① 흡입가스를 냉각시켜 실린더의 소손을 방지한다.
② 압축기로 냉매액의 흡입을 방지한다.
③ 액을 냉각시켜 그 중에 포함되어 있는 수분을 동결 제거한다.
④ 고압 응축액을 과냉각시켜 냉동능력을 감소시킨다.

[해설] 열교환기를 설치함으로써 냉매액을 과랭시켜 냉동능력을 증대시키고 흡입가스에 과열도를 주어 성적계수를 증대시키며 리퀴드백도 방지한다.

12. 냉동장치에 사용되는 자동제어기기에 관한 사항 중 옳은 것은?
① 전자밸브는 전류를 많이 흐르게 하면 흐르는 냉매량도 많게 할 수 있다.
② 유압 보호 스위치는 유압이 내려간 경

정답 6. ② 7. ④ 8. ① 9. ③ 10. ③ 11. ② 12. ③

우 유압을 올리기 위한 스위치이다.
③ 고압 스위치는 토출압력이 이상 고압이 되었을 때 작동한다.
④ 냉장고 등의 온도 조절용 T.C는 온도가 일정 이상 올라간 것을 내려주기 위한 장치이다.
[해설] 전자밸브는 전류가 통하면 밸브를 열어주며 전류가 통하지 않으면 밸브를 닫는 단순한 밸브 개폐만 하고 유압 보호 스위치는 유압이 일정 이하가 되면 모터를 정지시킨다.

13. 절수밸브를 사용하는 경우는?
① 냉각수 펌프로서 왕복동 펌프 사용
② 수압이 낮을 때
③ 냉각수 분배 균등
④ 일반적인 대형 에어컨디셔너
[해설] 절수밸브는 응축부하 변동에 따라 냉각수량을 조절한다.

14. 다음은 전자밸브의 응용에 대한 설명이다. 틀린 것은?
① 냉동기의 용량 조절 장치에 사용한다.
② 리퀴드 백 및 액관 조정 장치용으로 사용된다.
③ 냉동기의 온도 조절용으로 사용된다.
④ 프레온 만액식 유회수 장치에 사용된다.
[해설] 온도 조절은 T.C에 의해 작동된다.

15. 전자밸브를 작동시키는 것은?
① 흐르는 전류에 의한 자기작용이다.
② 철심인 영구자석의 힘이다.
③ 흐르는 냉매의 압력이다.
④ 전자밸브 내의 소형전동기 작용이다.
[해설] 전자밸브는 전기가 통하면 열리고, 안 통하면 닫히는 밸브 개폐만 한다.

16. 냉동장치 설치 공사 후에 시행하는 시험에 대해 다음 설명 중 틀린 것은?
① 진공방치시험은 누설을 시험하기 위해 행한다.
② 진공 건조작업은 진공펌프로써 행한다.
③ 누설시험은 상용압력의 0.8배의 압력으로 행한다.
④ 프레온 냉동장치의 누설시험에는 탄산가스를 사용할 수 있다.
[해설] 내압시험 압력은 최소 누설시험 압력의 $\frac{15}{8}$ 배 이상, 기밀시험 압력은 최소 누설시험 압력의 $\frac{5}{4}$ 배 이상으로 한다.

17. 다음은 안전장치에 대한 설명이다. 맞는 것은?
① 안전장치에서 가장 많이 사용되는 것은 중추식이다.
② 안전밸브 전에는 스톱밸브를 설치하지 않아도 된다.
③ 안전밸브의 수리 시 스톱밸브는 닫아 둔다.
④ 안전밸브의 스톱밸브는 항상 닫아 둔다.
[해설] 안전밸브는 스프링식 안전밸브가 가장 많이 사용되며 안전밸브 전의 스톱밸브는 수리 시 이외에는 항상 열어둔다.

18. 고압 차단 스위치가 하는 역할은?
① 이상 고압이 되었을 때 주회로를 차단하여 압축기를 정지시킨다.
② 증발기 내의 이상 고압을 방지하기 위한 것이다.
③ 응축기의 고압 상승을 방지하여 냉각수 펌프의 모터를 차단, 정지시킨다.
④ 수액기 내부의 이상 고압 상승을 방지하기 위하여 설치된 안전장치이다.
[해설] ③ 단수 릴레이에 대한 설명이다.

정답 13. ③ 14. ③ 15. ① 16. ③ 17. ③ 18. ①

제8장 기타기기

1 유분리기

① 유분리기 종류는 원심 분리형, 가스 충돌형, 자연 낙하형의 3종류가 있다.
② 압축기에서 토출가스에 섞여 나가는 윤활유가 응축기 및 증발기에 들어가 전열을 나쁘게 하는 것을 방지하기 위해서 응축기와 압축기 사이에 설치한다.
③ NH_3는 응축기 가까이에, 프레온은 압축기 가까이에 설치한다. 즉, 냉매 가스가 응축이 안 되고 윤활유가 쉽게 분리될 수 있는 곳에 설치한다(NH_3는 압축기와 응축기의 1/4 위치, 프레온은 3/4 위치).
④ NH_3는 윤활유가 탄화하므로 배유시키지만 프레온 냉동기에서는 윤활유가 탄화하지 않으므로 크랭크 케이스 내로 반유시킨다.
⑤ NH_3 유분리기에서 분리된 윤활유는 일단 유류에 저장하여 NH_3 가스는 흡입관으로 보내고 윤활유는 배유시킨다.

유분리기

> **참고** 프레온 냉동기에서 유분리기를 부착하는 예
> ① 만액식 증발기를 사용하는 경우
> ② 상당히 다량의 기름이 토출가스에 혼입되는 것으로 생각되는 경우
> ③ 토출가스 배관이 길어지는 경우
> ④ 증발온도가 낮은 경우

2 액분리기

[액분리기 작용]
① 증발기에서 흡입되는 액립을 분리시켜 액압축을 방지하여 압축기를 보호한다.
② 액분리기는 어큐뮬레이터(accumulator), 석션 트랩(suction trap) 또는 서지 드럼(surge drum)이라고도 한다.
③ 유분리기와 그 구조가 비슷하다.

(a) 원심분리형 (b) 가스충돌형 (c) 원심가스충돌형

액분리기

④ 열교환기의 구조로 된 것은 플래시가스를 분리하여 줌으로써 냉각 코일의 효율을 증대시킨다.
⑤ 기동식 증발기 내의 액이 교란되는 것을 방지한다.
⑥ **가스 속도 : 1 m/s**
⑦ 만액식에서 모든 액분리기는 증발기보다 상부에 설치한다.

3 플래시가스의 영향

① 팽창밸브의 능력이 감퇴되어 증발기 내로 유입되는 실제적 냉매액 감소
② 냉동 능력 감소
③ 냉장실 온도 상승
④ 흡입 가스 과열
⑤ 토출 가스 온도 상승
⑥ 실린더 과열
⑦ 오일 탄화 또는 열화
⑧ 증발 압력 저하

출제 예상 문제

1. 냉동장치의 액분리기에 대한 설명 중 맞는 것으로만 짝지어진 것은?

> ㉮ 증발기와 압축기 흡입측 배관 사이에 설치한다.
> ㉯ 기동 시 증발기 내의 액이 교란되는 것을 방지한다.
> ㉰ 냉동부하의 변동이 심한 장치에는 사용하지 않는다.
> ㉱ 냉매액이 증발기로 유입되는 것을 방지하기 위해 사용한다.

① ㉮, ㉯　　② ㉰, ㉱
③ ㉮, ㉰　　④ ㉯, ㉰

[해설] 액분리기는 증발기와 압축기 사이에 설치하여 증발기에서 급격한 부하 변동 등에 의해 압축기로 액이 들어가는 것을 방지하는 역할을 한다.

2. 다음 중 액분리기에 대하여 기술할 때 옳은 것은?

① 액분리기는 R-22의 냉동장치에서 액을 반드시 건조기로 되돌리는 일을 한다.
② 액분리기는 흡입관 중의 가스와 액을 분리하여 액 압축을 방지시킨다.
③ 액분리기는 압축기에서 액과 가스를 분리하는 것이다.
④ 액분리기는 암모니아의 냉동장치에는 사용하지 않는다.

[해설] 액분리기에서 분리된 냉매 액은 증발기로 되돌리는 방법과 수액기로 회수하는 방법, 열교환기를 이용하여 압축기로 회수하는 방법 등이 있다.

3. 냉동장치에서 액압축이 일어나기 쉬운 조건이 아닌 것은?

① 팽창밸브의 개도가 과소할 때
② 냉동부하의 급격한 변동이 있을 때
③ 운전 정지 시에 액관의 밸브를 닫지 않을 때
④ 흡입관의 도중에 트랩 등 윤활유나 액 냉매가 고이기 쉬운 부분이 있을 때

4. 암모니아 장치에 유분리기를 설치하려 한다. 유분리기를 어느 위치에 설치하면 작용이 양호한가?

① 증발기와 압축기 사이에서 증발기 가까운 쪽
② 증발기와 압축기 사이에서 압축기 가까운 쪽
③ 압축기와 응축기 사이에서 응축기 가까운 쪽
④ 압축기와 응축기 사이에서 압축기 가까운 쪽

[해설] 암모니아는 윤활유와 분리되는 성질이 있기 때문에 가급적 점도가 강한 응축기 가까운 쪽에 유분리기를 설치하여야 한다.

5. 다음 중 유분리기를 반드시 사용하지 않아도 되는 경우는?

① 만액식 증발기를 사용하는 경우
② 토출가스 배관이나 장치 전체의 배관이 길어지는 경우
③ 증발온도가 낮은 경우
④ HFC계 냉매를 사용하는 소형 냉동장치의 경우

정답 1. ①　2. ②　3. ①　4. ③　5. ④

해설 • CFC : 특정 프레온(염소를 포함하여 오존층 파괴의 정도가 높은 화합물)
• HCFC : 지정프레온(염소를 가지고 있지만 수소를 포함하고 있어 오존 파괴가 작은 화합물)
• HFC : 대체프레온(염소를 가지고 있지 않고 수소를 포함한 물질로 오존 파괴 우려가 없는 화합물)

6. 전자밸브(solenoid valve) 설치 시 주의사항이 아닌 것은?
① 코일 부분이 상부로 오도록 수직으로 설치한다.
② 전자밸브 직전에 스트레이너를 장치한다.
③ 배관 시 전자밸브에 부당한 하중이 걸리지 않아야 한다.
④ 전자밸브 본체의 유체 방향성에 무관하게 설치한다.
해설 유체의 흐름 방향과 밸브의 화살표 방향이 일치되게 설치하여야 한다.

7. 냉동장치의 고압부에 대한 안전장치가 아닌 것은?
① 안전밸브
② 고압 압력 스위치
③ 가용전
④ 방폭문
해설 안전밸브와 고압 압력 스위치는 압축기 안전장치이며 토출지변 직전에 설치한다. 가용전은 주변의 화재 등으로 온도가 상승한 경우 작동하는 것으로 주로 토출가스 영향을 직접적으로 받지 않는 응축기 또는 수액기 상부에 설치한다. 카드뮴, 비스무트, 안티몬, 주석, 납 등이 주성분이며 작동온도 65~75℃에서 용융한다.

8. 다음 중 고압 차단 스위치가 하는 역할은 어느 것인가?
① 유압의 이상고압을 자동으로 감소시킨다.
② 수액기 내의 이상고압을 자동으로 감소시킨다.
③ 증발기 내의 이상고압을 자동으로 감소시킨다.
④ 압력이 이상고압이 되었을 때 압축기를 정지시킨다.
해설 고압 차단 스위치(HPS)는 토출밸브와 토출지변 사이에 설치하여 토출압력이 이상 상승하면 작동하여 압축기를 정지시키는 역할을 한다.

9. 냉동장치에서 디스트리뷰터의 역할로서 옳은 것은?
① 냉매의 분배
② 흡입가스의 과열 방지
③ 증발온도의 저하 방지
④ 플래시가스의 발생 방지
해설 디스트리뷰터는 냉매 분배기라 하며, 여러 대의 증발기로 냉매 공급을 균등하게 하는 역할을 한다.

10. 안전밸브의 점검사항이 아닌 것은?
① 분출 전개압력
② 가스 분출 파이프의 지름
③ 분출 정지압력
④ 안전밸브의 누설
해설 안전밸브의 점검사항
㈎ 분출 전개압력
㈏ 분출 정지압력
㈐ 안전밸브 누설검사

11. 냉동장치에서 압력용기의 안전장치로 사용되는 가용전 및 파열판의 설명으로 옳

정답 6. ④ 7. ④ 8. ④ 9. ① 10. ② 11. ①

지 않은 것은?

① 파열판은 내압시험 압력 이상의 압력으로 한다.
② 응축기에 부착하는 가용전의 용융온도는 보통 75℃ 이하로 한다.
③ 안전밸브와 파열판을 부착한 경우 파열판의 파열압력은 안전밸브의 작동 압력 이상으로 해도 좋다.
④ 파열판은 터보 냉동기에 주로 사용된다.

[해설] 파열판은 터보 냉동기에서 냉동기 운전 중이나 정지 중에 냉매가 주로 저압측에 모여 있으므로 저압측의 안전장치로 쓰인다. 정상 운전압력과 파열압력을 고려하여 사용해야 하며 내압시험과는 무관하다. 가용전은 프레온 냉동기의 고압측 안전장치로 주로 토출가스의 영향을 직접적으로 받지 않는 응축기나 수액기 상부에 설치한다. 카드뮴, 비스무트, 안티몬, 주석, 납 등이 주성분이며 용융온도는 68~75℃ 정도이다.

12. 냉동장치에 부착하는 안전장치에 관한 설명이 맞는 것은?

① 안전밸브는 압축기의 헤드나 고압측 수액기 등에 설치한다.
② 안전밸브의 압력이 높은 만큼 가스의 분사량이 증가하므로 규정보다는 높은 압력으로 지정하는 것이 안전하다.
③ 압축기가 1대일 때 고압 차단 장치는 흡입 밸브에 부착한다.
④ 유압 보호 스위치는 압축기에서 유압이 일정 압력 이상이 되었을 때 압축기를 정지시킨다.

[해설] 압축기 안전장치
- 안전두 : 정상고압+3 kg/cm² 로서 고·저압 사이의 격벽에 설치하며 주로 액 압축 시 작동한다.
- 고압 차단 스위치(HPS) : 정상고압+4 kg/cm² 로서 토출밸브와 토출지변 사이에 설치하며 이상 고압 시 압축기를 정지시킨다.
- 안전밸브 : 정상고압+5 kg/cm² 로서 토출밸브와 토출지변 사이에 설치하며 이상 고압 시 냉매 일부를 방출하여 일정한 고압을 유지시킨다.
- 유압 보호 스위치(OPS) : 유압이 일정 이하가 되면 압축기를 정지시킨다.

13. 프레온 냉동장치의 배관공사 중에 수분이 장치 내에 잔류했을 경우 이 수분에 의한 문제점으로 옳지 않은 것은?

① 프레온 냉매와 수분은 거의 융합되지 않으므로 냉동장치 내가 0℃ 이하가 되면 수분은 빙결한다.
② 수분은 냉동장치 내에서 철재 재료 등을 부식시킨다.
③ 증발기 전열 기능을 저하시키고, 흡입관 내 냉매 흐름을 방해한다.
④ 프레온 냉매와 수분은 화합 반응하여 알칼리를 생성시킨다.

[해설] 장치에 수분이 침투하면 미치는 영향
㈎ 프레온
- 팽창변 동결·폐쇄
- 산(HF, HCl)을 생성하여 장치 부식 촉진
- 동부착현상 유발
㈏ 암모니아 : 수분 1% 함유함에 따라 증발온도 0.5℃ 상승
※ 프레온장치에서는 응축기나 수액기 출구에 건조기(dryer)를 설치하여야 하며 암모니아 장치는 배관상의 압력손실을 이유로 사용하지 않는다.

14. 증기 압축식 냉동장치의 운전 중에 리퀴드 해머가 발생되고 있을 때 나타나는 현상 중 옳은 것은?

① 흡입압력이 현저하게 저하한다.
② 토출관이 뜨거워진다.
③ 압축기에 서리가 생긴다.
④ 압축기의 토출압력이 낮아진다.

[정답] 12. ① 13. ④ 14. ③

[해설] 리퀴드 해머 : 비압축성인 액체가 압축기로 흡입되어 압축되는 현상으로, 이때 진동 및 소음이 격심하게 발생되며 토출측 압력계가 심하게 떨리면서 토출관에 서리가 생긴다.

15. 냉매 배관 내에 플래시가스(flash gas)가 발생했을 때 운전상태가 아닌 것은?
① 팽창밸브의 능력 부족 현상
② 냉매 부족과 같은 현상
③ 팽창밸브 직전의 액 냉매의 온도 상승 현상
④ 액관 중의 기포 발생

[해설] 플래시가스 발생은 배관 내의 온도 상승 또는 압력손실에 의한 것으로 이때 냉매의 온도 변화는 없는 상태이다.

16. 프레온 냉동장치에서 가용전에 관한 설명 중 옳지 않은 것은?
① 가용전의 용융온도는 75℃ 이하로 되어 있다.
② 가용전은 Sn(주석), Cd(카드뮴), Bi(비스무트) 등의 합금이다.
③ 온도 상승에 따른 이상 고압으로부터 응축기 파손을 방지한다.
④ 가용전의 구경은 안전밸브 최소구경의 1/2 이하이어야 한다.

[해설] 가용전의 구경은 안전밸브 최소구경의 1/2 이상이어야 한다.

17. 자동제어의 목적이 아닌 것은?
① 냉동장치 운전상태의 안정을 도모한다.
② 냉동장치의 안전을 유지한다.
③ 경제적인 운전을 꾀한다.
④ 냉동장치의 냉매 소비를 절감한다.

[해설] 자동제어는 제어 대상을 일정한 목표값 범위에 수용하도록 상황 변화에 따라 요구되는 수정을 하면서 자동적으로 조절하는 것으로 장치의 안전 및 경제적인 운전을 할 수 있다.

18. 프레온 냉매의 경우 흡입배관에 이중 입상관을 설치하는 목적으로 적합한 것은?
① 오일의 회수를 용이하게 하기 위하여
② 흡입가스의 과열을 방지하기 위하여
③ 냉매액의 흡입을 방지하기 위하여
④ 흡입관에서의 압력강하를 줄이기 위하여

[해설] 평상시에는 가는 관으로 냉매가 흡입되고 굵은 관은 오일에 의하여 폐쇄되어 있다가 증발기 과부하로 흡입가스가 증대되면 굵은 관의 오일이 밀려 올라가 통로가 열리게 되는 현상이 일어날 때 오일 회수를 목적으로 프레온 소형장치에 이중 입상관을 설치한다.

19. 냉장고내 유지온도에 따라 저압압력이 낮아지는 원인이 아닌 것은?
① 냉장고내 공기가 냉각되므로 증발기에 서리가 두껍게 부착한다.
② 냉매가 장치에 과충전되어 있다.
③ 냉장고의 부하가 작다.
④ 냉매 액관 중에 플래시가스(flash gas)가 발생하고 있다.

[해설] 냉매 과충전은 액백 현상이 일어날 우려가 있으며 저압저하 원인과는 관계가 없다.

20. 냉동장치의 제어기기에 관한 설명 중 올바르게 서술한 것은?
① 만액식 증발기에 저압측 플로트식 팽창밸브를 설치하여 증발온도를 거의 일정하게 제어할 수 있다.
② 냉장고용 냉동장치에서 겨울철에 응축온도가 낮아지면 팽창밸브 전후의 압력

정답 15. ③ 16. ④ 17. ④ 18. ① 19. ② 20. ④

차가 커지기 때문에 팽창밸브가 작동하지 않는다.
③ 일반적인 증발압력조정밸브는 증발기 입구측에 설치하여 냉매의 유량을 조절하고 증발기내 냉매의 압력을 일정하게 유지하는 조정밸브이다.
④ R-22를 냉매로 하는 냉방기에서 증발기 출구의 과열도가 커지면 감온통 내의 가스압력이 높아져 온도식 자동 팽창밸브가 닫힌다.

[해설] 저압측 플로트식 팽창밸브는 증발기 부하변동에 따라 유량을 공급하므로 흡입가스 온도를 일정하게 유지하며 응축온도가 낮아지면 고·저압 압력 차이가 작아져 냉매가 순환되지 않는다. 증발압력조정밸브는 증발기 출구측에 설치한다.

21. 냉동장치 제어에 관한 설명 중 올바른 것은?

① 온도식 자동팽창밸브는 증발기 입구의 냉매가스온도가 일정한 과열도로 유지되도록 냉매유량을 조절하는 팽창밸브이다.
② 증발온도가 다른 2대의 증발기를 1대의 압축기로 운전할 때 증발압력 조정밸브는 증발온도가 높은 쪽의 증발기 출구측에 설치한다.
③ 흡입압력 조정밸브는 증발기 입구측에 설치하여 기동 시 과부하 등으로 인해 압축기용 전동기가 손상되기 쉬운 것을 방지한다.
④ 저압측 플로트식 팽창밸브는 주로 건식 증발기의 액면 높이에 따라 냉매의 유량을 조절하는 것이다.

[해설] 온도식 자동팽창밸브는 증발기 출구에서의 과열도를 일정하게 유지하며 흡입압력 조정밸브는 압축기 흡입측에 설치하여 흡입압력이 일정 이상이 되는 것을 방지한다. 저압측 플로트 밸브는 주로 만액식 증발기에 사용하며 액면의 높이에 따라 유량 제어가 된다.

22. 냉동장치의 운전에 관한 다음 설명 중 맞는 것은?

① 압축기에 액백(liquid back) 현상이 일어나면 토출가스 온도가 내려가고 구동 전동기의 전류계 지시값이 변동된다.
② 수액기 내에 냉매액을 충만시키면 증발기에서 열부하 감소에 대응하기 쉽다.
③ 냉매 충전량이 부족하면 증발압력이 높게 되어 냉동능력이 저하한다.
④ 냉동부하에 비해 과대한 용량의 압축기를 사용하면 저압이 높게 되고, 장치의 성적계수는 상승한다.

[해설] 수액기에 냉매액이 만액되면 안전공간이 없어 위험하므로 액은 85% 정도 충만하면 되며 냉매 충전량이 부족하면 흡입가스 과열로 토출가스 상승의 원인이 된다. 압축기 용량이 과대하면 증발기에서 증발하지 못한 냉매액을 흡입하여 액백의 원인이 된다.

23. 다음은 냉동장치에 사용되는 자동제어 기기에 대하여 설명한 것이다. 이 중 옳은 것은?

① 고압 차단 스위치는 토출압력이 이상 저압이 되었을 때 작동하는 스위치이다.
② 온도 조절 스위치는 냉장고 등의 온도가 일정 범위가 되도록 작용하는 스위치이다.
③ 저압 차단 스위치(정지용)는 냉동기의 고압측 압력이 너무 저하하였을 때 차단하는 스위치이다.

정답 21. ② 22. ① 23. ②

④ 유압 보호 스위치는 유압이 올라간 경우에 유압을 내리기 위한 스위치이다.

[해설]
- 고압 차단 스위치(HPS) : 정상고압 + 4 kg/cm² 로서 토출밸브와 토출지변 사이에 설치하며 이상 고압 시 압축기를 정지시킨다.
- 저압 차단 스위치(LPS) : 흡입지변과 흡입밸브 사이에 설치하며 저압(흡입압력)이 규정 압력보다 낮아지면 압축기를 정지시킨다.
- 유압 보호 스위치(OPS) : 유압이 일정 이하가 되면 압축기를 정지시킨다.

24. 냉동장치가 정상적으로 운전되고 있을 때 옳은 설명은?
① 팽창밸브 직후의 온도는 직전의 온도보다 높다.
② 크랭크 케이스 내의 유온은 증발온도보다 낮다.
③ 수액기 내의 액온은 응축온도보다 높다.
④ 응축기의 냉각수 출구온도는 응축온도보다 낮다.

[해설] 팽창밸브에서 압력과 온도를 동시에 낮추기 때문에 팽창밸브 직전의 온도가 높으며 유온은 암모니아의 경우 비열비가 크기 때문에 윤활유 열화, 탄화를 막기 위하여 40℃ 이하로, 프레온인 경우 오일 포밍을 방지하기 위하여 30℃ 이상으로 유지한다. 수액기와 응축기의 액온 온도는 동일하다. 냉각수온과 응축온도는 통상 10℃ 정도 차이가 이상적이며 응축온도가 높아야 한다.

25. 다음 냉동기기에 관한 설명 중 옳은 것은?
① 온도 자동 팽창밸브는 증발기의 온도를 일정하게 유지 제어한다.
② 흡입압력 조정밸브는 압축기의 흡입압력이 설정값 이상이 되지 않도록 제어한다.
③ 전자밸브를 설치할 경우 흐름 방향을 생각할 필요는 없다.
④ 고압측 플로트(float) 밸브는 냉매액의 속도로써 제어한다.

[해설] 온도 자동 팽창밸브는 흡입가스 과열도를 일정하게 유지하여 작동하는 프레온 소형장치에 주로 이용한다. 전자밸브는 흐름 방향(화살표)에 유의하여 설치하며 고압측 플로트 밸브는 고압측 액면의 양에 따라 작동한다.

26. 냉동장치의 운전에 관한 일반사항 중 옳지 못한 것은?
① 펌프 다운 시 저압측 압력은 대기압 정도로 한다.
② 압축기 가동 전에 냉각수 펌프를 기동시킨다.
③ 장시간 정지시키는 경우에는 재가동을 위하여 배관 및 기기에 압력을 걸어둔 상태로 둔다.
④ 장시간 정지 후 시동 시에는 누설 여부를 점검한 후에 기동시킨다.

[해설] 냉동기를 장시간 정지시키는 경우 배관 내의 압력은 대기압 정도로 유지하고 나머지 냉매는 수액기 등에 저장해야 한다.

27. 다음 중 신재생에너지라고 할 수 없는 것은?
① 지열에너지   ② 태양열에너지
③ 풍력에너지   ④ 원자력에너지

[해설] 신재생에너지는 다음과 같이 신에너지와 재생에너지로 분류할 수 있다.
- 신에너지 : 연료전지, 가스화, 수소
- 재생에너지 : 태양, 바이오, 풍력, 수력, 해양, 폐기물, 지열 등

(가) 태양

정답 24. ④ 25. ② 26. ③ 27. ④

㉮ 태양열 : 태양의 열에너지를 집열, 저장, 변환하여 에너지원으로 이용하는 설비
㉯ 태양광 : 태양의 빛에너지를 직접 전기 에너지로 변환하거나 채광에 이용하는 설비
㉰ 바이오 : 생물유기체를 변환하여 바이오 에탄올, 바이오 가스 및 바이오 디젤 등의 에너지원을 생산하는 설비
㉱ 풍력 : 바람의 에너지를 동력으로 변환하여 발전 등에 이용
㉲ 수력 : 물의 유도에너지를 이용하여 발전을 하는 설비
㉳ 연료전지 : 천연가스, 메탄올 등의 연료와 공기를 전기화학반응에 의해 전기 또는 열로 직접 변환하는 설비
㉴ 석탄 : 석탄 연소에서 나오는 화력으로 증기를 발생시켜 증기 터빈을 돌리고 이로 인하여 발전기를 운전하는 설비
㉵ 지열 : 지하의 열을 이용하여 냉·난방 또는 전기로 변환하는 설비
㉶ 해양 : 해양의 조수, 파도, 해류, 온도차 등을 이용한 발전 설비
㉷ 폐기물 : 폐기물을 열분해, 고형화 등의 처리를 통하여 연료화 및 에너지를 생산하는 설비
㉸ 수소 : 물이나 그 밖의 연료로부터 에너지원인 수소를 제조, 저장하여 이용하는 설비

28. 축열시스템의 방식에 대한 설명 중 잘못된 것은?

① 수축열 방식 : 열용량이 큰 물을 축열제로 이용하는 방식
② 빙축열 방식 : 냉열을 얼음에 저장하여 작은 체적에 효율적으로 냉열을 저장하는 방식
③ 잠열축열 방식 : 물질의 융해 및 응고 시 상 변화에 따른 잠열을 이용하는 방식
④ 토양축열 방식 : 심해의 해수온도 및 해양의 축열성을 이용하는 방식

[해설] 토양축열 방식 : 온실 자체의 태양열 집열 기능을 이용하여 낮 동안 승온된 공기를 열교환시켜 땅속에 축열하였다가 온도가 내려간 밤에 방열시켜 난방하는 방식을 말한다. 시설비가 많이 들고 공기순환팬 운전에 전력 소모가 많다. 점질토가 적합하며 파이프 내에 물의 침입이 없어야 한다(시스템 구성 : 송풍팬, 송풍피트). 열교환 내에 축적되는 열을 토양에 일시적으로 저장, 야간에 필요할 때 열을 난방에 이용하는 방법을 말한다.

29. 축열시스템에 대한 설명으로 잘못된 것은?

① 열흐름에 관해서는 모두 축열장치를 경유하는 전력축열과 일부 열을 축열장치를 경유하는 부분축열이 있다.
② 열의 공급방법은 축열장치 단독으로 공급하는 방법과 축열장치와 열원장치에서 동시에 공급하는 방법이 있다.
③ 축열 시간은 일반적으로 야간에 축열, 주간에 방열하는 1일 사이클을 많이 사용한다.
④ 수축열 시스템이란 냉열을 얼음에 저장하는 방법으로 작은 체적에 효율적으로 냉열을 저장하는 방법이다.

[해설] ④항은 빙축열에 대한 설명이다.

30. 수축열 방식의 축열재 구비 조건으로 잘못된 것은?

① 단위체적당 축열량이 적을 것
② 가격이 저렴할 것
③ 화학적으로 안정할 것
④ 열의 출입이 용이할 것

[해설] 단위 체적당 축열량이 커야 능력이 증대된다.

[정답] 28. ④ 29. ④ 30. ①

31. 빙축열 설비의 특징이 아닌 것은?
① 축열조의 크기를 소형화할 수 있다.
② 값싼 심야전력을 사용하므로 운전비용이 절감된다.
③ 자동화 설비에 의한 최적화 운전으로 시스템의 운전 효율이 높다.
④ 제빙을 위한 냉동기 운전은 냉수 취출을 위한 운전보다 증발온도가 낮기 때문에 소비동력은 감소한다.
[해설] ④ 냉수 취출을 위한 운전보다 증발온도가 낮기 때문에 소비동력은 증가하나 심야전력을 이용하므로 운전비용이 감소한다.

32. 최근 에너지를 효율적으로 사용하자는 측면에서 빙축열 시스템이 보급되고 있다. 빙축열 시스템의 분류에 대한 조합으로 적당하지 않은 것은?
① 정적형-관외착빙형
② 정적형-빙박리형
③ 동적형-리퀴드아이스형
④ 동적형-과냉각아이스형
[해설] 빙축열 시스템의 분류
 (가) 정적 제빙형 : 관외착빙형(완전동결형, 직접 접촉형), 관내착빙형, 캡슐형
 (나) 동적 제빙형 : 빙박리형(ice harvest), 액체식 빙생성형(slurry type)

33. 냉동장치에서 공기가 들어 있음을 무엇을 보고 알 수 있는가?
① 응축기에서 소리가 난다.
② 응축기 온도가 떨어진다.
③ 토출온도가 높다.
④ 증발압력이 낮아진다.
[해설] 공기는 불응축 가스이며 냉동장치에 존재하면 공기의 분압만큼 압력이 상승하게 되어 토출가스 온도가 상승하게 되며 소요동력이 증대된다.

34. 다음 중 방열재로 사용되는 재료가 아닌 것은?
① 메틸클로라이드
② 폴리스티렌
③ 폴리우레탄
④ 글라스 울
[해설] 메틸클로라이드(CH_3Cl)는 R-40으로 프레온 냉매이다.

정답 31. ④ 32. ② 33. ③ 34. ①

PART 03

시운전 및 안전관리

시운전 및 안전관리

제1장	기초 전기공학
제2장	회로 이론
제3장	전동기의 원리
제4장	자동제어
제5장	설치검사
제6장	설치안전관리
제7장	안전보호구
제8장	운영안전관리
제9장	기계설비법
제10장	산업안전보건법

1 전기 회로의 기본법칙

$$V = IR$$

여기서, V : 전압(V)
R : 저항(Ω)
I : 전류(A)

① **직렬연결** : 여러 개의 저항이 전지와 다음 그림과 같이 일렬로 연결되어 회로에 흐르는 전류의 통로가 하나일 때 직렬연결되었다고 말한다.

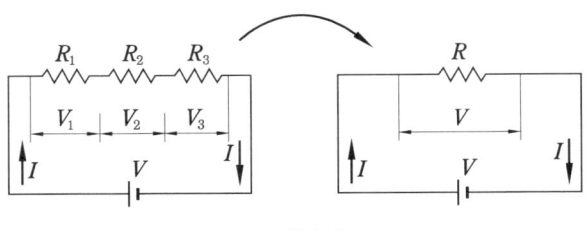

직렬연결

저항의 직렬연결 시 전류값은 같다.

$$R = R_1 + R_2 + R_3 + \cdots$$

② **병렬연결** : 여러 개의 저항들이 다음 그림과 같이 연결되어 있어 각 저항마다 서로 다른 통로를 만들어 줄 때 병렬연결되었다고 말한다.

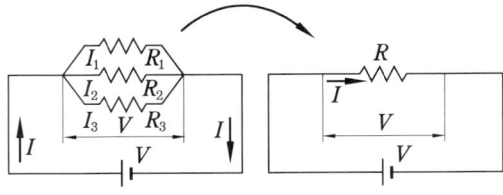

병렬연결

병렬연결된 경우에 각 저항에 걸린 전압은 같다.

$$\frac{1}{R} = \frac{1}{R_1} + \frac{1}{R_2} + \frac{1}{R_3} + \cdots$$

2 키르히호프 법칙

① **키르히호프의 제1법칙(전류 법칙)** : 회로의 임의의 접합점으로 유출입하는 전류의 대수적 총합은 0이다. 즉, 접속점으로 유출입하는 전류의 대수합은 0이다.

유입하는 전류의 합 = 유출하는 전류의 합

$$I_1 + I_2 + I_4 = I_3 + I_5$$

② **키르히호프의 제2법칙(전압 법칙)** : 임의의 폐회로를 따라서 1회전하며 취한 전압 대수의 합은 그 폐회로의 저항에 생기는 전압강하의 대수합과 같다.

기전력 대수합 = 전압강하의 대수합

3 전류 분배 법칙

회로 내의 각 저항기에 동일한 전압이 걸려 있으면 병렬회로라고 한다. 입력전류 I는 V/R_x와 같으며 $V = I_x R_x$이므로

$$I = \frac{V}{R_T} = \frac{I_x R_x}{R_T}$$

여기서, R_T : 병렬회로의 등가합성 저항
I_x : R_x의 병렬회로를 통과하는 전류

$$I_x = \frac{R_T}{R_x} I$$

이 식은 전류 분배 법칙의 일반형이며 어떤 병렬회로를 흐르는 전류는 병렬회로의 전체 등가 합성저항을 결정해야 할 전류가 흐르는 회로의 저항으로 나눈 값과 입력 전류와의 곱이다.

> **참고**
> - **배율기(multiplier)** : 전압계의 측정 범위를 넓히기 위해 전압계에 직렬로 접속하는 저항을 말한다.
> - **분류기(shunt)** : 전류계의 측정 범위를 넓히기 위해 전류계에 병렬로 접속하는 저항을 말한다.

4 휘트스톤 브리지(Wheatstone bridge)

G가 평형이면 $A \cdot B = C \cdot D$

$$\frac{A}{D} = \frac{C}{B}$$

$$B = \frac{D}{A} \cdot C$$

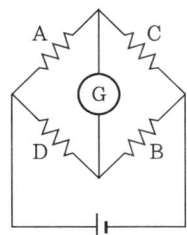

출제 예상 문제

1. 24 C의 전기량이 이동하여 144 J의 일을 한 경우에 기전력은 몇 V나 되는가?

① 6 V   ② 4 V
③ 2 V   ④ 8 V

[해설] $W = V \cdot Q$
일(J) = 기전력(V) × 전기량(C)
$V = \dfrac{W}{Q} = \dfrac{144}{24} = 6\,V$

2. 저항값이 같은 두 개의 도선을 병렬로 연결한 경우 합성저항은 얼마인가?

① 한 도선저항의 2배
② 한 도선저항의 2/3배
③ 한 도선저항과 같다.
④ 한 도선저항의 1/2배

[해설] $R_1 = R_2 = R$이면 병렬 합성저항
$R_T = \dfrac{R_1 \cdot R_2}{R_1 + R_2} = \dfrac{R^2}{2R} = \dfrac{R}{2}$

3. 전류 I, 시간 t, 전기량을 Q라고 할 때 전기량은?

① $Q = \dfrac{I}{t}$ ② $Q = It$
③ $Q = \dfrac{t}{I}$ ④ $Q = \dfrac{1}{It}$

[해설] $I = \dfrac{Q}{t}$에서 $Q = It$

4. 그림에서 a, b 간의 합성저항 정전용량으로 바른 것은?

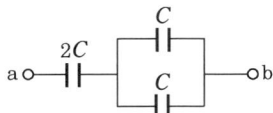

① $4C$ ② $3C$
③ $2C$ ④ C

[해설] 콘덴서의 직·병렬연결로서
$\dfrac{1}{\dfrac{1}{2C} + \dfrac{1}{2C}} = \dfrac{2C \times 2C}{2C + 2C} = C$

콘덴서의 직렬연결은 저항의 병렬연결과 같고, 콘덴서의 병렬연결은 직렬연결과 같다.

5. 다음 그림 중에서 I_1 [A]은 몇 A인가?

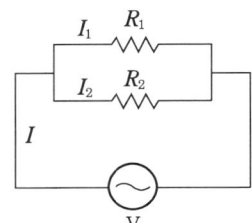

① $\dfrac{R_2}{R_1 + R_2} \cdot I$ ② $\dfrac{R_1}{R_1 + R_2} \cdot I$
③ $\dfrac{R_1 + R_2}{R_2} \cdot I$ ④ $I + I_2$

[해설] 전류 분배 법칙 : 분로전류는 저항에 반비례로 흐른다.
$I_1 = \dfrac{R_2}{R_1 + R_2} \cdot I,\ I_2 = \dfrac{R_1}{R_1 + R_2} \cdot I$

6. 다음 회로에서 2Ω에 흐르는 전류 I_1은 몇 A인가?

정답 1. ① 2. ④ 3. ② 4. ④ 5. ① 6. ②

① 0.8   ② 1.2
③ 1.8   ④ 2

[해설] 합성저항 $= 1.8 + \dfrac{2\times 3}{2+3} = 3\,\Omega$

전전류 $I = \dfrac{V}{R} = \dfrac{6}{3} = 2\,A$

$I_1 = \dfrac{R_2}{R_1 + R_2} \cdot I = \dfrac{3}{2+3} \cdot 2 = 1.2\,A$

7. 다음과 같은 회로에서 저항 R의 값을 E, V, r로 나타낸 것 중 맞는 것은?

① $\dfrac{E-V}{V} \cdot r\,[\Omega]$

② $\dfrac{E}{E-V} \cdot r\,[\Omega]$

③ $\dfrac{V}{E-V} \cdot r\,[\Omega]$

④ $\dfrac{E-V}{E} \cdot r\,[\Omega]$

[해설] $I = \dfrac{E}{r+R} = \dfrac{V}{R} = \dfrac{E-V}{r}$

$R = \dfrac{V}{E-V} \cdot r\,[\Omega]$

8. 접합점의 온도를 달리하여 전기가 흐르는 현상은?

① 펠티어 효과   ② 제베크 효과
③ 전자 효과   ④ 줄·톰슨 효과

[해설] (개) 줄·톰슨 효과 : 유체를 단열 교축 팽창시키면 압력과 온도가 동시에 강하된다.
(내) 제베크 효과 : 도체에 전류를 흐르게 하면 열이 발생하고 열을 가하면 전류가 흐른다.
(대) 펠티어 효과 : 종류가 다른 2종의 금속을 접속하여 전류를 흐르게 하면 한 접합점은 열을 흡수하고 다른 접합점은 열을 방출한다.

9. 기전력 E, 내부저항 r인 전지 n개를 직렬로 연결하면 기전력과 내부 저항은 어떻게 되는가?

① nE, $\dfrac{r}{N}$ ② $\dfrac{E}{N}$, nr

③ nE, nr ④ $\dfrac{E}{n}$, $\dfrac{r}{n}$

[해설] 직렬은 $E_0 = nE$, $r_0 = nr$

병렬은 $E_0 = E$, $r_0 = \dfrac{r}{n}$

10. 지름이 0.6 mm, 고유저항 100 $\mu[\Omega\text{cm}]$인 니크롬선 10 m로 된 200 V용 전열기의 전력은 몇 kW인가?

① 2.26 kW   ② 1.13 kW
③ 0.73 kW   ④ 0.57 kW

[해설] $R = \rho \dfrac{l}{A} = 100 \times \dfrac{1000}{\dfrac{\pi}{4} \times 0.06^2} \times 10^{-6}$

$= 35.3857\,\Omega$

$P = VA = I^2 R = \dfrac{V^2}{R} = \dfrac{200^2}{35.3857}$

$= 1130.4\,W = 1.13\,kW$

11. 5분 동안에 600 C의 전기량이 이동했다면 전류의 크기는 몇 A인가?

① 150   ② 100
③ 50   ④ 2

[해설] $I = \dfrac{Q}{t} = \dfrac{600}{5 \times 60} = 2\,A$

12. 같은 저항 6개를 병렬로 접속하여 120 V 전원에 접속한 결과 30 A 전류가 흘렀다. 저항 1개의 저항값은 몇 Ω인가?

[정답] 7. ③   8. ②   9. ③   10. ②   11. ④   12. ④

① 18　　　　② 20
③ 22　　　　④ 24

[해설] 합성저항 $R = \dfrac{120}{30} = 4\,\Omega$

한 개 저항을 r이라 하면 $R = \dfrac{r}{n}$

$r = R \cdot n = 4 \times 6 = 24\,\Omega$

13. 그림과 같은 브리지의 평형 조건은?

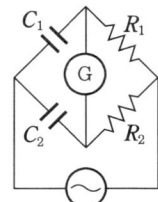

① $\dfrac{1}{C_1 C_2} = R_1 R_2$　　② $C_1 C_2 = R_1 R_2$
③ $C_1 R_2 = C_2 R_1$　　④ $C_1 R_1 = C_2 R_2$

[해설] 평형 조건 : $R_1 \times \dfrac{1}{C_2} = R_2 \times \dfrac{1}{C_1}$

∴ $C_1 R_1 = C_2 R_2$

14. 다음 회로에서 전압 E를 나타내는 식으로 옳은 것은? (단, $V_1 > V_2$)

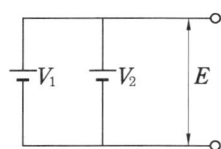

① $E = V_1$　　② $E = V_1 + V_2$
③ $E = V_2$　　④ $E = V_1 - V_2$

[해설] 키르히호프 제2법칙 적용
$E = V_1 - V_2$

15. 30 Ω의 저항으로 △결선 회로를 만든 다음 다시 Y회로로 변환하는 경우에 한 변의 저항은 얼마인가?

① 10 Ω　　　② 15 Ω

③ 30 Ω　　　④ 45 Ω

[해설] $R_Y = \dfrac{1}{3} R_\Delta = \dfrac{1}{3} \times 30 = 10\,\Omega$

16. 그림에서 A-B 접속점 사이의 컨덕턴스는 몇 ℧인가?

① 0.1 ℧　　② 0.2 ℧
③ 0.3 ℧　　④ 0.4 ℧

[해설] 합성저항 $R = \dfrac{10}{2} = 5\,\Omega(\Omega : 옴)$

컨덕턴스 $G = \dfrac{1}{R} = \dfrac{1}{5} = 0.2\,℧\,(℧ : 모)$

17. 코일의 기자력은 전류를 I, 권수를 N, 코일의 길이를 l이라고 하면 다음 중 어느 식으로 표시되는가?

① NI　　　② $N^2 I$
③ $\dfrac{NI}{l}$　　　④ $\left(\dfrac{I}{l}\right)^2 N$

18. 다음 회로에서 전류 I는 몇 A인가?

① 10 A　　　② 8 A
③ 6 A　　　④ 4 A

[해설] 합성저항 R
$= \dfrac{1}{\dfrac{1}{10} + \dfrac{1}{15} + \dfrac{1}{30}} + 3 + \dfrac{30 \times 20}{30 + 20}$
$= 20\,\Omega$

$I = \dfrac{V}{R} = \dfrac{200}{20} = 10\,A$

19. 다음의 회로에서 전압 100 V를 가하였을 때 10 Ω의 저항에 흐르는 전류는 몇 A인가?

① 2 A ② 4 A
③ 6 A ④ 8 A

[해설] 합성저항 $R = 4 + \dfrac{15 \times 10}{15 + 10} = 10\ \Omega$

전전류 $I_0 = \dfrac{V}{R} = \dfrac{100}{10} = 10\ A$

전류 분배 법칙을 적용하면

$I_{10} = \dfrac{R_{15}}{R_{10} + R_{15}} \cdot I_0 = \dfrac{15}{10 + 15} \times 10 = 6\ A$

20. 용량 750 W의 전열기에서 전열기의 길이를 5 % 작게 하면 소비전력은 몇 W인가?

① 580 W ② 790 W
③ 750 W ④ 830 W

[해설] $P = \dfrac{V^2}{R}$에서 전력은 저항에 반비례하고, 저항 R은 길이에 비례하여 감소한다.

$P_2 = 750 \times \dfrac{100}{95} = 790\ W$

21. 10 μF의 콘덴서에 200 V의 전압을 인가했을 때 콘덴서에 축적되는 전하량(C)은 얼마인가?

① 2×10^{-3} C ② 2×10^{-4} C
③ 2×10^{-5} C ④ 2×10^{-6} C

[해설] $Q = E \cdot C = 200 \times 10 \times 10^{-6}$
$\quad\quad = 2 \times 10^{-3}\ C$

22. 어떤 부하에 흐르는 전류와 전압강하를 측정하려고 한다. 이때 전류계와 전압계의 접속방법은?

① Ⓐ, Ⓥ에 모두 부하에 직렬접속한다.
② Ⓐ, Ⓥ를 모두 부하에 병렬접속한다.
③ Ⓐ는 부하에 직렬, Ⓥ는 부하에 병렬로 접속한다.
④ Ⓐ는 부하에 병렬, Ⓥ는 부하에 직렬로 접속한다.

[해설]

23. 다음 회로의 합성용량(C_0)은?

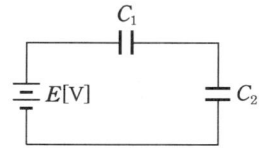

① $C_0 = C_1 + C_2$
② $C_0 = C_2 + C_1$
③ $C_0 = \dfrac{C_1 + C_2}{C_1 \cdot C_2}$
④ $C_0 = \dfrac{C_1 \cdot C_2}{C_1 + C_2}$

[해설] 축전기의 직렬접속 계산법은 저항의 병렬접속 계산법과 같다.

24. 다음 콘덴서의 합성용량은?

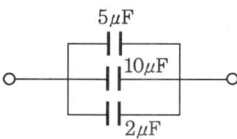

① 10 μF ② 8.5 μF
③ 0.06 μF ④ 17 μF

[해설] 축전기의 병렬접속 계산법은 저항의 직렬접속 계산법과 같다.

$C_0 = C_1 + C_2 + C_3 = 5 + 10 + 2 = 17\ \mu F$

25. 다음의 △회로를 등가 Y로 변환할 때 각 변의 저항은 몇 Ω인가?

① 3.3, 5, 10
② 1, 2, 3
③ 5, 8, 7
④ 3, $\frac{10}{3}$, $\frac{5}{3}$

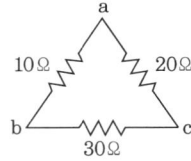

[해설] △→Y로 변환

$R_a = \frac{10 \times 20}{10+20+30} = 3.33\ \Omega$

$R_b = \frac{10 \times 30}{10+20+30} = 5\ \Omega$

$R_c = \frac{20 \times 30}{10+20+30} = 10\ \Omega$

26. 그림에서 a, b회로의 저항은 c, d회로 저항의 몇 배나 되는가?

① 2배
② 3배
③ 4배
④ 5배

[해설] a, b 저항 $R_1 = \frac{2r \times 2r}{2r+2r} = r$

c, d 저항 R_2
$= \frac{2r \times r \times 2r}{2r \times r + 2r \times 2r + 2r \times r} = \frac{4r^3}{8r^2} = \frac{r}{2}$

∴ $\frac{R_1}{R_2} = \frac{r}{\frac{r}{2}} = 2$

27. 다음은 휘트스톤 브리지의 회로도이다. BC 사이에 전류가 흐르지 않을 때 x값은 얼마 정도인가?

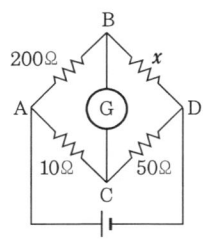

① 100 Ω
② 200 Ω
③ 250 Ω
④ 1000 Ω

[해설] $200 \times 50 = 10x$
∴ $x = 1000\ \Omega$

28. 출력이 3.7 kW인 전동기의 효율이 85%이다. 이 전동기의 손실은 몇 W인가?

① 555 W
② 3145 W
③ 653 W
④ 4352 W

[해설] $\eta = \frac{출력}{입력} = \frac{(입력-손실)}{입력}$

입력 $= \frac{출력}{\eta} = \frac{3700}{0.85} = 4353\ W$

손실 = 입력 - 출력 = 4353 - 3700 = 653 W

29. M.K.S 단위계에서 고유저항의 단위는?

① Ω·cm
② Ω·mm²/m
③ μΩ·cm
④ Ω·m

30. 다음의 그림에서 브리지가 평형이 되기 위한 C_x의 값을 구하면? (단, $P=5$ Ω, $Q=10$ Ω, $C=100$ pF이다)

① 200 pF
② 300 pF
③ 400 pF
④ 500 pF

[해설] $C_x \cdot P = C \cdot Q$

$C_x = \frac{C \cdot Q}{P} = \frac{100 \times 10}{5} = 200\ pF$

31. 그림과 같은 회로에서 15 Ω의 저항에 흐르는 전류는 몇 A인가?

[정답] 25. ①   26. ①   27. ④   28. ③   29. ④   30. ①   31. ②

① 1.5 A
② 2.5 A
③ 15 A
④ 25 A

[해설] 합성저항$(R) = 2 + \dfrac{10 \times 15}{10 + 15} = 8\ \Omega$

전전류$(I) = \dfrac{V}{R} = \dfrac{50}{8} = 6.25\ A$

전류 분배 법칙을 적용하면

$I_1 = \dfrac{R_2}{R_1 + R_2} \cdot I$

$= \dfrac{10}{15 + 10} \times 6.25 = 2.5\ A$

32. 열효율 80 %, 500 W의 온수기로 20℃의 물 1 kg을 5분간 가열할 때 물의 최종 온도는 몇 ℃인가?
① 30℃
② 48.67℃
③ 57.6℃
④ 65℃

[해설] 입열량 $= 0.5\ kW \times 860\ kcal/kW$
$\times \dfrac{5}{60} \times 0.8 = 28.67\ kcal$

$\Delta T = \dfrac{Q}{GC} = \dfrac{28.67}{1 \times 1} = 28.67℃$

∴ $20 + 28.67 = 48.67℃$

33. 5 A의 전류가 1시간 동안 흘렀을 때의 전기량은 몇 C인가?
① 300 C
② 3600 C
③ 9000 C
④ 18000 C

[해설] $Q = It = 5 \times 3600 = 18000\ C$

34. 100 V의 전위차로 5 A의 전류가 3분 동안 흘렀다고 할 때 이 전기가 한 일은 몇 J인가?
① 4500 J
② 9000 J
③ 45000 J
④ 90000 J

[해설] $W = EQ = EIt = 100 \times 5 \times 3 \times 60$
$= 90000\ J$

35. 그림에서 전류 I는 몇 A인가?

① 0.35 A
② 6 A
③ 17 A
④ 23 A

[해설] 키르히호프 제2법칙을 적용하면
기전력 대수의 합 = 전압강하 대수의 합
$6 + 9 - 4.5 + 3 - 7.5 = I(3 + 2 + 4 + 3 + 5)$

$I = \dfrac{6}{17} = 0.35\ A$

36. 정전콘덴서의 전위차와 축적된 에너지와의 관계식을 나타내는 곡선으로 옳은 것은?
① 타원
② 직선
③ 포물선
④ 쌍곡선

37. 다음 회로에서 검류계에 전류가 흐르지 않을 때 성립되는 식 중 틀린 것은?

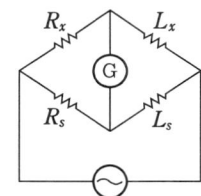

① $L_x = \dfrac{R_x}{R_s} \cdot L_s$

② $L_s = \dfrac{R_s}{R_x} \cdot L_x$

③ $R_x = \dfrac{L_x}{L_s} \cdot R_s$

④ $R_s = \dfrac{L_x}{L_s} \cdot R_x$

[해설] $R_x L_s = R_s L_x$

38. 다음의 휘트스톤 브리지가 평형 상태일 때 흐르는 전류는 몇 A인가?

① 0.4 mA　　② 1.3 mA
③ 2.4 mA　　④ 3.2 mA

[해설] r을 구하면
$10 \times r = 5 \times 20$,
$r = \dfrac{5 \times 20}{10} = 10\,k\Omega$
전체 저항$(R) = \dfrac{15 \times 30}{15 + 30} = 10\,k\Omega$
$I = \dfrac{V}{R} = \dfrac{24}{10000} = 0.0024\,A = 2.4\,mA$

39. 그림과 같은 회로에서 V_1은 몇 V인가?

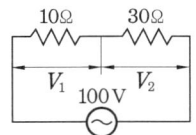

① 10 V　　② 25 V
③ 50 V　　④ 75 V

[해설] 전압 분배 법칙
$V_1 = \dfrac{R_1}{R_1 + R_2} \cdot V = \dfrac{10}{10+30} \cdot 100 = 25\,V$

40. 1 μF과 2 μF인 두 개의 콘덴서가 직렬로 연결된 양단에 150 V의 전압이 가해졌을 때 1 μF의 콘덴서에 걸리는 전압은?

① 50 V　　② 100 V
③ 150 V　　④ 200 V

[해설] $V_1 = \dfrac{C_2}{C_1 + C_2} \cdot V$
$= \dfrac{2}{1+2} \times 150 = 100\,V$

41. 다음 회로의 합성저항은 몇 Ω인가?

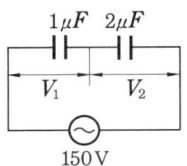

① 25 Ω　　② 20 Ω
③ 15 Ω　　④ 10 Ω

[해설] $R = 10 + \dfrac{10 \times 10}{10 + 10} + 10 = 25\,\Omega$

42. 전원 100 V에 $R_1 = 5\,\Omega$과 $R_2 = 15\,\Omega$의 두 전열선을 직렬로 연결한 경우 옳은 것은?

① R_2는 R_1의 3배의 열을 발생시킨다.
② R_1은 R_2의 3배의 전류가 흐른다.
③ R_1은 R_2의 3배의 전력을 소비한다.
④ R_1과 R_2에 걸리는 전압은 같다.

[해설] ① $H = 0.24 I^2 Rt\,[cal] \rightarrow$ 열은 저항에 비례$(R_1 < R_2)$
② 전류는 직렬연결에서는 같다.
③ $P = I^2 R\,[W] \rightarrow$ 전력은 저항에 비례 $(R_1 < R_2)$
④ 전압 분배 법칙
$V_1 = \dfrac{R_1}{R_1 + R_2} \cdot V\,(V_1 < V_2)$

43. 1개의 저항값이 100 Ω인 저항 4개를 접속하여 얻을 수 있는 가장 작은 저항값은 얼마인가?

① 20 Ω　　② 25 Ω
③ 30 Ω　　④ 35 Ω

[해설] 병렬접속일 때 저항값은 가장 작다.

[정답] 38. ③　39. ②　40. ②　41. ①　42. ①　43. ②

$$R_0 = \frac{R}{n} = \frac{100}{4} = 25\ \Omega$$

직렬접속일 때 $R_0 = nR$

44. 다음의 회로에서 저항 R은 몇 Ω인가?

① 1
② 2
③ 3
④ 4

[해설] $I = \dfrac{V}{R} = \dfrac{20}{10} = 2\ A$

$V_1 = 3 \times 2 = 6\ V$

$V_R = 30 - 20 - 6 = 4\ V$

$R = \dfrac{V}{I} = \dfrac{4}{2} = 2\ \Omega$

45. J/s와 같은 단위는 어느 것인가?

① V
② W·s
③ cal
④ W

[해설] $1\ W = 1\ J/s$

46. 2 ℧의 컨덕턴스에 50 V의 전압을 가한 경우에 흐르는 전류는 몇 A인가?

① 100
② 150
③ 200
④ 250

[해설] $I = \dfrac{1}{R}V = GV = 2 \times 50 = 100\ A$

47. 코일의 저항이 2 Ω이 되도록 지름 1.0 mm의 연동선으로 전자속을 만들려고 한다. 코일의 길이는 대략 몇 m로 하여야 하는가? (단, 연동선의 고유저항은 1.72×10⁻⁸ Ω·m이다.)

① 71
② 81
③ 91
④ 101

[해설] $R = \rho \dfrac{l}{A}$ 에서

$l = \dfrac{RA}{\rho} = \dfrac{2 \times \dfrac{\pi}{4} \times 0.001^2}{1.72 \times 10^{-8}} \fallingdotseq 91\ m$

48. 다음 회로에서 4 Ω에 소비되는 전력은 몇 W인가?

① 100
② 200
③ 300
④ 400

[해설] 합성저항$(R) = 4 + \dfrac{10 \times 15}{10 + 15} = 10\ \Omega$

$I = \dfrac{V}{R} = \dfrac{100}{10} = 10\ A$

$P = I^2R = 10^2 \cdot 4 = 400\ W$

49. 코일의 감긴 수와 전류의 곱을 무엇이라고 하는가?

① 기자력
② 기전력
③ 전자력
④ 역률

50. 동선의 길이를 2배, 반지름을 1/2배로 할 때 저항은?

① 2배
② 4배
③ 8배
④ 16배

[해설] $R_1 = \rho \dfrac{l}{A} = \rho \dfrac{l}{\pi r^2}$

$R_2 = \rho \dfrac{2l}{\pi \left(\dfrac{1}{2}r\right)^2} = 8R_1$

51. R인 저항 n개가 직렬연결일 때의 합성저항은 R인 저항 n개가 병렬연결일 때의 합성저항의 몇 배가 되는가?

① n배
② n^2배
③ $\dfrac{1}{n^2}$배
④ $\dfrac{1}{n}$배

[해설] 직렬 합성저항 $R_t = nR$

병렬 합성저항 $R_t = \dfrac{R}{n}$

$\therefore \dfrac{nR}{\dfrac{R}{n}} = n^2$

정답 44. ② 45. ④ 46. ① 47. ③ 48. ④ 49. ① 50. ③ 51. ②

52. 100 V, 1 kW의 니크롬선을 3/4의 길이로 줄여 사용하게 될 때 소비전력은 몇 kW가 되는가?

① 0.75 kW   ② 1.33 kW
③ 1.25 kW   ④ 1 kW

[해설] $P = \dfrac{V^2}{R}$, $R_1 = \dfrac{V^2}{P} = \dfrac{100^2}{1000} = 10\,\Omega$

$R_2 = R_1 \dfrac{3}{4} = 10 \times \dfrac{3}{4} = 7.5\,\Omega$

$P = \dfrac{V^2}{R_2} = \dfrac{100^2}{7.5} ≒ 1.33\,\text{kW}$

53. 다음 그림과 같은 회로망에서 전류를 계산하는 데 옳게 표시한 식은?

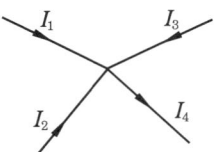

① $I_1 + I_2 + I_3 + I_4 = 0$
② $I_1 + I_2 + I_3 - I_4 = 0$
③ $I_1 + I_2 = I_3 + I_4$
④ $I_1 + I_3 = I_2 + I_4$

[해설] 키르히호프의 제1법칙 $\sum I = 0$
∴ $I_1 + I_2 + I_3 = I_4$, $I_1 + I_2 + I_3 - I_4 = 0$

54. 100 V로 500 W의 전력을 소비하는 전열기가 있다. 이 전열기를 80 V로 사용하면 소비전력은 얼마인가?

① 280 W   ② 320 W
③ 400 W   ④ 540 W

[해설] $P = VI$, $I = \dfrac{P}{V} = \dfrac{500}{100} = 5\,\text{A}$
$P = VI = 80 \times 5 = 400\,\text{W}$

55. "임의의 폐회로에서 유입하는 전류와 유출하는 전류의 대수합은 0이다."라는 법칙은 어느 것인가?

① 쿨롱의 법칙
② 옴의 법칙
③ 패러데이의 법칙
④ 키르히호프의 법칙

56. 4 Ω의 동선이 온도가 20℃에서 80℃로 상승하였을 때 저항은 몇 Ω이 되는가? (단, 동선의 저항 온도 계수 $\alpha = 0.00393$이다.)

① 3.05 Ω   ② 4.05 Ω
③ 4.94 Ω   ④ 5.94 Ω

[해설] $R_T = R_t \{1 + \alpha(T - t)\}$
$= 4\{1 + 0.00393(80 - 20)\} = 4.94\,\Omega$

57. "회로망 중의 임의의 폐회로를 따라 취한 각 회로의 전압강하의 대수합은 그 폐회로 내에 통과하는 기전력의 대수합과 같다."라고 규정하는 법칙은?

① 키르히호프의 제2법칙
② 쿨롱의 법칙
③ 키르히호프의 제1법칙
④ 패러데이의 법칙

[해설] 키르히호프의 제2법칙
$\sum E = \sum IR$

58. 그림과 같이 콘덴서 3 F과 2 F이 직렬로 접속된 회로에 전압 20 V를 가하였을 때 3 F 콘덴서 단자의 전압 V_1은?

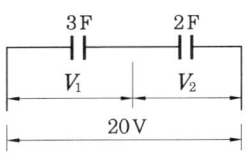

① 5   ② 6
③ 7   ④ 8

[해설] $V_1 = V \times \dfrac{C_2}{C_1 + C_2} = 20 \times \dfrac{2}{3 + 2} = 8\,\text{V}$

[정답] 52. ② 53. ② 54. ③ 55. ④ 56. ③ 57. ① 58. ④

59. 저항값이 일정한 저항부하에 인가전압을 3배로 하면 소비전력은 몇 배가 되는가?
① 1/3배 ② 3배
③ 6배   ④ 9배

[해설] $P = \dfrac{E^2}{R}$ 에서 전력은 전압의 제곱에 비례하므로 $3^2 = 9$

60. 다음 그림과 같은 회로에서 저항 R_2에 흐르는 전류 I_2의 값은?

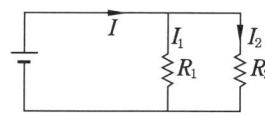

① $\dfrac{R_1 + R_2}{R_1} \cdot I$ ② $\dfrac{R_2}{R_1 + R_2} \cdot I$

③ $\dfrac{R_1 + R_2}{R_1} \cdot I$ ④ $\dfrac{R_1}{R_1 + R_2} \cdot I$

[해설] 전류 분배 법칙 : $I_2 = I \times \dfrac{R_1}{R_1 + R_2}$

61. 그림에서 C_x가 몇 pF인 경우에 이 브리지가 평형 상태가 되는가?

① 300 ② 400
③ 500 ④ 600

[해설] $2\,\Omega \cdot C_x = 8\,\Omega \cdot 100\,\text{pF}$

∴ $C_x = \dfrac{8\,\Omega}{2\,\Omega} \cdot 100\,\text{pF} = 400\,\text{pF}$

62. 회로 내의 전류 I_1은?

① 2.5 A ② 7.5 A
③ 5 A   ④ 10 A

[해설] 전류 분배 법칙

$I_1 = I \times \dfrac{R_2}{R_1 + R_2} = 15 \times \dfrac{10}{5 + 10} = 10\,\text{A}$

$I = \dfrac{V}{R} = \dfrac{50}{\dfrac{5 \times 10}{5 + 10}} = 15\,\text{A}$

[정답] 59. ④ 60. ④ 61. ② 62. ④

제2장 회로 이론

1. 교류회로의 기초

1 주기(T)

1 사이클(cycle)을 만드는 데 요하는 시간(단위 : s)

$\omega T = 2\pi$

2 주파수(f)

단위시간(1초)에 동일한 변화를 반복하는 횟수(단위 : Hz)

$f = 60\,\text{Hz}$: 상용주파수 $\left(T = \dfrac{1}{60}\text{초}\right)$

$f = \dfrac{1}{T}[\text{Hz}]$

$T = \dfrac{1}{f}[\text{s}]$

3 각속도(각주파수, ω)

1초 동안에 회전한 각도(단위 : rad/s)

전기각 $2\pi[\text{rad}] = 1$주기 $= 360°$

$\omega T = 2\pi$

$\therefore\ \omega = \dfrac{2\pi}{T} = 2\pi f[\text{rad/s}]$

4 교류의 크기

① 순싯값 : 시간의 변화 순간의 값
② 최댓값(V_m, I_m) : 순싯값 중의 가장 큰 값

③ **평균값(V_a)** : 순싯값의 반주기에 대한 평균값

④ **실훗값(V_{rms})** : 교류의 크기를 이것과 동일한 일을 행하는 직류의 크기로 환산한 값

> **참고** 파고율 = $\dfrac{최댓값}{실훗값}$, 파형률 = $\dfrac{실훗값}{평균값}$

2. 전력과 역률

1 유효전력 P[W]

$$P = VI\cos\theta = I^2 R = \dfrac{V^2}{R}$$

※ $Q^2 = P^2 + S^2$

(피상전력)^2 = (유효전력)^2 + (무효전력)^2

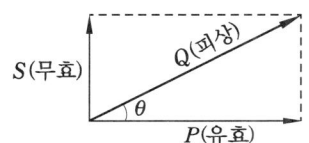

2 피상전력 Q[VA]

$$Q = VI$$

3 무효전력 S[Var]

$$S = VI\sin\theta$$

4 역률($\cos\theta$)

$$\cos\theta = \dfrac{유효전력}{피상전력}$$

5 무효율($\sin\theta$)

$$\sin\theta = \dfrac{무효전력}{피상전력}$$

6 전부하 전류

① 단상 = $\dfrac{용량\ P[\text{W}]}{전압\ V[\text{V}] \times 효율\ \eta[\%] \times 역률(\%)}$

② 3상 = $\dfrac{용량\ P[\text{W}]}{\sqrt{3} \times 전압\ V[\text{V}] \times 효율\ \eta[\%] \times 역률(\%)}$

3. 3상 기전력의 결선

1 △ → Y로 변환

$$R_a = \frac{R_1 \cdot R_2}{R_1 + R_2 + R_3} \qquad R_b = \frac{R_2 \cdot R_3}{R_1 + R_2 + R_3} \qquad R_c = \frac{R_3 \cdot R_1}{R_1 + R_2 + R_3}$$

2 Y → △로 변환

$$R_1 = \frac{R_a R_c + R_c R_b + R_b R_a}{R_b}$$

$$R_2 = \frac{R_a R_c + R_c R_b + R_b R_a}{R_c}$$

$$R_3 = \frac{R_a R_c + R_c R_b + R_b R_a}{R_a}$$

출제 예상 문제

1. 주파수가 60 Hz인 교류의 주기는 몇 s 나 되겠는가?
① 167 s   ② 1.67 s
③ 0.167 s   ④ 0.0167 s

[해설] $T=\dfrac{1}{f}=\dfrac{1}{60}=0.01666 ≒ 0.0167$ s

2. 저항과 유도 리액턴스가 직렬로 접속된 회로(각각 8 Ω, 6 Ω)에 100 V의 전압을 가하면 몇 A의 전류가 흐르는가?
① 0.1 A   ② 1 A
③ 10 A   ④ 100 A

[해설] 임피던스 크기 Z
$=\sqrt{R^2+X_L^2}=\sqrt{8^2+6^2}=10$ Ω
$\therefore I=\dfrac{100}{10}=10$ A

3. 8 Ω의 저항과 6 Ω의 리액턴스가 직렬로 접속된 회로의 역률(%)은?
① 40 %   ② 60 %
③ 80 %   ④ 100 %

[해설] 역률 $\cos\theta=\dfrac{R}{Z}=\dfrac{R}{\sqrt{R^2+X_L^2}}$
$=\dfrac{8}{\sqrt{8^2+6^2}}=0.8$

4. 교류전압 200 V, 소비전력 4 kW, 역률 0.8의 단상부하가 있다. 이 부하의 등가 저항은 몇 Ω인가?
① 5.6 Ω   ② 6.4 Ω
③ 7.2 Ω   ④ 8.4 Ω

[해설] $I=\dfrac{W}{V\cdot\cos\theta}=\dfrac{4000}{200\times0.8}=25$ A

$P=I^2R$, $R=\dfrac{P}{I^2}=\dfrac{4000}{25^2}=6.4$ Ω

5. 60 Hz, 6극인 교류 발전기의 회전수는 얼마인가?
① 3600 rpm   ② 1800 rpm
③ 1500 rpm   ④ 1200 rpm

[해설] 회전수
$N_s=\dfrac{120f}{P}=\dfrac{120\times60}{6}=1200$ rpm
※ $N=N_s\times(1-s)$
여기서, N: 실제 회전수
N_s: 동기 회전수
s: 슬립

6. 피상전력이 100 kVA, 유효전력이 80 kW일 때의 역률은?
① 1   ② 0.9
③ 0.8   ④ 0.6

[해설] $\cos\theta=\dfrac{P}{Q}=\dfrac{80000}{100000}=0.8$

7. 역률이 70 %인 부하에 교류전압 3상 220 V를 가해서 전류 5 A가 흘렀다. 이때 이 부하의 전력을 구하면?
① 2.3 kW   ② 1.33 kW
③ 1.1 kW   ④ 2.7 kW

[정답] 1. ④   2. ③   3. ③   4. ②   5. ④   6. ③   7. ②

[해설] $P = \sqrt{3}\, V_l I_l \cos\theta = \sqrt{3} \times 220 \times 5 \times 0.7$
$= 1333.6\,\text{W} = 1.332\,\text{kW}$
※ 문제에서 선간전압, 상전압의 구분이 없으면 선간으로 해석한다.

8. $V = 156\sin(337t - 30°)$되는 사인파 전압의 주파수(Hz)는?

① 50 Hz   ② 60 Hz
③ 70 Hz   ④ 75 Hz

[해설] $V = \underset{\text{최댓값}}{156} \underset{\text{파형}}{\sin} (\underset{\text{전기각(변화각)}}{377t} - \underset{\text{위상}}{30°})$

$\omega = 2\pi f$
$f = \dfrac{\omega}{2\pi} = \dfrac{377}{2 \times 3.14} = 60\,\text{Hz}$

9. 정격출력 0.75 kW인 3상 유도 전동기의 전류는 얼마인가? (단, 역률은 87 %, 효율은 81 %, 전압은 220 V이다.)

① 3.80 A   ② 2.97 A
③ 3.08 A   ④ 2.79 A

[해설] 3상 회로에서 전류(I)
$= \dfrac{W}{\sqrt{3} \cdot V \cdot \cos\theta \cdot 효율}$
$= \dfrac{750}{\sqrt{3} \times 220 \times 0.87 \times 0.81} = 2.79\,\text{A}$

10. 그림과 같은 파형의 평균값은 얼마인가?

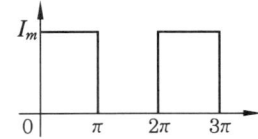

① $\dfrac{I_m}{2}$ ② I_m
③ $2I_m$ ④ $\dfrac{I_m}{4}$

[해설] 평균값 구하는 방법
(가) 주기를 구한다.
(나) 주기까지의 면적을 구한다.
(다) 면적을 주기로 나눈다.

$I_a = \dfrac{\pi \cdot I_m}{2\pi} = \dfrac{I_m}{2}$

11. 전류에 의한 자계의 방향을 결정하는 법칙은?

① 렌츠의 법칙
② 플레밍의 오른손 법칙
③ 플레밍의 왼손 법칙
④ 암페어의 오른나사 법칙

12. 저항 8 Ω과 유도 리액턴스 6 Ω이 직렬로 된 회로의 역률은?

① 0.6   ② 0.8
③ 0.9   ④ 1

[해설] $\cos\theta = \dfrac{R}{Z} = \dfrac{8}{\sqrt{8^2 + 6^2}} = \dfrac{8}{10} = 0.8$

13. 교류회로에서의 $P = EI\sin\theta$를 설명한 것으로 옳은 것은?

① 유효전력을 나타낸다.
② 전력의 순싯값을 나타낸다.
③ 피상전력을 나타낸다.
④ 무효전력을 나타낸다.

14. 역률 80 % 부하에 유효전력이 80 kW이면 무효전력은 얼마나 되는가?

① 40 kVar   ② 60 kVar
③ 80 kVar   ④ 100 kVar

[해설] $\cos\theta = \sqrt{1 - \cos^2\theta} = \sqrt{1 - (0.8)^2}$
$= 0.6$
유효전력(P) = 피상전력(Q) × $\cos\theta$ [kW]
무효전력(S) = 피상전력(Q) × $\sin\theta$ [kVar]

정답 8. ② 9. ④ 10. ① 11. ③ 12. ② 13. ④ 14. ②

로 접속된 회로에 10 A의 전류가 흐른다. 이때 가해준 단자 전압은 몇 V인가?

① 0.1 V ② 1 V
③ 10 V ④ 100 V

[해설] 임피던스 $Z = \sqrt{R^2 + X_c^2}$
$= \sqrt{8^2 + 6^2} = 10\ \Omega$
$E = IZ = 10 \times 10 = 100\ \text{V}$

15. P극 교류 발전기에서 주파수 f[Hz]인 t[s] 사이의 각속도(rad/s)는 얼마가 되는가?

① $\dfrac{2\pi}{T}$ ② $2\pi T$

③ $\dfrac{2\pi}{P}$ ④ $2\pi P$

[해설] 각속도 $= \dfrac{\text{각도(rad)}}{\text{시간(s)}} = \dfrac{2\pi}{T}$
$= 2\pi f\ [\text{rad/s}]$

16. 정현파 교류의 순싯값이 $e = 141.4 \sin 377t$ [V]인 경우의 실횻값(V)은?

① 100 ② 110
③ 141.4 ④ 200

[해설] 실횻값 $= \dfrac{V_m}{\sqrt{2}} = \dfrac{141.4}{\sqrt{2}} = 100\ \text{V}$

• 정현파의 실횻값 $= \dfrac{\text{최댓값}}{\sqrt{2}}$

• 순싯값 : 시간의 변화 순간의 값
• 실횻값 : 교류의 크기를 이것과 동일한 일을 행하는 직류의 크기로 환산한 값

17. $e_1 = E_{m1} \sin(\omega t + \phi_1)$과 $e_2 = E_{m2} \sin(\omega t + \phi_2)$인 두 정현파 교류가 동상이 될 수 있는 조건은?

① $\phi_1 = \phi_2$ ② $\phi_1 > \phi_2$
③ $\phi_1 < \phi_2$ ④ $\phi_1 \neq \phi_2$

[해설] 위상이 같으면 동상이다.
$e = \underset{\text{최댓값}}{E_m} \underset{\text{파형 변화각}}{\sin} (\underset{}{\omega t} + \underset{\text{위상}}{\theta})$

18. 용량 리액턴스 6 Ω, 저항 8 Ω이 직렬

19. $R-L-C$의 직렬회로에 있어 직렬 공진의 경우 전압과 전류의 위상 관계를 옳게 나타낸 것은?

① 전압이 전류보다 90° 앞선다.
② 전압과 전류는 동상이다.
③ 전압이 전류보다 90° 늦는다.
④ 전류가 전압보다 90° 앞선다.

[해설] 공진인 경우에는 저항만의 회로와 같다.

20. $R-L$ 직렬회로에서 전압과 전류의 위상각은?

① $\theta = \tan^{-1} \dfrac{\omega L}{R}$

② $\theta = \tan^{-1} \omega L R$

③ $\theta = \tan^{-1} \dfrac{R}{\omega L}$

④ $\theta = \tan^{-1} \dfrac{R}{\sqrt{R^2 + \omega^2 L^2}}$

21. $R-C$ 직렬회로에서 전압과 전류의 위상각은?

① $\theta = \tan^{-1} \dfrac{\omega C}{R}$

② $\theta = \tan^{-1} \dfrac{R}{\omega C}$

③ $\theta = \tan^{-1} \dfrac{1}{\omega CR}$

정답 15. ① 16. ① 17. ① 18. ④ 19. ② 20. ① 21. ③

④ $\theta = \tan^{-1} \omega CR$

[해설] $\theta = \tan^{-1} \dfrac{X_C}{R} = \tan^{-1} \dfrac{1}{\omega CR}$

22. 3상 유도 전동기 출력이 0.75 kW, 전압 200 V, 역률 87 %, 효율 81 %일 때 전동기에 유입되는 전류는?

① 2.5 A　　② 2.8 A
③ 3.1 A　　④ 3.5 A

[해설] 3상 전류 I
$= \dfrac{W}{\sqrt{3} \cdot V \cdot \cos\theta \cdot \eta}$
$= \dfrac{750}{\sqrt{3} \times 200 \times 0.87 \times 0.81} = 3.1\,\text{A}$

23. 3상 교류회로에서 부하상의 임피던스가 $60 + j80[\Omega]$인 △결선 회로에 100 V의 전압을 가할 때 선전류(A)는?

① 1　　② $\sqrt{3}$
③ 3　　④ $\dfrac{1}{\sqrt{3}}$

[해설] 상전류 $I_p = \dfrac{E}{Z} = \dfrac{100}{\sqrt{60^2 + 80^2}} = 1\,\text{A}$
선전류 $I_l = \sqrt{3}\,I_p = \sqrt{3}\,\text{A}$

24. 5 μF의 콘덴서에 60 Hz, 100 V의 교류전압을 가하면 전압과 전류의 위상 관계는?

① 동위상이다.
② 전압이 90° 뒤진다.
③ 전압이 90° 앞선다.
④ 전류가 90° 뒤진다.

[해설] L 소자 : I가 V보다 $\dfrac{\pi}{2}$ 만큼 뒤진다.
　　　C 소자 : I가 V보다 $\dfrac{\pi}{2}$ 만큼 앞선다.

25. 자극수 P, 회전수 N인 발전기에서 발생하는 교류 주파수로서 옳은 것은?

① $\dfrac{PN}{2}$　　② $\dfrac{PN}{120}$
③ $\dfrac{PN}{60}$　　④ $\dfrac{180}{PN}$

[해설] 주파수 $f = \dfrac{P}{2} \cdot \dfrac{N}{60}$ [Hz]

26. 역률 0.8, 50 kVA의 단상 유도부하에 콘덴서를 병렬로 접속하여 합성 역률 100 %로 하고자 한다. 부하의 단자 전압이 10 kV, 50 Hz일 때 콘덴서 용량은 얼마로 해야 하는가?

① 0.955 pF　　② 0.955 μF
③ 9.55 pF　　④ 9.55 μF

[해설] 유도부하의 무효전력
$P_L = EI = 50\,\text{kVA}$
$P_L = EI\sin\theta = EI\sqrt{1 - \cos^2\theta}$
　　$= 50 \times 0.6 = 30\,\text{kVar}$
또한 콘덴서에 의한 무효전력 P_C는
$P_C = \dfrac{E^2}{X_C} = \dfrac{E^2}{\dfrac{1}{2\pi fC}} = 2\pi fCE^2$ 이다.
따라서, 역률 100 %로 하려면
$P_L = P_C$ 이라야 하므로
$P_L = 30 \times 10^3$, $P_C = 2\pi fCE^2$ 이므로
$30 \times 10^3 = 2\pi fCE^2$
$\therefore C = \dfrac{30 \times 10^3}{2\pi fE^2} = \dfrac{30 \times 10^3}{2\pi \times 50 (10 \times 10^3)^2}$
　　　$= \dfrac{3}{\pi} \times 10^{-6} = 0.955\,\mu\text{F}$

27. 평형 3상 Y결선의 상전압 E_p와 선간전압 E_l과의 관계식으로 옳은 것은?

① $E_l = E_p$　　② $E_p = \sqrt{3}\,E_l$
③ $E_l = \sqrt{3}\,E_p$　　④ $E_p = 3E_l$

[정답] 22. ③　23. ②　24. ②　25. ②　26. ②　27. ③

28. 평형 3상 △결선의 상전류 I_p와의 관계식으로 옳은 것은?

① $I_l = I_p$ ② $I_p = \sqrt{3}\, I_l$
③ $I_l = \sqrt{3}\, I_p$ ④ $I_p = 3E_l$

29. 다음 중 R, X_L 직렬회로의 역률을 나타내는 식은?

① $\dfrac{R}{\sqrt{R^2 + X_L^2}}$ ② $\dfrac{X_L}{\sqrt{R^2 + X_L^2}}$
③ $\dfrac{\sqrt{R^2 + X_L^2}}{R}$ ④ $\dfrac{\sqrt{R^2 + X_L^2}}{X_L}$

[해설] $\theta = \tan^{-1}\dfrac{X_L}{R} = \tan^{-1}\dfrac{\omega L}{R}$

30. 피상전력이 P_a[kVA], 무효전력이 P_r [kVar] 되는 회로의 유효전력(kW)은?

① $\sqrt{P_a^2 + P_r^2}$ ② $\sqrt{P_a^2 - P_r^2}$
③ $\sqrt{P_a + P_r}$ ④ $\sqrt{P_a - P_r}$

31. 회전수가 1800 rpm인 발전기가 60 Hz의 교류를 발생하고 있다. 이때 1 Hz의 기하학적인 회전각은 얼마가 되는가?

① 2π ② π ③ $\dfrac{\pi}{2}$ ④ 0

[해설] $f = \dfrac{P}{2} \times \dfrac{N}{60}$ 에서

$P = \dfrac{120f}{N} = \dfrac{120 \times 60}{1800} = 4$극(전기 rad)

$= $ 기하 rad $\times \dfrac{P}{2}$ 이고, 1 Hz의 전기각은 2π이므로 기하학적인 회전각은

$2\pi \times \dfrac{2}{P} = \dfrac{4\pi}{4} = \pi$ [rad]

32. $R-L-C$ 직렬회로에서 전류가 전압보다 위상이 앞서기 위해서는 다음 중 어떤 조건이 만족되어야 하는가?

① $X_L = X_C$ ② $X_L > X_C$
③ $X_L < X_C$ ④ $X_L = \dfrac{1}{X_C}$

33. 3상 유도 전동기의 출력이 5 HP, 전압이 200 V, 효율 90 %, 역률 85 %일 때 이 전동기에 유입되는 전류(A)는?

① 6 ② 8 ③ 10 ④ 14

[해설] $\text{FLA} = \dfrac{5 \times \dfrac{75}{102} \times 10^3}{\sqrt{3} \times 200 \times 0.9 \times 0.85} \fallingdotseq 14\,\text{A}$

34. $R-L-C$ 직렬회로의 합성 임피던스(Ω)는?

① $R + \omega L + \dfrac{1}{\omega C}$
② $\sqrt{R^2 + \omega^2 L^2 + \dfrac{1}{\omega^2 C^2}}$
③ $\sqrt{R^2 + \left(\omega L + \dfrac{1}{\omega C}\right)^2}$
④ $\sqrt{R^2 + \left(\omega L - \dfrac{1}{\omega C}\right)^2}$

35. 2H의 코일에 10 A의 전류가 흐를 때 축적되는 에너지(J)는?

① 20 J ② 60 J
③ 100 J ④ 140 J

[해설] 축적되는 에너지 $= \dfrac{1}{2}LI^2$
$= \dfrac{1}{2} \times 2 \times 10^2 = 100$ J

36. 저항 3 Ω과 유도 리액턴스 4 Ω이 직렬 접속된 회로에 50 Hz, 100 V의 전압을 가했을 때 20 A의 전류가 흘렀다면

[정답] 28. ③ 29. ① 30. ② 31. ② 32. ③ 33. ④ 34. ④ 35. ③ 36. ④

이 회로의 인덕턴스(L)은 몇 mH인가?

① 0.0127 mH ② 0.127 mH
③ 1.27 mH ④ 12.7 mH

[해설] $X = 2\pi f L$에 의해
$$L = \frac{X}{2\pi f} = \frac{4}{2\pi \times 50} = 12.7 \times 10^{-3} \text{H}$$
$$= 12.7 \text{ mH}$$

37. $R-C$ 직렬회로의 합성 임피던스의 크기를 옳게 나타낸 것은?

① $\sqrt{R^2 + 2\pi f^2 C^2}$
② $\sqrt{R^2 + (\omega C^2)}$
③ $\sqrt{R^2 + \left(\frac{1}{\omega C}\right)^2}$
④ $\sqrt{R^2 + (2\pi f^2 C)^2}$

38. 저항 20 Ω과 용량 리액턴스 15 Ω이 병렬로 된 회로의 위상각은 대략 얼마인가?

① 37° ② 53°
③ 60° ④ 90°

[해설] $\theta = \tan^{-1}\frac{R}{X_C} = \tan^{-1}\frac{20}{15}$
$$= \tan^{-1} 1.333 ≒ 53°$$

39. 저항(R)-인덕턴스(L)만의 직렬회로의 합성 임피던스의 크기를 옳게 나타낸 것은?

① $\dfrac{1}{\sqrt{R^2 + 2\pi f^2 L^2}}$
② $\sqrt{R^2 + 2\pi f^2 L^2}$
③ $\sqrt{R^2 + \omega^2 L^2}$
④ $R + \omega L$

40. 출력이 3 kW인 전동기의 효율이 80 %이다. 이 전동기의 손실은 몇 W인가?

① 375
② 750
③ 1200
④ 2400

[해설] 효율 = $\dfrac{출력}{출력 + 손실}$
$$0.8 = \frac{3}{3 + x}$$
$$\therefore x = 0.75 \text{ kW} = 750 \text{ W}$$

[정답] 37. ③ 38. ② 39. ③ 40. ②

제3장 전동기의 원리

1 동기속도(N_s : rpm)

회전자계가 돌아가는 속도는 전류의 변화 정도, 즉 주파수와 전자석의 N, S극에 따라 결정된다.

$$N_s = \frac{주파수}{\frac{극수}{2}} \times 60 = \frac{120 \times 주파수}{극수}$$

$$\therefore N_s = \frac{120f}{P}$$

여기서, f : 주파수, p : 극수

> **참고** 슬립(slip)
> 전동기의 회전속도는 동기의 속도보다 약간 늦다. 그 늦는 비율을 슬립이라고 한다.
> $$N = N_s(1-S) \qquad S = \frac{N_s - N}{N_s}$$
> 여기서, N_s : 동기속도, N : 전동기의 실제 속도, S : 슬립

2 플레밍의 왼손 법칙

자계 안에 둔 도체에 전류가 흐를 때 도체에 작용하는 전자력의 방향에 관한 법칙으로 왼손의 검지를 자계방향으로 하고 중지를 전류방향으로 하면 엄지의 방향이 전자력의 방향이 된다.

플레밍의 왼손 법칙

3 플레밍의 오른손 법칙

도체가 자계 안을 움직일 때 기전력의 방향은 플레밍의 오른손 법칙으로 쉽게 알 수 있다. 오른손의 엄지, 검지, 중지를 서로 직각이 되게 벌리게 하면 엄지는 도체의 운동방향, 검지는 자속의 방향, 중지는 기전력의 방향과 일치한다.

플레밍의 오른손 법칙

4 단상 유도 전동기 기동

① **콘덴서 기동형** : 기동권선에 저항 R 대신 콘덴서를 접속하면 기동 토크가 크고 역률이 좋다. 또 기동 후에는 콘덴서로 역률 개선도 할 수 있다.

② **셰이딩 코일형** : 고저항 단락권선인 셰이딩 코일을 홈에 삽입시키는 방법이다. 이 방법은 회전방향을 바꿀 수 없고 기동 토크가 작으며 소출력의 전동기에만 사용한다.

③ **반발 기동형** : 직류 전동기와 같은 권선 및 정류자가 있다. 전기각이 180° 떨어져 정유자와 접촉하고 있는 2개의 브러시를 굵은 도선으로 단락한다. 또한 반발 기동형은 기동 토크가 크므로 부하를 걸어 둔 채로 기동할 수 있다.

④ **반발 유도형** : 회전자동형 권선과 반발 전동기의 회전자 권선이 다함께 감겨져 있고 운전 중에도 이들 두 권선이 그대로 활동하므로 유도 전동기와 반발 전동기의 특성을 그대로 유지한다. 또한 기동 토크가 크고, 회전수가 부하에 따라 변한다.

5 3상 유도 전동기의 종류

① **권선형 전동기**
　(가) 단상에서 반발 유도 전동기와 같은 형식이다.
　(나) 10 kW 이상의 중형으로 농형에서 할 수 없는 기동, 속도 제어가 우수하다.
　(다) 회전자, 고정자 권선과 같은 3ϕ 권선으로 감고 있다.
　(라) 큰 기동 토크를 요하는 대형 압축기, 터보에 적합하다.

② **농형 전동기**
　(가) 단상에서 축전기, 유도 전동기와 같은 형식이다.
　(나) 10 kW~100 kW의 범위에 사용된다.
　(다) 3.7 kW 이하의 소용량 전동기이다.

출제 예상 문제

1. 6극에서 60 Hz의 주파수를 얻으려면 동기 발전기의 회전수는 몇 rpm인가?
① 800 ② 1000
③ 1200 ④ 1500

[해설] $N_s = \dfrac{120f}{P} = \dfrac{120 \times 60}{6} = 1200 \text{ rpm}$

2. 전기자를 고정자로 하고 계자를 회전자로 한 동기기는?
① 회전 전기자형 ② 고주파 발전기
③ 회전 계자형 ④ 유도자형

[해설] 회전 계자형은 전기자를 고정시키고 자극을 회전시키는 동기기이고, 회전 전기자형은 자극을 고정시키고, 전기자를 회전시키는 동기기이다.

3. 60 Hz의 전원에 접속된 4극 3상 유도전동기에서 슬립이 0.004일 때의 회전속도(rpm)는 얼마인가?
① 1800 ② 1728
③ 1700 ④ 1642

[해설] $N_s = \dfrac{120f}{P} = \dfrac{120 \times 60}{4} = 1800 \text{ rpm}$
$N = N_s(1-s) = 1800(1-0.04) = 1728 \text{ rpm}$

4. 회전자 바깥지름이 2 m, 50 Hz, 12극인 동기발전기의 주변 속도를 구하면?
① 20 m/s ② 30 m/s
③ 50 m/s ④ 100 m/s

[해설] $N_s = \dfrac{120f}{P} = \dfrac{120 \times 50}{12} = 500 \text{ rpm}$
$V = \pi D \dfrac{N_s}{60} = 3 \times 2 \times \dfrac{500}{60} = 50 \text{ m/s}$

5. 6극 동기기가 1회전하였을 때 전기각은 몇 rad인가?
① π ② 2π
③ 3π ④ 6π

[해설] 2극당 360°($2\pi[\text{rad}]$)이므로
$\dfrac{P}{2} \times 2\pi = 6\pi[\text{rad}]$
∴ 전기각 = 기하각 $\times \dfrac{P}{2}$

6. 동기기의 전기자 권선법이라고 볼 수 없는 것은?
① 파권 ② 단절권
③ 이종권 ④ 분포권

[해설] 주로 중권, 분포권, 단절권이 쓰이며 파권은 쓰지 않는다.

7. 그림은 콘덴서 전동기의 접속도이다. 여기서 C_R의 역할은 무엇인가?

① 기동용 콘덴서
② 역률개선용 콘덴서
③ 진상용 콘덴서
④ 지상용 콘덴서

[해설] • C_R : 역률개선용 콘덴서(리액턴스의 영향을 콘덴서로 개선함)
• C_s : 기동용 콘덴서

8. 접지(earth)에 관해 설명한 것 중 틀린

[정답] 1. ③ 2. ③ 3. ② 4. ③ 5. ④ 6. ① 7. ② 8. ③

것은?
① 전로 또는 전로 이외의 금속 부분을 보완할 목적으로 땅에 접속하는 것이다.
② 감전, 누전에 의한 사고 방지를 위한 것이 목적이다.
③ 접지할 경우는 전동기의 절연 불량이 되어도 접지선에만 전류가 흐르고 인체에는 완전 절연된다.
④ 접지선의 색상은 자색으로 사용한다.
[해설] 절연 불량이면 인체에도 전류가 흐른다.

9. 동기 전동기의 토크는 공급 전압의 몇 제곱에 비례하는가?
① 1
② 2
③ 3
④ 4

[해설] 동기 전동기의 토크는 공급 전압에 정비례한다.

10. 기동 토크가 가장 작은 전동기는 어느 것인가?
① 단상 유도 전동기
② 교류 분권 전류자 전동기
③ 직류 분권 전동기
④ 동기 전동기

[해설] 동기 전동기는 기동 토크가 0으로 원동기가 필요하며 부하에 관계없이 일정 속도로 운전한다.

11. 역률이 가장 좋은 단상 전동기는 다음 중 어느 것인가?
① 분상 기동형
② 반발 유도형
③ 콘덴서 기동형
④ 셰이딩 코일형

[해설] 역률은 전체 입력되는 전력 중에 실제로 일을 하는 전력의 비를 말하며, 콘덴서는 부하에 무효전력을 공급하기 위해 설치하는 것으로 역률 제어용으로 사용한다.

12. 단상 유도 전동기의 기동 방법 중 기동 토크가 가장 큰 것은?
① 분상 기동형
② 반발 기동형
③ 콘덴서 기동형
④ 셰이딩 코일형

[해설] 단상 유도 전동기의 기동 토크
㈎ 분상 기동형 : 125~150 %
㈏ 반발 기동형 : 400~500 %
㈐ 콘덴서 기동형 : 300 % 이상
㈑ 셰이딩 코일형 : 40~90 %

13. 기동보상기를 사용하는 기동법에서 기동 시에는 전전압의 몇 % 정도 걸어주는가?
① 20~30
② 30~50
③ 50~70
④ 70~80

14. △결선된 부하를 Y결선으로 바꾸면 소비전력은 몇 배가 되는가? (단, 선간전압은 일정하다.)
① $\dfrac{1}{2}$ 배
② $\dfrac{1}{3}$ 배
③ 2배
④ 3배

[해설] △결선 소비전력(P)
$= 3I^2R = 3\left(\dfrac{V}{R}\right)^2 R = \dfrac{3V^2}{R}$

Y결선 소비전력(P)
$= 3I^2R = 3\left(\dfrac{V}{\sqrt{3}R}\right)^2 R = \dfrac{V^2}{R}$

따라서 Y결선 소비전력은 △결선 소비전력의 $\dfrac{1}{3}$ 배가 된다.

제4장 자동제어

1 제어량의 성질에 따른 분류

① **프로세스 제어(process control)** : 온도, 유량, 압력, 액위, 농도, pH, 효율 등의 공업 프로세스의 상태량을 제어량으로 하는 제어이다.
② **서보 기구(servo mechanism)** : 물체의 위치, 방위, 자세 등의 기계적 변위를 제어량으로 해서 목표치의 임의의 변화에 추종하도록 구성된 제어계를 말한다.
③ **자동조정(automatic regulation)** : 위의 두 개의 어떤 것에도 속하지 않는 것으로서 전동기의 자동속도 제어와 같은 소위 전기기기의 제어, 전압 제어(AVC, AVR), 주파수 제어(AFC), 속도 제어(ASR), 장력 제어 등이 있다. 이들을 합해서 자동조정이라 부르는 습성이 되어 있는데 일반적으로 에너지의 변환부, 전송부, 신호의 변환부, 변송부의 자동제어조정 등을 말하는 경우가 많다.

2 목표치의 성질에 따른 분류

① **정치 제어** : 목표치가 일정한 제어를 말한다. 예를 들면 온도를 일정하게 한다든가 속도를 일정하게 한다든가 하는 경우이다. 프로세스 제어나 자동조정에서는 이 정치 제어방식이 특히 많다.
② **추치 제어** : 목표치가 임의의 변화를 하는 제어를 말하며, 서보 기구가 이것에 해당된다. 이와 같이 구성된 제어계를 서보계라 부르기도 한다.
③ **프로그램 제어** : 목표치가 처음에 정해진 변화를 하는 경우를 말한다. 열처리로의 온도제어 공작기계에 있어서 자동공작 등이 이것에 해당한다.

3 제어동작의 연속성에 의한 분류

① **연속 데이터 제어(continuous-data control)** : 계통의 모든 부분의 신호가 연속적인 시간 변수의 함수로 표시되는 제어이다.
② **불연속 데이터 제어(discrete-data control)** : 계통의 제어신호가 펄스열(pulse-train)이나 디지털 코드(digital code)인 제어이다. 특히 디지털 코드인 경우는 디지털 컴퓨터의 많은 이점을 이용할 수 있다.
③ **개폐형(on-off type)** : 조작량이 두 개의 정한 값의 어느 것인가를 가지는 것이다. 이것은 2위치 동작이라고 하며, 구조가 간단하고 값이 싸기 때문에 많이 쓰인다.

4 조절의 동작에 의한 분류

① **불연속 동작** : 2위치 동작, 다위치 동작
② **연속 동작**
  (개) 비례동작(P) : 잔류편차가 있다.

  $$G(s) = \frac{Y(s)}{X(s)} = K(\text{이득상수})$$

  예 전위차계, 전자증폭관 지렛대

  (내) 미분요소(D) : $G(s) = Ks$

  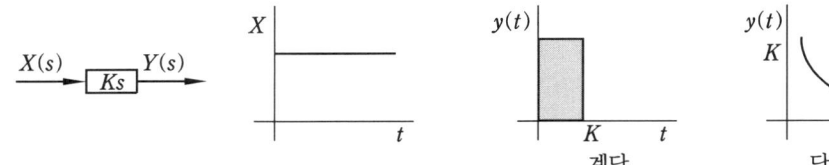

  (대) 적분요소(I) : 편차 제거 시 적용, $G(s) = \dfrac{K}{s}$

   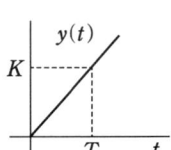

  (라) 1차 지연요소 : $G(s) = \dfrac{K}{Ts+1}$

  여기서, T : 시정수

  (마) 2차 지연요소

⑷ 비례 적분(PI) : 계단변화에 대하여 잔류편차가 없으며 간헐 현상이 있다.
⑸ 비례 미분 적분(PID) : 뒤진 앞선 회로와 특성이 같으며 정상편차, 응답, 속응성이 최적이다.

5 접점의 도시 기호

명칭	그림 기호 a 접점	그림 기호 b 접점	적요
접점(일반) 또는 수동 조작	(a), (b)	(a), (b)	• a 접점 : 평시에 열려 있는 접점(NO) • b 접점 : 평시에 닫혀 있는 접점(NC) • c 접점 : 전환 접점
수동 조작 자동 복귀 접점	(a), (b)	(a), (b)	손을 떼면 복귀하는 접점이며, 누름형, 당김형, 비틈형으로 공통이고, 버튼 스위치, 조작 스위치 등의 접점에 사용된다.
기계적 접점	(a), (b)	(a), (b)	리밋 스위치 같이 접점의 개폐가 전기적 이외의 원인에 의하여 이루어지는 것에 사용된다.
조작 스위치 잔류 접점	(a), (b)	(a), (b)	
전기 접점 또는 보조 스위치 접점	(a), (b)	(a), (b)	
한시 동작 순시 복귀 접점	(a), (b)	(a), (b)	특히 한시 접점이라는 것을 표시할 필요가 있는 경우에 사용한다.
한시 복귀 접점	(a), (b)	(a), (b)	
수동 복귀 접점	(a), (b)	(a), (b)	인위적으로 복귀시키는 것인데, 전자식으로 복귀시키는 것도 포함한다. 예 수동 복귀의 열전계전기 접점, 전자복귀식 벨계전기 접점 등
전자 접촉기 접점	(a), (b)	(a), (b)	잘못이 생길 염려가 없을 때는 계전 접점 또는 보조 스위치 접점과 똑같은 그림 기호를 사용해도 된다.
제어기 접점 (드럼형 또는 캡형)			그림은 하나의 접점을 가리킨다.

㊟ 한시 동작 순시 복귀 a 접점 : 전원 투입 시 설정시간 경과 후에 동작하여 닫히고 전원 제거 시 순간적으로 복귀한다.
① **a 접점** : 열려 있는 접점(arbeit contact, make contact)
② **b 접점** : 닫혀 있는 접점(break contact)

③ **c 접점** : 전환 접점(change-over contact)

6 논리 시퀀스 회로

① **논리적 회로(AND gate)** : 2개의 입력 A와 B 모두가 '1'일 때만 출력이 '1'이 되는 회로로서 논리식은 X = A · B 이다.

(a) 접점 회로의 예   (b) 진리표   (c) 소자의 표시 기호
(d) 벤다이어그램   (e) 각 신호 간의 관계

AND 회로

② **논리합 회로(OR gate)** : 입력 A 또는 B의 어느 한쪽이든가, 양자 모두가 '1'일 때 출력이 '1'이 되는 회로로서 논리식은 X = A + B 이다.

(a) 접점 회로의 예   (b) 진리표   (c) 소자의 표시 기호
(d) 벤다이어그램   (e) 각 신호 간의 관계

OR 회로

③ **논리부정 회로(NOT gate)** : 입력이 '0'일 때 출력은 '1', 입력이 '1'일 때 출력은 '0'이 되는 회로로서 입력신호에 대하여 부정(NOT)의 출력이 나오는 것이다. 논리식은 X = $\overline{A}$ 이다.

NOT 회로

④ **NAND 회로(NAND gate)** : AND 회로에 NOT 회로를 접속한 AND-NOT 회로로서 논리식은 $X = \overline{A \cdot B}$ 이다.

NAND 회로

⑤ **NOR 회로(NOR gate)** : OR 회로에 NOT 회로를 접속한 OR-NOT 회로로서 논리식은 $X = \overline{A + B}$ 이다.

NOR 회로

⑥ **배타적 논리합 회로(Exclusive-OR 회로)** : 입력 A, B가 서로 같지 않을 때만 출력이 '1'이 되는 회로로서 A, B가 모두 '1'이어서는 안 된다는 의미가 있다. 논리식은 $X = \overline{A} \cdot B + A \cdot \overline{B} = A \oplus B$ 이다.

(a) 접점 회로의 예

입력		출력
A	B	C
0	0	0
0	1	1
1	0	1
1	1	0

(b) 진리표

(c) 소자의 표시 기호

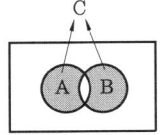
(d) 벤다이어그램

EX-OR 회로

⑦ X-NOR 회로 : $C = \overline{A \oplus B}$

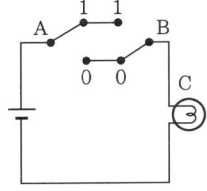
(a) 접점 회로의 예

입력		출력
A	B	C
0	0	1
0	1	0
1	0	0
1	1	1

(b) 진리표

(c) 소자의 표시 기호

(d) 벤다이어그램

X-NOR 회로

7 논리 공식

① 교환의 법칙 : $A \cdot B = B + A$, $A \cdot B = B \cdot A$
② 결합의 법칙 : $(A + B) + C = A + (B + C)$, $(A \cdot B) \cdot C = A \cdot (B \cdot C)$
③ 분배의 법칙 : $A \cdot (B + C) = A \cdot B + A \cdot C$, $A + (B \cdot C) = (A + B) \cdot (A + C)$
④ 동일의 법칙 : $A + A = A$, $A \cdot A = A$
⑤ 부정의 법칙 : $(A) = \overline{A}$, $(\overline{\overline{A}}) = A$
⑥ 흡수의 법칙 : $A + A \cdot B = A$, $A \cdot (A + B) = A$
⑦ 공리 : $0 + A = A$, $1 \cdot A = A$, $1 + A = 1$, $0 \cdot A = 0$

접점 회로		논리도	논리 공식
—A—A—	—A—	A,A → A	$A \cdot A = A$
(A∥A)	—A—	A,A → A	$A + A = A$
—A—Ā—	—0—	A,Ā → 0	$A \cdot \overline{A} = 0$
(A∥Ā)	—1—	A,Ā → 1	$A + \overline{A} = 1$
(A(A+B))	—A—	B,A → A	$A(A + B) = A$
(A+A·B)	—A—	B,A → A	$A \cdot B + A = A$

출제 예상 문제

1. 주관의 압력을 바꾸어 low limit 조절기를 제어계에 삽입·분리하는 경우에 사용되는 릴레이는?
① 변환 릴레이　② 2위치 릴레이
③ 선택 릴레이　④ 평균 릴레이

2. 다음은 프로세스의 특성에 관한 것이다. 옳지 않은 것은?
① 시간적 지연(dead time)은 될수록 적게 하는 것이 바람직하다.
② 응답에 의한 시간 지연은 프로세스에서 용량을 갖는 것에 대해서는 전부 생략될 수 있다.
③ 시정수는 전달 지연 시간의 36.2%에 도달할 때까지의 시간으로서 나타낸다.
④ 프로세스의 동 특성은 타임 래그(time lag)에 의해 결정된다.
[해설] 제어량의 평형점은 무한시간 후에 평형되므로 전달 지연을 나타내는 데는 변화 시작점부터 평형점에 도달할 때까지 변화의 63.2%에 도달할 때까지의 시간으로서 전달 지연의 크기를 나타내며, 이것을 시정수(time constant)라 한다.

3. 다음 그림과 같은 제어계에서 입력 R, 출력을 C라 할 때 전달함수의 값은?

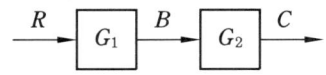

① $G_1 - G_2$　② $G_1 + G_2$
③ G_1 / G_2　④ $G_1 \cdot G_2$
[해설] $B = RG_1 \cdots$ ①,　$C = BG_2 \cdots$ ②

식 ②를 식 ①에 대입하면,
$C = RG_1 \cdot G_2$
∴ $C/R = G_1 \cdot G_2$

4. 다음 그림과 같은 접점회로의 논리식은 어느 것인가?

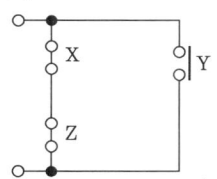

① $X \cdot Y \cdot Z$　② $X + Y + Z$
③ $X \cdot Z + Y$　④ $(X + Z) \cdot Y$
[해설] X와 Z는 직렬이므로 AND 회로이고 X, Z와 Y는 병렬이므로 OR 회로이다. 그러므로 $X \cdot Z + Y$가 된다.

5. 다음 중 서미스터(thermistor)가 사용되지 않는 곳은?
① 온도-조절식 전기회로 조절
② 압력 조절
③ 온도 측정
④ 모터권선의 온도가 위험지점까지 상승할 경우 모터에 직결된 전력 차단

6. 다음은 각 제어동작의 변화과정을 나타낸 것이다. 옳지 않은 것은?

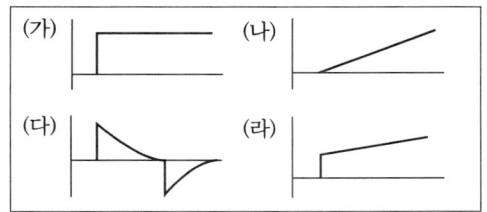

[정답] 1. ①　2. ③　3. ④　4. ③　5. ②　6. ②

① 그림 (가)는 비례동작이다.
② 그림 (나)는 미분동작이다.
③ 그림 (다)는 미분동작이다.
④ 그림 (라)는 비례적분동작이다.
[해설] (가)는 비례, (나)는 적분, (다)는 미분, (라)는 비례+적분동작이다.

7. 다음의 전자 릴레이 회로는?

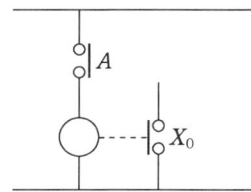

① AND 회로 ② NOR 회로
③ OR 회로 ④ NOT 회로
[해설] NOT 회로(논리부정 회로)
논리식 : $X = \overline{A}$

8. 다음 그림에서 논리기호로 표시된 것을 식으로 표시한 것으로 옳은 것은?

① $F = \overline{X_1} + \overline{X_2}$
② $F = X_1 \cdot X_2$
③ $F = X_1 \cdot X_2 + X_1 \cdot X_2$
④ $F = \overline{X_1} \cdot \overline{X_2}$
[해설] 2개의 입력 X_1과 X_2가 모두 1일 때만 출력 F가 1이 되는 회로이다.

9. 출력 오차의 변화속도에 비례하여 조작량을 가감하는 제어로서 옳은 것은?
① 단순도 제어
② 비례 reset 제어
③ rate 제어
④ on-off 제어

10. 기동스위치를 누르기만 하면 자동적으로 일정 시간(대기시간) 후에 일정 시간(동작시간)만 동작을 하고 자동적으로 정지하는 제어 방법을 자동정지 시동, 정시정지 제어라 말하며, 냉동기의 자동제상에 많이 이용된다. 아래 그림은 그 회로도를 나타낸 것이다. (1), (2), (3)의 접점에는 어떤 릴레이를 사용해야 하는가?

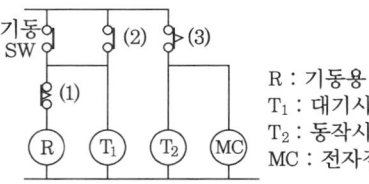

R : 기동용 보조릴레이
T_1 : 대기시간 타이머
T_2 : 동작시간 타이머
MC : 전자접촉기

① (1) R, (2) T_1, (3) T_2
② (1) T_2, (2) R, (3) T_1
③ (1) T_1, (2) R, (3) T_2
④ (1) T_2, (2) T_1, (3) R

11. 다음 그림은 히터와 쿨러를 설치하고 실내온도를 일정하게 유지하기 위한 온도 릴레이로써 그 온도를 검출하여 온도 제어를 할 때의 도면이다. 이 회로를 설명한 것 중 옳은 것은?

TS-1
TS-2 : 온도 릴레이
X_1, X_2 : 보조 릴레이

① 현재 회로 동작상태는 냉각운전 중이다.
② TS-1은 상한 온도 릴레이이다.
③ TS-2의 설정온도는 TS-1보다 높게 설정한다.
④ TS-2는 설정치보다 온도가 낮을 때 ON된다.
[해설] TS-1은 하한 온도 릴레이이다.

12. 다음은 제어동작과 용도를 기술한 것이다. 옳지 않은 것은?

① 비례 P 동작은 온수, 열풍 발생기 등의 제어에 잘 사용되며 비교적 제어 정도가 낮다.
② 적분 I 동작은 압력, 유량의 상태 등 응답 속도가 빨라야 하는 것에 적합하다.
③ 비례적분 PI 동작은 응답이 늦은 반면에 정확해야 하는 압력, 유량 제어에 전류 차압을 좋게 하는 경우 또는 외란이 적은 경우의 제어에 쓰인다.
④ PID 동작은 비교적 응답 속도가 늦고 정밀한 제어를 요구하는 경우에 사용된다.

[해설] ③ 비례적분 PI 동작은 비교적 응답이 빠른 열풍로의 온도 제어, 압력, 유량 제어에 전류 차압을 좋게 하는 경우에 쓰인다.

13. 유도 전동기의 1차 전압 변화에 의한 속도 제어에서 SCR을 사용하는 경우 변화시키는 것은?
① 주파수　　　　② 토크
③ 전압의 최댓값　④ 위상각

14. 다음과 같은 계전기 접점회로의 논리식은?

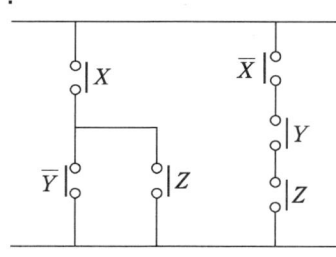

① $(X + \overline{Y} + Z) \cdot (\overline{X} + Y + Z)$
② $X \cdot (\overline{Y} + Z) + \overline{X} \cdot Y \cdot Z$
③ $(X + \overline{Y} \cdot Z) \cdot (\overline{X} + Y + Z)$
④ $(X \cdot \overline{Y} + Z) \cdot \overline{X} \cdot Y \cdot Z$

[해설] AND 회로(논리적 회로) : $X = A \cdot B$
OR 회로(논리합 회로) : $X = A + B$
NOT 회로(논리부정 회로) : $X = \overline{A}$

15. 정동작에 대한 설명으로 옳은 것은?
① 출력과 제어량이 목표치보다 클 경우 증가하는 방향으로 움직이는 것
② 출력과 제어량이 목표치보다 클 경우 감소하는 방향으로 움직이는 것
③ I 동작에 의한 출력 변화와 P 동작에 의한 출력 변화가 동일한 것
④ 목표치와 제어량이 편차를 감소시키는 방향으로 움직이는 것

16. 다음 중 보일러 자동제어 장치의 피드백(feedback) 제어에 해당되지 않는 것은?
① 급수량 제어　② 온도 제어
③ 공기량 제어　④ 연소량

17. 다음 기호 중 자동 복귀형 a접점 스위치는?

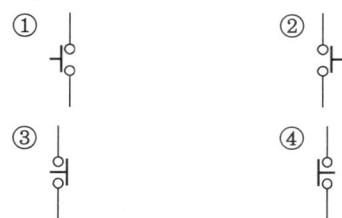

[해설] ④ : 자동 복귀형 b접점

18. 공기조화용 전자식 자동제어의 이점이 아닌 것은?
① 고정도이고 제어계의 추종성이 높다.
② 기기나 제어회로가 비교적 간단하다.
③ 제어장치 조작의 중앙 집중화가 용이하다.
④ 보상제어나 조합제어가 용이하다.

[정답] 13. ③　14. ②　15. ①　16. ④　17. ②　18. ②

[해설] 전자식의 회로는 복잡하다.

19. $\overline{A}\,\overline{B}\,\overline{C}+\overline{A}\,\overline{B}\,C+\overline{A}BC+\overline{A}\,B\,\overline{C}$를 간략화시켰을 때 논리기호로 표시하면?

① ─▷○─ $X=\overline{C}$
② ─▷○─ $X=\overline{B}$
③ ─▷○─ $X=\overline{A}$
④ ─⌓─ $X=\overline{A}+\overline{B}$

[해설] $X=\overline{A}\,\overline{B}\,\overline{C}+\overline{A}\,\overline{B}\,C+\overline{A}BC+\overline{A}\,B\,\overline{C}$
$=\overline{A}(\overline{B}\cdot\overline{C}+\overline{B}\cdot C+B\cdot C+B\cdot\overline{C})$
$=\overline{A}\{B(\overline{C}+C)+B\cdot(C+\overline{C})\}$
$=\overline{A}(\overline{B}+B)=\overline{A}$

20. 그림과 같은 계전기 접점회로의 논리식은?

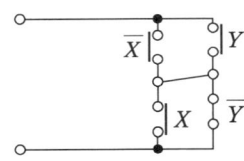

① $X\cdot Y+\overline{X}\cdot\overline{Y}$
② $X\cdot Y+X\cdot\overline{Y}$
③ $(\overline{X}+Y)\cdot(X+\overline{Y})$
④ $(\overline{X}+Y)\cdot(X+Y)$

[해설] X와 Y는 병렬이므로 OR회로, $X+Y$, X와 $\overline{Y}$는 병렬이므로 OR 회로, $\overline{X}Y$ 이것들과의 합이 직렬이므로 $(\overline{X}+Y)(X+\overline{Y})$

21. 다음 중 계전기의 전자 코일의 기호가 아닌 것은?

① ──┤├── ② ──⋀⋀⋀──
③ ──⏀⏀⏀── ④ ──○──

[해설] ①은 전자 접촉기 a접점이다.

22. 출력 f가 계전기 X, Y의 접점의 함수로서 다음 식으로 표시될 때 이 논리식에 대응하는 논리 게이트는?

$$f=X+\overline{X}\,\overline{Y}$$

① ②

③ ④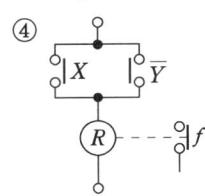

[해설] $f=X+\overline{X}\,\overline{Y}=X+X\overline{Y}+\overline{X}\,\overline{Y}$
$=X+\overline{Y}(X+\overline{X})=X+\overline{Y}$

23. 피드백(feedback) 제어계에서 입력 신호와 제어량이 같을 때 없어도 되는 것은 어느 것인가?

① feedback 요소 ② 증폭부
③ 조작부 ④ 비교부

24. 다음 그림과 같은 블록 선도에서 등가 합성 전달함수는?

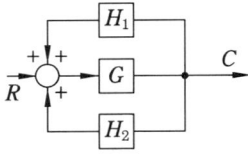

① $\dfrac{G}{1-H_1-H_2}$

② $\dfrac{G}{1-H_1G-H_2G}$

③ $\dfrac{1}{1-H_1\cdot H_2G}$

정답 19. ③ 20. ③ 21. ① 22. ④ 23. ① 24. ②

④ $\dfrac{H_1G - H_2G}{1 - G}$

[해설] $C = (R + CH_1 + CH_2)G$
$C = RG + CH_1G + CH_2G$
$C(1 - H_1G - H_2G) = RG$
∴ $\dfrac{C}{R} = \dfrac{G}{1 - H_1G - H_2G}$

25. 논리식 $A \cdot (A+B)$를 간단히 하면?
① A ② B
③ $A \cdot B$ ④ $A+B$

[해설] $A \cdot (A+B) = A \cdot A + A \cdot B$
$= A + A \cdot B$
$= A \cdot (1+B) = A$

26. 논리식 $\overline{A} \cdot \overline{B} + \overline{A} \cdot B + AB$를 간단히 하면?
① $\overline{A} \cdot \overline{B}$ ② $\overline{A} \cdot B$
③ $\overline{A} + B$ ④ $\overline{A} + \overline{B}$

[해설] $\overline{A} \cdot \overline{B} + \overline{A} \cdot B + AB$
$= \overline{A}(\overline{B}+B) + A \cdot B$
$= \overline{A} + A \cdot B = (\overline{A}+A) \cdot (\overline{A}+B)$
$= \overline{A} + B$

27. 다음 그림과 같은 블록 선도에서 등가 합성 전달함수는?

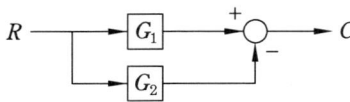

① $G_1 + G_2$ ② $G_1 - G_2$
③ G_1 / G_2 ④ $G_1 \cdot G_2$

28. 다음 관계식 중 틀린 것은?
① $\mathcal{L}[f(t) \pm g(t)] = F(s) \pm G(s)$
② $\mathcal{L}\left[\dfrac{d}{dt}f(t)\right] = sF(s) - f(O_+)$
③ $\mathcal{L}[tf(t)] = -\dfrac{d}{ds}F(s)$
④ $\mathcal{L}\left[\int_0^t f_1(t-\tau) \cdot f_2(\tau)d\tau\right] = e^{-s}\tau F_1(s)$

[해설] 상승 정리에 의해
$\mathcal{L}\left[\int_0^t f_1(t-\tau) \cdot f_2(\tau)d\tau\right] = F_1(s) \cdot F_2(s)$

29. 다음 회로 중 AND 논리회로를 나타낸 것은?

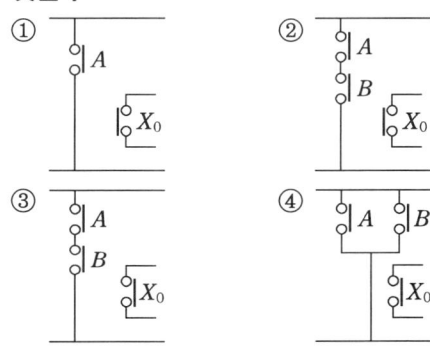

[해설] ① NOT 회로
② NAND 회로
③ AND 회로
④ OR 회로

30. 다음 중 논리회로의 불 대수식을 간략화하는 데 사용되는 규칙으로 옳지 않은 것은?
① $A + 1 = 1$ ② $A \cdot A = A$
③ $A + A = A$ ④ $\overline{A} = A$

[해설] $\overline{A}$는 부정, A는 긍정이므로 반대의 뜻이 된다.

31. 다음의 회로도에서 입력 A = 0, B = 1 일 때 출력 C, S로 알맞은 것은? (단, C : 자리올림(Carry), S : 합(Sum))

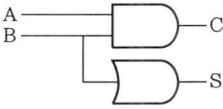

정답 25. ① 26. ③ 27. ② 28. ④ 29. ③ 30. ④ 31. ②

① C = 0, S = 0   ② C = 0, S = 1
③ C = 1, S = 0   ④ C = 1, S = 1
[해설] C는 AND회로(직렬)이므로 A = 0, B = 1은 출력 '0'이고 S는 OR회로(병렬)이므로 A = 0, B = 1은 출력 '1'로 표기된다.

32. 그림과 같이 입력이 A와 B인 회로도에서 출력 Y는?

① A · B   ② (A · B) · B
③ (A + B) · B   ④ (A · B) + B
[해설] A와 B는 AND(직렬)회로이며 A, B와 B는 OR(병렬)회로이다.

33. 보일러 온도를 80℃로 유지시키기 위하여 기름의 공급량을 변화시킬 때 조작량에 속하는 것은?
① 80℃   ② 온도
③ 기름 공급량   ④ 보일러
[해설] 조작량→기름 공급량, 조절부→온도

34. 다음 시퀀스 회로를 논리식으로 나타낸 것은?

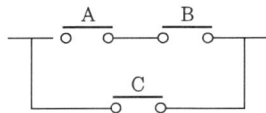

① A · B · C   ② (A · B) + C
③ A · (B + C)   ④ (A + B) + C
[해설] A와 B는 직렬연결이며 C와는 병렬연결이므로 (A · B) + C로 표기된다.

35. 입력신호가 '0'이면 출력은 '1', 입력신호가 '1'이면 출력이 '0'이 되는 논리 회로는?
① AND 회로   ② NOT 회로
③ OR 회로   ④ NAND 회로
[해설] 입력신호가 '0'일 때 출력은 '1', 입력신호가 '1'일 때 출력은 '0'이면 논리 부정이므로 NOT 회로가 된다.

36. 다음의 논리회로와 등가인 것은?

37. 다음 심벌 중 수동복귀 접점을 나타낸 것은?

[해설] ① 수동복귀 접점
② 수동조작 자동복귀 접점
③ 계전기
④ 한시동작

정답 32. ④ 33. ③ 34. ② 35. ② 36. ③ 37. ①

제5장 설치검사

1 냉동 공조기 제작 및 설치 관계법규

① 용기·냉동기 또는 특정설비(이하 "용기 등"이라 한다)를 제조하려는 자는 시장·군수 또는 구청장에게 등록하여야 한다. 등록한 사항 중 산업통상자원부령으로 정하는 중요 사항을 변경하려는 경우에도 또한 같다.

② 등록의 기준과 대상범위는 대통령령으로 정하고, 용기 등의 제조에 필요한 시설기준과 기술기준은 산업통상자원부령으로 정한다.

③ 다음 각 호의 어느 하나에 해당하는 자가 아니면 용기 등의 수리를 하여서는 아니 된다.
  1. 고압가스의 제조허가를 받은 자
  2. 용기 등의 제조등록을 한 자
  3. 지정을 받은 용기 등의 검사기관
  4. 액화석유가스 충전사업의 허가를 받은 자
  5. 자동차관리사업(자동차정비업만을 말한다)의 등록을 한 자로서 자동차의 액화석유가스용기에 부착된 용기부속품의 수리에 필요한 잔류가스의 회수장치를 갖춘 자
  6. 제1호부터 제5호까지의 규정에 준하는 자로서 대통령령으로 정하는 자

④ 용기 등의 수리기준 및 수리범위는 산업통상자원부령으로 정한다.

⑤ **냉동제조** : 1일의 냉동능력(이하 "냉동능력"이라 한다)이 20톤 이상(가연성가스 또는 독성가스 외의 고압가스를 냉매로 사용하는 것으로서 산업용 및 냉동·냉장용인 경우에는 50톤 이상, 건축물의 냉·난방용인 경우에는 100톤 이상)인 설비를 사용하여 냉동을 하는 과정에서 압축 또는 액화의 방법으로 고압가스가 생성되게 하는 것

2 고압가스 냉동제조의 시설·기술·검사 및 정밀안전검진 기준

1. 시설기준
   가. 배치기준 : 압축기·기름분리기·응축기 및 수액기와 이들 사이의 배관은 인화성물질 또는 발화성물질(작업에 필요한 것은 제외한다)을 두는 곳이나 화기를 취급하는 곳과 인접하여 설치하지 않을 것
   나. 가스설비기준

(1) 냉매설비(제조시설 중 냉매가스가 통하는 부분을 말한다. 이하 같다)에는 진동·충격 및 부식 등으로 냉매가스가 누출되지 않도록 필요한 조치를 할 것
(2) 냉매설비의 성능은 가스를 안전하게 취급할 수 있는 적절한 것일 것
(3) 세로방향으로 설치한 동체의 길이가 5 m 이상인 원통형 응축기와 내용적이 5천L 이상인 수액기에는 지진 발생 시 그 응축기 및 수액기를 보호하기 위하여 내진성능 확보를 위한 조치를 할 것

다. 사고예방설비기준
(1) 냉매설비에는 그 설비 안의 압력이 상용압력을 초과하는 경우 즉시 그 압력을 상용압력 이하로 되돌릴 수 있는 안전장치를 설치하는 등 필요한 조치를 마련할 것
(2) 독성가스 및 공기보다 무거운 가연성가스를 취급하는 제조시설 및 저장설비에는 가스가 누출될 경우 이를 신속히 검지하여 효과적으로 대응할 수 있도록 하기 위하여 필요한 조치를 마련할 것
(3) 가연성가스(암모니아, 브롬화메탄 및 공기 중에서 자기 발화하는 가스는 제외한다)의 가스설비 중 전기설비는 그 설치장소 및 그 가스의 종류에 따라 적절한 방폭성능을 가지는 것일 것
(4) 가연성가스 또는 독성가스를 냉매로 사용하는 냉매설비의 압축기·기름분리기·응축기 및 수액기와 이들 사이의 배관을 설치한 곳에는 냉매가스가 누출될 경우 그 냉매가스가 체류하지 않도록 필요한 조치를 마련할 것
(5) 냉매설비에는 긴급사태가 발생하는 것을 방지하기 위하여 자동제어장치를 설치할 것

라. 피해저감설비기준
(1) 독성가스를 사용하는 내용적이 1만L 이상인 수액기 주위에는 액상의 가스가 누출될 경우에 그 유출을 방지하기 위한 조치를 마련할 것
(2) 독성가스를 제조하는 시설에는 그 시설로부터 독성가스가 누출될 경우 그 독성가스로 인한 피해를 방지하기 위하여 필요한 조치를 마련할 것

마. 부대설비기준 : 냉동제조시설에는 이상사태가 발생하는 것을 방지하고 이상사태 발생 시 그 확대를 방지하기 위하여 압력계·액면계 등 필요한 설비를 설치할 것

바. 표시기준 : 냉동제조시설의 안전을 확보하기 위하여 필요한 곳에는 고압가스를 취급하는 시설 또는 일반인의 출입을 제한하는 시설이라는 것을 명확하게 알아볼 수 있도록 경계표지, 식별표지 및 위험표지 등 적절한 표지를 하고, 외부인의 출입을 통제할 수 있도록 경계책을 설치할 것

사. 그 밖의 기준 : 냉동제조시설에 설치·사용하는 제품이 법 제17조에 따라 검사를 받아야 하는 경우에는 그 검사에 합격한 것일 것

2. 기술기준
  가. 안전유지기준
    (1) 안전밸브 또는 방출밸브에 설치된 스톱밸브는 그 밸브의 수리 등을 위하여 특별히 필요한 때를 제외하고는 항상 완전히 열어 놓을 것

(2) 냉동설비의 설치공사 또는 변경공사가 완공되어 기밀시험이나 시운전을 할 때에는 산소 외의 가스를 사용하고, 공기를 사용하는 때에는 미리 냉매설비 중의 가연성가스를 방출한 후에 실시해야 하며, 그 냉동설비의 상태가 정상인 것을 확인한 후에 사용할 것

(3) 가연성가스의 냉동설비 부근에는 작업에 필요한 양 이상의 연소하기 쉬운 물질을 두지 않을 것

나. 점검기준 : 안전장치(액체의 열팽창으로 인한 배관의 파열방지용 안전밸브는 제외한다. 이하 나목에서 같다) 중 압축기의 최종단에 설치한 안전장치는 1년에 1회 이상, 그 밖의 안전밸브는 2년에 1회 이상 조정을 하여 고압가스설비가 파손되지 않도록 적절한 압력 이하에서 작동이 되도록 할 것. 다만, 법 제4조에 따라 고압가스특정제조허가를 받아 설치된 안전밸브의 조정주기는 4년(압력용기에 설치된 안전밸브는 그 압력용기의 내부에 대한 재검사 주기)의 범위에서 연장할 수 있다.

다. 수리·청소 및 철거기준 : 가연성가스 또는 독성가스의 냉매설비를 수리·청소 및 철거할 때에는 그 작업의 안전 확보를 위하여 필요한 안전수칙을 준수하고, 수리 및 청소 후에는 그 설비의 성능유지와 작동성 확인 등 안전 확보를 위하여 필요한 조치를 마련할 것

3. 검사기준

가. 중간검사·완성검사·정기검사 및 수시검사의 검사항목은 시설이 적합하게 설치 또는 유지·관리되고 있는지 확인하기 위하여 다음의 검사항목으로 할 것

검사종류	검사항목
(1) 중간검사	• 가스설비의 설치가 끝나고 기밀 또는 내압 시험을 할 수 있는 상태의 공정 • 내진설계 대상 설비의 기초설치 공정
(2) 완성검사	시설기준에 규정된 항목
(3) 정기검사	• 시설기준에 규정된 항목 • 기술기준에 규정된 항목
(4) 수시검사	각 시설별 정기검사 항목 중에서 다음에서 열거한 안전장치의 유지·관리 상태 중 필요한 사항과 법 제11조에 따른 안전관리규정 이행 실태 ① 안전밸브 ② 긴급차단장치 ③ 독성가스 제해설비 ④ 가스누출 검지경보장치 ⑤ 물분무장치(살수장치포함) 및 소화전 ⑥ 긴급이송설비 ⑦ 강제환기시설 ⑧ 안전제어장치 ⑨ 운영상태감시장치 ⑩ 안전용 접지기기, 방폭전기기기 ⑪ 그 밖에 안전관리상 필요한 사항

나. 중간검사·완성검사·정기검사 및 수시검사는 시설이 검사항목에 적합한지 여부를 명확하게 판정할 수 있는 방법으로 실시할 것

4. 정밀안전검진기준

가. 정밀안전검진은 제33조에 따른 정밀안전검진 대상 시설이 적절하게 유지·관리되고 있는지 확인하기 위해 검진분야별로 검진항목에 대해 실시할 것

검진분야	검진항목
(1) 일반분야	안전장치 관리 실태, 공장안전 관리 실태, 냉동기 운영실태, 계측설비 유지·관리 실태
(2) 장치분야	외관검사, 배관두께 및 부식 상태, 회전기기 진동분석, 보온·보랭 상태
(3) 전기·계장분야	가스시설과 관련된 전기설비의 운전 중 열화상·절연저항 측정, 방폭설비 유지관리 실태, 방폭지역 구분의 적정성

나. 정밀안전검진은 검진항목을 명확하게 측정할 수 있는 방법으로 할 것

다. 사업자는 정밀안전검진을 실시하기 전에 그 시설의 안전확보를 위하여 가동중단에 따른 현장여건 등을 고려한 위험성 검토 및 안전대책을 사전에 마련할 것

출제 예상 문제

1. 용기·냉동기 또는 특정설비를 제조하려는 자는 누구에게 등록하여야 하는가?
① 시장·군수 또는 구청장
② 시·도지사
③ 산업통상자원부 장관
④ 국회의장

[해설] 용기·냉동기 또는 특정설비를 제조하려는 자는 산업통상자원부령에 의해 시장·군수 또는 구청장에게 등록하여야 한다.

2. "냉동기 등의 등록의 기준과 대상범위는 (ⓐ)으로 정하고, 용기 등의 제조에 필요한 시설기준과 기술기준은 (ⓑ)으로 정한다."에서 ⓐ, ⓑ에 적합한 용어는?
① ⓐ : 산업통상자원부령, ⓑ : 산업통상자원부령
② ⓐ : 산업통상자원부령, ⓑ : 대통령령
③ ⓐ : 대통령령, ⓑ : 산업통상자원부령
④ ⓐ : 대통령령, ⓑ : 대통령령

[해설] 등록의 기준과 대상범위는 대통령령으로 정하고, 용기 등의 제조에 필요한 시설기준과 기술기준은 산업통상자원부령으로 정한다.

3. 냉동기 등의 수리를 할 수 없는 자는?
① 고압가스의 제조허가를 받은 자
② 용기 등의 제조등록을 한 자
③ 지정을 받은 용기 등의 검사기관
④ 5년 이상 냉동기를 운전한 자

[해설] 냉동기 등의 수리를 할 수 있는 자
1. 고압가스의 제조허가를 받은 자
2. 용기 등의 제조등록을 한 자
3. 지정을 받은 용기 등의 검사기관
4. 액화석유가스 충전사업의 허가를 받은 자
5. 자동차관리사업(자동차정비업만을 말한다)의 등록을 한 자로서 자동차의 액화석유가스용기에 부착된 용기부속품의 수리에 필요한 잔류가스의 회수장치를 갖춘 자

4. 냉동기 등의 수리기준 및 수리범위는 누구의 령으로 정하는가?
① 대통령령
② 산업통상자원부령
③ 시·도지사
④ 시장·군수 또는 구청장

[해설] 냉동기 등의 수리기준 및 수리범위는 산업통상자원부령으로 정한다.

5. 냉동제조허가를 받기 위해서는 1일의 냉동능력이 얼마 이상 되어야 하는가?
① 5톤 이상
② 건축물의 냉·난방용인 경우에는 100톤 이상
③ 가연성가스 또는 독성가스 외의 고압가스를 냉매로 사용하는 것으로서 산업용 및 냉동·냉장용인 경우에는 100톤 이상
④ 산업용 및 냉동·냉장용 이외의 경우에는 200톤 이상

[해설] 냉동제조 : 1일의 냉동능력(이하 "냉동능력"이라 한다)이 20톤 이상(가연성가스 또는 독성가스 외의 고압가스를 냉매로 사용하는 것으로서 산업용 및 냉동·냉장용인

정답 1. ①　2. ③　3. ④　4. ②　5. ②

경우에는 50톤 이상, 건축물의 냉·난방용인 경우에는 100톤 이상)인 설비를 사용하여 냉동을 하는 과정에서 압축 또는 액화의 방법으로 고압가스가 생성되게 하는 것

6. 다음 설명 중 맞지 않는 것은?
① 냉매설비에는 부식 등의 우려가 없으므로 가스 누출에 대한 조치는 생략하여도 된다.
② 냉매설비의 성능은 가스를 안전하게 취급할 수 있는 적절한 것일 것
③ 세로방향으로 설치한 동체의 길이가 5 m 이상인 원통형 응축기에는 내진성 확보를 위한 조치를 할 것
④ 내용적이 5천L 이상인 수액기에는 지진 발생 시 그 수액기를 보호하기 위하여 내진성능 확보를 위한 조치를 할 것

[해설] • 냉매설비에는 진동·충격 및 부식 등으로 냉매가스가 누출되지 않도록 필요한 조치를 할 것
• 냉매설비의 성능은 가스를 안전하게 취급할 수 있는 적절한 것일 것
• 세로방향으로 설치한 동체의 길이가 5 m 이상인 원통형 응축기와 내용적이 5천L 이상인 수액기는 지진 발생 시 그 응축기 및 수액기를 보호하기 위하여 내진성능 확보를 위한 조치를 할 것

7. 냉동사고 예방설비기준에 대한 설명 중 잘못된 것은?
① 냉매설비에는 그 설비 안의 압력이 상용압력을 초과하는 경우 즉시 그 압력을 상용압력 이하로 되돌릴 수 있는 안전장치를 설치하는 등 필요한 조치를 마련할 것
② 독성가스 및 공기보다 무거운 가연성 가스를 취급하는 제조시설 및 저장설비에는 가스가 누출될 경우 이를 신속히 검지하여 효과적으로 대응할 수 있도록 하기 위하여 필요한 조치를 마련할 것
③ 가연성가스(암모니아, 브롬화메탄 및 공기 중에서 자기 발화하는 가스는 제외한다)의 가스설비 중 전기설비는 그 설치장소 및 그 가스의 종류에 따라 적절한 방폭성능을 가지는 것일 것
④ 냉매설비에는 긴급사태가 발생하는 것을 방지하기 위하여 수동제어장치를 설치할 것

[해설] ④항의 경우 자동제어장치를 설치하여야 한다.

8. 냉동제조시설 설치 후 최초로 받는 검사는?
① 중간검사   ② 완성검사
③ 정기검사   ④ 수시검사

[해설] 냉동제조시설 설치 후 처음 받는 검사는 완성검사이다.

9. 정밀안전검진기준에서 외관검사, 배관두께 및 부식 상태, 회전기기 진동분석, 보온·보랭 상태 등은 어느 검진항목에 해당되는가?
① 일반분야   ② 전기·계장분야
③ 장치분야   ④ 특수분야

[해설] 정밀안전검진기준(검진분야별 검진항목)
• 일반분야 : 안전장치 관리 실태, 공장안전 관리 실태, 냉동기 운영실태, 계측설비 유지·관리 실태
• 장치분야 : 외관검사, 배관두께 및 부식 상태, 회전기기 진동분석, 보온·보랭 상태
• 전기·계장분야 : 가스시설과 관련된 전기설비의 운전 중 열화상·절연저항 측정, 방폭설비 유지관리 실태, 방폭지역 구분의 적정성

정답 6. ① 7. ④ 8. ② 9. ③

제6장 설치안전관리

1 안전관리

　모든 설비의 작동을 정확히 파악하기 위하여 설비의 고장 및 열화, 성능이나 강도 등을 정량적으로 관측하여 지속적인 운전 상태를 예측할 수 있으며 근로자의 안전사고를 예방할 수 있도록 하기 위함이다.

① 설비 측면 → 데이터에 의한 신뢰성
② 조업 측면 → 클레임(claim) 방지
③ 정비계획 측면 → 고장의 미연 방지
④ 설비관리 측면 → 정량적
⑤ 점검면 측면 → 우수 점검자 확보
⑥ 에너지 측면 → 자원 절약
⑦ 환경안전 측면 → 사고·오염 방지
※ 파라미터 : 진동, 소음, 충격, 기름의 오염도 등 설비의 노화를 나타낸다.

2 근로자 안전관리교육

① 근로자의 심리적 요인
　㈎ 무지 : 기계의 취급방법, 기계의 성질 등을 알지 못하여 일어나는 재해
　㈏ 과실 : 부주의로 인하여 기계의 취급이나 조작의 잘못으로 일어나는 재해
　㈐ 미숙련 : 기능의 이해도가 낮아 조작의 잘못으로 일어나는 재해
　㈑ 난폭 흥분 : 근무에 안정되지 못하고 갈팡질팡하며 흥분하여 일어나는 재해
　㈒ 고의 : 위험한 줄 알면서 작업명령 및 안전수칙을 지키지 않아 일어나는 재해

② 근로자의 생리적 요인
　㈎ 과로 : 장시간 근무에 의한 피로 누적으로 인하여 일어나는 재해
　㈏ 질병 : 몸의 이상으로 근무에 집중하지 못하여 일어나는 재해
　㈐ 신체의 결함 : 근무에 있어서 손 또는 눈, 귀 등의 이상으로 일어나는 재해
　㈑ 과도한 음주 : 술이 덜 깬 상태로 근무 시 일어나는 재해
　㈒ 체력의 부작용 : 충분한 휴식 없이 체력의 한계를 넘어 근무 시 일어나는 재해

③ 1년 중 기온 상승으로 인한 식욕 감퇴, 수면 부족, 피로 누적으로 체력이 저하되고 정신적으로 힘든 한여름(주로 8월), 하루 중에는 피로가 심한 오후 3시경, 주로 휴일 다음날 통계상 안전사고의 발생 빈도가 높은 것으로 나타났다.

3 안전사고 예방

① 하인리히의 재해예방 4원칙
 ㈎ 손실 우연의 원칙 : 재해손실은 사고 발생 시 사고 대상의 조건에 따라 달라지므로 사고의 결과로서 생긴 재해손실은 우연성에 의해 결정된다.
 ㈏ 원인 계기의 원칙 : 재해발생에는 반드시 원인이 있다.
 ㈐ 예방 가능의 원칙 : 재해는 원칙적으로 원인만 제거하면 예방이 가능하다.
 ㈑ 대책 선정의 원칙 : 재해예방을 위한 가능한 안전 대책은 반드시 존재한다.

② 사고 예방대책의 기본원리 5단계
 ㈎ 안전관리 조직 : 전문적인 기술을 지닌 안전관리자를 선임하고 안전 활동방침 및 계획을 수립, 전개하여 전 종업원이 자발적으로 참여하여 목표를 달성하도록 한다.
 ㈏ 사실 발견(현상 파악) : 작업 분석 및 사고조사로 안전점검 또는 회의로 근로자의 의견과 작업환경의 미비한 점을 개선한다.
 ㈐ 분석 평가 : 사실 발견으로 미비한 점을 교육 및 훈련 분석으로 안전수칙 및 안전기준분석 등을 통해 사고의 직접 원인과 간접 원인을 알아낸다.
 ㈑ 시정 방법의 선정 : 교육 및 훈련 개선, 안전규정 및 수칙 개선을 통하여 효과적인 개선 방법을 선정한다.
 ㈒ 시정 대책의 적용 : 기술적, 교육적, 관리적 대책의 시정책을 적용한다.
  • 기술적 대책 : 설비 환경의 개선, 작업 방법의 개선
  • 교육적 대책 : 안전훈련교육의 개선
  • 관리적 대책 : 안전관리 조직 개선, 안전기준 정비

출제 예상 문제

1. 근로자의 기능의 이해도가 낮아 조작의 잘못으로 일어나는 재해는?
① 무지
② 과실
③ 고의성
④ 미숙련

[해설] 근로자의 심리적 요인
- 무지 : 기계의 취급방법, 기계의 성질 등을 알지 못하여 일어나는 재해
- 과실 : 부주의로 인하여 기계의 취급이나 조작의 잘못으로 일어나는 재해
- 미숙련 : 기능의 이해도가 낮아 조작의 잘못으로 일어나는 재해
- 난폭 흥분 : 근무에 안정되지 못하고 갈팡질팡하며 흥분하여 일어나는 재해
- 고의성 : 위험한 줄 알면서 작업명령 및 안전수칙을 지키지 않아 일어나는 재해

2. 근로자의 생리적 요인에 해당되지 않는 것은?
① 과로
② 질병
③ 신체의 결함
④ 난폭 흥분

[해설] 난폭 흥분은 심리적 요인에 해당된다.

3. 불충분한 휴식으로 연속적으로 근무하면 일어나는 재해는?
① 체력의 부작용
② 과도한 음주
③ 질병
④ 신체의 결함

[해설] 근로자의 생리적 요인
- 과로 : 장시간 근무에 의한 피로 누적으로 인하여 일어나는 재해
- 질병 : 몸의 이상으로 근무에 집중하지 못하여 일어나는 재해
- 신체의 결함 : 근무에 있어서 손 또는 눈, 귀 등의 이상으로 일어나는 재해
- 과도한 음주 : 술이 덜 깬 상태로 근무 시 일어나는 재해
- 체력의 부작용 : 충분한 휴식 없이 체력의 한계를 넘어 근무 시 일어나는 재해

4. 다음 중 재해의 빈도가 심한 경우가 아닌 것은?
① 하절기
② 휴일 전날
③ 월요일
④ 오후 3시 전후

[해설] 재해의 빈도는 휴일 다음날 많이 발생한다.

5. 하인리히의 재해예방 4원칙에 해당되지 않는 것은?
① 손실 우연의 원칙
② 원인 계기의 원칙
③ 예방 가능의 원칙
④ 분석 평가의 원칙

[해설] 하인리히의 재해예방 4원칙
- 손실 우연의 원칙 : 재해손실은 사고 발생 시 사고 대상의 조건에 따라 달라지므로 사고의 결과로서 생긴 재해손실은 우연성에 의해 결정된다.

정답 1. ④ 2. ④ 3. ① 4. ② 5. ④

- 원인 계기의 원칙 : 재해발생에는 반드시 원인이 있다.
- 예방 가능의 원칙 : 재해는 원칙적으로 원인만 제거하면 예방이 가능하다.
- 대책 선정의 원칙 : 재해예방을 위한 가능한 안전 대책은 반드시 존재한다.

6. 재해발생에는 반드시 원인이 있다는 원칙은?
① 손실 우연의 원칙
② 원인 계기의 원칙
③ 예방 가능의 원칙
④ 대책 선정의 원칙
[해설] 문제 5번 해설 참조

7. 다음 중 시정 대책의 적용에 포함되지 않는 것은?
① 기술적 대책
② 교육적 대책
③ 시설적 대책
④ 관리적 대책
[해설] 시정 대책의 적용
- 기술적 대책 : 설비 환경의 개선, 작업 방법의 개선
- 교육적 대책 : 안전훈련교육의 개선
- 관리적 대책 : 안전관리 조직 개선, 안전 기준 정비

제**7**장   안전보호구

1 보호구의 지급 등

사업주는 다음 각 호의 어느 하나에 해당하는 작업을 하는 근로자에 대해서는 다음 각 호의 구분에 따라 그 작업조건에 맞는 보호구를 작업하는 근로자 수 이상으로 지급하고 착용하도록 하여야 한다.
① 물체가 떨어지거나 날아올 위험 또는 근로자가 추락할 위험이 있는 작업 : 안전모
② 높이 또는 깊이 2미터 이상의 추락할 위험이 있는 장소에서 하는 작업 : 안전대
③ 물체의 낙하·충격, 감전 또는 정전기의 대전에 의한 위험이 있는 작업 : 안전화
④ 물체가 흩날릴 위험이 있는 작업 : 보안경
⑤ 용접 시 불꽃이나 물체가 흩날릴 위험이 있는 작업 : 보안면
⑥ 감전의 위험이 있는 작업 : 절연용 보호구
⑦ 고열에 의한 화상 등의 위험이 있는 작업 : 방열복
⑧ 선창 등에서 분진이 심하게 발생하는 하역작업 : 방진마스크
⑨ 섭씨 영하 18도 이하인 급냉동 어창에서 하는 하역작업 : 방한모·방한복·방한화·방한장갑
⑩ 물건을 운반하거나 수거·배달하기 위하여 이륜자동차 또는 원동기장치자전거를 운행하는 작업 : 승차용 안전모
⑪ 물건을 운반하거나 수거·배달하기 위해 자전거 등을 운행하는 작업 : 안전모

2 보호구의 관리

① 사업주는 이 규칙에 따라 보호구를 지급하는 경우 상시 점검하여 이상이 있는 것은 수리하거나 다른 것으로 교환해 주는 등 늘 사용할 수 있도록 관리하여야 하며, 청결을 유지하도록 하여야 한다. 다만, 근로자가 청결을 유지하는 안전화, 안전모, 보안경의 경우에는 그러하지 아니하다.
② 사업주는 방진마스크의 필터 등을 언제나 교환할 수 있도록 충분한 양을 갖추어 두어야 한다.

3 전용 보호구 등

사업주는 보호구를 공동사용 하여 근로자에게 질병이 감염될 우려가 있는 경우 개인 전용 보호구를 지급하고 질병 감염을 예방하기 위한 조치를 하여야 한다.

4 작업 환경

① **조명** : 150 lx 이상 (정밀작업 : 300 lx 이상)
② **습도** : 60~70 %
③ **온도** : 18~25℃
④ **채광** : 창문의 크기(바닥면적의 1/5 이상)
⑤ **환기** : 창문의 크기(바닥면적의 1/25 이상)

출제 예상 문제

1. 용접 시 불꽃이나 물체가 흩날릴 위험이 있는 작업에 필요한 안전 보호구는?
 ① 보안면 ② 안전모
 ③ 안전화 ④ 방진마스크
 [해설] ① 보안면 : 용접 시 불꽃이나 물체가 흩날릴 위험이 있는 작업
 ② 안전모 : 물체가 떨어지거나 날아올 위험 또는 근로자가 추락할 위험이 있는 작업
 ③ 안전화 : 물체의 낙하 · 충격, 감전 또는 정전기의 대전에 의한 위험이 있는 작업
 ④ 방진마스크 : 선창 등에서 분진이 심하게 발생하는 하역작업

2. 안전보호구 종류가 아닌 것은?
 ① 방열복 ② 안전대
 ③ 방한장갑 ④ 가슴마스크
 [해설] 분진이 심하게 발생하는 장소에는 방진마스크를 사용하여야 한다.

3. 색을 식별하기 위하여 작업장의 조명색으로 적정한 것은?
 ① 흰색 ② 황색
 ③ 주광색 ④ 황적색
 [해설] 작업장은 밝은 색이 필요하나 색을 식별하기 위해서는 주광색을 사용한다.

4. 안전보호구 선택에 대한 유의사항으로 잘못된 것은?
 ① 사용목적에 적합한 보호구를 사용한다.
 ② 안전 보호 성능이 우수하면 KS 검사는 받지 않아도 된다.
 ③ 사용자가 착용이 용이하고 작업에 편리한 것을 선택한다.
 ④ 작업에 방해를 받지 않는 제품이어야 한다.
 [해설] 안전보호구는 KS 검사 또는 전수 검사를 받아야 한다.

5. 안전대용 로프의 구비조건으로 잘못된 것은?
 ① 몸무게를 지탱할 수 있을 만큼 충분한 강도를 가질 것
 ② 내마모성이 클 것
 ③ 부드러우며 미끄러지지 않을 것
 ④ 완충성이 작을 것
 [해설] 안전 로프는 완충성이 커야 한다.

6. 안전표지에서 안전 위생 표식은?
 ① 적색 ② 녹색
 ③ 흑색 ④ 백색
 [해설] 위험을 표시하는 경우는 적색, 안전표지는 녹색 또는 녹색 바탕을 기준으로 한다.

7. 조명장치 설계 시 필요한 사항이 아닌 것은?
 ① 근무에 대한 안정한 광도
 ② 가급적 집중도 높은 광도
 ③ 움직임에 적합한 광도
 ④ 작업 표면에 적합한 광도
 [해설] 근무에 피해가 가지 않는 적합한 광도가 좋다.

정답 1. ① 2. ④ 3. ③ 4. ② 5. ④ 6. ② 7. ②

8. 동절기에는 공기가 건조해 상대습도를 높여야 한다. 적절한 습도는?
① 50 % 이하
② 50 % 이상
③ 60 % 이하
④ 60 % 이상

[해설] 동절기에는 정전기 발생을 방지하기 위하여 상대습도를 60 % 이상으로 한다.

9. 감각온도(ET)와 관계가 없는 것은?
① 대기압
② 온도
③ 습도
④ 기류

[해설] 감각온도는 실효온도라고도 하며 기온, 습도, 기류 속도를 통합하여 결정한 인간의 감각상의 온도이다.

[정답] 8. ④ 9. ①

제8장 운영안전관리

1 고압가스 안전관리법에 의한 냉동기 관리

① "냉동기"란 고압가스를 사용하여 냉동을 하기 위한 기기로서 산업통상자원부령으로 정하는 냉동능력 이상인 것을 말한다.
② 원심식 압축기를 사용하는 냉동설비는 그 압축기의 원동기 정격 출력 1.2 kW를 1일의 냉동능력 1톤으로 보고, 흡수식 냉동설비는 발생기를 가열하는 1시간의 입열량 6640 kcal를 1일의 냉동능력 1톤으로 본다.

2 냉동능력의 합산기준

① 냉매가스가 배관에 의해 공통으로 되어 있는 냉동설비
② 냉매계통을 달리하는 2개 이상의 설비가 1개의 규격품으로 인정되는 설비 내에 조립되어 있는 것(unit형의 것)
③ 2원(元) 이상의 냉동방식에 의한 냉동설비 등
④ 모터 등 압축기의 동력설비를 공통으로 하고 있는 냉동설비
⑤ 브라인을 공통으로 하고 있는 둘 이상의 냉동설비(브라인 중 물과 공기는 포함하지 않는다.)

3 작업 안전 수칙

① 작업 종사원은 작업 전 작업복, 장갑, 작업모 및 안전화를 착용하고 그 작업에 임한다.
② 가스설비 기밀검사 시는 불활성매체를 사용한다.
③ 검사시설장비 및 공구류는 일일점검을 철저히 한다.
④ 방소화설비의 정위치를 확인하고 사용법을 숙지한다.
⑤ 작업 종사원은 작업 중 냉매 등이 누출되어 인체에 동상을 입지 않도록 주의한다.
⑥ 누설된 냉매가스가 체류하지 않는 구조로 하여야 한다.
⑦ 배관의 온도는 40℃ 이하로 유지하고 온도 상승 시 살수장치를 가동한다.
⑧ 기계실에는 관계자의 출입을 엄금한다.
⑨ 작업 안전 수칙을 보기 쉬운 곳에 게시하고 또한 그것을 준수토록 한다.

출제 예상 문제

1. 다음 ( )에 적합한 용어는?

> "냉동기"란 고압가스를 사용하여 냉동을 하기 위한 기기로서 ( )령으로 정하는 냉동능력 이상인 것을 말한다.

① 대통령
② 산업통상자원부
③ 시·도지사
④ 시장·군수·구청장

[해설] 고압가스 안전관리법에 의해 냉동능력은 산업통상자원부령으로 정한다.

2. 원심식 압축기를 사용하는 냉동설비는 그 압축기의 원동기 정격출력 몇 kW를 1일의 냉동능력 1톤으로 간주하는가?

① 0.5   ② 1   ③ 1.2   ④ 3

[해설] 원심식 압축기를 사용하는 냉동설비는 그 압축기의 원동기 정격출력 1.2 kW를 1일의 냉동능력 1톤으로 간주한다.

3. 다음 ( )에 적합한 수치는?

> 흡수식 냉동설비는 발생기를 가열하는 1시간의 입열량 ( )를 1일의 냉동능력 1톤으로 본다.

① 3320 kcal/h   ② 4000 kcal/h
③ 5500 kcal/h   ④ 6640 kcal/h

[해설] 흡수식 냉동설비는 발생기를 가열하는 1시간의 입열량 6640 kcal를 1일의 냉동능력 1톤으로 본다.

4. 다음 중 냉동능력의 합산에 대한 설명으로 잘못된 것은?

① 냉매가스가 배관에 의해 공통으로 되어 있는 냉동설비
② 2원(元) 이상의 냉동방식에 의한 냉동설비 등
③ 모터 등 압축기의 동력설비를 공통으로 하고 있는 냉동설비
④ 브라인(물 또는 공기)을 공통으로 하고 있는 둘 이상의 냉동설비

[해설] 브라인을 공통으로 하고 있는 둘 이상의 냉동설비(브라인 중 물과 공기는 포함하지 않는다.)

5. 냉동기 작업에 대한 설명 중 옳지 않은 것은?

① 가스설비 기밀검사 시는 불활성매체를 사용한다.
② 누설된 냉매가스가 체류하지 않는 구조로 하여야 한다
③ 배관의 온도는 60℃ 이하로 유지하여야 한다.
④ 작업 종사원은 작업 전 작업복, 장갑, 작업모 및 안전화를 착용하고 그 작업에 임한다.

[해설] 배관의 온도는 40℃ 이하로 유지하여야 한다.

6. 고압가스가 충전되어 있는 용기의 유지온도는?

① 40℃ 이하   ② 40℃ 이상
③ 60℃ 이하   ④ 60℃ 이상

[해설] 고압가스 충전용기 및 냉동기 등은 40℃ 이하로 유지하여야 한다.

정답 1. ② 2. ③ 3. ④ 4. ④ 5. ③ 6. ①

7. 냉동장치에서 내압시험을 시행하려고 한다. 적정한 내용물은?

① 물을 사용한다.
② 공기를 사용한다.
③ 산소를 사용한다.
④ 수은을 사용한다.

[해설] 내압시험은 냉동기 및 부속기기의 압력을 측정하는 것으로 주로 물을 이용한다.

8. 압축기 최종단에 부착된 안전밸브의 검사주기는?

① 3개월에 1회 이상
② 6개월에 1회 이상
③ 1년에 1회 이상
④ 2년에 1회 이상

[해설] 안전밸브 검사주기
- 압축기 최종단에 부착된 안전밸브 : 1년에 1회 이상
- 압축기 최종단에 부착된 안전밸브 이외의 안전밸브 : 2년에 1회 이상

9. 고압가스 안전관리법 시행규칙에 따른 충전용기와 잔가스용기 구분 방법은?

① 충전용기 : 충전질량 또는 충전압력의 1/2 이상, 잔가스용기 : 충전질량 또는 충전압력의 1/2 미만
② 충전용기 : 충전질량 또는 충전압력의 1/2 초과, 잔가스용기 : 충전질량 또는 충전압력의 1/2 이하
③ 충전용기 : 충전질량 또는 충전압력의 2/5 이상, 잔가스용기 : 충전질량 또는 충전압력의 2/5 미만
④ 충전용기 : 충전질량 또는 충전압력의 2/5 초과, 잔가스용기 : 충전질량 또는 충전압력의 2/5 이하

[해설] 고압가스 안전관리법 시행규칙 제2조
- "충전용기"란 고압가스의 충전질량 또는 충전압력의 2분의 1 이상이 충전되어 있는 상태의 용기를 말한다.
- "잔가스용기"란 고압가스의 충전질량 또는 충전압력의 2분의 1 미만이 충전되어 있는 상태의 용기를 말한다.

10. 고압가스 안전관리법령에서 규정하는 냉동기 제조 등록을 해야 하는 냉동기 기준은?

① 냉동능력 3톤 이상인 냉동기
② 냉동능력 5톤 이상인 냉동기
③ 냉동능력 8톤 이상인 냉동기
④ 냉동능력 10톤 이상인 냉동기

[해설] 냉동능력 3톤 이상인 냉동기는 냉동기 제조 등록을 해야 한다.
※ 냉동제조 : 1일의 냉동능력이 20톤 이상(가연성가스 또는 독성가스 외의 고압가스를 냉매로 사용하는 것으로서 산업용 및 냉동·냉장용인 경우에는 50톤 이상, 건축물의 냉·난방용인 경우에는 100톤 이상)인 설비를 사용하여 냉동을 하는 과정에서 압축 또는 액화의 방법으로 고압가스가 생성되게 하는 것

11. 도시가스 배관의 종류가 아닌 것은?

① 본관   ② 공급관
③ 내관   ④ T, Y관

[해설] 도시가스를 공급하기 위하여 배치된 관에는 본관, 공급관, 내관 등이 있다.
- 본관 : 도시가스제조사업소의 부지 경계 또는 가스도매사업자의 가스시설 경계에서 정압기까지 이르는 배관
- 공급관 : 도시가스를 공급하는 경우 정압기에서 가스사용자가 소유하거나 점유하고 있는 토지의 경계까지 이르는 배관
- 내관 : 가스사용자가 소유하거나 점유하고 있는 토지의 경계에서 연소기까지 이르는 배관

정답 7. ① 8. ③ 9. ① 10. ① 11. ④

12. 도시가스사업법 시행규칙에서 압력의 정의로 잘못 표현된 것은?

① 고압은 1 MPa 이상의 압력(게이지압력)이다.
② 중압은 0.1 MPa 이상 1 MPa 미만의 압력이다.
③ 저압은 0.1 MPa 미만의 압력이다.
④ 초저압은 0.05 MPa 미만의 압력이다.

[해설]
- 고압이란 1 MPa 이상의 압력(게이지압력을 말한다. 이하 같다)을 말한다. 다만, 액체상태의 액화가스는 고압으로 본다.
- 중압이란 0.1 MPa 이상 1 MPa 미만의 압력을 말한다. 다만, 액화가스가 기화되고 다른 물질과 혼합되지 아니한 경우에는 0.01 MPa 이상 0.2 MPa 미만의 압력을 말한다.
- 저압이란 0.1 MPa 미만의 압력을 말한다. 다만, 액화가스가 기화되고 다른 물질과 혼합되지 아니한 경우에는 0.01 MPa 미만의 압력을 말한다.

13. 고압가스안전관리법령에 따라 "냉매로 사용되는 가스 등 대통령령으로 정하는 종류의 고압가스"는 품질기준으로 고시하여야 하는데, 목적 또는 용량에 따라 고압가스에서 제외될 수 있다. 이러한 제외 기준에 해당되는 경우로 모두 고른 것은?

가. 수출용으로 판매 또는 인도되거나 판매 또는 인도될 목적으로 저장·운송 또는 보관되는 고압가스
나. 시험용 또는 연구개발용으로 판매 또는 인도되거나 판매 또는 인도될 목적으로 저장·운송 또는 보관되는 고압가스(해당 고압가스를 직접 시험하거나 연구개발하는 경우만 해당한다)
다. 1회 수입되는 양이 400킬로그램 이하인 고압가스

① 가, 나
② 가, 다
③ 나, 다
④ 가, 나, 다

[해설] 품질유지 대상인 고압가스의 종류에서 제외 기준
- 수출용으로 판매 또는 인도되거나 판매 또는 인도될 목적으로 저장·운송 또는 보관되는 고압가스
- 시험용 또는 연구개발용으로 판매 또는 인도되거나 판매 또는 인도될 목적으로 저장·운송 또는 보관되는 고압가스(해당 고압가스를 직접 시험하거나 연구 개발하는 경우만 해당한다)
- 1회 수입되는 양이 40킬로그램 이하인 고압가스

[정답] 12. ④ 13. ①

제9장 기계설비법

1 목적

기계설비산업의 발전을 위한 기반을 조성하고 기계설비의 안전하고 효율적인 유지관리를 위하여 필요한 사항을 정함으로써 국가경제의 발전과 국민의 안전 및 공공복리 증진에 이바지함을 목적으로 한다.

2 정의

① "기계설비"란 건축물, 시설물 등(이하 "건축물 등"이라 한다)에 설치된 기계·기구·배관 및 그 밖에 건축물 등의 성능을 유지하기 위한 설비로서 대통령령으로 정하는 설비를 말한다.
② "기계설비산업"이란 기계설비 관련 연구개발, 계획, 설계, 시공, 감리, 유지관리, 기술진단, 안전관리 등의 경제활동을 하는 산업을 말한다.
③ "기계설비사업"이란 기계설비 관련 활동을 수행하는 사업을 말한다.
④ "기계설비사업자"란 기계설비사업을 경영하는 자를 말한다.
⑤ "기계설비기술자"란 기계설비 관련 분야의 기술자격을 취득하거나 기계설비에 관한 기술 또는 기능을 인정받은 사람을 말한다.
⑥ "기계설비유지관리자"란 기계설비 유지관리(기계설비의 점검 및 관리를 실시하고 운전·운용하는 모든 행위를 말한다)를 수행하는 자를 말한다.

3 기계설비 발전 기본계획의 수립

① 국토교통부장관은 기계설비산업의 육성과 기계설비의 효율적인 유지관리 및 성능 확보를 위하여 다음 각 호의 사항이 포함된 기계설비 발전 기본계획을 5년마다 수립·시행하여야 한다.
  ㈎ 기계설비산업의 발전을 위한 시책의 기본방향
  ㈏ 기계설비산업의 부문별 육성시책에 관한 사항
  ㈐ 기계설비산업의 기반조성 및 창업지원에 관한 사항
  ㈑ 기계설비의 안전 및 유지관리와 관련된 정책의 기본목표 및 추진방향

㈜ 기계설비의 안전 및 유지관리를 위한 법령·제도의 마련 등 기반조성
㈝ 기계설비기술자 등 기계설비 전문인력(이하 "전문인력"이라 한다)의 양성에 관한 사항
㈞ 기계설비의 성능 및 기능향상을 위한 사항
㈟ 기계설비산업의 국제협력 및 해외시장 진출 지원에 관한 사항
㈠ 기계설비기술의 연구개발 및 보급에 관한 사항
② 국토교통부장관은 기본계획을 수립하는 경우 관계 중앙행정기관의 장과 협의를 거쳐야 한다.

4 기계설비 안전관리 및 유지관리를 위한 조치

① 국토교통부장관은 기계설비의 안전과 성능확보를 위하여 필요한 기술기준을 정하여 고시하여야 한다. 이를 변경하는 경우에도 또한 같다.
② 국토교통부장관은 건축물 등에 설치된 기계설비의 유지관리 및 점검을 위하여 필요한 유지관리 기준을 정하여 고시하여야 한다.

5 기계설비성능점검업 취소 등

시·도지사는 기계설비성능점검업자의 등록을 취소하거나 1년 이내의 기간을 정하여 영업의 전부 또는 일부의 정지를 명할 수 있다.
① **등록취소**
  ㈎ 거짓이나 그 밖의 부정한 방법으로 등록한 경우
  ㈏ 최근 5년간 3회 이상 업무정지 처분을 받은 경우
  ㈐ 업무정지기간에 기계설비성능점검 업무를 수행한 경우
  ㈑ 기계설비성능점검업자로 등록한 후 등록 결격사유에 해당하게 된 경우
  ㈒ 기계설비성능점검업 등록 요건에 미달한 날부터 1개월이 지난 경우
② **시정명령** : 기계설비성능점검업 변경등록을 하지 아니한 경우
③ **업무정지 6개월** : 기계설비성능점검업 등록증 및 등록수첩을 다른 사람에게 빌려 준 경우

출제 예상 문제

1. 다음 설명 중 잘못된 것은?
① 기계설비란 건축물, 시설물 등에 설치된 기계·기구·배관 및 그 밖에 건축물 등의 성능을 유지하기 위한 설비로서 국토부장관령으로 정하는 설비를 말한다.
② 기계설비산업이란 기계설비 관련 연구개발, 계획, 설계, 시공, 감리, 유지관리, 기술진단, 안전관리 등의 경제활동을 하는 산업을 말한다.
③ 기계설비사업이란 기계설비 관련 활동을 수행하는 사업을 말한다.
④ 기계설비사업자란 기계설비사업을 경영하는 자를 말한다.
[해설] ① 국토부장관령 → 대통령령

2. 국토교통부장관은 기계설비산업의 육성과 기계설비의 효율적인 유지관리 및 성능확보를 위하여 기계설비 발전 기본계획을 몇 년마다 수립·시행하여야 하는가?
① 1년 ② 2년 ③ 3년 ④ 5년
[해설] 국토교통부장관은 기계설비산업의 육성과 기계설비의 효율적인 유지관리 및 성능확보를 위하여 기계설비 발전 기본계획을 5년마다 수립·시행하여야 한다.

3. 기계설비 발전 기본계획의 수립에 해당되지 않는 것은?
① 기계설비산업의 발전을 위한 시책의 기본방향
② 기계설비산업의 기반조성 및 창업지원에 관한 사항
③ 기계설비기술의 상품화 및 판매에 관한 사항
④ 기계설비의 안전 및 유지관리와 관련된 정책의 기본목표 및 추진방향
[해설] 기계설비 발전 기본계획의 수립
 ㈎ 기계설비산업의 발전을 위한 시책의 기본방향
 ㈏ 기계설비산업의 부문별 육성시책에 관한 사항
 ㈐ 기계설비산업의 기반조성 및 창업지원에 관한 사항
 ㈑ 기계설비의 안전 및 유지관리와 관련된 정책의 기본목표 및 추진방향
 ㈒ 기계설비의 안전 및 유지관리를 위한 법령·제도의 마련 등 기반조성
 ㈓ 기계설비기술자 등 기계설비 전문인력(이하 "전문인력"이라 한다)의 양성에 관한 사항
 ㈔ 기계설비의 성능 및 기능향상을 위한 사항
 ㈕ 기계설비산업의 국제협력 및 해외시장 진출 지원에 관한 사항
 ㈖ 기계설비기술의 연구개발 및 보급에 관한 사항

4. 국토교통부장관은 기본계획을 수립하는 경우 누구와 협의를 거쳐야 하는가?
① 대통령
② 국무총리
③ 시·도지사
④ 관계 중앙행정기관의 장
[해설] 국토교통부장관은 기본계획을 수립하는 경우 관계 중앙행정기관의 장과 협의를 거쳐야 한다.

정답 1. ① 2. ④ 3. ③ 4. ④

5. 건축물 등에 설치된 기계설비의 유지관리 및 점검을 위하여 필요한 유지관리 기준을 정하여 고시하여야 하는 사람은?
① 대통령
② 국토교통부장관
③ 시·도지사
④ 관계 중앙행정기관의 장

[해설] 국토교통부장관은 건축물 등에 설치된 기계설비의 유지관리 및 점검을 위하여 필요한 유지관리 기준을 정하여 고시하여야 한다.

6. 기계설비 유지관리에 대한 점검 및 확인 등은 누구의 령으로 규정되어 있는가?
① 대통령령
② 국무총리령
③ 건설교통부장관령
④ 소방서장령

[해설] 대통령령으로 정하는 일정 규모 이상의 건축물 등에 설치된 기계설비의 소유자 또는 관리자는 유지관리기준을 준수하여야 한다.

7. 관리주체에 해당되는 사람은?
① 시·도지사가 정하는 일정 규모 이상의 건축물 등에 설치된 기계설비의 소유자 또는 관리자
② 국토교통부장관이 정하는 일정 규모 이상의 건축물 등에 설치된 기계설비의 소유자 또는 관리자
③ 대통령령으로 정하는 일정 규모 이상의 건축물 등에 설치된 기계설비의 소유자 또는 관리자
④ 시장·군수·구청장이 정하는 일정 규모 이상의 건축물 등에 설치된 기계설비의 소유자 또는 관리자

[해설] 관리주체는 대통령령으로 정하는 일정 규모 이상의 건축물 등에 설치된 기계설비의 소유자 또는 관리자이다.

8. 유지관리기준에 따라 기계설비의 유지관리에 필요한 성능을 점검하고 그 점검기록을 작성하여야 하는 사람은?
① 관리주체
② 기계설비 과장
③ 기계설비 설치 팀장
④ 해당 담당 공무원

[해설] 관리주체는 유지관리기준에 따라 기계설비의 유지관리에 필요한 성능을 점검하고 그 점검기록을 작성하여야 한다. 이 경우 관리주체는 기계설비성능점검업자에게 성능점검 및 점검기록의 작성을 대행하게 할 수 있다.

9. 다음 (   ) 안에 알맞은 내용은?

> 관리주체는 작성한 점검기록을 대통령령으로 정하는 기간 동안 보존하여야 하며, (   )이 그 점검기록의 제출을 요청하는 경우 이에 따라야 한다.

① 국토교통부장관
② 관계 중앙행정기관의 장
③ 소방본부장 또는 소방서장
④ 특별자치시장·특별자치도지사·시장·군수·구청장

[해설] 관리주체는 작성한 점검기록을 대통령령으로 정하는 기간 동안 보존하여야 하며, 특별자치시장·특별자치도지사·시장·군수·구청장이 그 점검기록의 제출을 요청하는 경우 이에 따라야 한다.

10. 다음은 기계설비법에 규정된 유지관리 교육에 관한 내용이다. ⓐ, ⓑ에 적합한

정답 5. ② 6. ① 7. ③ 8. ① 9. ④ 10. ③

용어는?

> 선임된 기계설비유지관리자는 (ⓐ)으로 정하는 바에 따라 (ⓑ)이 실시하는 기계설비 유지관리에 관한 교육을 받아야 한다.

① ⓐ : 국토교통부장관령, ⓑ : 시·도지사
② ⓐ : 대통령령, ⓑ : 시·도지사
③ ⓐ : 대통령령, ⓑ : 국토교통부장관
④ ⓐ : 국토교통부장관령, ⓑ : 대통령

[해설] 선임된 기계설비유지관리자는 대통령령으로 정하는 바에 따라 국토교통부장관이 실시하는 기계설비 유지관리에 관한 교육을 받아야 한다.

11. 기계설비법령에 따라 기계설비성능점검업자는 기계설비성능점검업에 등록한 사항 중 대통령으로 정하는 사항이 변경된 경우에는 변경등록을 하여야 한다. 만약 변경등록을 정해진 기간 내 못한 경우 1차 위반 시 받게 되는 행정처분은?

① 등록취소
② 업무정지 2개월
③ 업무정지 1개월
④ 시정명령

[해설] 기계설비성능점검업 변경등록을 하지 아니한 경우 1차 위반 시 시정명령, 2차 위반 시 업무정지 1개월, 3차 위반 시 업무정지 2개월의 행정처분을 받는다.

12. 기계설비법령에 따라 기계설비 유지관리교육에 관한 업무를 위탁받아 시행하는 기관은?

① 한국기계설비건설협회
② 대한기계설비건설협회
③ 한국공작기계산업협회
④ 한국건설기계산업협회

[해설] 대한기계설비건설협회의 주된 업무는 다음과 같다.
• 시공능력평가업무
• 성능점검능력평가
• 건설업종 표준하도급
• 건설공사통보
• 해외건설업종 표준하도급
• 기재사항 변경신고
• 기계설비 유지관리교육

[정답] 11. ④ 12. ②

제10장 산업안전보건법

1 목적

산업 안전 및 보건에 관한 기준을 확립하고 그 책임의 소재를 명확하게 하여 산업재해를 예방하고 쾌적한 작업환경을 조성함으로써 노무를 제공하는 사람의 안전 및 보건을 유지·증진함을 목적으로 한다.

2 정의

① "산업재해"란 노무를 제공하는 사람이 업무에 관계되는 건설물·설비·원재료·가스·증기·분진 등에 의하거나 작업 또는 그 밖의 업무로 인하여 사망 또는 부상하거나 질병에 걸리는 것을 말한다.
② "중대재해"란 산업재해 중 사망 등 재해 정도가 심하거나 다수의 재해자가 발생한 경우로서 고용노동부령으로 정하는 재해를 말한다.
③ "근로자"란 "근로기준법"에 따른 근로자를 말한다.
④ "사업주"란 근로자를 사용하여 사업을 하는 자를 말한다.
⑤ "근로자대표"란 근로자의 과반수로 조직된 노동조합이 있는 경우에는 그 노동조합을, 근로자의 과반수로 조직된 노동조합이 없는 경우에는 근로자의 과반수를 대표하는 자를 말한다.
⑥ "도급"이란 명칭에 관계없이 물건의 제조·건설·수리 또는 서비스의 제공, 그 밖의 업무를 타인에게 맡기는 계약을 말한다.
⑦ "도급인"이란 물건의 제조·건설·수리 또는 서비스의 제공, 그 밖의 업무를 도급하는 사업주를 말한다. 다만, 건설공사발주자는 제외한다.
⑧ "수급인"이란 도급인으로부터 물건의 제조·건설·수리 또는 서비스의 제공, 그 밖의 업무를 도급받은 사업주를 말한다.
⑨ "관계수급인"이란 도급이 여러 단계에 걸쳐 체결된 경우에 각 단계별로 도급받은 사업주 전부를 말한다.
⑩ "건설공사발주자"란 건설공사를 도급하는 자로서 건설공사의 시공을 주도하여 총괄·관리하지 아니하는 자를 말한다. 다만, 도급받은 건설공사를 다시 도급하는 자는 제외한다.

⑪ "건설공사"란 다음 각 목의 어느 하나에 해당하는 공사를 말한다.
　가. 「건설산업기본법」 제2조제4호에 따른 건설공사
　나. 「전기공사업법」 제2조제1호에 따른 전기공사
　다. 「정보통신공사업법」 제2조제2호에 따른 정보통신공사
　라. 「소방시설공사업법」에 따른 소방시설공사
　마. 「국가유산수리 등에 관한 법률」에 따른 국가유산 수리공사
⑫ "안전보건진단"이란 산업재해를 예방하기 위하여 잠재적 위험성을 발견하고 그 개선대책을 수립할 목적으로 조사·평가하는 것을 말한다.
⑬ "작업환경측정"이란 작업환경 실태를 파악하기 위하여 해당 근로자 또는 작업장에 대하여 사업주가 유해인자에 대한 측정계획을 수립한 후 시료(試料)를 채취하고 분석·평가하는 것을 말한다.

3 산업재해 예방시설의 설치·운영

고용노동부장관은 산업재해 예방을 위하여 다음 각 호의 시설을 설치·운영할 수 있다.
① 산업 안전 및 보건에 관한 지도시설, 연구시설 및 교육시설
② 안전보건진단 및 작업환경측정을 위한 시설
③ 노무를 제공하는 사람의 건강을 유지·증진하기 위한 시설
④ 그 밖에 고용노동부령으로 정하는 산업재해 예방을 위한 시설

4 근로자에 대한 안전보건교육

① 사업주는 소속 근로자에게 고용노동부령으로 정하는 바에 따라 정기적으로 안전보건교육을 하여야 한다.
② 사업주는 근로자를 채용할 때와 작업내용을 변경할 때에는 그 근로자에게 고용노동부령으로 정하는 바에 따라 해당 작업에 필요한 안전보건교육을 하여야 한다.
③ 사업주는 근로자를 유해하거나 위험한 작업에 채용하거나 그 작업으로 작업내용을 변경할 때에는 안전보건교육 외에 고용노동부령으로 정하는 바에 따라 유해하거나 위험한 작업에 필요한 안전보건교육을 추가로 하여야 한다.
④ 사업주는 안전보건교육을 고용노동부장관에게 등록한 안전보건교육기관에 위탁할 수 있다.

5 안전조치

① 사업주는 다음 각 호의 어느 하나에 해당하는 위험으로 인한 산업재해를 예방하기 위하여 필요한 조치를 하여야 한다.
　㈎ 기계·기구, 그 밖의 설비에 의한 위험

㈏ 폭발성, 발화성 및 인화성 물질 등에 의한 위험
㈐ 전기, 열, 그 밖의 에너지에 의한 위험

② 사업주는 굴착, 채석, 하역, 벌목, 운송, 조작, 운반, 해체, 중량물 취급, 그 밖의 작업을 할 때 불량한 작업방법 등에 의한 위험으로 인한 산업재해를 예방하기 위하여 필요한 조치를 하여야 한다.

③ 사업주는 근로자가 다음 각 호의 어느 하나에 해당하는 장소에서 작업을 할 때 발생할 수 있는 산업재해를 예방하기 위하여 필요한 조치를 하여야 한다.
㈎ 근로자가 추락할 위험이 있는 장소
㈏ 토사·구축물 등이 붕괴할 우려가 있는 장소
㈐ 물체가 떨어지거나 날아올 위험이 있는 장소
㈑ 천재지변으로 인한 위험이 발생할 우려가 있는 장소

출제 예상 문제

1. 산업안전보건법령상 냉동, 냉장창고시설 건설공사에 대한 유해위험방지계획서를 제출해야 하는 대상 시설의 연면적 기준은 얼마인가?
① 3천 제곱미터 이상
② 4천 제곱미터 이상
③ 5천 제곱미터 이상
④ 6천 제곱미터 이상
[해설] 유해위험방지계획서를 제출해야 하는 대상 시설의 연면적은 5천 제곱미터 이상이다.

2. 노무를 제공하는 사람이 업무에 관계되는 건설물·설비·원재료·가스·증기·분진 등에 의하거나 작업 또는 그 밖의 업무로 인하여 사망 또는 부상하거나 질병에 걸리는 것은?
① 산업재해 ② 중대재해
③ 자연재해 ④ 물적재해
[해설] "산업재해"란 노무를 제공하는 사람이 업무에 관계되는 건설물·설비·원재료·가스·증기·분진 등에 의하거나 작업 또는 그 밖의 업무로 인하여 사망 또는 부상하거나 질병에 걸리는 것을 말한다.

3. 산업재해 중 사망 등 재해 정도가 심하거나 다수의 재해자가 발생한 경우로서 고용노동부령으로 정하는 재해는?
① 인재재해 ② 중대재해
③ 자연재해 ④ 물적재해
[해설] "중대재해"란 산업재해 중 사망 등 재해 정도가 심하거나 다수의 재해자가 발생한 경우로서 고용노동부령으로 정하는 재해를 말한다.

4. 물건의 제조·건설·수리 또는 서비스의 제공, 그 밖의 업무를 타인에게 맡기는 계약은?
① 위탁 ② 하청
③ 도급 ④ 청탁
[해설] "도급"이란 명칭에 관계없이 물건의 제조·건설·수리 또는 서비스의 제공, 그 밖의 업무를 타인에게 맡기는 계약을 말한다.

5. 고용노동부장관은 산업재해 예방을 위하여 다음과 같은 시설을 설치·운영할 수 있다. 다음 중 해당되지 않는 것은?
① 산업 안전 및 보건에 관한 지도시설, 연구시설 및 교육시설
② 안전보건진단 및 작업환경측정을 위한 시설
③ 노무를 제공하는 사람의 건강을 유지·증진하기 위한 시설
④ 그 밖에 대통령령으로 정하는 산업재해 예방을 위한 시설
[해설] ④ 대통령령 → 고용노동부령

6. 근로자에 대한 안전보건교육 내용으로 잘못된 것은?
① 사업주는 소속 근로자에게 고용노동부령으로 정하는 바에 따라 정기적으로 안전보건교육을 하여야 한다.
② 사업주는 근로자를 채용할 때와 작업

정답 1. ③ 2. ① 3. ② 4. ③ 5. ④ 6. ④

내용을 변경할 때에는 그 근로자에게 고용노동부령으로 정하는 바에 따라 해당 작업에 필요한 안전보건교육을 하여야 한다.
③ 사업주는 근로자를 유해하거나 위험한 작업에 채용하거나 그 작업으로 작업내용을 변경할 때에는 안전보건교육 외에 고용노동부령으로 정하는 바에 따라 유해하거나 위험한 작업에 필요한 안전보건교육을 추가로 하여야 한다.
④ 사업주는 국토교통부장관에게 등록한 안전보건교육기관에 위탁할 수 있다.

[해설] 사업주는 안전보건교육을 고용노동부장관에게 등록한 안전보건교육기관에 위탁할 수 있다.

7. 사업주가 산업재해를 예방하기 위하여 필요한 조치를 하여야 하는 사항이 아닌 것은?
① 차량, 화물차 등 전복에 대한 위험
② 기계·기구, 그 밖의 설비에 의한 위험
③ 폭발성, 발화성 및 인화성 물질 등에 의한 위험
④ 전기, 열, 그 밖의 에너지에 의한 위험

[해설] 사업주는 다음 각 호의 어느 하나에 해당하는 위험으로 인한 산업재해를 예방하기 위하여 필요한 조치를 하여야 한다.
 (개) 기계·기구, 그 밖의 설비에 의한 위험
 (내) 폭발성, 발화성 및 인화성 물질 등에 의한 위험
 (대) 전기, 열, 그 밖의 에너지에 의한 위험

8. 사업주는 근로자가 작업을 할 때 발생할 수 있는 산업재해를 예방하기 위하여 필요한 조치를 하여야 한다. 다음 중 해당 장소가 아닌 것은?

① 근로자가 추락할 위험이 있는 장소
② 토사·구축물 등이 붕괴할 우려가 있는 장소
③ 근로자가 안전보호구를 착용하지 않은 휴게실 장소
④ 천재지변으로 인한 위험이 발생할 우려가 있는 장소

[해설] 사업주는 근로자가 다음 각 호의 어느 하나에 해당하는 장소에서 작업을 할 때 발생할 수 있는 산업재해를 예방하기 위하여 필요한 조치를 하여야 한다.
 (개) 근로자가 추락할 위험이 있는 장소
 (내) 토사·구축물 등이 붕괴할 우려가 있는 장소
 (대) 물체가 떨어지거나 날아올 위험이 있는 장소
 (래) 천재지변으로 인한 위험이 발생할 우려가 있는 장소

9. 산업재해 예방시설의 설치·운영은 누가 하는가?
① 국토교통부장관
② 고용노동부장관
③ 산업통상자원부장관
④ 시·도지사

[해설] 고용노동부장관은 산업재해 예방을 위하여 다음 각 호의 시설을 설치·운영할 수 있다.
 (개) 산업 안전 및 보건에 관한 지도시설, 연구시설 및 교육시설
 (내) 안전보건진단 및 작업환경측정을 위한 시설
 (대) 노무를 제공하는 사람의 건강을 유지·증진하기 위한 시설
 (래) 그 밖에 고용노동부령으로 정하는 산업재해 예방을 위한 시설

정답 7. ① 8. ③ 9. ②

PART 04 유지보수공사 관리

유지보수공사관리

제1장	배관 재료
제2장	가스 배관의 보온재, 도료 및 패킹재
제3장	배관 이음 및 신축 이음
제4장	밸브 및 배관 지지
제5장	급수 및 배수설비
제6장	공조 배관

제1장 배관 재료

1 배관 재료의 구비 조건

① 관 내의 유체 흐름이 원활할 것
② 내부의 가스압이나 외부로부터의 하중이나 충격에 견딜 수 있는 충분한 강도가 있을 것
③ 토양이나 지하수 등에 대한 내식성이 있을 것
④ 관의 접합이 용이하고 가스의 누설 방지가 될 수 있을 것
⑤ 절단 가공이 용이할 것

각종 배관의 사용범위 및 특징

사용 온도 (℃)			
450℃	배관용 합금강 강관(SPA) ① 재질: Cr, Mo을 첨가한 합금강으로 Cr의 함유량이 많을수록 고온강도와 내식성 증가 ② 용도: 고온의 석유정제 배관, 증기관 ③ 관호칭: 호칭지름×스케줄 번호(SCH)		
	고온배관용 탄소 강관(SPHT) ① 사용: 크리프 강도 문제 시 되는 350~450℃ ② 용도: 고온의 과열증기관 ③ 관호칭: 호칭지름×스케줄 번호(SCH)		
350℃	배관용 탄소 강관(SPP) ① 사용: 350℃ 이하에서 1 MPa 이하 ② 용도: 저압의 증기, 공기, 물, 가스, 기름의 유체 수송용 배관 ③ 종류 • 흑관: 방청 도장한 것 • 백관: 부식 방지를 위해 아연 도금	압력 배관용 탄소 강관(SPPS) ① 사용: 350℃ 이하에서 10 MPa 이하 ② 용도: 보일러 증기관, 수압관, 증기관 사용 ③ 종류: 2종류(SPPS 38, SPPS 42) ④ 관호칭: 호칭지름×스케줄 번호(SCH) ※ SPPS 38에서 38은 최저 인장강도(38 kg/mm²)	고압 배관용 탄소 강관(SPPH) ① 사용: 350℃ 이하에서 10 MPa 이상 ② 용도: NH_3 합성용 배관, 내연 기관의 연료분사관, 화학공업의 고압 유체 수송용 ③ 종류: 3종류(SPPH 38, SPPH 42, SPPH 49) ④ 관호칭: 호칭지름(A 또는 B×스케줄 번호(SCH))
	배관용 아크 용접 탄소 강관(SPW) ① 사용 • 1 MPa 이하의 도시가스 수송용 • 1.5 MPa 이하의 물, 가스, 수도용 ② 저압의 물, 증기, 기름, 가스, 공기 등의 수송용		

−15℃	SPLT 1종	재질 : 탄소 0.25 %의 킬드강 (−50℃까지 사용)	저온 배관용 탄소 강관 (SPLT) ① 용도 : 각종 화학공업, LPG 탱크용 배관, 냉동기 배관 등의 저온용에 사용 ② 관호칭 : 호칭지름×스케줄 번호(SCH)	배관용 스테인리스 강관 (STS) ① 사용 : 고온, 저온(−100℃ 이하) 및 내식, 내열용 ② 용도 : 내식성이 필요한 화학공장 ③ 관호칭 : 호칭지름×스케줄 번호(SCH)
−50℃	SPLT 2종	재질 : 3.5 % Ni강 (−100℃까지 사용)		
−100℃	SPLT 3종	재질 : 9 % Ni강 (−196℃까지 사용)		

2 강관의 특징

① 연관이나 주철관보다 가볍고 인장강도가 크다.
② 충격에 강하고 굴요성이 풍부하다.
③ 관의 접합이 비교적 쉽다.
④ 주철관보다 내식성이 작고 사용연한이 비교적 짧다.
⑤ 조인트 제작이 곤란하므로 종류는 적은 편이다.

3 동관의 특징

① 내식성이 좋다(상온의 공기에서는 녹슬지 않으나 수분 및 CO_2에 의해 청록색의 녹이 생긴다).
② 알칼리(가성소다, 가성칼리)에는 내식성이 크나 산성(초산, 황산 등)에는 심하게 부식되며 암모니아류에도 부식된다.
③ 굴곡성, 전기·열전도성이 대단히 양호하다.
④ 납·강관보다 가볍고, 운반 취급이 용이하다.
⑤ 가공이 쉽고 저온 시 취성을 갖지 않는다.
⑥ 외부 충격에 약하고, 값이 비싸다.
⑦ 고온 시 강도가 떨어지나 저온 취성이 없어 저온 사용이 가능하다.
⑧ 0.8 MPa 이하, 200℃ 이하의 열교환기 등에 좋다.

4 연관의 특징

① 재질이 연하고 전연성이 풍부하여 상온 가공이 용이하다.
② 해수 및 천연수에 접촉 시 관 표면에 불활성 탄산 피막의 형성으로 납의 용해 및 부식이 방지된다.
③ 내식성이 크다(산에는 강하나 알칼리에는 약하다).
④ 강도가 작고 중량이 무거워(비중 11.37) 가로 배관 시에는 휘어지기 쉽다.
⑤ 콘크리트 속에 매설 시 시멘트에서 유리된 석회석이 침식되므로 방식 처리 후에 매설한다.

출제 예상 문제

1. 강관의 표시기호 중 상수도용 도복장 강관은?
① STWW ② SPPW
③ SPPH ④ SPHT

[해설] 상수도용 도복장 강관은 관 외면을 폴리에틸렌 피복하고 관 내면은 shot 혹은 sand로 강관 표면의 기름, 녹, 이물질 등을 제거하고, 소정의 배합비로 희석된 도료주제와 경화제를 airless spray 방식으로 내면에 에폭시를 도포한 고품질의 수도용 피복강관이며 STWW로 표시한다.

2. 압력 배관용 탄소강 강관의 기호는?
① SPP ② SPPS
③ SPPH ④ STBH

[해설] 강관의 명칭과 기호
㈎ 배관용 탄소강 강관 : SPP
㈏ 압력 배관용 탄소강 강관 : SPPS
㈐ 고압 배관용 탄소강 강관 : SPPH
㈑ 보일러 열교환기용 강관 : STBH

3. 저온 열교환기용 강관의 KS 기호로 맞는 것은?
① STBH ② STHA
③ SPLT ④ STLT

[해설] 열교환기용 강관은 ST로 나열되므로 저온 열교환기용 강관은 STLT로 나타내며 저온 배관용 탄소강 강관의 경우 SPLT로 표기된다.

4. 고압 배관용 탄소 강관에 대한 설명으로 틀린 것은?
① 100 kgf/cm^2 이상에 사용하는 고압용 강관이다.
② KS 규격기호로 SPPH라고 표시한다.
③ 치수는 호칭지름×호칭두께(Sch No)× 바깥지름으로 표시하며, 림드강을 사용하여 만든다.
④ 350℃ 이하에서 내연기관용 연료분사관, 화학공업의 고압배관용으로 사용된다.

[해설] 치수는 호칭지름×호칭두께 또는 바깥지름×두께로 표시한다.

5. 스케줄 번호(Sch No)에 의해 관의 살두께를 나타내는 강관이 아닌 것은?
① 배관용 탄소 강관(SPP)
② 압력배관용 탄소 강관(SPPS)
③ 고압배관용 탄소 강관(SPPH)
④ 고온배관용 탄소 강관(SPHT)

[해설] 스케줄 번호 $= 10 \times \dfrac{P}{S}$
여기서, P : 사용압력(kg/cm^2)
S : 허용응력(kg/mm^2)
※ 배관용 탄소 강관은 스케줄 번호 표시를 하지 않는다.

6. 암모니아 냉동기의 배관에 사용할 수 없는 관은?
① 배관용 탄소강 강관
② 스테인리스관
③ 저온 배관용 강관
④ 황동관

[해설] 암모니아는 동 및 동합금을 부식시키므로 주로 강관을 사용한다.

7. 배관 및 수도용 동관의 표준 치수에서 호칭지름은 관의 어느 지름을 기준으로

정답 1. ① 2. ② 3. ④ 4. ③ 5. ① 6. ④ 7. ④

하는가?
① 유효지름   ② 안지름
③ 중간지름   ④ 바깥지름

[해설] 배관 및 수도용 동관의 경우 호칭지름은 관의 바깥지름을 기준으로 한다.

8. 원심력 철근콘크리트관에 대한 설명으로 옳지 않은 것은?
① 흄(hume)관이라고 한다.
② 보통압관과 압력관 2종류가 있다.
③ A형 이음재 형상은 칼라이음쇠를 말한다.
④ B형 이음재 형상은 삽입이음쇠를 말한다.

[해설] 원심력 철근콘크리트의 관 끝 모양에 따라
A : 칼라 이음(관경 75~1800 mm)
B : 소켓 이음(관경 75~900 mm)
C : 끼움형(관경 900~1800 mm)

9. 배관 재료를 선정할 때 고려해야 할 사항으로 가장 관계가 적은 것은?
① 사용압력   ② 유체의 온도
③ 부식성   ④ 유체의 비열

[해설] 비열은 물질 1 kg을 1℃ 높이는 데 필요한 열량으로 유체의 온도 상승에 필요한 것이며 배관 재료와는 무관하다.

10. 고온고압용 관 재료의 구비 조건 중 틀린 것은?
① 유체에 대한 내식성이 클 것
② 고온에서 기계적 강도를 유지할 것
③ 가공이 용이하고 값이 쌀 것
④ 크리프 강도가 작을 것

[해설] 장시간의 하중으로 재료가 계속적으로 서서히 소성변형을 일으키는 것을 크리프라고 하며, 파단되는 순간의 최대 하중을 크리프강도라고 한다. 배관에서는 크리프강도가 커야 소성변형을 막을 수가 있다.

11. 냉매가 메틸클로라이드(CH_3Cl)인 경우 사용해서는 안 되는 배관 재료는?
① 알루미늄 합금관
② 탈산 동관
③ 탄소강 강관
④ 스테인리스 강관

[해설] 메틸클로라이드는 R-40으로 프레온계 냉매에 해당된다. 프레온은 마그네슘 또는 마그네슘을 2 % 이상 함유한 알루미늄 합금을 부식시키므로 사용해서는 안 된다.

12. 공기조화설비 배관에 관한 설명으로 틀린 것은?
① 진동·소음이 건물 구조체에 전달될 우려가 있는 곳은 방진지지를 한다.
② 배관은 관의 신축을 고려하여 시공한다.
③ 엘리베이터 샤프트 내에는 유체를 통과시킬 목적으로 배관을 하지 않는다.
④ 증기관이나 응축수관의 배관에 설치하는 글로브 밸브는 밸브 축을 수직으로 한다.

[해설] 밸브 축을 수직으로 하는 것은 슬루스 밸브이다.

13. 다음 동관 중 가장 높은 압력에서 사용되는 관은?
① K형   ② L형
③ M형   ④ N형

[해설] 동관의 높은 압력에 사용하는 순서 K>L>M>N

14. 다음 중 열전도율이 가장 큰 관은?
① 강관   ② 알루미늄관
③ 동관   ④ 연관

[해설] 동관은 열전도율이 좋아 주로 열교환기에 이용된다.

15. 강관의 나사 접합 시 주의사항으로 틀린 것은?

① 파이프 커터보다는 쇠톱으로 관을 절단하는 것이 좋다.
② 나사부의 길이는 필요 이상으로 길게 하지 않는다.
③ 나사 절삭 후 연결부속은 순서적으로 접합하여 필요 개소에 분해 가능한 유니언 등을 설치한다.
④ 연결부속을 나사부에 끼우기 전에 마를 충분히 감아 주는 게 좋다.

[해설] 마(麻)는 누설 방지용으로 사용하나 장시간 사용 시 부식 등으로 누설 우려가 있으므로 주로 테플론을 감아서 사용한다.

16. 펌프 주위의 배관 시 주의할 사항을 설명한 것으로 틀린 것은?

① 흡입관의 수평배관은 펌프를 향해 위로 올라가도록 설계한다.
② 토출부에 설치한 체크 밸브는 서징 현상 방지를 위해 펌프에서 먼 곳에 설치한다.
③ 흡입구(풋 밸브)는 동수위면에서 관경의 2배 이상 물속으로 들어가게 한다.
④ 흡입관의 길이는 되도록 짧게 하는 것이 좋다.

[해설] 서징 현상은 펌프 토출측에서 발생하므로 이를 방지하기 위하여 체크 밸브를 펌프 토출측 가까이에 설치해야 한다.

17. 직관에서 분기관을 성형 시 사용하는 동관용 공구는?

① tube bender
② flaring tool set
③ sizing tool
④ extractors

[해설]
① : 90° 또는 180°로 구부릴 때 사용한다.
② : 동관의 압축 접합용에 사용한다.
③ : 동관의 끝부분을 원으로 정형한다.

18. 같은 지름의 관을 직선으로 연결할 때 사용하는 배관 이음쇠가 아닌 것은?

① 소켓(socket)   ② 유니언(union)
③ 벤드(bend)   ④ 플랜지(flange)

[해설] 벤드는 유체의 흐름이 완만한 곡선을 이루는 곳에 사용한다.

19. 다음 중 경질 염화비닐관의 설명으로 틀린 것은?

① 열팽창률이 크다.
② 관내 마찰손실이 작다.
③ 산, 알칼리 등에 대해 내식성이 작다.
④ 고온 또는 저온의 장소에 부적당하다.

[해설] 경질 염화비닐(PVC)관은 산, 알칼리에 강하나 열에 약하다.

20. 배관 지지의 구조와 위치를 정하는 데 있어서 고려해야 할 사항 중 가장 중요한 것은?

① 중량과 지지간격   ② 유속 및 온도
③ 압력과 유속   ④ 배출구

[해설] 배관의 중량과 지지간격에 따라 구조와 위치를 결정하여야 한다.

21. 동일 송풍기에서 임펠러의 지름을 2배로 했을 경우 특성 변화의 법칙에 대해 옳은 것은?

① 풍량은 크기비의 2제곱에 비례한다.
② 정압은 크기비의 3제곱에 비례한다.
③ 동력은 크기비의 5제곱에 비례한다.
④ 회전수 변화에만 특성 변화가 있다.

[해설] 회전수 및 임펠러 직경 변화
  ㈎ 풍량은 회전수에 비례하며 임펠러 직경

정답 15. ④ 16. ② 17. ④ 18. ③ 19. ③ 20. ① 21. ③

3제곱에 비례한다.
(내) 양정은 회전수 2제곱에 비례하며 임펠러 직경 2제곱에 비례한다.
(다) 동력은 회전수 3제곱에 비례하며 임펠러 직경 5제곱에 비례한다.

22. 분기관을 만들 때 사용되는 배관 부속품은?
① 유니언(union)
② 엘보(elbow)
③ 티(tee)
④ 플랜지(flange)

[해설] 분기관에는 티(T), 와이(Y) 등이 사용된다.

23. 체크 밸브를 나타내는 것은?

[해설] ① 체크 밸브, ② 슬루스 밸브, ③ 글로브 밸브, ④ 앵글 밸브

24. 안전 밸브의 그림 기호로 맞는 것은?

[해설] ③항이 스프링식 안전 밸브를 표기한 것이다.

25. 다음 도시기호의 이음은?

① 나사식 이음
② 용접식 이음
③ 소켓식 이음
④ 플랜지식 이음

[해설]
① ─┼─
② ─•─
③ ─⊃
④ ─╫─

26. 압력계를 설치하지 않아도 되는 곳은?
① 감압밸브 입구측과 출구측
② 펌프 출구측
③ 냉각탑 입구측과 출구측
④ 증기헤더 출구측

[해설] 냉각탑은 외부의 공기를 유입하여 열교환한 다음 방출하는 것으로 항상 대기압 상태이다. 그러므로 냉각탑에는 압력계를 설치하지 않아도 된다.

27. 캐비테이션(cavitation) 현상의 발생 조건이 아닌 것은?
① 흡입양정이 지나치게 클 경우
② 흡입관의 저항이 증대될 경우
③ 날개차의 모양이 적당하지 않을 경우
④ 관로 내의 온도가 감소될 경우

[해설] 공동 현상의 방지 대책
(가) 유효흡입양정(NPSH)을 고려하여 배관 길이를 정한다.
(내) 펌프의 설치위치를 낮추고 펌프의 회전수를 줄인다.
(다) 양흡입 펌프를 사용하거나 펌프를 액중에 잠기게 한다.
(라) 흡입관경을 크게 하거나 여과기 등을 주기적으로 청소한다.
(마) 물올림장치를 설치하여 항상 펌프 내에 액이 충만하게 한다.

28. 다음 배관 중 보온 및 보랭을 필요로 하는 곳은?
① 방열기 주위 배관

정답 22. ③ 23. ① 24. ③ 25. ③ 26. ③ 27. ④ 28. ④

② 각종 탱크류의 오버 플로관
③ 환기용 덕트
④ 냉·온수 배관
[해설] 냉수 배관은 보랭, 온수 배관은 보온을 필요로 한다.

29. 주철관의 소켓 이음 시 코킹 작업을 하는 주목적으로 가장 적합한 것은?
① 누수 방지　② 경도 증가
③ 인장강도 증가　④ 내진성 증가
[해설] 코킹 작업 : 보일러나 물탱크 등과 같은 압력 용기에 사용하는 리벳 구조에서 강재 사이의 틈을 완전히 제거하기 위하여 판이 겹치는 가장자리나 판을 맞댄 부분을 특수한 코킹 정으로 두들겨 틈새를 메워서 수밀하게 하는 것

30. 배관 계통 중 펌프에서의 공동 현상(cavitation)을 방지하기 위한 대책에 해당되지 않는 것은?
① 펌프의 설치 위치를 낮춘다.
② 회전수를 줄인다.
③ 양흡입을 단흡입으로 바꾼다.
④ 굴곡부를 적게 하여 흡입관의 마찰 손실 수두를 작게 한다.
[해설] 공동 현상을 방지하기 위하여 양흡입 펌프를 사용하는 것이 좋다.

31. 배관 재료의 선정 시 필요 기준과 거리가 먼 것은?
① 유체의 성질에 적합할 것
② 내마모성이 클 것
③ 내구성이 있을 것
④ 신축성이 우수할 것
[해설] 배관 재료의 선정 시 고려 사항
　(가) 관내 유체의 화학적 성질
　(나) 유량 및 유속

(다) 최고 사용 온도 및 최고 사용 압력
(라) 마찰저항 또는 열팽창
(마) 시공의 난이성
(바) 내용 연수

32. 사용 압력이 40 kg/cm^{2}인 관의 허용응력이 5 kg/mm^{2}일 때의 스케줄 번호는?
① 120　② 60
③ 160　④ 80
[해설] 스케줄 번호 $= 10 \times \dfrac{40}{5} = 80$

33. 다음은 주철관의 일반적인 사항이다. 내용이 옳지 않은 것은?
① 주철관은 지하 매설관 또는 오수 배관에 적합하다.
② 주철관은 인성이 풍부하여 나사 이음과 용접 이음에 적합하다.
③ 주철관은 수도, 배수, 가스용으로 사용된다.
④ 주철관의 제조 방법에는 수직법과 원심력법이 있다.
[해설] 주철관은 취성이 크며 이음법에는 소켓, 메커니컬, 빅토릭, 플랜지 접합이 있다.

정답 29. ①　30. ③　31. ④　32. ④　33. ②

제2장 가스 배관의 보온재, 도료 및 패킹재

1 보온재의 구비 조건

① 열전도율이 작을 것
② 부피 비중이 작을 것
③ 사용 온도에 있어서 내구성이 있고 변질되지 말 것
④ 다공성이며 기공이 균일할 것
⑤ 필요한 기계적 강도가 있고 시공성이 좋을 것
⑥ 흡수성이나 흡습성이 없을 것(정지된 공기는 열전도율이 30℃에서, 0.0231 kcal/m·h·℃로서 극히 작으나 물은 열전도율이 30℃에서 0.518 kcal/m·h·℃로 크므로 보온재에 수분의 흡습 시 보온 효과가 현저히 저하되므로 방습 가공에 유의한다.)

2 유기질 보온재

① **펠트(felt)**
  (가) 동물성 섬유 : 양모, 우모, 마모 등
  ※ 우모 펠트 : 펠트 모양으로 제조되어 곡면 시공이 용이하므로 주로 방로 피복용에 사용된다.
  (나) 식물성 섬유 : 삼베, 면 등
  (다) 광물성 섬유 : 석면, 암면, 광재면 등
  ※ 이들 섬유질을 사용 또는 혼용한 것이며 아스팔트로 방습 가공한 것은 −60℃ 정도까지의 보랭에 사용이 가능하다.
  (라) 안전 사용 온도 : 100℃
  (마) 열전도율 : 0.042~0.045 kcal/m·h·℃

② **코르크(cork)** : 액체, 기체의 침투를 방지하는 작용이 있으므로 보온, 보랭재로서 우수하며 탄화 코르크는 금형으로 압축하여 300℃로 가열, 단단하게 고착시켜 내부까지 흑갈색으로 탄화되어 있다. 판상, 입상, 원통으로 가공되며 탄력성이 크고 경량이나 취성이 크고 굽힘성(가요성)이 없어 곡면 시공 시 균열 우려가 크다.
  (가) 용도 : 냉수, 냉매 배관, 냉각기, 펌프 등의 보랭용에 사용한다.
  (나) 안전 사용 온도 : 130℃, 열전도율 : 0.04~0.045 kcal/m·h·℃

③ **기포성 수지(plastic form)** : 합성수지 또는 고무를 재료로 하여 다공질 제품으로 제조한 것으로 열전도율이 극히 작고(0.03 kcal/m·h·℃), 가벼우며, 흡습성이 작다. 굽힘성은 풍부하고 난연성이며, 보온·보랭성이 좋다.

3 저온용 무기질 보온재

① **석면(천연 광물 섬유)** : 아스베스토질 섬유로 되어 있고 400℃ 이하의 관, 탱크, 노벽 등에 사용되며 사용 중 갈라지지 않아 선반 등과 같이 진동이 심한 장치에 많이 사용한다.

② **암면(인조 광물 섬유, rock wool)** : 안산암(andesite), 현무암(besalt) 등에 석회석을 섞어서 용해시켜 섬유 상태로 제조하여 합성수지 접착제를 써서 띠 모양, 판 모양 또는 반원통 모양으로 되어 있다(열전도율 : 0.04~0.05 kcal/m·h·℃).

[특징]
(가) 가격이 싸나 석면보다 굳고 거칠어서 부스러지기 쉽다.
(나) 400℃ 이하의 관, 덕트, 탱크 등의 보온재로 사용한다.
(다) 보랭용은 방습을 위해서 아스팔트 가공을 한다.
(라) 식물성의 접착제를 사용한 것은 습기에 약하므로 방수에 주의한다.

③ **규조토** : 광물질의 잔해 퇴적물로서 1.5 % 이상의 석면이나 토막을 혼합하여 만든다. 고순도는 순백색이며 부드러우나 일반적으로 사용되는 것은 불순물 때문에 황색 또는 회녹색이다(회녹색은 황산 함유에 따라 금속을 부식시키는 일이 있다).

(가) 열전도율 : 0.08~0.095 kcal/m·h·℃
(나) 단열 효과가 작아 두껍게 시공한다.
(다) 500℃ 이하의 관, 탱크, 노벽의 보온재로 사용한다.

④ **탄산 마그네슘** : 염기성 탄산 마그네슘 85 %에 석면을 15 % 내외로 배합한 크링크 보온재(물로 갠 보온재)로서 보통 85 % 마그네시아 보온재라 부른다.

[특징]
(가) 매우 가벼우며 열전도율이 가장 작다.
(나) 300~320℃에서 열분해하므로 이 온도 이상은 사용을 못한다.
(다) 방습 가공한 것은 옥외 배관 또는 습기가 많은 지하 덕트 내의 배관에 적합하다.
(라) 250℃ 이하의 관, 탱크 등의 보랭에 적합하다.

⑤ **유리 섬유(glass wool)** : 유리를 용해하여 압축 공기나 증기로 가압하거나 또는 원심력을 이용하여 섬유질 상태로 가공한 것으로 열전도율은 0.03~0.05 kcal/m·h·℃이며, 사용 온도는 판상·통상·띠상은 300℃, 블랭킷은 350℃까지 사용한다.

[종류]
(가) 펠트로 된 것

(나) 접착제를 가하여 판상 혹은 통상으로 성형한 것

(다) 층상으로 된 유리면의 편면에 종이나 포를 붙여 대상으로 만든 것

(라) 블랭킷(접착제를 사용하지 않고 판상으로 한 것)

⑥ **다포 유리 보온재** : 미세한 유리 분말에 발포제를 가하여 가열 용융시켜 발포와 동시에 경화 용착시켜서 제조한다. 기계적 강도가 크며 사용 온도는 300℃까지이다(열전도율 : 0.05~0.06 kcal/m·h·℃).

⑦ **슬래그울** : 용광로의 슬래그를 용해하여 압축 공기 등을 이용하여 섬유상으로 제조한 것

4 고온용 무기질 보온재

① **펄라이트** : 진주암, 흑석 등을 소성한 뒤 팽창시켜서 다공질로 하여 접착제와 3~15 %의 석면 등 무기질 섬유를 배합하여 판상, 통상으로 성형한 것이다. 가볍고 흡습성이 작으며 열전도율도 작고 내열도가 높으며 안전 사용 온도는 650℃이다.

② **규산칼슘 보온재** : 규조토에 소석회와 3~15 %의 석면을 가하여 성형하고 수증기 처리를 하여 경화시킨 것으로 가볍고 기계적 강도도 크고, 내열성·내수성이 크며 끓는 물속에서도 붕괴되지 않는다.

(가) 열전도율 : 0.05~0.065 kcal/m·h·℃

(나) 최고 사용 온도 : 30~650℃(1호 650℃, 2호 1000℃)

③ **세라믹 파이버(ceramic fiber)** : 용융석영을 방사하여 만든 실리카울이나 고석회질 규산유리로 만든 석영을 산처리하여 고규산으로 만든 것으로 융점이 높고 내약품성이 우수하며 보통 유리 섬유와 같은 형상을 하고 있다.

(가) 열전도율 : 0.035~0.06 kcal/m·h·℃

(나) 최저 안전 사용 온도 : 1200~1300℃(단시간의 경우 1500~1600℃)

④ 보온 효율(η) $= \left(\dfrac{Q_1 - Q_2}{Q_1}\right) \times 100$

여기서, Q_1 : 나면의 방산 열량
Q_2 : 보온면의 방산 열량

> **참고** 보온 시 방산 열량(Q)
>
> $$Q = \lambda \dfrac{\Delta t}{b}$$
>
> 여기서, λ : 보온재 열전도율(kcal/m·h·℃)
> Δt : 표준판 내외 온도차(℃)
> b : 표준판의 두께(m)

출제 예상 문제

1. 광물, 동물, 식물 섬유 및 이것들을 혼합한 피복 재료로 곡면의 시공에 매우 편리하고 방로 보랭용으로 사용되는 것은?
① 펠트
② 탄산 마그네슘
③ 암면
④ 탄화 코르크

[해설] 아스팔트 방습 피복한 것은 -60℃까지 보랭용에 가능하다.

2. 무기질 보온 재료가 아닌 것은?
① 규조토
② 글라스울
③ 코르크
④ 탄산 마그네슘

[해설] 코르크는 유기질 보온재이다.

3. 다음 중 유기질 보온재는?
① 탄산 마그네슘   ② 석면
③ 규조토   ④ 펠트

[해설] • 무기질 : 석면, 암면, 규조토, 탄산 마그네슘, 글라스울, 다포유리 보온재, 슬래그울, 펄라이트, 규산칼슘, 세라믹 파이버
• 유기질 : 펠트, 코르크, 기포성 수지

4. 금형으로 압축하여 300℃ 정도로 가열시켜 내부까지 흑갈색으로 탄화시킨 보온재는 어느 것인가?
① 스티로폼
② 석면
③ 기포성 수지
④ 탄화 코르크

[해설] 탄화 코르크는 탄성이 크고 경량이나 취성이 크고 가소성이 없어 곡면 시공 시 균열 우려가 크다. 안전 사용 온도는 130℃이며 냉수, 냉매 배관, 냉각기, 펌프 등의 보랭용에 사용한다.

5. 다음 설명에 해당하는 보온재는 어느 것인가?

> ㈎ 입상, 판상, 원통상으로 가공되어 있는 피복 재료료 부서지기 쉽고 가소성이 적으며 시공면에 균열이 생기는 결점이 있다.
> ㈏ 보통 냉수, 냉매 배관, 냉각기, 펌프 등의 보랭용에 사용한다.

① 펠트   ② 탄화 코르크
③ 암면   ④ 규조토

[해설] 탄화 코르크는 흑갈색이며 금형으로 압축하여 단단하나 부서지기 쉽다.

6. 다음은 규조토에 대하여 설명한 것이다. 틀린 것은 어느 것인가?
① 양질 원토는 순백색이지만 불순물을 함유하는 것은 엷은 황갈색을 하고 있다.
② 회녹색의 규조토는 철관 등을 부식시킬 염려가 있다.
③ 다른 보온재에 비해 단열 효과가 좋으므로 얇게 시공하여도 된다.
④ 노벽 등의 보온재에 쓰는 석면을 섞은 규조토는 500℃ 이하까지 사용된다.

[해설] 단열 효과가 작아 다소 두껍게 시공한다.

7. 급수 배관에 이슬이 발생하는 것을 방

[정답] 1. ① 2. ③ 3. ④ 4. ④ 5. ② 6. ③ 7. ①

지하는 방로 피복이 불필요한 곳은?
① 콘크리트 바닥 속의 배관
② 옥외 노출 배관
③ 욕조벽중 배관
④ 옥내 노출 배관
[해설] 배관의 표면 온도가 대기 중의 노점 온도 이하 시 공기 중의 수분이 응축 결로하여 보온 효율 저하, 보온재 파손, 배관의 부식, 강도 저하를 초래한다.

8. 코르크에 대한 설명 중 잘못된 것은?
① 무기질 보온재 중의 하나이다.
② 액체, 기체의 침투를 방지하는 작용이 있어 보온·보랭의 효과가 좋다.
③ 재질이 여리고 굽힘성이 없어 곡면에 사용하면 균열이 생기기 쉽다.
④ 냉수, 냉매 배관, 펌프 등의 보랭용에 사용된다.
[해설] 문제 3번 해설 참조

9. 열전도율이 극히 낮고 경량이며 흡수성은 좋지 않으나 굽힘성이 풍부한 유기질 보온재는?
① 코르크   ② 펠트
③ 규조토   ④ 기포성 수지
[해설] 합성수지나 고무를 재질로 하여 다공질로 제조한 것으로 난연성이며 보온·보랭성이 있다.

10. 400℃ 이하의 탱크, 노벽, 등의 보온재로 사용되며 진동이 있는 장치의 보온재로 적당한 것은?
① 탄산 마그네슘   ② 규조토
③ 석면   ④ 탄화 코르크
[해설] 석면은 사용 중 갈라지지 않으므로 진동이 심한 장치에 사용한다.

11. 다음은 피복 재료에 관한 설명이다. 틀린 것은?
① 우모 펠트는 곡면 시공에 매우 편리하다.
② 탄산 마그네슘은 250℃ 이하의 파이프 보랭용으로 사용한다.
③ 석면 대용품으로 근래 많이 사용되는 것은 슬래그울, 글라스울이다.
④ 광명단은 밀착력이 강한 유기질 보온재이다.
[해설] 광명단은 풍화에 강해서 방청 도료로 사용된다.

12. 섬유가 거칠고 부스러지기 쉬우며 보랭용으로 쓸 때에는 방습을 위해 아스팔트 가공을 해야 하는 보온재는?
① 규조토   ② 석면
③ 암면   ④ 탄산 마그네슘
[해설] 암면은 인조 광물 섬유로서 암석질에 석회석을 섞어 용해하여 섬유상으로 가공한 것으로 400℃ 이하의 관, 덕트, 탱크의 보온재로 사용한다.

13. 탄산 마그네슘 보온재에 관한 설명 중 틀린 것은?
① 열전도율이 극히 작다.
② 300~320℃에서 열분해한다.
③ 습기가 많은 옥외 배관에 적합하다.
④ 석면 85%, 염기성 탄산 마그네슘 15%를 섞은 보온재이다.
[해설] 매우 가볍고 250℃ 이하의 관, 탱크 등의 보랭용에 적합하며 염기성 탄산 마그네슘 85%, 석면 15%를 배합시킨 것이다.

14. 다음은 석면 보온재에 관한 설명이다. 틀리게 설명된 것은?

정답 8. ① 9. ④ 10. ③ 11. ④ 12. ③ 13. ④ 14. ②

① 800℃에서는 강도와 보온성을 잃게 된다.
② 진동이 생기면 갈라지기 쉬우므로 탱크 노벽의 보온에 적합하다.
③ 400℃ 이하의 보온 재료로 적합하다.
④ 아스베스토질 섬유로 되어 있다.

[해설] 선박 등과 같은 진동이 심한 장치에 적합하며, 400℃ 이상에서는 탈수 분해하고 석면 및 접착제의 종류에 따라 사용 온도가 다르나 보통 400℃ 이하에 사용한다.

15. 보온재로서의 구비 조건으로 적합하지 않은 것은?
① 열전도율이 작아야 한다.
② 부피 비중이 커야 한다.
③ 안전 사용 온도가 높을수록 좋다.
④ 흡수성이나 흡습성이 없어야 한다.

[해설] 부피 비중이 작고 가벼워야 하며 내구성 및 다공성이 있어야 하고 기공이 균일하며 시공성이 좋아야 한다.

16. 다음 중 고온용 보온재는 어느 것인가?
① 세라믹 파이버   ② 다포 유리
③ 석면   ④ 규조토

[해설] 고온용 무기질 보온재에는 펄라이트, 규산칼슘, 세라믹 파이버 등이 있다.

17. 다음 보온재 중 저온용으로 사용되는 것은?
① 규산칼슘   ② 석면
③ 폴리스티렌 폼   ④ 규조토

[해설] 내열도에 따른 보온재의 분류
- 저온용 : 100℃ 이하(코르크, 펠트, 기포성 수지 등)
- 중온용 : 100~400℃(탄산 마그네슘, 석면, 암면 등)
- 고온용 : 400℃ 이상(규산칼슘, 펄라이트 등)

18. 우수한 방청 도료로서 예부터 사용되고 있으며 내수성, 흡습성이 풍부한 도료는?
① 광명단   ② 합성수지
③ 타르   ④ 아스팔트

[해설] 광명단은 연단이라고도 하며 밀착력이 강하고 도막이 단단하기 때문에 풍화에 강해서 다른 도료의 밑칠용(초벌용)에 우수하다.

19. 합성수지 도료와 관계되는 것이 아닌 것은?
① 증기관, 보일러, 압축기 등의 도장용
② 내열성
③ 내유성
④ 초벌용

[해설] (가) 풍건성 도료(자연 건조성 도료)
- 프탈산계 : 건조가 늦다(5℃ 이하).
- 염화비닐계 : 내유성, 내산성이 좋으나 부착력, 내열성이 나쁘다.

(나) 베이킹 도료(소부 도료)
- 멜라민계 : 내열성(150~200℃), 내유성, 내산성이 크다.
- 실리콘계 : 내열성(200~350℃) 우수

20. 주로 매설관에 많이 사용되며 단독보다는 주트 등과 같이 사용되는 재료는?
① 광명단
② 고농도 아연
③ 아스팔트
④ 알루미늄 페인트

[해설] 아스팔트는 배관 외면에 도장하여 수분과의 접촉을 방지시켜 내식성을 주기 위해 사용되며 매설관에 사용 시 용해 우려가 있다. 철관 등에 도장 시에는 130℃로 굽거나 주트(황마) 등을 병용한다.

21. 일반적으로 은분이라고도 하며 내열, 내구성이 우수한 재료로 사용되는 도료는?

[정답] 15. ② 16. ① 17. ③ 18. ① 19. ④ 20. ③ 21. ②

① 고농도 아연
② 알루미늄과 페인트
③ 합성수지
④ 바니스

[해설] 알루미늄 분말을 유성 바니스에 섞은 것으로 방청 효과가 우수하고 열반사나 발산이 양호하므로 방열기 외면에 쓰며 내열성(400~500℃)이 우수하다.

22. 내열 및 소부 도료로 내열성이 크며 내열도는 200~350℃ 정도까지 사용할 수 있는 도료는?
① 멜라민계 도료
② 실리콘 도료
③ 프탈산계 도료
④ 염화비닐계 도료

[해설] 멜라민계는 150~200℃ 정도까지 견딘다.

23. 다음 도료 중 가장 고온용에 사용하는 것은?
① 타르 및 아스팔트
② 실리콘 도료
③ 멜라민계 도료
④ 알루미늄 도료

[해설] 알루미늄 도료는 수분이나 습기에 강하고 내열성은 400~500℃이다.

24. 다음 중 플랜지 패킹이 아닌 것은?
① 네오프렌   ② 테플론
③ 천연고무   ④ 일산화연

[해설] (가) 플랜지 패킹
- 고무 : 천연고무, 네오프렌
- 파이버 : 식물성, 동물성, 광물성 섬유
- 합성수지 : 테플론

(나) 나사 패킹 : 페인트, 액상 합성수지, 일산화연

(다) 그랜드 패킹 : 석면 각형 패킹, 석면 얀 패킹, 아마존 패킹, 몰드 패킹

25. 다음은 테플론에 대한 설명이다. 잘못된 것은?
① 내열 범위는 -260~+260℃이며, 내열 범위가 넓다.
② 약품이나 기름에 침해된다.
③ 합성수지 제품의 패킹재이다.
④ 탄성이 부족하다.

[해설] 테플론은 합성수지 중 가장 우수하며 기름에도 침해되지 않는다. 탄성이 부족하므로 석면, 고무, 웨이브형 금속판과 함께 사용한다.

제3장 배관 이음 및 신축 이음

1 열팽창량

$$\lambda = l \times \alpha \times \Delta t$$

여기서, λ : 신축량(mm), α : 열팽창률(1/℃)
l : 전 길이(mm), Δt : 온도차(℃)

2 열팽창 순서

알루미늄 > 황동 > 연강 > 경강 > 구리

3 열응력

$$\sigma = E \times \alpha \times \Delta t$$

여기서, σ : 열응력(kg/mm^2)
α : 열팽창률(1/℃)
E : 영률(세로 탄성 계수, kg/mm^2)
Δt : 온도차(℃)

4 루프형(loop type) 신축 이음(신축 곡관)

(a) 90° 곡관 　 (b) 신축 리턴 벤드 　 (c) 편심 벤드 　 (d) 양쪽 굴곡
(1/4벤드) 　　　　　　　　　　　　　　　　　　　　　　　신축 리턴 벤드

(e) 편심 벤드 　 (f) 원형 곡관 　 (g) 리브식 벤드 　 (h) 한쪽 편심 U벤드
　　　　　　　　(원벤드)

루프형 신축 이음

강관 또는 동관을 굽혀서 루프상의 곡관을 만들어 그 휨에 의해서 신축을 흡수하는 방식이다.
① 설치 장소를 많이 차지하고 신축 흡수 시에 응력이 생긴다.
② 재료의 피로를 일으키지 않아 고장이 잦다.
③ 고압에 견디므로 고온, 고압 증기의 옥외 배관에 많이 쓰인다.
④ 배관 곡률 반지름은 관지름의 6배 이상이 이상적이다.
⑤ 배관에 주름을 주어 구부릴 경우에는 관지름의 2~3배도 가능하다.

> **참고** 신축 흡수량 및 강도 순서
> 루프형 > 슬리브형 > 벨로스형

5 슬리브형(sleeve type) 신축 이음

이음 본체와 슬리브 파이프로 구성되며 최고 압력 $10 \, kg/cm^2$ 정도의 저압 증기배관 또는 온도 변화가 심한 물, 기름, 증기 등의 배관에 사용하며 과열 증기 배관에는 부적합하다.

① 설치 장소를 적게 차지한다.
② 신축 흡수 시 응력 발생이 없지만 곡관 부분이 있으면 비틀림으로 인한 파손 우려가 있다.
③ 장기간 사용 시 패킹의 마모로 유체의 누설 우려가 있다.
④ 단식과 복식이 있다.
⑤ **신축 가능량** : 50~300 mm

슬리브형 신축 이음쇠의 구조

6 벨로스형(bellows type) 신축 이음

온도 변화에 의한 관의 신축을 벨로스(파형 주름관)의 신축 변형에 의해서 흡수시키는 방식으로 팩리스(packless) 신축 이음이라고도 한다.
① 설치 장소가 작고, 신축에 따른 응력 발생이 없다.
② 누설이 없다.
③ 부식 및 벨로스의 피로에 따른 파손 우려 때문에 벨로스는 스테인리스강 또는 청동으로 제조된다.

벨로스형 신축 이음쇠의 구조

7 스위블형(swivel type) 신축 이음

스윙 조인트 또는 지웰 이음이라고도 하며, 온수 또는 저압 증기의 분기점을 2개 이상의 엘보로 연결하여 관의 신축 시에 비틀림을 일으켜 신축을 흡수하여 온수 급탕 배관에 주로 사용한다.

스위블형 신축 이음

① 이음부의 나사 회전을 이용하므로 큰 신축의 흡수 시는 누설 우려가 있다.
② 배관 곡부에서 유체의 압력 손실이 있다.
③ 직관 길이 30 m당 만곡부는 1.5 m가 필요하다.

8 관 이음의 설계 시 내부 유체의 누설을 막기 위한 조건

① 접합부의 접합면은 매끈하게 다듬질하며 깨끗이 한다.
② 접합부의 조임은 반드시 순수하게 누르는 힘만 작용하게 한다.
③ 접촉면의 면적은 가급적 작게 한다.

9 관의 실제 길이 산출

① 90° 엘보 2개 사용 시 관 실제 길이 산출

$$L = l + 2(A - a)$$

여기서, L : 배관 중심 간의 길이
  l : 관 길이
  A : 이음쇠의 중심에서 끝면까지의 거리
  a : 나사가 물리는 최소 길이

② 곡관의 길이 산출

$$l = 2\pi R \times \frac{\theta}{360}$$

$$L = l + (l_1 - R) + (l_2 - R) - 2(A - a)$$

여기서, l_1, l_2 : 직선 부분의 길이
  l : 곡관 부분의 길이
  L : 절단할 관 전체의 길이
  θ : 구부림 각도

출제 예상 문제

1. 신축곡관이라고 통용되는 신축 이음은?
① 스위블형　② 벨로스형
③ 슬리브형　④ 루프형
[해설] 루프이음은 주로 고압배관에 사용하는 것으로 원형 벤드, U형 벤드의 종류가 있으며 이를 신축곡관이라 한다.

2. 열팽창에 의한 배관의 신축이 방열기에 영향을 주지 않도록 방열기 주변에 설치하는 신축 이음쇠는?
① 신축곡관
② 스위블 조인트
③ 슬리브형 신축 이음
④ 벨로스형 신축 이음
[해설] 스위블형 신축 이음
　(가) 이음부의 나사 회전을 이용하므로 큰 신축의 흡수 시 누설 우려가 있다.
　(나) 배관 곡부에서 유체의 압력 손실이 있다.
　(다) 비틀림에 의하여 신축을 흡수하므로 엘보가 2개 이상 필요하며 주로 방열기 주변에 설치한다.

3. 급탕배관에서 슬리브(sleeve)를 사용하는 목적은?
① 보온 효과 증대
② 배관의 신축 및 보수
③ 배관 부식 방지
④ 배관의 고정
[해설] 슬리브 신축 이음
　(가) 설치 장소를 적게 차지한다.
　(나) 신축 흡수 시 응력 발생이 없지만 곡관 부분이 있으면 비틀림으로 인한 파손 우려가 있다.

4. 다음 중 슬리브형 신축 이음쇠의 특징이 아닌 것은?
① 신축흡수량이 크며, 신축으로 인한 응력은 따르지 않는다.
② 설치공간이 루프형에 비해 크다.
③ 곡선배관 부분이 있는 경우 비틀림이 생겨 파손의 원인이 된다.
④ 장기간 사용 시 패킹의 마모로 인해 누설될 우려가 있다.
[해설] 루프형 신축 이음은 주로 고압관에 사용하며 U형 벤드, 원형 벤드로 되어 있으므로 설치면적이 다른 신축 이음에 비하여 큰 편이다.

5. 다음 중 신축 이음쇠의 종류에 해당되지 않는 것은?
① 벨로스형　② 플랜지형
③ 루프형　　④ 슬리브형
[해설] 신축 이음의 종류 : 루프, 슬리브, 벨로스, 스위블, 상온 스프링 등

6. 다음 중 방열기 주변의 신축 이음으로 적당한 것은?
① 스위블 이음
② 미끄럼 신축 이음
③ 루프형 신축 이음
④ 벨로스식 신축 이음

7. 두 개의 90° 엘보의 직관길이 $l = 262$ mm인 관이 그림처럼 연결되어 있다. $L = 300$ mm이고 관 규격이 20 A이며 엘보의

정답 1. ④　2. ②　3. ②　4. ②　5. ②　6. ①　7. ②

중심에서 단면까지의 길이 A = 32 mm일 때 물린 부분 B의 길이는 몇 mm인가?

① 12 ② 13
③ 14 ④ 15

[해설] $L = l + 2(A - B)$ 에서
$300 = 262 + 2(32 - B)$
$B = 13$ mm

8. 아래 그림과 같이 호칭직경 20 A인 강관을 2개의 45° 엘보를 사용하여 연결하였다면 강관의 실제 소요길이는 얼마인가? (단, 엘보에 삽입되는 나사부의 길이는 10 mm이고, 엘보의 중심에서 끝단면까지의 길이는 25 mm이다.)

① 212.1 mm ② 200.3 mm
③ 170.3 mm ④ 182.1 mm

[해설] $L = l - 2(A - a)$ 에서
$l = \sqrt{150^2 + 150^2} = 212.13$ mm
$A = 25$ mm, $a = 10$ mm
$L = 212.13 - 2(25 - 10) = 182.1$ mm

9. 호칭지름 20 A의 강관을 곡률 반지름 200 mm로 120°의 각도로 구부릴 때 강관의 곡선길이는 약 몇 mm인가?

① 390 ② 405
③ 419 ④ 487

[해설] $L = 2 \times \pi \times r \times \dfrac{\theta}{360}$
$= 2 \times \pi \times 200 \times \dfrac{120}{360} = 418.67$ mm

10. 관경 300 mm, 배관길이 500 mm의 중압 가스 수송관에서 A, B점의 게이지 압력이 3 kgf/cm², 2 kgf/cm²인 경우 가스 유량은 약 얼마인가? (단, 가스 비중 0.64, 유량계수 52.31로 한다.)

① 10238 m³/h ② 20583 m³/h
③ 38138 m³/h ④ 40153 m³/h

[해설] $Q = K \times \sqrt{\dfrac{D^5 \times (P_1^2 - P_2^2)}{S \cdot L}}$
$= 52.31 \times \sqrt{\dfrac{30^5 \times (4^2 - 3^2)}{0.64 \times 500}}$
$= 38138$ m³/h

11. 다음 중 관의 지지 금속 설치 시공 시 고려해야 할 사항이 아닌 것은?
① 관의 신축
② 배관 구배의 조절
③ 배관 중량
④ 관내 수용 물질

[해설] 배관 지지에는 배관의 중량이 가장 중요하며 관의 신축 또는 구배 등을 고려해야 한다.

12. 동관의 이음에서 기계의 분해, 점검, 보수를 고려하여 사용하는 이음법은?
① 납땜 이음 ② 플라스턴 이음
③ 플레어 이음 ④ 소켓 이음

[해설] 플레어 이음은 플레어 너트를 사용하여 관을 연결하기 때문에 분해·점검·보수가 용이하다.

13. 열팽창에 의한 배관의 이동을 구속 또

는 제한하기 위해 사용되는 관 지지장치는 무엇인가?
① 행어(hanger)
② 서포트(support)
③ 브레이스(brace)
④ 리스트레인트(restraint)

[해설] ① 행어 : 배관의 하중을 위에서 걸어 당겨서 받치는 것
② 서포트 : 아래에서 위로 떠받치는 것
③ 브레이스 : 기기의 진동을 억제하는 데 사용
④ 리스트레인트 : 열팽창에 따른 배관 측면 이동을 제한하는 데 사용

14. 강관의 나사 이음 시 관을 절단한 후 관 단면의 안쪽에 생기는 거스러미를 제거할 때 사용하는 공구는?
① 파이프 바이스 ② 파이프 리머
③ 파이프 렌치 ④ 파이프 커터

[해설] ① 파이프 바이스 : 작업 시 파이프를 고정 지지하는 공구이다.
② 파이프 리머 : 관의 절단면 거스러미를 제거해 주는 공구이다.
③ 파이프 렌치 : 관을 설치할 때 관의 나사를 돌리는 공구이며 지름 100 mm 이하의 관을 연결할 때 사용한다.
④ 파이프 커터 : 강관을 자를 때 사용하는 공구이다.

15. 강관 접합법에 해당되지 않는 것은?
① 나사 접합 ② 플랜지 접합
③ 용접 접합 ④ 몰코 접합

[해설] 몰코 접합은 배관용 스테인리스 강관의 압착식 접합 방법으로 일반 강관의 접합 종류와는 다른 방식이다.

16. 배관용 패킹 재료 선정 시 고려해야 할 사항으로 거리가 먼 것은?

① 유체의 압력
② 재료의 부식성
③ 진동의 유무
④ 시트(seat)면의 형상

[해설] 배관용 패킹 재료의 선정 시 유체의 압력, 부식성, 진동의 유무 등을 고려하지만 시트면의 형상은 밸브 등에 사용할 때 고려해야 한다.

17. 스테인리스강 커플링과 고무링만으로 이음할 수 있는 방법으로 쉽게 이음할 수 있고, 시공이 간편하며, 경제성이 있어 건물의 배수관 등에 많이 사용되는 주철관 이음은?
① 기계식 이음 ② 노 허브 이음
③ 빅토릭 이음 ④ 플랜지 이음

[해설] 노 허브 이음은 커플링을 연결 부위에 체결하는 방식으로 작업이 빠르고 분해, 조립이 쉬워서 많이 사용한다.

18. 지름 20 mm 이하의 동관을 이음할 때나 기계의 점검, 보수 등으로 관을 떼어내기 쉽게 하기 위한 동관의 이음 방법은?
① 슬리브 이음 ② 플레어 이음
③ 사이징 이음 ④ 플라스턴 이음

[해설] 지름 20 mm 이하의 동관에는 플레어 이음을 한다.

19. 배관된 관의 수리, 교체에 편리한 이음 방법은?
① 용접 이음 ② 신축 이음
③ 플랜지 이음 ④ 스위블 이음

[해설] 플랜지 이음은 주로 배관의 수리, 교체 등을 필요로 하는 곳에 사용한다.

20. 강관의 이음법에 속하지 않는 것은?
① 나사 이음 ② 플랜지 이음

[정답] 14. ② 15. ④ 16. ④ 17. ② 18. ② 19. ③ 20. ④

③ 용접 이음 　　　 ④ 코킹 이음
[해설] 코킹 이음(틈새 다지기)은 주철관 소켓 이음에서 주로 사용한다.

21. 배관에서 지름이 다른 관을 연결할 때 사용하는 것은?
① 유니언　　　② 니플
③ 부싱　　　　④ 소켓
[해설] 유니언, 니플, 소켓은 동일 관경을 연결하는 데 사용하며 부싱, 리듀서는 서로 다른 관경을 연결하는 데 사용한다.

22. 증기배관의 수평 환수관에서 관경을 축소할 때 사용하는 이음쇠로 가장 적합한 것은?
① 소켓　　　　② 부싱
③ 동심 리듀서　④ 편심 리듀서
[해설] 편심 리듀서는 관경이 축소할 때 압력 손실을 최소화할 수 있는 장점이 있다.

23. 복사난방에서 패널(panel) 코일의 배관 방식이 아닌 것은?
① 그리드코일식
② 리버스리턴식
③ 벤드코일식
④ 벽면그리드코일식
[해설] 리버스리턴 방식은 공기 조화 유닛을 여러 대 배열하여 설치하는 경우에 온수 또는 냉수를 공급하는 배관 방식의 반환관의 한 형식으로 배관 원근 거리의 차에 의한 유량의 극단적인 치우침을 적게 하는 배관 방식이다.

24. 증기난방을 응축수 환수법에 의해 분류하였을 때 그 종류가 아닌 것은?
① 기계 환수식
② 하트포드 환수식
③ 중력 환수식
④ 진공 환수식
[해설] 하트포드는 보일러 안전수위 유지가 목적이다.

25. 급탕 배관에서 보통 직관의 길이 몇 m마다 1개의 신축 이음을 설치할 필요가 있는가?
① 5　　　　② 10
③ 20　　　④ 30
[해설] 배관의 신축 이음은 30 m마다 설치해야 한다.

26. 배관 관련 설비 중 공기조화설비의 구성요소가 아닌 것은?
① 열원장치　　② 공기조화기
③ 환기장치　　④ 트랩장치
[해설] 공기조화기의 구성요소 : 에어필터 → 공기 냉각기 → 공기 가열기 → 가습기 → 송풍기

27. 온수온도 90℃의 온수난방 배관의 보온재로 부적합한 것은?
① 규산칼슘　　② 펄라이트
③ 암면　　　　④ 경질폼러버
[해설] 안전 사용온도
㉮ 규산칼슘, 펄라이트 : 650℃
㉯ 암면 : 400℃
㉰ 경질폼러버 : 40℃

28. 다음 배관의 부식에 관한 사항이다. 옳은 것은?
① 온수온도가 낮아짐에 따라 부식의 정도는 심하게 된다.
② 온수의 유속이 늦어질수록 부식의 정도는 심하다.
③ 동일한 금속의 배관은 매설 환경에 따

[정답] 21. ③　22. ④　23. ②　24. ②　25. ④　26. ④　27. ④　28. ④

른 이온화 정도의 차이가 없다.
④ 흙 속에 매설된 배관은 흙속의 수분, 공기, 박테리아 등의 함유량에 따라 부식성이 다르다.

[해설] 온수의 온도가 증가함에 따라, 유속이 빠를수록 배관에 대한 부식 속도는 증가하게 된다.

29. 배관에서 금속의 산화부식 방지법 중 칼로라이징(calorizing)법이란?
① 크롬을 분말상태로 배관 외부에 가열하여 침투시키는 방법
② 규소를 분말상태로 배관 외부에 가열하여 침투시키는 방법
③ 알루미늄을 분말상태로 배관 외부에 침투시키는 방법
④ 구리를 분말상태로 배관 외부에 침투시키는 방법

[해설] 칼로라이징: 확산침투도금법의 일종으로, 알루미늄을 피복하는 방법

30. 도시가스 입상배관의 관지름이 20 mm일 때 움직이지 않도록 몇 m마다 고정장치를 부착해야 하는가?
① 1 m   ② 2 m
③ 3 m   ④ 4 m

[해설] 도시가스 배관 고정장치
㉮ 관경 13 mm 미만: 1 m
㉯ 관경 13 mm 이상, 33 mm 미만: 2 m
㉰ 관경 33 mm 이상: 3 m

31. 진공환수식 증기난방 설비에서 흡상이음(lift fitting) 시 1단의 흡상높이로 적당한 것은?
① 1.5 m 이내   ② 2.5 m 이내
③ 3.5 m 이내   ④ 4.5 m 이내

[해설] 흡상이음은 리프트 이음이라고도 하며 환수관을 방열기보다 위쪽으로 배관할 때나 진공 펌프를 환수 주관보다 높은 위치에 설치할 때 이용하는 것으로, 진공환수식의 난방장치에서 진공 펌프 앞에 설치하는 이음이며 1단의 흡상높이는 1.5 m 이내로 한다.

정답 29. ③ 30. ② 31. ①

제4장 밸브 및 배관 지지

1. 밸브

1 글로브 밸브(globe valve)

옥형밸브 또는 구형밸브라 하고, 밸브의 형상이 둥글게 되어 있으며, 유체의 흐름이 S자 모형으로 되므로 유체의 흐름 저항은 크나 밸브의 리프트(양정)는 작아 개폐가 용이하기 때문에 유량 조절에 적합하고 소형 경량이며 가격이 싸다.

① **구경 50 A 이하** : 청동(포금)제 나사 이음형
② **구경 65 A 이상**
   ㈎ 밸브, 밸브시트 : 포금
   ㈏ 본체 : 주철제 플랜지형
③ **앵글 밸브** : 유체 흐름을 직각으로 바꿀 때 사용(입구와 출구가 직각인 것)
④ **Y형 글로브 밸브** : 저항을 줄이기 위해 밸브통을 중심선에 45~60° 경사시킨 것, 즉 유로가 예각으로 되어 있는 밸브
⑤ **니들 밸브** : 유량 제어에 쓰이는 15~16 mm의 원뿔 모양의 침으로 극히 유량이 적거나 고압일 때 유량을 조금씩 가감하는 데 사용

2 체크 밸브(check valve)

유체의 흐름이 한쪽으로 흐르게 하고, 역류하면 자동적으로 배압에 의하여 밸브체가 닫히며 스윙식(swing type)과 리프트식(lift type)이 있다.

3 온도 조정 밸브

열교환기 및 중유 가열기 등에 사용하며, 감온부의 검지 온도에 따라 감온부 내 액의 팽창, 수축에 따른 압력으로 벨로스 및 다이어프램이 작동하여 밸브를 개폐하고 기기 속으로 유입되는 기체(증기), 액체(온·냉수) 유량을 조절함으로써 기기 내의 유체 온도를 조정한다.

4 안전 밸브(safety valve)

고압의 압력 용기나 배관 등에 설치하여 내부의 압력이 일정 압력에 도달하면 내부의 유체를 자동적으로 방출하여 설비나 배관 내에 압력을 항상 일정 압력 이하로 유지하는 밸브이다.

2. 배관 지지

1 행어(hanger)

배관의 하중을 위에서 걸어당겨서 받치는 것

① **리지드 행어(rigid hanger)** : I빔(beam)에 턴버클을 연결하여 파이프를 달아 올리는 것이며, 수직 방향 변위가 없는 곳에 사용한다.

리지드 행어

② **스프링 행어(spring hanger)** : 턴버클 대신에 스프링을 사용한 것이다.
③ **콘스턴트 행어(constant hanger)** : 배관 상하 이동을 허용하면서 관의 지지력을 일정하게 한 것이다.

스프링 행어   콘스턴트 행어

2 서포트(support)

아래에서 위로 떠받치는 것

① **파이프 슈**(pipe shoe) : 파이프로 직접 접속하는 지지대로서 배관의 수평 및 곡관부의 지지에 사용한다.
② **리지드 서포트**(rigid support) : 큰 빔 등으로 만든 배관 지지대
③ **롤러 서포트** : 관의 축방향 이동을 자유롭게 하기 위해 배관을 롤러로 지지한 것
④ **스프링 서포트** : 스프링 작용으로 파이프의 하중 변화에 따라 상하 이동을 다소 허용한 것이다.

(a) 파이프 슈 (b) 리지드 서포트

(c) 롤러 서포트 (d) 스프링 서포트

서포트의 종류

3 리스트레인트(restraint)

열팽창에 의한 배관의 측면 이동을 제한하는 것으로 앵커, 스토퍼, 가이드 세 종류가 있다.

① **앵커**(anchor) : 배관 지지점에서의 이동 및 회전을 방지하기 위해 지지점 위치에 완전히 고정하는 것

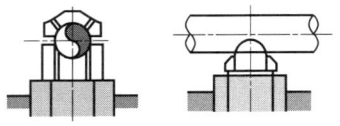

앵커

② **스토퍼**(stopper) : 배관의 일정한 방향으로 이동과 회전만 구속하고 다른 방향으로 자유롭게 이동하는 것이다.
③ **가이드**(guide) : 배관의 회전을 제한하기 위해 사용해 왔으나 근래에는 배관계의 축방향의 이동을 허용하는 안내 역할을 하며, 축과 직각 방향으로의 이동을 구속하는데 사용된다.

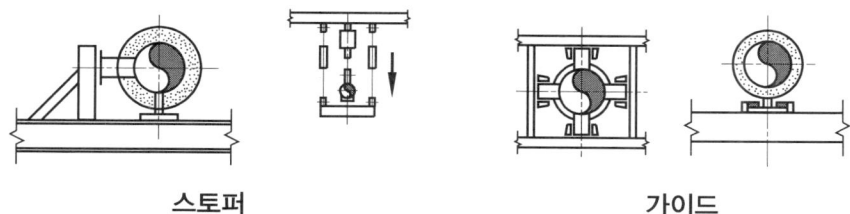

스토퍼 가이드

4 브레이스(brace)

펌프, 압축기 등에서 발생하는 기계의 진동, 압축가스에 의한 서징, 밸브의 급격한 개폐에서 발생하는 수격 작용, 지진 등에서 발생하는 진동을 억제하는 데 사용하며 진동을 완화하는 방진기와 충격을 완화하는 완충기가 있다. 방진기와 완충기는 스프링식과 유압식이 있다.

방진기의 장치 형태

5 인서트(insert)

인서트는 배관 지지 금속을 장치하기 위하여 미리 천장, 바닥, 벽 등에 매립하여 두는 것으로 자재 인서트와 고정 인서트가 있다.

(a) 자재 인서트 (b) 고정 인서트

인서트의 종류

출제 예상 문제

1. 냉동용 그림 기호 중 게이트 밸브를 표시한 것은?

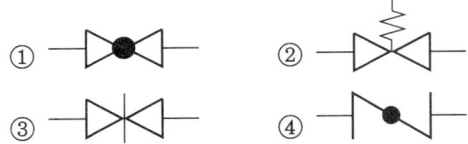

[해설] ① 글로브 밸브
② 스프링식 안전 밸브
④ 버터플라이 밸브

2. 다음 그림 기호가 나타내는 밸브는?

① 증발압력 조정 밸브
② 유압 조정 밸브
③ 용량 조정 밸브
④ 흡입압력 조정 밸브

[해설] • 증발압력 조정 밸브 : EPR
• 흡입압력 조정 밸브 : SPR

3. 열교환기 입구에 설치하여 탱크 내의 온도에 따라 밸브를 개폐하며, 열매의 유입량을 조절하여 탱크 내의 온도를 설정범위로 유지시키는 밸브는?

① 감압 밸브   ② 플랩 밸브
③ 바이패스 밸브   ④ 온도 조절 밸브

[해설] 온도 조절 밸브 : 온수 탱크, 열교환기, 중유 가열기 등의 가열용 유체 공급관에 부착된 것으로, 조절부에 삽입하고 일정한 온도 이상이 되면 밸브를 작동시켜 가열용 유체의 유입을 조절하여 피가열체의 온도를 일정하게 유지시킨다.

4. 유체의 입구와 출구 방향이 직각으로 되어 있어 유체의 흐름 방향을 90° 변환시키는 밸브는?

① 앵글 밸브
② 게이트 밸브
③ 체크 밸브
④ 볼 밸브

[해설] 90° 변환에는 앵글 밸브를 사용한다.

5. 역지 밸브(check valve)에 대한 기술이다. 틀린 것은?

① 관내 유체의 흐름을 일정한 방향으로 유지하기 위하여 사용한다.
② 스윙형, 리프트형, 풋형 등이 있다.
③ 구조에 따라 수평관, 수직관에 사용할 수 있다.
④ 필요할 때 수동으로 개폐하여야 한다.

[해설] 스윙형은 수평, 수직 배관 모두에 사용 가능하고 리프트형은 수평 배관에 사용해야 하며 수동 개폐는 해서는 안 된다.

6. 체크 밸브에 대한 설명으로 옳은 것은?

① 스윙형, 리프트형, 풋형 등이 있다.
② 리프트형은 배관의 수직부에 한하여 사용한다.
③ 스윙형은 수평 배관에만 사용한다.
④ 유량 조절용으로 적합하다.

[해설] 체크 밸브는 역류 방지 밸브로서 스윙형은 수평, 수직 배관에 모두 사용하며 리프트형은 수평 배관에만 사용한다. 체크 밸브는 단순히 밸브 개폐만 하는 것으로 유량 제어는 할 수 없다.

7. 냉동장치의 액순환 펌프의 토출측 배관에 설치되는 밸브는?
① 게이트 밸브 ② 콕
③ 글로브 밸브 ④ 체크 밸브

[해설] 액순환 펌프식 증발기의 경우 저압 수액기에서 송출된 냉매 액을 펌프에 의하여 증발기로 강제 순환시키는 방식으로 펌프 토출측에서 역류되는 것을 방지하기 위하여 역류 방지 밸브를 설치해야 한다.

8. 관 연결용 부속을 사용처별로 구분하여 나열하였다. 잘못된 것은?
① 관 끝을 막을 때 : 리듀서, 부싱, 캡
② 배관의 방향을 바꿀 때 : 엘보, 벤드
③ 관을 도중에서 분기할 때 : 티, 와이, 크로스
④ 동경관을 직선 연결할 때 : 소켓, 유니언, 니플

[해설] • 관 끝을 막을 때 : 캡, 플러그
• 다른 관경을 이을 때 : 리듀서, 부싱, 이경 소켓

9. 환수관의 누설로 인해 보일러가 안전수위 이하의 상태에서 연소되는 것을 방지할 수 있는 배관법은?
① 리프트 이음 ② 하트포드 이음
③ 바이패스 이음 ④ 스위블 이음

[해설] 하트포드 배관법 : 환수관의 일부가 파손된 경우에 보일러수가 유출해서 안전수위 이하가 되어 보일러가 빈 상태로 되는 것을 방지하기 위한 것으로 증기관과 환수관을 접속한 밸런스관에 급수관을 접속한다. 이 접속법은 증기압과 환수압과의 균형을 취해 줄 뿐 아니라 환수주관 안에 침전된 찌꺼기를 보일러에 유입시키지 않는 특징도 있으며, 환수구를 연결한 환수 헤더에 역지 밸브를 써서 접속하는 것보다 신뢰도가 높다.

10. 관의 종류와 이음 방법 연결이 잘못된 것은?
① 강관-나사 이음
② 동관-압축 이음
③ 주철관-칼라 이음
④ 스테인리스강관-몰코 이음

[해설] 주철관-메커니컬 조인트

11. 고무링과 가단 주철제의 칼라를 죄어서 이음하는 방법은?
① 플랜지 접합 ② 빅토릭 접합
③ 기계적 접합 ④ 동관 접합

[해설] 빅토릭 접합 : 고무링과 금속제 칼라를 사용하여 접합하는 것으로 관지름이 350 mm 이하이면 2분, 400 mm 이상이면 4분 동안 조여준다. 압력의 상승 시 기밀이 더욱 유지된다.

12. 배관 지지 장치에서 수직방향 변위가 없는 곳에 사용되는 행어는 어느 것인가?
① 리지드 행어 ② 콘스턴트 행어
③ 가이드 행어 ④ 스프링 행어

[해설] 행어의 종류
(가) 리지드 행어 : I빔에 턴버클을 연결하여 파이프를 달아 올리는 것이며, 수직방향 변위가 없는 곳에 사용한다.
(나) 스프링 행어 : 턴버클 대신에 스프링을 사용한 것이다.
(다) 콘스턴트 행어 : 배관 상하 이동을 허용하면서 관의 지지력을 일정하게 한 것이다.

13. 동관 이음의 종류가 아닌 것은?
① 납땜 이음 ② 용접 이음
③ 나사 이음 ④ 압축 이음

[해설] 나사 이음은 강관에 사용한다.

14. 다음 중 폴리에틸렌관의 접합법이 아닌

정답 7. ④ 8. ① 9. ② 10. ③ 11. ② 12. ① 13. ③ 14. ③

것은?
① 나사 접합   ② 인서트 접합
③ 소켓 접합   ④ 용착 접합

[해설] 소켓 접합은 강관이나 주철관 접합에 사용한다.

15. 배수트랩의 구비 조건으로서 옳지 않은 것은?
① 트랩 내면이 거칠고 오물 부착으로 유해 가스 유입이 어려울 것
② 배수 자체의 유수에 의하여 배수로를 세정할 것
③ 봉수가 항상 유지될 수 있는 구조일 것
④ 재질은 내식 및 내구성이 있을 것

[해설] 배수트랩의 구비 조건
 (가) 봉수가 확실하게 유지될 수 있을 것
 (나) 구조가 간단하며 평활한 내면을 이루고 오물이 체류하지 않을 것
 (다) 유수에 의해 배수로 내면을 세정할 수 있는 자기 세정을 할 것
 (라) 청소를 할 수 있는 구조일 것
 (마) 재질은 내식 및 내구성이 있을 것

16. 배수관에서 발생한 해로운 하수가스의 실내 침입을 방지하기 위해 배수트랩을 설치한다. 배수트랩의 종류가 아닌 것은?
① 드럼 트랩   ② 디스크 트랩
③ 하우스 트랩   ④ 벨 트랩

[해설] 배수트랩의 종류
 (가) 드럼 트랩 : 주방싱크의 배수용 트랩으로 다량의 물을 고이게 하므로 봉수가 잘 파괴되지 않으며 자정작용이 없어 침전물이 고이기 쉽다.
 (나) P 트랩 : 세면기, 소변기 등에 사용하는 것으로 가장 많이 사용하는 트랩이며 벽체 내의 배수입관에 연결하여 사용하고 S트랩보다 안전하다.
 (다) S 트랩 : 세면기, 대·소변기에 부착하여 바닥 밑에 배수 횡지관에 접속하여 사용하며 사이펀 작용을 일으키기 쉬워 봉수가 쉽게 파괴된다.
 (라) U 트랩 : 배수 횡주관 도중에 설치하여 공공 하수관에서의 하수가스의 역류 방지용으로 사용하며 가옥 트랩 또는 메인 트랩이라고 한다.
 (마) 벨 트랩 : 플로어 트랩이라고도 하며 화장실, 샤워실 등의 바닥 배수용으로 사용한다.

17. 다음 중 순환식 덕트의 장점이 아닌 것은?
① 실내의 온·습도가 균일하다.
② 실내의 청정도가 좋고 소음이 적다.
③ 덕트가 차지하는 스페이스가 작다.
④ 유지관리가 용이하다.

[해설] 덕트의 순환식과 국부 순환식의 비교
 (가) 순환식
  ㉮ 장점
   • 실내의 온·습도가 균일하다.
   • 실내의 청정도가 좋고 소음이 적다.
   • 유지관리가 용이하다.
   • 설치가 간단하다.
  ㉯ 단점
   • 덕트가 차지하는 스페이스가 크다.
   • 공사용 재료가 많아진다.
   • 건축적인 수습이 좋지 않다.
 (나) 국부 순환식
  ㉮ 장점
   • 실내 습도가 균일하다.
   • 덕트 재료가 적고 깨끗하다.
   • 설치공사가 건축 구조에 알맞다.
   • 입상 덕트가 작고 깨끗하다.
  ㉯ 단점
   • 유지관리가 용이하지 않다.
   • 배관과 전기공사가 복잡하다.
   • 2차 조화기의 위치 선정이 불확실하다.

18. 옥내 파이프가 옥외 파이프로 연결되어

있을 때 옥외 파이프에서 발생한 유취, 유해가스가 옥내 파이프로 역류하는 것을 방지하는 것은?
① 배수트랩 ② 신축조인트
③ 팽창밸브 ④ 턴버클

[해설] 배수관 내의 악취, 유독가스 등이 실내로 침투하는 것을 방지하기 위하여 배수계통의 일부를 봉수하는 것을 배수트랩이라 한다.

19. 배관의 보온재를 선택할 때 고려해야 할 점이 아닌 것은 어느 것인가?
① 불연성일 것
② 열전도율이 클 것
③ 물리적, 화학적 강도가 클 것
④ 흡수성이 작을 것

[해설] 보온재 구비 조건
㈎ 열전도율이 작아야 하며 경량일 것
㈏ 내습·내열성이 있을 것
㈐ 사용온도 범위가 클 것
㈑ 내압성이 있어야 하며 시공이 쉬울 것
㈒ 구입이 용이할 것
㈓ 경제적일 것

20. 다음 장치 중 일반적으로 보온, 보랭이 필요한 것은?
① 방열기 주변배관
② 공조기용의 냉각수 배관
③ 환기용 덕트
④ 급탕배관

[해설] 급탕배관은 보일러에서 가열되어 온도가 높아진 배관으로 보온, 보랭을 하여 공급하여야 한다.

21. 보온 시공 시 외피의 마무리재로서 옥외 노출부에 사용되는 재료로서 가장 적당한 것은?
① 면포 ② 비닐 테이프
③ 방수 마포 ④ 아연 철판

[해설] 방식아연(보호아연)을 사용하면 배관 또는 외피의 부식을 방지할 수 있다.

22. 사용 가능 온도가 가장 높은 보온재는?
① 암면 ② 글라스울
③ 경질우레탄 폼 ④ 루핑

[해설] 사용 가능 온도
① 암면 : 400℃ 이하
② 글라스울 : 300~350℃
③ 경질우레탄 폼 : 150℃
④ 루핑 : -10~60℃

23. 보온재의 선정 조건으로 적당하지 않은 것은?
① 열전도율이 작아야 한다.
② 안전 사용 온도에 적합해야 한다.
③ 물리적·화학적 강도가 커야 한다.
④ 흡수성이 작고, 부피와 비중이 커야 한다.

[해설] 보온재는 내습성이 좋아야 하며 부피와 비중은 작아야 시공이 용이하다.

24. 다음 중 보온재의 사용 온도 범위로 옳지 않은 것은?
① 규산칼슘 : 650℃ 이하
② 우모펠트 : 100℃ 이하
③ 탄화 코르크 : 200℃ 이상
④ 탄산 마그네슘 : 250℃ 이하

[해설] 탄화 코르크는 300℃ 이하의 온도에서 사용해야 한다.

25. 다음 중 무기질 보온재가 아닌 것은?
① 유리면 ② 암면
③ 규조토 ④ 코르크

[해설] 코르크는 유기질 보온재에 해당된다.

정답 19. ② 20. ④ 21. ④ 22. ① 23. ④ 24. ③ 25. ④

26. 유기질 보온재가 아닌 것은?
① 펠트
② 코르크
③ 기포성 수지
④ 탄산마그네슘

[해설] 무기질 보온재 : 탄산마그네슘, 암면, 석면, 규조토, 글라스 울 등

27. 열을 잘 반사하고 내열성이 있고 난방용 방열기 등의 외면에 도장하는 도료로 맞는 것은?
① 산화철 도료
② 광명단 도료
③ 알루미늄 도료
④ 합성수지 도료

[해설] 알루미늄 도료 : 열의 반사와 내기후성이 우수하며 옥외 도장이나 녹 방지용으로 쓰이는 페인트로 도장 후에는 은색으로 마무리한다.

28. 냉장설비의 단열방식에 있어서 내부 단열방식이 적합하지 않은 곳은?
① 사용조건이 서로 다른 냉장실이 필요한 냉장실
② 단층 건물 또는 저 층수 냉장실
③ 층별로 구획된 냉장실
④ 각층 각실이 구조체로 구획되고 구조체의 안쪽에 맞추어 단열 시공되는 냉장실

[해설] 층별로 구획된 냉장실의 경우 외부 단열방식을 채택해야 한다.

29. 기계급기와 자연배기에 의한 환기방식으로 주로 클린룸과 수술실 등에서 주로 적용하는 환기법은?
① 1종 환기법
② 2종 환기법
③ 3종 환기법
④ 4종 환기법

[해설] 환기법의 종류

㈎ 제1종 환기법 : 급기 팬에 의하여 강제 급기와 배기 팬에 의하여 강제 배기가 된다.
㈏ 제2종 환기법 : 급기 팬에 의하여 강제 급기가 되며 자연 배기에 의한다.
㈐ 제3종 환기법 : 자연 급기에 의하며 배기 팬에 의하여 강제 배기가 된다.

30. 가스 배관 경로 선정 시 고려하여야 할 내용으로 적당하지 않은 것은?
① 최단거리로 할 것
② 구부러지거나 오르내림을 적게 할 것
③ 가능한 은폐매설을 할 것
④ 가능한 옥외에 설치할 것

[해설] 가스 배관의 경우 항상 노출 시공을 원칙으로 한다.

31. 합성수지류 패킹 중 테플론(teflon)의 내열범위로 옳은 것은?
① $-30 \sim 140°C$
② $-100 \sim 260°C$
③ $-260 \sim 260°C$
④ $-40 \sim 120°C$

[해설] 테플론은 불소와 탄소의 강력한 화학적 결합으로 인해 매우 안정된 화합물을 형성함으로써 화학적 비활성 및 내열성, 비점착성, 우수한 절연 안정성, 안정 사용온도($-260 \sim 260°C$), 낮은 마찰계수 등의 특성이 있다.

32. 급수관의 길이가 15 m, 내경이 40 mm일 때 관내 유수속도가 2 m/s라면 이때의 마찰손실수두는? (단, 마찰손실계수 $\lambda = 0.04$이다.)
① 1.5 m
② 3.06 m
③ 6.08 m
④ 6.12 m

[해설] 마찰손실수두(H)
$$= \lambda \times \frac{l}{d} \times \frac{V^2}{2g}$$
$$= 0.04 \times \frac{15\,\text{m}}{0.04\,\text{m}} \times \frac{(2\,\text{m/s})^2}{2 \times 9.8\,\text{m/s}^2} = 3.06\,\text{m}$$

[정답] 26. ④ 27. ③ 28. ③ 29. ② 30. ③ 31. ③ 32. ②

33. 베이퍼로크 현상은 액의 끓음에 의한 동요를 말한다. 이를 방지하는 방지법이 아닌 것은?
① 실린더 라이너의 외부를 가열한다.
② 흡입배관을 크게 하고 단열 처리한다.
③ 펌프의 설치위치를 낮춘다.
④ 흡입관로를 깨끗이 청소한다.

[해설] 유압이나 연료 회로 내에서 과도한 사용이나 과열 또는 부품과 오일의 불량으로, 해당 기구의 회로 내에 부분적인 증발로 기포가 발생하여 압력의 전달, 연료의 공급이 중단되거나 불량인 상태를 말한다.

34. 배관 용접 작업 중 다음과 같은 결함을 무엇이라고 하는가?

① 용입불량 ② 언더컷
③ 오버랩   ④ 피트

[해설] 용접 이음 부분이 제대로 융착되지 않은 상태이므로 이런 현상을 언더컷이라 한다.

35. 다음 그림과 같은 방열기 표시 중 "5"의 의미는?

① 방열기의 섹션 수
② 방열기 사용 압력
③ 방열기의 종별과 형
④ 유입관의 관경

[해설] 방열기 표시
5 : 방열기 절수(섹션 수)
W : 방열기 종류
H : 방열기 형태
20 : 유입관의 직경
15 : 유출관의 직경

36. 옥상 급수탱크의 부속장치는 다음 중 어느 것인가?
① 압력 스위치
② 압력계
③ 안전 밸브
④ 오버플로관

[해설] 옥상 급수탱크의 경우에는 대기압상태이므로 압력계, 압력 스위치, 안전 밸브는 밀폐식 탱크에 필요하다.

37. 급수배관 시공 시 공공수도 직결배관에 대해서는 몇 kgf/cm^2의 수압시험을 하는가?
① 17.5   ② 15.5
③ 13.5   ④ 11.5

[해설] 수압시험
(가) 공공수도 직결배관 : 17.5 kg/cm^2
(나) 탱크 및 급수관 : 10.5 kg/cm^2

제5장 급수 및 배수설비

1 터빈 펌프

임펠러 주위에 가이드 베인(guide vane)이 있어 물의 속도 에너지를 압력으로 변화시키므로 20 m 이상의 고양정용에 쓰인다.

2 벌류트 펌프

가이드 베인이 없으므로 전양정 20 m 이하의 저양정용에 사용된다.

터빈 펌프   벌류트 펌프

3 통기설비

배수 트랩의 봉수를 보호하여 배수관에서 발생하는 유취, 유해가스의 옥내 침입을 방지하기 위한 설비를 말한다.

4 배수 트랩

배수관 속의 배수는 항상 만수 상태에서 흐르지 않으며, 흐르는 시간도 짧아 배수관에서 발생한 유해가스가 배수관을 통해 실내로 침입하므로 이의 방지를 위해서 배수관 도중에 트랩을 설치한다.

트랩에는 물이 채워져 봉수가 되며, 봉수 깊이는 보통 5~10 cm 정도이다. 사이펀 작용이나 역압 작용에 의해서 봉수가 파괴될 우려가 있으므로 봉수의 보호를 위해서 트랩 가까이에 통기관을 세운다.

배수 트랩

5 직결(직접)식 급수법

① 설비비가 적게 든다.
② 대규모 건물에서는 급수가 곤란하다.
③ 최고층 급수 코크의 압력은 $0.3 \sim 0.5 \, \text{kg/cm}^2$ 이상이어야 한다.

> **참고** 수도관의 최저 필요 수압 계산식
>
> $$P \geqq P_1 + P_2 + P_3$$
>
> 여기서, P : 수도 본관에서의 최저 필요 수압(kg/cm^2)
> P_1 : 수도 본관에서 최고 높이에 해당하는 수전까지의 수압(kg/cm^2)
> P_2 : 최원거리의 수전까지 관내 마찰 손실(kg/cm^2)
> P_3 : 수전에서 필요한 수압(kg/cm^2)
> (보통 밸브류 $0.3 \, \text{kg/cm}^2$, 플러시 밸브 $0.7 \, \text{kg/cm}^2$)

6 옥상(고가) 탱크식 급수법

옥상 또는 높은 곳에 설치한 물탱크에 물을 퍼올려 하향 급수하는 방식이며, 수도 본관의 수압으로 급수가 불가능할 때 사용된다.

[장점]
① 공급 수압이 항상 일정하다.
② 단수 시 탱크 내에 보유수량이 있어 급수에 지장이 적다.
③ 본관의 과잉 수압에 따른 밸브나 배관 부속품의 손상을 방지할 수 있다.
④ 고층 및 대규모 빌딩에 급수 가능하다.

7 압력 탱크식 급수법

옥상 등에 고가 탱크의 설치가 불가능한 경우에 지상에 밀폐된 탱크를 설치하여 물을 압입시킴으로써 탱크 내의 공기가 압축(약 $0.3 \, \text{kg/cm}^2$ 이상)되어 이 압축 공기에 의해 급수되는 방식이다.

[특징]
① 기밀성이 좋고 고압에 견뎌야 하므로 제작비가 비싸다.
② 급수 압력이 불균일하다.
③ 고양정의 펌프가 필요하다.
④ 탱크 내 저수량(최대 사용량의 20분 정도 용량)이 적어 정전 시 단수의 우려가 크다.
⑤ 취급이 곤란하고 고장이 많다.
⑥ **압력 탱크 필요 기기** : 압력계, 수면계, 안전 밸브, 배수 밸브, 압력 스위치

출제 예상 문제

1. 우리나라 상수도 원수의 기준에서 수질검사를 위한 원수 채취 기준으로 맞는 것은?
① 상온의 일반 기상 상태하에서 5일 이상의 간격으로 2회 채취한 물
② 상온의 일반 기상 상태하에서 5일 이상의 간격으로 3회 채취한 물
③ 상온의 일반 기상 상태하에서 7일 이상의 간격으로 2회 채취한 물
④ 상온의 일반 기상 상태하에서 7일 이상의 간격으로 3회 채취한 물

2. 다음 중 보기에서 설명하는 급수 공급 방식은?

― 〈보 기〉 ―
㉮ 고가탱크를 필요로 하지 않는다.
㉯ 일정수압으로 급수할 수 있다.
㉰ 자동제어 설비에 비용이 든다.

① 부스터 방식
② 층별식 급수 조닝 방식
③ 고가수조 방식
④ 압력수조 방식

[해설] 부스터 방식 : 건물 내 지하 저수조에 부스터 펌프를 설치한 후 각 세대에 직접 급수하는 방식이다. 고가수조가 필요 없기 때문에 청결한 급수가 가능하며 일정한 압력으로 급수가 가능한 장점이 있다. 그러나 부스터 펌프의 고장 시 급수가 불가능하다.

3. 급탕 배관 시 주의사항으로 옳지 않은 것은?
① 구배는 중력순환식인 경우 $\frac{1}{150}$, 강제순환식에서는 $\frac{1}{200}$로 한다.
② 배관의 굽힘 부분에는 스위블 이음으로 접합한다.
③ 상향 배관인 경우 급탕관은 하향구배로 한다.
④ 플랜지에 사용되는 패킹은 내열성 재료를 사용한다.

[해설] 급탕관의 경우 상향구배로 해야 한다.

4. 급탕배관과 온수난방배관에 사용하는 팽창탱크에 관한 설명이다. 적합하지 않은 것은?
① 고온수난방에는 밀폐형 팽창탱크를 사용한다.
② 물의 체적 변화에 대응하기 위한 것이다.
③ 팽창탱크를 통한 열손실은 고려하지 않아도 좋다.
④ 안전밸브의 역할을 겸한다.

[해설] 팽창탱크 설치 목적
㉮ 운전 중 장치 내의 온도 상승으로 생기는 물의 체적 팽창과 그의 압력을 흡수한다.
㉯ 운전 중 장치 내를 소정의 압력으로 유지하여 온수온도를 일정하게 유지한다.
㉰ 팽창된 물의 배출을 방지하여 장치의 열손실을 방지한다.
㉱ 장치 휴지 중에도 배관계를 일정 압력 이상으로 유지하여 물의 누수 등으로 발생하는 공기의 침입을 방지한다.
㉲ 개방식 팽창탱크에 있어서는 장치 내의 공기를 배출하는 공기배출구로 이용되고, 온수 보일러의 도피관으로도 이용된다.
㉳ 팽창탱크에는 팽창관 외 오버플로관, 안전밸브, 물 보급장치 등을 갖추고 있다.

[정답] 1. ④ 2. ① 3. ③ 4. ③

5. 급탕 배관에서 설치되는 팽창관의 설치 위치로 적당한 것은?
① 순환펌프와 가열장치 사이
② 급탕관과 환수관 사이
③ 가열장치와 고가탱크 사이
④ 반탕관과 순환펌프 사이

[해설] 팽창관
㈎ 온수 순환 배관에 이상 압력 상승 시 그 압력을 흡수하는 역할을 한다.
㈏ 안전밸브 역할을 하며, 보일러 내의 증기나 공기를 배출시킨다.
㈐ 팽창관의 도중에는 절대로 밸브를 설치하지 않아야 한다.
㈑ 가열기와 고가탱크 사이에 설치하며 급탕수직주관을 연장하여 팽창탱크에 개방한다.

6. 급수 방식 중 대규모의 급수 수요에 대응이 용이하고 단수 시에도 일정량의 급수를 계속할 수 있으며 거의 일정한 압력으로 항상 급수되는 방식은?
① 양수 펌프식   ② 수도 직결식
③ 고가 탱크식   ④ 압력 탱크식

[해설] 고가 탱크식은 수압이 부족하여 직결 급수 방식이 어려운 조건일 경우 또는 대규모의 급수 수요에 대응하기 위하여 채택할 수 있는 방식이다.

7. 급수에 사용되는 물은 탄산칼슘의 함유량에 따라 연수와 경수로 구분된다. 경수 사용 시 발생될 수 있는 현상으로 틀린 것은?
① 비누 거품의 발생이 좋다.
② 보일러용수로 사용 시 내면에 관석이 많이 발생한다.
③ 전열효율이 저하하고 과열의 원인이 된다.
④ 보일러의 수명이 단축된다.

[해설] 경수는 칼슘이나 마그네슘이 다량 함유된 경도가 높은 물로서 전열면에 스케일이 부착되므로 보일러 물로는 부적당하며 세탁용으로도 비누의 거품 효과를 떨어뜨려 나쁘다.

8. 온수난방 배관 설치 시 주의사항으로 틀린 것은?
① 온수 방열기마다 수동식 에어벤트를 설치한다.
② 수평배관에서 관경을 바꿀 때에는 편심리듀서를 사용한다.
③ 팽창관에는 스톱 밸브를 부착하여 긴급 시 차단하도록 한다.
④ 수리나 난방 휴지 시 배수를 위한 드레인 밸브를 설치한다.

[해설] 팽창관은 온수 보일러나 저탕조 등에 안전 장치로 사용하는 배관으로서 온수의 체적팽창을 높은 곳에 있는 팽창탱크로 되돌리는 작용을 하며 여기에는 밸브를 설치하지 않는다.

9. 개별식(국소식) 급탕 방식의 특징으로 틀린 것은?
① 배관설비 거리가 짧고 배관 중 열손실이 적다.
② 급탕장소가 많은 경우 시설비가 싸다.
③ 수시로 급탕하여 사용할 수 있다.
④ 건물의 완성 후에도 급탕장소의 증설이 비교적 쉽다.

[해설] 급탕장소가 많은 경우 각각 설치해야 하므로 설치비가 비싸다.

10. 온수난방 설비의 온수배관 시공법에 관한 설명 중 잘못된 것은?
① 수평배관에서 관의 지름을 바꿀 때에

정답 5. ③ 6. ③ 7. ① 8. ③ 9. ② 10. ④

는 편심리듀서를 사용한다.
② 배관 재료는 내열성을 고려한다.
③ 공기가 고일 염려가 있는 곳에는 공기배출을 고려한다.
④ 팽창관에는 슬루스 밸브를 설치한다.

[해설] 온수난방에서 팽창관의 경우 밸브를 설치하지 않는다.

11. 급탕설비에 관한 설명으로 틀린 것은?
① 중앙식 급탕설비에서의 급탕온도는 일반적으로 60℃를 기준으로 한다.
② 증기취입식 기수혼합 가열장치에는 소음을 줄이기 위하여 사이렌서를 설치한다.
③ 배관과 보일러 또는 저장탱크와의 접속에는 역류방지기를 설치한다.
④ 리버스리턴 배관은 배관내 마찰손실수두를 줄이기 위한 방식이다.

[해설] 리버스리턴 배관은 역귀환 방식으로 각 방열기의 급탕배관+환수배관의 길이를 동등하게 하여 공급유량을 동일하게 하기 위함이다.

12. 급수배관에서 공기실의 설치 목적으로 가장 적당한 것은?
① 유량 조절
② 유속 조절
③ 부식 방지
④ 수격작용 방지

[해설] 급수배관에 공기가 존재하게 되면 유체의 흐름을 방해하고 소음 및 진동을 유발하므로 에어벤트를 설치하여 공기를 제거함으로써 수격작용을 방지할 수 있다.

13. 급탕설비 배관에 대한 설명 중 옳지 않은 것은?
① 순환방식은 중력식과 강제식이 있다.
② 배관의 구배는 중력순환식의 경우 $\frac{1}{150}$, 강제순환식의 경우 $\frac{1}{200}$ 정도이다.
③ 신축 이음쇠의 설치는 강관은 20 m, 동관은 30 m마다 1개씩 설치한다.
④ 급탕량은 사용 인원이나 사용 가구에 의해 구한다.

[해설] 강관 지지간격

호칭 지름(A)	20 이하	25~40	50~80	100~150	200 이상
최대 간격(m)	1.8	2.0	3.0	4.0	5.0

동관 지지간격

호칭 지름(A)	20 이하	25~40	50~80	100~150	200 이상
최대 간격(m)	1.0	1.5	2.0	2.5	3.0

※ 신축 이음
강관 : 30 m, 동관 : 20 m

14. 급수관에서 수격현상이 일어나는 원인은 다음 중 어느 것인가?
① 직선 배관일 때
② 관경이 확대되었을 때
③ 관내 유수가 급정지할 때
④ 다른 관과 분기가 있을 때

[해설] 수격작용이란 급수관 내의 유속이 급격히 변하여 소음, 진동을 유발시키는 현상으로 방지책으로 관경을 크게 하고 유속을 줄이며 공기실 또는 수격방지기를 설치한다.

15. 급탕의 온도는 사용온도에 따라 각각 다르나 계산을 위하여 기준온도로 환산하여 급탕의 양을 표시하고 있다. 이때 환산의 온도로 맞는 것은?
① 40℃
② 50℃
③ 60℃
④ 70℃

[해설] 보일러에서 열을 받아 온도가 높아져 공급되는 배관을 급탕배관이라 하며 환산온도는 60℃를 기준으로 한다.

정답 11. ④ 12. ④ 13. ③ 14. ③ 15. ③

16. 급수배관에서 워터해머 방지 또는 경감시키는 방법으로 옳지 않은 것은?
① 급격히 개폐되는 밸브의 사용을 제한한다.
② 피스톤형, 벨로스형, 다이어프램형 등의 워터해머 흡수기를 설치한다.
③ 관내의 유속을 1.5~2 m/s 정도로 제한한다.
④ 배관은 가능한 구부러지게 한다.
[해설] 배관은 가급적 직선으로 설치해야 하며 구부러지게 되면 압력손실이 커져 결국 워터해머가 증가하게 된다.

17. 온수난방에서 상당 방열면적 200 m²이고, 한 시간의 최대 급탕량이 700 L/h일 때 보일러 크기(출력)는 몇 kW인가? (단, 배관손실 부하는 총부하의 20 %로 하며, 급탕 공급 온도차는 60℃로 한다.)
① 175.1   ② 184.8
③ 192.3   ④ 200.1
[해설] (200 m²×1890 kJ/h·m² + 700 L/h ×1 kg/L×4.2 kJ/kg·℃×60℃)×1.2
= 665280 kJ/h = 184.8 kJ/s = 184.8 kW

18. 급탕설비에서 급탕온도가 70℃, 복귀탕 온도가 60℃일 때 온수 순환 펌프의 수량(L/min)은 얼마인가? (단, 배관계의 총손실 열량은 12600 kJ/h로 한다.)
① 50 L/min   ② 5 L/min
③ 45 L/min   ④ 4.5 L/min
[해설] $\dfrac{12600\,kJ/h}{(4.2\,kJ/kg\cdot℃\times10℃\times60\,min/h)}$
= 5 kg/min

19. 일반적인 급탕부하의 계산에서 1시간의 최대 급탕량이 2000 L일 때 급탕부하(kW)는 얼마인가? (단, 급탕온도는 60℃를 기준으로 한다.)
① 100   ② 120
③ 140   ④ 160
[해설] Q = 2000 L/h×1 kg/L×4.2 kJ/kg·℃×60℃
= 504000 kJ/h = 140 kJ/s = 140 kW

20. 급탕량이 300 kg/h이고 급탕온도 80℃, 급수온도 20℃, 중유의 발열량이 42000 kJ/kg, 가열기의 효율이 60 %일 때 연료 소모량은 얼마인가?
① 2 kg/h   ② 2.5 kg/h
③ 3 kg/h   ④ 3.5 kg/h
[해설] 300 kg/h×4.2 kJ/kg·℃×(80−20)℃
= 42000 kJ/kg×0.6×A[kg/h]
∴ A = 3 kg/h

21. 급탕 속도가 1 m/s이고 순환량이 8 m³/h일 때 급탕 주관의 관경은 약 얼마인가?
① 36.3 mm   ② 40.5 mm
③ 53.2 mm   ④ 75.7 mm
[해설] $D = \sqrt{\dfrac{4\times 8}{\pi\times 3600}}$
= 0.05319 m = 53.19 mm

22. 급탕온도를 85℃(밀도 0.96876 kg/L), 복귀탕 온도를 70℃(밀도 0.97781 kg/L)로 할 때 자연 순환수두는 얼마인가? (단, 가열기에서 최고위 급탕 전까지의 높이는 10 m로 한다.)
① 70.5 mmAq   ② 80.5 mmAq
③ 90.5 mmAq   ④ 100.5 mmAq
[해설] 0.97781 kg/m³×10³×10 m
− 0.96876 kg/m³×10³×10 m = 90.5 kg/m²
90.5 kg/m² = 90.5 mmAq
(1 kg/m² = 1 mmAq)

[정답] 16. ④ 17. ② 18. ② 19. ③ 20. ③ 21. ③ 22. ③

23. 배수관 설치기준에 대한 내용 중 틀린 것은?

① 배수관의 최소 관경은 20 mm 이상으로 한다.
② 지중에 매설하는 배수관의 관경은 50 mm 이상이 좋다.
③ 배수관은 배수의 유하방향(流下方向)으로 관경을 축소해서는 안 된다.
④ 기구배수관의 관경은 이것에 접속하는 위생 기구의 트랩 구경 이상으로 한다.

[해설] 배수관경은 최소 32 mm 이상으로 유지해야 한다.

24. 배수 배관의 시공상 주의점으로 틀린 것은?

① 배수를 가능한 빨리 옥외하수관으로 유출할 수 있을 것
② 옥외 하수관에서 하수가스나 벌레 등이 건물 안으로 침입하는 것을 방지할 것
③ 배수관 및 통기관은 내구성이 풍부할 것
④ 한랭지에서는 배수, 통기관 모두 피복을 하지 않을 것

[해설] 한랭지에서는 배수관이 얼지 않도록 반드시 피복해야 한다.

25. 배수관의 시공 방법에 대한 설명으로 틀린 것은?

① 연관의 굴곡부에 다른 배수지관을 접속해서는 안 된다.
② 오버플로관은 트랩의 유입구측에 연결해서는 안 된다.
③ 우수 수직관에 배수관을 연결해서는 안 된다.
④ 냉장 상자에서의 배수를 일반 배수관에 연결해서는 안 된다.

[해설] 오버플로관은 트랩의 유입구측에 연결해야 한다.

26. 배수관에서 자정 작용을 위해 필요한 최소 유속으로 적당한 것은?

① 0.1 m/s   ② 0.2 m/s
③ 0.4 m/s   ④ 0.6 m/s

[해설] 배수관은 배수의 흐름에 의하여 자정 작용이 일어나도록 설계해야 하며 일반 배수에서 자정 작용을 위해 필요한 최소 유속은 0.6 m/s로 권장하고 있다.

27. 배수관의 관경 결정에서 기구배수 부하단위의 기준이 되는 것은?

① 세면기 배수량   ② 대변기 배수량
③ 소변기 배수량   ④ 싱크대 배수량

[해설] 배수관경은 관계통에 접속하는 위생 기구류(세면기)의 최대 배수유량을 기준으로 하여 결정한다.

28. 배수설비의 종류에서 요리실, 욕조, 세척 싱크와 세면기 등에서 배출되는 물을 배수하는 설비의 명칭으로 맞는 것은?

① 오수 설비
② 잡배수 설비
③ 빗물배수 설비
④ 특수배수 설비

[해설] 배수의 종류
(가) 오수 : 수세식 화장실에서 배수되는 물 중 오물을 포함하고 있는 대·소변기, 비데, 변기 소독기 등에서의 배수를 말한다.
(나) 잡배수 : 세면기, 싱크대, 욕조 등에서 나오는 일반 배수를 말한다.
(다) 우수배수 : 옥상이나 마당에 떨어지는 빗물의 배수를 말한다.
(라) 특수배수 : 공장폐수 등과 같이 유해한 물질이나 병원균, 방사능 물질 등을 포함한 물의 배수를 말한다.

정답 23. ①   24. ④   25. ②   26. ④   27. ①   28. ②

29. 다음 중 각개 통기관의 최소관경으로 옳은 것은?

① 32 mm ② 40 mm
③ 50 mm ④ 60 mm

[해설] 통기관의 종류
(가) 각개 통기관
  ㉮ 위생기구마다 통기관을 세우는 것으로 가장 이상적인 통기 방법이다.
  ㉯ 각개 통기관은 접속되는 배수관 구경의 1/2 이상으로 한다.
  ㉰ 관경 : 최소 32 mm 이상
(나) 루프 통기관
  ㉮ 2개 이상의 트랩을 보호하기 위하여 최상류에 있는 위생기구 배수관을 그 배수 수평지관과 연결하는 하류의 수평지관에서 접속시켜 통기 수직관으로 연결하는 통기관이다.
  ㉯ 기구 수는 8개까지, 통기관 길이는 7.5 m 이내이어야 한다.
  ㉰ 관경 : 최소 40 mm 이상, 배수 수평관 또는 통기 수직관의 1/2 이상
(다) 신정 통기관
  ㉮ 최상층의 수평지관이 배수 수직관에 연결된 지점에서 위쪽으로 동일 관경의 배수 수직관을 그대로 연장하여 대기 중에 개방하는 통기관이다.
  ㉯ 대기 중 개방 부분은 먼지, 눈, 기타 이물질에 의하여 폐쇄되지 않도록 철망 등으로 방호해야 한다.
(라) 도피 통기관
  ㉮ 환상 통기 배관에서 통기를 촉진시키기 위해서 설치한 통기관이다.
  ㉯ 관경 : 최소 32 mm 이상, 배수 수평관의 1/2 이상
(마) 결합 통기관
  ㉮ 고층 건물의 경우 배수 수직관과 통기 수직관을 접속하는 통기관이다.
  ㉯ 5개 층마다 설치하여 배수 수직관의 통기를 촉진한다.
  ㉰ 통기 수직관과 같은 관경으로 하되, 최소 관경은 50 mm 이상으로 한다.
(바) 습식 통기관(습윤 통기관) : 최상류기구의 회로 통기관에 연결하여 통기와 배수의 역할을 겸하는 통기관이다.

30. 배수설비에서 통기관을 사용하는 가장 중요한 목적은?

① 유해가스 제거를 위하여
② 트랩의 봉수를 보호하기 위하여
③ 급수의 역류를 방지하기 위하여
④ 공기의 흐름을 방지하기 위하여

[해설] 통기관의 설치 목적
(가) 배수용 트랩의 봉수를 보호한다(사이펀 작용, 분출작용).
(나) 관내의 압력을 일정하게 유지한다.
(다) 악취를 실외로 배출한다.
(라) 배수의 흐름을 원활하게 한다.

31. 배수트랩의 봉수 파괴 원인 중 트랩 출구 수직배관부에 머리카락이나 실 등이 걸려서 봉수가 파괴되는 현상은?

① 사이펀작용
② 모세관작용
③ 흡인작용
④ 토출작용

[해설] 모세관작용은 액체의 표면장력에 의한 간극이나 세공 관내에서 액체가 움직이는 현상이며 배수트랩 출구에서 머리카락 또는 실 등에 의하여 고인 물이 빠져 나가는 현상으로 이는 배수트랩의 봉수 파괴의 원인에 해당된다.

32. 사이펀 작용이나 부압으로부터 트랩의 봉수를 보호하기 위하여 설치하는 것은?

① 통기관
② 볼밸브
③ 공기실
④ 오리피스

정답 29. ① 30. ② 31. ② 32. ①

[해설] 통기관 : 통기에 사용하는 관이며 보통 배수관에 장착하고 대기에 개방하여 배수관 내부의 배수와 공기의 교환을 쉽게 하고 배수의 흐름을 원활하게 한다.

33. 통기관을 접속하여도 장시간 위생기기를 사용하지 않을 때 봉수 파괴가 될 수 있는 원인으로 가장 적당한 것은?
① 자기 사이펀 작용
② 흡인작용
③ 분출작용
④ 증발작용

[해설] 장시간 사용하지 않았을 때 봉수가 파괴되는 것은 봉수 액의 지속적인 증발로 봉수 액의 공급이 이루어지지 않기 때문이다.

34. 대·소변기 및 이와 유사한 용도를 갖는 기구로부터 배출되는 물과 이것을 함유하는 배수를 무엇이라 하는가?
① 우수
② 오수
③ 잡배수
④ 특수배수

[해설] 문제 28번 해설 참조

35. 냉각탑 주위 배관 시 유의사항 중 틀린 것은?
① 2대 이상의 개방형 냉각탑을 병렬로 연결할 때 냉각탑의 수위를 동일하게 한다.
② 개방형 냉각탑은 냉각탑의 수위가 펌프와 응축기보다 낮은 곳에 설치한다.
③ 냉각탑을 동절기에 운전할 때는 동결 방지를 고려한다.
④ 냉각수 출입구측 배관은 방진이음을 설치하여 냉각탑의 진동이 배관에 전달되지 않도록 한다.

[해설] 냉각탑 수위가 응축기나 펌프보다 높은 곳에 설치해야 한다.

36. 하트포드(Hartford) 배관법과 관계없는 것은?
① 보일러 내의 안전 저수면보다 높은 위치에 환수관을 접속한다.
② 저압증기 난방에서 보일러 주변의 배관에 사용한다.
③ 보일러 내의 수면이 안전수위 이하로 내려가기 쉽다.
④ 환수주관에 침적된 찌꺼기를 보일러에 유입시키지 않는다.

[해설] 하트포드 배관법 : 환수관의 일부가 파손된 경우에 보일러수가 유출해서 안전수위 이하가 되어 보일러가 빈 상태로 되는 것을 방지하기 위한 것으로 배관의 접속은 증기관과 환수관을 접속한 밸런스관에 급수관을 접속한다. 이 접속법은 증기압과 환수압과의 균형을 취해줄 뿐 아니라 환수주관 안에 침전된 찌꺼기를 보일러에 유입시키지 않는 특징도 있으며, 환수구를 연결한 환수 헤더에 역지 밸브를 써서 접속하는 것보다 신뢰도가 높다.

37. 냉·온수 배관법 중 역환수(reverse return) 방식에 대한 특징이 아닌 것은?
① 유량 밸런스를 잡기 어렵다.
② 배관 스페이스가 많이 필요하다.
③ 배관계의 마찰저항이 거의 균등해진다.
④ 공급관과 환수관의 길이를 거의 같게 하는 배관 방식이다.

[해설] 역환수방식은 공기 조화 유닛을 여러 대 배열하여 설치하는 경우에 온수 또는 냉수를 공급하는 배관 방식의 반환관의 한 형식으로 배관 원근 거리의 차에 의한 유량의 극단적인 치우침을 적게 하는 배관 방식이다.

정답 33. ④ 34. ② 35. ② 36. ③ 37. ①

38. 다음 냉각탑 설치에 관한 설명 중 틀린 것은?
① 바람에 의한 물방울의 비산에 주의한다.
② 냉각탑은 통풍이 잘되는 곳에 설치한다.
③ 고열배기의 영향을 받지 않는 곳에 설치한다.
④ 탑에서 배출되는 공기가 다시 탑 안으로 흡입되도록 설치한다.

[해설] 냉각탑에서 배출하는 공기는 엔탈피가 증가되어 있으므로 대기로 방출해야 하며 다른 외기의 신선한 공기가 냉각탑으로 유입되어야 한다.

39. 공기조화설비에서 에어와셔(air washer)의 플러딩 노즐이 하는 역할은?
① 공기 중에 포함된 수분을 제거한다.
② 입구공기의 난류를 정류로 만든다.
③ 일리미네이터에 부착된 먼지를 제거한다.
④ 출구에 섞여 나가는 비산수를 제거한다.

[해설] 플러딩 노즐의 일리미네이터에 부착된 먼지 등 이물질을 제거하여 세척하는 역할을 한다.

제6장 공조 배관

1 회로 방식에 따른 분류

① 개방 회로(open type)
  ㈎ 배관의 부식이 밀폐형보다 크고, 배관경도 밀폐형보다 크다.
  ㈏ 환수관의 사이펀 현상, 소음, 진동 등에 주의해야 한다.
  ㈐ 순환펌프 양정에 물 탱크에서 배관 최고 부분까지의 정수두 가산

② 밀폐 회로(close type)
  ㈎ 수류가 안정된다.
  ㈏ 팽창탱크(expansion tank)를 설치해야 한다.

개방 회로　　　　　　　　　밀폐 회로

③ 리버스 리턴 회로(reverse return type)
  ㈎ 각 방열기의 수량이 양호하다.
  ㈏ 배관이 복잡하고 설비비가 비싸다.
  ㈐ 온수의 유량 분배가 균일하다.

리버스 리턴 회로

2 수격 작용(water hammer)의 방지책

① 주로 펌프가 정지하여 체크 밸브가 급폐쇄됨으로써 발생하며, 모든 배관계통에서 관의 파손 원인이 되고 배관의 진동, 충격음 등으로 소음과 진동 문제를 일으킨다.
② 급수관에서의 수격 현상은 급폐쇄형 수전(one touch식 급수전)을 사용할 때 심하다.
③ **방지책**
  ㈎ 배관에는 적당한 구배를 두고 드레인이 고이지 않는 배관을 설비한다.
  ㈏ 스프링형 체크 밸브(스모렌스키형 밸브)를 설치한다.
  ㈐ 유속을 낮게 하고 서지 탱크를 설치한다.
  ㈑ 공기실(air chamber)을 설치하고 자동압력 조정밸브를 설치한다.

3 리프트 피팅(lift fitting)

진공급수펌프에 의한 환수 시 환수를 낮은 곳에서 높은 곳으로 리프트 업(lift up)할 수 있다(가급적 사용 지양 : 배관저항이 크므로).

4 급탕배관의 구배

① 중력 순환식 : $\frac{1}{150}$, 강제 순환식 : $\frac{1}{200}$의 구배를 둔다.
② 상향 공급식은 급탕관을 끝올림 구배, 복귀관을 끝내림 구배로 한다.
③ 하향 공급식은 급탕관, 복귀관 모두 끝내림 구배로 한다.
④ 배관의 곡부는 스위블 이음을 한다.
⑤ 벽 관통부는 강제 슬리브 이음을 한다.
⑥ 신축 이음부는 루프 또는 슬리브를 사용하며, 강관의 경우 30 m마다 1개씩 설치한다.

5 증기배관의 구배

① 단관 중력 환수식은 모두 끝내림 구배로 한다.

   하향식 : $\frac{1}{100} \sim \frac{1}{200}$, 상향식 : $\frac{1}{50} \sim \frac{1}{100}$

② 복관 중력 환수식의 건식 환수관 : $\frac{1}{200}$의 끝내림 구배

③ 진공 환수식의 증기 주관 : $\frac{1}{200} \sim \frac{1}{300}$의 끝내림 구배

출제 예상 문제

1. 다음 중 증기난방에서 고압식인 경우 증기 압력은?
① $0.15 \sim 0.35 \, \text{kgf/cm}^2$ 미만
② $0.35 \sim 0.72 \, \text{kgf/cm}^2$ 미만
③ $0.72 \sim 1 \, \text{kgf/cm}^2$ 미만
④ $1 \, \text{kgf/cm}^2$ 이상
[해설] 증기난방에서 고압식 : $1 \, \text{kgf/cm}^2$ 이상, 저압식 : $0.15 \sim 0.35 \, \text{kgf/cm}^2$ 이다.

2. 온수난방 배관에서 리버스 리턴(reverse return) 방식을 채택하는 이유는?
① 온수의 유량 분배를 균일하게 하기 위하여
② 배관의 길이를 짧게 하기 위하여
③ 배관의 신축을 흡수하기 위하여
④ 온수가 식지 않도록 하기 위하여
[해설] 리버스 리턴 배관은 역귀환 방식으로 각 방열기의 급탕배관+환수배관의 길이를 동등하게 하여 공급유량을 동일하게 하기 위함이다.

3. 배관 내 마찰 저항에 의한 압력 손실의 설명으로 옳은 것은?
① 관의 유속에 비례한다.
② 관 내경의 2승에 비례한다.
③ 관 내경의 5승에 비례한다.
④ 관의 길이에 비례한다.
[해설] 배관 내의 마찰 저항은 유속의 제곱에 비례하며, 관 길이에는 비례, 관경에는 반비례한다.

4. 하나의 장치에서 4방밸브를 조작하여 냉·난방 어느 쪽도 사용할 수 있는 공기조화용 펌프는?
① 냉각 펌프   ② 히트 펌프
③ 원심 펌프   ④ 왕복 펌프
[해설] 겨울에는 난방, 여름에는 냉방으로 사용하기 위하여 4방밸브를 사용하여 조절할 수 있는 것을 열펌프라 한다. 특히 열펌프는 열을 낮은 곳에서 흡수하여 높은 곳으로 이동시킨다.

5. 팽창탱크 주위 배관에 관한 설명으로 틀린 것은?
① 개방식 팽창탱크는 시스템의 최상부보다 $1 \, \text{m}$ 이상 높게 설치한다.
② 팽창탱크의 급수에는 전동밸브 또는 볼밸브를 이용한다.
③ 오버플로관 및 배수관은 간접배수로 한다.
④ 팽창관에는 팽창량을 조절할 수 있도록 밸브를 설치한다.
[해설] 팽창관에는 밸브를 설치하지 않는다.

6. 동일한 특성을 갖는 원심 펌프를 병렬로 연결 운전 시 증가하는 것은? (단, 배관의 마찰 저항은 무시한다.)
① 효율   ② 양정
③ 유량   ④ 회전수
[해설] • 병렬 연결 : 양정은 일정, 유량은 증가
• 직렬 연결 : 양정은 증가, 유량은 일정

7. 다음 중 방열기 주위 배관 설명으로 옳지 않은 것은?

[정답] 1. ④ 2. ① 3. ④ 4. ② 5. ④ 6. ③ 7. ④

① 방열기 주위는 스위블 이음으로 배관한다.
② 공급관은 앞쪽 올림의 역구배로 한다.
③ 환수관은 앞쪽 내림의 순구배로 한다.
④ 구배를 취할 수 없거나 수평주관이 2.5 m 이상일 때는 한 치수 작은 지름으로 한다.

[해설] ④항의 경우 한 치수 큰 지름으로 해야 한다.

8. 펌프 주위의 배관 시 주의할 사항을 설명한 것으로 틀린 것은?
① 흡입관의 수평배관은 펌프를 향해 위로 올라가도록 설계한다.
② 토출부에 설치한 체크 밸브는 서징현상 방지를 위해 펌프에서 먼 곳에 설치한다.
③ 흡입구(풋밸브)는 동수위면에서 관경의 2배 이상 물속으로 들어가게 한다.
④ 흡입관의 길이는 되도록 짧게 하는 것이 좋다.

[해설] 펌프 토출측에 설치한 체크 밸브는 서징현상을 방지하기 위하여 가급적 펌프 가까이에 설치해야 한다.

9. 배수 배관에서 관경이 100 A 이상인 경우 청소구를 몇 m마다 설치하는가?
① 30　　　② 50
③ 70　　　④ 90

[해설] 수평관의 관경이 100 mm 이하인 경우 직진거리 15 m 이내마다, 100 mm 이상인 경우 직진거리 30 m 이내마다 설치한다.

10. 복사난방 배관에서 코일의 구배로 옳은 것은?
① 상향식 : 올림구배, 하향식 : 올림구배
② 상향식 : 내림구배, 하향식 : 올림구배
③ 상향식 : 내림구배, 하향식 : 내림구배
④ 상향식 : 올림구배, 하향식 : 내림구배

[해설] 복사난방에서 상향식은 올림구배, 하향식은 내림구배를 해야 한다.

11. 리프트 피팅(lift fittings)과 관계없는 것은?
① 받아올리는 높이는 1.5 m 이내
② 방열기보다 높은 곳에 환수관을 설치
③ 환수주관보다 높은 곳에 진공 펌프를 설치
④ 리프트관은 환수주관보다 한 치수 큰 관을 사용

[해설] 리프트 피팅 : 진공급수펌프에 의한 환수 시 환수를 낮은 곳에서 높은 곳으로 리프트 업(lift up) 할 수 있으며 1단의 높이는 1.5 m 이내로 해야 한다. 배관 저항이 크므로 가급적 사용을 금한다.

12. 지역난방의 특징에 대하여 잘못 설명한 것은?
① 대규모 열원기기를 이용한 에너지의 효율적 이용이 가능하다.
② 대기 오염물질이 증가한다.
③ 도시의 방재수준 향상이 가능하다.
④ 사용자에게는 화재에 대한 우려가 적다.

[해설] 지역난방은 에너지 효율이 양호하여 완전연소 등으로 대기오염을 최소화할 수 있는 장점이 있다.

13. 암모니아 냉동설비의 배관으로 사용하지 못하는 것은?
① 배관용 탄소강 강관
② 이음매 없는 동관
③ 저온 배관용 강관
④ 배관용 스테인리스 강관

[정답] 8. ②　9. ①　10. ④　11. ④　12. ②　13. ②

[해설] 암모니아는 동 및 동합금을 부식시키므로 강관을 주로 사용한다.

14. 냉동장치의 냉매 배관에 관한 설명으로 틀린 것은?
① 사용하는 배관 재료와 관 두께는 냉매의 종류, 사용 온도 및 압력에 적합한 것을 사용한다.
② 압축기와 응축기가 동일 선상에 있는 경우의 수평관은 $\frac{1}{50}$ 의 올림 구배로 한다.
③ 토출관 및 흡입 가스관은 냉매에 혼합되어 순환되는 냉동기의 기름이 계통 내에 체류하는 일이 없이 압축기에 돌아오도록 한다.
④ 배관의 진동을 방지하고 적당한 간격으로 적합한 지지용 받침대를 설치한다.
[해설] 압축기와 응축기가 동일 선상에 있을 경우 하향 구배로 해야 한다.

15. 다음 중 냉매액관 시공 시의 유의점이 아닌 것은?
① 액관의 마찰손실압력을 $0.2\,kg/cm^2$ 이하로 제한한다.
② 액관 내의 유속은 $0.5\sim1.5\,m/s$ 정도로 한다.
③ 액관 배관은 가능한 길게 한다.
④ 2대 이상의 증발기를 사용하는 경우, 액관에서 발생한 증발가스는 균등하게 분배되도록 배관한다.
[해설] 액 배관이 길면 길수록 압력손실이 증가하여 플래시가스 발생량이 증가하게 되기 때문에 가급적 배관 길이는 짧게 하는 것이 좋다.

16. 냉동설비에서 응축기의 냉각용수를 다시 냉각시키는 장치를 무엇이라 하는가?
① 냉각탑
② 냉동실
③ 증발기
④ 팽창탱크
[해설] 냉각탑(cooling tower)은 응축기에서 냉매와 열교환하여 온도가 상승된 냉각수를 온도를 낮추어 재사용할 수 있도록 하는 기기이다.

17. 2원 냉동장치의 구성기기 중 수액기의 설치 위치는?
① 증발기와 압축기 사이
② 압축기와 응축기 사이
③ 응축기와 팽창밸브 사이
④ 팽창밸브와 증발기 사이
[해설] 수액기는 액을 일시 저장하는 곳으로 응축기와 팽창밸브 사이에 설치한다.

18. 냉동기 용량 제어의 목적이 아닌 것은?
① 부하 변동에 대응한 용량 제어로 경제적인 운전을 한다.
② 고내온도를 일정하게 할 수 있다.
③ 중부하 기동으로 기동이 용이하다.
④ 압축기를 보호하여 수명을 연장한다.
[해설] 냉동기 용량 제어는 경(무)부하 기동을 하는 것을 원칙으로 한다.

19. 소형, 경량으로 설치면적이 작고 효율이 좋으므로 가장 많이 사용되고 있는 냉각탑은?
① 대기식 냉각탑
② 대향류식 냉각탑
③ 직교류식 냉각탑
④ 밀폐식 냉각탑
[해설] 대향류식 냉각탑
 (가) 설치면적의 최소화 및 경량화
 (나) 수질관리가 용이
 (다) 운전에 따른 소음의 최소화

정답 14. ② 15. ③ 16. ① 17. ③ 18. ③ 19. ②

20. 도시가스 배관을 매설하는 경우이다. 틀린 것은?

① 배관을 철도부지에 매설하는 경우에는 배관의 외면으로부터 궤도 중심까지 거리는 4 m 이상일 것
② 배관을 철도부지에 매설하는 경우에는 배관의 외면으로부터 철도부지 경계까지 거리는 0.6 m 이상일 것
③ 배관을 철도부지에 매설하는 경우에는 지표면으로부터 배관의 외면까지의 깊이는 1.2 m 이상으로 할 것
④ 배관을 산에 매설하는 경우에는 지표면으로부터 배관의 외면까지의 깊이는 1 m 이상으로 할 것

[해설] 도시가스 배관의 설치
(가) 지하 매설 : 건축물 1.5 m, 타 시설물 0.3 m, 산·들 1 m, 기타 1.2 m
(나) 시가지 도로노면 : 배관 외면 1.5 m, 방호구조물내 1.2 m
(다) 시가지 외 도로노면 : 배관 외면 1.2 m
(라) 철도부지 매설 : 궤도 중심과 4 m, 철도부지 경계와 1 m
(마) 배관을 철도와 병행하여 매설하는 경우 50 m 간격으로 표지판을 설치할 것
(바) 철도부지에 매설 시 거리를 유지하지 않아도 되는 경우
  ㉮ 열차 하중을 고려한 경우
  ㉯ 방호구조물로 방호한 경우
  ㉰ 열차 하중의 영향을 받지 않은 경우

21. 가스 배관 시공상의 주의사항으로 잘못된 것은?

① 건축물의 벽을 관통하는 부분의 배관에는 보호관 및 부식방지 피복을 한다.
② 건물 내의 배관은 외부에 노출시켜 시공한다.
③ 지하에 매설하는 배관은 기계적 이음 또는 나사 이음을 원칙으로 하고 가능한 용접시공을 피한다.
④ 배관의 경로와 위치는 안전성, 시공성, 장래의 계획 등을 고려하여 정한다.

[해설] 지하 매설일 경우 용접 이음을, 지상 배관일 경우 기계 이음 또는 나사 이음을 한다.

22. 가스 배관 내의 유량이 2배로 증가하면 압력손실은 어떻게 되는가?

① 압력손실은 2배로 된다.
② 압력손실은 4배로 된다.
③ 압력손실은 8배로 된다.
④ 압력손실은 16배로 된다.

[해설] 저압 가스 배관의 유량

$$Q = K\sqrt{\dfrac{D^5 \cdot H}{S \cdot L}}$$

여기서, Q : 저압배관의 유량(m^3/h)
K : 가스 상수
D : 관의 지름(m)
H : 허용압력손실(mmH_2O)
S : 가스 비중
L : 관 길이(m)

23. 냉매 배관 시 주의사항으로 옳지 않은 것은?

① 배관의 굽힘 반지름은 작게 한다.
② 불응축 가스의 침입이 없어야 한다.
③ 냉매에 의한 관의 부식이 없어야 한다.
④ 냉매 압력에 충분히 견디는 강도를 가져야 한다.

[해설] 배관의 굽힘 반지름을 크게 해야 유체 흐름에 대하여 압력손실을 최소화할 수 있다. 굴곡부의 반지름이 작게 되면 압력손실이 커진다.

24. 도시가스 배관에 관한 설명이다. 틀린 것은?

① 상수도관, 하수도관 등이 매설된 도로에서는 이들의 최하부에 매설한다.
② 배관 외부에 사용가스명칭, 최고사용압력, 흐름방향 등을 표시하고 지상배관은 황색으로 표시한다.
③ 배관 접합은 나사를 원칙으로 하며 나사가 곤란한 경우는 기계적 접합 또는 용접 접합을 한다.
④ 건물 내의 배관은 외부에 노출시켜 시공하며 동관이나 스테인리스관 등 이음매 없는 관은 매몰하여 설치할 수 있다.

[해설] 도시가스 배관의 접합은 용접 또는 이와 동등 이상의 강도를 가지는 접합을 원칙으로 하며 용접 후 용접 부위는 비파괴 검사를 하여 누설 여부를 명확히 검사해야 한다.

25. 도시가스에서 고압이라 함은 얼마 이상의 압력을 뜻하는가?

① 0.1 MPa 이상   ② 1 MPa 이상
③ 10 MPa 이상   ④ 100 MPa 이상

[해설] 도시가스에서 압력에 따른 분류
㈎ 고압이라 함은 1 MPa 이상의 압력(게이지압력을 말한다. 이하 같다)을 말한다. 다만, 액체상태의 액화가스의 경우에는 이를 고압으로 본다.
㈏ 중압이라 함은 0.1 MPa 이상 1 MPa 미만의 압력을 말한다. 다만, 액화가스가 기화되고 다른 물질과 혼합되지 아니한 경우에는 0.01 MPa 이상 0.2 MPa 미만의 압력을 말한다.
㈐ 저압이라 함은 0.1 MPa 미만의 압력을 말한다. 다만, 액화가스가 기화되고 다른 물질과 혼합되지 아니한 경우에는 0.01 MPa 미만의 압력을 말한다.

26. 도시가스 제조사업소의 부지 경계에서 정압기(整壓器)까지 이르는 배관을 말하는 것은?

① 본관   ② 내관
③ 공급관   ④ 사용관

[해설] ㈎ 본관 : 도시가스 제조사업소의 부지 경계에서 정압기까지 이르는 배관
㈏ 공급관 : 정압기에서 토지 경계에 이르기까지의 배관
㈐ 내관 : 토지 경계에서 연소기에 이르기까지의 배관

27. 도시가스의 제조소 및 공급소 밖의 배관 표시 기준에 관한 내용으로 틀린 것은?

① 가스배관을 지상에 설치할 경우에는 배관의 표면색상을 황색으로 표시한다.
② 최고사용압력이 중압인 가스배관을 매설할 경우에는 황색으로 표시한다.
③ 배관을 지하에 매설하는 경우에는 그 배관이 매설되어 있음을 명확하게 알 수 있도록 표시한다.
④ 배관의 외부에 사용가스명, 최고사용압력 및 가스의 흐름방향을 표시하여야 한다. 다만, 지하에 매설하는 경우에는 흐름방향을 표시하지 아니할 수 있다.

[해설] 최고사용압력이 중압(0.1 MPa 이상 1 MPa 미만)인 가스배관을 매설할 경우 적색으로 표시한다.

28. 다음 중 1시간당 최대 급탕량 Q_h [L/h]를 구하는 식은? (단, F : 기구 1개의 1회당 급탕량, P : 기구의 사용 횟수(회/h), A : 기구 동시 사용률(%)이다.)

① $Q_h = F \times P \times A$
② $Q_h = \left(\dfrac{F}{P}\right) \times A$
③ $Q_h = \dfrac{F \times P}{A}$
④ $Q_h = F + \left(\dfrac{P}{A}\right)$

[정답] 25. ② 26. ① 27. ② 28. ①

[해설] 시간당 최대 급탕량은 1시간 동안 사용할 수 있는 최대의 양이므로 $Q_h = F \times P \times A$가 된다.

29. 가스 누설 시 쉽게 발견할 수 있도록 부취제를 첨가한다. 부취제의 종류에 따른 냄새 특성이 잘못된 것은?
① TBM : 양파 썩는 냄새
② THT : 석탄가스 냄새
③ DMS : 마늘 냄새
④ MES : 계란 썩는 냄새
[해설] DMS, MES, EM 등은 누설 시 마늘 냄새가 난다.

30. 가스 배관을 실내에 설치할 때의 기준으로 틀린 것은?
① 배관은 환기가 잘 되는 곳으로 노출하여 시공할 것
② 배관은 환기가 잘되지 아니하는 천정·벽·공동구 등에는 설치하지 아니할 것
③ 배관의 이음부와 전기 계량기와는 60 cm 이상 거리를 유지할 것
④ 배관 이음부와 단열조치를 하지 않은 굴뚝과의 거리는 5 cm 이상의 거리를 유지할 것
[해설] ④항은 30 cm 이상 이격

31. 가스 배관 시공에 대한 설명으로 틀린 것은?
① 건물 내 배관은 안전을 고려하여 벽, 바닥 등에 매설하여 시공한다.
② 건축물의 벽을 관통하는 부분의 배관에는 보호관 및 부식방지 피복을 한다.
③ 배관의 경로와 위치는 장래의 계획, 다른 설비와의 조화 등을 고려하여 정한다.
④ 부식의 우려가 있는 장소에 배관하는 경우에는 방식, 절연조치를 한다.
[해설] 가스 배관은 항상 직선, 최단거리, 옥외, 노출 시공을 원칙으로 한다.

32. 도시가스 내 부취제의 액체 주입식 부취설비가 아닌 것은?
① 펌프 주입 방식
② 적하 주입 방식
③ 미터연결 바이패스 방식
④ 워크식 주입 방식
[해설] 도시가스는 무색·무미·무취이므로 누설 시 발견하기 어려우므로 부취제를 혼입시켜 누설 시 냄새로 쉽게 확인할 수 있다. 부취제는 일상 생활취와 전혀 다른 냄새로 공기 중에 $\frac{1}{1000}$ 상태로도 감지할 수 있어야 한다.

정답 29. ④ 30. ④ 31. ① 32. ④

부록

CBT 실전테스트

◆ 본 단원은 CBT 기출문제를 수검자의 기억에 의해 재구성한 것입니다.

공조냉동기계기사

CBT 실전테스트 (1)

※ 최근 출제문제를 수검자의 기억의 의해 재구성하였습니다.

제1과목   **에너지관리**

1. 유인 유닛 방식에 관한 설명으로 틀린 것은?
① 각 실 제어를 쉽게 할 수 있다.
② 유닛에는 가동 부분이 없어 수명이 길다.
③ 덕트 스페이스를 작게 할 수 있다.
④ 송풍량이 비교적 커 외기 냉방 효과가 크다.

[해설] 유인 유닛 방식은 동력이 불필요하며 팬 등 회전 부분이 없어 동력비가 절감된다.

2. 덕트 내의 풍속이 8 m/s이고 정압이 200 Pa일 때 전압은? (단, 공기 밀도는 1.2 kg/m³이다.)
① 219.3 Pa
② 218.4 Pa
③ 239.3 Pa
④ 238.4 Pa

[해설] 동압 $\fallingdotseq \dfrac{(8\,\text{m/s})^2}{(2\times 9.8\,\text{m/s}^2)} \times 1.2\,\text{kg/m}^3$
$= 3.92\,\text{kg/m}^2 \times \dfrac{101325\,\text{Pa}}{10332\,\text{kg/m}^2}$
$= 38.44\,\text{Pa}$
전압 = 정압 + 동압
$= 200\,\text{Pa} + 38.44\,\text{Pa} = 238.44\,\text{Pa}$

3. 다음 중 전공기 방식이 아닌 것은?
① 이중 덕트 방식
② 단일 덕트 방식
③ 멀티존 유닛 방식
④ 유인 유닛 방식

[해설] 유인 유닛 방식은 공기-수 방식이다.

4. 습공기 상태 변화에 관한 설명으로 틀린 것은?
① 습공기를 냉각하면 건구온도와 습구온도가 감소한다.
② 습공기를 냉각·가습하면 상대습도와 절대습도가 증가한다.
③ 습공기를 등온감습하면 노점온도와 비체적이 감소한다.
④ 습공기를 가열하면 습구온도와 상대습도가 증가한다.

[해설] 습공기를 가열하면 습구온도가 상승하나 반면 상대습도는 감소한다.

5. 온수난방에서 온수의 순환방식과 가장 거리가 먼 것은?
① 중력순환 방식
② 강제순환 방식
③ 역귀환 방식
④ 진공환수 방식

[해설] 진공환수 방식은 증기난방에서 사용한다.

6. 공기 정화를 위해 설치한 프리필터 효율을 η_p, 메인필터 효율을 η_m이라 할 때 종합효율을 바르게 나타낸 것은?
① $\eta_T = 1 - (1-\eta_p)(1-\eta_m)$
② $\eta_T = 1 - (1-\eta_p)/(1-\eta_m)$
③ $\eta_T = 1 - (1-\eta_p) \cdot n_m$
④ $\eta_T = 1 - \eta_p \cdot (1-\eta_m)$

7. 정풍량 단일 덕트 방식에 관한 설명으로 옳은 것은?
① 실내부하가 감소될 경우에 송풍량을 줄여도 실내공기의 오염이 적다.
② 가변풍량 방식에 비하여 송풍기 동력이

정답 1. ④   2. ④   3. ④   4. ④   5. ④   6. ①   7. ②

커져서 에너지 소비가 증대한다.
③ 각 실이나 존의 부하 변동이 서로 다른 건물에서도 온·습도의 불균형이 생기지 않는다.
④ 송풍량과 환기량을 크게 계획할 수 없으며, 외기 도입이 어려워 외기 냉방을 할 수 없다.

[해설] 정풍량 단일 덕트 방식은 공조기 사이에 단일 덕트로 일정 풍량을 송풍하고 부하 변동에 따라 급기온도 및 습도를 가변시켜 제어하는 방식으로 변풍량방식보다 에너지소비가 커지고 동력 또한 증가하게 된다.

8. 다음 중 정압의 상승분을 다음 구간 덕트의 압력손실에 이용하도록 한 덕트 설계법은?
① 정압법　　② 등속법
③ 등온법　　④ 정압 재취득법

[해설] 정압 재취득법은 덕트 내의 분기점이나 배출구에 풍속 감소에 따른 정압 재취득에 의한 상승 정압을 다음의 손실 압력에 충당하여 전 계통의 정압이 똑같이 되도록 하여 일정한 공기 분배를 얻도록 설계하는 방법이다.

9. 아래 습공기 선도에 나타난 과정과 일치하는 장치도는?

10. 보일러의 집진장치 중 사이클론 집진기에 대한 설명으로 옳은 것은?
① 연료유에 적정량의 물을 첨가하여 연소시킴으로써 완전연소를 촉진시키는 방법
② 배기가스에 분무수를 접촉시켜 공해물질을 흡수, 용해, 응축작용에 의해 제거하는 방법
③ 연소가스에 고압의 직류전기를 방전하여 가스를 이온화시켜 가스 중 미립자를 집진시키는 방법
④ 배기가스를 동심원통의 접선방향으로 선회시켜 입자를 원심력에 의해 분리배출하는 방법

[해설] 사이클론 집진기는 먼지를 포함한 공기에서 선회 운동을 주어 입자의 원심력을 이용해서 분진 입자를 분리하는 장치이다.

11. 송풍기의 회전수가 1500 rpm인 송풍기의 압력이 300 Pa이다. 송풍기 회전수를 2000 rpm으로 변경할 경우 송풍기 압력은 얼마인가?
① 423.3 Pa　　② 533.3 Pa
③ 623.5 Pa　　④ 713.3 Pa

[해설] 상사의 법칙에 의하여 풍량은 회전수에 비례, 양정은 회전수 2제곱에 비례, 동력은 회전수 3제곱에 비례한다.

$$P = 300\,\text{Pa} \times \left(\frac{2000}{1500}\right)^2 = 533.33\,\text{Pa}$$

12. 환기 종류와 방법에 대한 연결로 틀린 것은?

① 제1종 환기 : 급기팬(급기기)과 배기팬(배기기)의 조합
② 제2종 환기 : 급기팬(급기기)과 강제배기팬(배기기)의 조합
③ 제3종 환기 : 자연급기와 배기팬(배기기)의 조합
④ 자연환기(중력환기) : 자연급기와 자연배기의 조합

[해설] 환기법
(1) 제1종 환기 : 기계급기 + 기계배기
(2) 제2종 환기 : 기계급기 + 자연배기
(3) 제3종 환기 : 자연급기 + 기계배기
(4) 제4종 환기 : 자연급기 + 자연배기

13. 공조 방식 중 냉매 방식이 아닌 것은?

① 패키지 방식
② 팬코일 유닛 방식
③ 룸 쿨러 방식
④ 멀티 유닛 방식

[해설] 팬 코일 유닛 방식은 수(물) 방식이다.

14. 두께 20 mm, 열전도율 40 W/m·K인 강판의 전달되는 두 면의 온도가 각각 200℃, 50℃일 때 전열면 1 m²당 전달되는 열량은?

① 125 kW
② 200 kW
③ 300 kW
④ 420 kW

[해설] $q = \dfrac{40\,\text{W/m}\cdot\text{K}}{0.02\,\text{m}} \times \dfrac{(200-50)\,\text{K}}{1000} = 300\,\text{kW}$

15. 온수의 물을 에어와셔 내에서 분무시킬 때 공기의 상태 변화는?

① 절대습도 강하
② 건구온도 상승
③ 건구온도 강하
④ 습구온도 일정

[해설] 에어와셔에서 증기를 분무시키면 건구온도 및 절대습도가 증가하나 온수를 분무하면 절대습도는 증가하나 건구온도는 강하하게 된다.

16. 보일러의 수위를 제어하는 주된 목적으로 가장 적절한 것은?

① 보일러의 급수장치가 동결되지 않도록 하기 위하여
② 보일러의 연료공급이 잘 이루어지도록 하기 위하여
③ 보일러가 과열로 인해 손상되지 않도록 하기 위하여
④ 보일러에서의 출력을 부하에 따라 조절하기 위하여

[해설] 보일러 수위가 일정 이하가 되면 과열로 인하여 보일러 소손을 일으킬 우려가 있으므로 수위가 일정 이하가 되는 것을 방지하여야 한다.

17. 온수난방에 대한 설명으로 틀린 것은?

① 온수의 체적팽창을 고려하여 팽창탱크를 설치한다.
② 보일러가 정지하여도 실내온도의 급격한 강하가 적다.
③ 밀폐식일 경우 배관의 부식이 많아 수명이 짧다.
④ 방열기에 공급되는 온수 온도와 유량 조절이 용이하다.

[해설] 밀폐식의 경우 공기와의 접촉이 적으므로 부식을 방지하여 수명이 증가하게 된다.

정답 12. ② 13. ② 14. ③ 15. ③ 16. ③ 17. ③

18. 온도 32℃, 상대습도가 60 %인 습공기 150 kg과 온도 15℃, 상대습도 80 %인 습공기 50 kg를 혼합했을 때 혼합공기의 상태를 나타낸 것으로 옳은 것은?

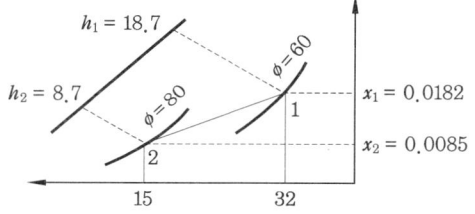

① 온도 20.15℃, 절대습도 0.0158인 공기
② 온도 20.15℃, 절대습도 0.0134인 공기
③ 온도 27.75℃, 절대습도 0.0134인 공기
④ 온도 27.75℃, 절대습도 0.0158인 공기

[해설] 혼합공기 온도 $= \dfrac{(32 \times 150 + 15 \times 50)}{(150 + 50)}$
$= 27.75℃$

혼합 절대습도
$\dfrac{(0.0182 \times 150 + 0.0085 \times 50)}{(150 + 50)}$
$= 0.0158 \, kg/kg'$

19. 공기냉각용 냉수코일의 설계 시 주의사항으로 틀린 것은?
① 코일을 통과하는 공기의 풍속은 2~3 m/s로 한다.
② 코일 내 물의 속도는 5 m/s 이상으로 한다.
③ 물과 공기의 흐름방향은 역류가 되게 한다.
④ 코일의 설치는 관이 수평으로 놓이게 한다.
[해설] 코일 내의 수속은 부식 방지를 위해 1 m/s 내외 정도로 한다.

20. 습공기의 습도 표시 방법에 대한 설명으로 틀린 것은?

① 절대습도는 건공기 중에 포함된 수증기량을 나타낸다.
② 수증기분압은 절대습도에 반비례 관계가 있다.
③ 상대습도는 습공기의 수증기 분압과 포화공기의 수증기 분압과의 비로 나타낸다.
④ 비교습도는 습공기의 절대습도와 포화공기의 절대습도와의 비로 나타낸다.
[해설] 절대습도는 습공기에 포함되어 있는 수분과 건조공기와의 중량비(kg/kg)이며 수증기 분압과 절대습도는 비례하게 된다.

제2과목 공조냉동설계

21. 다음 중 신재생 에너지와 가장 거리가 먼 것은?
① 지열 에너지 ② 태양 에너지
③ 풍력 에너지 ④ 원자력 에너지
[해설] 신재생 에너지는 기존의 화석 연료를 재활용하거나 태양 에너지, 지열 에너지, 해양 에너지, 풍력 에너지, 바이오 에너지 등과 같이 재생 가능한 에너지를 변환시켜 이용하는 에너지를 말한다.

22. 전자밸브(solenoid valve) 설치 시 주의사항으로 틀린 것은?
① 코일 부분이 상부로 오도록 수직으로 설치한다.
② 전자밸브 직전에 스트레이너를 장치한다.
③ 배관 시 전자밸브에 과대한 하중이 걸리지 않아야 한다.
④ 전자밸브 본체의 유체 방향성에 무관하게 설치한다.
[해설] 전자밸브의 화살표는 유체의 흐름 방향과 동일하게 설치해야 한다.

정답 18. ④ 19. ② 20. ② 21. ④ 22. ④

23. 냉동창고에 있어서 기둥, 바닥, 벽 등의 철근 콘크리트 구조체 외벽에 단열시공을 하는 외부단열 방식에 대한 설명으로 틀린 것은?
① 시공이 용이하다.
② 단열의 내구성이 좋다.
③ 창고 내 벽면에서의 온도 차가 거의 없어 온도가 균열한 벽면을 이룬다.
④ 각층 각실이 구조체로 구획되고 구조체의 내측에 맞추어 각각 단열을 시공하는 방식이다.
[해설] ④ 내측 → 외측

24. 냉각관의 열관류율이 500 W/m² · ℃이고, 대수평균온도차가 10℃일 때, 100 kW의 냉동부하를 처리할 수 있는 냉각관의 면적은?
① 5 m² ② 15 m²
③ 20 m² ④ 40 m²
[해설] $100\,kW = 0.5\,kW/m^2 \cdot ℃ \times A \times 10℃$
∴ $A = 20\,m^2$

25. 열펌프의 특징에 관한 설명으로 틀린 것은?
① 성적계수가 1보다 작다.
② 하나의 장치로 난방 및 냉방으로 사용할 수 있다.
③ 대기오염이 적고 설치공간을 절약할 수 있다.
④ 증발온도가 높고 응축온도가 낮을수록 성적계수가 커진다.
[해설] 열펌프의 성적계수는 통상 1보다 크다.

26. 다음 카르노 사이클의 $P-V$ 선도를 $T-S$ 선도로 바르게 나타낸 것은?

①

②

③

④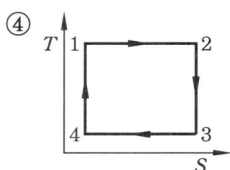

[해설] 1 → 2 : 등온팽창(온도 불변)
2 → 3 : 단열팽창(엔트로피 불변)
3 → 4 : 등온압축(온도 불변)
4 → 1 : 단열압축(엔트로피 불변)

27. 냉동장치에서 증발온도를 일정하게 하고 응축온도를 높일 때 나타나는 현상으로 옳은 것은?
① 성적계수 증가
② 압축일량 감소
③ 토출가스 온도 감소
④ 플래시가스 발생량 증가

[해설] 증발온도가 일정한 상태에서 응축온도가 높게 되면 결국 압축비가 증가하게 되므로 토출가스 온도 상승, 냉동효과 감소, 압축 일량 증가, 성적계수 저하 등 악영향을 일으킨다.

28. 식품의 평균 초온이 0℃일 때 이것을 동결하여 온도중심점을 -15℃까지 내리는데 걸리는 시간을 나타내는 것은?
① 유효동결시간
② 유효냉각시간
③ 공칭동결시간
④ 시간상수

29. 압축기의 구조와 작용에 대한 설명으로 옳은 것은?
① 다기통 압축기의 실린더 상부에 안전두(safety head)가 있으면 액압축이 일어나도 실린더 내 압력의 과도한 상승을 막기 때문에 어떠한 액압축에도 압축기를 보호한다.
② 입형 암모니아 압축기는 실린더를 워터재킷에 의해 냉각하고 있는 것이 보통이다.
③ 압축기를 방진고무로 지지할 경우 시동 및 정지 때 진동이 적어 접속 연결배관에는 플렉시블 튜브 등을 설치할 필요가 없다.
④ 압축기를 용적식과 원심식으로 분류하면 왕복동 압축기는 용적식이고 스크루 압축기는 원심식이다.
[해설] 안전두는 액압축을 방지하기 위해 설치된 것은 맞지만 일시적 효과를 얻을 수 있지 다량의 액압축 시 대응이 불가능하며 압축기 진동을 흡수하기 위하여 흡입, 토출배관에 플렉시블 튜브를 설치해야 한다. 터보 냉동기는 원심식, 스크루 압축기는 용적식에 해당된다.

30. 시간당 2000 kg의 30℃ 물을 -10℃의 얼음으로 만드는 능력을 가진 냉동장치가 있다. 조건이 아래와 같을 때, 이 냉동장치 압축기의 소요동력은? (단, 열손실은 무시한다.)

응축기 냉각수	입구온도	32℃
	출구온도	37℃
	유량	60 m³/h
물의 비열		4.2 kJ/kg・℃
얼음	응고잠열	336 kJ/kg
	비열	2.1 kJ/kg・℃

① 71 kW
② 76 kW
③ 78 kW
④ 81 kW

[해설] $AW = Q_1 - Q_2$
$Q_1 = 60000$ L/h $\times 1$ kg/L $\times 4.2$ kJ/kg・℃
 $\times (37 - 32)$℃ $= 1260000$ kJ/h
$Q_2 = 2000$ kg $\times (4.2$ kJ/kg・℃ $\times 30$
 $+ 336$ kJ/kg $+ 2.1$ kJ/kg・℃ $\times 10$℃)
 $= 966000$ kJ/h
$AW = (1260000$ kJ/h $- 966000$ kJ/h$)$
 $\times 1$ h/3600 s
 $= 81.67$ kJ/s $= 81.67$ kW

31. 냉매의 구비 조건으로 틀린 것은?
① 임계온도가 낮을 것
② 응고점이 낮을 것
③ 액체비열이 작을 것
④ 비열비가 작을 것
[해설] 냉매의 구비 조건
 (1) 온도가 낮아도 대기압 이상의 압력에서 증발하고 상온에서는 비교적 저압에서 액화할 것
 (2) 동일한 냉동능력에 대하여 소요동력이 작을 것
 (3) 임계온도가 높고 응고온도가 낮을 것
 (4) 증발열이 크고 액체의 비열이 작으며 증발열에 대한 액체 비열의 비율이 작을 것

[정답] 28. ③ 29. ② 30. ④ 31. ①

(5) 같은 냉동능력에 대해 냉매가스의 용적이 작을 것
(6) 화학적으로 결합이 양호하여 냉매가스가 압축열에 의하여 분해되더라도 냉매가스가 아닌 다른 가스를 발생하지 않을 것
(7) 점성도가 작고 열전도율이 좋을 것
(8) 인화성·폭발성이 없으며 인체에 해롭지 않고 악취가 나지 않을 것
(9) 누설을 발견하기 쉽고 경제적일 것

32. 팽창밸브 중에서 과열도를 검출하여 냉매유량을 제어하는 것은?
① 정압식 자동팽창밸브
② 수동팽창밸브
③ 온도식 자동팽창밸브
④ 모세관

[해설] 흡입가스의 과열도(통상 5°)를 유지하며 운전하는 것은 온도식 자동팽창밸브(TEV)이다.

33. R-22를 사용하려는 냉동장치에 R-134a를 사용하려 할 때, 다음 장치의 운전 시 유의사항으로 틀린 것은?
① 냉매의 능력이 변하므로 전동기 용량이 충분한지 확인한다.
② 응축기, 증발기 용량이 충분한지 확인한다.
③ 개스킷, 실 등의 패킹 선정에 유의해야 한다.
④ 동일 탄화수소계 냉매이므로 그대로 운전할 수 있다.

[해설] 냉매가 변화가 있을 때는 용량에 맞는지 여부를 확인해야 한다.

34. 흡수식 냉동장치에 관한 설명으로 틀린 것은?
① 흡수식 냉동장치는 냉매가스가 용매에 용해하는 비율이 온도, 압력에 따라 현저하게 다른 것을 이용한 것이다.
② 흡수식 냉동장치는 기계압축식과 마찬가지로 증발기와 응축기를 가지고 있다.
③ 흡수식 냉동장치는 기계적인 일 대신에 열에너지를 사용하는 것이다.
④ 흡수식 냉동장치는 흡수기, 압축기, 응축기 및 증발기인 4개의 열교환기로 구성되어 있다.

[해설] 흡수식 냉동기에서는 압축기 대신 발생기(재생기)를 사용한다.

35. 펠티에(Feltier) 효과를 이용하는 냉동방법에 대한 설명으로 틀린 것은?
① 펠티에 효과를 냉동에 이용한 것이 전자냉동 또는 열전기식 냉동법이다.
② 펠티에 효과를 이용하는 냉동법의 실용화에 어려운 점이 많았으나 반도체 기술이 발달하면서 실용화되었다.
③ 이 냉동 방법을 이용한 것으로는 휴대용 냉장고, 가정용 특수냉장고, 물 냉각기, 핵 잠수함 내의 냉난방장치이다.
④ 증기 압축식 냉동장치와 마찬가지로 압축기, 응축기, 증발기 등을 이용한 것이다.

[해설] 펠티에 효과를 이용한 냉동기를 전자냉동기라고 하며 압축기 대신 반도체를 이용한 것이다.

36. 증발압력이 너무 낮은 원인으로 가장 거리가 먼 것은?
① 냉매가 과다하다.
② 팽창밸브가 너무 조여 있다.
③ 팽창밸브에 스케일이 쌓여 빙결하고 있다.
④ 증발압력 조절밸브의 조정이 불량하다.

[해설] 냉매가 과다한 것은 액백의 원인이 되며 증발압력 저하와는 무관하다.

정답 32. ③ 33. ④ 34. ④ 35. ④ 36. ①

37. 가로 및 세로가 각 2 m이고, 두께가 20 cm, 열전도율이 0.2 W/m·℃인 벽체로부터의 열통과량은 50 W이었다. 한쪽 벽면의 온도가 30℃일 때 반대쪽 벽면의 온도는?

① 87.5℃ ② 62.5℃
③ 50.5℃ ④ 42.5℃

[해설] $50\,W = \dfrac{0.2\,W/m\cdot℃}{0.2\,m} \times 2\,m \times 2\,m \times (T-30)℃$

∴ $T = 42.5℃$

38. 냉각수의 입구온도는 30℃, 냉각수량 1000 L/min이고, 응축기의 전열면적이 8 m², 총괄열전달계수 7 kW/m²·℃일 때 대수평균온도차를 6.5℃로 하면 냉각수 출구온도는?

① 26.7℃ ② 30.9℃
③ 32.6℃ ④ 35.2℃

[해설] $1000\,L/min \times 1\,kg/L \times 60\,min/h$
$\times 4.2\,kJ/kg\cdot℃ \times (T-30)℃$
$= 7 \times 3600\,kJ/m^2\cdot h\cdot ℃ \times 8\,m^2 \times 6.5℃$

∴ $T = 35.2℃$

39. 다음 중 액체 냉각용 증발기와 가장 거리가 먼 것은?

① 만액식 셸 앤드 튜브식
② 핀 코일식 증발기
③ 건식 셸 앤드 튜브식
④ 보데로 증발기

[해설] 핀 코일식 증발기(finned coil evaporator): 송풍기로 공기를 강제적으로 유동시키는 것으로 유닛 쿨러라고도 하며 공기조화기, 냉장고 등의 공기 냉각용으로 많이 사용한다.

40. 윤활유의 구비 조건으로 틀린 것은?

① 저온에서 왁스가 분리될 것
② 전기 절연내력이 클 것
③ 응고점이 낮을 것
④ 인화점이 높을 것

[해설] 냉동기 윤활유의 구비 조건
(1) 응고점이 낮고 인화점이 높을 것
(2) 점도가 적당하고 변질되지 말 것
(3) 절연내력이 크고 수분 및 불순물을 포함하고 있지 않을 것
(4) 저온에서 왁스가 분리되지 않으며 냉매가스 흡수가 적을 것
(5) 장기 휴지 중 방청능력이 있어야 하며 오일 포밍에 소포성이 있을 것
(6) 항유화성이 있을 것

제3과목 시운전 및 안전관리

41. 다음의 제어기기에서 압력을 변위로 변환하는 변환요소가 아닌 것은?

① 스프링 ② 벨로스
③ 다이어프램 ④ 노즐 플래퍼

[해설] 노즐 플래퍼(nozzle flapper)는 공기압 자동제어 장치로서 검출 신호를 공기압 신호로 변환하기 위한 기구이며 압축공기의 공급원으로부터 관로에 일정압의 공기를 공급해 두고, 노즐과 플래퍼의 사이에 목표값의 신호와 합치하는 일정 간극을 마련해 둔다. 제어 편차가 생기면 변위가 발생한다. 이 플래퍼의 변위에 의해 공기압이 변화되는 것을 이용하여 출력 신호(조작 신호)로서 조작부에 전달하여 조작단을 동작시키는 제어기구로서 신호의 증폭기로 이용된다.

42. 주파수 응답에 필요한 입력은?

① 계단 입력 ② 램프 입력
③ 임펄스 입력 ④ 정현파 입력

[해설] 주파수 응답(frequency response)은 입력 신호가 정현파로 변화하는 정상적인 상태일 때, 입력 신호에 대한 출력 신호의 진

[정답] 37. ④ 38. ④ 39. ② 40. ① 41. ④ 42. ④

폭비 및 위상차가 주파수에 의해 변화하는 상태이다.

43. 변압기 절연내력시험이 아닌 것은?
① 가압시험 ② 유도시험
③ 절연저항시험 ④ 충격전압시험

[해설] 절연내력시험(dielectric strength test)은 절연물이 어느 정도의 전압에 견딜 수 있는지를 확인하는 시험으로 어떤 전압을 가해서 점차 승압하여 실제로 파괴되는 전압을 구하는 파괴시험과 어느 일정한 전압을 규정된 시간동안 가해서 이상 유무를 확인하는 내전압시험의 두 종류가 있다. 절연저항시험이란 모든 전기, 전자제품에서 누전 여부를 알아보기 위한 시험이다.

44. 자기장의 세기에 대한 설명으로 틀린 것은?
① 단위 길이당 기자력과 같다.
② 수직단면의 자력선 밀도와 같다.
③ 단위자극에 작용하는 힘과 같다.
④ 자속밀도에 투자율을 곱한 것과 같다.

[해설] 전기장 E의 세기는 단위 전하가 받는 힘으로 정의되고, 중력장의 세기 g는 단위 질량이 받는 힘으로 정의된다. 자기장의 세기 B는 단위 전류(1 A)가 흐르는 단위 길이(1 m)의 도선이 자기장 속에 수직으로 놓일 때 받는 힘으로 정의된다.
$B = \dfrac{F}{lI}$ (단위 : $\dfrac{N}{Am}$ 또는 $T = Wb/m^2$)

45. 변압기유로 사용되는 절연유에 요구되는 특성으로 틀린 것은?
① 점도가 클 것
② 인화점이 높을 것
③ 응고점이 낮을 것
④ 절연내력이 클 것

[해설] 절연유는 점도가 작으며 냉각효과가 커야 한다.

46. 200 V, 2 kW 전열기에서 전열선의 길이를 $\dfrac{1}{2}$로 할 경우 소비전력은 몇 kW인가?
① 1 ② 2
③ 3 ④ 4

[해설] $R_1 = \dfrac{V^2}{P} = \dfrac{200^2}{2000} = 20\,\Omega$

길이가 $\dfrac{1}{2}$로 줄면 저항 $R_2 = 10\,\Omega$이 된다.
$P = \dfrac{V^2}{R_2} = \dfrac{200^2}{10} = 4000 ≒ 4\,kW$

47. 다음 중 배율기(multiplier)의 설명으로 틀린 것은?
① 전압계와 병렬로 접속한다.
② 전압계의 측정범위가 확대된다.
③ 저항에 생기는 전압강하 원리를 이용한다.
④ 배율기의 저항은 전압계 내부 저항보다 크다.

48. 유도전동기를 유도발전기로 동작시켜 그 발생 전력을 전원으로 반환하여 제동하는 유도전동기 제동방식은?
① 발전제동 ② 역상제동
③ 단상제동 ④ 회생제동

49. 그림과 같은 논리회로의 출력 X_0에 해당하는 것은?

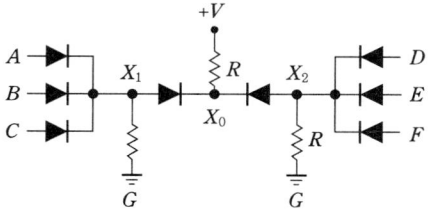

① $(ABC) + (DEF)$
② $(ABC) + (D+E+F)$

정답 43. ③ 44. ④ 45. ① 46. ④ 47. ① 48. ④ 49. ④

③ $(A+B+C)(D+E+F)$
④ $(A+B+C)+(D+E+F)$

50. 전압을 V, 전류를 I, 저항을 R, 그리고 도체의 비저항을 ρ라 할 때 옴의 법칙을 나타낸 식은?

① $V = \dfrac{R}{I}$ ② $V = \dfrac{I}{R}$
③ $V = IR$ ④ $V = IR\rho$

51. SCR에 관한 설명 중 틀린 것은?
① PNPN 소자이다.
② 스위칭 소자이다.
③ 양방향성 사이리스터이다.
④ 직류나 교류의 전력제어용으로 사용된다.
[해설] SCR은 사이리스터라고 하며 실리콘 제어 정류 소자로서 트랜지스터로는 할 수 없는 대전류 고전압의 단일 방향성 스위칭 소자이다.

52. 동작신호에 따라 제어 대상을 제어하기 위하여 조작량으로 변환하는 장치는 어느 것인가?
① 제어요소
② 외란요소
③ 피드백요소
④ 기준입력요소

53. 역률 0.85, 전류 50 A, 유효전력 28 kW인 3상 평형부하의 전압은 약 몇 V인가?
① 300 ② 380
③ 476 ④ 660
[해설] $V = \dfrac{P}{\sqrt{3}\,I\cos\theta} = \dfrac{28000}{\sqrt{3} \times 50 \times 0.85}$
$= 380.37$ V

54. 제어기의 설명 중 틀린 것은?
① P 제어기 : 잔류편차 발생
② I 제어기 : 잔류편차 소멸
③ D 제어기 : 오차 예측 제어
④ PD 제어기 : 응답속도 지연
[해설] PD 제어기는 응답속도 시간이 단축된다.

55. $G(j\omega) = e^{-j\omega 0.4}$일 때 $\omega = 2.5$ rad/s에서의 위상각은 약 몇 도인가?
① 28.6 ② 42.9
③ 57.3 ④ 71.5
[해설] $\theta = \omega t = 2.5 \times \dfrac{180}{\pi} \times 0.4 = 57.29°$

56. 그림의 블록 선도에서 $C(s)/R(s)$를 구하면?

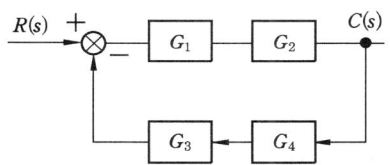

① $\dfrac{G_1 G_2}{1 + G_1 G_2 G_3 G_4}$

② $\dfrac{G_3 G_4}{1 + G_1 G_2 G_3 G_4}$

③ $\dfrac{G_1 + G_2}{1 + G_1 G_2 + G_3 G_4}$

④ $\dfrac{G_1 G_2}{1 + G_1 G_2 + G_3 G_4}$

[해설]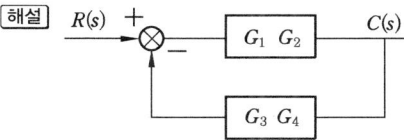

$RG_1 G_2 = C + C G_1 G_2 G_3 G_4$
$\dfrac{C}{R} = \dfrac{G_1 G_2}{1 + G_1 G_2 G_3 G_4}$

57. 역률에 관한 다음 설명 중 틀린 것은?

① 역률은 $\sqrt{1-(무효율)^2}$ 로 계산할 수 있다.
② 역률을 이용하여 교류전력의 효율을 알 수 있다.
③ 역률이 클수록 유효전력보다 무효전력이 커진다.
④ 교류회로의 전압과 전류의 위상차에 코사인(cos)을 취한 값이다.

[해설]

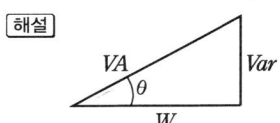

W : 유효전력
Var : 무효전력
$\cos\theta$: 역률
VA : 피상전력
역률이 클수록 θ가 작아지므로 유효전력이 증가한다.

58. PLC(Programmable Logic Controller)의 출력부에 설치하는 것이 아닌 것은?

① 전자개폐기
② 열동계전기
③ 시그널램프
④ 솔레노이드밸브

[해설] 열동계전기는 전류의 발열 작용을 이용한 시한 계전기로서 가열 코일에 전류를 흘림으로써 바이메탈이 동작하여 통전 후의 일정 시간에 접점을 닫는다. 긴 동작 시간이 얻어지지만 일단 동작하면 원상태로 복귀하는 데 시간이 걸린다.

59. 자동제어계의 출력 신호를 무엇이라 하는가?

① 조작량　　② 목표값
③ 제어량　　④ 동작신호

60. 다음 중 유도전동기의 속도 제어 방법이 아닌 것은?

① 극수 변환법
② 역률 제어법
③ 2차 여자 제어법
④ 전원전압 제어법

[해설] 유도전동기 속도 제어 방법
(1) 농형 유도전동기
　㉠ 극수 제어
　㉡ 주파수 제어
　㉢ 1차 전압(전원전압) 제어
(2) 권선형 유도전동기
　㉠ 2차 저항 속도제어
　㉡ 2차 여자 속도제어

제4과목　유지보수공사관리

61. 배관에서 금속의 산화부식 방지법 중 칼로라이징(calorizing)법이란?

① 크롬(Cr)을 분말상태로 배관 외부에 침투시키는 방법
② 규소(Si)를 분말상태로 배관 외부에 침투시키는 방법
③ 알루미늄(Al)을 분말상태로 배관 외부에 침투시키는 방법
④ 구리(Cu)를 분말상태로 배관 외부에 침투시키는 방법

[해설] 칼로라이징은 금속 재료에 알루미늄을 침투시키는 조작이다.

62. 고압 배관용 탄소 강관에 대한 설명으로 틀린 것은?

① 9.8 MPa 이상에 사용하는 고압용 강관이다.
② KS 규격기호로 SPPH라고 표시한다.
③ 치수는 호칭지름×호칭두께(Sch No)×바

깥지름으로 표시하며, 림드강을 사용하여 만든다.
④ 350℃ 이하에서 내연기관용 연료분사관, 화학공업의 고압배관용으로 사용된다.
[해설] 치수는 호칭지름×호칭두께 또는 바깥지름×두께로 표기하며, 관은 킬드강을 사용하여 이음매 없이 제조한다.

63. 강관의 용접 접합법으로 적합하지 않은 것은?
① 맞대기 용접
② 슬리브 용접
③ 플랜지 용접
④ 플라스턴 용접

[해설] 플라스턴 접합은 납+주석의 용접봉을 사용하며 연관 접합에 사용한다.

64. 급수방식 중 압력탱크 방식의 특징으로 틀린 것은?
① 높은 곳에 탱크를 설치할 필요가 없으므로 건축물의 구조를 강화할 필요가 없다.
② 탱크의 설치위치에 제한을 받지 않는다.
③ 조작상 최고, 최저의 압력차가 없으므로 급수압이 일정하다.
④ 옥상탱크에 비해 펌프의 양정이 길어야 하므로 시설비가 많이 든다.

[해설] 압력탱크식은 탱크 안에 압축공기를 충전하여 공급하는 것으로 최고, 최저 압력차가 나타나며 자동식 공기 압축기를 사용하여 항상 일정한 공급압력을 유지하여야 한다.

65. 다음 중 급탕배관 시 주의사항으로 틀린 것은?
① 구배는 중력순환식인 경우 $\frac{1}{150}$, 강제순환식에서는 $\frac{1}{200}$로 한다.
② 배관의 굽힘 부분에는 스위블 이음으로 접합한다.
③ 상향배관인 경우 급탕관은 하향구배로 한다.
④ 플랜지에 사용되는 패킹은 내열성 재료를 사용한다.

[해설] 급탕관은 상향구배, 환수관은 하향구배를 한다.

66. 가스 사용시설의 배관설비 기준에 대한 설명으로 틀린 것은?
① 배관의 재료와 두께는 사용하는 도시가스의 종류, 온도, 압력에 적절한 것일 것
② 배관을 지하에 매설하는 경우에는 지면으로부터 0.6 m 이상의 거리를 유지할 것
③ 배관은 누출된 도시가스가 체류되지 않고 부식의 우려가 없도록 안전하게 설치할 것
④ 배관은 움직이지 않도록 고정하되 호칭지름이 13 mm 미만의 것에는 2 m마다, 33 mm 이상의 것에는 5 m마다 고정장치를 할 것

[해설] 배관 고정장치
- 관경 13 mm 미만 : 1 m마다 고정
- 관경 13 mm 이상 33 mm 미만 : 2 m마다 고정
- 관경 33 mm 이상 : 3 m마다 고정

67. 통기관의 종류에서 최상부의 배수 수평관이 배수 수직관에 접속된 위치보다도 더욱 위로 배수 수직관을 끌어 올려 대기 중에 개구하여 사용하는 통기관은?
① 각개 통기관
② 루프 통기관
③ 신정 통기관
④ 도피 통기관

[해설] 통기관 종류
(1) 각개 통기관 : 각 위생기구마다 통기관을 세우는 것으로 관경은 최소 32 mm 이상으로서 접속되는 배수관 구경의 1/2 이상으로 한다.
(2) 루프 통기관 : 2개 이상 8개 이내의 트랩

정답 63. ④ 64. ③ 65. ③ 66. ④ 67. ③

을 통기 보호하기 위하여 최상류에 있는 위생기구 기구배수관이 배수수평지관과 연결되는 바로 하류의 수평지관에 접속시켜 통기수직관 또는 신정통기관으로 연결하는 통기관이다. 관경 최소 10 mm 이상으로 한다.
(3) 신정 통기관 : 배수수직관 상부에서 관경을 축소하지 않고 연장형 대기 중에 개구한 통기관을 말한다.
(4) 도피 통기관 : 루프 통기식 배관에서 통기 능률을 촉진시키기 위해서 설치하는 관으로 관경은 배수관의 1/2 이상이 되어야 하며 최소 32 mm 이상이 되어야 한다.

68. 통기관의 설치 목적으로 가장 적절한 것은?
① 배수의 유속을 조절한다.
② 배수 트랩의 봉수를 보호한다.
③ 배수관 내의 진공을 완화한다.
④ 배수관 내의 청결도를 유지한다.
[해설] 통기관은 트랩의 봉수를 보호하기 위하여 설치한다.

69. 염화비닐관의 특징에 관한 설명으로 틀린 것은?
① 내식성이 우수하다.
② 열팽창률이 작다.
③ 가공성이 우수하다.
④ 가볍고 관의 마찰저항이 적다.
[해설] 염화비닐관은 강관에 비해 열팽창률이 6~7배로 열에 대하여 취약하다.

70. 밀폐 배관계에서는 압력계획이 필요하다. 압력계획을 하는 이유로 가장 거리가 먼 것은?
① 운전 중 배관계 내에 대기압보다 낮은 개소가 있으면 접속부에서 공기를 흡입할 우려가 있기 때문에

② 운전 중 수온에 알맞은 최소압력 이상으로 유지하지 않으면 순환수 비등이나 플래시 현상 발생 우려가 있기 때문에
③ 수온의 변화에 의한 체적의 팽창·수축으로 배관 각부에 악영향을 미치기 때문에
④ 펌프의 운전으로 배관계 각부의 압력이 감소하므로 수격작용, 공기 정체 등의 문제가 생기기 때문에
[해설] 펌프 운전을 하게 되면 배관 각부에서의 토출 압력 상승으로 공기 정체 등의 문제가 예방된다.

71. 온수난방설비의 온수배관 시공법에 관한 설명으로 틀린 것은?
① 공기가 고일 염려가 있는 곳에는 공기 배출을 고려한다.
② 수평배관에서 관의 지름을 바꿀 때에는 편심 리듀서를 사용한다.
③ 배관재료는 내열성을 고려한다.
④ 팽창관에는 슬루스 밸브를 설치한다.
[해설] 팽창관은 온수 보일러나 저탕조 등의 안전장치로 사용되는 관으로 온수의 체적 팽창을 높은 곳의 팽창 탱크로 빠져 나가게 하는 작용을 하며 팽창관에는 밸브를 사용하지 않는다.

72. 강관작업에서 아래 그림처럼 15 A 나사용 90° 엘보 2개를 사용하여 길이가 200 mm가 되게 연결 작업을 하려고 한다. 이 때 실제 15 A 강관의 길이는? (단, a : 나사가 물리는 최소길이는 11 mm, A : 이음쇠의 중심에서 단면까지의 길이는 27 mm로 한다.)

정답 68. ② 69. ② 70. ④ 71. ④ 72. ③

① 142 mm ② 158 mm
③ 168 mm ④ 176 mm

[해설] $L = 200 - 2 \times (27 - 11) = 168$ mm

73. 60℃의 물 200 L와 15℃의 물 100 L를 혼합하였을 때 최종온도는?

① 35℃ ② 40℃
③ 45℃ ④ 50℃

[해설] $t_m = \dfrac{60 \times 200 + 15 \times 100}{200 + 100} = 45$ ℃

74. 동관작업용 사이징 툴(sizing tool) 공구에 관한 설명으로 옳은 것은?

① 동관의 확관용 공구
② 동관의 끝부분을 원형으로 정형하는 공구
③ 동관의 끝을 나팔형으로 만드는 공구
④ 동관 절단 후 거스러미를 제거하는 공구

[해설] 동관 작업용 공구
 (1) 플레어링 툴 셋 : 관 끝을 나팔관 모양으로 만드는 공구
 (2) 익스팬더 : 확관용 공구
 (3) 사이징 툴 : 관 끝을 원형으로 정형
 (4) 튜브벤더 : 동관 구부림용

75. 일반적으로 배관계의 지지에 필요한 조건으로 틀린 것은?

① 관과 관내 유체 및 그 부속장치, 단열피복 등의 합계중량을 지지하는 데 충분해야 한다.
② 온도 변화에 의한 관의 신축에 대하여 적응할 수 있어야 한다.
③ 수격현상 또는 외부에서의 진동, 동요에 대해서 견고하게 대응할 수 있어야 한다.
④ 배관계의 소음이나 진동에 의한 영향을 다른 배관계에 전달하여야 한다.

[해설] 배관에서 발생하는 소음이나 진동이 다른 배관으로 전달되는 것을 방지하기 위하여 진동이 심한 곳에 플렉시블 이음을 한다.

76. 동관의 외경 산출 공식으로 바르게 표시된 것은?

① 외경 = 호칭경(인치) + $\dfrac{1}{8}$ 인치
② 외경 = 호칭경(인치) × 25.4
③ 외경 = 호칭경(인치) + $\dfrac{1}{4}$ 인치
④ 외경 = 호칭경(인치) × $\dfrac{3}{4}$ + 1.8인치

77. 냉매배관 시 주의사항으로 틀린 것은?

① 굽힘부의 굽힘 반지름을 작게 한다.
② 배관 속에 기름이 고이지 않도록 한다.
③ 배관에 큰 응력 발생의 염려가 있는 곳에는 루프형 배관을 해준다.
④ 다른 배관과 달라서 벽 관통 시에는 슬리브를 사용하여 보온 피복한다.

[해설] 굽힘부의 굽힘 반지름을 크게 해야 압력 손실을 최소화할 수 있다.

78. 급탕배관 시공에 관한 설명으로 틀린 것은?

① 배관의 굽힘 부분에는 벨로스 이음을 한다.
② 하향식 급탕주관의 최상부에는 공기빼기 장치를 설치한다.
③ 팽창관의 관경은 겨울철 동결을 고려하여 25 A 이상으로 한다.
④ 단관식 급탕배관 방식에는 상향배관, 하향배관 방식이 있다.

[해설] 배관 굽힘 부분에는 스위블 이음을 해야 한다.

[정답] 73. ③ 74. ② 75. ④ 76. ① 77. ① 78. ①

79. 지역난방의 특징에 관한 설명으로 틀린 것은?
① 대기 오염물질이 증가한다.
② 도시의 방재수준 향상이 가능하다.
③ 사용자에게는 화재에 대한 우려가 적다.
④ 대규모 열원기기를 이용한 에너지의 효율적 이용이 가능하다.

[해설] 지역난방 : 전기와 열을 동시에 생산하는 열병합발전소, 쓰레기 소각장 등의 열 생산 시설에서 120℃ 이상의 온수를 도로, 하천 등에 묻힌 이중보온관을 통해 아파트나 빌딩 등의 기계실로 공급하여 난방을 할 수 있도록 하는 방식으로 대기 오염물질은 감소한다.

80. 배수트랩의 봉수 파괴 원인 중 트랩 출구 수직배관부에 머리카락이나 실 등이 걸려서 봉수가 파괴되는 현상과 관련된 작용은 어느 것인가?
① 사이펀작용
② 모세관작용
③ 흡인작용
④ 토출작용

[해설] 머리카락이나 실 등은 모세관 현상으로 봉수를 파괴하는 원인이 된다.

정답 79. ① 80. ②

CBT 실전테스트 (2)

※ 최근 출제문제를 수검자의 기억의 의해 재구성하였습니다.

제1과목 에너지관리

1. 다음 그림에 대한 설명으로 틀린 것은? (단, 하절기 공기조화 과정이다.)

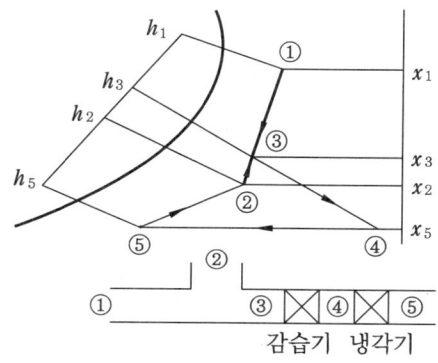

① ③을 감습기에 통과시키면 엔탈피 변화 없이 감습된다.
② ④는 냉각기를 통해 엔탈피가 감소되며 ⑤로 변화된다.
③ 냉각기 출구 공기 ⑤를 취출하면 실내에서 취득열량을 얻어 ②에 이른다.
④ 실내공기 ①과 외기 ②를 혼합하면 ③이 된다.
[해설] ① : 외기, ② : 실내공기

2. 다음은 어느 방식에 대한 설명인가?

- 각 실이나 존의 온도를 개별제어하기 쉽다.
- 일사량 변화가 심한 페리미터 존에 적합하다.
- 실내부하가 적어지면 송풍량이 적어지므로 실내 공기의 오염도가 높다.

① 정풍량 단일덕트방식
② 변풍량 단일덕트방식
③ 패키지방식
④ 유인유닛방식
[해설] 부하변동에 따라 풍량을 조절하는 것은 변풍량 방식이다.

3. 원형덕트에서 사각덕트로 환산시키는 식으로 옳은 것은? (단, a는 사각덕트의 장변길이, b는 단변길이, d는 원형덕트의 직경 또는 상당직경이다.)

① $d = 1.2 \cdot \left[\dfrac{(ab)^5}{(a+b)^2}\right]^8$

② $d = 1.2 \cdot \left[\dfrac{(ab)^2}{(a+b)^5}\right]^8$

③ $d = 1.3 \cdot \left[\dfrac{(ab)^2}{(a+b)^5}\right]^{1/8}$

④ $d = 1.3 \cdot \left[\dfrac{(ab)^5}{(a+b)^2}\right]^{1/8}$

4. 다음 중 흡수식 냉동기의 구성기기가 아닌 것은?
① 응축기
② 흡수기
③ 발생기
④ 압축기
[해설] 흡수식 냉동기에는 압축기를 사용하지 않는다.

5. 냉난방 공기조화 설비에 관한 설명으로 틀린 것은?
① 조명기구에 의한 영향은 현열로서 냉방부하 계산 시 고려되어야 한다.
② 패키지 유닛 방식을 이용하면 중앙공조 방식에 비해 공기조화용 기계실의 면적이 적게 요구된다.

[정답] 1. ④ 2. ② 3. ④ 4. ④ 5. ④

③ 이중 덕트 방식은 개별제어를 할 수 있는 이점은 있지만 일반적으로 설비비 및 운전비가 많아진다.
④ 지역냉난방은 개별냉난방에 비해 일반적으로 공사비는 현저하게 감소한다.

[해설] 지역난방의 단점은 개별난방에 비해 공사비가 크고 유지관리가 어렵다는 것이다.

6. 단일덕트 재열방식의 특징에 관한 설명으로 옳은 것은?
① 부하 패턴이 다른 다수의 실 또는 존의 공조에 적합하다.
② 식당과 같이 잠열부하가 많은 곳의 공조에는 부적합하다.
③ 전수방식으로서 부하변동이 큰 실이나 존에서 에너지 절약형으로 사용된다.
④ 시스템의 유지·보수 면에서는 일반 단일덕트에 비해 우수하다.

[해설] 부하가 다른 각 실의 부하변동에 대응하기 위하여 덕트에 재열방식을 채택한다.

7. 유효온도(effective temperature)에 대한 설명으로 옳은 것은?
① 온도, 습도를 하나로 조합한 상태의 측정온도이다.
② 각기 다른 실내온도에서 습도에 따라 실내 환경을 평가하는 척도로 사용된다.
③ 인체가 느끼는 쾌적 온도로서 바람이 없는 정지된 상태에서 상대습도가 100 %인 포화상태의 공기 온도를 나타낸다.
④ 유효온도 선도는 복사 영향을 무시하여 건구온도 대신에 글로브 온도계의 온도를 사용한다.

[해설] 유효온도는 실효온도라고도 하며 상대습도가 100이고, 바람이 없는 상태의 온도와 같은 온도로 느껴지는 기온, 습도, 기류를 조합한 것이다.

8. 습공기 100 kg이 있다. 이때 혼합되어 있는 수증기의 질량이 2 kg이라면 공기의 절대습도는?
① 0.0002 kg/kg
② 0.02 kg/kg
③ 0.2 kg/kg
④ 0.98 kg/kg

[해설] 절대습도 $= \dfrac{2\,\text{kg}}{(100-2)\,\text{kg}} = 0.02\,\text{kg/kg}'$

9. 크기 1000×500 mm의 직관 덕트에 35℃의 온풍 18000 m³/h이 흐르고 있다. 이 덕트가 −10℃의 실외 부분을 지날 때 길이 20 m당 덕트 표면으로부터의 열손실은? (단, 덕트는 암면 25 mm로 보온되어 있고, 이때 1000 m당 온도 차 1℃에 대한 온도 강하는 0.9℃이다. 공기의 밀도는 1.2 kg/m³, 정압비열은 1.01 kJ/kg·℃이다.)
① 3.0 kW
② 3.8 kW
③ 4.9 kW
④ 6.0 kW

[해설] $18000\,\text{m}^3/\text{h} \times 1.2\,\text{kg/m}^3 \times 1.01\,\text{kJ/kg}\cdot\text{℃}$
$\times \{35-(-10)\}\text{℃} \times \dfrac{20\,\text{m}}{1000\,\text{m}} \times 0.9 \div 3600\,\text{s/h}$
$= 4.9\,\text{kJ/s} = 4.9\,\text{kW}$

10. 습공기의 수증기 분압이 P_v, 동일 온도의 포화수증기압이 P_s일 때, 다음 설명 중 틀린 것은?
① $P_v < P_s$일 때 불포화습공기
② $P_v = P_s$일 때 포화습공기
③ $\dfrac{P_s}{P_v} \times 100$은 상대습도
④ $P_v = 0$일 때 건공기

[해설] 상대습도 $= \dfrac{P_v}{P_s} \times 100$

정답 6. ① 7. ③ 8. ② 9. ③ 10. ③

11. 덕트의 굴곡부 등에서 덕트 내에 흐르는 기류를 안정시키기 위한 목적으로 사용하는 기구는?
① 스플릿 댐퍼
② 가이드 베인
③ 릴리프 댐퍼
④ 버터플라이 댐퍼

[해설] 가이드 베인은 덕트의 직경 부분 통로에 곡률을 가진 날개를 부착하여 직각 부분의 속도 변화에 의한 난류의 발생을 방지하고, 유체의 저항 손실을 최소화한다.

12. 실리카겔, 활성알루미나 등을 사용하여 감습을 하는 방식은?
① 냉각 감습
② 압축 감습
③ 흡수식 감습
④ 흡착식 감습

[해설] 실리카겔, 알루미나겔은 흡착 분리하며 염화칼슘, 염화나트륨 등은 흡수 분리한다.

13. 난방설비에서 온수헤더 또는 증기헤더를 사용하는 주된 이유로 가장 적합한 것은?
① 미관을 좋게 하기 위해서
② 온수 및 증기의 온도 차가 커지는 것을 방지하기 위해서
③ 워터 해머(water hammer)를 방지하기 위해서
④ 온수 및 증기를 각 계통별로 공급하기 위해서

[해설] 헤더는 각 계통별로 유량을 동일하게 공급하는 역할을 한다.

14. 환기(ventilation)란 A에 있는 공기의 오염을 막기 위하여 B로부터 C를 공급하여, 실내의 D를 실외로 배출하고 실내의 오염 공기를 교환 또는 희석시키는 것을 말한다. 여기서 A, B, C, D로 적절한 것은?
① A-일정 공간, B-실외, C-청정한 공기, D-오염된 공기
② A-실외, B-일정 공간, C-청정한 공기, D-오염된 공기
③ A-일정 공간, B-실외, C-오염된 공기, D-청정한 공기
④ A-실외, B-일정 공간, C-오염된 공기, D-청정한 공기

15. 다음과 같이 단열된 덕트 내에 공기가 통하고 이것에 열량 Q [kcal/h]와 수분 L [kg/h]을 가하여 열평형이 이루어졌을 때, 공기에 가해진 열량은? (단, 공기의 유량은 G [kg/h], 가열코일 입·출구의 엔탈피, 절대습도를 각각 h_1, h_2 [kcal/kg], x_1, x_2 [kg/kg]로 하고, 수분의 엔탈피를 h_L [kcal/kg]로 한다.)

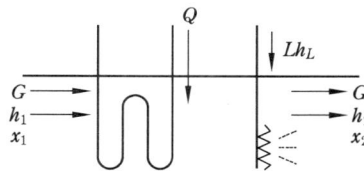

① $G(h_2 - h_1) + Lh_L$
② $G(x_2 - x_1) + Lh_L$
③ $G(h_2 - h_1) - Lh_L$
④ $G(x_2 - x_1) - Lh_L$

[해설] $G(h_2 - h_1)$: 가열량
$L \cdot h_L$: 가습량
공기에만 가해진 열량이므로 전체량에서 가습량은 제외시킨다.
∴ $G(h_2 - h_1) - L \cdot h_L$

16. 공기열원 열펌프를 냉동사이클 또는 난방사이클로 전환하기 위하여 사용하는 밸브는?

정답 11. ② 12. ④ 13. ④ 14. ① 15. ③ 16. ③

① 체크 밸브　　② 글로브 밸브
③ 4방 밸브　　④ 릴리프 밸브

[해설] • 냉동사이클 : 증발기 → 압축기 → 응축기
　　　• 난방사이클 : 응축기 → 압축기 → 증발기
　　　（4방밸브에 의하여）

17. 국부저항 상류의 풍속을 V_1, 하류의 풍속을 V_2라 하고 전압 기준 국부저항계수를 ζ_T, 정압 기준 국부저항계수를 ζ_S라 할 때 두 저항계수의 관계식은?

① $\zeta_T = \zeta_S + 1 - (V_1/V_2)^2$
② $\zeta_T = \zeta_S + 1 - (V_2/V_1)^2$
③ $\zeta_T = \zeta_S + 1 + (V_1/V_2)^2$
④ $\zeta_T = \zeta_S + 1 + (V_2/V_1)^2$

18. 냉동 창고의 벽체가 15 cm, 열전도율 1.4 kJ/m·h·℃인 콘크리트와 두께 5 cm, 열전도율이 1.2 kJ/m·h·℃인 모르타르로 구성되어 있다면, 벽체의 열통과율은? (단, 내벽측 표면 열전달률은 8 kJ/m²·h·℃, 외벽측 표면 열전달률은 20 kJ/m²·h·℃이다.)

① 0.026 kJ/m²·h·℃
② 0.323 kJ/m²·h·℃
③ 3.088 kJ/m²·h·℃
④ 38.175 kJ/m²·h·℃

[해설] $K = \dfrac{1}{\left(\dfrac{1}{8} + \dfrac{0.15}{1.4} + \dfrac{0.05}{1.2} + \dfrac{1}{2}\right)}$
　　　$= 3.088 \text{ kJ/m}^2\cdot\text{h}\cdot\text{℃}$

19. 공조설비를 구성하는 공기조화기는 공기여과기, 냉·온수코일, 가습기, 송풍기로 구성되어 있는데, 다음 중 이들 장치와 직접 연결되어 사용되는 설비가 아닌 것은?

① 공급덕트　　② 주증기관
③ 냉각수관　　④ 냉수관

[해설] 냉각수는 응축기에 사용되는 물이므로 냉각수관은 냉동기에 연결되어 있다.

20. 10℃의 냉풍을 급기하는 덕트가 건구온도 30℃, 상대습도 70 %인 실내에 설치되어 있다. 이때 덕트의 표면에 결로가 발생하지 않도록 하려면 보온재의 두께는 최소 몇 mm 이상이어야 하는가? (단, 30℃, 70 %의 노점온도 24℃, 보온재의 열전도율은 0.03 kJ/m·h·℃, 내표면의 열전달률은 40 kJ/m²·h·℃, 외표면의 열전달률은 8 kJ/m²·h·℃, 보온재 이외의 열저항은 무시한다.)

① 5 mm　　② 8 mm
③ 16 mm　　④ 20 mm

[해설] 덕트 표면에서의 열평형 상태가 되므로
$k \times F \times \Delta t = \alpha \times F \times \Delta t$
$k \times F \times (30 - 10) = 8 \times F \times (30 - 24)$
$k = 2.4 \text{ kJ/m}^2\cdot\text{h}\cdot\text{℃}$
$\dfrac{1}{2.4} = \dfrac{1}{40} + \dfrac{l}{0.03} + \dfrac{1}{8}$
$\therefore\ l = 0.008 \text{ m} ≒ 8 \text{ mm}$

제2과목　　공조냉동설계

21. 증발기에 관한 설명으로 틀린 것은?

① 냉매는 증발기 속에서 습증기가 건포화증기로 변한다.
② 건식 증발기는 유회수가 용이하다.
③ 만액식 증발기는 액백을 방지하기 위해 액분리기를 설치한다.
④ 액순환식 증발기는 액 펌프나 저압 수액기가 필요 없으므로 소형 냉동기에 유리하다.

[해설] 액순환식 증발기는 액 펌프와 저압 수액기를 필요로 하며 급속 동결을 요하는 곳에 사용된다.

정답　17. ②　18. ③　19. ③　20. ②　21. ④

22. 아래의 사이클이 적용된 냉동장치의 냉동 능력이 119 kW일 때, 다음 설명 중 틀린 것은? (단, 압축기의 단열효율 η_c는 0.7, 기계효율 η_m은 0.85이며, 기계적 마찰손실 일은 열이 되어 냉매에 더해지는 것으로 가정한다.)

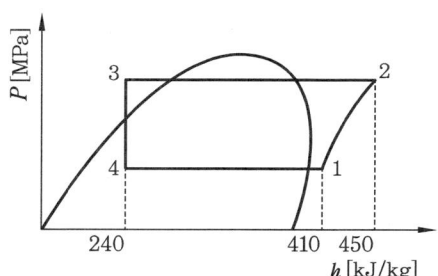

① 냉매순환량은 0.7 kg/s이다.
② 냉동장치의 실제 성능계수는 4.25이다.
③ 실제 압축기 토출 가스의 엔탈피는 약 467 kJ/kg이다.
④ 실제 압축기 축동력은 약 47.1 kW이다.

[해설] 1 kW = 1 kJ/s

냉매순환량 = 냉동능력/냉동효과
= $\frac{119\,kJ/s}{(410-240)kJ/kg}$ = 0.7 kg/s

실제 토출가스 엔탈피 = $410 + \frac{450-410}{0.7}$
= 467 kJ/kg

실제 축동력 = $0.7\,kg/s \times \frac{(450-410)}{0.7 \times 0.85}$
= 47.058 ≒ 47.1 kW

실제 성능계수 = $\frac{119\,kW}{47.1\,kW}$ = 2.53

23. 냉동장치의 고압부에 대한 안전장치가 아닌 것은?
① 안전밸브 ② 고압스위치
③ 가용전   ④ 방폭문

[해설] 방폭문은 가연성가스 용기 저장실에 설치해야 한다.

24. 냉동기에 사용되는 제어밸브에 관한 설명으로 옳은 것은?
① 온도 자동 팽창밸브는 응축기의 온도를 일정하게 유지·제어한다.
② 흡입압력 조정밸브는 압축기의 흡입압력이 설정치 이상이 되지 않도록 제어한다.
③ 전자밸브를 설치할 경우 흐름방향을 고려할 필요가 없다.
④ 고압측 플로트(float) 밸브는 냉매 액의 속도로 제어한다.

[해설] 온도 자동 팽창밸브는 흡입가스 과열도를 일정하게 유지하며, 전자밸브를 설치 시 화살표와 흐름방향을 일치시켜야 한다. 고압측 플로트 밸브는 냉매 액을 모두 저압측으로 보내는 역할을 한다.

25. 고온부의 절대온도를 T_1, 저온부의 절대온도를 T_2, 고온부로 방출하는 열량을 Q_1, 저온부로부터 흡수하는 열량을 Q_2라고 할 때, 이 냉동기의 이론 성적계수(COP)를 구하는 식은?

① $\frac{Q_1}{Q_1-Q_2}$ ② $\frac{Q_2}{Q_1-Q_2}$
③ $\frac{T_1}{T_1-T_2}$ ④ $\frac{T_1-T_2}{T_1}$

[해설] ①, ③ : 열펌프 성적계수를 구하는 식

26. 2단 압축 1단 팽창 냉동장치에서 각 점의 엔탈피는 다음의 $P-h$ 선도와 같다고 할 때, 중간냉각기 냉매순환량은? (단, 냉동능력은 77.2 kW이다.)

정답 22. ② 23. ④ 24. ② 25. ② 26. ①

① 67.80 kg/h ② 85.89 kg/h
③ 222.82 kg/h ④ 290.8 kg/h

[해설] 중간냉각기 냉매순환량(G_m)

$$G_m = \frac{77.2 \text{ kJ/s}}{(1650.6-399) \text{ kJ/kg}}$$
$$\times \frac{(1835.4-1671.6)+(571.2-399)}{(1671.6-571.2)} \times \frac{3600 \text{ s}}{1 \text{ h}}$$
$$= 67.8 \text{ kg/h}$$

27. 증기 압축식 냉동기와 비교하여 흡수식 냉동기의 특징이 아닌 것은?

① 일반적으로 증기 압축식 냉동기보다 성능계수가 낮다.
② 압축기의 소비동력을 비교적 절감시킬 수 있다.
③ 초기 운전 시 정격성능을 발휘할 때까지 도달속도가 느리다.
④ 냉각수 배관, 펌프, 냉각탑의 용량이 커져 보조기기 설비비가 증가한다.

[해설] 흡수식 냉동기는 압축기를 사용하지 않는다.

28. 단위시간당 전도에 의한 열량에 대한 설명으로 틀린 것은?

① 전도열량은 물체의 두께에 반비례한다.
② 전도열량은 물체의 온도 차에 비례한다.
③ 전도열량은 전열면적에 반비례한다.
④ 전도열량은 열전도율에 비례한다.

[해설] 전도열량은 전열면적에 비례한다.

29. 냉동능력이 418320 kJ/h이고, 압축소요 동력이 35 kW인 냉동기에서 응축기의 냉각수 입구온도가 20℃, 냉각수량이 360 L/min이면 응축기 출구의 냉각수 온도는?

① 22℃ ② 24℃
③ 26℃ ④ 28℃

[해설] 418320 kJ/h + 35 × 3600 kJ/h
= 360 × 60 kg/h × 4.2 kJ/kg·℃ × (t_{w2} − 20)℃
∴ t_{w2} = 25.95 ≒ 26℃

30. 냉동사이클에서 습압축으로 일어나는 현상과 가장 거리가 먼 것은?

① 응축잠열 감소
② 냉동능력 감소
③ 압축기의 체적 효율 감소
④ 성적계수 감소

[해설] 습압축은 습증기상태의 압축으로 응축잠열과는 무관하다.

31. 일반적인 냉매의 구비 조건으로 옳은 것은?

① 활성이며 부식성이 없을 것
② 전기저항이 작을 것
③ 점성이 크고 유동저항이 클 것
④ 열전달률이 양호할 것

[해설] 냉매의 구비 조건
  (1) 증발압력이 낮아 진공으로 되지 않을 것
  (2) 응축압력이 너무 높지 않을 것
  (3) 증발잠열 및 증기의 비열은 크고, 액체의 비열은 작을 것
  (4) 임계온도가 높고, 응고온도가 낮을 것
  (5) 증기의 비체적이 작을 것
  (6) 누설이 어렵고, 누설 시는 검지가 쉬울 것
  (7) 부식성이 없을 것
  (8) 전기저항이 크고, 열전도율이 높을 것
  (9) 점성 및 유동저항이 작을 것
  (10) 윤활유에 녹지 않을 것
  (11) 무해·무독으로 인화, 폭발의 위험이 적을 것

32. 증기 압축식 냉동사이클에서 증발온도를 일정하게 유지시키고, 응축온도를 상승시킬 때 나타나는 현상이 아닌 것은?

정답 27. ② 28. ③ 29. ③ 30. ① 31. ④ 32. ④

① 소요동력 증가
② 성적계수 감소
③ 토출가스 온도 상승
④ 플래시가스 발생량 감소

[해설] 증발온도를 일정하게 유지하고 응축온도를 상승시키면 플래시가스 발생량은 증가한다.

33. 다음 중 터보압축기의 용량(능력)제어 방법이 아닌 것은?
① 회전속도에 의한 제어
② 흡입 댐퍼(damper)에 의한 제어
③ 부스터(booster)에 의한 제어
④ 흡입 가이드 베인(guide vane)에 의한 제어

[해설] 부스터는 2단 압축에서 저단 압축기를 표현하는 것이다.

34. 나선상의 관에 냉매를 통과시키고, 그 나선관을 원형 또는 구형의 수조에 담그고, 물을 수조에 순환시켜서 냉각하는 방식의 응축기는?
① 대기식 응축기
② 이중관식 응축기
③ 지수식 응축기
④ 증발식 응축기

[해설] 지수식 응축기는 셸 앤드 코일식 응축기라고도 하며 셸에 냉매, 튜브에 냉각수가 흐르는 소용량의 프레온 냉동장치에 사용한다.

35. $0.08 m^3$의 물속에 700℃의 쇠뭉치 3 kg을 넣었더니 쇠뭉치의 평균 온도가 18℃로 변하였다. 이때 물의 온도 상승량은? (단, 물의 밀도는 1000 kg/m³이고, 쇠의 비열은 606 J/kg·℃이며, 물과 공기와의 열교환은 없다.)
① 2.8℃   ② 3.7℃
③ 4.8℃   ④ 5.7℃

[해설] 쇠뭉치가 빼앗긴 열량 = 물이 받은 열량
$3 kg \times 0.606 kJ/kg·℃ \times (700-18)℃$
$= 1000 kg/m^3 \times 0.08 m^3 \times 4.186 kJ/kg·℃ \times \Delta t [℃]$
∴ $\Delta t = 3.17℃$

36. 다음 중 팽창밸브의 역할로 가장 거리가 먼 것은?
① 압력 강하
② 온도 강하
③ 냉매량 제어
④ 증발기에 오일 흡입 방지

[해설] 팽창밸브의 역할 : 압력 및 온도 강하, 냉매량 제어

37. 증발식 응축기에 관한 설명으로 옳은 것은?
① 외기의 습구온도 영향을 많이 받는다.
② 외부공기가 깨끗한 곳에서는 일리미네이터(eliminator)를 설치할 필요가 없다.
③ 공급수의 양은 물의 증발량과 일리미네이터에서 배제하는 양을 가산한 양으로 충분하다.
④ 냉각작용은 물을 살포하는 것만으로 한다.

[해설] 증발식 응축기는 물의 증발에 의하여 응축이 되기 때문에 외기 습구온도의 영향을 받는다.

38. 냉동장치로 얼음 1 ton을 만드는 데 50 kWh의 동력이 소비된다. 이 장치에 20℃의 물이 들어가서 −10℃의 얼음으로 나온다고 할 때, 이 냉동장치의 성적계수는? (단, 얼음의 융해 잠열은 336 kJ/kg, 비열은 2.1 kJ/kg·℃이다.)
① 1.12   ② 2.44   ③ 3.42   ④ 4.67

정답 33. ③   34. ③   35. ②   36. ④   37. ①   38. ②

[해설] 20℃ 물→0℃ 물→0℃ 얼음→ −10℃ 얼음
Q = 1000 kg × (4.2 kJ/kg·℃ × 20℃
　　　+ 336 kJ/kg + 2.1 kJ/kg·℃ × 10℃)
　　= 441000 kJ/h = 122.5 kJ/s = 122.5 kW

성적계수 = 냉동능력/축동력
　　　　 = $\frac{122.5 \text{ kW}}{50 \text{ kW}}$ = 2.45

39. 냉동능력이 1 RT인 냉동장치가 1 kW의 압축동력을 필요로 할 때, 응축기에서의 발열량은?

① 2.24 kW　② 3.35 kW
③ 4.86 kW　④ 5.51 kW

[해설] $Q_1 = Q_2 + AW$
　　　= 3.86 kW + 1 kW = 4.86 kW

40. 안정적으로 작동되는 냉동 시스템에서 팽창밸브를 과도하게 닫았을 때 일어나는 현상이 아닌 것은?

① 흡입압력이 낮아지고 증발기 온도가 저하된다.
② 압축기의 흡입가스가 과열된다.
③ 냉동능력이 감소한다.
④ 압축기의 토출가스 온도가 낮아진다.

[해설] 팽창밸브를 과도하게 닫으면 냉매순환량이 감소하여 흡입가스 과열, 증발압력 저하로 토출가스 온도가 상승하게 된다.

제3과목 시운전 및 안전관리

41. 그림과 같은 블록선도에서 $\frac{X_3}{X_1}$를 구하면?

① $G_1 + G_2$　② $G_1 - G_2$
③ $G_1 \cdot G_2$　④ $\frac{G_1}{G_2}$

[해설] 직렬연결은 전달함수의 곱이다.
$\frac{X_3}{X_1} = G_1 G_2$

42. 내부저항 90 Ω, 최대지시값 100 μA의 직류전류계로 최대지시값 1 mA를 측정하기 위한 분류기 저항은 몇 Ω인가?

① 9　② 10　③ 90　④ 100

[해설] 배율 = $\frac{1 \text{ mA}}{100 \mu\text{A}}$ = 10

분류기 저항 = $\frac{1}{\text{배율} - 1} \times R$
　　　　　　= $\frac{1}{10-1} \times 90$ = 10 Ω

43. 100 V용 전구 30 W와 60 W 두 개를 직렬로 연결하고 직류 100 V 전원에 접속하였을 때 두 전구의 상태로 옳은 것은?

① 30 W 전구가 더 밝다.
② 60 W 전구가 더 밝다.
③ 두 전구의 밝기가 모두 같다.
④ 두 전구가 모두 켜지지 않는다.

[해설] $R_1 = \frac{V^2}{P_1} = \frac{100^2}{30}$ = 333.33 Ω

$R_2 = \frac{V^2}{P_2} = \frac{100^2}{60}$ = 166.67 Ω

30 W의 저항이 크므로 더 밝다.

44. 조절계의 조절요소에서 비례미분제어에 관한 기호는?

① P　② PI
③ PD　④ PID

[해설] P : 비례제어
D : 미분제어
I : 적분제어

[정답] 39. ③　40. ④　41. ③　42. ②　43. ①　44. ③

45. $A = 6 + j8$, $B = 20\angle 60°$일 때 $A + B$를 직각좌표형식으로 표현하면?

① $16 + j18$
② $26 + j28$
③ $16 + j25.32$
④ $23.32 + j18$

[해설] $B = 20\angle 60° = 20\cos 60° + j20\sin 60°$
$= 10 + j17.32$
$A + B = 6 + j8 + 10 + j17.32$
$= 16 + j25.32$

46. 다음 중 보일러의 자동연소제어가 속하는 제어는?

① 비율제어
② 추치제어
③ 추종제어
④ 정치제어

[해설] 보일러의 자동연소제어는 2종 또는 그 이상의 프로세스 변화량 사이에 일정한 비율을 유지하도록 하는 제어방식으로 비율제어(ratio control)이다.

47. 서보기구에서 주로 사용하는 제어량은 어느 것인가?

① 전류
② 전압
③ 방향
④ 속도

[해설] 서보제어는 제어량이 목표값을 따라가도록 하는 제어(방향제어)이다.

48. 비례적분미분제어를 이용했을 때의 특징에 해당되지 않는 것은?

① 정정시간을 적게 한다.
② 응답의 안정성이 작다.
③ 잔류편차를 최소화시킨다.
④ 응답의 오버슈트를 감소시킨다.

[해설] 비례적분미분제어는 가장 정확한 제어로서 응답의 안정성이 크다.

49. 유도전동기에 인가되는 전압과 주파수를 동시에 변환시켜 직류전동기와 동등한 제어 성능을 얻을 수 있는 제어방식은?

① VVVF 방식
② 교류 궤환제어방식
③ 교류 1단 속도제어방식
④ 교류 2단 속도제어방식

[해설] VVVF 인버터(variable voltage variable frequency inverter)는 가변전압, 가변주파수의 교류 전압을 출력하는 것이 가능한 인버터의 약칭으로서 평균전압으로 목적의 진폭, 주파수를 가진 교류전압을 얻는다. 그러므로 유도전동기에 인가되는 전압과 주파수를 동시에 변환시켜 직류전동기와 동등한 제어성능을 얻을 수 있는 제어방식이다.

50. 단면적 $S\,[\text{m}^2]$를 통과하는 자속을 Φ [Wb]라 하면 자속밀도 $B\,[\text{Wb/m}^2]$를 나타낸 식으로 옳은 것은?

① $B = S\Phi$
② $B = \dfrac{\Phi}{S}$
③ $B = \dfrac{S}{\Phi}$
④ $B = \dfrac{\Phi}{\mu S}$

51. 어떤 저항에 전압 100V, 전류 50A를 5분간 흘렸을 때 발생하는 열량은 약 몇 kcal인가?

① 90
② 180
③ 360
④ 720

[해설] $R = \dfrac{V}{I} = \dfrac{100}{50} = 2\,\Omega$

$Q = \dfrac{0.24 I^2 R t}{1000} = \dfrac{0.24 \times 50^2 \times 2 \times 5 \times 60}{1000}$
$= 360\,\text{kcal}$

52. 3상 유도전동기의 출력이 5 kW, 전압 200 V, 역률 80 %, 효율이 90 %일 때 유입되는 선전류는 약 몇 A인가?

① 14
② 17
③ 20
④ 25

정답 45. ③ 46. ① 47. ③ 48. ② 49. ① 50. ② 51. ③ 52. ③

[해설] $I = \dfrac{P}{\sqrt{3}\,V\eta\cos\theta}$

$= \dfrac{5000}{\sqrt{3}\times 200\times 0.9\times 0.8} = 20\,\text{A}$

53. 탄성식 압력계에 해당되는 것은?
① 경사관식 ② 압전기식
③ 환상평형식 ④ 벨로스식

[해설] 압력계의 종류에는 액주식, 탄성식, 분동식, 스트레인게이지식, 압전식 압력 변환기, 전위차계 압력 변환기, 반도체형 압력계가 있으며, 탄성식에는 부르동관식, 멤브레인식, 벨로스식, 다이어프램식이 있다.

54. 정현파 전압 $v = 220\sqrt{2}\sin(\omega t + 30°)\,\text{V}$ 보다 위상이 90° 뒤지고 최댓값이 20 A인 정현파 전류의 순싯값은 몇 A인가?
① $20\sin(\omega t - 30°)$
② $20\sin(\omega t - 60°)$
③ $20\sqrt{2}\sin(\omega t + 60°)$
④ $20\sqrt{2}\sin(\omega t - 60°)$

[해설] $I = 20\sin(\omega t + (30° - 90°))$
$= 20\sin(\omega t - 60°)$

55. 빛의 양(조도)에 의해서 동작되는 CdS를 이용한 센서에 해당하는 것은?
① 저항 변화형
② 용량 변화형
③ 전압 변화형
④ 인덕턴스 변화형

[해설] 빛의 세기에 따라 저항값이 변하는 소자는 CdS 센서이며 성분은 황(S), 카드뮴(Cd)이다.

56. 전원전압을 안정게 유지하기 위하여 사용되는 다이오드로 가장 옳은 것은?
① 제너 다이오드
② 터널 다이오드
③ 보드형 다이오드
④ 버랙터 다이오드

[해설] 일정한 전압을 얻을 목적으로 사용되는 소자는 제너 다이오드이며 정전압 다이오드라고도 한다. 정방향에서는 일반 다이오드와 동일한 특성을 보이지만 역방향으로 전압을 걸면 일반 다이오드보다 낮은 특정 전압(항복 전압 또는 제너 전압)에서 역방향 전류가 흐르는 소자이다.

57. 그림과 같은 펄스를 라플라스 변환하면 그 값은?

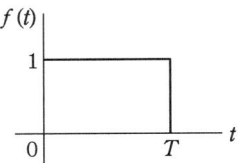

① $\dfrac{1}{T}\left(\dfrac{1-e^{Ts}}{s}\right)$ ② $\dfrac{1}{T}\left(\dfrac{1+e^{Ts}}{s}\right)$
③ $\dfrac{1}{s}(1-e^{-Ts})$ ④ $\dfrac{1}{s}(1+e^{Ts})$

[해설] 펄스를 식으로 표시하면
$f(t) = u(t) - u(t-T)$
라플라스 변환하면
$\mathcal{L}[f(t)] = \dfrac{1}{s}(1 - e^{-Ts})$

58. 피드백 제어계의 제어장치에 속하지 않는 것은?
① 설정부 ② 조절부
③ 검출부 ④ 제어대상

59. 평행한 두 도체에 같은 방향의 전류를 흘렸을 때 두 도체 사이에 작용하는 힘은?
① 흡인력
② 반발력

정답 53. ④ 54. ② 55. ① 56. ① 57. ③ 58. ④ 59. ①

③ $\dfrac{I}{2\pi r}$ 의 힘

④ 힘이 작용하지 않는다.

[해설] 전류가 흐르면 자기장이 형성된다는 앙페르법칙(오른손법칙)에 의해서 같은 방향으로 흐르고 있는 두 전류는 끌어당긴다.

60. 논리식 $\overline{x}\cdot y + \overline{x}\cdot \overline{y}$ 를 간단히 표시한 것은?

① $\overline{x}$ ② $\overline{y}$
③ 0   ④ $x+y$

[해설] $\overline{x}\cdot y + \overline{x}\cdot \overline{y} = \overline{x}(y+\overline{y}) = \overline{x}$

$\overline{x}\cdot y =$ (x○y)
$\overline{x}\cdot \overline{y} =$ (x○y)

제4과목 유지보수공사관리

61. 급수배관 시공 시 수격작용의 방지 대책으로 틀린 것은?

① 플래시 밸브 또는 급속 개폐식 수전을 사용한다.
② 관 지름은 유속이 2.0~2.5 m/s 이내가 되도록 설정한다.
③ 역류 방지를 위하여 체크 밸브를 설치하는 것이 좋다.
④ 급수관에서 분기할 때에는 T 이음을 사용한다.

[해설] 급속 개폐식 수전을 사용하면 오히려 수격작용이 발생한다.

62. 고무링과 가단 주철제의 칼라를 죄어서 이음하는 방법은?

① 플랜지 접합   ② 빅토릭 접합
③ 기계적 접합   ④ 동관 접합

[해설] 빅토릭 접합은 고무링과 금속제 칼라를 사용하여 접합하는 것으로 관내의 압력이 증가함에 따라 고무링이 관 벽에 밀착하여 기밀 유지가 양호해진다.

63. 공랭식 응축기 배관 시 틀린 것은?

① 소형 냉동기에 사용하며 핀이 있는 파이프 속에 냉매를 통하여 바람 이송 냉각설계로 되어 있다.
② 냉방기가 응축기 아래 설치되는 경우 배관 높이가 10 m 이상일 때는 5 m마다 오일 트랩을 설치해야 한다.
③ 냉방기가 응축기 위에 위치하고, 압축기가 냉방기에 내장되었을 경우에는 오일 트랩이 필요 없다.
④ 수랭식에 비해 능력은 낮지만, 냉각수를 사용하지 않아 동결의 염려가 없다.

[해설] 배관 높이가 10 m 이상일 경우 오일 트랩은 10 m 이내마다 설치해야 한다.

64. 증기난방 배관 시 단관 중력 환수식 배관에서 증기와 응축수의 흐름 방향이 다른 역류관의 구배는 얼마로 하는가?

① $\dfrac{1}{50}$ ~ $\dfrac{1}{100}$ ② $\dfrac{1}{100}$ ~ $\dfrac{1}{200}$
③ $\dfrac{1}{200}$ ~ $\dfrac{1}{250}$ ④ $\dfrac{1}{250}$ ~ $\dfrac{1}{300}$

[해설] (1) 증기배관에서 단관 중력 환수식은 모두 끝내림 구배로 한다.
㉠ 하향식 : $\dfrac{1}{100}$ ~ $\dfrac{1}{200}$
㉡ 상향식 : $\dfrac{1}{50}$ ~ $\dfrac{1}{100}$
(2) 복관 중력 환수식의 건식 환수관은 $\dfrac{1}{200}$ 의 끝내림 구배로 한다.
(3) 진공 환수식의 증기 주관은 $\dfrac{1}{200}$ ~ $\dfrac{1}{300}$ 의 끝내림 구배로 한다.

정답 60. ① 61. ① 62. ② 63. ② 64. ①

65. 공동주택 등 외의 건축물 등에 도시가스를 공급하는 경우 정압기에서 가스 사용자가 점유하고 있는 토지의 경계까지 이르는 배관을 무엇이라고 하는가?
① 내관 ② 공급관
③ 본관 ④ 중압관

[해설]
• 본관 : 도시가스 제조소 → 정압기
• 공급관 : 정압기 → 토지 경계
• 내관 : 토지 경계 → 연소기

66. 냉동장치에서 압축기의 진동이 배관에 전달되는 것을 흡수하기 위하여 압축기 토출, 흡입배관 등에 설치해 주는 것은?
① 팽창밸브 ② 안전밸브
③ 사이트 글라스 ④ 플렉시블 튜브

[해설] 플렉시블 튜브는 열팽창 등의 외력에 의한 변형을 흡수하고, 압축기, 펌프 등과 같이 진동이 심한 곳에 설치하여 방진, 방음 등의 작용을 한다.

67. 온수난방 배관 설치 시 주의 사항으로 틀린 것은?
① 온수 방열기마다 수동식 에어벤트를 설치한다.
② 수평 배관에서 관경을 바꿀 때는 편심이음을 사용한다.
③ 팽창관에 스톱밸브를 부착하여 긴급상황 시 유체 흐름을 차단하도록 한다.
④ 수리나 난방 휴지 시 배수를 위한 드레인 밸브를 설치한다.

[해설] 팽창관에는 밸브를 설치하지 않는다.

68. 급수에 사용되는 물은 탄산칼슘의 함유량에 따라 연수와 경수로 구분된다. 경수 사용 시 발생될 수 있는 현상으로 틀린 것은?
① 보일러 용수로 사용 시 내면에 관석이 많이 발생한다.
② 전열효율이 저하하고 과열 원인이 된다.
③ 보일러의 수명이 단축된다.
④ 비누거품이 많이 발생한다.

[해설] 경수는 칼슘, 마그네슘 성분이 많아 비누거품이 잘 일어나지 않는다.

69. 관의 종류와 이음 방법의 연결로 틀린 것은?
① 강관 – 나사 이음
② 동관 – 압축 이음
③ 주철관 – 칼라 이음
④ 스테인리스강관 – 몰코 이음

[해설] 칼라이음은 원심력 철근콘크리트관인 흄관, 석면 시멘트관을 이을 때 관과 관을 맞대어 바깥쪽에서 약간 큰 지름의 고리를 이음 부분에 씌운 것이며, 주철관은 납, 개스킷을 사용한 플랜지 이음을 한다.

70. 냉동설비배관에서 액분리기와 압축기 사이에 냉매배관을 할 때 구배로 옳은 것은?
① $\frac{1}{100}$ 정도의 압축기측 상향구배로 한다.
② $\frac{1}{100}$ 정도의 압축기측 하향구배로 한다.
③ $\frac{1}{200}$ 정도의 압축기측 상향구배로 한다.
④ $\frac{1}{200}$ 정도의 압축기측 하향구배로 한다.

[해설] 냉매배관은 대부분 하향배관을 하며 액분리기와 압축기 사이의 배관은 $\frac{1}{200}$ 정도의 하향구배를 해야 한다.

정답 65. ② 66. ④ 67. ③ 68. ④ 69. ③ 70. ④

71. 밀폐식 온수난방 배관에 대한 설명으로 틀린 것은?
① 배관의 부식이 비교적 적어 수명이 길다.
② 배관경이 적어지고 방열기도 적게 할 수 있다.
③ 팽창탱크를 사용한다.
④ 배관 내의 온수 온도는 70℃ 이하이다.
[해설] 밀폐식은 고온수식으로 100~150℃로 유지하며 개방식(저온수식)은 온수온도를 100℃ 이하로 유지한다.

72. 강관의 나사이음 시 관을 절단한 후 관 단면의 안쪽에 생기는 거스러미를 제거할 때 사용하는 공구는?
① 파이프 바이스
② 파이프 리머
③ 파이프 렌치
④ 파이프 커터
[해설] 거스러미를 제거할 때 리머를 사용하며, 리머 작업 후 줄로 다듬질해야 한다.

73. 순동 이음쇠를 사용할 때에 비하여 동합금 주물 이음쇠를 사용할 때 고려할 사항으로 가장 거리가 먼 것은?
① 순동 이음쇠 사용에 비해 모세관 현상에 의한 용융 확산이 어렵다.
② 순동 이음쇠와 비교하여 용접재 부착력은 큰 차이가 없다.
③ 순동 이음쇠와 비교하여 냉벽 부분이 발생할 수 있다.
④ 순동 이음쇠 사용에 비해 열팽창의 불균일에 의한 부정적 틈새가 발생할 수 있다.
[해설] 순동 이음쇠의 경우 용접재의 부착력이 커서 은납을 사용한다. 동합금 주물의 경우 황동 용접을 사용하므로 용접재 부착력의 차이가 크다.

74. 급수 펌프에 대한 배관 시공법 중 옳은 것은?
① 수평관에서 관경을 바꿀 경우 동심 리듀서를 사용한다.
② 흡입관은 되도록 길게 하고 굴곡 부분이 되도록 많게 하여야 한다.
③ 풋 밸브는 동 수위면보다 흡입관경의 2배 이상 물속에 들어가야 한다.
④ 토출측은 진공계를, 흡입측은 압력계를 설치한다.
[해설] (1) 관경이 바뀔 때는 편심 리듀서를 사용한다.
(2) 흡입관 길이는 가급적 짧게 한다.
(3) 흡입측에 진공계, 토출측에 압력계를 부착한다.

75. 배관용 패킹재료 선정 시 고려해야 할 사항으로 가장 거리가 먼 것은?
① 유체의 압력
② 재료의 부식성
③ 진동의 유무
④ 시트면의 형상
[해설] 패킹재료는 사용압력과 온도에 적합해야 하고 배관에 밀착되어 누설이 없어야 하며 재료에 대한 부식성 유무, 진동에 대한 적응성을 고려한다.

76. 다음 중 난방배관에 대한 설명으로 옳은 것은?
① 환수주관의 위치가 보일러 표준수위보다 위쪽에 배관되어 있으면 습식환수라고 한다.
② 진공환수식 증기난방에서 하트포드 접속법을 활용하면 응축수를 1.5 m까지 흡상할 수 있다.
③ 온수난방의 경우 증기난방보다 운전

정답 71. ④ 72. ④ 73. ② 74. ③ 75. ④ 76. ④

중 침입 공기에 의한 배관의 부식 우려가 크다.
④ 증기배관 도중에 글로브 밸브를 설치하는 경우에는 밸브측이 옆을 향하도록 설치하여야 한다.

[해설] ① 건식 환수에 대한 설명이다.
② 하트포드 접속법은 보일러수의 역류 방지 및 보일러 내로 불순물 유입 방지, 환수주관을 보일러 기준수위보다 50 mm 이하로 설치함으로써 보일러의 악영향을 방지하기 위함이다.
③ 배관에 대한 부식은 증기난방이 더 크다.

77. 다음 중 배관의 이음에 관한 설명으로 틀린 것은?
① 동관의 압축 이음(flare joint)은 지름이 작은 관에서 분해·결합이 필요한 경우에 주로 적용하는 이음 방식이다.
② 주철관의 타이톤 이음은 고무링을 압륜으로 죄어 볼트로 체결하는 이음 방식이다.
③ 스테인리스 강관의 프레스 이음은 고무링이 들어 있는 이음쇠에 관을 넣고 압축공구로 눌러 이음하는 방식이다.
④ 경질염화비닐관의 TS이음은 접착제를 발라 이음관에 삽입하여 이음하는 방식이다.

[해설] ②항은 주철관에서 메커니컬 이음(기계적 접합)에 대한 설명이다.
※ 타이톤은 고무링 하나만으로 되어 있어 온도 변화에 따른 신축이 자유롭다. 소켓 내부의 홈은 고무링을 고정시키고, 돌기부는 고무링이 홈 속에 있으며 삽입구는 테이퍼로 되어 있다.

78. 급탕배관의 신축을 흡수하기 위한 시공 방법으로 틀린 것은?
① 건물의 벽 관통 부분 배관에는 슬리브를 끼운다.
② 배관의 굽힘 부분에는 벨로스 이음으로 접합한다.
③ 복식 신축관 이음쇠는 신축구간의 중간에 설치한다.
④ 동관을 지지할 때에는 석면, 고무 등의 보호재를 사용하여 고정시킨다.

[해설] 배관의 굴곡부는 엘보를 사용할 수 있는 스위블 이음으로 접합한다.

79. 배수의 성질에 의한 구분에서 수세식 변기의 대·소변에서 나오는 배수는?
① 오수
② 잡배수
③ 특수배수
④ 우수배수

[해설] • 잡배수 : 세면기, 욕실, 부엌 등에서 배출되는 생활용수
• 특수배수 : 공장, 병원, 연구소 등으로부터의 배수

80. 개방식 팽창탱크 장치 내 전수량이 20000 L이며 수온을 20℃에서 80℃로 상승시킬 경우, 물의 팽창수량은? (단, 비중량은 20℃일 때 0.99823 kg/L, 80℃일 때 0.97183 kg/L이다.)
① 54.3 L
② 400 L
③ 544 L
④ 5430 L

[해설] 20℃일 때 중량
= 20000 L × 0.99823 kg/L = 19964.6 kg
80℃일 때 중량 = 20000 L × 0.97183 kg/L
= 19436.6 kg
19964.6 kg − 19436.6 kg = 528 kg
528 kg ÷ 0.97183 kg/L = 543.3 ≒ 544 L

정답 77. ② 78. ② 79. ① 80. ③

공조냉동기계기사

CBT 실전테스트 (3)

※ 최근 출제문제를 수검자의 기억의 의해 재구성하였습니다.

제1과목 에너지관리

1. 20명의 인원이 각각 1개비의 담배를 동시에 피울 경우 필요한 실내 환기량은? (단, 담배 1개비당 발생하는 배연량은 0.54 g/h, 1 m³/h의 환기 가능한 허용 담배 연소량은 0.017 g/h이다.)
① 235 m³/h
② 347 m³/h
③ 527 m³/h
④ 635 m³/h

[해설] $\dfrac{0.54\,g/h}{0.017\,g/h} \times 1\,m^3/h \times 20 = 635.29\,m^3/h$

2. 보일러 출력 표시에 대한 설명으로 틀린 것은?
① 정격출력 : 연속 운전이 가능한 보일러의 능력으로 난방부하, 급탕부하, 배관부하, 예열부하의 합이다.
② 정미출력 : 난방부하, 급탕부하, 예열부하의 합이다.
③ 상용출력 : 정격출력에서 예열부하를 뺀 값이다.
④ 과부하출력 : 운전 초기에 과부하가 발생했을 때는 정격출력의 10~20 % 정도 증가해서 운전할 때의 출력으로 한다.

[해설] 보일러 출력
• 정격출력 = 난방부하 + 급탕부하 + 예열부하 + 배관부하
• 상용출력 = 난방부하 + 급탕부하 + 배관부하
• 정미출력 = 난방부하 + 급탕부하

3. 다음 공조 방식 중 개별식에 속하는 것은 어느 것인가?
① 팬 코일 유닛 방식
② 단일 덕트 방식
③ 2중 덕트 방식
④ 패키지 유닛 방식

[해설] 패키지 유닛, 룸 쿨러 등은 개별 공조 방식이다.

4. 습공기의 가습 방법으로 가장 거리가 먼 것은?
① 순환수를 분무하는 방법
② 온수를 분무하는 방법
③ 수증기를 분무하는 방법
④ 외부 공기를 가열하는 방법

[해설] 외부 공기 가열법은 가습 방법에 없으며 순환 공기를 가열, 가습해야 한다.

5. 동일한 송풍기에서 회전수를 2배로 했을 경우 풍량, 정압, 소요동력의 변화에 대한 설명으로 옳은 것은?
① 풍량 1배, 정압 2배, 소요동력 2배
② 풍량 1배, 정압 2배, 소요동력 4배
③ 풍량 2배, 정압 4배, 소요동력 4배
④ 풍량 2배, 정압 4배, 소요동력 8배

[해설] 상사의 법칙에 의하여
• 풍량 : 2배
• 정압(양정) : $2^2 = 4$배
• 소요동력 : $2^3 = 8$배

6. 건물의 외벽 크기가 10 m×2.5 m이며, 벽 두께가 250 mm인 벽체의 양 표면온도가 각각 −15℃, 26℃일 때, 이 벽체를 통한 단위 시간당의 손실열량은? (단, 벽의 열전도율은 0.05 kJ/m·h·℃이다.)
① 41 kJ/h
② 55 kJ/h

정답 1. ④ 2. ② 3. ④ 4. ④ 5. ④ 6. ②

③ 63 kJ/h ④ 78 kJ/h

[해설] $\dfrac{0.05 \text{ kJ/m} \cdot \text{h} \cdot ℃}{0.25 \text{ m}} \times 10 \text{ m} \times 2.5 \text{ m}$
$\times \{26-(-15)\}℃ = 55 \text{ kJ/h}$

7. 다음 중 흡수식 냉동기에 관한 설명으로 틀린 것은?
① 비교적 소용량보다는 대용량에 적합하다.
② 발생기에는 증기에 의한 가열이 이루어진다.
③ 냉매는 브롬화리튬(LiBr), 흡수제는 물(H_2O)의 조합으로 이루어진다.
④ 흡수기에서는 냉각수를 사용하여 냉각시킨다.

[해설] 냉매 : 물, 흡수제 : 브롬화리튬

8. 장방형 덕트(긴 변 a, 짧은 변 b)의 원형 덕트 지름 환산식으로 옳은 것은 어느 것인가?
① $d_e = 1.3 \left[\dfrac{(ab)^2}{a+b}\right]^{1/8}$
② $d_e = 1.3 \left[\dfrac{(ab)^5}{a+b}\right]^{1/6}$
③ $d_e = 1.3 \left[\dfrac{(ab)^5}{(a+b)^2}\right]^{1/8}$
④ $d_e = 1.3 \left[\dfrac{(ab)^2}{a+b}\right]^{1/6}$

9. 온수 난방 설계 시 다르시-바이스바하(Darcy-Weibach)의 수식을 적용한다. 이 식에서 마찰저항계수와 관련이 있는 인자는?
① 누셀수(Nu)와 상대조도
② 프란틀수(Pr)와 절대조도
③ 레이놀즈수(Re)와 상대조도
④ 그라스호프수(Gr)와 절대조도

[해설] 마찰저항계수 = $\dfrac{64}{\text{레이놀즈수}}$
상대조도 : 배관 거칠기

10. 공기 중의 수증기가 응축하기 시작할때의 온도, 즉 공기가 포화상태로 될 때의 온도를 무엇이라고 하는가?
① 건구온도 ② 노점온도
③ 습구온도 ④ 상당외기온도

[해설] 노점온도는 습공기가 어느 일정 압력에서 수분의 증감없이 냉각되었을 때 수증기가 응축하기 시작하여 이슬이 맺히는 온도이다.

11. 공기 중의 수분이 벽이나 천장, 바닥등에 닿았을 때 응축되어 이슬이 맺히는 경우가 있다. 이와 같은 수분의 응축 결로를 방지하는 방법으로 적절하지 않은 것은?
① 다습한 외기를 도입하지 않도록 한다.
② 벽체인 경우 단열재를 부착한다.
③ 유리창인 경우 2중유리를 사용한다.
④ 공기와 접촉하는 벽면의 온도를 노점온도 이하로 낮춘다.

[해설] 벽면의 온도를 노점온도 이상으로 유지해야 이슬이 맺히지 않는다.

12. 에너지 절약의 효과 및 사무자동화(OA)에 의한 건물에서 내부발생열의 증가와 부하변동에 대한 제어성이 우수하기 때문에 대규모 사무실 건물에 적합한 공기조화 방식은?
① 정풍량(CAV) 단일덕트 방식
② 유인유닛 방식
③ 룸 쿨러 방식
④ 가변풍량(VAV) 단일덕트 방식

[해설] 사무실의 부하변동이 심한 경우에는 가변풍량 방식으로 해야 한다.

정답 7. ③ 8. ③ 9. ③ 10. ② 11. ④ 12. ④

13. 바닥 취출 공조 방식의 특징으로 틀린 것은?
① 천장 덕트를 최소화하여 건축 층고를 줄일 수 있다.
② 개개인에 맞추어 풍량 및 풍속 조절이 어려워 쾌적성이 저해된다.
③ 가압식의 경우 급기거리가 18 m 이하로 제한된다.
④ 취출온도와 실내온도 차이가 10℃ 이상이면 드래프트 현상을 유발할 수 있다.
[해설] 바닥 취출 공조 방식
• 쾌적한 개별 공조 실현 가능
• 덕트 공사의 절감

14. 실내의 냉방 현열부하가 21000 kJ/h, 잠열부하가 3360 kJ/h인 방을 실온 26℃로 냉각하는 경우 송풍량은 얼마인가? (단, 취출온도는 15℃이며, 건공기의 정압비열은 1.0 kJ/kg·℃, 공기의 비중량은 1.2 kg/m³이다.)
① 1590.9 m³/h   ② 1678.09 m³/h
③ 2237.2 m³/h   ④ 2537.48 m³/h
[해설] 21000 kJ/h
$= Q_o \times 1.2 \text{ kg/m}^3 \times 1.0 \text{ kJ/kg} \cdot ℃$
$\times (26-15)℃$
$Q_o = 1590.9 \text{ m}^3/\text{h}$

15. 실내를 항상 급기용 송풍기를 이용하여 정압(+)상태로 유지할 수 있어서 오염된 공기의 침입을 방지하고, 연소용 공기가 필요한 보일러실, 반도체 무균실, 소규모 변전실, 창고 등에 적합한 환기법은?
① 제1종 환기   ② 제2종 환기
③ 제3종 환기   ④ 제4종 환기
[해설] 공조 방식 환기장치
• 제1종 환기장치 : 강제 급기 + 강제 배기
• 제2종 환기장치 : 강제 급기 + 자연 배기
• 제3종 환기장치 : 자연 급기 + 강제 배기
• 제4종 환기장치 : 자연 급기 + 자연 배기

16. 다음 중 단일덕트 재열 방식의 특징으로 틀린 것은?
① 냉각기에 재열부하가 추가된다.
② 송풍 공기량이 증가한다.
③ 실별 제어가 가능하다.
④ 현열비가 큰 장소에 적합하다.
[해설] 말단 재열기를 설치하여 각 실의 온도를 제어할 수 있으며 현열비와는 관계가 없다.

17. 다음 중 가변풍량 공조 방식의 특징으로 틀린 것은?
① 다른 방식에 비하여 에너지 절약 효과가 높다.
② 실내공기의 청정화를 위하여 대풍량이 요구될 때 적합하다.
③ 각 실의 실온을 개별적으로 제어할 때 적합하다.
④ 동시사용률을 고려하여 기기용량을 결정할 수 있어 정풍량 방식에 비하여 기기의 용량을 적게 할 수 있다.
[해설] 가변풍량 공조 방식은 실내 부하가 변하는 경우, 취출 공기의 온도는 변화시키지 않고 취출 공기량을 부하에 맞게 조정하는 방식이다.

18. 습공기의 성질에 대한 설명으로 틀린 것은?
① 상대습도란 어떤 공기의 절대습도와 동일온도의 포화습공기의 절대습도의 비를 말한다.
② 절대습도는 습공기에 포함된 수증기의 중량을 건공기 1 kg에 대하여 나타낸 것이다.

정답 13. ② 14. ① 15. ② 16. ④ 17. ② 18. ①

③ 포화공기란 습공기 중의 절대습도, 건구온도 등이 변화하면서 수증기가 포화상태에 이른 공기를 말한다.
④ 무입공기란 포화수증기 이상의 수분을 함유하여 공기 중에 미세한 물방울을 함유하는 공기를 말한다.

[해설] 공기가 포함한 수증기량과 공기가 최대로 포함할 수 있는 수증기량(포화수증기량)의 비를 퍼센트(%)로 표현한 것을 상대습도라 한다.

19. 공기조화설비는 공기조화기, 열원장치 등 4대 주요장치로 구성되어 있다. 4대 주요장치의 하나인 공기조화기에 해당되는것이 아닌 것은?

① 에어필터   ② 공기냉각기
③ 공기가열기   ④ 왕복동 압축기

[해설] 공기조화기에는 에어필터, 공기냉각기, 공기가열기, 가습기, 송풍기 등이 있다.

20. 다음 습공기 선도의 공기조화과정을 나타낸 장치도는? (단, ①=외기, ②=환기, HC=가열기, CC=냉각기이다.)

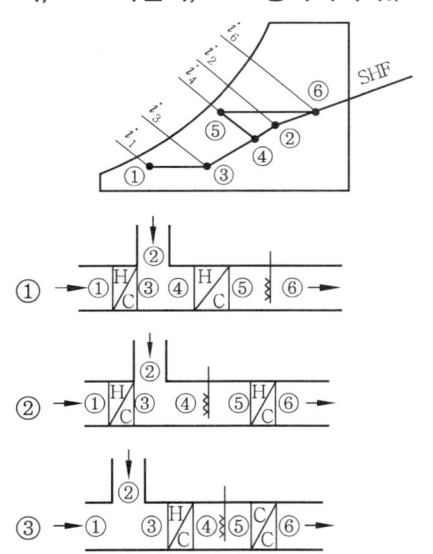

[해설] ①→③ : 예열기
④ : 외기와 환기의 혼합
④→⑤ : 가열기
⑤→⑥ : 가습기
⑥→② : 실내부하

제2과목 **공조냉동설계**

21. 증기 압축식 냉동장치에 관한 설명으로 옳은 것은?

① 증발식 응축기에서는 대기의 습구온도가 저하하면 고압압력은 통상의 운전압력보다 높게 된다.
② 압축기의 흡입압력이 낮게 되면 토출압력도 낮게 되어 냉동능력이 증대한다.
③ 언로더 부착 압축기를 사용하면 급격하게 부하가 증가하여도 액백(liquid back) 현상을 막을 수 있다.
④ 액배관에 플래시 가스가 발생하면 냉매순환량이 감소되어 증발기의 냉동능력이 저하된다.

[해설] 증발식 응축기는 외기 습구온도의 영향을 받고 압축기의 흡입압력이 낮아져도 토출압력은 변함이 없으며 언로더 부착 압축기에서 부하가 급격히 증가하면 액백의 우려가 있다.

22. 다음 중 열전달에 관한 설명으로 틀린 것은?

① 전도란 물체 사이의 온도차에 의한 열의 이동 현상이다.
② 대류란 유체의 순환에 의한 열의 이동 현상이다.

정답 19. ④   20. ②   21. ④   22. ④

③ 대류 열전달계수의 단위는 열통과율의 단위와 같다.
④ 열전도율의 단위는 $W/m^2 \cdot K$이다.
[해설] 열전도율의 단위는 $W/m \cdot K$이다.

23. 방열벽의 열통과율(K)이 $0.2\,kJ/m^2 \cdot h \cdot ℃$이며, 외기와 벽면과의 열전달률($\alpha_1$)은 $20\,kJ/m^2 \cdot h \cdot ℃$, 실내공기와 벽면과의 열전달률($\alpha_2$)이 $5\,kJ/m^2 \cdot h \cdot ℃$, 방열층의 열전도율($\lambda$)이 $0.03\,kJ/m \cdot h \cdot ℃$라 할 때, 방열벽의 두께는 얼마가 되는가?
① 142.5 mm　　② 146.5 mm
③ 155.5 mm　　④ 164.5 mm

[해설] $\dfrac{1}{0.2} = \dfrac{1}{20} + \dfrac{l}{0.03} + \dfrac{1}{5}$
∴ $l = 0.1425\,m = 142.5\,mm$

24. 프레온 냉매를 사용하는 냉동장치에 공기가 침입하면 어떤 현상이 일어나는가?
① 고압 압력이 높아지므로 냉매 순환량이 많아지고 냉동능력도 증가한다.
② 냉동톤당 소요동력이 증가한다.
③ 고압 압력은 공기의 분압만큼 낮아진다.
④ 배출가스의 온도가 상승하므로 응축기의 열통과율이 높아지고 냉동능력도 증가한다.

[해설] 공기가 침투하면 고압이 상승하고 동력이 증가하게 된다.

25. 2단 냉동사이클에서 응축압력을 P_c, 증발압력을 P_e라 할 때, 이론적인 최적의 중간압력으로 가장 적당한 것은?
① $P_c \times P_e$　　② $(P_c \times P_e)^{\frac{1}{2}}$
③ $(P_c \times P_e)^{\frac{1}{3}}$　　④ $(P_c \times P_e)^{\frac{1}{4}}$

[해설] 중간압력 = (증발 절대압력×응축 절대압력)$^{1/2}$

26. $-15℃$의 R134a 냉매 포화액의 엔탈피는 $180.1\,kJ/kg$, 같은 온도에서 포화증기의 엔탈피는 $389.6\,kJ/kg$이다. 증기압축식 냉동시스템에서 팽창밸브 직전의 액의 엔탈피가 $237.5\,kJ/kg$이라면 팽창밸브를 통과한 후 냉매의 건도는?
① 0.27　　② 0.32
③ 0.56　　④ 0.72

[해설] 건조도 $= \dfrac{237.5 - 180.1}{389.6 - 180.1} = 0.273$

27. 밀도가 $1200\,kg/m^3$, 비열이 $2.961\,kJ/kg \cdot ℃$인 염화칼슘 브라인을 사용하는 냉각기의 브라인 입구온도가 $-10℃$, 출구온도가 $-4℃$ 되도록 냉각기를 설계하고자 한다. 냉동부하가 $151200\,kJ/h$라면 브라인의 유량은 얼마이어야 하는가?
① 118 L/min　　② 120 L/min
③ 136 L/min　　④ 150 L/min

[해설] $151200\,kJ/h = G \times 2.961\,kJ/kg \cdot ℃$
　　　　$\times \{(-4)-(-10)\}℃ \times 60\,min/h$
$G = 141.8439\,kg/min$
∴ $\dfrac{141.8439\,kg/min}{1200\,kg/m^3} \times 1000\,L/m^3$
$= 118.2\,L/min$

28. 냉매의 구비 조건에 대한 설명으로 틀린 것은?
① 증기의 비체적이 작을 것
② 임계온도가 충분히 높을 것
③ 점도와 표면장력이 크고 전열 성능이 좋을 것
④ 부식성이 적을 것

[정답] 23. ①　24. ②　25. ②　26. ①　27. ①　28. ③

[해설] 냉매의 구비 조건
(1) 증발압력이 낮아 진공으로 되지 않을 것
(2) 응축압력이 너무 높지 않을 것
(3) 증발잠열 및 증기의 비열은 크고, 액체의 비열은 작을 것
(4) 임계온도가 높고, 응고온도가 낮을 것
(5) 증기의 비체적이 작을 것
(6) 누설이 어렵고, 누설 시는 검지가 쉬울 것
(7) 부식성이 없을 것
(8) 전기저항이 크고, 열전도율이 높을 것
(9) 점성 및 유동저항이 작을 것
(10) 윤활유에 녹지 않을 것
(11) 무해·무독으로 인화, 폭발의 위험이 적을 것

29. 공랭식 냉동장치에서 응축압력이 과다하게 높은 경우가 아닌 것은?
① 순환공기 온도가 높을 때
② 응축기가 불결한 상태일 때
③ 장치 내 불응축가스가 존재할 때
④ 공기 순환량이 충분할 때

[해설] 공기 순환량이 충분하면 전열이 양호해지므로 응축압력은 정상을 유지하게 된다.

30. 냉동장치에서 디스트리뷰터(distributor)의 역할로서 옳은 것은?
① 냉매의 분배
② 흡입가스의 과열 방지
③ 증발온도의 저하 방지
④ 플래시 가스의 발생 방지

[해설] 디스트리뷰터는 냉매 분배기이다.

31. 암모니아 냉동기에서 압축기의 흡입포화온도가 −20℃, 응축온도가 30℃, 팽창밸브의 직전 온도가 25℃, 피스톤 압출량이 288 m³/h일 때, 냉동능력은? (단, 압축기의 체적효율 0.8, 흡입냉매의 엔탈피 1663.2 kJ/kg, 냉매흡입 비체적 0.62 m³/kg, 팽창밸브 직전 냉매의 엔탈피 537.6 kJ/kg이다.)
① 103.44 kW
② 116.19 kW
③ 122.18 kW
④ 125.36 kW

[해설] $H_{kW} = \dfrac{288 \, \text{m}^3/\text{h} \times 0.8}{0.62 \, \text{m}^3/\text{kg}}$
$\times (1663.2 - 537.6) \, \text{kJ/kg} \times 1 \, \text{h}/3600 \, \text{s}$
$= 116.19 \, \text{kJ/s} = 116.19 \, \text{kW}$

32. 냉매 액가스 열교환기의 사용에 대한 설명으로 틀린 것은?
① 액가스 열교환기는 보통 암모니아 장치에는 사용하지 않는다.
② 프레온 냉동장치에서 액압축 방지 및 액관 중의 플래시 가스 발생을 방지하는 데 도움이 된다.
③ 증발기로 들어가는 저온의 냉매 증기와 압축기에서 응축기에 이르는 고온의 냉매액을 열교환시키는 방법을 이용한다.
④ 습압축을 방지하여 냉동효과와 성적계수를 향상시킬 수 있다.

[해설] 증발기 출구 증기 냉매와 응축기 출구 냉매액을 열교환시키는 것이다.

33. 다음 압축기 중 압축 방식에 의한 분류에 속하지 않는 것은?
① 왕복동식 압축기
② 흡수식 압축기
③ 회전식 압축기
④ 스크루식 압축기

[해설] 흡수식 냉동기는 압축기를 사용하지 않는다.

34. 다음은 $h-x$(엔탈피-농도) 선도에 흡수식 냉동기의 사이클을 나타낸 것이다.

정답 29. ④ 30. ① 31. ② 32. ③ 33. ② 34. ①

그림에서 흡수 사이클을 나타내는 것으로 옳은 것은?

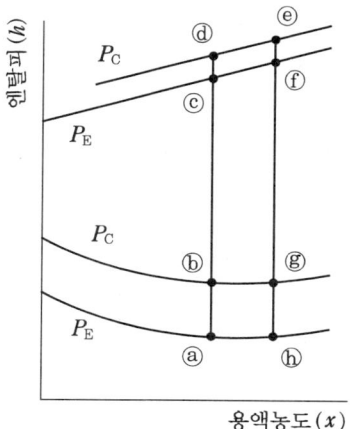

① a – b – g – h – a
② a – c – f – h – a
③ b – c – f – g – b
④ b – d – e – g – b

[해설] • h→a : 흡수기에서 흡수작용
• a→b : 재생기에서 가열
• b→g : 재생기에서 용액 농축
• g→h : 흡수기에서 온도강하

35. 다음 선도와 같이 응축온도만 변화하였을 때 각 사이클의 특성 비교로 틀린 것은? (단, 사이클 A : A – B – C – D – A, 사이클 B : A – B′ – C′ – D′ – A, 사이클 C : A – B″ – C″ – D″ – A이다.)

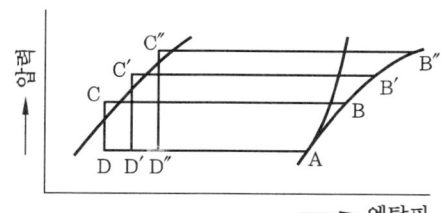

(응축온도만 변했을 경우)

① 압축비 : 사이클 C > 사이클 B > 사이클 A
② 압축일량 : 사이클 C > 사이클 B > 사이클 A
③ 냉동효과 : 사이클 C > 사이클 B > 사이클 A
④ 성적계수 : 사이클 C < 사이클 B < 사이클 A

[해설] 냉동효과가 크면 성적계수 또한 커지므로 ③항은 ④항과 같이 나열되어야 한다.

36. 냉동기의 압축기 윤활 목적으로 틀린 것은?
① 마찰을 감소시켜 마모를 적게 한다.
② 패킹재를 보호한다.
③ 열을 발생시킨다.
④ 피스톤, 스터핑박스 등에서 냉매 누출을 방지한다.

[해설] 윤활유 사용 목적 : 발열 제거, 마모 방지, 누설 방지, 패킹재료 보호

37. 증기 압축식 냉동장치의 운전 중에 액백(liquid back)이 발생되고 있을 때 나타나는 현상으로 옳은 것은?
① 소요동력이 감소한다.
② 토출관이 뜨거워진다.
③ 압축기에 서리가 생긴다.
④ 냉동능력이 증가한다.

[해설] 압축기로 액백이 발생하면 진동 및 소음이 발생하고 심할 경우 토출배관에 서리가 생긴다.

38. 다음 중 액분리기에 관한 설명으로 옳은 것은?
① 증발기 입구에 설치한다.
② 액압축을 방지하며 압축기를 보호한다.
③ 냉각할 때 침입한 공기와 냉매를 혼합시킨다.
④ 증발기에 공급되는 냉매액을 냉각시킨다.

정답 35. ③ 36. ③ 37. ③ 38. ②

[해설] 액분리기는 압축기로 액백을 방지하기 위하여 증발기와 압축기 사이에 설치한다.

39. 1단 압축 1단 팽창 이론 냉동사이클에서 압축기의 압축과정은?
① 등엔탈피 변화 ② 정적 변화
③ 등엔트로피 변화 ④ 등온 변화
[해설] 단열압축과정으로 엔트로피가 불변이다.

40. 실제 냉동사이클에서 냉매가 증발기에서 나온 후, 압축기의 흡입 전 흡입가스 변화는?
① 압력은 감소하고 엔탈피는 증가한다.
② 압력과 엔탈피는 감소한다.
③ 압력은 증가하고 엔탈피는 감소한다.
④ 압력과 엔탈피는 증가한다.
[해설] 마찰저항으로 압력은 감소하고 엔탈피는 증가한다.

제3과목 시운전 및 안전관리

41. 논리식 중 동일한 값을 나타내지 않는 것은?
① $X(X+Y)$
② $XY+X\overline{Y}$
③ $X(\overline{X}+Y)$
④ $(X+Y)(X+\overline{Y})$
[해설] ① $x \cdot (x+y) = x$
② $xy + x\overline{y} = \boxed{x \cdot y} + \boxed{x \cdot \overline{y}} = x$
③ $x(\overline{x}+y) = x \cdot y$
$\boxed{x \cdot y} = \boxed{x \cdot y}$
④ $(x+y)(x+\overline{y}) = x$
$\boxed{x \cdot y} \cdot \boxed{x \cdot \overline{y}}$

42. 다음 중 광전형 센서에 대한 설명으로 틀린 것은?
① 전압 변화형 센서이다.
② 포토 다이오드, 포토 TR 등이 있다.
③ 반도체의 pn 접합 기전력을 이용한다.
④ 초전 효과(pyroelectric effect)를 이용한다.
[해설] 초전 효과(pyroelectric effect)는 온도 변화에 의해서 생기는 자발분극으로 결정의 일부를 가열했을 때 결정 표면에 전하가 나타나는 현상이다.

43. 3상 권선형 유도전동기 2차측에 외부 저항을 접속하여 2차 저항값을 증가시키면 나타나는 특성으로 옳은 것은?
① 슬립 감소 ② 속도 증가
③ 기동토크 증가 ④ 최대토크 증가

44. R, L, C가 서로 직렬로 연결되어 있는 회로에서 양단의 전압과 전류가 동상이 되는 조건은?
① $\omega = LC$ ② $\omega = L^2 C$
③ $\omega = \dfrac{1}{LC}$ ④ $\omega = \dfrac{1}{\sqrt{LC}}$
[해설] $X_L = X_C$에서 $\omega L = \dfrac{1}{\omega C}$
$\omega = \dfrac{1}{\sqrt{LC}}$

45. 콘덴서의 정전용량을 높이는 방법으로 틀린 것은?
① 극판의 면적을 넓게 한다.
② 극판 간의 간격을 작게 한다.
③ 극판 간의 절연파괴 전압을 작게 한다.
④ 극판 사이의 유전체를 비유전율이 큰 것으로 사용한다.

[정답] 39. ③ 40. ① 41. ③ 42. ④ 43. ③ 44. ④ 45. ③

[해설] 내전압(withstand voltage)은 전기장치 또는 가전기기 등에서 전압에 의한 손상이나 파괴를 버틸 수 있는 전압 크기로서 이 전압을 초과하면 절연파괴 전압이 된다. 그러므로 콘덴서에서는 판 간의 절연파괴 전압을 크게 해야 한다.

46. 그림과 같은 계전기 접점회로의 논리식은?

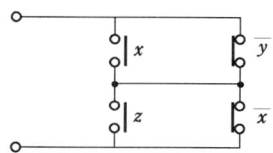

① $xz + \overline{y}\,\overline{x}$
② $xz + z\overline{x}$
③ $(x+\overline{y})(z+\overline{x})$
④ $(x+z)(\overline{y}+\overline{x})$

47. 다음 중 계측기 선정 시 고려사항이 아닌 것은?

① 신뢰도
② 정확도
③ 미려도
④ 신속도

48. $\frac{3}{2}\pi$ [rad] 단위를 각도(°) 단위로 표시하면 얼마인가?

① 120°
② 240°
③ 270°
④ 360°

[해설] $\frac{3}{2}\pi \times \frac{180°}{\pi} = 270°$

49. 궤환제어계에 속하지 않는 신호로서 외부에서 제어량이 그 값에 맞도록 제어계에 주어지는 신호를 무엇이라 하는가?

① 목표값
② 기준 입력
③ 동작 신호
④ 궤환 신호

50. 타력 제어와 비교한 자력 제어의 특징 중 틀린 것은?

① 저비용
② 구조 간단
③ 확실한 동작
④ 빠른 조작 속도

[해설] 자력 제어란 조작부를 움직이기 위해 필요한 에너지가 제어 대상으로부터 검출부를 통해 직접 얻어지는 제어로서 타력 제어보다 빠른 조작 속도를 얻기 어렵다.

51. 그림 (a)의 직렬로 연결된 저항회로에서 입력전압 V_1과 출력전압 V_o의 관계를 그림 (b)의 신호 흐름 선도로 나타낼 때 A에 들어갈 전달함수는?

① $\dfrac{R_3}{R_1 + R_2}$

② $\dfrac{R_1}{R_2 + R_3}$

③ $\dfrac{R_2}{R_1 + R_3}$

④ $\dfrac{R_3}{R_1 + R_2 + R_3}$

[해설] 메이슨의 신호 흐름 선도

$G = \dfrac{\Sigma \Delta_1 G_1}{\Delta} = \dfrac{-A}{1+A}$

$A = \dfrac{R_3}{R_1 + R_2}$

52. 다음 (a), (b) 두 개의 블록 선도가 등가가 되기 위한 K는?

(a)

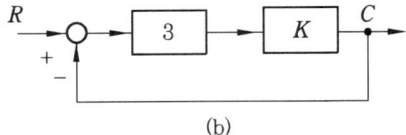
(b)

① 0 ② 0.1
③ 0.2 ④ 0.3

[해설] (1) 그림 (a)의 전달함수
$3R = C(1 + 3 \times 4)$
$\dfrac{C}{R} = \dfrac{3}{13}$

(2) 그림 (b)의 전달함수
$R \cdot 3K = C(1 + 3K)$
$\dfrac{C}{R} = \dfrac{3K}{1 + 3K}$
$\dfrac{3}{13} = \dfrac{3K}{1 + 3K}$ 에서
$13 \times 3K = 3(1 + 3K)$
$\therefore K = 0.1$

53. 무인 커피 판매기는 무슨 제어인가?
① 서보 기구 ② 자동 조정
③ 시퀀스 제어 ④ 프로세스 제어

[해설] 시퀀스 제어는 신호 전달면에서 회로가 열려 일방통행으로 되어 있는 개회로 제어이므로 무인 커피 판매기의 제어에 적합하다.

54. 공작기계를 이용한 제품 가공을 위해 프로그램을 이용하는 제어와 가장 관계 깊은 것은?
① 속도 제어 ② 수치 제어
③ 공정 제어 ④ 최적 제어

55. 전압, 전류, 주파수 등의 양을 주로 제어하는 것으로 응답속도가 빨라야 하는 것이 특징이며, 정전압장치나 발전기 및 조속기의 제어 등에 활용하는 제어 방법은?
① 서보 기구 ② 비율 제어
③ 자동 조정 ④ 프로세스 제어

56. 단상변압기 3대를 △결선하여 3상 전원을 공급하다가 1대의 고장으로 인하여 고장난 변압기를 제거하고 V결선으로 바꾸어 전력을 공급할 경우 출력은 당초 전력의 약 몇 %까지 가능하겠는가?
① 46.7 ② 57.7
③ 66.7 ④ 86.7

[해설] V결선이란 3상 △결선의 1변에 상당하는 변압기를 제외한 상태에서 3상 전력을 공급하고 있는 경우의 변압기 결선이다. △결선인 경우의 출력에 대하여 V결선으로 하면 출력 용량은 57.7 %로 저하한다.

57. 도체를 늘려서 길이가 4배인 도선을 만들었다면 도체의 전기저항은 처음의 몇 배인가?
① $\dfrac{1}{4}$ ② $\dfrac{1}{16}$
③ 4 ④ 16

[해설] 체적이 같으므로
$\dfrac{\pi d^2}{4} l = \dfrac{\pi d_a^2}{4} \cdot 4l$ 에서 $d_a = \dfrac{d}{2}$
$R = \rho \dfrac{4l}{\dfrac{\pi}{4}\left(\dfrac{d}{2}\right)^2} = \rho \dfrac{16l}{\dfrac{\pi}{4} d^2} = 16\rho \dfrac{l}{A}$

58. $L = 4H$인 인덕턴스에 $i = -30e^{-3t}$ [A]의 전류가 흐를 때 인덕턴스에 발생하는 단자전압은 몇 V인가?
① $90e^{-3t}$ ② $120e^{-3t}$

[정답] 52. ② 53. ③ 54. ② 55. ③ 56. ② 57. ④ 58. ④

③ $180e^{-3t}$ ④ $360e^{-3t}$

[해설] $V=L\dfrac{di}{dt}=4\times 90e^{-3t}=360e^{-3t}$

59. 다음 중 출력의 변동을 조정하는 동시에 목표값에 정확히 추종하도록 설계한 제어계는?
① 타력 제어   ② 추치 제어
③ 안정 제어   ④ 프로세스 제어

60. 제어기기의 변환 요소에서 온도를 전압으로 변환시키는 요소는?
① 열전대   ② 광전지
③ 벨로스   ④ 가변 저항기

[해설] 열전대는 두 종류의 금속 A, B를 접합하고, 양 접점에 온도를 달리 해주면 온도차에 비례하여 열기전력이 생긴다는 제베크(Seebeck) 효과를 이용하여 두 종류의 금속으로 만든 장치로서 온도차를 전압으로 변화시키는 제어기기의 변환 요소에 사용한다.

제4과목 유지보수공사관리

61. 다음 중 관의 부식 방지 방법으로 틀린 것은?
① 전기 절연을 시킨다.
② 아연 도금을 한다.
③ 열처리를 한다.
④ 습기의 접촉을 없게 한다.

[해설] 열처리는 배관의 응력 제거를 위하여 사용한다.

62. 급탕 배관에서 설치되는 팽창관의 설치 위치로 적당한 것은?
① 순환펌프와 가열장치 사이
② 가열장치와 고가탱크 사이
③ 급탕관과 환수관 사이
④ 반탕관과 순환펌프 사이

[해설] 팽창관은 온수보일러에서 급수 온도의 상승으로 체적이 팽창하는 가열장치와 고가탱크 사이에 설치하여 팽창량을 흡수하는 장치이다.

63. 기수 혼합식 급탕설비에서 소음을 줄이기 위해 사용되는 기구는?
① 서모스탯   ② 사일런서
③ 순환펌프   ④ 감압밸브

[해설] 사일런서는 소음기이다.

64. 다음 중 소형, 경량으로 설치면적이 적고 효율이 좋으므로 가장 많이 사용되고 있는 냉각탑의 종류는?
① 대기식 냉각탑
② 대향류식 냉각탑
③ 직교류식 냉각탑
④ 밀폐식 냉각탑

[해설] 대향류식 냉각 방식은 소형, 경량화되어 있고 설치면적이 크지 않아 좁은 면적에도 설치 가능하며 동력 소비에 비하여 최대한의 냉각능력을 발휘할 수 있어 운전비가 적게 든다.

65. 도시가스 입상배관의 관 지름이 20 mm일 때 움직이지 않도록 몇 m마다 고정장치를 부착해야 하는가?
① 1 m   ② 2 m
③ 3 m   ④ 4 m

[해설] 관 지름이 13 mm 이상 33 mm 미만이기 때문에 2 m마다 고정장치를 부착한다.

66. 공장에서 제조 정제된 가스를 저장했다가 공급하기 위한 압력탱크로 가스압

력을 균일하게 하며, 급격한 수요변화에도 제조량과 소비량을 조절하기 위한 장치는?
① 정압기　　　② 압축기
③ 오리피스　　④ 가스홀더

[해설] 가스홀더는 가스 사용량이 적은 시간에 가스를 일시적으로 저장하였다가 피크 시 가스를 안정적으로 공급하는 역할을 하며 원통형의 저압식, 구형의 고압식으로 구분한다.

67. 배관 도시기호 치수기입법 중 높이 표시에 관한 설명으로 틀린 것은?
① EL : 배관의 높이를 관의 중심을 기준으로 표시
② GL : 포장된 지표면을 기준으로 하여 배관장치의 높이를 표시
③ FL : 1층의 바닥면을 기준으로 표시
④ TOP : 지름이 다른 관의 높이를 나타낼 때 관 바깥지름의 아랫면까지를 기준으로 표시

[해설] TOP는 동일 관경에서 관의 윗부분을 나타내는 표시이다.

68. 다음 중 급수배관에 관한 설명으로 옳은 것은?
① 수평배관은 필요할 경우 관내의 물을 배제하기 위하여 $\frac{1}{100} \sim \frac{1}{150}$ 의 구배를 준다.
② 상향식 급수배관의 경우 수평주관은 내림구배, 수평분기관은 올림구배로 한다.
③ 배관이 벽이나 바닥을 관통하는 곳에는 후일 수리 시 교체가 쉽도록 슬리브(sleeve)를 설치한다.
④ 급수관과 배수관을 수평으로 매설하는 경우 급수관을 배수관의 아래쪽이 되도록 매설한다.

[해설] 급수관의 수평배관은 $\frac{1}{50} \sim \frac{1}{100}$ 의 상향구배를 하며, 급수관을 배수관 위에 설치해야 한다.

69. 호칭지름 20 A인 강관을 2개의 45° 엘보를 사용해서 그림과 같이 연결하고자 한다. 밑면과 높이가 똑같이 150 mm라면 빗면 연결부분의 관의 실제 소요길이(l)는? (단, 45° 엘보 나사부의 길이는 15 mm, 이음쇠의 중심선에서 단면까지 거리는 25 mm로 한다.)

① 178 mm　　② 180 mm
③ 192 mm　　④ 212 mm

[해설] $l = 150 \times \sqrt{2} - 2 \times (25 - 15)$
$= 192$ mm

70. 저압 가스배관에서 관 안지름이 25 mm에서 압력손실이 320 mmAq이라면, 관 안지름이 50 mm로 2배로 되었을 때 압력손실은 얼마인가?
① 160 mmAq　　② 80 mmAq
③ 32 mmAq　　④ 10 mmAq

[해설] 저압배관 유량 구하는 공식을 응용하면
$\frac{320}{P} = \frac{50^5}{25^5}$
$P = 10$ mmAq

71. 증기배관의 트랩장치에 관한 설명이

옳은 것은?
① 저압증기에서는 보통 버킷형 트랩을 사용한다.
② 냉각레그(cooling leg)는 트랩의 입구 쪽에 설치한다.
③ 트랩의 출구 쪽에는 스트레이너를 설치한다.
④ 플로트형 트랩은 상·하 구분없이 수직으로 설치한다.

[해설] 버킷 트랩은 응축수의 유입으로 버킷이 작동하여 상부에 있는 밸브를 열어 응축수를 배출하는 것으로 증기관의 끝이나 기기의 주위 배관에 사용되며 $0.1\,kg/cm^2$ 이상의 압력을 필요로 한다. 여과기는 트랩 전에 설치하며 플로트 트랩은 수평으로 설치한다.

72. 다음 중 냉동 배관 재료 구비 조건으로 틀린 것은?
① 가공성이 양호할 것
② 내식성이 좋을 것
③ 냉매와 윤활유가 혼합될 때, 화학적 작용으로 인한 냉매의 성질이 변하지 않을 것
④ 저온에서 기계적 강도 및 압력손실이 적을 것

[해설] 냉동 배관은 저온에서도 충분한 강도를 가지고 있어야 한다.

73. 다음 중 보온재의 구비 조건으로 틀린 것은?
① 열전도율이 작을 것
② 균열 신축이 작을 것
③ 내식성 및 내열성이 있을 것
④ 비중이 크고 흡습성이 클 것

[해설] 보온재는 가벼워야 하며 내습성이 커야 한다.

74. 급탕배관의 관 지름을 결정할 때 고려해야 할 요소로 가장 거리가 먼 것은?
① 1 m마다 마찰손실
② 순환수량
③ 관내유속
④ 펌프의 양정

[해설] 펌프의 양정은 펌프의 능력을 결정하는 데 필요하다.

75. 증기난방 배관설비의 응축수 환수 방법 중 증기의 순환이 가장 빠른 방법은 어느 것인가?
① 진공환수식　　② 기계환수식
③ 자연환수식　　④ 중력환수식

[해설] 진공환수식은 증기난방에서 환수관의 끝 부분에 진공 급수 펌프를 설치하여 환수관 내를 100~250 mmHg 정도의 진공을 만들어 응축수나 공기를 흡입해서 증기의 흐름을 좋게 하는 방식으로 증기의 순환이 좋다.

76. 가스배관 경로 선정 시 고려하여야 할 내용으로 적당하지 않은 것은?
① 최단거리로 할 것
② 구부러지거나 오르내림을 적게 할 것
③ 가능한 은폐매설을 할 것
④ 가능한 옥외에 설치할 것

[해설] 가스배관은 최단거리, 직선 시공, 옥외 설치, 노출 시공을 원칙으로 한다.

77. 부력에 의해 밸브를 개폐하여 간헐적으로 응축수를 배출하는 구조를 가진 증기트랩은?
① 열동식 트랩　　② 버킷 트랩
③ 플로트 트랩　　④ 충격식 트랩

[해설] 문제 71번 해설 참조

78. 통기관에 관한 설명으로 틀린 것은?

① 각개통기관의 관지름은 그것이 접속되는 배수관 관지름의 1/2 이상으로 한다.
② 통기 방식에는 신정통기, 각개통기, 회로통기 방식이 있다.
③ 통기관은 트랩 내의 봉수를 보호하고 관내 청결을 유지한다.
④ 배수입관에서 통기입관의 접속은 90° T 이음으로 한다.

[해설] 통기입관의 접속은 45° 이내의 Y관 이음으로 한다.

79. 배관에 사용되는 강관은 1℃ 변화함에 따라 1 m당 몇 mm만큼 팽창하는가?(단, 관의 열팽창계수는 0.00012 m/m·℃ 이다.)

① 0.012
② 0.12
③ 0.022
④ 0.22

[해설] $\Delta l = 0.00012 \times 1℃ \times 1000$ mm
$= 0.12$ mm

80. 다음 신축이음 중 주로 증기 및 온수 난방용 배관에 사용되는 것은?

① 루프형 신축이음
② 슬리브형 신축이음
③ 스위블형 신축이음
④ 벨로스형 신축이음

[해설] 증기, 온수 난방용 배관 등에 주로 사용하는 신축이음은 엘보를 2개 이상 사용하며 비틀림을 이용하는 스위블 이음이다.

정답 78. ④ 79. ② 80. ③

CBT 실전테스트 (4)

※ 최근 출제문제를 수검자의 기억의 의해 재구성하였습니다.

제1과목 에너지관리

1. 냉방부하 중 유리창을 통한 일사취득열량을 계산하기 위한 필요 사항으로 가장 거리가 먼 것은?
① 창의 열관류율 ② 창의 면적
③ 차폐계수 ④ 일사의 세기

[해설] 일사취득열량 = 일사량($kcal/m^2 \cdot h$)
× 유리창 면적(m^2) × 차폐계수 × 축열계수

2. 공기조화 방식 중에서 전공기 방식에 속하는 것은?
① 패키지 유닛 방식
② 복사 냉난방 방식
③ 유인 유닛 방식
④ 저온 공조 방식

[해설] ① : 개별 방식(냉매 방식)
② : 공기-수 방식
③ : 공기-수 방식
④ : 전공기 방식

3. 냉수 코일의 설계에 관한 설명으로 틀린 것은?
① 공기와 물의 유동방향은 가능한 대향류가 되도록 한다.
② 코일의 열수는 일반 공기 냉각용에는 4~8열이 주로 사용된다.
③ 수온의 상승은 일반적으로 20℃ 정도로 한다.
④ 수속은 일반적으로 1 m/s 정도로 한다.

[해설] 수온의 상승은 5℃ 정도이다.

4. 단면적 10 m², 두께 2.5 cm의 단열벽을 통하여 3 kW의 열량이 내부로부터 외부로 전도된다. 내부 표면온도가 415℃이고, 재료의 열전도율이 0.2 W/m·K일 때, 외부 표면온도는?
① 185℃ ② 218℃
③ 293℃ ④ 378℃

[해설] $3000 \, W$
$= \left(\dfrac{0.2 \, W/m \cdot K}{0.025 \, m}\right) \times 10 \, m^2 \times (415 - t) \, ℃$
∴ $t = 377.5 \, ℃$

5. 습공기선도 상에서 ①의 공기가 온도가 높은 다량의 물과 접촉하여 가열, 가습되고 ③의 상태로 변화한 경우를 나타낸 것은 어느 것인가?

①

②

③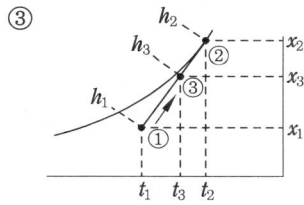

[정답] 1. ① 2. ④ 3. ③ 4. ④ 5. ③

④ $h_1 = h_2 = h_3$

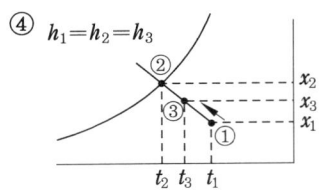

[해설] 다량의 물 상태는 상대습도 100%로 간주해야 하며 공기가 가열, 가습되는 상태이므로 ③항과 같이 이루어져야 한다.

6. 에어 필터의 종류 중 병원의 수술실, 반도체 공장의 청정구역(clean room) 등에 이용되는 고성능 에어 필터는?
① 백 필터 ② 롤 필터
③ HEPA 필터 ④ 전기 집진기

[해설] 고성능 에어 필터(HEPA)는 계수법(DOP법)에 의하여 99.79% 이상의 여과 효율을 보이며 글라스파이버, 아스베스토스파이버가 사용된다.

7. 냉각탑(cooling tower)에 대한 설명으로 틀린 것은?
① 일반적으로 쿨링 어프로치는 5℃ 정도로 한다.
② 냉각탑은 응축기에서 냉각수가 얻은 열을 공기 중에 방출하는 장치이다.
③ 쿨링 레인지란 냉각탑에서의 냉각수 입·출구 수온차이다.
④ 일반적으로 냉각탑으로의 보급수량은 순환수량의 15% 정도이다.

[해설] 냉각탑 순환수량 13 L/min, 냉각탑 입구수온 37℃, 냉각탑 출구수온 32℃, 외기 습구온도 27℃를 기준으로 1 CTRT가 형성된다.

8. 내부에 송풍기와 냉·온수 코일이 내장되어 있으며, 각 실내에 설치되어 기계실로부터 냉·온수를 공급받아 실내공기의 상태를 직접 조절하는 공조기는?
① 패키지형 공조기
② 인덕션 유닛
③ 팬코일 유닛
④ 에어핸들링 유닛

[해설] 팬코일 유닛은 수식 방식으로 공조기 내부에 송풍기와 코일이 내장되어 있다.

9. 각종 공조 방식 중 개별 방식에 관한 설명으로 틀린 것은?
① 개별 제어가 가능하다.
② 외기 냉방이 용이하다.
③ 국소적인 운전이 가능하여 에너지 절약적이다.
④ 대량 생산이 가능하여, 설비비와 운전비가 저렴해진다.

[해설] 개별 방식은 외기 냉방이 어렵다.

10. 건구온도 30℃, 절대습도 0.015 kg/kg′인 습공기의 엔탈피(kJ/kg)는? (단, 건공기 정압비열 1.01 kJ/kg·K, 수증기 정압비열 1.85 kJ/kg·K, 0℃에서 포화수의 증발잠열은 2500 kJ/kg이다.)
① 68.63 ② 91.12
③ 103.34 ④ 150.54

[해설] 습공기 엔탈피(i)
= $1.01 \times 30 + 0.015 \times (2500 + 1.85 \times 30)$
= 68.63 kJ/kg

11. 연도를 통과하는 배기가스의 분무수를 접촉시켜 공해물질을 흡수, 융해, 응축작용에 의해 불순물을 제거하는 집진장치는 무엇인가?
① 세정식 집진기
② 사이클론 집진기
③ 공기 주입식 집진기
④ 전기 집진기

[정답] 6. ③ 7. ④ 8. ③ 9. ② 10. ① 11. ①

[해설] 분무수를 이용하는 것은 세정식 집진기이고 사이클론(cyclone) 집진기는 원심력을 이용하며 가장 효율이 좋은 것은 전기식 집진기이다.

12. 송풍기의 법칙에서 회전속도가 일정하고, 지름이 d, 동력이 L인 송풍기를 지름이 d_1으로 크게 했을 때 동력(L_1)을 나타내는 식은?

① $L_1 = \left(\dfrac{d}{d_1}\right)^5 L$ ② $L_1 = \left(\dfrac{d}{d_1}\right)^4 L$

③ $L_1 = \left(\dfrac{d_1}{d}\right)^4 L$ ④ $L_1 = \left(\dfrac{d_1}{d}\right)^5 L$

[해설] 송풍기의 상사 법칙
- $Q_2 = Q_1 \times \left(\dfrac{N_2}{N_1}\right)^1 \times \left(\dfrac{D_2}{D_1}\right)^3$
- $H_2 = H_1 \times \left(\dfrac{N_2}{N_1}\right)^2 \times \left(\dfrac{D_2}{D_1}\right)^2$
- $L_2 = L_1 \times \left(\dfrac{N_2}{N_1}\right)^3 \times \left(\dfrac{D_2}{D_1}\right)^5$

13. 다음 중 직접 난방법이 아닌 것은 어느 것인가?

① 온풍 난방   ② 고온수 난방
③ 저압증기 난방   ④ 복사 난방

[해설] 간접 난방은 열교환시킨 온풍을 실내로 보내 난방하는 방법이며 직접 난방은 실내의 증기나 전기로 방열기를 가열하여 난방하는 방법이다.

14. 방열기에서 상당방열면적(EDR)은 보기의 식으로 나타낸다. 이 중 Q_o는 무엇을 뜻하는가? (단, 사용단위로 Q는 W, Q_o는 W/m²이다.)

〈보 기〉
$$EDR[\text{m}^2] = \dfrac{Q}{Q_o}$$

① 증발량
② 응축수량
③ 방열기의 전방열량
④ 방열기의 표준방열량

[해설] 방열기의 표준방열량
- 증기 : 650 kcal/h·m²
- 온수 : 450 kcal/h·m²

15. 9 m×6 m×3 m의 강의실에 10명의 학생이 있다. 1인당 CO_2 토출량이 15 L/h이면, 실내 CO_2량을 0.1 %로 유지시키는 데 필요한 환기량(m³/h)은? (단, 외기의 CO_2량은 0.04 %로 한다.)

① 80   ② 120   ③ 180   ④ 250

[해설] 환기량 = $15 \times \dfrac{10}{(0.001 - 0.0004)}$
= 250000 L/h ≒ 250 m³/h

16. 덕트의 크기를 결정하는 방법이 아닌 것은?

① 등속법   ② 등마찰법
③ 등중량법   ④ 정압재취득법

[해설] 등중량법이라는 종류는 없다.

17. 각층 유닛 방식에 관한 설명으로 틀린 것은?

① 외기용 공조기가 있는 경우에는 습도 제어가 곤란하다.
② 장치가 세분화되므로 설비비가 많이 들며, 기기 관리가 불편하다.
③ 각층마다 부하 및 운전시간이 다른 경우에 적합하다.
④ 송풍 덕트가 짧게 된다.

[해설] 외기용 공조기는 외기 냉방이 가능하므로 습도 제어가 용이하다.

18. 냉방부하의 종류 중 현열부하만 취득

정답 12. ④ 13. ① 14. ④ 15. ④ 16. ③ 17. ① 18. ①

하는 것은?
① 태양복사열
② 인체에서의 발생열
③ 침입외기에 의한 취득열
④ 틈새 바람에 의한 부하

[해설] ②, ③, ④항은 현열부하와 잠열부하 동시에 해당된다.

19. 화력발전설비에서 생산된 전력을 사용함과 동시에, 전력이 생산되는 과정에서 발생되는 열을 난방 등에 이용하는 방식은 어느 것인가?
① 히트펌프(heat pump) 방식
② 가스엔진 구동형 히트펌프 방식
③ 열병합발전(co-generation) 방식
④ 지열 방식

[해설] 열병합발전 방식은 화석 연료를 연소시켜 터빈을 통하여 전기를 생산하고 그 폐열을 유효하게 이용하는 종합적인 발전 시스템이다.

20. 온풍난방의 특징에 관한 설명으로 틀린 것은?
① 송풍 동력이 크며, 설계가 나쁘면 실내로 소음이 전달되기 쉽다.
② 실온과 함께 실내습도, 실내기류를 제어할 수 있다.
③ 실내 층고가 높을 경우에는 상하의 온도차가 크다.
④ 예열부하가 크므로 예열시간이 길다.

[해설] 온풍난방은 예열부하가 작으므로 예열시간이 짧다.

제2과목 공조냉동설계

21. 증발온도 −30℃, 응축온도 45℃에서 작동되는 이상적인 냉동기의 성적계수는?
① 2.2 ② 3.2 ③ 4.2 ④ 5.2

[해설] $COP = \dfrac{T_2}{(T_1 - T_2)} = \dfrac{243}{(318-243)} = 3.24$

22. 흡수식 냉동장치에서의 흡수제 유동방향으로 틀린 것은?
① 흡수기 → 재생기 → 흡수기
② 흡수기 → 재생기 → 증발기 → 응축기 → 흡수기
③ 흡수기 → 용액 열교환기 → 재생기 → 용액 열교환기 → 흡수기
④ 흡수기 → 고온 재생기 → 저온 재생기 → 흡수기

[해설] 흡수제 유동방향 : 흡수기 → 재생기 → 응축기 → 증발기 → 흡수기

23. 열전달에 관한 설명으로 옳은 것은?
① 열관류율의 단위는 kW/m · ℃이다.
② 열교환기에서 성능을 향상시키려면 병류형보다는 향류형으로 하는 것이 좋다.
③ 일반적으로 핀(fin)은 열전달계수가 높은 쪽에 부착한다.
④ 물때 및 유막의 형성은 전열작용을 증가시킨다.

[해설] 열관류율(열통과율) 단위는 $kW/m^2 \cdot ℃$이고 핀은 전열이 불량한 쪽에 부착하며 물때와 유막은 전열작용을 방해한다.

24. 브라인에 대한 설명으로 틀린 것은?
① 에틸렌글리콜은 무색, 무취이며, 물로 희석하여 농도를 조절할 수 있다.
② 염화칼슘은 무취로서 주로 식품 동결에 쓰이며, 직접적 동결방법을 이용한다.
③ 염화마그네슘 브라인은 염화나트륨 브라

인보다 동결점이 낮으며 부식성도 작다.
④ 브라인에 대한 부식 방지를 위해서는 밀폐 순환식을 채택하여 공기에 접촉하지 않게 해야 한다.
[해설] 염화칼슘은 간접팽창식에 사용하는 무기질 브라인이다.

25. 다음 중 2원 냉동장치에 관한 설명으로 틀린 것은?
① 증발온도 −70℃ 이하의 초저온 냉동기에 적합하다.
② 저단압축기 토출냉매의 과냉각을 위해 압축기 출구에 중간냉각기를 설치한다.
③ 저온측 냉매는 고온측 냉매보다 비등점이 낮은 냉매를 사용한다.
④ 두 대의 압축기 소비동력을 고려하여 성능계수(COP)를 구한다.
[해설] ②항은 2단 압축 냉동장치에 대한 설명이다.

26. 냉각수 입구온도가 15℃이며 매분 40 L로 순환되는 수랭식 응축기에서 시간당 75600 kJ의 열이 제거되고 있을 때 냉각수 출구온도(℃)는?
① 22.5   ② 23.5   ③ 25   ④ 30
[해설] 75600 kJ/h = 40 L/min
  $\times 60$ min/h $\times 4.2$ kJ/kg·℃ $\times (t_{w_2} - 15)$℃
  ∴ $t_{w_2} = 22.5$℃

27. 여름철 공기열원 열펌프 장치로 냉방운전할 때, 외기의 건구온도 저하 시 나타나는 현상으로 옳은 것은?
① 응축압력이 상승하고, 장치의 소비전력이 증가한다.
② 응축압력이 상승하고, 장치의 소비전력이 감소한다.
③ 응축압력이 저하하고, 장치의 소비전력이 증가한다.
④ 응축압력이 저하하고, 장치의 소비전력이 감소한다.
[해설] 건구온도가 저하하면 열교환이 양호하게 이루어지므로 응축압력이 저하하게 되며 이로 인하여 소비전력은 감소한다.

28. 압력 2.5 kg/cm² 에서 포화온도는 −20℃이고, 이 압력에서의 포화액 및 포화증기의 비체적 값이 각각 0.74 L/kg, 0.09254 m³/kg일 때, 압력 2.5 kg/cm²에서 건도(x)가 0.98인 습증기의 비체적(m³/kg)은 얼마인가?
① 0.08050   ② 0.00584
③ 0.06754   ④ 0.09070
[해설] 0.09254 m³/kg × 0.98
  = 0.0906892 m³/kg

29. 냉동장치의 운전 준비 작업으로 가장 거리가 먼 것은?
① 윤활상태 및 전류계 확인
② 벨트의 장력상태 확인
③ 압축기 유면 및 냉매량 확인
④ 각종 밸브의 개폐 유·무 확인
[해설] 윤활상태 및 전류계는 운전상태에서 확인한다.

30. 다음 냉매 중 2원 냉동장치의 저온측 냉매로 가장 부적합한 것은?
① R−14   ② R−32
③ R−134a   ④ 에탄(C_2H_6)
[해설] R−134a는 원심식 냉동기에 사용한다.

31. 제빙에 필요한 시간을 구하는 공식이 보기와 같다. 이 공식에서 a와 b가 의미하는 것은?

〈보 기〉
$$\tau = (0.53 \sim 0.6)\frac{a^2}{-b}$$

① a : 브라인온도, b : 결빙두께
② a : 결빙두께, b : 브라인유량
③ a : 결빙두께, b : 브라인온도
④ a : 브라인유량, b : 결빙두께

32. 흡수식 냉동기에 대한 설명으로 틀린 것은?
① 흡수식 냉동기는 열의 공급과 냉각으로 냉매와 흡수제가 함께 분리되고 섞이는 형태로 사이클을 이룬다.
② 냉매가 암모니아일 경우에는 흡수제로 리튬브로마이드(LiBr)를 사용한다.
③ 리튬브로마이드 수용액 사용 시 재료에 대한 부식성 문제로 용액에 미량의 부식억제제를 첨가한다.
④ 압축식에 비해 열효율이 나쁘며 설치면적을 많이 차지한다.

[해설] 흡수식 냉동기에서 냉매가 암모니아일 경우 흡수제로 물을 사용하고 냉매가 물일 경우 흡수제로 리튬브로마이드를 사용한다.

33. 다음 $P-i$ 선도와 같은 2단 압축 2단 팽창 사이클로 운전되는 NH_3 냉동장치에서 고단측 냉매 순환량(kg/h)은 얼마인가? (단, 냉동능력은 64.17 kW이다.)

$i_1 = 373.8$, $i_2 = 1629.6$, $i_3 = 1818.6$, $i_4 = 1675.8$
$i_5 = 1877.4$, $i_6 = 537.6$
$V_2 = 1.55\,m^3/kg$, $V_4 = 0.42\,m^3/kg$

① 210.8 ② 220.7
③ 233.5 ④ 242.9

[해설] $G_H = G_L \times \dfrac{(h_3 - h_1)}{(h_4 - h_6)}$

$= \dfrac{64.17\,kJ/s \times 3600\,s/h}{(1629.6 - 373.8)\,kJ/kg}$
$\times \dfrac{(1818.6 - 373.8)\,kJ/kg}{(1675.8 - 537.6)\,kJ/kg}$
$= 233.51\,kg/h$

34. 다기통 콤파운드 압축기가 다음과 같이 2단 압축 1단 팽창 냉동사이클로 운전되고 있다. 냉동능력이 50.4 kW일 때 저단측피스톤 토출량(m^3/h)은? (단, 저·고단측의 체적효율은 모두 0.65이다.)

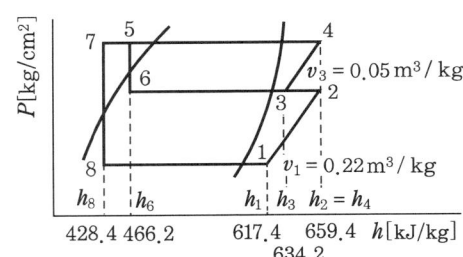

① 219.2 ② 249.2
③ 324.9 ④ 329.7

[해설] $V_a = \dfrac{H_{kW} \times v}{q \times \eta_v}$

$= \dfrac{50.4\,kJ/s \times 3600\,s/h \times 0.22\,m^3/kg}{(617.4 - 428.4)\,kJ/kg \times 0.65}$
$= 324.92\,m^3/h$

35. 다음 중 왕복동식 냉동기의 고압측 압력이 높아지는 원인에 해당되는 것은?
① 냉각수량이 많거나 수온이 낮음
② 압축기 토출밸브 누설
③ 불응축가스 혼입
④ 냉매량 부족

정답 32. ② 33. ③ 34. ③ 35. ③

[해설] 고압 상승 원인
(1) 불응축가스 혼입
(2) 냉각수량 부족 및 수온 상승
(3) 응축기 유막 또는 물때 등으로 오염

36. 증발하기 쉬운 유체를 이용한 냉동 방법이 아닌 것은?
① 증기분사식 냉동법
② 열전냉동법
③ 흡수식 냉동법
④ 증기압축식 냉동법

[해설] 열전냉동법은 냉매를 이용하는 것이 아니라 반도체를 이용한 것이다.

37. 냉동능력 감소와 압축기 과열 등의 악영향을 미치는 냉동 배관 내의 불응축가스를 제거하기 위해 설치하는 장치는?
① 액-가스 열교환기
② 여과기
③ 어큐뮬레이터
④ 가스 퍼저

[해설] 가스 퍼저는 불응축가스 방출을 위한 장치이며 어큐뮬레이터는 액분리기이다.

38. 증발온도는 일정하고 응축온도가 상승할 경우 나타나는 현상으로 틀린 것은?
① 냉동능력 증대
② 체적효율 저하
③ 압축비 증대
④ 토출가스 온도 상승

[해설] 증발온도가 일정하고 응축온도가 상승하는 것은 결국 압축비 증대와 같은 현상이 되므로 냉동능력은 감소하게 된다.

39. 냉동장치에서 응축기에 관한 설명으로 옳은 것은?

① 응축기 내의 액회수가 원활하지 못하면 액면이 높아져 열교환의 면적이 적어지므로 응축압력이 낮아진다.
② 응축기에서 방출하는 냉매가스의 열량은 증발기에서 흡수하는 열량보다 크다.
③ 냉매가스의 응축온도는 압축기의 토출가스 온도보다 높다.
④ 응축기 냉각수 출구온도는 응축온도보다 높다.

[해설] 응축기 방열량 = 증발기 흡수열량 + 압축기 열량

40. 냉장실의 냉동부하가 크게 되었다. 이때 냉동기의 고압측 및 저압측의 압력의 변화는?
① 압력의 변화가 없음
② 저압측 및 고압측 압력이 모두 상승
③ 저압측은 압력 상승, 고압측은 압력 저하
④ 저압측은 압력 저하, 고압측은 압력 상승

[해설] 냉동부하가 증가하면 냉매 증발량 또한 증가하므로 증발압력, 응축압력 모두 상승하게 된다.

제3과목　　**시운전 및 안전관리**

---

41. 최대 눈금이 100 V인 직류 전압계가 있다. 이 전압계를 사용하여 150 V의 전압을 측정하려면 배율기의 저항(Ω)은? (단, 전압계의 내부저항은 5000 Ω이다.)
① 1000
② 2500
③ 5000
④ 10000

[해설] $V = V_0\left(1 + \dfrac{R}{r_0}\right)$ 에서

$R = r_0\left(\dfrac{V - V_0}{V_0}\right) = 5000 \times \left(\dfrac{150 - 100}{100}\right)$
$= 2500\ \Omega$

정답 36. ② 37. ④ 38. ① 39. ② 40. ② 41. ②

42. 피드백 제어계의 특징으로 옳은 것은?
① 정확성이 감소된다.
② 감대폭이 증가된다.
③ 특성 변화에 대한 입력 대 출력비의 감도가 증대된다.
④ 발진을 일으켜도 안정된 상태로 되어 가는 경향이 있다.

[해설] 피드백 제어계는 제어계의 요소 또는 요소 집합의 출력 신호를 그 제어계의 입력측으로 되돌림으로써 출력 신호와 목표값의 비교에 의해 제어를 하는 시스템으로 정확성과 감대폭이 증가된다.

43. 전동기의 회전방향을 알기 위한 법칙은?
① 렌츠의 법칙
② 암페어의 법칙
③ 플레밍의 왼손법칙
④ 플레밍의 오른손법칙

44. $i = I_{m1}\sin\omega t + I_{m2}\sin(2\omega t + \theta)$의 실 훗값은?
① $\dfrac{I_{m1}+I_{m2}}{2}$
② $\sqrt{\dfrac{I_{m1}^2+I_{m2}^2}{2}}$
③ $\dfrac{\sqrt{I_{m1}+I_{m2}}}{2}$
④ $\sqrt{\dfrac{I_{m1}+I_{m2}}{2}}$

[해설] $\sqrt{\left(\dfrac{I_{m1}}{\sqrt{2}}\right)^2+\left(\dfrac{I_{m2}}{\sqrt{2}}\right)^2} = \sqrt{\dfrac{I_{m1}^2+I_{m2}^2}{2}}$

45. 다음 중 서보기구에서 제어량은 어느 것인가?
① 유량
② 전압
③ 위치
④ 주파수

[해설] 서보기구는 물체의 위치·방위·자세 등의 변위를 제어량(출력)으로 하고, 목표값(입력)의 임의의 변화에 추종하도록 한 제어계이다.

46. 발열체의 구비 조건으로 틀린 것은?
① 내열성이 클 것
② 용융온도가 높을 것
③ 산화온도가 낮을 것
④ 고온에서 기계적 강도가 클 것

[해설] 발열체는 산화온도가 높아서 산화되지 않아야 한다.

47. 3상 농형 유도전동기 기동 방법이 아닌 것은?
① 2차 저항법
② 전전압 기동법
③ 기동 보상기법
④ 리액터 기동법

[해설] 유도전동기 기동 방법에는 직입 기동법 (전전압 기동), 리액터 기동법, 기동 보상기법, 기동 보상기법과 리액터 기동법을 병행한 콘도르퍼 기동법이 있다.

48. 온도, 유량, 압력 등의 상태량을 제어량으로 하는 제어계는?
① 서보기구
② 정치제어
③ 샘플값제어
④ 프로세스제어

49. 다음 중 서보 전동기의 특징이 아닌 것은?
① 속응성이 높다.
② 전기자의 지름이 작다.
③ 시동, 정지 및 역전의 동작을 자주 반복한다.
④ 큰 회전력을 얻기 위해 축 방향으로 전기자의 길이가 짧다.

50. 스위치를 닫거나 열기만 하는 제어동작은?
① 비례 동작
② 미분 동작
③ 적분 동작
④ 2위치 동작

정답 42. ② 43. ③ 44. ② 45. ③ 46. ③ 47. ① 48. ④ 49. ④ 50. ④

51. 정전용량이 같은 2개의 콘덴서를 병렬로 연결했을 때의 합성 정전용량은 직렬로 했을 때의 합성 정전용량의 몇 배인가?

① 1/2 ② 2
③ 4 ④ 8

[해설] (1) 직렬: $\dfrac{1}{C_T} = \dfrac{1}{C_1} + \dfrac{1}{C_2} = \dfrac{C_1 + C_2}{C_1 C_2}$

에서 $C_T = \dfrac{C_1 C_2}{C_1 + C_2} = \dfrac{C \times C}{2C} = \dfrac{C}{2}$

(2) 병렬: $C_T = C_1 + C_2 = 2C$에서

$\dfrac{2C}{\dfrac{C}{2}} = 4$

52. 저항체에 전류가 흐르면 줄열이 발생하는데 이때 전류 I와 전력 P의 관계는?

① $I = P$ ② $I = P^{0.5}$
③ $I = P^{1.5}$ ④ $I = P^2$

[해설] $P = I^2 R$이므로 I는 $\sqrt{P} = P^{0.5}$에 비례한다.

53. 정격 10 kW의 3상 유도전동기가 기계손 200 W, 전부하 슬립 4%로 운전될 때 2차 동손은 몇 W인가?

① 375 ② 392
③ 409 ④ 425

[해설] $P = \dfrac{S(P + P_m)}{1 - S}$

$= \dfrac{0.04}{1 - 0.04}(10000 + 200) = 425\,\text{W}$

54. 그림과 같은 논리회로가 나타내는 식은 어느 것인가?

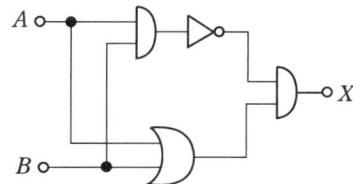

① $X = AB + BA$
② $X = \overline{(A + B)}AB$
③ $X = \overline{AB}(A + B)$
④ $X = AB(A + B)$

55. 입력으로 단위 계단함수 $u(t)$를 가했을 때, 출력이 그림과 같은 조절계의 기본 동작은?

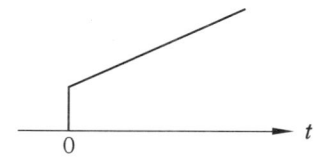

① 비례 동작
② 2위치 동작
③ 비례 적분 동작
④ 비례 미분 동작

56. 어떤 회로에 정현파 전압을 가하니 90° 위상이 뒤진 전류가 흘렀다면 이 회로의 부하는?

① 저항 ② 용량성
③ 무부하 ④ 유도성

57. 자동제어에서 미리 정해 놓은 순서에 따라 제어의 각 단계가 순차적으로 진행되는 제어 방식은?

① 서보제어 ② 되먹임제어
③ 시퀀스제어 ④ 프로세스제어

58. 다음 중 온도-전압의 변환장치는 어느 것인가?

① 열전대 ② 전자석
③ 벨로스 ④ 광전다이오드

[해설] 열전대는 두 종류의 금속 A, B를 접합하고, 양 접점에 온도를 달리 해주면 온도

[정답] 51. ③ 52. ② 53. ④ 54. ③ 55. ③ 56. ④ 57. ③ 58. ①

차에 비례하여 열기전력이 생긴다는 제베크(Seebeck) 효과를 이용하여 두 종류의 금속으로 만든 장치로서 온도차를 전압으로 변화시키는 제어기기의 변환 요소에 사용한다.

59. 그림과 같은 피드백 회로에서 종합전달함수는?

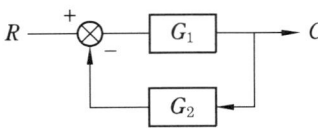

① $\dfrac{1}{G_1}+\dfrac{1}{G_2}$ ② $\dfrac{G_1}{1-G_1 \cdot G_2}$

③ $\dfrac{G_1}{1+G_1 \cdot G_2}$ ④ $\dfrac{G_1 \cdot G_2}{1+G_1 \cdot G_2}$

[해설] $RG_1 = C(1+G_1G_2)$

$\dfrac{C}{R}=\dfrac{G_1}{1+G_1G_2}$

60. 자동제어기기의 조작용 기기가 아닌 것은?
① 클러치 ② 전자밸브
③ 서보전동기 ④ 앰플리다인

제4과목 유지보수공사관리

61. 관지름 300 mm, 배관길이 500 m의 중압가스 수송관에서 A, B점의 게이지 압력이 각각 3 kgf/cm², 2 kgf/cm²인 경우 가스유량(m³/h)은? (단, 가스비중은 0.64, 유량계수는 52.31로 한다.)
① 10238 ② 20583
③ 38138 ④ 40153

[해설] $Q = 52.31 \times \sqrt{\dfrac{30^5 \times (4^2 - 3^2)}{0.64 \times 500}}$

$= 38138 \, \text{m}^3/\text{h}$

62. 증기난방 방식에서 응축수 환수 방법에 따른 분류가 아닌 것은?
① 기계 환수식
② 응축 환수식
③ 진공 환수식
④ 중력 환수식

[해설] 증기난방식은 응축수 환수 방법에 따라 기계 환수식, 중력 환수식, 진공 환수식 등으로 분류한다.

63. 냉동설비의 토출가스 배관 시공 시 압축기와 응축기가 동일선상에 있는 경우 수평관의 구배는 어떻게 해야 하는가?
① $\dfrac{1}{100}$의 올림구배로 한다.
② $\dfrac{1}{100}$의 내림구배로 한다.
③ $\dfrac{1}{50}$의 내림구배로 한다.
④ $\dfrac{1}{50}$의 올림구배로 한다.

[해설] 압축기와 응축기 사이에는 $\dfrac{1}{50}$의 하향 구배로 한다.

64. 증기난방 배관 시공에서 환수관에 수직 상향부가 필요할 때 리프트 피팅(lift fitting)을 써서 응축수가 위쪽으로 배출되게 하는 방식은?
① 단관 중력 환수식
② 복관 중력 환수식
③ 진공 환수식
④ 압력 환수식

[해설] 진공 환수식은 증기난방에서 환수관의 끝부분에 진공 급수 펌프를 설치하여 환수관 내를 진공으로 유지하여 응축수나 공기를 흡입해서 증기의 흐름을 좋게 하는 방식이다.

정답 59. ③ 60. ④ 61. ③ 62. ② 63. ③ 64. ③

65. 급수관에서 수평관을 상향구배 주어 시공하려고 할 때, 행어로 고정한 지점에서 구배를 자유롭게 조정할 수 있는 지지 금속은 어느 것인가?
① 고정 인서트 ② 앵커
③ 롤러 ④ 턴버클
[해설] 턴버클은 양 끝에 오른나사와 왼나사의 이음을 가지고 있으며 지지용 로프 등을 잡아당기거나 늦출 때 사용하는 연결 부품이다.

66. 급수배관 설계 및 시공상의 주의사항으로 틀린 것은?
① 수평배관에는 공기나 오물이 정체하지 않도록 한다.
② 주 배관에는 적당한 위치에 플랜지(유니언)를 달아 보수점검에 대비한다.
③ 수격작용이 우려되는 곳에는 진공브레이커를 설치한다.
④ 음료용 급수관과 다른 용도의 배관을 접속하지 않아야 한다.
[해설] 수격작용이 우려되는 곳에는 에어체임버를 설치해야 한다.

67. 냉매 배관용 팽창밸브 종류로 가장 거리가 먼 것은?
① 수동형 팽창밸브
② 정압 팽창밸브
③ 열동식 팽창밸브
④ 팩리스 팽창밸브
[해설] 팩리스 밸브는 벨로스 또는 다이어프램을 장착하여 밀봉한 밸브로서 외부와의 차단이 확실하기 때문에 냉동기용이나 진공환수식의 방열기용 등으로 사용된다.

68. 공조설비 구성 장치 중 공기 분배(운반) 장치에 해당하는 것은?
① 냉각코일 및 필터
② 냉동기 및 보일러
③ 제습기 및 가습기
④ 송풍기 및 덕트
[해설] ① : 공기조화기
② : 열원장치
③ : 공기조화기
④ : 열매체 이송장치

69. 스테인리스 강관의 특징에 대한 설명으로 틀린 것은?
① 내식성이 우수하여 안지름의 축소, 저항 증대 현상이 없다.
② 위생적이라서 적수, 백수, 청수의 염려가 없다.
③ 저온 충격성이 적고, 한랭지 배관이 가능하다.
④ 나사식, 용접식, 몰코식, 플랜지식 이음법이 있다.
[해설] 스테인리스 강관은 저온 충격성이 강하다.

70. 도시가스 제조사업소의 부지 경계에서 정압기지의 경계까지 이르는 배관을 무엇이라고 하는가?
① 본관 ② 내관
③ 공급관 ④ 사용관
[해설] • 본관 : 도시가스 제조소 → 정압기
• 공급관 : 정압기 → 토지 경계
• 내관 : 토지 경계 → 연소기

71. 다음 방열기 표시에서 "5"의 의미는 무엇인가?

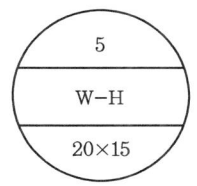

[정답] 65. ④ 66. ③ 67. ④ 68. ④ 69. ③ 70. ① 71. ①

① 방열기의 섹션수
② 방열기의 사용 압력
③ 방열기의 종별과 형
④ 유입관의 관지름

[해설] W-H : 벽걸이 횡형
　　　 W-V : 벽걸이 종형

72. 공조배관설비에서 수격작용의 방지책으로 틀린 것은?

① 관 내의 유속을 낮게 한다.
② 밸브는 펌프 흡입구 가까이 설치하고 제어한다.
③ 펌프에 플라이휠(fly wheel)을 설치한다.
④ 서지탱크를 설치한다.

[해설] 수격작용은 토출배관에서 발생하는 것이며 펌프 흡입측은 공동현상을 일으킨다.

73. 온수배관 시공 시 유의사항으로 틀린 것은?

① 일반적으로 팽창관에는 밸브를 달지 않는다.
② 배관의 최저부에는 배수밸브를 부착하는 것이 좋다.
③ 공기밸브는 순환펌프의 흡입측에 부착하는 것이 좋다.
④ 수평관은 팽창탱크를 향하여 올림구배가 되도록 한다.

[해설] 공기밸브는 에어벤트 상부에 설치해야 한다.

74. 급수관의 유속을 제한(1.5~2 m/s 이하)하는 이유로 가장 거리가 먼 것은?

① 유속이 빠르면 흐름방향이 변하는 개소의 원심력에 의한 부압(-)이 생겨 캐비테이션이 발생하기 때문에
② 관 지름을 작게 할 수 있어 재료비 및 시공비가 절약되기 때문에
③ 유속이 빠른 경우 배관의 마찰손실 및 관 내면의 침식이 커지기 때문에
④ 워터해머 발생 시 충격압에 의해 소음, 진동이 발생하기 때문에

[해설] 급수관에서 유속이 빠르게 되면 배관의 부식이 커지고 워터해머의 우려가 있다. 이를 방지하기 위해 유속은 2 m/s 이하로 유지하며, 재료비, 시공비와는 무관하다.

75. 신축 이음쇠의 종류에 해당되지 않는 것은?

① 벨로스형　　② 플랜지형
③ 루프형　　　④ 슬리브형

[해설] 플랜지 이음은 축이나 관 등을 이을 때 끼워 넣는 둥근 테 모양의 연강제 이음쇠로 주로 분해, 수리가 필요로 하는 곳에 설치하며 신축 이음과는 무관하다.

76. 배관의 종류별 주요 접합 방법이 아닌 것은?

① MR 조인트 이음-스테인리스 강관
② 플레어 접합 이음-동관
③ TS식 이음-PVC관
④ 콤포 이음-연관

[해설] • 연관 : 플라스턴 이음
　　　 • 시멘트관 : 콤포 이음

77. 다음 중 도시가스배관 설치 기준으로 틀린 것은?

① 배관은 지반의 동결에 의해 손상을 받지 않는 깊이로 한다.
② 배관접합은 용접을 원칙으로 한다.
③ 가스계량기의 설치 높이는 바닥으로부터 1.6 m 이상 2 m 이내의 높이에 수직, 수평으로 설치한다.

[정답] 72. ②　73. ③　74. ②　75. ②　76. ④　77. ④

④ 폭 8 m 이상의 도로에 관을 매설할 경우에는 매설 깊이를 지면으로부터 0.6 m 이상으로 한다.

[해설] 폭 8 m 이상의 도로 매설 깊이는 지면으로부터 1.2 m 이상으로 한다.

78. 난방 배관 시공을 위해 벽, 바닥 등에 관통 배관 시공을 할 때, 슬리브(sleeve)를 사용하는 이유로 가장 거리가 먼 것은?
① 열팽창에 따른 배관 신축에 적응하기 위해
② 후일 관 교체 시 편리하게 하기 위해
③ 고장 시 수리를 편리하게 하기 위해
④ 유체의 압력을 증가시키기 위해

[해설] 슬리브 이음은 신축에 대비하여 설치하는 것으로 압력과는 무관하다.

79. 보온재 선정 시 고려해야 할 조건으로 틀린 것은?
① 부피 및 비중이 작아야 한다.
② 열전도율이 가능한 작아야 한다.
③ 물리적, 화학적 강도가 커야 한다.
④ 흡수성이 크고, 가공이 용이해야 한다.

[해설] 보온재는 내수성, 내습성이 강해야 한다.

80. 증기로 가열하는 간접가열식 급탕설비에서 저탕탱크 주위에 설치하는 장치와 가장 거리가 먼 것은?
① 증기트랩장치
② 자동온도조절장치
③ 개방형 팽창탱크
④ 안전장치와 온도계

[해설] 팽창탱크는 증기난방이 아니라 온수난방에 사용해야 한다.

정답 78. ④ 79. ④ 80. ③

CBT 실전테스트 (5)

※ 최근 출제문제를 수검자의 기억의 의해 재구성하였습니다.

제1과목 에너지관리

1. 온도가 30℃이고, 절대습도가 0.02 kg/kg인 실외 공기와 온도가 20℃, 절대습도가 0.01 kg/kg인 실내 공기를 1 : 2의 비율로 혼합하였다. 혼합된 공기의 건구온도와 절대습도는?

① 23.3℃, 0.013 kg/kg
② 26.6℃, 0.025 kg/kg
③ 26.6℃, 0.013 kg/kg
④ 23.3℃, 0.025 kg/kg

[해설] 건구온도 = $\dfrac{1 \times 30 + 2 \times 20}{1+2}$ = 23.33℃

절대습도 = $\dfrac{1 \times 0.02 + 2 \times 0.01}{1+2}$
= 0.0133 kg/kg′

2. 냉수 코일 설계 시 유의사항으로 옳은 것은?

① 대향류로 하고 대수평균 온도차를 되도록 크게 한다.
② 병행류로 하고 대수평균 온도차를 되도록 작게 한다.
③ 코일 통과 풍속을 5 m/s 이상으로 취하는 것이 경제적이다.
④ 일반적으로 냉수 입·출구 온도차는 10℃보다 크게 취하여 통과유량을 적게 하는 것이 좋다.

[해설] 냉수 코일은 대향류로 하였을 때 전열이 양호하고 코일 통과 풍속은 2~3 m/s가 적당하다.

3. 건물의 지하실, 대규모 조리장 등에 적합한 기계환기법(강제급기+강제배기)은 어느 것인가?

① 제1종 환기   ② 제2종 환기
③ 제3종 환기   ④ 제4종 환기

[해설] 환기시설
- 제1종 환기시설 : 강제급기+강제배기
- 제2종 환기시설 : 강제급기+자연배기
- 제3종 환기시설 : 자연급기+강제배기
- 제4종 환기시설 : 자연급기+자연배기

4. 다음 중 난방 방식의 표준방열량에 대한 것으로 옳은 것은?

① 증기난방 : 0.523 kW
② 온수난방 : 0.756 kW
③ 복사난방 : 1.003 kW
④ 온풍난방 : 표준방열량이 없다.

[해설] 난방 방식의 표준방열량
- 증기난방 : 650 kcal/h(0.756 kW)
- 온수난방 : 450 kcal/h(0.523 kW)

5. 냉·난방 시의 실내 현열부하를 q_s[W], 실내와 말단장치의 온도를 각각 t_r, t_d라 할 때 송풍량 Q[L/s]를 구하는 식은?

① $Q = \dfrac{q_s}{0.24(t_r - t_d)}$

② $Q = \dfrac{q_s}{1.2(t_r - t_d)}$

③ $Q = \dfrac{q_s}{1.85(t_r - t_d)}$

④ $Q = \dfrac{q_s}{2501(t_r - t_d)}$

[해설] 공기 비중량 : 1.2 g/L

정답 1. ① 2. ① 3. ① 4. ④ 5. ②

6. 다음 중 에어와셔에 대한 내용으로 옳지 않은 것은?
① 세정실(spray chamber)은 일리미네이터 뒤에 있어 공기를 세정한다.
② 분무 노즐(spray nozzle)은 스탠드 파이프에 부착되어 스프레이 헤더에 연결된다.
③ 플러딩 노즐(flooding nozzle)은 먼지를 세정한다.
④ 다공판 또는 루버(louver)는 기류를 정류해서 세정실 내를 통과시키기 위한 것이다.

[해설] 에어와셔는 환기와 외기 혼합 공기를 세정한다.

7. 덕트 내 풍속을 이용하는 피토관을 이용하여 전압 23.8 mmAq, 정압 10 mmAq를 측정하였다. 이 경우 풍속은 약 얼마인가?
① 10 m/s
② 15 m/s
③ 20 m/s
④ 25 m/s

[해설] 동압 = 전압 - 정압
$= 23.8 - 10 = 13.8$ mmAq
$= 13.8 \times \dfrac{101.3 \times 10^3}{10.3 \times 10^3} = 135.72$ N/m^2

$P = \dfrac{\rho V^2}{2}$에서

$V = \sqrt{\dfrac{2P}{\rho}} = \sqrt{\dfrac{2 \times 135.72}{1.225}}$
$= 14.88 ≒ 15$ m/s

8. 어떤 방의 취득 현열량이 8360 kJ/h로 되었다. 실내온도를 28℃로 유지하기 위하여 16℃의 공기를 취출하기로 계획한다면 실내로의 송풍량은 얼마인가? (단, 공기의 비중량은 1.2 kg/m^3, 정압비열은 1.004 kJ/kg · ℃이다.)
① 426.2 m^3/h
② 467.5 m^3/h
③ 578.7 m^3/h
④ 612.3 m^3/h

[해설] 8360 kJ/h = $Q \times 1.2$ kg/m^3
$\times 1.004$ kJ/kg · ℃ $\times (28-16)$ ℃
$Q = 578.24$ m^3/h

9. 다음 조건의 외기와 재순환 공기를 혼합하려고 할 때 혼합공기의 건구온도는 약 얼마인가?

• 외기 34℃ DB, 1000 m^3/h
• 재순환 공기 26℃ DB, 2000 m^3/h

① 31.3℃
② 28.6℃
③ 18.6℃
④ 10.3℃

[해설] $t_m = \dfrac{34 \times 1000 + 26 \times 2000}{1000 + 2000} = 28.66$ ℃

10. 온풍난방의 특징에 관한 설명으로 틀린 것은?
① 예열부하가 거의 없으므로 기동시간이 짧다.
② 취급이 간단하고 취급자격자를 필요로 하지 않는다.
③ 방열기나 배관 등의 시설이 필요 없어 설비비가 싸다.
④ 취출 온도의 차가 작아 온도 분포가 고르다.

[해설] ④항은 복사난방의 특징이다.

11. 간이계산법에 의한 건평 150 m^{2}에 소요되는 보일러의 급탕부하는 얼마인가? (단, 건물의 열손실은 90 kJ/m^2 · h, 급탕량은 100 kg/h, 급수 및 급탕 온도는 각각 30℃, 70℃이다.)
① 3500 kJ/h
② 4000 kJ/h
③ 13500 kJ/h
④ 16800 kJ/h

[해설] 건물의 열손실 열량
$= 90$ kJ/m^2 · h $\times 150$ m^2 = 13500 kJ/h
(보일러 급탕부하는 열손실보다 커야 한다.)

[정답] 6. ① 7. ② 8. ③ 9. ② 10. ④ 11. ④

급탕부하
= 100 kg/h × 4.186 kJ/kg · ℃ × (70 − 30)℃
= 16744 kJ/h
∴ 16800 kJ/h

12. 덕트 조립 방법 중 원형 덕트의 이음 방법이 아닌 것은?
① 드로 밴드 이음(draw band joint)
② 비드 크림프 이음(beaded crimp joint)
③ 더블 심(double seam)
④ 스파이럴 심(spiral seam)
[해설] 더블 심의 경우 이중 창호 이음에 주로 사용한다.

13. 공기 냉각·가열 코일에 대한 설명으로 틀린 것은?
① 코일의 관내에 물 또는 증기, 냉매 등의 열매를 통과시키고 외측에는 공기를 통과시켜서 열매와 공기 간의 열교환을 시킨다.
② 코일에 일반적으로 16 mm 정도의 동관 또는 강관의 외측에 동, 강 또는 알루미늄제의 판을 붙인 구조로 되어 있다.
③ 에로핀 중 감아 붙인 핀이 주름진 것을 스무드핀, 주름이 없는 평면상의 것을 링클핀이라고 한다.
④ 관의 외부에 얇게 리본 모양의 금속판을 일정한 간격으로 감아 붙인 핀의 형상을 에로핀 형이라 한다.
[해설] 에로핀 중 감아 붙인 핀이 주름진 것을 링클핀, 주름이 없는 평면상의 것을 스무드핀이라고 한다.

14. 유인유닛 공조 방식에 대한 설명으로 틀린 것은?
① 1차 공기를 고속덕트로 공급하므로 덕트 스페이스를 줄일 수 있다.
② 실내유닛에는 회전기기가 없으므로 시스템의 내용연수가 길다.
③ 실내부하를 주로 1차 공기로 처리하므로 중앙공조기는 커진다.
④ 송풍량이 적어 외기 냉방효과가 낮다.
[해설] 실내로 유인되는 공기는 2차 공기이며 제습, 가습, 공기 여과 등을 중앙공조기에서 행한다.

15. 온풍난방에서 중력식 순환 방식과 비교한 강제 순환 방식의 특징에 관한 설명으로 틀린 것은?
① 기기 설치장소가 비교적 자유롭다.
② 급기 덕트가 작아서 은폐가 용이하다.
③ 공급되는 공기는 필터 등에 의하여 깨끗하게 처리될 수 있다.
④ 공기 순환이 어렵고 쾌적성 확보가 곤란하다.
[해설] 강제 순환 방식은 공기 순환이 양호하고 집진 및 가습도 양호하다.

16. 공조 방식에서 가변풍량 덕트 방식에 관한 설명으로 틀린 것은?
① 운전비 및 에너지의 절약이 가능하다.
② 공조해야 할 공간의 열부하 증감에 따라 송풍량을 조절할 수 있다.
③ 다른 난방 방식과 동시에 이용할 수 없다.
④ 실내 칸막이 변경이나 부하의 증감에 대처하기 쉽다.
[해설] 가변풍량 덕트 방식은 다른 난방 방식과 동시에 이용이 가능하다.

17. 특정한 곳에 열원을 두고 열수송 및 분배망을 이용하여 한정된 지역으로 열매를 공급하는 난방법은?

정답 12. ③ 13. ③ 14. ③ 15. ④ 16. ③ 17. ②

① 간접난방법　② 지역난방법
③ 단독난방법　④ 개별난방법

[해설] 지역난방은 열병합시설과 함께 고온수 난방에 사용하는데 이때 순환펌프의 용량이 증가하며 예열시간 증가로 연료 소비량이 커진다.

18. 공조용 열원장치에서 히트펌프 방식에 대한 설명으로 틀린 것은?

① 히트펌프 방식은 냉방과 난방을 동시에 공급할 수 있다.
② 히트펌프 원리를 이용하여 지열 시스템 구성이 가능하다.
③ 히트펌프 방식 열원기기의 구동동력은 전기와 가스를 이용한다.
④ 히트펌프를 이용해 난방은 가능하나 급탕 공급은 불가능하다.

[해설] 히트펌프를 이용해 급탕 공급이 가능하다.

19. 겨울철에 어떤 방을 난방하는 데 있어서 이 방의 현열 손실이 12000 kJ/h이고 잠열 손실이 4000 kJ/h이며, 실온을 21℃, 습도를 50%로 유지하려 할 때 취출구의 온도차를 10℃로 하면 취출구 공기상태점은?

① 21℃, 50%인 상태점을 지나는 현열비 0.75에 평행한 선과 건구온도 31℃인 선이 교차하는 점
② 21℃, 50%인 점을 지나고 현열비 0.33에 평행한 선과 건구온도 31℃인 선이 교차하는 점
③ 21℃, 50%인 점을 지나고 현열비 0.75에 평행한 선과 건구온도 11℃인 선이 교차하는 점
④ 21℃, 50%인 점과 31℃, 50%인 점을 잇는 선분을 4:3으로 내분하는 점

[해설] $SHF = \dfrac{12000}{12000 + 4000} = 0.75$
취출구 온도 = 21 + 10 = 31℃

20. 다음 중 관류 보일러에 대한 설명으로 옳은 것은?

① 드럼과 여러 개의 수관으로 구성되어 있다.
② 관을 자유로이 배치할 수 있어 보일러 전체를 합리적인 구조로 할 수 있다.
③ 전열면적당 보유수량이 커 시동시간이 길다.
④ 고압 대용량에 부적합하다.

[해설] 관류 보일러는 드럼 없이 수관을 자유롭게 배치하고 물의 예열, 증발, 과열의 순서로 관류하며 가동시간이 짧다.

제 2 과목　공조냉동설계

21. 축열시스템 중 빙축열 방식이 수축열 방식에 비해 유리하다고 할 수 없는 것은 어느 것인가?

① 축열조를 소형화할 수 있다.
② 낮은 온도를 이용할 수 있다.
③ 난방 시의 축열 대응에 적합하다.
④ 축열조의 설치 장소가 자유롭다.

[해설] 축열시스템 중 심야 전기를 이용하여 물을 얼려 냉방에 응용하는 것을 빙축열, 물의 온도를 낮추어 냉방에 응용하는 것을 수축열이라 하며 난방과는 무관하다.

22. 유량이 1800 kg/h인 30℃ 물을 -10℃의 얼음으로 만드는 능력을 가진 냉동장치의 압축기 소요동력은 약 얼마인가? (단, 응축기의 냉각수 입구온도 30℃, 냉각수 출구온도 35℃, 냉각수 수량 50 m³/h이고, 열손실은 무시하는 것으로 한다.)

[정답] 18. ④　19. ①　20. ②　21. ③　22. ③

① 30 kW   ② 40 kW
③ 50 kW   ④ 60 kW

[해설] 응축기 방열량(Q_1)
= 50000 kg/h × 4.2 kJ/kg·℃
 × (35 − 30)℃
= 1050000 kJ/h
냉동능력(Q_2)
= 1800 kg/h × (4.2 kJ/kg·℃ × 30℃
 + 336 kJ/kg + 2.1 kJ/kg·℃ × 10℃)
= 869400 kJ/h
소요동력(AW) = $Q_1 - Q_2$
= (1050000 kJ/h − 869400 kJ/h)
 × 1 h/3600 s
= 50.17 kW

23. 냉매의 구비 조건에 대한 설명으로 틀린 것은?

① 동일한 냉동능력에 대하여 냉매가스의 용적이 작을 것
② 저온에 있어서도 대기압 이상의 압력에서 증발하고 비교적 저압에서 액화할 것
③ 점도가 크고 열전도율이 좋을 것
④ 증발열이 크며 액체의 비열이 작을 것

[해설] 냉매의 구비 조건
 (1) 증발압력이 낮아 진공으로 되지 않을 것
 (2) 응축압력이 너무 높지 않을 것
 (3) 증발잠열 및 증기의 비열은 크고, 액체의 비열은 작을 것
 (4) 임계온도가 높고, 응고온도가 낮을 것
 (5) 증기의 비체적이 작을 것
 (6) 누설이 어렵고, 누설 시는 검지가 쉬울 것
 (7) 부식성이 없을 것
 (8) 전기저항이 크고, 열전도율이 높을 것
 (9) 점성 및 유동저항이 작을 것
 (10) 윤활유에 녹지 않을 것
 (11) 무해·무독으로 인화, 폭발의 위험이 적을 것

24. 냉매에 관한 설명으로 옳은 것은?

① 암모니아 냉매가스가 누설된 경우 비중이 공기보다 무거워 바닥에 정체한다.
② 암모니아의 증발잠열은 프레온계 냉매보다 작다.
③ 암모니아는 프레온계 냉매에 비하여 동일 운전 압력 조건에서는 토출가스 온도가 높다.
④ 프레온계 냉매는 화학적으로 안정한 냉매이므로 장치 내에 수분이 혼입되어도 운전상 지장이 없다.

[해설] 암모니아는 냉매 중에 증발잠열이 가장 크고 공기보다 가벼워 누설 시 위로 올라가며 수분 흡수 시에도 장치에 큰 영향을 미치지 않으나 비열비가 커서 토출가스 온도 상승이 심하다.

25. 흡수식 냉동기에서 냉매의 순환경로는 어느 것인가?

① 흡수기 → 증발기 → 재생기 → 열교환기
② 증발기 → 흡수기 → 열교환기 → 재생기
③ 증발기 → 재생기 → 흡수기 → 열교환기
④ 증발기 → 열교환기 → 재생기 → 흡수기

[해설] 흡수식 냉동기에서 냉매의 순환경로 : 증발기 → 흡수기 → 열교환기 → 재생기 → 응축기 → 증발기

26. 고온가스 제상(hot gas defrost) 방식에 대한 설명으로 틀린 것은?

① 압축기의 고온·고압가스를 이용한다.
② 소형 냉동장치에 사용하면 언제라도 정상운전을 할 수 있다.
③ 비교적 설비하기가 용이하다.
④ 제상 소요시간이 비교적 짧다.

[해설] 고온가스 제상(hot gas defrost)은 중대형 장치에서 사용한다.

정답 23. ③ 24. ③ 25. ② 26. ②

27. 다음의 장치는 액-가스 열교환기가 설치되어 있는 1단 증기압축식 냉동장치를 나타낸 것이다. 이 냉동장치의 운전 시에 아래와 같은 현상이 발생하였다. 이 현상에 대한 원인으로 옳은 것은?

액-가스 열교환기에서 응축기 출구 냉매액과 증발기 출구 냉매증기가 서로 열교환할 때, 이 열교환기 내에서 증발기 출구 냉매 온도 변화($T_1 - T_6$)는 18℃이고, 응축기 출구 냉매액의 온도 변화($T_3 - T_4$)는 1℃이다.

① 증발기 출구(점 6)의 냉매상태는 습증기이다.
② 응축기 출구(점 3)의 냉매상태는 불응축상태이다.
③ 응축기 내에 불응축 가스가 혼입되어 있다.
④ 액-가스 열교환기의 열손실이 상당히 많다.

[해설] 열교환기에 의하여 증발기 출구 온도 변화가 18℃이면 응축기 출구 냉매액의 온도 변화 또한 18℃가 되어야 하나 1℃만 변화가 일어난 것은 응축기 출구 냉매상태가 불응축상태가 되어 열교환기로 들어온 상태이다.

28. 냉동장치의 냉매량이 부족할 때 일어나는 현상으로 옳은 것은?
① 흡입압력이 낮아진다.
② 토출압력이 높아진다.
③ 냉동능력이 증가한다.
④ 흡입압력이 높아진다.

[해설] 냉매량이 부족하면 압력은 대부분 저하되며 반면 온도는 상승하게 된다. 또한 냉매 순환량 부족으로 냉동능력은 감소한다.

29. 증기 압축식 냉동사이클에서 증발온도를 일정하게 유지하고 응축온도를 상승시킬 경우에 나타나는 현상으로 틀린 것은?
① 성적계수 감소
② 토출가스 온도 상승
③ 소요동력 증대
④ 플래시가스 발생량 감소

[해설] 결국 압축비가 증대하므로 플래시가스 발생량은 증가하게 된다.

30. 그림과 같은 사이클을 난방용 히트펌프로 사용한다면 이론 성적계수를 구하는 식은 다음 중 어느 것인가?

압력 – 엔탈피 선도

① $COP = \dfrac{h_2 - h_1}{h_3 - h_2}$

② $COP = 1 + \dfrac{h_3 - h_1}{h_3 + h_2}$

③ $COP = \dfrac{h_2 + h_1}{h_3 + h_2}$

④ $COP = 1 + \dfrac{h_2 - h_1}{h_3 - h_2}$

[해설] ① : 냉동기 성적계수

31. 냉매액 강제순환식 증발기에 대한 설명으로 틀린 것은?
① 냉매액이 충분한 속도로 순환되므로 타 증발기에 비해 전열이 좋다.
② 일반적으로 설비가 복잡하며 대용량의 저온냉장실이나 급속 동결장치에 사용한다.
③ 강제순환식이므로 증발기에 오일이 고일 염려가 적고 배관 저항에 의한 압력 강하도 작다.
④ 냉매액에 의한 리퀴드백(liquid back)의 발생이 적으며 저압 수액기와 액펌프의 위치에 제한이 없다.
[해설] 강제순환식 증발기의 경우 저압 수액기가 액펌프보다 상부에 설치되어야 공동현상을 방지할 수 있다.

32. 암모니아 냉매의 누설검지 방법으로 적절하지 않은 것은?
① 냄새로 알 수 있다.
② 리트머스 시험지를 사용한다.
③ 페놀프탈레인 시험지를 사용한다.
④ 할로겐 누설검지기를 사용한다.
[해설] 할로겐 누설검지기는 프레온 누설검사에 사용한다.

33. 다음 조건을 이용하여 응축기 설계 시 3.86 kW당 응축면적은? (단, 온도차는 산술평균온도차를 적용한다.)

〈조 건〉
- 방열계수 : 1.3
- 응축온도 : 35℃
- 냉각수 입구온도 : 28℃
- 냉각수 출구온도 : 32℃
- 열통과율 : 1.05 kW/m²·℃

① 1.25 m² ② 0.96 m²
③ 0.62 m² ④ 0.45 m²

[해설] $3.86 \text{ kW} \times 1.3$
$= 1.05 \text{ kW/m}^2 \cdot ℃ \times F \times \left(35 - \frac{28+32}{2}\right) ℃$
$\therefore F = 0.955 \text{ m}^2$

34. 다음 중 빙축열 시스템의 분류에 대한 조합으로 적당하지 않은 것은?
① 정적제빙형 – 관내착빙형
② 정적제빙형 – 캡슐형
③ 동적제빙형 – 관외착빙형
④ 동적제빙형 – 과냉각아이스형
[해설] 빙축열 시스템의 분류
- 정적제빙형 : 관외착빙형, 관내착빙형, 용기형, 구형, 판형
- 동적제빙형 : 빙편형, 하베스트형, 슬러리형, 증발판형, 과냉각수형

35. 산업용 식품 동결 방법은 열을 빼앗는 방식에 따라 분류가 가능하다. 다음 중 위의 분류 방식에 따른 식품 동결 방법이 아닌 것은?
① 진공동결 ② 분사동결
③ 접촉동결 ④ 담금동결
[해설] 진공동결은 식품의 수분까지 제거되므로 식품 동결에서는 사용하지 않는다.

36. 2단 압축 1단 팽창 냉동 시스템에서 게이지 압력계로 증발압력이 100 kPa, 응축압력이 1100 kPa일 때, 중간냉각기의 절대압력은 약 얼마인가?
① 331 kPa ② 491 kPa
③ 732 kPa ④ 1010 kP
[해설] 증발절대압력 = 100 + 101.325
    = 201.325 kPa
응축절대압력 = 1100 + 101.325
    = 1201.325 kPa
중간압력 = $\sqrt{201.325 \times 1201.325}$
    = 491.789 kPa

정답 31. ④ 32. ④ 33. ② 34. ③ 35. ① 36. ②

37. 방열벽 면적 1000 m², 방열벽 열통과율 0.232 W/m²·℃인 냉장실에 열통과율 29.03 W/m²·℃, 전달면적 20 m²인 증발기가 설치되어 있다. 이 냉장실에 열전달률 5.805 W/m²·℃, 전열면적 500 m², 온도 5℃인 식품을 보관한다면 실내온도는 몇 ℃로 변화되는가? (단, 증발온도는 -10℃로 하며, 외기온도는 30℃로 한다.)

① 3.7℃   ② 4.2℃
③ 5.8℃   ④ 6.2℃

해설 $0.232 \times 1000 \times (30-t) + 5.805 \times 500 \times (5-t) = 29.03 \times 20 \times \{t-(-10)\}$
∴ $t ≒ 4.2℃$

38. 다음 중 자연냉동법이 아닌 것은?
① 융해열을 이용하는 방법
② 승화열을 이용하는 방법
③ 기한제를 이용하는 방법
④ 증기분사를 하여 냉동하는 방법

해설 증기분사를 하여 냉동하는 방법은 보일러에서 나오는 증기를 이용하는 것으로 기계적인 냉동 방법에 해당된다.

39. 다음 중 암모니아 냉동 시스템에 사용되는 팽창장치로 적절하지 않은 것은?
① 수동식 팽창밸브
② 모세관식 팽창장치
③ 저압 플로트 팽창밸브
④ 고압 플로트 팽창밸브

해설 모세관을 팽창밸브로 사용하는 곳은 주로 프레온 소형 장치이며 암모니아는 주로 중·대형 장치에 사용한다.

40. 착상이 냉동장치에 미치는 영향으로 가장 거리가 먼 것은?
① 냉장실내 온도가 상승한다.
② 증발온도 및 증발압력이 저하한다.
③ 냉동능력당 전력소비량이 감소한다.
④ 냉동능력당 소요동력이 증대한다.

해설 배관에 착상이 되면 냉매와의 열교환이 이루어지지 않아 냉장실 내의 온도가 높아지며 동력소비가 증대하게 된다.

제3과목 시운전 및 안전관리

41. 회로에서 A와 B 간의 합성저항은 약 몇 Ω인가? (단, 각 저항의 단위는 모두 Ω이다.)

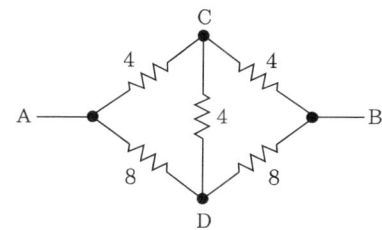

① 2.66   ② 3.2
③ 5.33   ④ 6.4

해설 $\frac{1}{R_1} = \frac{1}{4} + \frac{1}{8} = \frac{3}{8}$ 에서 $R_1 = R_2 = \frac{8}{3}$
4Ω에 전류가 흐르지 않으므로
$R_T = \frac{8}{3} + \frac{8}{3} = 5.33 \, Ω$

42. 기계장치, 프로세스 및 시스템 등에서 제어되는 전체 또는 부분으로서 제어량을 발생시키는 장치는?
① 제어장치   ② 제어대상
③ 조작장치   ④ 검출장치

[해설] 개회로 제어계의 블록 선도

43. 목표값이 미리 정해진 시간적 변화를 하는 경우 제어량을 변화시키는 제어는?
① 정치 제어 ② 추종 제어
③ 비율 제어 ④ 프로그램 제어

[해설] (1) 정치 제어 : 목표치가 일정한 제어를 말한다. 예를 들면 온도를 일정하게 한다든가 속도를 일정하게 한다든가 하는 경우이다. 프로세스 제어나 자동조정에서는 이 방식이 특히 많다.
(2) 추치 제어 : 목표치가 임의의 변화를 하는 제어를 말한다. 서보 기구가 이것에 해당되며 이와 같이 구성된 제어계를 서보계라 부르기도 한다.
(3) 프로그램 제어 : 목표치가 처음에 정해진 변화를 하는 경우를 말한다. 열처리로의 온도제어, 공작기계에 있어서 자동공작 등이 이것에 해당된다.

44. 입력이 $011_{(2)}$일 때, 출력은 3 V인 컴퓨터 제어의 D/A 변환기에서 입력을 $101_{(2)}$로 하였을 때 출력은 몇 V인가? (단, 3 bit 디지털 입력이 $011_{(2)}$은 off, on, on을 뜻하고 입력과 출력은 비례한다.)
① 3 ② 4
③ 5 ④ 6

[해설] 011은 2진법이므로 10진법으로 3이며 101은 5이다.

45. 토크가 증가하면 속도가 낮아져 대체적으로 일정한 출력이 발생하는 것을 이용해서 전차, 기중기 등에 주로 사용하는 직류전동기는?
① 직권전동기

② 분권전동기
③ 가동 복권전동기
④ 차동 복권전동기

[해설] 직권전동기 : 주계자 권선이 전기자와 직렬로 접속되고 있는 직류전동기이다. 다른 전동기와 비교하여 기동 토크가 크고, 가벼운 부하에서는 고속으로 회전하여 철도 차량 구동용으로서 적합하므로 주 전동기에 많이 사용되고 있다.

46. 제어량을 원하는 상태로 하기 위한 입력신호는?
① 제어명령 ② 작업명령
③ 명령처리 ④ 신호처리

47. 평행하게 왕복되는 두 도선에 흐르는 전류 간의 전자력은? (단, 두 도선 간의 거리는 r[m]라 한다.)
① r에 비례하며 흡인력이다.
② r^2에 비례하며 흡인력이다.
③ $\dfrac{1}{r}$에 비례하며 반발력이다.
④ $\dfrac{1}{r^2}$에 비례하며 반발력이다.

[해설] (1) 2개의 도체에 동일한 방향의 전류가 흐르면 흡인력이 형성
(2) 2개의 도체에 반대 방향의 전류가 흐르면 반발력이 형성된다.
전선 B의 1 m당 작용하는 힘 : $F = BI_2 l$
$= 2 \times 10^{-7} \dfrac{I_1}{r} \times I_2 \times 1 = \dfrac{2I_1 I_2}{r} \times 10^{-7}$ N

48. 피드백 제어계에서 제어장치가 제어대상에 가하는 제어신호로 제어장치의 출력인 동시에 제어대상의 입력인 신호는?
① 목표값 ② 조작량
③ 제어량 ④ 동작신호

[정답] 43. ④ 44. ③ 45. ① 46. ① 47. ③ 48. ②

[해설] 폐회로 제어계의 블록 선도

49. 다음 중 피드백 제어의 장점으로 틀린 것은?
① 목표값에 정확히 도달할 수 있다.
② 제어계의 특성을 향상시킬 수 있다.
③ 외부 조건의 변화에 대한 영향을 줄일 수 있다.
④ 제어기 부품들의 성능이 나쁘면 큰 영향을 받는다.

[해설] 피드백 제어계는 정확하고 신뢰성이 있는 제어를 하기 위해 제어계의 출력이 목표값과 일치하는가를 비교하여 일치하지 않을 경우에는 그 차이에 비례하는 동작 신호를 제어계에 다시 보내어 오차를 수정하도록 하는 궤환 경로를 가지고 있는 되먹임 제어계이다. 그러므로 제어기 부품들의 성능이 나쁘면 영향을 받으나 보완이 가능한 제어이다.

50. 다음과 같은 두 개의 교류전압이 있다. 두 개의 전압은 서로 어느 정도의 시간차를 가지고 있는가?

$$v_1 = 10\cos 10t, \; v_2 = 10\cos 5t$$

① 약 0.25초   ② 약 0.46초
③ 약 0.63초   ④ 약 0.72초

[해설] $\omega_1 = 10$, $T_1 = \dfrac{2\pi}{\omega_1} = \dfrac{2\pi}{10} = 0.2\pi$

$\omega_2 = 5$, $T_2 = \dfrac{2\pi}{\omega_2} = \dfrac{2\pi}{5} = 0.4\pi$

$T_2 - T_1 = 0.2\pi = 0.628 ≒ 0.63$초

51. 다음 그림과 같은 계통의 전달함수는 어느 것인가?

① $\dfrac{G_1 G_2}{1 + G_1 G_2}$

② $\dfrac{G_1 G_2}{1 + G_1 + G_2 G_3}$

③ $\dfrac{G_1 G_2}{1 + G_2 + G_1 G_2 G_3}$

④ $\dfrac{G_1 G_2}{1 + G_1 G_2 + G_2 G_3}$

[해설] $R \dfrac{G_1 G_2}{1 + G_2} = C\left(1 + \dfrac{G_1 G_2 G_3}{1 + G_2}\right)$

$\dfrac{C}{R} = \dfrac{\dfrac{G_1 G_2}{1 + G_2}}{1 + \dfrac{G_1 G_2 G_3}{1 + G_2}}$

$= \dfrac{G_1 G_2}{1 + G_2} \cdot \dfrac{1 + G_2}{1 + G_2 + G_1 G_2 G_3}$

$= \dfrac{G_1 G_2}{1 + G_2 + G_1 G_2 G_3}$

52. 평행판 간격을 처음의 2배로 증가시킬 경우 정전용량 값은?

① $\dfrac{1}{2}$로 된다.   ② 2배로 된다.
③ $\dfrac{1}{4}$로 된다.   ④ 4배로 된다.

[해설] $C = \varepsilon \dfrac{S}{d}$

여기서, C : 정전용량
d : 전극판 간격
S : 전극판 단면적
ε : 유전율

정답 49. ④ 50. ③ 51. ③ 52. ①

53. 내부저항 r인 전류계의 측정범위를 n배로 확대하려면 전류계에 접속하는 분류기 저항(Ω)값은?

① nr ② $\dfrac{r}{n}$

③ $(n-1)r$ ④ $\dfrac{r}{(n-1)}$

[해설] 분류기는 큰 전류 측정을 위해 저항을 병렬연결하여 작은 전류를 측정하여 배수로 구한다. n은 저항값에 의해 결정되며 다음과 같다.

$n = \dfrac{R_1 + R_2}{R_1}$

이때 R_2가 고정되어 있을 때, 원하는 n값에 따라 필요한 R_1값은 다음과 같다.

$R_1 = \dfrac{R_2}{n-1}$

54. 그림과 같은 계전기 접점회로의 논리식은?

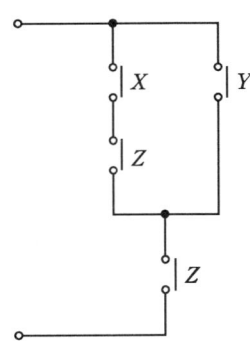

① $XZ + Y$ ② $(X+Y)Z$
③ $(X+Z)Y$ ④ $X+Y+Z$

[해설] $(XZ+Y)Z = (X+Y)Z$

55. 전달함수 $G(s) = \dfrac{s+b}{s+a}$를 갖는 회로가 진상 보상회로의 특성을 갖기 위한 조건으로 옳은 것은?

① $a > b$ ② $a < b$
③ $a > 1$ ④ $b > 1$

[해설] 진상 보상회로는 출력을 빠르게 하는 회로로서 분모의 상수값이 분자의 상수값보다 커야 한다.

56. 예비전원으로 사용되는 축전지의 내부 저항을 측정할 때 가장 적합한 브리지는 어느 것인가?

① 캠벨 브리지
② 맥스웰 브리지
③ 휘트스톤 브리지
④ 콜라우시 브리지

[해설] 콜라우시 브리지는 휘트스톤 브리지의 일종으로 비례변에 미끄럼 저항선을 사용하고, 전원에 가청 주파수의 교류를 사용하는 브리지이다. 전지의 내부 저항이나 전해액의 도전율 등의 측정에 사용된다.

57. 물 20 L를 15℃에서 60℃로 가열하려고 한다. 이때 필요한 열량은 몇 kJ인가? (단, 가열 시 손실은 없는 것으로 한다.)

① 1700 ② 2950
③ 3780 ④ 4000

[해설] $Q = GC(T_2 - T_1)$
$= 20 \times 4.2 \times (60-15) = 3780$ kJ

58. 다음 중 제어하려는 물리량을 무엇이라 하는가?

① 제어 ② 제어량
③ 물질량 ④ 제어대상

[해설] 제어량(controlled variable)은 제어를 받는 제어계의 출력량으로서 제어대상에 속하는 양이다.

59. 전동기에 일정 부하를 걸어 운전 시 전동기 온도 변화로 옳은 것은?

[정답] 53. ④ 54. ② 55. ① 56. ④ 57. ③ 58. ② 59. ④

①

②

③

④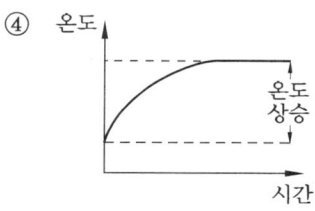

[해설] 전동기에 일정 부하를 걸어 운전 시 전동기 온도 변화는 상승 후 일정한 온도를 유지해야 한다.

60. 서보 드라이브에서 펄스로 지령하는 제어운전은?
① 위치제어운전 ② 속도제어운전
③ 토크제어운전 ④ 변위제어운전

제4과목 유지보수공사관리

61. 배관용 보온재의 구비 조건에 관한 설명으로 틀린 것은?
① 내열성이 높을수록 좋다.
② 열전도율이 작을수록 좋다.
③ 비중이 작을수록 좋다.
④ 흡수성이 클수록 좋다.

[해설] 보온재는 내습성, 내수성이 양호해야 한다.

62. 가열기에서 최고위 급탕 전까지 높이가 12 m이고, 급탕온도가 85℃, 복귀탕의 온도가 70℃일 때, 자연 순환수두(mmAq)는? (단, 85℃일 때 밀도는 0.96876 kg/L이고, 70℃일 때 밀도는 0.97781 kg/L이다.)
① 70.5   ② 80.5
③ 90.5   ④ 108.6

[해설] $P_1 - P_2 = h \times (\rho_1 - \rho_2)$
$= 12 \text{ m} \times (0.97781 - 0.96876) \times 1000 \text{ L/m}^3$
$= 108.6 \text{ kg/m}^2 = 108.6 \text{ mmAq}$

63. 관경 100 A인 강관을 수평주관으로 시공할 때 다음 중 지지 간격으로 가장 적절한 것은?
① 2 m 이내   ② 4 m 이내
③ 8 m 이내   ④ 12 m 이내

64. 상수 및 급탕배관에서 상수 이외의 배관 또는 장치가 접속되는 것을 무엇이라고 하는가?
① 크로스 커넥션   ② 역압 커넥션
③ 사이펀 커넥션   ④ 에어갭 커넥션

[해설] 크로스 커넥션이란 급탕배관과 배수배관 같이 서로 상이한 목적의 관들이 서로 연결되어 수질이 저하되는 것을 방지하는 나사 형성의 이음이다.

65. 보온재를 유기질과 무기질로 구분할 때, 다음 중 성질이 다른 하나는?
① 우모펠트   ② 규조토

[정답] 60. ① 61. ④ 62. ④ 63. ② 64. ① 65. ①

③ 탄산마그네슘　　④ 슬래그 섬유
[해설] 우모펠트는 유기질 보온재이며 ②, ③, ④항은 무기질 보온재이다.

66. 도시가스의 공급설비 중 가스 홀더의 종류가 아닌 것은?
① 유수식　　② 중수식
③ 무수식　　④ 고압식
[해설] 가스홀더는 일시적으로 가스를 저장하였다가 피크 시 공급하는 것으로 유수식, 무수식, 고압식 등이 있다.

67. 다음 중 냉매 배관 시 주의사항으로 틀린 것은?
① 배관은 가능한 간단하게 한다.
② 배관의 굽힘을 적게 한다.
③ 배관에 큰 응력이 발생할 염려가 있는 곳에서 루프 배관을 한다.
④ 냉매의 열손실을 방지하기 위해 바닥에 매설한다.
[해설] 냉매 배관은 흐름에 방해를 받지 않게 주로 반자 속에 설치한다.

68. 냉각 레그(cooling leg) 시공에 대한 설명으로 틀린 것은?
① 관경은 증기 주관보다 한 치수 크게 한다.
② 냉각 레그와 환수관 사이에는 트랩을 설치하여야 한다.
③ 응축수를 냉각하여 재증발을 방지하기 위한 배관이다.
④ 보온피복을 할 필요가 없다.
[해설] 냉각 레그(cooling leg)는 건조 환수법에 있어 증기관 끝에서부터 트랩에 이르는 배관으로 관내의 증기를 냉각, 응축시키며 증기 주관보다 작은 치수를 선택한다.

69. 기체 수송 설비에서 압축공기 배관의 부속장치가 아닌 것은?
① 후부냉각기　　② 공기여과기
③ 안전밸브　　④ 공기빼기밸브
[해설] 공기빼기밸브는 온수난방에서 수격작용을 방지하기 위해 설치한다.

70. 다음 중 가스설비에 관한 설명으로 틀린 것은?
① 일반적으로 사용되고 있는 가스유량 중 1시간당 최댓값을 설계유량으로 한다.
② 가스미터는 설계유량을 통과시킬 수 있는 능력을 가진 것을 선정한다.
③ 배관 관경은 설계유량이 흐를 때 배관의 끝부분에서 필요한 압력이 확보될 수 있도록 한다.
④ 일반적으로 공급되고 있는 천연가스에는 일산화탄소가 많이 함유되어 있다.
[해설] 천연가스의 주성분은 메탄가스이며 일산화탄소는 독성, 가연성으로 가급적 사용하지 않는다.

71. 다음 중 증기트랩에 관한 설명으로 옳은 것은?
① 플로트 트랩은 응축수나 공기가 자동적으로 환수관에 배출되며, 저·고압에 쓰이고 형식에 따라 앵글형과 스트레이트형이 있다.
② 열동식 트랩은 고압, 중압의 증기관에 적합하며, 환수관을 트랩보다 위쪽에 배관할 수도 있고, 형식에 따라 상향식과 하향식이 있다.
③ 임펄스 증기 트랩은 실린더 속의 온도변화에 따라 연속적으로 밸브가 개폐하며, 작동 시 구조상 증기가 약간 새는

[정답] 66. ② 67. ④ 68. ① 69. ④ 70. ④ 71. ③

결점이 있다.
④ 버킷 트랩은 구조상 공기를 함께 배출하지 못하지만 다량의 응축수를 처리하는데 적합하며, 다량 트랩이라고 한다.

[해설] ① 플로트 트랩은 연속적 배출이 가능하며 응축수 유입에 따라 플로트 작동으로 오리피스 개폐가 된다.
② 열동식 트랩은 열의 고저에 의한 팽창이나 수축 작용으로 벨로스 하부의 밸브를 개폐시키며 고온 증기에서는 팽창하여 밸브를 닫고, 저온 응축수나 공기에서는 수축하여 밸브를 열어 환수관에 보낸다.
④ 버킷 트랩은 간헐적 배출이며 기체가 우선적으로 배출되어야 응축수 배출이 가능하다.

72. 다음 중 폴리에틸렌관의 이음 방법이 아닌 것은?
① 콤포 이음 ② 융착 이음
③ 플랜지 이음 ④ 테이퍼 이음

[해설] 콤포 이음은 콘크리트관 이음에 사용한다.

73. 동일 구경의 관을 직선 연결할 때 사용하는 관 이음 재료가 아닌 것은?
① 소켓 ② 플러그
③ 유니언 ④ 플랜지

[해설] 플러그는 배관의 끝부분을 막는 캡의 일종이다.

74. 열교환기 입구에 설치하여 탱크 내의 온도에 따라 밸브를 개폐하며, 열매의 유입량을 조절하여 탱크 내의 온도를 설정 범위로 유지시키는 밸브는?
① 감압 밸브
② 플랩 밸브
③ 바이패스 밸브
④ 온도 조절 밸브

[해설] 온도 조절 밸브 : 온수 탱크, 열교환기, 중유 가열기 등의 가열용 유체 공급관에 부착된 것으로, 조절부에 삽입하고 일정한 온도 이상이 되면 밸브를 작동시켜 가열용 유체의 유입을 조절하여 피가열체의 온도를 일정하게 유지시킨다.

75. 급수배관 내에 공기실을 설치하는 주된 목적은?
① 공기밸브를 작게 하기 위하여
② 수압시험을 원활하기 위하여
③ 수격작용을 방지하기 위하여
④ 관내 흐름을 원활하게 하기 위하여

[해설] 급수배관 내에 공기가 존재하면 흐름을 저해하고 수격작용을 일으킨다.

76. 다음 보기에서 설명하는 통기관 설비 방식과 특징으로 적합한 방식은?

〈보 기〉
㉠ 배수관의 청소구 위치로 인해서 수평관이 구부러지지 않게 시공한다.
㉡ 배수 수평 분기관이 수평주관의 수위에 잠기면 안 된다.
㉢ 배수관의 끝 부분은 항상 대기 중에 개방되도록 한다.
㉣ 이음쇠를 통해 배수에 선회력을 주어 관내 통기를 위한 공기 코어를 유지하도록 한다.

① 섹스티아(sextia) 방식
② 소벤트(sovent) 방식
③ 각개통기 방식
④ 신정통기 방식

[해설] 섹스티아(sextia) 방식은 한 개의 배수 입관에서 배수와 통풍을 하도록 한 배관 방식이다.

정답 72. ① 73. ② 74. ④ 75. ③ 76. ①

77. 25 mm 강관의 용접이음용 숏(short) 엘보의 곡률 반지름(mm)은 얼마 정도로 하면 되는가?

① 25
② 37.5
③ 50
④ 62.5

[해설] 숏(short) 엘보의 곡률 반지름은 관지름과 동일하게 한다.

78. 다음 중 배수설비와 관련된 용어는 어느 것인가?

① 공기실(air chamber)
② 봉수(seal water)
③ 볼탭(ball tap)
④ 드렌쳐(drencher)

[해설] 봉수는 세면기, 양변기 등에 물이 고여 악취나 벌레 등이 들어오는 것을 방지하는 역할을 한다.

79. 도시가스 계량기($30 \, m^3/h$ 미만)의 설치 시 바닥으로부터 설치 높이로 가장 적합한 것은? (단, 설치 높이의 제한을 두지 않는 특정장소는 제외한다.)

① 0.5 m 이하
② 0.7 m 이상 1 m 이내
③ 1.6 m 이상 2 m 이내
④ 2 m 이상 2.5 m 이내

[해설] 가스 계량기는 사람의 눈높이에서 계측이 가능해야 하므로 바닥으로부터 1.6 m 이상 2 m 이내로 설치한다.

80. 진공환수식 증기난방 배관에 대한 설명으로 틀린 것은?

① 배관 도중에 공기빼기밸브를 설치한다.
② 배관 기울기를 작게 할 수 있다.
③ 리프트 피팅에 의해 응축수를 상부로 배출할 수 있다.
④ 응축수의 유속이 빠르게 되므로 환수관을 가늘게 할 수 있다.

[정답] 77. ① 78. ② 79. ③ 80. ①

CBT 실전테스트 (6)

※ 최근 출제문제를 수검자의 기억의 의해 재구성하였습니다.

제1과목　에너지관리

1. 난방부하가 27300 kJ/h인 어떤 방에 대해 온수난방을 하고자 한다. 방열기의 상당방열면적(m^2)은?
① 6.7　　② 8.4
③ 10　　④ 14.4

[해설] $EDR = \dfrac{27300\,kJ/h}{1890\,kJ/h \cdot m^2} = 14.4\,m^2$

※ 온수난방 1 EDR = 1890 kJ/h · m^2

2. 다음 중 감습(제습)장치의 방식이 아닌 것은?
① 흡수식　　② 감압식
③ 냉각식　　④ 압축식

[해설] 감습(제습)장치의 방식에는 흡수식, 흡착식, 냉각식, 압축식 등이 있다.

3. 실내 설계온도 26℃인 사무실의 실내유효 현열부하는 20.42 kW, 실내유효 잠열부하는 4.27 kW이다. 냉각코일의 장치 노점온도는 13.5℃, 바이패스 팩터가 0.1일 때, 송풍량(L/s)은? (단, 공기의 밀도는 1.2 kg/m^3, 정압비열은 1.006 kJ/kg · K 이다.)
① 1350　　② 1503
③ 12530　　④ 13532

[해설] $Q_s = Q \cdot \gamma \cdot C_p \cdot dt$
(1 kW = 1 kJ/s = 1 kN · m/s)
20.42 kJ/s = Q × 1.2 × 1.006 × (26 − 13.5) × 0.9
∴ Q = 1.50357 m^3/s ≒ 1503.57 L/s

4. 유효온도(effective temperature)의 3요소는?
① 밀도, 온도, 비열
② 온도, 기류, 밀도
③ 온도, 습도, 비열
④ 온도, 습도, 기류

[해설] 유효온도의 3요소 : 온도, 습도, 기류 + 복사열(4요소)

5. 배출가스 또는 배기가스 등의 열을 열원으로 하는 보일러는?
① 관류보일러　　② 폐열보일러
③ 입형보일러　　④ 수관보일러

[해설] 폐열보일러는 배출가스 또는 배기가스 등의 열로 급수, 급탕 배관을 가열한다.

6. 공기조화설비의 구성에서 각종 설비별 기기로 바르게 짝지어진 것은?
① 열원설비-냉동기, 보일러, 히트펌프
② 열교환설비-열교환기, 가열기
③ 열매 수송설비-덕트, 배관, 오일펌프
④ 실내유닛-토출구, 유인유닛, 자동제어 기기

[해설] • 열교환기 : 공기냉각기, 공기가열기
• 열매 수송설비 : 덕트, 배관, 송풍기(fan)

7. 덕트의 분기점에서 풍량을 조절하기 위하여 설치하는 댐퍼는?
① 방화 댐퍼　　② 스플릿 댐퍼
③ 피벗 댐퍼　　④ 터닝 베인

8. 냉방부하 계산 결과 실내 취득열량은 q_R, 송풍기 및 덕트 취득열량은 q_F, 외기부하

정답　1. ④　2. ②　3. ②　4. ④　5. ②　6. ①　7. ②　8. ③

는 q_O, 펌프 및 배관 취득열량은 q_p일때, 공조기 부하를 바르게 나타낸 것은?

① $q_R+q_O+q_p$ ② $q_F+q_O+q_p$
③ $q_R+q_O+q_F$ ④ $q_R+q_p+q_F$

[해설] 펌프는 냉각수 순환펌프, 보일러 환수펌프 등이 있으나 냉방부하에는 포함되지 않는다.

9. 다음 공조 방식 중에서 전공기 방식에 속하지 않는 것은?

① 단일 덕트 방식
② 이중 덕트 방식
③ 팬코일 유닛 방식
④ 각층 유닛 방식

[해설] 팬코일 유닛 방식은 수방식에 해당된다.

10. 다음 중 온수보일러의 수두압을 측정하는 계기는?

① 수고계   ② 수면계
③ 수량계   ④ 수위 조절기

[해설] 수두압은 물의 높이이기 때문에 수고계로 측정한다.

11. 공기조화방식을 결정할 때에 고려할 요소로 가장 거리가 먼 것은?

① 건물의 종류
② 건물의 안정성
③ 건물의 규모
④ 건물의 사용목적

[해설] 건물의 안정성은 건축에 해당되며 공기조화방식과는 무관하다.

12. 증기난방방식에서 환수주관을 보일러 수면보다 높은 위치에 배관하는 환수배관 방식은?

① 습식환수방법   ② 강제환수방식
③ 건식환수방식   ④ 중력환수방식

[해설] • 환수주관이 보일러 수면보다 높은 위치 : 건식 환수방식
• 환수주관이 보일러 수면보다 낮은 위치 : 습식 환수방식

13. 온수난방설비에 사용되는 팽창탱크에 대한 설명으로 틀린 것은?

① 밀폐식 팽창탱크의 상부 공기층은 난방장치의 압력변동을 완화하는 역할을 할 수 있다.
② 밀폐식 팽창탱크는 일반적으로 개방식에 비해 탱크 용적을 크게 설계해야 한다.
③ 개방식 탱크를 사용하는 경우는 장치 내의 온수온도를 85℃ 이상으로 해야 한다.
④ 팽창탱크는 난방장치가 정지하여도 일정압 이상으로 유지하여 공기 침입 방지 역할을 한다.

[해설] 개방식 팽창탱크는 100℃ 이하 저온수를 사용하는 곳에 적합하다.

14. 냉수코일 설계상 유의사항으로 틀린 것은?

① 코일의 통과 풍속은 2~3 m/s로 한다.
② 코일의 설치는 관이 수평으로 놓이게 한다.
③ 코일 내 냉수속도는 2.5 m/s 이상으로 한다.
④ 코일의 출입구 수온 차이는 5~10℃ 전후로 한다.

[해설] 냉수 속도는 1 m/s 정도이다.

15. 가열로(加熱爐)의 벽 두께가 80 mm이다. 벽의 안쪽과 바깥쪽의 온도차는 32℃, 벽의 면적은 60 m², 벽의 열전도율은 168 kJ/m·h·℃일 때, 시간당 방열량(kJ/h)은 얼마인가?

① 2870000   ② 3254000
③ 4032000   ④ 5590000

[정답] 9. ③ 10. ① 11. ② 12. ③ 13. ③ 14. ③ 15. ③

[해설] $Q = \dfrac{168\,\text{kJ/m}\cdot\text{h}\cdot\text{℃}}{0.08\,\text{m}} \times 60\,\text{m}^2 \times 32\,\text{℃}$
$= 4032000\,\text{kJ/h}$

16. 다음 중 온수난방과 가장 거리가 먼 것은?
① 팽창탱크　　② 공기빼기밸브
③ 관말트랩　　④ 순환펌프
[해설] 증기난방에서 응축수를 빼기 위해 관말 트랩을 사용한다.

17. 공기조화방식 중 혼합상자에서 적당한 비율로 냉풍과 온풍을 자동적으로 혼합하여 각 실에 공급하는 방식은?
① 중앙식
② 2중 덕트 방식
③ 유인 유닛 방식
④ 각층 유닛 방식
[해설] 냉풍덕트와 온풍덕트를 각각 사용하는 것을 2중 덕트 방식이라 한다.

18. 다음의 공기조화 장치에서 냉각코일부하를 올바르게 표현한 것은? (단, G_F는 외기량(kg/h)이며, G는 전풍량(kg/h)이다.)

① $G_F(h_1 - h_3) + G_F(h_1 - h_2) + G(h_2 - h_5)$
② $G(h_1 - h_3) - G_F(h_1 - h_3) + G_F(h_2 - h_5)$
③ $G_F(h_1 - h_2) - G_F(h_1 - h_3) + G(h_2 - h_5)$
④ $G(h_1 - h_2) + G_F(h_1 - h_3) + G_F(h_2 - h_5)$
[해설] 냉각코일부하 = 외기부하 − 실내부하
$= G_F(h_3 - h_2) + G(h_2 - h_5)$

19. 온풍난방의 특징에 대한 설명으로 틀린 것은?
① 예열시간이 짧아 간헐운전이 가능하다.
② 실내 상하의 온도차가 커서 쾌적성이 떨어진다.
③ 소음 발생이 비교적 크다.
④ 방열기, 배관 설치로 인해 설비비가 비싸다.
[해설] 온풍난방은 방열기, 배관이 필요하지 않으며 설치면적이 작고 열효율이 높다.

20. 에어와셔를 통과하는 공기의 상태변화에 대한 설명으로 틀린 것은?
① 분무수의 온도가 입구공기의 노점온도보다 낮으면 냉각 감습된다.
② 순환수를 분무하면 공기는 냉각가습되어 엔탈피가 감소한다.
③ 증기분무를 하면 공기는 가열가습되고 엔탈피도 증가한다.
④ 분무수의 온도가 입구공기 노점온도보다 높고 습구온도보다 낮으면 냉각가습된다.
[해설] 순환수를 분무하면 공기는 냉각가습되며 엔탈피는 거의 변함이 없다.

제2과목　공조냉동설계

21. 1대 압축기로 증발온도를 −30℃ 이하의 저온도로 만들 경우 일어나는 현상이

아닌 것은?
① 압축기 체적효율의 감소
② 압축기 토출 증기의 온도 상승
③ 압축기의 단위흡입체적당 냉동효과 상승
④ 냉동능력당의 소요동력 증대

[해설] 온도가 낮아지면 흡입가스 비체적 증가로 냉동효과가 감소한다.

22. 제빙장치에서 135 kg용 빙관을 사용하는 냉동장치와 가장 거리가 먼 것은?
① 헤어 핀 코일
② 브라인 펌프
③ 공기교반장치
④ 브라인 아지테이터(agitator)

[해설] 브라인 교반기에 의해 브라인이 순환하며 브라인 펌프는 사용하지 않는다.

23. 모세관 팽창밸브의 특징에 대한 설명으로 옳은 것은?
① 가정용 냉장고 등 소용량 냉동장치에 사용된다.
② 베이퍼 로크 현상이 발생할 수 있다.
③ 내부균압관이 설치되어 있다.
④ 증발부하에 따라 유량 조절이 가능하다.

[해설] 모세관 팽창밸브는 유량 제어가 되지 않아 부하 변동이 작은 소형 냉동장치에 주로 사용한다.

24. 증발기에서의 착상이 냉동장치에 미치는 영향에 대한 설명으로 옳은 것은?
① 압축비 및 성적계수 감소
② 냉각능력 저하에 따른 냉장실내 온도 강하
③ 증발온도 및 증발압력 강하
④ 냉동능력에 대한 소요동력 감소

[해설] 착상은 증발기 코일에 서리가 부착되어 피냉각체와의 열교환을 방해하므로 증발압력이 저하되며 이로 인하여 증발온도 또한 저하된다.

25. 냉동능력이 7 kW인 냉동장치에서 수랭식 응축기의 냉각수 입·출구 온도차가 8°C인 경우, 냉각수의 유량(kg/h)은? (단, 압축기의 소요동력은 2 kW이다.)
① 630
② 750
③ 860
④ 964

[해설] $(7+2)\,\text{kJ/s} \times 3600\,\text{s/h}$
$= G \times 4.2\,\text{kJ/kg} \cdot \text{°C}$
$\therefore G = 964.29\,\text{kg/h}$

26. 다음 중 냉동에 관한 설명으로 옳은 것은?
① 팽창밸브에서 팽창 전후의 냉매 엔탈피 값은 변한다.
② 단열압축은 외부와의 열의 출입이 없기 때문에 단열압축 전후의 냉매 온도는 변한다.
③ 응축기 내에서 냉매가 버려야 하는 열은 현열이다.
④ 현열에는 응고열, 융해열, 응축열, 증발열, 승화열 등이 있다.

[해설] ① 팽창밸브에서의 변화는 단열변화이므로 팽창밸브 전후의 엔탈피 변화는 없다.
③ 응축기에서는 응축 잠열에 의해 냉매가 액화된다.
④ 응고열, 융해열, 응축열, 증발열, 승화열은 모두 잠열이다.

27. 암모니아를 사용하는 2단압축 냉동기에 대한 설명으로 틀린 것은?
① 증발온도가 −30°C 이하가 되면 일반적으로 2단압축 방식을 사용한다.

정답 22. ② 23. ① 24. ③ 25. ④ 26. ② 27. ④

② 중간냉각기의 냉각방식에 따라 2단압축 1단팽창과 2단압축 2단팽창으로 구분한다.
③ 2단압축 1단팽창 냉동기에서 저단측 냉매와 고단측 냉매는 서로 같은 종류의 냉매를 사용한다.
④ 2단압축 2단팽창 냉동기에서 저단측 냉매와 고단측 냉매는 서로 다른 종류의 냉매를 사용한다.

[해설] 2단압축은 모두 동일한 냉매를 사용하며 2원 냉동기의 경우 고단과 저단의 냉매가 다르다.

28. $P-h$ 선도(압력-엔탈피)에서 나타내지 못하는 것은?
① 엔탈피 ② 습구온도
③ 건조도 ④ 비체적

[해설] 습구온도는 습공기 선도에서 나타난다.

29. 냉동장치가 정상적으로 운전되고 있을 때에 관한 설명으로 틀린 것은?
① 팽창밸브 직후의 온도는 직전의 온도보다 낮다.
② 크랭크 케이스 내의 유온은 증발온도보다 높다.
③ 응축기의 냉각수 출구온도는 응축온도보다 높다.
④ 응축온도는 증발온도보다 높다.

[해설] 냉각수 입구온도는 응축온도보다 10℃ 정도 낮은 온도를 채택하며 냉각수 입출구 온도는 4~5℃ 차이가 난다.

30. 만액식 증발기를 사용하는 R134a용 냉동장치가 아래와 같다. 이 장치에서 압축기의 냉매 순환량이 0.2 kg/s이며, 이론 냉동 사이클의 각 점에서의 엔탈피가 아래 표와 같을 때, 이론 성능계수(COP)는? (단, 배관의 열손실은 무시한다.)

$h_1 = 393 \text{ kJ/kg}$	$h_2 = 440 \text{ kJ/kg}$
$h_3 = 230 \text{ kJ/kg}$	$h_4 = 230 \text{ kJ/kg}$
$h_5 = 185 \text{ kJ/kg}$	$h_6 = 185 \text{ kJ/kg}$
$h_7 = 385 \text{ kJ/kg}$	

① 1.98 ② 2.39
③ 2.87 ④ 3.47

[해설] $COP = \dfrac{Q}{AW} = \dfrac{(393-230)}{(440-393)} = 3.468$

31. 냉동장치 내 공기가 혼입되었을 때, 나타나는 현상으로 옳은 것은?
① 응축기에서 소리가 난다.
② 응축온도가 떨어진다.
③ 토출온도가 높다.
④ 증발압력이 낮아진다.

[해설] 불응축가스(공기)가 침투하게 되면 공기의 분압만큼 응축압력이 증가하게 되고 압축기 소요동력이 증가하며 토출가스 온도가 상승하게 된다.

32. 빙축열 설비의 특징에 대한 설명으로 틀린 것은?
① 축열조의 크기를 소형화할 수 있다.
② 값싼 심야전력을 사용하므로 운전비용이 절감된다.

③ 자동화 설비에 의한 최적화 운전으로 시스템의 운전효율이 높다.
④ 제빙을 위한 냉동기 운전은 냉수취출을 위한 운전보다 증발온도가 높기 때문에 소비동력이 감소한다.

[해설] ④항은 수축열에 대한 설명이다.

33. 공비 혼합물(azeotrope) 냉매의 특성에 관한 설명으로 틀린 것은?
① 서로 다른 할로카본 냉매들을 혼합하여 서로의 결점이 보완되는 냉매를 얻을 수 있다.
② 응축압력과 압축비를 줄일 수 있다.
③ 대표적인 냉매로 R407C와 R410A가 있다.
④ 각각의 냉매를 적당한 비율로 혼합하면 혼합물의 비등점이 일치할 수 있다.

[해설] 공비혼합물(azeotrope) 냉매는 R-500~R-503까지 존재한다.

34. 암모니아 냉동장치에서 피스톤 압출량 120 m³/h의 압축기가 아래 선도와 같은 냉동사이클로 운전되고 있을 때 압축기의 소요동력(kW)은?

① 8.7　　② 10.9
③ 12.9　　④ 15.2

[해설] $H_{kW} = \dfrac{V_a \times \eta_V}{V} \times AW$

$= \dfrac{120\,\text{m}^3/\text{h}}{0.624\,\text{m}^3/\text{kg}} \times (1902.6 - 1661.1)\,\text{kJ/kg}$

$\times 1\,\text{h}/3600\,\text{s} = 12.90\,\text{kJ/s} = 12.90\,\text{kW}$

35. 다음 중 모세관의 압력강하가 가장 큰 경우는?
① 직경이 가늘고 길수록
② 직경이 가늘고 짧을수록
③ 직경이 굵고 짧을수록
④ 직경이 굵고 길수록

[해설] 모세관 팽창밸브는 관경이 가늘수록 길이가 길수록 압력강하가 심하게 일어난다.

36. 물을 냉매로 하고 LiBr을 흡수제로 하는 흡수식 냉동장치에서 장치의 성능을 향상시키기 위하여 열교환기를 설치하였다. 이 열교환기의 기능을 가장 잘 나타낸 것은?
① 발생기 출구 LiBr 수용액과 흡수기 출구 LiBr 수용액의 열교환
② 응축기 입구 수증기와 증발기 출구 수증기의 열교환
③ 발생기 출구 LiBr 수용액과 응축기 출구 물의 열교환
④ 흡수기 출구 LiBr 수용액과 증발기 출구 수증기의 열교환

[해설] 발생기 출구의 농도가 묽고 온도가 높은 LiBr 수용액과 흡수기 출구의 농도가 진하고 온도가 낮은 LiBr 수용액의 열교환이 이루어진다.

37. 다음 응축기 중 열통과율이 가장 작은 형식은? (단, 동일 조건 기준으로 한다.)
① 7통로식 응축기
② 입형 셸 튜브식 응축기
③ 공랭식 응축기
④ 2중관식 응축기

[해설] 공랭식 응축기의 열교환은 동절기에는 양호하나 하절기에는 많이 저하된다. 용량이 큰 냉동기의 경우 수랭식 응축기를 이용한다.

[정답] 33. ③　34. ③　35. ①　36. ①　37. ③

38. 흡수식 냉동기에서 재생기에 들어가는 희용액의 농도가 50 %, 나오는 농용액의 농도가 65 %일 때, 용액순환비는? (단, 흡수기의 냉각열량은 3066 kJ/kg이다.)

① 2.5 ② 3.7
③ 4.3 ④ 5.2

[해설] 용액순환비 = $\dfrac{E_2}{(E_2 - E_1)} = \dfrac{65}{(65 - 50)}$
= 4.33

39. 다음 중 냉매에 관한 설명으로 옳은 것은?

① 냉매표기 R+xyz 형태에서 xyz는 공비 혼합 냉매 경우 400번대, 비공비 혼합 냉매 경우 500번대로 표시한다.
② R502는 R22와 R113과의 공비 혼합 냉매이다.
③ 흡수식 냉동기는 냉매로 NH_3와 R-11이 일반적으로 사용된다.
④ R1234yf는 HFO 계열의 냉매로서 지구온난화지수(GWP)가 매우 낮아 R134a의 대체 냉매로 활용 가능하다.

[해설] ① 공비 혼합 냉매는 500번대이다.
② R-502 = R-115 + R-22이다.
③ 흡수식 냉동기의 냉매는 물과 암모니아를 사용한다.

40. 냉동기 중 공급 에너지원이 동일한 것끼리 짝지어진 것은?

① 흡수 냉동기, 압축기체 냉동기
② 증기분사 냉동기, 증기압축 냉동기
③ 압축기체 냉동기, 증기분사 냉동기
④ 증기분사 냉동기, 흡수 냉동기

[해설] 증기분사 냉동기, 흡수 냉동기는 물을 냉매로 사용하며 증기압축 냉동기는 프레온과 암모니아를 냉매로 사용한다.

제3과목 **시운전 및 안전관리**

41. 그림과 같이 철심에 두 개의 코일 C_1, C_2를 감고 코일 C_1에 흐르는 전류 I에 ΔI만큼의 변화를 주었다. 이때 일어나는 현상에 대한 설명으로 옳지 않은 것은?

① 코일 C_2에서 발생하는 기전력 e_2는 렌츠의 법칙에 의하여 설명이 가능하다.
② 코일 C_1에서 발생하는 기전력 e_1은 자속의 시간 미분값과 코일의 감은 횟수의 곱에 비례한다.
③ 전류의 변화는 자속의 변화를 일으키며, 자속의 변화는 코일 C_1에 기전력 e_1을 발생시킨다.
④ 코일 C_2에서 발생하는 기전력 e_2와 전류 I의 시간 미분값의 관계를 설명해 주는 것이 자기 인덕턴스이다.

[해설] 자기 인덕턴스$(L) = \dfrac{\phi}{I}$이다. 여기서, ϕ는 도선 주위에 생기는 자속이며 I는 전류이다. 자기 인덕턴스는 전류의 크기에 상관없는 도선의 형태에 의해서만 결정된다. 따라서 권수 n인 코일의 인덕턴스 L은 자속을 ϕ[Wb], 전류를 I[A]로 하면 $L = \dfrac{\phi n}{I}$ [H]이다.

42. 그림과 같은 제어에 해당하는 것은?

① 개방 제어 ② 시퀀스 제어
③ 개루프 제어 ④ 폐루프 제어

43. 물체의 위치, 방위, 자세 등의 기계적 변위를 제어량으로 하여 목표값의 임의의 변화에 항상 추종되도록 구성된 제어장치는?
① 서보 기구 ② 자동조정
③ 정치 제어 ④ 프로세스 제어

[해설] (1) 정치 제어 : 목표치가 일정한 제어를 말한다. 예를 들면 온도를 일정하게 한다든가 속도를 일정하게 한다든가 하는 경우이다. 프로세스 제어나 자동조정에서는 이 방식이 특히 많다.
(2) 추치 제어 : 목표치가 임의의 변화를 하는 제어를 말한다. 서보 기구가 이것에 해당된다.
(3) 프로그램 제어 : 목표치가 처음에 정해진 변화를 하는 경우를 말한다. 열처리로의 온도제어, 무인 엘리베이터의 자동제어, 자동 공작기계 등이 해당된다.

44. 다음 중 무인 엘리베이터의 자동제어로 가장 적합한 것은?
① 추종 제어
② 정치 제어
③ 프로그램 제어
④ 프로세스 제어

[해설] 문제 43번 해설 참조

45. 다음의 논리식을 간단히 한 것은?

$$X = \overline{A}\overline{B}C + \overline{A}B\overline{C} + \overline{A}BC$$

① $\overline{B}(A+C)$ ② $C(A+\overline{B})$
③ $\overline{C}(A+B)$ ④ $\overline{A}(B+C)$

[해설] $X = \overline{A}\overline{B}C + \overline{A}B\overline{C} + \overline{A}BC$
$= \overline{B}(\overline{A}C + \overline{A}\overline{C} + AC)$
$= \overline{B}(A+C)$

46. PLC 프로그래밍에서 여러 개의 입력 신호 중 하나 또는 그 이상의 신호가 ON 되었을 때 출력이 나오는 회로는?
① OR 회로
② AND 회로
③ NOT 회로
④ 자기 유지 회로

47. 단상변압기 2대를 사용하여 3상 전압을 얻고자 하는 결선 방법은?
① Y결선 ② V결선
③ △ 결선 ④ Y-△결선

[해설] V결선은 단상변압기 2대를 직렬 접속해서 1조의 변압기 양단 및 2대의 접속점의 3점을 3상 회로에 접속하여 2대의 단상변압기로 3상 전력을 변성하는 방식의 하나이다.

48. 직류기에서 전압 정류의 역할을 하는 것은?
① 보극
② 보상권선
③ 탄소 브러시
④ 리액턴스 코일

[해설] 보극은 전기자의 반작용을 없애기 위해 주된 자기극인 N극과 S극의 사이에 설치한 소자극이며 소자극(보극)의 권선은 전기자 권선과 직렬로 연결한다. 보극을 설치하면 부하 시에 보극 바로 밑에 있는 전기자 권선이 만드는 자속을 상쇄할 수 있고, 스파크가 생기지 않는 정류를 할 수 있다. 대부분의 직류기에는 보극을 부착한다.

49. 전동기 2차측에 기동저항기를 접속하고 비례 추이를 이용하여 기동하는 전동기는?
① 단상 유도전동기

정답 43. ① 44. ③ 45. ① 46. ① 47. ② 48. ① 49. ③

② 2상 유도전동기
③ 권선형 유도전동기
④ 2중 농형 유도전동기

[해설] (1) 단상 유도전동기는 단상 교류로 운전하는 유도전동기로서 소형으로 0.5 kW 이하에 사용하며 효율이 낮다.
(2) 권선형 유도전동기는 2차권선이 다상권선으로 되어 통상 슬립링 개재하여 그 단자가 외부로 인출되어 있는 유도전동기로서 구조가 복잡하고 고가이며, 효율은 약간 낮지만, 기동 저항 사용에 의해서 양호한 기동 특성이 얻어지고, 또 속도 제어도 가능하다. 2차측으로 흐르는 주파수의 전압을 가하고 여자하여 역률 개선으로 원활한 속도 제어를 할 수도 있다.
(3) 농형 유도전동기는 농형 회전자를 가진 유도전동기로 권선형 유도전동기에 비해서 기동 특성은 떨어지지만 운전 특성은 좋고 조작이 간단하며 가격이 싸다.

50. 100 V, 40 W의 전구에 0.4 A의 전류가 흐른다면 이 전구의 저항은?
① 100 Ω
② 150 Ω
③ 200 Ω
④ 250 Ω

[해설] $R = \dfrac{V}{I} = \dfrac{100}{0.4} = 250\ \Omega$

51. 공작기계의 물품 가공을 위하여 주로 펄스를 이용한 프로그램 제어를 하는 것은 어느 것인가?
① 수치 제어
② 속도 제어
③ PLC 제어
④ 계산기 제어

52. 다음 중 절연저항을 측정하는 데 사용되는 계측기는?
① 메거
② 저항계
③ 켈빈 브리지
④ 휘트스톤 브리지

53. 다음 중 검출용 스위치에 속하지 않는 것은?
① 광전 스위치
② 액면 스위치
③ 리밋 스위치
④ 누름버튼 스위치

[해설] 누름버튼 스위치는 신호용 스위치이다.

54. 다음과 같은 회로에서 i_2가 0이 되기 위한 C의 값은? (단, L은 합성 인덕턴스, M은 상호 인덕턴스이다.)

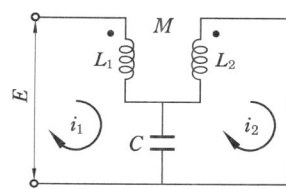

① $\dfrac{1}{\omega L}$
② $\dfrac{1}{\omega^2 L}$
③ $\dfrac{1}{\omega M}$
④ $\dfrac{1}{\omega^2 M}$

[해설] 2차 회로의 전압 방정식은
$$j\omega(L_2 - M)I_2 + j\omega M(I_2 - I_1) + \dfrac{1}{j\omega C}(I_2 - I_1) = 0$$
$$\left(-j\omega M + j\dfrac{1}{\omega C}\right)I_1 + \left(j\omega L_2 + J\dfrac{1}{\omega C}\right)I_2 = 0$$
I_2가 0이 되려면 I_1의 계수가 0이어야 하므로 $-j\omega M + j\dfrac{1}{\omega C} = 0$
$\therefore\ C = \dfrac{1}{\omega^2 M}$

55. 오차 발생시간과 오차의 크기로 둘러싸인 면적에 비례하여 동작하는 것은?
① P 동작
② I 동작
③ D 동작
④ PD 동작

[정답] 50. ④ 51. ① 52. ① 53. ④ 54. ④ 55. ②

56. 개루프 전달함수 $G(s) = \dfrac{1}{s^2+2s+3}$ 인 단위 궤환계에서 단위계단입력을 가하였을 때의 오프셋(off set)은?

① 0
② 0.25
③ 0.5
④ 0.75

[해설] $e_{ss} = \lim\limits_{s \to 0} \dfrac{1}{1+G(s)}$

$= \lim\limits_{s \to 0} \dfrac{1}{1+\dfrac{1}{s^2+2s+3}}$

$= \lim\limits_{s \to 0} \dfrac{s^2+2s+3}{s^2+2s+3+1}$

$= \dfrac{3}{4} = 0.75$

57. 저항 8Ω과 유도 리액턴스 6Ω이 직렬 접속된 회로의 역률은?

① 0.6
② 0.8
③ 0.9
④ 1

[해설] $\theta = \tan^{-1}\dfrac{6}{8} = 36.87$

$\cos 36.87 = 0.8$

58. 다음 중 온도 보상용으로 사용되는 소자는?

① 서미스터
② 배리스터
③ 제너 다이오드
④ 버랙터 다이오드

[해설] 서미스터는 전자부품으로 사용하기 쉬운 저항값과 온도 특성을 가진 반도체로서 온도가 오르면 저항값이 떨어지는 NTC (negative temperature coefficient thermistor), 온도가 올라가면 저항값이 올라가는 PTC(positive temperature coefficient thermistor), 그리고 어떤 온도에서 저항값이 급변하는 CRT(critical temperature resistor)로 분류된다.

59. 다음과 같은 회로에서 a, b 양단자 간의 합성저항은? (단, 그림에서의 저항의 단위는 Ω이다.)

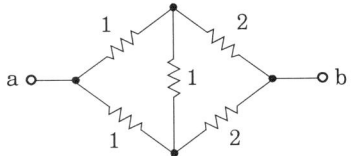

① 1.0Ω
② 1.5Ω
③ 3.0Ω
④ 6.0Ω

[해설] $\dfrac{1}{R_1} = \dfrac{1}{1} + \dfrac{1}{1} = 2$에서 $R_1 = \dfrac{1}{2}$Ω

$\dfrac{1}{R_2} = \dfrac{1}{2} + \dfrac{1}{2} = 1$에서 $R_2 = 1$Ω

∴ $R_T = 1 + \dfrac{1}{2} = 1.5$Ω

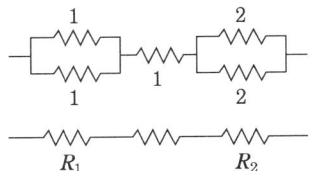

60. 온 오프(on-off) 동작에 관한 설명으로 옳은 것은?

① 응답속도는 빠르나 오프셋이 생긴다.
② 사이클링은 제거할 수 있으나 오프셋이 생긴다.
③ 간단한 단속적 제어동작이고 사이클링이 생긴다.
④ 오프셋은 없앨 수 있으나 응답시간이 늦어질 수 있다.

제4과목 **유지보수공사관리**

61. 도시가스 배관 시 배관이 움직이지 않도록 관지름 13~33 mm 미만의 경우 몇 m마다 고정 장치를 설치해야 하는가?

[정답] 56. ④ 57. ② 58. ① 59. ② 60. ③ 61. ②

① 1 m ② 2 m
③ 3 m ④ 4 m

[해설] • 관지름 13 mm 미만 : 1 m마다
• 관지름 13~33 mm 미만 : 2 m마다
• 관지름 33 mm 이상 : 3 m마다 고정장치 설치

62. 냉매배관에 사용되는 재료에 대한 설명으로 틀린 것은?
① 배관 선택 시 냉매의 종류에 따라 적절한 재료를 선택해야 한다.
② 동관은 가능한 이음매 있는 관을 사용한다.
③ 저압용 배관은 저온에서도 재료의 물리적 성질이 변하지 않는 것으로 사용한다.
④ 구부릴 수 있는 관은 내구성을 고려하여 충분한 강도가 있는 것을 사용한다.

[해설] 동관은 전열이 좋아 프레온 냉매에 사용하며 이음매 없는 관을 사용한다.

63. 동관의 호칭경이 20 A일 때 실제 외경은?
① 15.87 mm ② 22.22 mm
③ 28.57 mm ④ 34.93 mm

[해설] KS 표준 동관 규격

호칭경 A	호칭경 B	외경(mm)
8	1/4	9.52
10	3/8	12.70
15	1/2	15.88
20	3/4	22.22
25	1	28.58
32	$1\frac{1}{4}$	34.92
40	$1\frac{1}{2}$	41.92
50	2	53.98

64. 팬코일 유닛 방식의 배관 방식에서 공급관이 2개이고 환수관이 1개인 방식으로 옳은 것은?
① 1관식 ② 2관식
③ 3관식 ④ 4관식

[해설] 3관식은 공급관이 2개이고 환수관이 1개인 방식으로 난방에서 보일러부터 방열기까지의 급탕 배관과 환수 배관을 따로 설치하는 방식이다.

65. 방열기 전체의 수저항이 배관의 마찰손실에 비해 큰 경우 채용하는 환수 방식은 어느 것인가?
① 개방류 방식 ② 재순환 방식
③ 역귀환 방식 ④ 직접귀환 방식

[해설] 직접귀환 방식은 배관에 물을 가득 고이게 하여 흐르도록 하는 환수 방식으로 배관이 가늘어도 되나 압력손실이 크다.

66. 증기와 응축수의 온도 차이를 이용하여 응축수를 배출하는 트랩은?
① 버킷 트랩(bucket trap)
② 디스크 트랩(disk trap)
③ 벨로스 트랩(bellows trap)
④ 플로트 트랩(float trap)

[해설] 벨로스 트랩은 증기와 응축수를 분리하기 위한 트랩으로 방열기 트랩이다.

67. 배관의 분해, 수리 및 교체가 필요할 때 사용하는 관 이음재의 종류는?
① 부싱 ② 소켓
③ 엘보 ④ 유니언

[해설] 유니언 이음은 주로 소형, 보일러 배관에서 분해, 교체, 수리 등을 위해 설치한다.

68. 급수량 산정에 있어서 시간 평균 예상 급수량(Q_h)이 3000 L/h였다면, 순간 최대 예상 급수량(Q_p)은?

[정답] 62. ② 63. ② 64. ③ 65. ④ 66. ③ 67. ④ 68. ②

① 75~100 L/min
② 150~200 L/min
③ 225~250 L/min
④ 275~300 L/min

[해설] 순간 최대 예상 급수량(Q_p)
= (3~4)×시간 평균 예상 급수량(Q_h)
= (3~4)×3000 L/60 min
= 150~200 L/min
시간 최대 예상 급수량(Q_h)
= (1.5~2)×시간 평균 예상 급수량(Q_h)

69. 다음 중 증기난방법에 관한 설명으로 틀린 것은?
① 저압 증기난방에 사용하는 증기의 압력은 0.15~0.35 kg/cm² 정도이다.
② 단관 중력 환수식의 경우 증기와 응축수가 역류하지 않도록 선단 하향 구배로 한다.
③ 환수주관을 보일러 수면보다 높은 위치에 배관한 것은 습식 환수관식이다.
④ 증기의 순환이 가장 빠르며 방열기, 보일러 등의 설치 위치에 제한을 받지 않고 대규모 난방용으로 주로 채택되는 방식은 진공 환수식이다.

[해설] 환수주관을 보일러 수면보다 높은 위치에 배관한 것은 건식 환수관식이다. 환수주관을 보일러 수면보다 낮은 위치에 배관한 것은 습식 환수관식이다.

70. 배관의 자중이나 열팽창에 의한 힘이 외에 기계의 진동, 수격작용, 지진 등 다른 하중에 의해 발생하는 변위 또는 진동을 억제시키기 위한 장치는?
① 스프링 행어   ② 브레이스
③ 앵커   ④ 가이드

[해설] • 브레이스 : 변위 또는 진동을 억제
• 플렉시블 : 배관에서의 진동 억제

71. 펌프를 운전할 때 공동현상(캐비테이션)의 발생 원인으로 가장 거리가 먼 것은?
① 토출양정이 높다.
② 유체의 온도가 높다.
③ 날개차의 원주속도가 크다.
④ 흡입관의 마찰저항이 크다.

[해설] 공동현상이 발생하면 유체가 송출되지 않고 펌프가 공회전을 한다.

72. 급수 방식 중 대규모의 급수 수요에 대응이 용이하고 단수 시에도 일정량의 급수를 계속할 수 있으며 거의 일정한 압력으로 항상 급수되는 방식은?
① 양수 펌프식   ② 수도 직결식
③ 고가 탱크식   ④ 압력 탱크식

[해설] 고가(옥상) 탱크식은 낙차에 의하여 공급하는 방식으로 일시적인 단수에도 사용이 가능하다.

73. 증기 트랩의 종류를 대분류한 것으로 가장 거리가 먼 것은?
① 박스 트랩   ② 기계적 트랩
③ 온도조절 트랩   ④ 열역학적 트랩

[해설] 증기 트랩은 증기 열교환기 등에서 나오는 응축수를 자동적으로 급속히 환수관측 등에 배출시키는 기구이다.
• 대분류 : 기계적 트랩, 온도조절 트랩, 열역학적 트랩
• 중분류 : 버킷식, 플로트식, 바이메탈식, 벨로스식, 오리피스식, 디스크식
• 소분류 : 상향 버킷식, 하향 버킷식, 레버 부착 플로트식, 자유 플로트식, 원판형, 직사각형

74. 다음 중 열팽창에 의한 배관의 이동을 구속 또는 제한하기 위해 사용되는 관 지지 장치는?
① 행어(hanger)

정답 69. ③ 70. ② 71. ① 72. ③ 73. ① 74. ④

② 서포트(support)
③ 브레이스(brace)
④ 리스트레인트(restraint)

[해설] 리스트레인트 : 열팽창에 의한 배관의 측면 이동을 제한하는 것으로 앵커, 가이드, 스톱 등 3종류가 있다.

75. 그림과 같은 입체도에 대한 설명으로 맞는 것은?

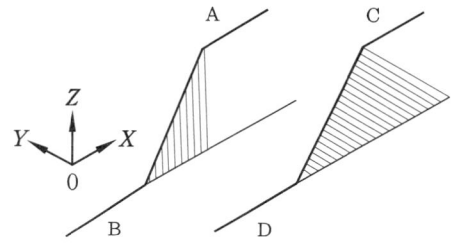

① 직선 A와 B, 직선 C와 D는 각각 동일한 수직평면에 있다.
② A와 B는 수직높이 차가 다르고, 직선 C와 D는 동일한 수평평면에 있다.
③ 직선 A와 B, 직선 C와 D는 각각 동일한 수평평면에 있다.
④ 직선 A와 B는 동일한 수평평면에, 직선 C와 D는 동일한 수직평면에 있다.

[해설] A와 B는 수직선으로 높이차를 나타내고, C와 D는 경사선으로 동일 평면상에 위치해 있다.

76. 급수배관 시공에 관한 설명으로 가장 거리가 먼 것은?

① 수리와 기타 필요시 관 속의 물을 완전히 뺄 수 있도록 기울기를 주어야 한다.
② 공기가 모여 있는 곳이 없도록 하여야 하며, 공기가 모일 경우 공기빼기밸브를 부착한다.
③ 급수관에서 상향 급수는 선단 하향 구배로 하고, 하향 급수에서는 선단 상향 구배로 한다.
④ 가능한 마찰손실이 작도록 배관하며 관의 축소는 편심 리듀서를 써서 공기의 고임을 피한다.

[해설] 급수관에서 상향 급수는 선단 상향 구배로 하고, 하향 급수에서는 선단 하향 구배로 한다.

77. 베이퍼 로크 현상을 방지하기 위한 방법으로 틀린 것은?

① 실린더 라이너의 외부를 가열한다.
② 흡입배관을 크게 하고 단열 처리한다.
③ 펌프의 설치위치를 낮춘다.
④ 흡입관로를 깨끗이 청소한다.

[해설] 실린더 라이너의 외부를 가열하면 액의 급격한 증발로 인하여 베이퍼 로크 현상이 심하게 유발된다.

78. 저압 증기난방 장치에서 적용되는 하트포드 접속법(Hartford connection)과 관련된 용어로 가장 거리가 먼 것은?

① 보일러 주변 배관
② 균형관
③ 보일러수의 역류 방지
④ 리프트 피팅

[해설] 하트포드 접속법 사용 목적
• 환수주관을 보일러 기준수위 이하로 설치함으로써 보일러의 악영향을 방지하기 위하여 증기관과 환수주관에 균형관을 설치한다.
• 보일러수의 역류 방지
• 보일러 내로 불순물 유입 방지
※ 리프트 피팅은 진공펌프를 사용하는 증기난방설비에서 응축수를 보일러로 환수할 때 낮은 곳에서 높은 곳으로 물을 올리는 장치이다.

[정답] 75. ② 76. ③ 77. ① 78. ④

79. 다음 중 온수난방 배관에서 에어 포켓 (air pocket)이 발생될 우려가 있는 곳에 설치하는 공기빼기밸브의 설치위치로 가장 적절한 것은?

①

②

③

④

[해설] 공기빼기밸브는 입상관에 설치하는 것이 가장 좋다.

80. 배수 및 통기설비에서 배관시공법에 관한 주의사항으로 틀린 것은?
① 우수 수직관에 배수관을 연결해서는 안된다.
② 오버 플로관은 트랩의 유입구측에 연결해야 한다.
③ 바닥 아래에서 빼내는 각 통기관에는 횡주부를 형성시키지 않는다.
④ 통기 수직관은 최하위의 배수 수평지관보다 높은 위치에서 연결해야 한다.

[해설] 통기 수직관은 최하위의 배수 수평지관보다 밑의 위치에서 배수 수직관과 45° Y 이음쇠로 접속한다.

[정답] 79. ③ 80. ④

CBT 실전테스트 (7)

※ 최근 출제문제를 수검자의 기억의 의해 재구성하였습니다.

제1과목 에너지관리

1. 장방형 덕트(장변 a, 단변 b)를 원형 덕트로 바꿀 때 사용하는 식은 아래와 같다. 이 식으로 환산된 장방형 덕트와 원형 덕트의 관계는?

$$D_e = 1.3\left[\frac{(a \cdot b)^5}{(a+b)^2}\right]^{1/8}$$

① 두 덕트의 풍량과 단위 길이당 마찰손실이 같다.
② 두 덕트의 풍량과 풍속이 같다.
③ 두 덕트의 풍속과 단위 길이당 마찰손실이 같다.
④ 두 덕트의 풍량과 풍속 및 단위 길이당 마찰손실이 모두 같다.

[해설] 상기 공식은 장방형 덕트의 풍량이 원형 덕트로 했을 때 풍량과 동일한 것으로 단위 길이에 대한 마찰손실도 동일하다.

2. 열회수방식 중 공조설비의 에너지 절약기법으로 많이 이용되고 있으며, 외기도입량이 많고 운전시간이 긴 시설에서 효과가 큰 것은?

① 잠열교환기 방식
② 현열교환기 방식
③ 비열교환기 방식
④ 전열교환기 방식

[해설] 전열교환기 방식은 석면 등으로 만든 얇은 판에 염화리튬 같은 흡수제를 첨부하여 현열과 잠열을 동시에 교환할 수 있는 구조로 외기도입량이 많고 운전시간이 긴 공장 등에 효과가 크다.

3. 중앙식 공조 방식의 특징에 대한 설명으로 틀린 것은?

① 중앙집중식이므로 운전 및 유지관리가 용이하다.
② 리턴 팬을 설치하면 외기냉방이 가능하게 된다.
③ 대형 건물보다는 소형 건물에 적합한 방식이다.
④ 덕트가 대형이고, 개별식에 비해 설치 공간이 크다.

[해설] 중앙식 공조 방식은 대용량 부하를 요구하는 곳에 적합하다.

4. 어느 건물 서편의 유리 면적이 40 m²이다. 안쪽에 크림색의 베네시언 블라인드를 설치한 유리면으로부터 오후 4시에 침입하는 열량(kW)은? (단, 외기는 33℃, 실내는 27℃, 유리는 1중이며, 유리의 열통과율(K)은 5.9 W/m²·℃, 유리창의 복사량(I_{gr})은 608 W/m², 차폐계수(K_s)는 0.56이다.)

① 15   ② 13.6
③ 3.6   ④ 1.4

[해설] 복사열량과 전도열량 두 가지를 다 구해야 한다.
$Q_1 = 608 \text{ W/m}^2 \times 40 \text{ m}^2 \times 0.56$
　　$= 13619.2 \text{ W}$
$Q_2 = 5.9 \text{ W/m}^2 \cdot ℃ \times 40 \text{ m}^2 \times (33-27)℃$
　　$= 1416 \text{ W}$
∴ $13619.2 \text{ W} + 1416 \text{ W} = 15035.2 \text{ W}$
　　　　　　　　　　　　　$= 15.0352 \text{ kW}$

5. 다음 중 보일러의 스케일 방지 방법으로

[정답] 1. ① 2. ④ 3. ③ 4. ① 5. ②

틀린 것은?
① 슬러지는 적절한 분출로 제거한다.
② 스케일 방지 성분인 칼슘의 생성을 돕기 위해 경도가 높은 물을 보일러수로 활용한다.
③ 경수연화장치를 이용하여 스케일 생성을 방지한다.
④ 인산염을 일정 농도가 되도록 투입한다.

[해설] 경도가 높은 물을 보일러수로 사용하면 칼슘, 마그네슘 등의 스케일 형성이 촉진된다.

6. 외부의 신선한 공기를 공급하여 실내에서 발생한 열과 오염물질을 대류효과 또는 급배기 팬을 이용하여 외부로 배출시키는 환기 방식은?
① 자연환기 ② 전달환기
③ 치환환기 ④ 국소환기

[해설] 치환환기는 급배기 팬을 사용하는 기계 제연방식이다.

7. 다음 중 사용되는 공기 선도가 아닌 것은? (단, h : 엔탈피, x : 절대습도, t : 온도, p : 압력이다.)
① $h-x$ 선도 ② $t-x$ 선도
③ $t-h$ 선도 ④ $p-h$ 선도

[해설] $p-h$ 선도는 몰리에르 선도이다.

8. 다음 중 일반 공기 냉각용 냉수코일에서 가장 많이 사용되는 코일의 열수로 가장 적정한 것은?
① 0.5~1 ② 1.5~2
③ 4~8 ④ 10~14

[해설] 가장 많이 사용되는 냉수코일의 열수는 4~8(주로 5~6)개이다.

9. 일사를 받는 외벽으로부터의 침입열량 (q)을 구하는 식으로 옳은 것은? (단, k는 열관류율, A는 면적, Δt는 상당외기 온도차이다.)
① $q = k \times A \times \Delta t$
② $q = 0.86 \times A / \Delta t$
③ $q = 0.24 \times A \times \Delta t / k$
④ $q = 0.29 \times k / (A \times \Delta t)$

10. 공기의 감습장치에 관한 설명으로 틀린 것은?
① 화학적 감습법은 흡착과 흡수 기능을 이용하는 방법이다.
② 압축식 감습법은 감습만을 목적으로 사용하는 경우 재열이 필요하므로 비경제적이다.
③ 흡착식 감습법은 실리카겔 등을 사용하며, 흡습재의 재생이 가능하다.
④ 흡수식 감습법은 활성 알루미나를 이용하기 때문에 연속적이고 큰 용량의 것에는 적용하기 곤란하다.

[해설] 흡수식 감습법은 염화칼슘, 염화나트륨 등을 이용하며 활성 알루미나는 흡착식에 사용된다.

11. 간접난방과 직접난방 방식에 대한 설명으로 틀린 것은?
① 간접난방은 중앙 공조기에 의해 공기를 가열해 실내로 공급하는 방식이다.
② 직접난방은 방열기에 의해서 실내공기를 가열하는 방식이다.
③ 직접난방은 방열체의 방열 형식에 따라 대류난방과 복사난방으로 나눌 수 있다.
④ 온풍난방과 증기난방은 간접난방에 해당된다.

[정답] 6. ③ 7. ④ 8. ③ 9. ① 10. ④ 11. ④

[해설] 증기난방은 바로 실내로 공급되는 직접 난방법에 해당된다.

12. 다음 중 온수난방용 기기가 아닌 것은 어느 것인가?
① 방열기 ② 공기방출기
③ 순환펌프 ④ 증발탱크

[해설] 증발탱크는 증기난방에 사용된다.

13. 다음 중 축류형 취출구에 해당되는 것은?
① 아네모스탯형 취출구
② 펑커루버형 취출구
③ 팬형 취출구
④ 다공판형 취출구

[해설] 펑커루버형 취출구는 댐퍼가 있어 풍량 조절이 가능하며 취출기류의 방향 조절이 가능한 축류형 취출구에 해당된다.

14. 냉수코일의 설계상 유의사항으로 옳은 것은?
① 일반적으로 통과 풍속은 2~3 m/s로 한다.
② 입구 냉수온도는 20℃ 이상으로 취급한다.
③ 관내의 물의 유속은 4 m/s 전후로 한다.
④ 병류형으로 하는 것이 보통이다.

[해설] 냉수코일은 대향류를 사용해야 하며 통과 풍속은 2~3 m/s, 수속은 1 m/s 정도이다.

15. 수증기 발생으로 인한 환기를 계획하고자 할 때, 필요 환기량 Q[m³/h]의 계산식으로 옳은 것은? (단, q_s : 발생 현열량 (kJ/h), W : 수증기 발생량(kg/h), M : 먼지 발생량(m³/h), t_i[℃] : 허용 실내온도, x_i[kg/kg] : 허용 실내 절대습도, t_o [℃] : 도입 외기온도, x_o[kg/kg] : 도입 외기 절대습도, K, K_o : 허용 실내 및 도입 외기가스 농도, C, C_o : 허용 실내 및 도입 외기먼지 농도이다.)

① $Q = \dfrac{q_s}{0.29(t_i - t_o)}$

② $Q = \dfrac{W}{1.2(x_i - x_o)}$

③ $Q = \dfrac{100 \cdot M}{K - K_o}$

④ $Q = \dfrac{M}{C - C_o}$

[해설] 수증기 발생은 잠열이므로 0℃에서의 물의 증발잠열 597.3 kcal/kg을 제외하면 가습 또는 감습을 구하는 식이 된다.

16. 다음 그림에서 상태 ①인 공기를 ②로 변화시켰을 때의 현열비를 바르게 나타낸 것은?

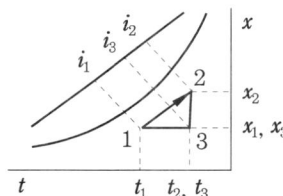

① $\dfrac{i_3 - i_1}{i_2 - i_1}$ ② $\dfrac{i_2 - i_3}{i_2 - i_1}$

③ $\dfrac{x_2 - x_1}{t_1 - t_2}$ ④ $\dfrac{t_1 - t_2}{i_3 - i_1}$

[해설] 현열비(SHF) = $\dfrac{현열}{(현열 + 잠열)}$

17. 보일러의 종류 중 수관 보일러 분류에 속하지 않는 것은?
① 자연순환식 보일러
② 강제순환식 보일러
③ 연관 보일러

정답 12. ④ 13. ② 14. ① 15. ② 16. ① 17. ③

④ 관류 보일러

[해설] 연관 보일러는 원통형 보일러에 해당된다.

18. 제주 지방의 어느 한 건물에 대한 냉방 기간 동안의 취득열량(GJ/기간)은? (단, 냉방도일 CD_{24-24} = 162.4 deg℃ · day, 건물 구조체 표면적 500 m², 열관류율은 0.58 W/m² · ℃, 환기에 의한 취득열량은 168 W/℃이다.)

① 9.37　　② 6.43
③ 4.07　　④ 2.36

[해설] 취득열량
$= (500 \text{m}^2 \times 0.58 \text{W/m}^2 \cdot ℃ + 168 \text{W/℃})$
$\times 24 \text{h/day} \times 162.4℃ \cdot \text{day}$
$= 1785100.8 \text{Wh} \times 0.86 \text{kcal/Wh}$
$= 1535186.7 \text{kcal/기간} \times 4.186 \text{kJ/kcal}$
$= 6426291.5 \text{kJ/기간} ≒ 6.43 \text{GJ/기간}$

19. 송풍량 2000 m³/min을 송풍기 전후의 전압차 20 Pa로 송풍하기 위한 필요 전동기 출력(kW)은? (단, 송풍기의 전압효율은 80 %, 전동효율은 V벨트로 0.95이며, 여유율은 0.2이다.)

① 1.05　　② 10.35
③ 14.04　　④ 25.32

[해설] $20 \text{Pa} \times \dfrac{10332 \text{kg/m}^2}{101325 \text{Pa}} = 2.039 \text{kg/m}^2$

$H_{kW} = \dfrac{2.039 \text{kg/m}^2 \times 2000 \text{m}^3/\text{min}}{102 \times 60 \times 0.8 \times 0.95} \times 1.2$
$= 1.05 \text{kW}$

20. 에어와셔 단열 가습 시 포화효율은 어떻게 표시하는가? (단, 입구공기의 건구온도 t_1, 출구공기의 건구온도 t_2, 입구공기의 습구온도 t_{w1}, 출구공기의 습구온도 t_{w2}이다.)

① $\eta = \dfrac{(t_1 - t_2)}{(t_2 - t_{w2})}$　　② $\eta = \dfrac{(t_1 - t_2)}{(t_2 - t_{w1})}$

③ $\eta = \dfrac{(t_2 - t_1)}{(t_{w2} - t_1)}$　　④ $\eta = \dfrac{(t_1 - t_{w1})}{(t_2 - t_1)}$

제 2 과목　공조냉동설계

21. 흡수식 냉동기의 특징에 대한 설명으로 옳은 것은?

① 자동제어가 어렵고 운전경비가 많이 소요된다.
② 초기 운전 시 정격 성능을 발휘할 때까지의 도달 속도가 느리다.
③ 부분 부하에 대한 대응성이 어렵다.
④ 증기 압축식보다 소음 및 진동이 크다.

[해설] 흡수식 냉동기의 특징
(1) 자동제어가 용이하고 경제적이다.
(2) 용량 제어 범위가 넓고 비례제어가 가능하다.
(3) 부분 부하 특성이 좋고 진동 및 소음이 작다.
(4) 초기 운전 시 정격 성능을 발휘할 때까지 소요 시간은 10~30분 정도로 도달 속도가 느리다.

22. 내경이 20 mm인 관 안으로 포화상태의 냉매가 흐르고 있으며 관은 단열재로 싸여있다. 관의 두께는 1 mm이며, 관재질의 열전도도는 50 W/m · K이며, 단열재의 열전도도는 0.02 W/m · K이다. 단열재의 내경과 외경은 각각 22 mm와 42 mm일 때, 단위길이당 열손실(W)은? (단, 이때 냉매의 온도는 60℃, 주변 공기의 온도는 0℃이며, 냉매측과 공기측의 평균 대류열전달계수는 각각 2000 W/m² · K와 10 W/m² · K이다. 관과 단열재 접촉부의 열저항은 무시한다.)

① 9.87　　② 10.15

[정답] 18. ②　19. ①　20. ②　21. ②　22. ②

③ 11.10 ④ 13.37

[해설] $K=\dfrac{1}{\dfrac{1}{\alpha_1}+\dfrac{l_1}{\lambda_1}+\dfrac{l_2}{\lambda_2}+\cdots\dfrac{1}{\alpha_2}}$

$=\dfrac{1}{\dfrac{1}{2000}+\dfrac{0.001}{50}+\dfrac{0.02}{0.02}+\dfrac{1}{10}}$

$=0.9\,\mathrm{W/m^2\cdot K}$

$F=\pi\cdot D\cdot L=3.14\times\left(\dfrac{20+40}{10^3}\right)\times 1$

$=0.188\,\mathrm{m^2}$

$Q=0.9\times 0.188\times(60-0)=10.15\,\mathrm{W}$

23. 40냉동톤의 냉동부하를 가지는 제빙공장이 있다. 이 제빙공장 냉동기의 압축기 출구 엔탈피 1919.4 kJ/kg, 증발기 출구 엔탈피가 1549.8 kJ/kg, 증발기 입구 엔탈피가 537.6 kJ/kg/kg일 때, 냉매순환량(kg/h)은? (단, 1 RT는 3.86 kW이다.)

① 549 ② 403 ③ 290 ④ 25.9

[해설] $G=\dfrac{냉동능력}{냉동효과}$

$=\dfrac{40\times 3.86\,\mathrm{kJ/s}\times 3600\,\mathrm{s/h}}{(1549.8-537.6)\,\mathrm{kJ/kg}}=549.14\,\mathrm{kg/h}$

24. 증기압축식 냉동 시스템에서 냉매량 부족 시 나타나는 현상으로 틀린 것은?

① 토출압력의 감소
② 냉동능력의 감소
③ 흡입가스의 과열
④ 토출가스의 온도 감소

[해설] 냉매 부족 시 흡입가스가 과열되며 이로 인하여 토출가스 온도 또한 상승하게 된다.

25. 프레온 냉동장치에서 가용전에 관한 설명으로 틀린 것은?

① 가용전의 용융온도는 일반적으로 75℃ 이하로 되어 있다.
② 가용전은 Sn(주석), Cd(카드뮴), Bi (비스무트) 등의 합금이다.
③ 온도 상승에 따른 이상 고압으로부터 응축기 파손을 방지한다.
④ 가용전의 구경은 안전밸브 최소구경의 1/2 이하이어야 한다.

[해설] 가용전의 구경은 안전밸브 최소구경의 1/2 이상이 되어야 한다.

26. 암모니아 냉동장치에서 고압측 게이지 압력이 14 kg/cm²·g, 저압측 게이지 압력이 3 kg/cm²·g이고, 피스톤 압출량이 100 m³/h, 흡입증기의 비체적이 0.5 m³/kg이라 할 때, 이 장치에서의 압축비와 냉매순환량(kg/h)은 각각 얼마인가? (단, 압축기의 체적효율은 0.7로 한다.)

① 3.73, 70 ② 3.73, 140
③ 4.67, 70 ④ 4.67, 140

[해설] 압축비 = $\dfrac{고압\,절대압력}{저압\,절대압력}$

$=\dfrac{(14+1.0332)\,\mathrm{kg/cm^2\cdot a}}{(3+1.0332)\,\mathrm{kg/cm^2\cdot a}}$

$=3.73$

냉매순환량(kg/h) $=\dfrac{100\,\mathrm{m^3/h}\times 0.7}{0.5\,\mathrm{m^3/kg}}$

$=140\,\mathrm{kg/h}$

27. 피스톤 압출량이 48 m³/h인 압축기를 사용하는 아래와 같은 냉동장치가 있다. 압축기 체적효율(η_V)이 0.75이고, 배관에서의 열손실을 무시하는 경우, 이 냉동장치의 냉동능력(kW)은 얼마인가?

$h_1 = 569.1\,\mathrm{kJ/kg}$
$v_1 = 0.12\,\mathrm{m^3/kg}$
$h_2 = 443.1\,\mathrm{kJ/kg}$
$h_3 = 436.8\,\mathrm{kJ/kg}$

정답 23. ① 24. ④ 25. ④ 26. ② 27. ③

① 8.31　　② 9.54
③ 10.5　　④ 11.84

[해설] 증발기 출구 엔탈피
= 569.1 kJ/kg−(443.1−436.8)kJ/kg
= 562.8 kJ/kg

$$H_{kW} = \frac{48\,m^3/h \times 0.75}{0.12\,m^3/kg}$$
$$\times (562.8 - 436.8)kJ/kg \times 1\,h/3600\,s$$
$$= 10.5\,kJ/s = 10.5\,kW$$

28. 다음 중 독성이 거의 없고 금속에 대한 부식성이 적어 식품냉동에 사용되는 유기질 브라인은?
① 프로필렌글리콜　② 식염수
③ 염화칼슘　　　　④ 염화마그네슘

[해설] 유기질 브라인에는 프로필렌글리콜, 에틸렌글리콜이 있으며 에틸렌글리콜의 경우 마취성 및 환각성이 있어 주로 프로필렌글리콜을 사용한다.

29. 열통과율 900 kJ/m²·h·℃, 전열면적 5 m²인 아래 그림과 같은 대향류 열교환기에서의 열교환량(kJ/h)은? (단, t_1 : 27℃, t_2 : 13℃, t_{w1} : 5℃, t_{w2} : 10℃ 이다.)

① 26865　　② 53730
③ 45000　　④ 90245

[해설] 대향류이므로
$\Delta_1 = 27 - 10 = 17℃$, $\Delta_2 = 13 - 5 = 8℃$
MTD(대수평균온도차)
$$= \frac{(17-8)}{\ln\frac{17}{8}} = 11.94℃$$

$Q = 900\,kJ/m^2\cdot h\cdot ℃ \times 5\,m^2 \times 11.94℃$
$= 53730\,kJ/h$

30. 냉동장치에 사용하는 브라인 순환량이 200 L/min이고, 비열이 2.94 kJ/kg·℃이다. 브라인의 입·출구 온도는 각각 −6℃와 −10℃일 때, 브라인 쿨러의 냉동능력(kW)은? (단, 브라인의 비중은 1.2이다.)
① 35　　② 42
③ 47　　④ 51

[해설] $Q = 200\,L/min \times 1.2\,kg/L$
$\times 2.94\,kJ/kg\cdot℃$
$\times \{(-6)-(-10)\}℃ \times 1\,min/60\,s$
$= 47.04\,kJ/s = 47.04\,kW$

31. 프레온 냉매의 경우 흡입배관에 이중입상관을 설치하는 목적으로 가장 적합한 것은?
① 오일 회수를 용이하게 하기 위하여
② 흡입가스의 과열을 방지하기 위하여
③ 냉매액의 흡입을 방지하기 위하여
④ 흡입관에서의 압력강하를 줄이기 위하여

[해설] 이중입상관은 프레온 소형장치에서 유회수를 목적으로 사용한다.

32. 다음 중 흡수식 냉동기의 용량 제어 방법으로 적당하지 않은 것은?
① 흡수기 공급흡수제 조절
② 재생기 공급용액량 조절
③ 재생기 공급증기 조절
④ 응축수량 조절

[해설] 흡수식 냉동기의 용량 제어 방법
(1) 재생기 공급용액량 조절
(2) 재생기 공급증기 조절
(3) 응축수량 조절

33. 냉동장치 운전 중 팽창밸브의 열림이 적을 때, 발생하는 현상이 아닌 것은?
① 증발압력은 저하한다.
② 냉매순환량은 감소한다.
③ 액압축으로 압축기가 손상된다.
④ 체적효율은 저하한다.
[해설] 팽창밸브의 열림이 적을 때 냉매순환량이 감소하며 이로 인하여 증발압력 저하 및 효율 감소가 일어난다.

34. 폐열을 회수하기 위한 히트 파이프(heat pipe)의 구성 요소가 아닌 것은?
① 단열부   ② 응축부
③ 증발부   ④ 팽창부
[해설] 히트 파이프(heat pipe)는 파이프 속에 액체를 넣고, 파이프 한쪽 끝을 가열하면 관 속에서 증발이 일어나고 다른 끝에서는 이를 응축하여 방열하는 원리를 사용한 전열관으로 단열부, 증발부, 응축부로 이루어져 있다.

35. 냉동기유가 갖추어야 할 조건으로 틀린 것은?
① 응고점이 낮고, 인화점이 높아야 한다.
② 냉매와 잘 반응하지 않아야 한다.
③ 산화가 되기 쉬운 성질을 가져야 한다.
④ 수분, 산분을 포함하지 않아야 된다.
[해설] 가급적 산화, 변질이 되지 않아야 한다.

36. 냉동장치 내에 불응축 가스가 생성되는 원인으로 가장 거리가 먼 것은?
① 냉동장치의 압력이 대기압 이상으로 운전될 경우 저압측에서 공기가 침입한다.
② 장치를 분해, 조립하였을 경우에 공기가 잔류한다.
③ 압축기의 축봉장치 패킹 연결 부분에 누설 부분이 있으면 공기가 장치 내에 침입한다.
④ 냉매, 윤활유 등의 열분해로 인해 가스가 발생한다.
[해설] 냉동장치의 압력이 대기압 이하로 운전될 경우 저압측에서 공기가 침입한다.

37. 가역 카르노 사이클에서 고온부 40℃, 저온부 0℃로 운전될 때 열기관의 효율은 얼마인가?
① 7.825   ② 6.825
③ 0.147   ④ 0.128
[해설] 효율$(\eta) = 1 - \dfrac{T_2}{T_1} = 1 - \dfrac{273}{313} = 0.128$

38. 다음 냉동장치에서 물의 증발열을 이용하지 않는 것은?
① 흡수식 냉동장치
② 흡착식 냉동장치
③ 증기분사식 냉동장치
④ 열전식 냉동장치
[해설] 열전식 냉동장치는 반도체를 이용한 냉동기로 펠티어 효과로 작동한다.

39. 다음 중 밀착 포장된 식품을 냉각부동액 중에 집어넣어 동결시키는 방식은?
① 침지식 동결장치
② 접촉식 동결장치
③ 진공 동결장치
④ 유동층 동결장치

40. 압축기에 부착하는 안전밸브의 최소지름을 구하는 공식으로 옳은 것은?
① 냉매상수×(표준회전속도에서 1시간의 피스톤 압출량)$^{1/2}$
② 냉매상수×(표준회전속도에서 1시간의

[정답] 33. ③ 34. ④ 35. ③ 36. ① 37. ④ 38. ④ 39. ① 40. ①

피스톤 압출량)$^{1/3}$
③ 냉매상수×(표준회전속도에서 1시간의 피스톤 압출량)$^{1/4}$
④ 냉매상수×(표준회전속도에서 1시간의 피스톤 압출량)$^{1/5}$

제3과목 시운전 및 안전관리

41. 변압기의 부하손(동손)에 관한 설명으로 옳은 것은?
① 동손은 온도 변화와 관계없다.
② 동손은 주파수에 의해 변화한다.
③ 동손은 부하 전류에 의해 변화한다.
④ 동손은 자속 밀도에 의해 변화한다.
[해설] 동손은 전기 기기의 동선(권선), 동대 등에 생기는 저항손과 와전류손으로 구분하며 부하를 걸었을 때 일어나기 때문에 부하손이라고도 한다. $P=I^2R$이며 부하 전류에 의해 변화한다.

42. 목표값이 다른 양과 일정한 비율 관계를 가지고 변화하는 경우의 제어는?
① 추종 제어 ② 비율 제어
③ 정치 제어 ④ 프로그램 제어

43. 프로세스 제어용 검출기기는?
① 유량계 ② 전위차계
③ 속도검출기 ④ 전압검출기
[해설] (1) 프로세스 제어(process control) : 온도, 유량, 압력, 농도, pH, 효율 등의 공업 프로세스의 상태량을 제어량으로 하는 제어이다.
(2) 서보 기구(servo mechanism) : 물체의 위치, 방위, 자세 등의 기계적 변위를 제어량으로 해서 목표치의 임의의 변화에 추종하도록 구성된 제어계이다.
(3) 자동조정(automatic regulation) : 위의 두 개의 어떤 것에도 속하지 않는 것으로서 전동기의 자동속도 제어와 같은 소위 전기기기의 제어, 전압 제어(AVC, AVR), 주파수 제어(AFC), 속도 제어(ASR), 장력 제어 등이 있다.

44. $R-L-C$ 직렬 회로에서 전압(E)과 전류(I) 사이의 위상 관계에 관한 설명으로 옳지 않은 것은?
① $X_L = X_C$인 경우 I는 E와 동상이다.
② $X_L > X_C$인 경우 I는 E보다 θ만큼 뒤진다.
③ $X_L < X_C$인 경우 I는 E보다 θ만큼 앞선다.
④ $X_L < (X_C - R)$인 경우 I는 E보다 θ만큼 뒤진다.

45. 그림과 같은 $R-L-C$ 회로의 전달함수는?

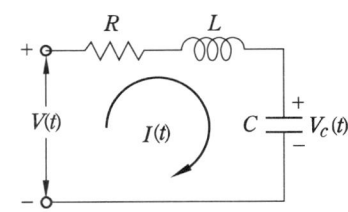

① $\dfrac{1}{LCs + RC + 1}$
② $\dfrac{1}{LC + RCs + 1}$
③ $\dfrac{1}{LCs^2 + RCs + 1}$
④ $\dfrac{1}{LCs + RCs^2 + 1}$

46. 디지털 제어에 관한 설명으로 옳지 않

정답 41. ③ 42. ② 43. ① 44. ④ 45. ③ 46. ④

은 것은?
① 디지털 제어의 연산속도는 샘플링계에서 결정된다.
② 디지털 제어를 채택하면 조정 개수 및 부품수가 아날로그 제어보다 줄어든다.
③ 디지털 제어는 아날로그 제어보다 부품 편차 및 경년변화의 영향을 덜 받는다.
④ 정밀한 속도 제어가 요구되는 경우 분해능이 떨어지더라도 디지털 제어를 채택하는 것이 바람직하다.

47. 그림과 같은 피드백 제어계에서의 폐루프 종합 전달함수는?

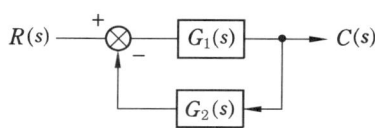

① $\dfrac{1}{G_1(s)} + \dfrac{1}{G_2(s)}$

② $\dfrac{1}{G_1(s) + G_2(s)}$

③ $\dfrac{G_1(s)}{1 + G_1(s)G_2(s)}$

④ $\dfrac{G_1(s)G_2(s)}{1 + G_1(s)G_2(s)}$

[해설] $RG_1(s) = C(1 + G_1(s)G_2(s))$ 에서
$\dfrac{C}{R} = \dfrac{G_1(s)}{1 + G_1(s)G_2(s)}$

48. 자성을 갖고 있지 않은 철편에 코일을 감아서 여기에 흐르는 전류의 크기와 방향을 바꾸면 히스테리시스 곡선이 발생되는데, 이 곡선 표현에서 X축과 Y축을 옳게 나타낸 것은?
① X축-자화력, Y축-자속밀도
② X축-자속밀도, Y축-자화력
③ X축-자화세기, Y축-잔류자속
④ X축-잔류자속, Y축-자화세기

49. 그림과 같은 회로에서 전력계 W와 직류전압계 V의 지시가 각각 60 W, 150 V일 때 부하전력은 얼마인가? (단, 전력계의 전류코일의 저항은 무시하고 전압계의 저항은 1 kΩ이다.)

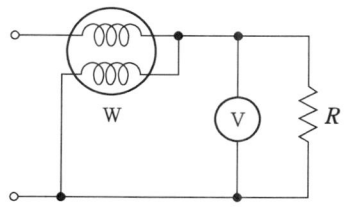

① 27.5 W   ② 30.5 W
③ 34.5 W   ④ 37.5 W

[해설] 직류전압계의 내부저항이 1 kΩ이고 전압이 150 V이므로 전압계로 전류가 흘러 소모되는 전력 $P_W = \dfrac{V^2}{R} = \dfrac{150^2}{1000} = 22.5$ W이다. 60 W 중에서 22.5 W가 전압계이므로 R에 소모되는 전력은 $60 - 22.5 = 37.5$ W 이다.

50. 제어계의 동작상태를 교란하는 외란의 영향을 제거할 수 있는 제어는?
① 순서 제어   ② 피드백 제어
③ 시퀀스 제어   ④ 개루프 제어

51. $G(j\omega) = \dfrac{1}{1 + 3(j\omega) + 3(j\omega)^2}$ 일 때 이 요소의 인디셜 응답은?
① 진동   ② 비진동
③ 임계진동   ④ 선형진동

52. 다음의 논리식 중 다른 값을 나타내는 논리식은?
① $X(\overline{X} + Y)$

② $X(X+Y)$
③ $XY+X\overline{Y}$
④ $(X+Y)(X+\overline{Y})$
[해설] $X(\overline{X}+Y) = XY$
$X(X+Y) = XY+X\overline{Y}$
$= (X+Y)(X+\overline{Y}) = X$

53. 다음 중 불연속 제어에 속하는 것은?
① 비율 제어   ② 비례 제어
③ 미분 제어   ④ ON-OFF 제어

54. 저항 $R[\Omega]$에 전류 $I[A]$를 일정 시간 동안 흘렸을 때 도선에 발생하는 열량의 크기로 옳은 것은?
① 전류의 세기에 비례
② 전류의 세기에 반비례
③ 전류의 세기의 제곱에 비례
④ 전류의 세기의 제곱에 반비례
[해설] $Q = I^2RT$이므로 열량은 전류의 세기의 제곱에 비례한다.

55. 어떤 코일에 흐르는 전류가 0.01초 사이에 일정하게 50 A에서 10 A로 변할 때 20 V의 기전력이 발생할 경우 자기 인덕턴스(mH)는?
① 5   ② 10   ③ 20   ④ 40
[해설] $L = \dfrac{V\Delta T}{\Delta I} = \dfrac{20 \times 0.01}{50-10}$
$= 0.005\,\text{H} = 5\,\text{mH}$

56. 유도전동기에서 슬립이 "0"이라고 하는 것은?
① 유도전동기가 정지 상태인 것을 나타낸다.
② 유도전동기가 전부하 상태인 것을 나타낸다.
③ 유도전동기가 동기속도로 회전한다는 것이다.
④ 유도전동기가 제동기의 역할을 한다는 것이다.
[해설] 유도전동기에서는 항상 동기속도(자석의 속도 N_S)와 회전자의 속도(N) 사이에 차이가 생기게 되며 이 차이와 동기속도와의 비를 슬립이라 한다.
$S = \dfrac{N_S - N}{N_S} \times 100\%$
유도전동기에서 슬립 "0"은 유도전동기가 동기속도로 회전한다는 의미이다.

57. 공기식 조작기기에 관한 설명으로 옳은 것은?
① 큰 출력을 얻을 수 있다.
② PID 동작을 만들기 쉽다.
③ 속응성이 장거리에서는 빠르다.
④ 신호를 먼 곳까지 보낼 수 있다.

58. 자기회로에서 퍼미언스(permeance)에 대응하는 전기회로의 요소는?
① 도전율   ② 컨덕턴스
③ 정전용량   ④ 엘라스턴스
[해설] 퍼미언스(P)는 자기저항의 역수$\left(\dfrac{1}{R_m}\right)$로서 전기회로의 컨덕턴스에 대응하며, 컨덕턴스(G)는 전기저항의 역수$\left(\dfrac{1}{R}\right)$이다. 그러므로 퍼미언스 단위는 헨리(H)이다.

59. 다음 설명에 알맞은 전기 관련 법칙은 어느 것인가?

> 회로 내의 임의의 폐회로에서 한쪽 방향으로 일주하면서 취할 때 공급된 기전력의 대수합은 각 회로 소자에서 발생한 전압강하의 대수합과 같다.

① 옴의 법칙
② 가우스 법칙
③ 쿨롱의 법칙
④ 키르히호프의 법칙

60. 방사성 위험물을 원격으로 조작하는 인공수(人工手 : manipulator)에 사용되는 제어계는?
① 서보기구
② 자동조정
③ 시퀀스 제어
④ 프로세스 제어

[해설] 인공수(manipulator)는 인간의 팔과 유사한 동작을 제공하는 기계적인 장치로 팔 끝에서 공구가 원하는 작업을 할 수 있도록 특별한 로봇의 동작을 제공하는 기능을 한다.

제4과목 유지보수공사관리

61. 배관설비 공사에서 파이프 래크의 폭에 관한 설명으로 틀린 것은?
① 파이프 래크의 실제 폭은 신규 라인을 대비하여 계산된 폭보다 20 % 정도 크게 한다.
② 파이프 래크상의 배관 밀도가 작아지는 부분에 대해서는 파이프 래크의 폭을 좁게 한다.
③ 고온 배관에서는 열팽창에 의하여 과대한 구속을 받지 않도록 충분한 간격을 둔다.
④ 인접하는 파이프의 외측과 외측과의 최소 간격을 25 mm로 하여 래크의 폭을 결정한다.

[해설] 파이프 래크는 여러 가닥의 파이프를 지지하기 위한 지지대(선반)이다. 인접하는 파이프 외측과 외측의 간격을 75 mm 이상으로 한다.

62. 다음 중 방열기나 팬코일 유닛에 가장 적합한 관 이음은?
① 스위블 이음
② 루프 이음
③ 슬리브 이음
④ 벨로스 이음

[해설] 스위블 이음은 온수와 저압 증기를 통과하는 주관에서 지관의 굴곡부에 이용되는 배관법으로 팬코일 유닛의 냉난방 배관에 이용된다.

63. 원심력 철근 콘크리트관에 대한 설명으로 틀린 것은?
① 흄(hume)관이라고 한다.
② 보통관과 압력관으로 나뉜다.
③ A형 이음재 형상은 칼라이음쇠를 말한다.
④ B형 이음재 형상은 삽입이음쇠를 말한다.

[해설] 원심력 철근 콘크리트관(관 끝 모양에 따라)
 (1) A형 : 칼라 이음(관경 75~180 mm)
 (2) B형 : 소켓 이음(관경 75~900 mm)
 (3) C형 : 끼움형(관경 900~1800 mm)

64. 냉매 배관 중 토출관 배관 시공에 관한 설명으로 틀린 것은?
① 응축기가 압축기보다 2.5 m 이상 높은 곳에 있을 때는 트랩을 설치한다.
② 수평관은 모두 끝내림 구배로 배관한다.
③ 수직관이 너무 높으면 3 m마다 트랩을 설치한다.
④ 유분리기는 응축기보다 온도가 낮지 않은 곳에 설치한다.

[해설] 입상관의 경우 통상 10 m마다 트랩을 설치한다.

65. 배관의 보온재를 선택할 때 고려해야 할 점이 아닌 것은?
① 불연성일 것

정답 60. ① 61. ④ 62. ① 63. ④ 64. ③ 65. ②

② 열전도율이 클 것
③ 물리적, 화학적 강도가 클 것
④ 흡수성이 적을 것
[해설] 보온재는 열을 차단해야 하므로 열전도율이 불량한 것이 좋다.

66. 다음 중 냉매액관 중에 플래시가스 발생 원인이 아닌 것은?
① 열교환기를 사용하여 과냉각도가 클 때
② 관경이 매우 작거나 현저히 입상할 경우
③ 여과망이나 드라이어가 막혔을 때
④ 온도가 높은 장소를 통과 시
[해설] 과냉각도가 크면 압력 저하 시 플래시가스 발생량을 감소시킬 수 있다.

67. 고가 탱크식 급수 방법에 대한 설명으로 틀린 것은?
① 고층 건물이나 상수도 압력이 부족할 때 사용된다.
② 고가 탱크의 용량은 양수펌프의 양수량과 상호 관계가 있다.
③ 건물 내의 밸브나 각 기구에 일정한 압력으로 물을 공급한다.
④ 고가 탱크에 펌프로 물을 압송하여 탱크 내에 공기를 압축 가압하여 일정한 압력을 유지시킨다.
[해설] 고가 탱크는 옥상 탱크로 대부분 대기압상태로 유지한다.

68. 지역난방 열공급 관로 중 지중 매설 방식과 비교한 공동구내 배관 시설의 장점이 아닌 것은?
① 부식 및 침수 우려가 적다.
② 유지 보수가 용이하다.
③ 누수 점검 및 확인이 쉽다.
④ 건설 비용이 적고 시공이 용이하다.
[해설] 지역난방은 초기 건설 비용이 많이 드는 것이 단점이다.

69. 스케줄 번호에 의해 관의 두께를 나타내는 강관은?
① 배관용 탄소강관
② 수도용 아연도금강관
③ 압력배관용 탄소강관
④ 내식성 급수용 강관

70. 배관을 지지장치에 완전하게 구속시켜 움직이지 못하도록 한 장치는?
① 리지드 행어
② 앵커
③ 스토퍼
④ 브레이스
[해설] 앵커는 배관 지지점에서의 이동 및 회전을 방지하기 위해 지지점 위치에 완전히 고정하는 장치이다.

71. 증기보일러 배관에서 환수관의 일부가 파손된 경우 보일러수의 유출로 안전수위 이하가 되어 보일러수가 빈 상태로 되는 것을 방지하기 위해 하는 접속법은?
① 하트포드 접속법
② 리프트 접속법
③ 스위블 접속법
④ 슬리브 접속법
[해설] 하트포드 접속법 : 보일러 물이 환수관으로 역류하여 보일러 수면이 저수위 이하로 내려가는 것을 방지하기 위한 접속법

72. 동력나사 절삭기의 종류 중 관의 절단, 나사 절삭, 거스러미 제거 등의 작업을 연속적으로 할 수 있는 유형은?

[정답] 66. ① 67. ④ 68. ④ 69. ③ 70. ② 71. ① 72. ④

① 리드형　② 호브형
③ 오스터형　④ 다이헤드형

[해설] 관의 절단, 나사 절삭, 거스러미 제거 등의 작업을 연속적으로 할 수 있는 것은 다이헤드형이다. 리드형은 관의 나사를 깎는 수동식 공구이고 호브형은 숫돌차 및 가공기어에 주어 연삭하는 것으로, 정밀기어 대량 생산에 적합하며 오스터형은 파이프에 나사를 절삭하는 공구이다.

73. 냉동배관 재료로서 갖추어야 할 조건으로 틀린 것은?

① 저온에서 강도가 커야 한다.
② 가공성이 좋아야 한다.
③ 내식성이 작아야 한다.
④ 관내마찰 저항이 작아야 한다.

[해설] 내식성, 내열성이 좋아야 한다.

74. 급탕배관의 신축 방지를 위한 시공 시 틀린 것은?

① 배관의 굽힘 부분에는 스위블 이음으로 접합한다.
② 건물의 벽 관통 부분 배관에는 슬리브를 끼운다.
③ 배관 직관부에는 팽창량을 흡수하기 위해 신축이음쇠를 사용한다.
④ 급탕밸브나 플랜지 등의 패킹은 고무, 가죽 등을 사용한다.

[해설] 급탕밸브나 플랜지 등의 패킹은 테플론을 사용하며 내열범위는 -260~260℃로 열에 강하다.

75. 5명 가족이 생활하는 아파트에서 급탕가열기의 용량(kJ/h)은? (단, 1일 1인당 급탕량 90 L/d, 1일 사용량에 대한 가열능력 비율 1/7, 탕의 온도 70℃, 급수온도 20℃이다.)

① 1928　② 2701
③ 9450　④ 13500

[해설] $Q = 90 \text{ L/d} \cdot 인 \times 5인 \times 4.2 \text{ kJ/kg} \cdot ℃$
$\times (70-20)℃ \times \dfrac{1}{7} = 13500 \text{ kJ/h}$

76. 온수난방에서 개방식 팽창탱크에 관한 설명으로 틀린 것은?

① 공기빼기 배기관을 설치한다.
② 4℃의 물을 100℃로 높였을 때 팽창체적 비율이 4.3% 정도이므로 이를 고려하여 팽창탱크를 설치한다.
③ 팽창탱크에는 오버플로관을 설치한다.
④ 팽창관에는 반드시 밸브를 설치한다.

[해설] 팽창관에는 밸브를 설치하지 않는다.

77. 도시가스의 공급 계통에 따른 공급 순서로 옳은 것은?

① 원료→압송→제조→저장→압력 조정
② 원료→제조→압송→저장→압력 조정
③ 원료→저장→압송→제조→압력 조정
④ 원료→저장→제조→압송→압력 조정

[해설] 도시가스의 공급 계통 : 원료 → 제조 → 압송(펌프, 압축기 등) → 저장(탱크, 홀더) → 압력 조정(거버너)

78. 증기 배관의 수평 환수관에서 관경을 축소할 때 사용하는 이음쇠로 가장 적합한 것은?

① 소켓　② 부싱
③ 플랜지　④ 리듀서

[해설] 리듀서는 양측이 암나사로 되어 있으며 부싱은 암나사와 수나사로 이루어져 있다. 압력 손실을 방지하기 위해 주로 사용하는 것은 편심 리듀서이다.

정답 73. ③　74. ④　75. ④　76. ④　77. ②　78. ④

79. 다음 중 안전밸브의 그림 기호로 옳은 것은?

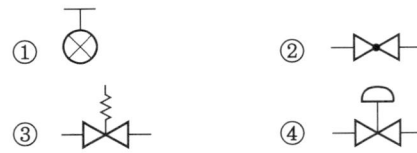

[해설] ① : 수동 팽창밸브
② : 글로브밸브
③ : 스프링식 안전밸브
④ : 다이어프램식 팽창밸브

80. 도시가스 배관 매설에 대한 설명으로 틀린 것은?

① 배관을 철도부지에 매설하는 경우 배관의 외면으로부터 궤도 중심까지 거리는 4 m 이상 유지할 것
② 배관을 철도부지에 매설하는 경우 배관의 외면으로부터 철도부지 경계까지 거리는 0.6 m 이상 유지할 것
③ 배관을 철도부지에 매설하는 경우 지표면으로부터 배관의 외면까지의 깊이는 1.2 m 이상 유지할 것
④ 배관의 외면으로부터 도로의 경계까지 수평거리 1 m 이상 유지할 것

[해설] 배관을 철도부지에 매설하는 경우 배관의 외면으로부터 철도부지 경계까지 거리는 1 m 이상 유지해야 한다.

정답 79. ③ 80. ②

CBT 실전테스트 (8)

※ 최근 출제문제를 수검자의 기억의 의해 재구성하였습니다.

제1과목   **에너지관리**

1. 다음 중 난방설비의 난방부하를 계산하는 방법 중 현열만을 고려하는 경우는?
① 환기부하
② 외기부하
③ 전도에 의한 열 손실
④ 침입 외기에 의한 난방 손실

[해설] 환기부하, 외기부하 등은 현열부하, 잠열부하 모두를 고려해야 한다.

2. 증기난방에 대한 설명으로 틀린 것은?
① 건식 환수시스템에서 환수관에는 증기가 유입되지 않도록 증기관과 환수관 사이에 증기트랩을 설치한다.
② 중력식 환수시스템에서 환수관은 선하향구배를 취해야 한다.
③ 증기난방은 극장 같이 천장고가 높은 실내에 적합하다.
④ 진공식 환수시스템에서 관경을 가늘게 할 수 있고 리프트 피팅을 사용하여 환수관 도중에서 입상시킬 수 있다.

[해설] 증기난방은 상하의 온도차가 크므로 천장고가 낮은 실내에 적합하다.

3. 다음 중 냉방부하의 종류에 해당되지 않는 것은?
① 일사에 의해 실내로 들어오는 열
② 벽이나 지붕을 통해 실내로 들어오는 열
③ 조명이나 인체와 같이 실내에서 발생하는 열
④ 침입 외기를 가습하기 위한 열

[해설] 침입 외기를 가습하기 위한 열은 동절기 난방에 필요한 경우이다.

4. 정방실에 35 kW의 모터에 의해 구동되는 정방기가 12대 있을 때 전력에 의한 취득 열량(kW)은? (단, 전동기와 이것에 의해 구동되는 기계가 같은 방에 있으며, 전동기의 가동률은 0.74이고, 전동기 효율은 0.87, 전동기 부하율은 0.92이다.)
① 483
② 420
③ 357
④ 329

[해설] $\dfrac{35\,\mathrm{kW}}{0.87} \times 12 \times 0.74 \times 0.92 = 328.66\,\mathrm{kW}$

5. 축류 취출구의 종류가 아닌 것은?
① 펑커루버형 취출구
② 그릴형 취출구
③ 라인형 취출구
④ 팬형 취출구

[해설] 팬형 취출구는 복류 취출구에 해당된다.

6. 증기설비에 사용하는 증기 트랩 중 기계식 트랩의 종류로 바르게 조합한 것은?
① 버킷 트랩, 플로트 트랩
② 버킷 트랩, 벨로스 트랩
③ 바이메탈 트랩, 열동식 트랩
④ 플로트 트랩, 열동식 트랩

[해설] 기계식 트랩은 응축수와 증기의 비중차를 이용하는 것으로 버킷 트랩, 플로트 트랩이 있다. 바이메탈식, 다이어프램식, 벨로스식은 온도조절식 트랩에 해당되며 오리피스식, 디스크식은 열역학적 트랩에 해당된다.

정답   1. ③   2. ③   3. ④   4. ④   5. ④   6. ①

7. 다음 중 공기조화설비의 계획 시 조닝을 하는 목적으로 가장 거리가 먼 것은?
① 효과적인 실내 환경의 유지
② 설비비의 경감
③ 운전 가동면에서의 에너지 절약
④ 부하 특성에 대한 대처

[해설] 조닝을 하는 목적은 실내부하에 대한 대처이며 설비비와는 무관하다.

8. 공기조화 방식 중 전공기 방식이 아닌 것은?
① 변풍량 단일 덕트 방식
② 이중 덕트 방식
③ 정풍량 단일 덕트 방식
④ 팬 코일 유닛 방식(덕트 병용)

[해설] 팬 코일 유닛 방식(덕트 병용)은 공기-수 방식이다.

9. 덕트의 소음 방지 대책에 해당되지 않는 것은?
① 덕트의 도중에 흡음재를 부착한다.
② 송풍기 출구 부근에 플레넘 체임버를 장치한다.
③ 댐퍼 입·출구에 흡음재를 부착한다.
④ 덕트를 여러 개로 분기시킨다.

[해설] 덕트 분기는 오히려 소음을 증대시킨다.

10. 건물의 콘크리트 벽체의 실내측에 단열재를 부착하여 실내측 표면에 결로가 생기지 않도록 하려 한다. 외기온도가 0℃, 실내온도가 20℃, 실내공기의 노점온도가 12℃, 콘크리트 두께가 100 mm일 때, 결로를 막기 위한 단열재의 최소 두께(mm)는? (단, 콘크리트와 단열재의 접촉부분의 열저항은 무시한다.)

열전도도	콘크리트	1.63 W/m·K
	단열재	0.17 W/m·K
대류 열전달계수	외기	23.3 W/m²·K
	실내공기	9.3 W/m²·K

① 11.7
② 10.7
③ 9.7
④ 8.7

[해설] $Q = KA(20-0) = \alpha A(20-12)$
$K(20-0) = 9.3(20-12)$ 에서
열통과율 $K = \dfrac{9.3 \times (20-12)}{20} = 3.72$

$K = \dfrac{1}{\dfrac{1}{\alpha_1} + \dfrac{1}{\alpha_2} + \dfrac{l_1}{K_1} + \dfrac{l_2}{K_2}}$

$= \dfrac{1}{\dfrac{1}{9.3} + \dfrac{1}{23.3} + \dfrac{0.1}{1.63} + \dfrac{l_2}{0.17}} = 3.72$

$\therefore l_2 = 0.00969 \text{ m} = 9.69 \text{ mm}$

11. 이중 덕트 방식에 설치하는 혼합상자의 구비 조건으로 틀린 것은?
① 냉풍·온풍 덕트 내에 정압 변동에 의해 송풍량이 예민하게 변화할 것
② 혼합 비율 변동에 따른 송풍량의 변동이 완만할 것
③ 냉풍·온풍 댐퍼의 공기 누설이 적을 것
④ 자동 제어 신뢰도가 높고 소음 발생이 적을 것

[해설] 혼합상자는 냉풍과 온풍이 혼합되는 곳으로 소음이 적어야 하며 송풍량 변화가 작아야 한다.

12. 저온공조 방식에 관한 내용으로 가장 거리가 먼 것은?
① 배관지름의 감소
② 팬 동력 감소로 인한 운전비 절감
③ 낮은 습도의 공기 공급으로 인한 쾌적성 향상

[정답] 7. ② 8. ④ 9. ④ 10. ③ 11. ① 12. ④

④ 저온공기 공급으로 인한 급기 풍량 증가

[해설] 저온공조 방식은 일반적인 급기 방식보다 낮은 온도(10~15℃)의 공기를 분배 공급함으로써 일반 공조 방식보다 적은 양의 급기를 제공하여 실내 온도를 만족시키는 방식으로 급기 풍량은 적어도 되는 장점이 있다.

13. 외기의 건구온도 32℃와 환기의 건구온도 24℃인 공기를 1 : 3(외기 : 환기)의 비율로 혼합하였다. 이 혼합공기의 온도는 얼마인가?

① 26℃ ② 28℃
③ 29℃ ④ 30℃

[해설] $t_m = \dfrac{32 \times 1 + 24 \times 3}{1+3} = 26℃$

14. 취출구에서 수평으로 취출된 공기가 일정 거리만큼 진행된 뒤 기류 중심선과 취출구 중심과의 수직거리를 무엇이라고 하는가?

① 강하도 ② 도달거리
③ 취출온도차 ④ 셔터

[해설] • 강하도 : 취출구에서 도달거리에 도달할 때까지 생긴 기류의 강하
• 도달거리 : 취출구에서 0.25 m/s의 풍속이 되는 위치까지의 거리
• 셔터 : 날개 뒷면에 부착하여 풍량을 조절할 수 있다.

15. 공조기 내에 일리미네이터를 설치하는 이유로 가장 적절한 것은?

① 풍량을 줄여 풍속을 낮추기 위해서
② 공조기 내의 기류의 분포를 고르게 하기 위해
③ 결로수가 비산되는 것을 방지하기 위해
④ 먼지 및 이물질을 효율적으로 제거하기 위해

[해설] 일리미네이터 : 냉각수의 비산을 방지하기 위하여 쿨링타워 상부에 설치한다.

16. 공기조화방식에서 변풍량 단일덕트 방식의 특징에 대한 설명으로 틀린 것은?

① 송풍기의 풍량 제어가 가능하므로 부분 부하 시 반송에너지 소비량을 경감시킬 수 있다.
② 동시사용률을 고려하여 기기용량을 결정할 수 있으므로 설비용량이 커질 수 있다.
③ 변풍량 유닛을 실 별 또는 존 별로 배치함으로써 개별 제어 및 존 제어가 가능하다.
④ 부하 변동에 따라 실내온도를 유지할 수 있으므로 열원설비용 에너지 낭비가 적다.

[해설] ②항은 정풍량 단일덕트 방식에 대한 설명이다.

17. 송풍 덕트 내의 정압 제어가 필요 없고, 발생 소음이 적은 변풍량 유닛은?

① 유인형 ② 슬롯형
③ 바이패스형 ④ 노즐형

[해설] 변풍량 유닛의 경우 존별 개별제어가 가능하며 비사용 실에 대한 공조를 정지할 수 있고 가변 풍량에 따른 송풍 동력을 절감하여 에너지의 낭비를 방지할 수 있다. 바이패스형을 사용할 경우 소음 발생을 감소시킬 수 있다.

18. 다음 중 보온, 보랭, 방로의 목적으로 덕트 전체를 단열해야 하는 것은?

① 급기 덕트 ② 배기 덕트
③ 외기 덕트 ④ 배연 덕트

[해설] 배기, 외기, 배연 덕트의 경우 보온, 보랭의 목적으로 단열을 하지 않아도 무관하다.

정답 13. ① 14. ① 15. ③ 16. ② 17. ③ 18. ①

19. 부하계산 시 고려되는 지중온도에 대한 설명으로 틀린 것은?

① 지중온도는 지하실 또는 지중배관 등의 열손실을 구하기 위하여 주로 이용된다.
② 지중온도는 외기온도 및 일사의 영향에 의해 1일 또는 연간을 통하여 주기적으로 변한다.
③ 지중온도는 지표면의 상태변화, 지중의 수분에 따라 변화하나, 토질의 종류에 따라서는 큰 차이가 없다.
④ 연간변화에 있어 불역층 이하의 지중온도는 1m 증가함에 따라 0.03~0.05℃씩 상승한다.

[해설] 지중온도는 외기온도나 일사 등의 영향으로 1일 또는 1년을 주기로 변화한다. 지하 깊이가 커질수록 영향을 덜 받으며 변동도 느리게 나타나지만 토질의 성분, 종류에 따라 차이가 심하게 나타난다. 난방부하를 계산하는 데 사용하는 지하 2층 이하의 지중온도는 10℃ 정도가 적합하다.

20. 보일러의 부속장치인 과열기가 하는 역할은?

① 연료 연소에 쓰이는 공기를 예열시킨다.
② 포화액을 습증기로 만든다.
③ 습증기를 건포화증기로 만든다.
④ 포화증기를 과열증기로 만든다.

[해설] 과열기 : 보일러에서 발생된 포화증기를 다시 가열하여 과열증기로 만들기 위해 연도 내에 설치하는 것으로 관, 헤더로 구성된 열교환기이다.

제2과목 공조냉동설계

21. 단위에 대한 설명으로 틀린 것은?

① 토리첼리의 실험 결과 수은주의 높이가 68 cm일 때, 실험 장소에서의 대기압은 1.2 atm이다.
② 비체적이 $0.5\,m^3/kg$인 암모니아 증기 $1\,m^3$의 질량은 2.0 kg이다.
③ 압력 760 mmHg는 1.01 bar이다.
④ 작업대 위에 놓여진 밑면적이 $2.4\,m^2$인 가공물의 무게가 24 kgf라면 작업에 가해지는 압력은 98 Pa이다.

[해설] $68\,cmHg \times \dfrac{1\,atm}{76\,cmHg} = 0.89\,atm$

22. 대기압에서 암모니아액 1 kg을 증발시킨 열량은 0℃ 얼음 몇 kg을 융해시킨 것과 유사한가?

① 2.1   ② 3.1   ③ 4.1   ④ 5.1

[해설] 대기압상태에서 암모니아의 증발 잠열은 1376.34 kJ/kg이며, 0℃ 얼음의 융해 잠열은 334.66 kJ/kg이다.

$\dfrac{1376.34\,kJ}{334.66\,kJ/kg} = 4.11\,kg$

23. 제빙능력은 원료수 온도 및 브라인 온도 등 조건에 따라 다르다. 다음 중 제빙에 필요한 냉동능력을 구하는 데 필요한 항목으로 가장 거리가 먼 것은?

① 온도 t_w[℃]인 제빙용 원수를 0℃까지 냉각하는 데 필요한 열량
② 물의 동결 잠열에 대한 열량(79.68 kcal/kg)
③ 제빙장치 내의 발생열과 제빙용 원수의 수질 상태
④ 브라인 온도 t_1[℃] 부근까지 얼음을 냉각하는 데 필요한 열량

[해설] 제빙용 원수의 수질 상태는 얼음의 식용 또는 식품 저장용과 관계있고 냉동능력과는 무관하다.

정답 19. ③ 20. ④ 21. ① 22. ③ 23. ③

24. 염화나트륨 브라인을 사용한 식품냉장용 냉동장치에서 브라인의 순환량이 220 L/min이며, 냉각관 입구의 브라인 온도가 −5°C, 출구의 브라인 온도가 −9°C라면 이 브라인 쿨러의 냉동능력(kW)은? (단, 브라인의 비열은 3.15 kJ/kg·°C, 비중은 1.15이다.)

① 48.7 ② 53.1
③ 55.4 ④ 68.3

[해설] $Q = 220 \text{ L/min} \times 1.15 \text{ kg/L}$
$\times 3.15 \text{ kJ/kg·°C} \times \{-5-(-9)\}°C \times 1\text{min}/60\text{ s}$
$= 53.13 \text{ kJ/s} = 53.13 \text{ kW}$

25. 암모니아와 프레온 냉매의 비교 설명으로 틀린 것은? (단, 동일 조건을 기준으로 한다.)

① 암모니아가 R−13보다 비등점이 높다.
② R−22는 암모니아보다 냉동효과(kcal/kg)가 크고 안전하다.
③ R−13은 R−22에 비하여 저온용으로 적합하다.
④ 암모니아는 R−22에 비하여 유분리가 용이하다.

[해설] 기준 냉동사이클에서의 냉동효과
• 암모니아 : 269 kcal/kg
• R−22 : 40.2 kcal/kg

26. 25°C 원수 1 ton을 1일 동안에 −9°C의 얼음으로 만드는 데 필요한 냉동능력(kW)은? (단, 열손실은 없으며, 동결 잠열 336 kJ/kg, 원수 비열 4.2 kJ/kg·°C, 얼음의 비열 2.1 kJ/kg·°C이다.)

① 5.32 ② 4.86
③ 3.33 ④ 2.52

[해설] $H_{kW} = 1000 \text{ kg} \times (4.2 \text{ kJ/kg·°C} \times 25°C$
$+ 336 \text{ kJ/kg} + 2.1 \text{ kJ/kg·°C} \times 9°C)/24\text{h}$
$= 19162.5 \text{ kJ/h} = 5.32 \text{ kJ/s} = 5.32 \text{ kW}$

27. 전열면적이 20 m²인 수랭식 응축기의 용량이 200 kW이다. 냉각수의 유량은 5 kg/s이고, 응축기 입구에서 냉각수 온도는 20°C이다. 열관류율이 800 W/m²·K 일 때, 응축기 내부 냉매의 온도(°C)는 얼마인가? (단, 온도차는 산술평균온도차를 이용하고, 물의 비열은 4.18 kJ/kg·K이며, 응축기 내부 냉매의 온도는 일정하다고 가정한다.)

① 36.5 ② 37.3
③ 38.1 ④ 38.9

[해설] $Q = KA\Delta T_m$에서

$\Delta T_m = \dfrac{Q}{KA} = \dfrac{200}{0.8 \times 20} = 12.5°C$

$t_{w2} = t_{w1} + \dfrac{Q}{GC} = 20 + \dfrac{200}{5 \times 4.18} = 29.6°C$

$\Delta T_m = t_c - \dfrac{t_{w1}+t_{w2}}{2}$에서

$t_c = \Delta T_m + \dfrac{t_{w1}+t_{w2}}{2} = 12.5 + \dfrac{20+29.6}{2}$
$= 37.3°C$

28. 다음 중 증발기 출구와 압축기 흡입관 사이에 설치하는 저압측 부속장치는?

① 액분리기 ② 수액기
③ 건조기   ④ 유분리기

[해설] 압축기로 액 흡입을 방지하기 위하여 액분리기를 설치해야 하며 압축기 토출측에 유분리기를 설치한다.

29. 다음 중 불응축가스를 제거하는 가스 퍼저(gas purger)의 설치 위치로 가장 적당한 곳은?

① 수액기 상부   ② 압축기 흡입부
③ 유분리기 상부 ④ 액분리기 상부

[해설] 불응축가스의 체류 장소는 응축기 상부와 수액기 상부가 되며 여기서 불응축가스를 인출해야 한다.

[정답] 24. ② 25. ② 26. ① 27. ② 28. ① 29. ①

30. 냉동장치에서 흡입압력 조정밸브는 어떤 경우를 방지하기 위해 설치하는가?
① 흡입압력이 설정 압력 이상으로 상승하는 경우
② 흡입압력이 일정한 경우
③ 고압측 압력이 높은 경우
④ 수액기의 액면이 높은 경우

[해설] 흡입압력 조정밸브(SPR)는 압축기 흡입관에 설치하며 흡입압력이 설정 압력 이상으로 상승하는 경우 밸브가 닫힌다.

31. 다음 응축기 중 동일 조건하에 열관류율이 가장 낮은 응축기는 무엇인가?
① 셸튜브식 응축기
② 증발식 응축기
③ 공랭식 응축기
④ 2중관식 응축기

[해설] 셸 튜브식 응축기, 증발식 응축기, 2중관식 응축기는 모두 수랭식 응축기이다.

32. 다음 중 압축기 토출압력 상승 원인이 아닌 것은?
① 응축온도가 낮을 때
② 냉각수 온도가 높을 때
③ 냉각수 양이 부족할 때
④ 공기가 장치 내에 혼입되었을 때

[해설] 응축온도가 낮으면 토출가스 온도가 낮아지며 냉동능력이 좋아진다.

33. 다음의 냉매 중 지구온난화지수(GWP)가 가장 낮은 것은?
① R1234yf ② R23
③ R12 ④ R744

[해설] 지구온난화지수(GWP)
① R1234yf : 4 ② R23 : 11700
③ R12 : 8100 ④ R744 : 1

※ R-744는 이산화탄소(CO_2)이다.

34. 축열시스템 방식에 대한 설명으로 틀린 것은?
① 수축열 방식 : 열용량이 큰 물을 축열재료로 이용하는 방식
② 빙축열 방식 : 냉열을 얼음에 저장하여 작은 체적에 효율적으로 냉열을 저장하는 방식
③ 잠열축열 방식 : 물질의 융해 및 응고 시 상변화에 따른 잠열을 이용하는 방식
④ 토양축열 방식 : 심해의 해수온도 및 해양의 축열성을 이용하는 방식

[해설] 심해의 해수온도 및 해양의 축열성을 이용하는 방식은 수축열에 해당된다.

35. 냉동장치의 냉동부하가 11.58 kW이며, 압축기의 소요동력이 20 kW일 때 응축기에 사용되는 냉각수량(L/h)은? (단, 냉각수 입구온도는 15℃이고, 출구온도는 25℃이다.)
① 2707 ② 2547 ③ 1530 ④ 600

[해설] 응축기 방열량(Q) = (11.58 + 20) kW
= 31.58 kW

냉각수량(G)
$$= \frac{31.58 \text{ kJ/s}}{4.2 \text{ kJ/kg} \cdot \text{℃} \times (25-15)\text{℃}}$$
= 0.7519 kg/s
= 0.7519 kg/s × 1 L/kg × 3600 s/h
= 2706.84 L/h

36. 냉동기에서 동일한 냉동효과를 구현하기 위해 압축기가 작동하고 있다. 이 압축기의 클리어런스(극간)가 커질 때 나타나는 현상으로 틀린 것은?
① 윤활유가 열화된다.
② 체적효율이 저하한다.
③ 냉동능력이 감소한다.

[정답] 30. ① 31. ③ 32. ① 33. ④ 34. ④ 35. ① 36. ④

④ 압축기의 소요동력이 감소한다.

[해설] 클리어런스 증대는 압축비 또는 비열비가 커지는 현상과 동일하다. 그러므로 압축기 소요동력은 증가한다.

37. 냉동장치의 운전 시 유의사항으로 틀린 것은?

① 펌프다운 시 저압측 압력은 대기압 정도로 한다.
② 압축기 가동 전에 냉각수 펌프를 기동시킨다.
③ 장시간 정지시키는 경우에는 재가동을 위하여 배관 및 기기에 압력을 걸어둔 상태로 둔다.
④ 장시간 정지 후 시동 시에는 누설 여부를 점검한 후에 기동시킨다.

[해설] 장시간 정지 또는 휴지하는 경우 배관 및 기기의 압력은 대기압보다 조금 높게 유지하는 것이 좋다.

38. 냉동기, 열기관, 발전소, 화학플랜트 등에서의 뜨거운 배수를 주위의 공기와 직접 열교환시켜 냉각시키는 방식의 냉각탑은?

① 밀폐식 냉각탑   ② 증발식 냉각탑
③ 원심식 냉각탑   ④ 개방식 냉각탑

[해설] 개방식 냉각탑은 냉각수가 냉각용 공기와 직접 접촉하여 열을 교환한다.

39. 다음 중 제상 방식에 대한 설명으로 틀린 것은?

① 살수 방식은 저온의 냉장창고용 유닛 쿨러 등에서 많이 사용된다.
② 부동액 살포 방식은 공기 중의 수분이 부동액에 흡수되므로 일정한 농도 관리가 필요하다.
③ 핫가스 제상 방식은 응축기 출구의 고온의 액냉매를 이용한다.
④ 전기히터 방식은 냉각관 배열의 일부에 핀튜브 형태의 전기히터를 삽입하여 착상부를 가열한다.

[해설] 핫가스 제상 방식은 압축기 토출가스를 서리와 열교환하는 방식이다.

40. 다음과 같은 냉동 사이클 중 성적계수가 가장 큰 사이클은 어느 것인가?

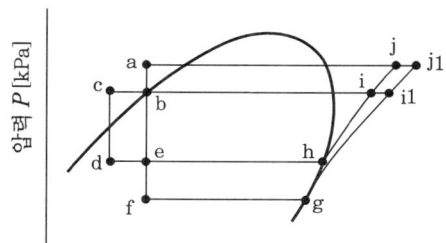

① b-e-h-i-b   ② c-d-h-i-c
③ b-f-g-i1-b ④ a-e-h-j-a

[해설] 성적계수는 응축압력이 낮을수록 증발압력이 높을수록 양호해진다. 그러므로 c-d-h-i-c가 가장 좋다.

| 제3과목 | 시운전 및 안전관리 |

41. 세라믹 콘덴서 소자의 표면에 103^K라고 적혀 있을 때 이 콘덴서의 용량은 몇 μF인가?

① 0.01   ② 0.1
③ 103   ④ 10^3

[해설] 세 자리 숫자 중 첫째 자리, 둘째 자리는 값이고 셋째 자리 숫자는 승수를 의미하며 기본 단위는 pF이다. 100 pF 이하 콘덴서 용량은 그대로 표시한다.

$154 \rightarrow 15 \times 10^4 \text{ pF} = 150,000 \text{ pF} = 0.15 \mu F$
$102 \rightarrow 10 \times 10^2 \text{ pF} = 1,000 \text{ pF} = 0.001 \mu F$
$224 \rightarrow 22 \times 10^4 \text{ pF} = 220,000 \text{ pF} = 0.22 \mu F$

[정답] 37. ③ 38. ④ 39. ③ 40. ② 41. ①

$473 \rightarrow 47 \times 10^3$ pF = 47,000 pF = 0.047μF
세 자리 다음의 알파벳 문자는 콘덴서의 오차 등급을 말한다. 10 pF 이상의 콘덴서에서는 오차를 %로 나타내며, 10 pF 이하에서는 pF로 표시한다.

42. 온도를 전압으로 변환시키는 것은?
① 광전관　　　　② 열전대
③ 포토다이오드　　④ 광전다이오드

[해설] • 포토다이오드 : 광→ 전압
　　　• 광전관 : 광→ 임피던스
　　　• 광전다이오드 : 광→ 전압

43. 병렬 운전 시 균압모선을 설치해야 되는 직류발전기로만 구성된 것은?
① 직권발전기, 분권발전기
② 분권발전기, 복권발전기
③ 직권발전기, 복권발전기
④ 분권발전기, 동기발전기

[해설] 직류발전기 병렬 운전
(1) 운전 조건
　㉠ 극성이 같을 것
　㉡ 단자전압이 같을 것
　㉢ 용량은 달라도 됨(부하 분담은 용량에 비례)
　㉣ 외부 특성 곡선이 수하 특성일 것(특성 곡선이 비슷해야 함)
(2) 부하 분담 조절
　㉠ 부하 분담 높이는 법 : R_f를 감소(계자전류 증가)
　㉡ 부하 분담 낮추는 법 : R_f를 증가(계자전류 감소)
(3) 직권, 복권 균압모선 필요 : 직권 계자를 가지고 있으면, 균압모선이 필요하다.
※ 균압모선 : 각 발전기 부담이 달라질 때 직권 계자에 흐르는 전류가 달라 계자권선 전압강하가 달라지는 경우 단자전압 불균형을 방지한다.

44. 공기 중 자계의 세기가 100 A/m의 점에 놓아 둔 자극에 작용하는 힘은 8×10^{-3} N이다. 이 자극의 세기는 몇 Wb인가?
① 8×10　　　　② 8×10^5
③ 8×10^{-1}　　　④ 8×10^{-5}

[해설] $F = mH$에서
$$m = \frac{F}{H} = \frac{8 \times 10^{-3}}{100} = 8 \times 10^{-5} \text{ Wb}$$

45. 최대 눈금 100 mA, 내부저항 1.5 Ω인 전류계에 0.3Ω의 분류기를 접속하여 전류를 측정할 때 전류계의 지시가 50mA라면 실제 전류는 몇 mA인가?
① 200　② 300　③ 400　④ 600

[해설] $m = \frac{I}{I_1} = 1 + \frac{R_1}{R_2}$에서
$$I = I_1\left(1 + \frac{R_1}{R_2}\right) = 50 \times \left(1 + \frac{1.5}{0.3}\right) = 300 \text{ mA}$$

46. 목표값을 직접 사용하기 곤란할 때, 주되먹임 요소와 비교하여 사용하는 것은?
① 제어요소　　　② 비교장치
③ 되먹임요소　　④ 기준입력요소

[해설] (1) 제어요소(control element) : 동작신호를 조작량으로 변환시키는 요소이다. 조절부와 조작부로 이루어진다.
(2) 비교부(comparator) : 목표값과 제어량에서 인출한 신호를 서로 비교해서 제어동작을 일으키는 데 필요한 정보를 가진 신호를 만들어 내는 부분이다.
(3) 되먹임요소(feedback element) : 제어량을 검출하여 주귀환신호를 만드는 요소로서 검출부(detecting means)라고도 한다.
(4) 기준 입력 요소(reference input element) : 목표값에 비례하는 기준입력신호를 발생하는 요소로서 설정부라고도 한다.

47. 비례 적분 제어 동작의 특징으로 옳은 것은?

[정답] 42. ②　43. ③　44. ④　45. ②　46. ④　47. ①

① 간헐 현상이 있다.
② 잔류편차가 많이 생긴다.
③ 응답의 안정성이 낮은 편이다.
④ 응답의 진동시간이 매우 길다.

[해설] (1) 비례(P) 동작
  ㉠ 잔류편차(Off-set)가 생긴다.
  ㉡ 부하변동이 적은 제어에 이용한다.
  ㉢ 프로세스의 반응속도가 소 또는 중이다.
(2) 적분(I) 동작
  ㉠ 잔류편차(off-set)가 제거된다.
  ㉡ 진동하는 경향이 있다.
  ㉢ 제어의 안정성이 낮다.
※ 적분 동작이 좋은 결과를 얻는 경우
  • 전달지연과 불감시간이 작을 때
  • 제어대상의 속응도가 클 때
  • 제어대상이 평형성을 가질 때
  • 측정지연이 작고 조절지연이 작을 때
(3) 미분(D) 동작
  ㉠ 진동을 제거한다(안정이 빨라진다).
  ㉡ 출력이 제어편차의 시간변화에 비례한다.
  ㉢ 단독사용이 없고 P 동작이나 PI 동작과 결합하여 사용한다.
  ㉣ 응답초과량(over shoot) 감소
(4) 비례 적분(PI) 동작
  ㉠ P 동작에서 발생하는 잔류편차를 제거하기 위한 제어
  ㉡ 반응속도가 빠른 프로세스나 느린 프로세스에 사용된다.
  ㉢ 부하변화가 커도 잔류편차가 남지 않는다.
  ㉣ 급변 시에는 큰 진동이 생긴다.
  ㉤ 전달 느림이나 쓸모없는 시간이 크면 사이클링의 주기가 커진다.
(5) 비례 미분(PI) 동작
  ㉠ 제어의 안정성을 높인다.
  ㉡ 편차에 대한 직접적인 효과는 없다.
  ㉢ 변화속도가 큰 곳에서 크게 작용한다.
  ㉣ 속응성이 높아진다.
(6) 비례 적분 미분(PID)동작(가장 우수)
  ㉠ 제어량의 편차에 비례하는 P 동작
  ㉡ 편차의 크기와 지속시간에 비례하는 I 동작
  ㉢ 제어량의 변화속도에 비례하는 D 동작 등 3개를 합한 동작

48. 신호 흐름 선도와 등가인 블록 선도를 그리려고 한다. 이때 $G(s)$로 알맞은 것은?

① s
② $\dfrac{1}{(s+1)}$
③ 1
④ $s(s+1)$

[해설] $G = \dfrac{C(s)}{R(s)} = \dfrac{\Sigma G_k \Delta_k}{\Delta}$

$= \dfrac{1 \times (s+1) \times s \times 1}{1 + (s+1) \times s} = \dfrac{(s+1)s}{1+(s+1)s}$

$G = \dfrac{C(s)}{R(s)} = \dfrac{G}{1 + \dfrac{G}{s(s+1)}} = \dfrac{Gs(s+1)}{s(s+1)+G}$

두 식을 비교하면 $G=1$이다.

49. 다음은 직류 전동기의 토크 특성을 나타내는 그래프이다. (A), (B), (C), (D)에 알맞은 것은?

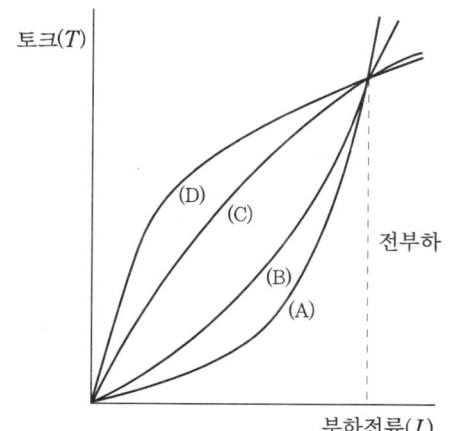

① (A) : 직권발전기, (B) : 가동복권발전기

정답 48. ③ 49. ①

(C) : 분권발전기, (D) : 차동복권발전기
② (A) : 분권발전기, (B) : 직권발전기
  (C) : 가동복권발전기, (D) : 차동복권발전기
③ (A) : 직권발전기, (B) : 분권발전기,
  (C) : 가동복권발전기, (D) : 차동복권발전기
④ (A) : 분권발전기, (B) : 가동복권발전기
  (C) : 직권발전기, (D) : 차동복권발전기

[해설] V, R_f 일정한 상태에서

50. 서보 기구의 특징에 관한 설명으로 틀린 것은?

① 원격 제어의 경우가 많다.
② 제어량이 기계적 변위이다.
③ 추치 제어에 해당하는 제어장치가 많다.
④ 신호는 아날로그에 비해 디지털인 경우가 많다.

[해설] (1) 서보 기구(servo mechanism) : 물체의 위치, 방위, 자세 등의 기계적 변위를 제어량으로 해서 목표치의 임의의 변화에 추종하도록 구성된 제어계를 말한다(제어량의 성질).
(2) 추치 제어 : 목표치가 임의의 변화를 하는 제어를 말한다. 서보 기구가 이것에 해당된다. 이와 같이 구성된 제어계를 서보계

라 부르기도 한다(목표치의 성질).

51. SCR에 관한 설명으로 틀린 것은?

① PNPN 소자이다.
② 스위칭 소자이다.
③ 양방향성 사이리스터이다.
④ 직류나 교류의 전력 제어용으로 사용된다.

[해설] SCR이라고 불리는 역저지 3단자 사이리스터이며 pnpn 접합의 4층구조 반도체 소자의 총칭으로 실리콘 제어 정류 소자를 말한다. 양방향성 SCR은 트라이액(TRIAC)이다.

52. 피드백 제어계에서 목표치를 기준입력 신호로 바꾸는 역할을 하는 요소는?

① 비교부   ② 조절부
③ 조작부   ④ 설정부

[해설] (1) 조절부 : 기준입력(input)과 검출부 출력(output)을 합하여 제어계가 소요의 작용을 하는 데 필요한 신호를 조작부로 보냄(동작신호를 만드는 부분)
(2) 조작부 : 조절부로부터의 신호를 조작량으로 변화하여 제어대상에 작용
(3) 검출부 : 압력, 온도, 유량 등의 제어량을 측정 신호로 나타냄

53. 정현파 교류의 실횻값(V)과 최댓값(V_m)의 관계식으로 옳은 것은?

① $V = \sqrt{2}\, V_m$ ② $V = \dfrac{1}{\sqrt{2}} V_m$
③ $V = \sqrt{3}\, V_m$ ④ $V = \dfrac{1}{\sqrt{3}} V_m$

[해설] 실횻값(V_{rms}) : 교류의 크기를 이것과 동일한 일을 행하는 직류의 크기로 환산한 값

정현파 : $V = \sqrt{\dfrac{1}{T}\int_\pi^0 V^2 dt}$

$= \sqrt{\dfrac{1}{\frac{\pi}{2}}\int_0^{\frac{\pi}{2}} V_m^2 \sin^2\omega t\, dt\,\omega t}$

$$= \sqrt{\frac{2V_m^2}{\pi}\left(\frac{1-\cos\omega t}{2}\right)\Big|_0^{\frac{\pi}{2}}}$$

$$I = \frac{1}{\sqrt{2}}, \quad V = \frac{V_{\max}}{\sqrt{2}}$$

54. 적분시간이 2초, 비례감도가 5 mA/mV 인 PI 조절계의 전달함수는?

① $\dfrac{1+2s}{5s}$ ② $\dfrac{1+5s}{2s}$

③ $\dfrac{1+2s}{0.4s}$ ④ $\dfrac{1+0.4s}{2s}$

[해설] 각 요소의 전달함수 정리
- P 동작 $G(s) = K_p$
- PI 동작 $G(s) = K_p\left(1 + \dfrac{1}{Ts}\right)$
- PD 동작 $G(s) = K_p(1 + Ts)$
- PID 동작 $G(s) = K_p\left(1 + \dfrac{1}{Ts} + Ts\right)$

$$G(s) = K_p\left(1 + \frac{1}{Ts}\right) = 5\left(1 + \frac{1}{2s}\right)$$
$$= 5 + \frac{5}{2s} = \frac{10s+5}{2s} = \frac{1+2s}{0.4s}$$

55. 다음 중 PLC(programmable logic controller)의 출력부에 설치하는 것이 아닌 것은?

① 전자개폐기
② 열동계전기
③ 시그널램프
④ 솔레노이드밸브

[해설] 열동계전기는 열 효과에 의해 발생하는 과부하 계전기이다.

56. 4000 Ω의 저항기 양단에 100 V의 전압을 인가할 경우 흐르는 전류의 크기 (mA)는?

① 4 ② 15
③ 25 ④ 40

[해설] $I = \dfrac{V}{R} = \dfrac{100}{4000} = 0.025\,\text{A} = 25\,\text{mA}$

57. 다음 설명에 알맞은 전기 관련 법칙은?

> 도선에서 두 점 사이 전류의 크기는 그 두 점 사이의 전위차에 비례하고, 전기 저항에 반비례한다.

① 옴의 법칙
② 렌츠의 법칙
③ 플레밍의 법칙
④ 전압 분배의 법칙

[해설] (1) 렌츠의 법칙 : 코일은 이것을 관통하는 자속이 변화하게 되면 자속의 변화를 방해하려는 방향으로 자속을 발생시키는 유도기전력이 생긴다. 자속의 증가를 방해하는 방향으로 자속이 생기도록 기전력이 유도된다.
(2) 플레밍의 왼손 법칙 : 자계 안에 둔 도체에 전류가 흐를 때 도체에 작용하는 전자력의 방향에 관한 법칙
(3) 전압 분배의 법칙 : 여러 개의 전기 소자들이 있을 때 모든 소자에 동일한 전류가 흐르도록 연결된 회로를 직렬회로라 한다. 이 직렬회로에서 어떤 임의의 저항이나 결합된 직렬저항 양단에 나타난 전압은 그 저항과 회로 양단자간 전압의 곱을 회로의 등가합성 저항으로 나눈 값과 같다.

58. 그림과 같은 RLC 병렬 공진 회로에 관한 설명으로 틀린 것은?

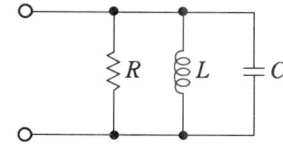

① 공진 조건은 $\omega C = \dfrac{1}{\omega L}$ 이다.
② 공진 시 공진전류는 최소가 된다.

정답 54. ③ 55. ② 56. ③ 57. ① 58. ③

③ R이 작을수록 선택도 Q가 높다.
④ 공진 시 입력 어드미턴스는 매우 작아진다.

[해설] RLC 병렬 공진 회로
$$I = \sqrt{I_R^2 + (I_L - I_C)^2}$$
$$= V\sqrt{\left(\frac{1}{R}\right)^2 + \left(\frac{1}{X_L} - \frac{1}{X_C}\right)^2} \text{[A]}$$
$$Z = \frac{1}{\sqrt{\left(\frac{1}{R}\right)^2 + \left(\frac{1}{X}\right)^2}}$$

선택도 $Q = R\sqrt{\dfrac{L}{C}}$ (직렬)

$Q = R\sqrt{\dfrac{C}{L}}$ (병렬)

59. 정상 편차를 개선하고 응답속도를 빠르게 하며 오버슈트를 감소시키는 동작은?

① K
② $K(1 + sT)$
③ $K\left(1 + \dfrac{1}{sT}\right)$
④ $K\left(1 + sT + \dfrac{1}{sT}\right)$

[해설] (1) 비례동작(P) : 잔류편차가 있다.
$$G(s) = \frac{Y(s)}{X(s)} = K (\text{이득상수})$$
(2) 미분요소(D)
$$G(s) = Ks$$
(3) 적분요소(I) : 편차 제거 시 적용
$$G(s) = \frac{K}{s}$$
(4) 비례 적분(PI) : 계단 변화에 대하여 잔류편차가 없으며 간헐 현상이 있다.
(5) 비례 미분 적분(PID) : 뒤진 앞선 회로와 특성이 같으며 정상편차, 응답, 속응성이 최적이다.

60. 특성방정식이 $s^3 + 2s^2 + Ks + 5 = 0$인 제어계가 안정하기 위한 K값은?

① $K > 0$
② $K < 0$
③ $K > \dfrac{5}{2}$
④ $K < \dfrac{5}{2}$

[해설] $\dfrac{2K-5}{2}$의 부호가 $+$가 되어야 하므로 $2K - 5 > 0$이다.

$\therefore K > \dfrac{5}{2}$

S^3	1	K
S^2	2	5
S^1	$\dfrac{2K-5}{2}$	0
S^0	5	

제4과목　유지보수공사관리

61. 냉매 배관 재료 중 암모니아를 냉매로 사용하는 냉동설비에 가장 적합한 것은?

① 동, 동합금
② 아연, 주석
③ 철, 강
④ 크롬, 니켈 합금

[해설] 암모니아는 수분과 혼합 시 동 및 동합금을 부식시키므로 대부분 강관을 사용한다.

62. 배수관의 관지름 선정 방법에 관한 설명으로 틀린 것은?

① 기구 배수관의 관지름은 배수 트랩의 지름 이상으로 하고 최소 30 mm 정도로 한다.
② 수직, 수평관 모두 배수가 흐르는 방향으로 관지름이 축소되어서는 안 된다.
③ 배수 수직관은 어느 층에서나 최하부의 가장 큰 배수부하를 담당하는 부분과 동일한 관지름으로 한다.

정답 59. ④　60. ③　61. ③　62. ④

④ 땅속에 매설되는 배수관 최소 구경은 30 mm 정도로 한다.
[해설] 매설되는 배수관의 최소 구경은 75 mm 이상으로 해야 한다.

63. 급탕설비의 설계 및 시공에 관한 설명으로 틀린 것은?
① 중앙식 급탕방식은 개별식 급탕방식보다 시공비가 많이 든다.
② 온수의 순환이 잘되고 공기가 고이는 것을 방지하기 위해 배관에 구배를 둔다.
③ 게이트 밸브는 공기고임을 만들기 때문에 글로브 밸브를 사용한다.
④ 순환 방식은 순환펌프에 의한 강제순환식과 온수의 비중량 차이에 의한 중력식이 있다.
[해설] 급탕설비에서는 압력손실을 최소화하기 위해 게이트 밸브를 사용한다.

64. 다음 중 온수 온도 90℃의 온수난방 배관의 보온재로 사용하기에 가장 부적합한 것은?
① 규산칼슘 ② 펄라이트
③ 암면   ④ 폴리스티렌
[해설] 폴리스티렌은 가공성은 우수하지만 70~90℃의 열에 변형이 되는 소재이다.

65. 증기난방 배관 시공법에 대한 설명으로 틀린 것은?
① 증기주관에서 지관을 분기하는 경우 관의 팽창을 고려하여 스위블 이음법으로 한다.
② 진공환수식 배관의 증기주관은 $\frac{1}{100} \sim \frac{1}{200}$ 선상향 구배로 한다.
③ 주형 방열기는 일반적으로 벽에서 50~60 mm 정도 떨어지게 설치한다.
④ 보일러 주변의 배관 방법에서는 증기관과 환수관 사이에 밸런스관을 달고, 하트포드(hartford) 접속법을 사용한다.
[해설] 진공환수식 배관의 증기주관은 증기의 흐름 방향으로 $\frac{1}{200} \sim \frac{1}{300}$ 정도 앞내림 기울기로 한다.

66. 간접 가열식 급탕법에 관한 설명으로 틀린 것은?
① 대규모 급탕설비에 부적당하다.
② 순환증기는 높이에 관계없이 저압으로 사용 가능하다.
③ 저탕탱크와 가열용 코일이 설치되어 있다.
④ 난방용 증기보일러가 있는 곳에 설치하면 설비비를 절약하고 관리가 편하다.
[해설] 간접 가열식 급탕법
(1) 보일러 내의 고온수나 증기를 저탕조의 가열코일을 통과시켜 물을 간접적으로 가열하여 공급하는 방식이다.
(2) 난방용 보일러로 급탕까지 가능하다.
(3) 보일러 내면에 스케일이 거의 끼지 않는다.
(4) 저압용 보일러가 필요하다.
(5) 가열코일이 필요하다.
(6) 대규모 설비에 적합하다.

67. 급탕배관의 단락현상(short circuit)을 방지할 수 있는 배관 방식은?
① 리버스 리턴 배관 방식
② 다이렉트 리턴 배관 방식
③ 단관식 배관 방식
④ 상향식 배관 방식
[해설] 급탕배관의 단락현상은 물의 흐름이 차단되는 현상으로 각 실의 유량 공급이 동일

[정답] 63. ③ 64. ④ 65. ② 66. ① 67. ①

하고 원활하게 흐르게 하기 위하여 리버스 리턴 배관 방식을 채택해야 한다. 리버스 리턴 방식이란 각 지관에서 온수의 순환을 균일하게 하기 위해(마찰저항을 균일하게 하여) 열원에서 각 지관의 공급개소까지 온수공급관과 반송관의 배관길이를 동일하게 하는 방식이다.

68. 도시가스배관 설비기준에서 배관을 시가지의 도로 노면 밑에 매설하는 경우에는 노면으로부터 배관의 외면까지 얼마 이상을 유지해야 하는가? (단, 방호구조물 안에 설치하는 경우는 제외한다.)
① 0.8 m   ② 1 m
③ 1.5 m   ④ 2 m

[해설] 도시가스배관 설비기준에서 배관을 시가지의 도로 노면 밑에 매설하는 경우에는 노면으로부터 배관의 외면까지 1.5 m 이상을 유지해야 한다.

69. 관의 두께별 분류에서 가장 두꺼워 고압 배관으로 사용할 수 있는 동관의 종류는 어느 것인가?
① K형 동관   ② S형 동관
③ L형 동관   ④ N형 동관

[해설] 동관의 두께 표시
- K형 : 가장 두껍다. 주로 고압 배관에 사용한다.
- L형 : 두껍다. 의료배관 또는 일반 배관용으로 사용한다.
- M형 : 보통 두께로 일반 배관용으로 사용한다.
- N형 : 가장 얇다. KS 규격에는 없으며 주로 배수용으로 제작한다.

70. 다음 중 동관 이음 방법에 해당하지 않는 것은?
① 타이톤 이음   ② 납땜 이음
③ 압축 이음   ④ 플랜지 이음

[해설] 타이톤 접합 : 관과 소켓관 사이에 고무링을 끼우고 서로 밀착시키는 방법으로 상수도용으로 주로 사용되는 덕타일 주철관의 이음부 접합 방법이다.

71. 벤더에 의한 관 굽힘 시 주름이 생겼다. 주된 원인은?
① 재료에 결함이 있다.
② 굽힘형의 홈이 관지름보다 작다.
③ 클램프 또는 관에 기름이 묻어 있다.
④ 압력형이 조정이 세고 저항이 크다.

[해설] 벤더에 의한 관 굽힘 시 주름은 굽힘형의 홈이 관지름보다 작거나 불규칙한 힘으로 너무 빠르게 회전할 경우 주로 생긴다.

72. 공조배관 설계 시 유속을 빠르게 했을 경우의 현상으로 틀린 것은?
① 관경이 작아진다.
② 운전비가 감소한다.
③ 소음이 발생된다.
④ 마찰손실이 증대한다.

[해설] 공조배관 설계 시 수속은 1 m/s, 공기의 풍속은 2~3 m/s 정도가 적당하며 수속이 빠를 경우 마찰손실로 관의 부식이 증가하게 된다.

73. 증기난방 설비의 특징에 대한 설명으로 틀린 것은?
① 증발열을 이용하므로 열의 운반능력이 크다.
② 예열시간이 온수난방에 비해 짧고 증기순환이 빠르다.
③ 방열면적을 온수난방보다 적게 할 수 있다.
④ 실내 상하 온도차가 작다.

[해설] 증기난방의 단점은 상하 온도차가 커지는 것이다.

정답 68. ③ 69. ① 70. ① 71. ② 72. ② 73. ④

74. 냉매 배관 시공 시 주의사항으로 틀린 것은?
① 배관 길이는 되도록 짧게 한다.
② 온도 변화에 의한 신축을 고려한다.
③ 곡률 반지름은 가능한 작게 한다.
④ 수평 배관은 냉매 흐름 방향으로 하향 구배 한다.
[해설] 곡률 반지름은 가급적 크게 하여 마찰 손실을 최소화해야 한다.

75. 다음 중 "접속해 있을 때"를 나타내는 관의 도시 기호는?

[해설] 관의 접속은 ②, 관의 교차는 ④로 표시한다.

76. 고가수조식 급수 방식의 장점이 아닌 것은?
① 급수압력이 일정하다.
② 단수 시에도 일정량의 급수가 가능하다.
③ 급수 공급계통에서 물의 오염 가능성이 없다.
④ 대규모 급수에 적합하다.
[해설] 고가수조식은 옥상수조식이라고도 하며 수조가 대기 중에 노출될 가능성이 많아 오염의 우려가 수도 직결식에 비해 매우 높다.

77. 증발량 5000 kg/h인 보일러의 증기 엔탈피가 640 kcal/kg이고, 급수 엔탈피가 15 kcal/kg일 때, 보일러의 상당 증발량(kg/h)은?
① 278 ② 4800
③ 5797 ④ 3125000

[해설] 상당 증발량(G_e)
$= \dfrac{5000\,\text{kg/h} \times (640\,\text{kcal/kg} - 15\,\text{kcal/kg})}{539\,\text{kcal/kg}}$
$= 5797\,\text{kg/h}$

78. 냉동장치의 배관 설치에 관한 내용으로 틀린 것은?
① 토출가스의 합류 부분 배관은 T 이음으로 한다.
② 압축기와 응축기의 수평배관은 하향 구배로 한다.
③ 토출가스 배관에는 역류 방지 밸브를 설치한다.
④ 토출관의 입상이 10 m 이상일 경우 10 m마다 중간 트랩을 설치한다.
[해설] 토출가스의 합류 부분 배관은 압력손실을 최소화하기 위해 Y이음으로 한다.

79. 증기 및 물 배관 등에서 찌꺼기를 제거하기 위하여 설치하는 부속품은?
① 유니언 ② P 트랩
③ 부싱 ④ 스트레이너
[해설] 스트레이너는 여과기이며 주로 Y형 여과기를 사용한다.

80. 가스 배관 재료 중 내약품성 및 전기 절연성이 우수하며 사용 온도가 80℃ 이하인 관은?
① 주철관 ② 강관
③ 동관 ④ 폴리에틸렌관
[해설] 폴리에틸렌관은 PE관이라 하며 사용온도 범위는 −18~80℃ 정도이다. 햇빛에 노화의 우려가 있고 80℃ 이상이 되면 연화의 위험이 있다.

CBT 실전테스트 (9)

※ 최근 출제문제를 수검자의 기억의 의해 재구성하였습니다.

제1과목   에너지관리

1. 난방부하 계산 시 일반적으로 무시할 수 있는 부하의 종류가 아닌 것은?
① 틈새바람 부하
② 조명기구 발열 부하
③ 재실자 발생 부하
④ 일사 부하

[해설] 조명기구, 재실자, 일사 부하 등은 난방에 도움이 되므로 부하계산에서 제외된다.

2. 습공기의 상태변화를 나타내는 방법 중 하나인 열수분비의 정의로 옳은 것은?
① 절대습도 변화량에 대한 잠열량 변화량의 비율
② 절대습도 변화량에 대한 전열량 변화량의 비율
③ 상대습도 변화량에 대한 현열량 변화량의 비율
④ 상대습도 변화량에 대한 잠열량 변화량의 비율

[해설] 열수분비 = $\dfrac{엔탈피\ 변화량}{절대습도\ 변화량}$

3. 온수관의 온도가 80℃, 환수관의 온도가 60℃인 자연순환식 온수난방장치에서의 자연순환수두(mmAq)는? (단, 보일러에서 방열기까지의 높이는 5 m, 60℃에서의 온수 밀도는 983.24 kg/m³, 80℃에서의 온수 밀도는 971.84 kg/m³이다.)
① 55   ② 56
③ 57   ④ 58

[해설] $P = \gamma h = \rho g h$
$= (983.24 - 971.84) \times 9.8 \times 5 = 558.6\ \text{N/m}^2$
$\dfrac{558.6 \times 10^{-4}}{9.8} \times \dfrac{10.332 \times 10^3}{1.0332} = 57\ \text{mmAq}$

4. 온수난방 배관 방식에서 단관식과 비교한 복관식에 대한 설명으로 틀린 것은?
① 설비비가 많이 든다.
② 온도 변화가 많다.
③ 온수 순환이 좋다.
④ 안정성이 높다.

[해설] 복관식은 온도 변화가 적으며 순환이 양호하나 시설비가 많이 든다.

5. 극간풍이 비교적 많고 재실 인원이 적은 실의 중앙 공조 방식으로 가장 경제적인 방식은?
① 변풍량 2중 덕트 방식
② 팬코일 유닛 방식
③ 정풍량 2중 덕트 방식
④ 정풍량 단일 덕트 방식

[해설] 팬코일 유닛 방식
(1) 각 유닛마다 조절할 수 있어 개별 제어가 가능하므로 재실 인원이 적은 곳에 유용하다.
(2) 장래의 부하 증가에 대하여 팬코일 유닛의 증설만으로 용이하게 계획될 수 있다.

6. 다음 중 덕트 설계 시 주의사항으로 틀린 것은?
① 장방형 덕트 단면의 종횡비는 가능한 한 6:1 이상으로 해야 한다.
② 덕트의 풍속은 15 m/s 이하, 정압은

[정답] 1. ①   2. ②   3. ③   4. ②   5. ②   6. ①

50 mmAq 이하의 저속 덕트를 이용하여 소음을 줄인다.
③ 덕트의 분기점에는 댐퍼를 설치하여 압력 평형을 유지시킨다.
④ 재료는 아연도금강판, 알루미늄판 등을 이용하여 마찰저항 손실을 줄인다.

[해설] 장방형 덕트 단면의 종횡비는 3 : 2가 가장 좋으며 8 : 1 이상이면 사용을 금지해야 한다.

7. 공장에 12 kW의 전동기로 구동되는 기계장치 25대를 설치하려고 한다. 전동기는 실내에 설치하고 기계장치는 실외에 설치한다면 실내로 취득되는 열량(kW)은? (단, 전동기의 부하율은 0.78, 가동률은 0.9, 전동기 효율은 0.87이다.)
① 242.1
② 210.6
③ 44.8
④ 31.5

[해설] $Q = \dfrac{12}{0.87} \times 25 \times 0.78 \times 0.9 = 242.1$ kW

8. 공기세정기에서 순환수 분무에 대한 설명으로 틀린 것은? (단, 출구 수온은 입구 공기의 습구온도와 같다.)
① 단열변화
② 증발냉각
③ 습구온도 일정
④ 상대습도 일정

[해설] 순환수를 분무하면 상대습도는 증가하게 된다.

9. 전압기준 국부저항계수 ζ_T와 정압기준 국부저항계수 ζ_S와의 관계를 바르게 나타낸 것은? (단, 덕트 상류 풍속은 v_1, 하류 풍속은 v_2이다.)
① $\zeta_T = \zeta_S - 1 + \left(\dfrac{v_2}{v_1}\right)^2$
② $\zeta_T = \zeta_S + 1 - \left(\dfrac{v_2}{v_1}\right)^2$
③ $\zeta_T = \zeta_S - 1 - \left(\dfrac{v_2}{v_1}\right)^2$
④ $\zeta_T = \zeta_S + 1 + \left(\dfrac{v_2}{v_1}\right)^2$

10. 다음 중 공기세정기에 대한 설명으로 틀린 것은?
① 세정기 단면의 종횡비를 크게 하면 성능이 떨어진다.
② 공기세정기의 수・공기비는 성능에 영향을 미친다.
③ 세정기 출구에는 분무된 물방울의 비산을 방지하기 위해 루버를 설치한다.
④ 스프레이 헤더의 수를 뱅크(bank)라 하고 1본을 1뱅크, 2본을 2뱅크라 한다.

[해설] 루버는 폭이 좁은 판을 비스듬히 일정 간격을 두고 수평으로 배열하여 차광을 하며, 비산을 방지하는 것은 일리미네이터이다.

11. 실내의 CO_2 농도 기준이 1000 ppm이고, 1인당 CO_2 발생량이 18 L/h인 경우, 실내 1인당 필요한 환기량(m^3/h)은? (단, 외기 CO_2 농도는 300 ppm이다.)
① 22.7
② 23.7
③ 25.7
④ 26.7

[해설] $Q = \dfrac{0.018}{0.001 - 0.0003} = 25.71$ m^3/h

12. 타원형 덕트(flat oval duct)와 같은 저항을 갖는 상당직경 D_e를 바르게 나타낸 것은? (단, A는 타원형 덕트 단면적, P는 타원형 덕트 둘레길이이다.)
① $D_e = \dfrac{1.55 P^{0.25}}{A^{0.625}}$

[정답] 7. ① 8. ④ 9. ② 10. ③ 11. ③ 12. ④

② $D_e = \dfrac{1.55A^{0.25}}{P^{0.625}}$

③ $D_e = \dfrac{1.55P^{0.625}}{A^{0.25}}$

④ $D_e = \dfrac{1.55A^{0.625}}{P^{0.25}}$

13. 압력 1 MPa, 건도 0.89인 습증기 100 kg을 일정 압력의 조건에서 엔탈피가 3052 kJ/kg인 300℃의 과열증기로 되는 데 필요한 열량(kJ)은? (단, 1 MPa에서 포화액의 엔탈피는 759 kJ/kg, 증발잠열은 2018 kJ/kg이다.)

① 44208　　　② 49698
③ 229311　　④ 103432

[해설] 습증기 엔탈피(i)
= 759 kJ/kg + 2018 kJ/kg × 0.89
= 2555.02 kJ/kg
열량(Q)
= (3052 kJ/kg − 2555.02 kJ/kg) × 100 kg
= 49698 kJ

14. EDR(Equivalent Direct Radiation)에 관한 설명으로 틀린 것은?

① 증기의 표준방열량은 650 kcal/m² · h 이다.
② 온수의 표준방열량은 450 kcal/m² · h 이다.
③ 상당방열면적을 의미한다.
④ 방열기의 표준방열량을 전방열량으로 나눈 값이다.

[해설] 상당방열면적은 방열기의 전방열량을 표준방열량으로 나눈 값이다.

15. 증기난방 방식에 대한 설명으로 틀린 것은?

① 환수 방식에 따라 중력환수식과 진공환수식, 기계환수식으로 구분한다.
② 배관 방법에 따라 단관식과 복관식이 있다.
③ 예열시간이 길지만 열량 조절이 용이하다.
④ 운전 시 증기 해머로 인한 소음을 일으키기 쉽다.

[해설] 증기난방 방식의 경우 예열시간이 온수난방에 비해 짧다.

16. 어떤 냉각기의 1열(列) 코일의 바이패스 팩터가 0.65라면 4열(列)의 바이패스 팩터는 약 얼마가 되는가?

① 0.18　　　② 1.82
③ 2.83　　　④ 4.84

[해설] $BF_2 = (BF_1)^{\frac{N_2}{N_1}} = 0.65^4 = 0.1785 ≒ 0.18$

17. 다음 냉방부하 요소 중 잠열을 고려하지 않아도 되는 것은?

① 인체에서의 발생열
② 커피포트에서의 발생열
③ 유리를 통과하는 복사열
④ 틈새바람에 의한 취득열

[해설] 잠열은 수분을 고려해야 하므로 유리를 통과하는 복사열은 현열만 해당된다.

18. 냉수 코일 설계 기준에 대한 설명으로 틀린 것은?

① 코일은 관이 수평으로 놓이게 설치한다.
② 관내 유속은 1 m/s 정도로 한다.
③ 공기 냉각용 코일의 열수는 일반적으로 4~8열이 주로 사용된다.
④ 냉수 입·출구 온도차는 10℃ 이상으로 한다.

[해설] 냉수 입·출구 온도차는 5℃ 정도 유지한다.

정답 13. ②　14. ④　15. ③　16. ①　17. ③　18. ④

19. 용어에 대한 설명으로 틀린 것은?
① 자유면적 : 취출구 혹은 흡입구 구멍 면적의 합계
② 도달거리 : 기류의 중심속도가 0.25 m/s에 이르렀을 때, 취출구에서의 수평거리
③ 유인비 : 전공기량에 대한 취출공기량(1차 공기)의 비
④ 강하도 : 수평으로 취출된 기류가 일정 거리만큼 진행한 뒤 기류중심선과 취출구 중심과의 수직거리

[해설] 유인비 = $\dfrac{1\text{차 공기량} + 2\text{차 공기량}}{1\text{차 공기량}}$

여기서, 1차 공기량은 취출구로부터 취출된 공기량, 2차 공기량은 취출공기로부터 유인되어 운동하는 실내 공기량이다.

20. 덕트의 마찰저항을 증가시키는 요인 중 값이 커지면 마찰저항이 감소되는 것은?
① 덕트 재료의 마찰저항 계수
② 덕트 길이
③ 덕트 지름
④ 풍속

[해설] 덕트 길이가 짧을수록, 관경이 클수록 마찰저항은 감소한다.

제2과목 공조냉동설계

21. 냉각탑의 성능이 좋아지기 위한 조건으로 적절한 것은?
① 쿨링레인지가 작을수록, 쿨링어프로치가 작을수록
② 쿨링레인지가 작을수록, 쿨링어프로치가 클수록
③ 쿨링레인지가 클수록, 쿨링어프로치가 작을수록
④ 쿨링레인지가 클수록, 쿨링어프로치가 클수록

[해설] • 쿨링레인지 = 냉각탑 입구수온 − 냉각탑 출구수온
• 쿨링어프로치 = 냉각탑 출구수온 − 외기 습구온도
※ 쿨링레인지가 클수록, 쿨링어프로치가 작을수록 냉각탑 성능은 우수해진다.

22. 다음 중 절연내력이 크고 절연물질을 침식시키지 않기 때문에 밀폐형 압축기에 사용하기에 적합한 냉매는?
① 프레온계 냉매
② H_2O
③ 공기
④ NH_3

[해설] 암모니아는 절연물질을 침식시키므로 개방형 압축기를 사용하여 프레온은 절연물질을 침식시키지 않으므로 밀폐형 압축기에 사용한다.

23. 어떤 냉동기의 증발기 내 압력이 245 kPa이며, 이 압력에서의 포화온도, 포화액 엔탈피 및 건포화증기 엔탈피, 정압비열은 조건과 같다. 증발기 입구측 냉매의 엔탈피가 455 kJ/kg이고, 증발기 출구측 냉매온도가 −10℃의 과열증기일 경우 증발기에서 냉매가 취득한 열량(kJ/kg)은 얼마인가?

─〈조 건〉─
• 포화온도 : −20℃
• 포화액 엔탈피 : 396 kJ/kg
• 건포화증기 엔탈피 : 615.6 kJ/kg
• 정압비열 : 0.67 kJ/kg·K

① 167.3
② 152.3
③ 148.3
④ 112.3

[해설] 증발기 출구 엔탈피
= 615.6 kJ/kg + 0.67 kJ/kg·K × {(−10) − (−20)} K = 622.3 kJ/kg

정답 19. ③ 20. ③ 21. ③ 22. ① 23. ①

냉동효과 = 622.3 kJ/kg − 455 kJ/kg
= 167.3 kJ/kg

24. 냉동능력이 13896 kJ/h인 냉동장치가 1 kW의 압축동력을 필요로 할 때, 응축기에서의 방열량(kW)은?
① 2　　② 3.3
③ 4.8　　④ 6

[해설] 응축기 방열량
$= \dfrac{13896\,\text{kJ}}{3600\,\text{s}} + 1 = 4.86\,\text{kW}$

25. 냉동 사이클에서 응축온도 상승에 따른 시스템의 영향으로 가장 거리가 먼 것은? (단, 증발온도는 일정하다.)
① COP 감소
② 압축비 증가
③ 압축기 토출가스 온도 상승
④ 압축기 흡입가스 압력 상승

[해설] 증발온도가 일정하므로 흡입가스 압력 또한 일정하다.

26. 어떤 냉장고의 방열벽 면적이 500 m², 열통과율이 0.311 W/m²·℃일 때, 이 벽을 통하여 냉장고 내로 침입하는 열량(kW)은? (단, 이때의 외기온도는 32℃이며, 냉장고 내부온도는 −15℃이다.)
① 12.6　　② 10.4
③ 9.1　　④ 7.3

[해설] $Q = KF\Delta T = 0.311 \times 500 \times \{32-(-15)\}$
$= 7308.5\,\text{W} = 7.3\,\text{kW}$

27. 2차 유체로 사용되는 브라인의 구비 조건으로 틀린 것은?
① 비등점이 높고, 응고점이 낮을 것
② 점도가 낮을 것
③ 부식성이 없을 것
④ 열전달률이 작을 것

[해설] 브라인은 열용량이 크고 비열이 커야 하며 열전달률이 좋아야 한다.

28. 다음 중 냉매 배관 내에 플래시 가스(flash gas)가 발생했을 때 나타나는 현상으로 틀린 것은?
① 팽창밸브의 능력 부족 현상 발생
② 냉매 부족과 같은 현상 발생
③ 액관 중의 기포 발생
④ 팽창밸브에서의 냉매순환량 증가

[해설] 플래시 가스가 발생하면 체적 팽창으로 냉매순환량은 감소하게 된다.

29. 단면이 1 m²인 단열재를 통하여 0.3 kW의 열이 흐르고 있다. 이 단열재의 두께는 2.5 cm이고 열전도계수가 0.2 W/m·℃일 때 양면 사이의 온도차(℃)는?
① 54.5　　② 42.5
③ 37.5　　④ 32.5

[해설] $\Delta T = \dfrac{Q\Delta X}{KF} = \dfrac{300 \times 0.025}{0.2 \times 1} = 37.5\,℃$

30. 여러 대의 증발기를 사용할 경우 증발관 내의 압력이 가장 높은 증발기의 출구에 설치하여 압력을 일정 값 이하로 억제하는 장치를 무엇이라고 하는가?
① 전자밸브
② 압력개폐기
③ 증발압력조정밸브
④ 온도조절밸브

[해설] 압축기를 한 대 사용하고 증발온도가 다른 여러 대의 증발기를 사용할 경우 온도가 높은 쪽에는 증발압력조정밸브를 사용하며 증발온도가 가장 낮은 쪽에는 역지밸브를 사용한다.

정답 24. ③　25. ④　26. ④　27. ④　28. ④　29. ③　30. ③

31. 다음 그림은 2단 압축 암모니아 사이클을 나타낸 것이다. 냉동능력이 2 RT인 경우 저단압축기의 냉매순환량(kg/h)은? (단, 1 RT는 3.8 kW이다.)

① 10.1 ② 22.9
③ 32.5 ④ 43.2

해설 $G_L = \dfrac{Q_e}{q_e} = \dfrac{2 \times 3.8 \times 3600}{1612 - 418}$
  $= 22.914 \text{ kg/h}$

32. 다음 팽창밸브 중 인버터 구동 가변용량형 공기조화장치나 증발온도가 낮은 냉동장치에서 팽창밸브의 냉매유량 조절 특성 향상과 유량 제어 범위 확대 등을 목적으로 사용하는 것은?
① 전자식 팽창밸브
② 모세관
③ 플로트 팽창밸브
④ 정압식 팽창밸브

해설 인버터 구동의 경우 전자식 팽창밸브를 사용한다.

33. 식품의 평균 초온이 0℃일 때 이것을 동결하여 온도중심점을 -15℃까지 내리는 데 걸리는 시간을 나타내는 것은?
① 유효동결시간 ② 유효냉각시간
③ 공칭동결시간 ④ 시간상수

해설 (1) 공칭동결속도 : 주어진 식품의 온도 중심점을 통과하는 절단면의 두께의 1/2을 공칭동결시간으로 나눈 값
  (2) 유효냉각시간(t_e) : 시간(h)으로 나타내고, 식품의 크기와 평균 초온 A[℃]가 주어졌을 때 이것을 냉각하여 온도 중심점을 E[℃]로 할 때까지 소요되는 시간이다. $A=37℃$, $E=3℃$일 때는 t_e(37℃, 3℃) = …시간(h)으로 나타낸다.
  (3) 유효동결속도(effective freezing speed) : 크기가 주어진 식품의 유효동결속도(V)는 온도 중심점을 통과하는 면에서 양분하고, 그 두께 l[cm]를 유효동결시간(t_e)으로 나눈 것이다. 즉, $V = \dfrac{l}{t_e}$로 되고 V의 단위는 cm/h가 된다.
  (4) 온도 중심점 : 식품을 동결할 때 식품 온도의 강하가 가장 늦어지는 점

34. 냉동장치를 운전할 때 다음 중 가장 먼저 실시하여야 하는 것은?
① 응축기 냉각수 펌프를 기동한다.
② 증발기 팬을 기동한다.
③ 압축기를 기동한다.
④ 압축기의 유압을 조정한다.

해설 냉동기 정지 시 가장 나중에 하는 작업이 응축기 냉각수 드레인이며 기동 시에는 냉각수 펌프를 기동하여 응축기에 냉각수를 충분히 공급해야 한다.

35. 다음 중 냉매를 사용하지 않는 냉동장치는?
① 열전 냉동장치
② 흡수식 냉동장치
③ 교축팽창식 냉동장치
④ 증기압축식 냉동장치

해설 펠티어 효과를 이용한 열전 냉동장치는 전자냉동기라고 하며 반도체를 이용한 냉동기로 냉매를 사용하지 않는다.

정답 31. ② 32. ① 33. ③ 34. ① 35. ①

36. 축 동력 10 kW, 냉매순환량 33 kg/min 인 냉동기에서 증발기 입구 엔탈피가 406 kJ/kg, 증발기 출구 엔탈피가 615 kJ/kg, 응축기 입구 엔탈피가 632 kJ/kg이다. ㉠ 실제 성능계수와 ㉡ 이론 성능계수는 각각 얼마인가?

① ㉠ 8.5, ㉡ 12.3
② ㉠ 8.5, ㉡ 9.5
③ ㉠ 11.5, ㉡ 9.5
④ ㉠ 11.5, ㉡ 12.3

[해설] ㉠ 실제 성적계수 = $\dfrac{(615-406)\times 33}{10\times 60}$
= 11.495

㉡ 이론 성적계수 = $\dfrac{615-406}{632-615}$ = 12.29

37. 암모니아용 압축기의 실린더에 있는 워터재킷의 주된 설치 목적은?

① 밸브 및 스프링의 수명을 연장하기 위해서
② 압축 효율의 상승을 도모하기 위해서
③ 암모니아는 토출온도가 낮기 때문에 이를 방지하기 위해서
④ 암모니아의 응고를 방지하기 위해서

38. 스크루 압축기의 특징에 대한 설명으로 틀린 것은?

① 소형 경량으로 설치면적이 작다.
② 밸브와 피스톤이 없어 장시간의 연속 운전이 불가능하다.
③ 암수 회전자의 회전에 의해 체적을 줄여 가면서 압축한다.
④ 왕복동식과 달리 흡입밸브와 토출밸브를 사용하지 않는다.

[해설] 스크루 압축기는 나사 압축기로서 소형 경량으로 설치면적이 작고, 흡입밸브와 토출밸브가 없으며 15000 rpm으로 연속운전이 가능하나 소음이 심한 것이 단점이다.

39. 고온부의 절대온도를 T_1, 저온부의 절대온도를 T_2, 고온부로 방출하는 열량을 Q_1, 저온부로부터 흡수하는 열량을 Q_2라고 할 때, 이 냉동기의 이론 성적계수(COP)를 구하는 식은?

① $\dfrac{Q_1}{Q_1-Q_2}$ ② $\dfrac{Q_2}{Q_1-Q_2}$

③ $\dfrac{T_1}{T_1-T_2}$ ④ $\dfrac{T_1-T_2}{T_1}$

[해설] 이론 성적계수(COP) = $\dfrac{냉동효과}{압축열량}$

= $\dfrac{Q_2}{Q_1-Q_2} = \dfrac{T_2}{T_1-T_2}$

40. 2단 압축 냉동장치 내 중간냉각기 설치에 대한 설명으로 옳은 것은?

① 냉동효과를 증대시킬 수 있다.
② 증발기에 공급되는 냉매액을 과열시킨다.
③ 저압 압축기 흡입가스 중의 액을 분리시킨다.
④ 압축비가 증가되어 압축 효율이 저하된다.

[해설] 중간냉각기 역할
(1) 부스터에서 토출된 중온, 중압 과열증기의 과열도를 제거하여 고단압축기 소요동력을 감소시킨다.
(2) 고온 고압의 냉매액에 과냉각도를 주어 팽창변 통과 시 플래시가스 발생을 감소시켜 냉동능력을 증대시킨다.
(3) 고단 압축기로 냉매액 흡입을 방지한다.

제3과목 시운전 및 안전관리

41. 정격주파수 60 Hz의 농형 유도전동기를 50 Hz의 정격전압에서 사용할 때, 감

소하는 것은?
① 토크 ② 온도
③ 역률 ④ 여자전류

[해설] 주파수가 감소하면 회전수 감소, 속도 감소, 자속 증가, 역률 저하, 온도 상승, 최대 토크 증가, 기동전류 약간 증가가 일어난다.

42. 그림과 같은 피드백 회로의 종합 전달 함수는?

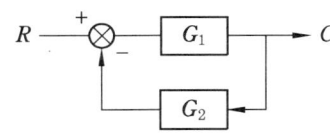

① $\dfrac{1}{G_1} + \dfrac{1}{G_2}$ ② $\dfrac{G_1}{1 - G_1 G_2}$

③ $\dfrac{G_1}{1 + G_1 G_2}$ ④ $\dfrac{G_1 G_2}{1 - G_1 G_2}$

[해설] $RG_1 - CG_1 G_2 = C$에서
$RG_1 = C + CG_1 G_2 = C(1 + G_1 G_2)$
$\therefore \dfrac{C}{R} = \dfrac{G_1}{1 + G_1 G_2}$

43. 도체가 대전된 경우 도체의 성질과 전하 분포에 관한 설명으로 틀린 것은?
① 도체 내부의 전계는 ∞이다.
② 전하는 도체 표면에만 존재한다.
③ 도체는 등전위이고 표면은 등전위면이다.
④ 도체 표면상의 전계는 면에 대하여 수직이다.

44. 어떤 교류 전압의 실횻값이 100 V일 때 최댓값은 약 몇 V가 되는가?
① 100 ② 141
③ 173 ④ 200

[해설] $V_m = \sqrt{2}\, V = \sqrt{2} \times 100 = 141$ V

45. PLC(Programmable Logic Controller)에서 CPU부의 구성과 거리가 먼 것은?
① 연산부
② 전원부
③ 데이터 메모리부
④ 프로그램 메모리부

[해설] PLC의 기본 기술은 전력선에 흐르는 50 Hz 또는 60 Hz의 저주파 전력선 신호에 디지털 정보를 변조하여 전송하는 통신 방식이다.
(1) PLC 시스템 구성
  ㉠ PLC modem : PC, TV 등 가전기기의 전기신호를 통신신호로 변/복조하는 장치
  ㉡ PLC coupler : 옥내의 분전반 전력량계를 바이패스(by pass)하여 통신신호를 배분하는 장비
  ㉢ PLC router : 인터넷 백본망과 연결하기 위한 장비
(2) PLC(프로그램형 제어기)의 구성
  ㉠ CPU
  ㉡ 메모리(memory)
  ㉢ 입, 출력부(I/O unit)
  ㉣ 전원부
  ㉤ 주변기기
(3) CPU 구성요소
  ㉠ 제어장치
  ㉡ 연산장치
  ㉢ 주기억장치
(4) CPU 주변장치
  ㉠ 입력장치
  ㉡ 출력장치
  ㉢ 보조기억장치

46. 제어대상의 상태를 자동적으로 제어하며, 목표값이 제어 공정과 기타의 제한 조건에 순응하면서 가능한 가장 짧은 시간에 요구되는 최종상태까지 가도록 설계하는 제어는?
① 디지털 제어

정답 42. ③ 43. ① 44. ② 45. ② 46. ③

② 적응 제어
③ 최적 제어
④ 정치 제어

[해설] ① 디지털 제어 시스템(digital control system)은 신호가 펄스 신호(pulse signal)이거나 디지털 코드(digital code)라는 점에서 연속 시스템과는 차이가 있다. 이산값 제어 시스템(discrete-data control system) 또는 샘플값 제어 시스템(sampled-data control system)을 디지털 시스템 대신 사용하기도 한다.
② 적응 제어는 제어가 처해진 환경이 변화하여 제어계의 특성이 변화하는 경우, 이들 변화에 대응하여 제어 장치의 특성이 어떠한 요소 조건을 충족하도록 적응시키는 제어를 말한다.
④ 정치 제어는 목표치가 일정한 제어를 말한다. 예를 들면 온도를 일정하게 한다든가 속도를 일정하게 한다든가 하는 경우이다. 프로세스 제어나 자동조정에서는 이 방식이 특히 많다.

47. 90 Ω의 저항 3개가 △결선으로 되어 있을 때, 상당(단상) 해석을 위한 등가 Y결선에 대한 각 상의 저항 크기는 몇 Ω인가?

① 10 ② 30
③ 90 ④ 120

[해설] △결선으로 되어 있을 때, 상당(단상) 해석을 위한 등가 Y결선에 대한 각 상의 저항 크기는 $\frac{1}{3}$이 되므로 $\frac{90}{3} = 30\,\Omega$이다.

48. 다음과 같은 회로에 전압계 3대와 저항 10 Ω을 설치하여 $V_1 = 80\,V$, $V_2 = 20\,V$, $V_3 = 100\,V$의 실효치 전압을 계측하였다. 이때 순저항 부하에서 소모하는 유효전력은 몇 W인가?

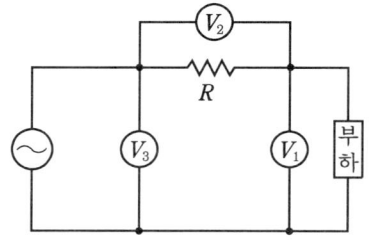

① 160 ② 320
③ 460 ④ 640

[해설] 3전압계법으로 3개의 전압계와 하나의 저항을 써서 단상 교류 전력을 측정하는 방법이다.

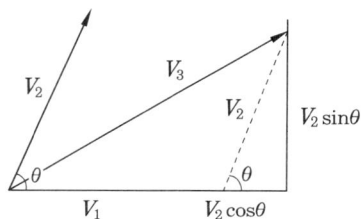

$$P = V_1 \times I \times \cos\theta = V_1 \times \frac{V_2}{R} \times \cos\theta$$

$$= V_1 \times \frac{V_2}{R} \times \frac{V_3^2 - V_1^2 - V_2^2}{2V_1 V_2}$$

$$= \frac{1}{2R}(V_3^2 - V_1^2 - V_2^2)$$

$$= \frac{1}{2 \times 10}(100^2 - 80^2 - 20^2) = 160\,W$$

49. $G(j\omega) = e^{-j\omega 0.4}$일 때 $\omega = 2.5$에서의 위상각은 약 몇 도인가?

① -28.6 ② -42.9
③ -57.3 ④ -71.5

[해설] $G(j\omega) = e^{-j\omega 0.4}$
$= \cos\omega 0.4 - j\sin\omega 0.4$
$\theta = \angle G(j\omega) = -\tan^{-1}\frac{\sin\omega 0.4}{\cos\omega 0.4} = -\omega 0.4$
$= -2.5 \times 0.4 = -1\,\text{rad} = -1 \times \frac{180°}{\pi}$
$= -57.3°$

[정답] 47. ② 48. ① 49. ③

50. 여러 가지 전해액을 이용한 전기분해에서 동일량의 전기로 석출되는 물질의 양은 각각의 화학당량에 비례한다고 하는 법칙은?
① 줄의 법칙
② 렌츠의 법칙
③ 쿨롱의 법칙
④ 패러데이의 법칙

[해설] ① 줄의 법칙 : $H = 0.24 I^2 Rt$ [cal]
② 렌츠의 법칙 : 코일은 이것을 관통하는 자속이 변화하게 되면 그의 자속의 변화를 방해하려는 방향으로 자속을 발생시키는 유도기전력이 생긴다. 자속의 증가를 방해하는 방향으로 자속이 생기도록 기전력이 유도된다.
③ 쿨롱의 법칙 : $F = k \dfrac{q_1 q_2}{r^2}$

51. 과도 응답의 소멸되는 정도를 나타내는 감쇠비(decay ratio)로 옳은 것은?
① $\dfrac{\text{제2오버슈트}}{\text{최대오버슈트}}$
② $\dfrac{\text{제4오버슈트}}{\text{최대오버슈트}}$
③ $\dfrac{\text{최대오버슈트}}{\text{제2오버슈트}}$
④ $\dfrac{\text{최대오버슈트}}{\text{제4오버슈트}}$

[해설] 감쇠비는 과도 응답의 소멸되는 정도를 나타내는 양으로서 제2오버슈트와 최대오버슈트와의 비로 정의한다.
감쇠비 $= \dfrac{\text{제2오버슈트}}{\text{최대오버슈트}}$

52. 유도전동기에서 슬립이 '0'이란 의미와 같은 것은?
① 유도제동기의 역할을 한다.
② 유도전동기가 정지상태이다.
③ 유도전동기가 전부하 운전상태이다.
④ 유도전동기가 동기속도로 회전한다.

[해설] 전동기의 회전속도는 동기의 속도보다 약간 늦다. 그 늦는 비율을 슬립(slip)이라고 한다.
$N = N_s (1 - S)$
$S = \dfrac{N_s - N}{N_s}$
여기서, N_s : 동기속도
N : 전동기의 실제 속도
S : 슬립

53. 제어장치가 제어대상에 가하는 제어신호로 제어장치의 출력인 동시에 제어대상의 입력인 신호는?
① 조작량
② 제어량
③ 목표값
④ 동작신호

[해설] ② 제어량 : 제어를 받는 제어계의 출력량으로서 제어대상에 속하는 양이다.
③ 목표값 : 제어에서 원하는 값
④ 동작신호 : 기준입력과 주귀환 신호와의 차로서 제어동작을 일으키는 신호이며, 편차라고도 한다(목표값과 제어량의 차).

54. 200 V, 1 kW 전열기에서 전열선의 길이를 $\dfrac{1}{2}$로 할 경우, 소비전력은 몇 kW인가?
① 1
② 2
③ 3
④ 4

[해설] $R = \dfrac{V^2}{P} = \dfrac{200^2}{1000} = 40\ \Omega$
길이가 $\dfrac{1}{2}$이므로 저항은 20 Ω이 된다.
$P = \dfrac{V^2}{R} = \dfrac{200^2}{20} = 2000\ \text{W} = 2\ \text{kW}$

55. 제어계의 분류에서 엘리베이터에 적용되는 제어 방법은?

정답 50. ④   51. ①   52. ④   53. ①   54. ②   55. ④

① 정치 제어 ② 추종 제어
③ 비율 제어 ④ 프로그램 제어

[해설] 프로그램 제어는 목표치가 처음에 정해진 변화를 하는 경우를 말한다.

56. 다음 설명은 어떤 자성체를 표현한 것인가?

> N극을 가까이 하면 N극으로, S극을 가까이 하면 S극으로 자화되는 물질로 구리, 금, 은 등이 있다.

① 강자성체
② 상자성체
③ 반자성체
④ 초강자성체

[해설] 반자성체는 반자성을 나타내는 물질로서 외부 자계에 의해서 자계와 반대 방향으로 자화되는 물질을 말한다.

57. 단위 피드백 제어계통에서 입력과 출력이 같다면 전향전달함수 $G(s)$의 값은?

① 0 ② 0.707
③ 1 ④ ∞

[해설] 단위 피드백 제어계통의 블록 선도

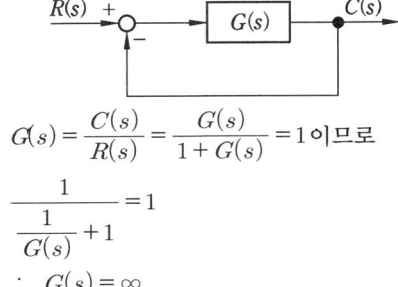

$G(s) = \dfrac{C(s)}{R(s)} = \dfrac{G(s)}{1+G(s)} = 1$ 이므로

$\dfrac{1}{\dfrac{1}{G(s)}+1} = 1$

∴ $G(s) = \infty$

58. 제어계의 과도 응답 특성을 해석하기 위해 사용하는 단위 계단 입력은?

① $\delta(t)$ ② $u(t)$
③ $-3tu(t)$ ④ $\sin(120\pi t)$

[해설] (1) 임펄스 함수 : $\delta(t)$
(2) 단위 계단함수 : $r(t) = u(t)$
  ㉠ 1, $t > 0$
  ㉡ 0, $t < 0$
(3) 램프함수 : $r(t) = tu(t)$
  ㉠ t, $t > 0$
  ㉡ 0, $t < 0$

59. 추종 제어에 속하지 않는 제어량은?

① 위치 ② 방위
③ 자세 ④ 유량

[해설] (1) 프로세스 제어 : 온도, 유량, 압력, 농도, pH, 효율 등의 공업 프로세스의 상태량을 제어량으로 하는 제어이다.
(2) 서보 기구 제어 : 물체의 위치, 방위, 자세 등의 기계적 변위를 제어량으로 해서 목표치의 임의의 변화에 추종하도록 구성된 제어계를 말한다.

60. PI 동작의 전달함수는? (단, K_P는 비례감도이고, T_I는 적분시간이다.)

① K_P
② $K_P s T_I$
③ $K_P(1 + s T_I)$
④ $K_P\left(1 + \dfrac{1}{sT_I}\right)$

[해설] • 비례동작(P) : 잔류편차가 있다.
$G(s) = \dfrac{Y(s)}{X(s)} = K$ (이득상수)

• 미분요소(D)
$G(s) = Ks$

• 적분요소(I) : 편차 제거 시 작용
$G(s) = \dfrac{K}{s}$

• 비례 적분(PI) : 계단변화에 대하여 잔류편차가 없으며 간헐 현상이 있다.

• 비례 미분 적분(PID) : 뒤진 앞선 회로와 특성이 같으며 정상편차, 응답, 속응성이 최적이다.

[정답] 56. ③ 57. ④ 58. ② 59. ④ 60. ④

제4과목 유지보수공사관리

61. 냉동장치의 배관공사가 완료된 후 방열 공사의 시공 및 냉매를 충전하기 전에 전 계통에 걸쳐 실시하며, 진공 시험으로 최종적인 기밀 유무를 확인하기 전에 하는 시험은?
① 내압 시험 ② 기밀 시험
③ 누설 시험 ④ 수압 시험

[해설] 배관공사 후 누설 시험을 하고 진공 시험을 한다.

62. 가스 미터를 구조상 직접식(실측식)과 간접식(추정식)으로 분류한다. 다음 중 직접식 가스 미터는?
① 습식 ② 터빈식
③ 벤투리식 ④ 오리피스식

[해설] 가스 미터 구조상 분류
(1) 직접식(실측식): 건식[막식형(독립내기식, 클로버식), 회전식(루츠형, 오벌식, 로터리피스톤식)], 습식
(2) 간접식(추량식): 델타식, 터빈식, 오리피스식, 벤투리식

63. 전기가 정전되어도 계속하여 급수를 할 수 있으며 급수 오염 가능성이 적은 급수 방식은?
① 압력탱크 방식 ② 수도직결 방식
③ 부스터 방식 ④ 고가탱크 방식

[해설] 수도직결식은 정전과는 관계없이 자체압력으로 공급이 가능하며 외부로 노출이 되지 않아 오염의 우려가 적은 편이다.

64. 다음 중 배관작업용 공구의 설명으로 틀린 것은?
① 파이프 리머(pipe reamer): 관을 파이프 커터 등으로 절단한 후 관 단면의 안쪽에 생긴 거스러미(burr)를 제거
② 플레어링 툴(flaring tools): 동관을 압축 이음하기 위하여 관 끝을 나팔 모양으로 가공
③ 파이프 바이스(pipe vice): 관을 절단하거나 나사 이음을 할 때 관이 움직이지 않도록 고정
④ 사이징 툴(sizing tools): 동일 지름의 관을 이음쇠 없이 납땜 이음을 할 때 한쪽 관 끝을 소켓 모양으로 가공

[해설] 사이징 툴(sizing tools): 동관의 끝부분을 원형으로 교정하기 위해 사용한다.

65. LP가스 공급, 소비 설비의 압력손실 요인으로 틀린 것은?
① 배관의 입하에 의한 압력손실
② 엘보, 티 등에 의한 압력손실
③ 배관의 직관부에서 일어나는 압력손실
④ 가스 미터, 콕, 밸브 등에 의한 압력손실

[해설] LP가스는 공기보다 무거우므로 입하관의 경우 오히려 압력 보강이 되며 입상관에서 압력 저하가 일어난다.

66. 통기관의 설치 목적으로 가장 거리가 먼 것은?
① 배수의 흐름을 원활하게 하여 배수관의 부식을 방지한다.
② 봉수가 사이펀 작용으로 파괴되는 것을 방지한다.
③ 배수계통 내에 신선한 공기를 유입하기 위해 환기시킨다.
④ 배수계통 내의 배수 및 공기의 흐름을 원활하게 한다.

[해설] 통기관은 악취 및 벌레의 침입을 방지하기 위하여 설치한다.

[정답] 61. ③ 62. ① 63. ② 64. ④ 65. ① 66. ①

67. 다음 중 배관의 끝을 막을 때 사용하는 이음쇠는?
① 유니언 ② 니플
③ 플러그 ④ 소켓

[해설] 배관 끝을 막기 위하여 플랜지, 캡, 플러그 등을 이용한다.

68. 아래 저압가스 배관의 직경(D)을 구하는 식에서 S가 의미하는 것은? (단, L은 관의 길이를 의미한다.)

$$D^5 = \frac{Q^2 \cdot S \cdot L}{K^2 \cdot H}$$

① 관의 내경 ② 공급 압력 차
③ 가스 유량 ④ 가스 비중

[해설] Q : 유량, L : 관 길이, K : 유량계수, H : 압력손실, S : 가스 비중

69. 다음 장치 중 일반적으로 보온, 보냉이 필요한 것은?
① 공조기용의 냉각수 배관
② 방열기 주변 배관
③ 환기용 덕트
④ 급탕배관

[해설] 급탕배관은 보일러에서 열을 받아 방열기로 가는 관으로 보온, 보냉이 필요한 관이다.

70. 순동 이음쇠를 사용할 때에 비하여 동합금 주물 이음쇠를 사용할 때 고려할 사항으로 가장 거리가 먼 것은?
① 순동 이음쇠 사용에 비해 모세관 현상에 의한 용융 확산이 어렵다.
② 순동 이음쇠와 비교하여 용접재 부착력은 큰 차이가 없다.
③ 순동 이음쇠와 비교하여 냉벽 부분이 발생할 수 있다.
④ 순동 이음쇠 사용에 비해 열팽창의 불균일에 의한 부정적 틈새가 발생할 수 있다.

[해설] 순동 이음쇠의 경우 용접재의 부착력이 커서 은납을 사용한다. 동합금 주물의 경우 황동 용접을 사용하므로 용접재 부착력의 차이가 크다.

71. 보온 시공 시 외피의 마무리재로서 옥외 노출부에 사용되는 재료로 사용하기에 가장 적당한 것은?
① 면포 ② 비닐 테이프
③ 방수 마포 ④ 아연 철판

[해설] 아연은 부식에 강하므로 보호 아연 또는 방식 아연을 사용하면 옥외 노출부 방식에 좋다.

72. 급수 방식 중 급수량의 변화에 따라 펌프의 회전수를 제어하여 급수압을 일정하게 유지할 수 있는 회전수 제어 시스템을 이용한 방식은?
① 고가수조 방식
② 수도직결 방식
③ 압력수조 방식
④ 펌프직송 방식

[해설] 급수량의 변화에 따라 펌프의 회전수를 제어하는 것은 펌프직송 방식이다.

73. 보일러 등 압력용기와 그 밖에 고압 유체를 취급하는 배관에 설치하여 관 또는 용기 내의 압력이 규정 한도에 달하면 내부 에너지를 자동적으로 외부에 방출하여 항상 안전한 수준으로 압력을 유지하는 밸브는 어느 것인가?
① 감압밸브
② 온도조절밸브

③ 안전밸브
④ 전자밸브

[해설] 내부 압력이 규정 이상이 되면 자동적으로 외부로 방출하는 밸브는 안전밸브이다.

74. 밀폐 배관계에서는 압력계획이 필요하다. 압력계획을 하는 이유로 틀린 것은?
① 운전 중 배관계 내에 대기압보다 낮은 개소가 있으면 접속부에서 공기를 흡입할 우려가 있기 때문에
② 운전 중 수온에 알맞은 최소압력 이상으로 유지하지 않으면 순환수 비등이나 플래시 현상 발생 우려가 있기 때문에
③ 펌프의 운전으로 배관계 각부의 압력이 감소하므로 수격작용, 공기정체 등의 문제가 생기기 때문에
④ 수온의 변화에 의한 체적의 팽창·수축으로 배관 각부에 악영향을 미치기 때문에

[해설] 펌프의 운전으로 배관계 각부의 압력이 감소하면 공동현상이 일어난다.

75. 다음 중 난방 또는 급탕설비의 보온재료로 가장 부적합한 것은?
① 유리 섬유
② 발포폴리스티렌폼
③ 암면
④ 규산칼슘

[해설] 발포폴리스티렌폼은 통상 70℃ 이상이 되면 연소될 우려가 있으므로 급탕설비에는 사용하지 않는다.

76. 배수의 성질에 따른 구분에서 수세식 변기의 대·소변에서 나오는 배수는 어느 것인가?
① 오수   ② 잡배수
③ 특수배수   ④ 우수배수

[해설] 배수의 성질에 의한 종류
(1) 오수 : 대변기, 소변기, 비데 등에서의 배설물에 관련한 배수
(2) 잡배수 : 세면기, 욕조, 싱크대 등에서의 배수
(3) 우수 : 옥상, 마당 등에 떨어진 빗물
(4) 특수배수 : 공장 실험실 등에서의 폐수, 화학 물질 배수

77. 리버스 리턴 배관 방식에 대한 설명으로 틀린 것은?
① 각 기기 간의 배관회로 길이가 거의 같다.
② 저항의 밸런싱을 취하기 쉽다.
③ 개방회로 시스템(open loop system)에서 권장된다.
④ 환수관이 2중이므로 배관 설치 공간이 커지고 재료비가 많이 든다.

[해설] 리버스 리턴 배관 방식은 역환수 방식이며 급탕관+환수관 길이가 각 방열기마다 동일하여 공급되는 열량을 동일하게 해주는 것으로 밀폐 회로에 이용한다.

78. 패럴렐 슬라이드 밸브(parallel slide valve)에 대한 설명으로 틀린 것은?
① 평행한 두 개의 밸브 몸체 사이에 스프링이 삽입되어 있다.
② 밸브 몸체와 디스크 사이에 시트가 있어 밸브 측면의 마찰이 적다.
③ 쐐기 모양의 밸브로서 쐐기의 각도는 보통 6~8°이다.
④ 밸브 시트는 일반적으로 경질금속을 사용한다.

[해설] 패럴렐 슬라이드 밸브는 게이트 밸브의 일종으로 서로 평행인 2개의 밸브 디스크의 조합으로 구성되고, 유체의 압력에 의해 출구 쪽의 밸브 시트면에 면압을 주는 밸브이다.

79. 5세주형 700 mm의 주철제 방열기를 설치하여 증기온도가 110℃, 실내 공기온도가 20℃이며 난방부하가 29 kW일 때 방열기의 소요쪽수는? (단, 방열계수는 8 W/m² · ℃, 1쪽당 방열면적은 0.28 m² 이다.)

① 144쪽 ② 154쪽
③ 164쪽 ④ 174쪽

[해설] $29000\ W = 8\ W/m^2 \cdot ℃ \times 0.28\ m^2/쪽 \times A쪽 \times (110 - 20℃)$
∴ $A = 143.8쪽$

80. 다음 중 열팽창에 의한 관의 신축으로 배관의 이동을 구속 또는 제한하는 장치가 아닌 것은?

① 앵커(anchor)
② 스토퍼(stopper)
③ 가이드(guide)
④ 인서트(insert)

[해설] 인서트는 볼트 등을 부착하기 위해 미리 콘크리트에 매입된 철물이다.

[정답] 79. ① 80. ④

공조냉동기계기사

CBT 실전테스트 (10)

※ 최근 출제문제를 수검자의 기억의 의해 재구성하였습니다.

제1과목   **에너지관리**

1. 다음 송풍기의 풍량 제어 방법 중 송풍량과 축동력의 관계를 고려하여 에너지 절감 효과가 가장 좋은 제어 방법은? (단, 모두 동일한 조건으로 운전된다.)
① 회전수 제어   ② 흡입베인 제어
③ 취출댐퍼 제어   ④ 흡입댐퍼 제어
[해설] 송풍량은 회전수에 비례하며 축동력은 회전수의 3제곱에 비례한다. 그러므로 에너지 절감에서는 회전수 제어가 가장 효과가 좋다.

2. 난방부하가 10 kW인 온수난방 설비에서 방열기의 출·입구 온도차가 12℃이고, 실내·외 온도차가 18℃일 때 온수순환량(kg/s)은 얼마인가? (단, 물의 비열은 4.2 kJ/kg·℃이다.)
① 1.3   ② 0.8
③ 0.5   ④ 0.2
[해설] $10 \text{ kJ/s} = m \times 4.2 \text{ kJ/kg·℃} \times 12℃$
∴ $m = 0.198 \text{ kg/s}$

3. 다음 중 고속 덕트와 저속 덕트를 구분하는 기준이 되는 풍속은?
① 15 m/s   ② 20 m/s
③ 25 m/s   ④ 30 m/s
[해설] • 저속 덕트 풍속 : 8~15 m/s
• 고속 덕트 풍속 : 20~30 m/s
• 고속 덕트와 저속 덕트를 구분하는 풍속 : 15 m/s

4. 다음 중 덕트의 부속품에 관한 설명으로 틀린 것은?

① 댐퍼는 통과 풍량의 조정 또는 개폐에 사용되는 기구이다.
② 분기 덕트 내의 풍량 제어용으로 주로 익형 댐퍼를 사용한다.
③ 방화구획 관통부에는 방화 댐퍼 또는 방연 댐퍼를 설치한다.
④ 가이드 베인은 곡부의 기류를 세분해서 와류의 크기를 적게 하는 것이 목적이다.
[해설] 분기 덕트 내의 풍량 제어용으로 주로 스플릿 댐퍼를 사용한다.

5. 어떤 단열된 공조기의 장치도가 다음 그림과 같을 때 수분비(U)를 구하는 식으로 옳은 것은? (단, h_1, h_2 : 입구 및 출구 엔탈피(kJ/kg), x_1, x_2 : 입구 및 출구 절대습도(kg/kg), q_s : 가열량(W), L : 가습량(kg/h), h_L : 가습수분(L)의 엔탈피 (kJ/kg), G : 유량(kg/h)이다.)

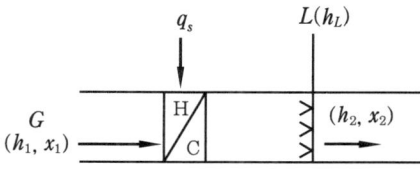

가열, 가습 과정의 장치도

① $U = \dfrac{q_s}{G} - h_L$ ② $U = \dfrac{q_s}{L} - h_L$
③ $U = \dfrac{q_s}{L} + h_L$ ④ $U = \dfrac{q_s}{G} + h_L$
[해설] 열수분비 = $\dfrac{\text{엔탈피 변화}}{\text{절대습도 변화}}$

6. 난방설비에 관한 설명으로 옳은 것은?
① 증기난방은 실내 상하 온도차가 작은

정답   1. ①   2. ④   3. ①   4. ②   5. ③   6. ④

특징이 있다.
② 복사난방의 설비비는 온수나 증기난방에 비해 저렴하다.
③ 방열기의 트랩은 증기의 유량을 조절하는 역할을 한다.
④ 온풍난방은 신속한 난방 효과를 얻을 수 있는 특징이 있다.
[해설] ① 증기난방은 상하 온도차가 크다는 단점이 있다.
② 복사난방은 코일을 바닥, 벽 또는 천장에 설치해야 하므로 설비비가 비싸나 공기 오염 정도가 작다는 장점이 있다.
③ 방열기 트랩은 증기난방에서 응축수를 보일러 등에 환수시키는 장치이다.

7. 공조부하 중 재열부하에 관한 설명으로 틀린 것은?
① 냉방부하에 속한다.
② 냉각코일의 용량 산출 시 포함시킨다.
③ 부하 계산 시 현열, 잠열부하를 고려한다.
④ 냉각된 공기를 가열하는 데 소요되는 열량이다.
[해설] 재열부하는 현열부만 고려한다.

8. 다음 중 덕트 설계 시 주의사항으로 틀린 것은?
① 덕트의 분기지점에 댐퍼를 설치하여 압력 평행을 유지시킨다.
② 압력손실이 적은 덕트를 이용하고 확대 시와 축소 시에는 일정 각도 이내가 되도록 한다.
③ 종횡비(aspect ratio)는 가능한 크게 하여 덕트 내 저항을 최소화한다.
④ 덕트 굴곡부의 곡률 반경은 가능한 크게 하며, 곡률이 매우 작을 경우 가이드 베인을 설치한다.

[해설] 종횡비는 가급적 작게 해야 압력손실을 최소화시킬 수 있다.

9. 아래의 특징에 해당하는 보일러는 무엇인가?

> 공조용으로 사용하기보다는 편리하게 고압의 증기를 발생하는 경우에 사용하며, 드럼이 없이 수관으로 되어 있다. 보유 수량이 적어 가열시간이 짧고 부하변동에 대한 추종성이 좋다.

① 주철제 보일러   ② 연관 보일러
③ 수관 보일러   ④ 관류 보일러
[해설] 관류 보일러는 강제 순환식 보일러이며 긴 관의 한쪽 끝에서 급수를 펌프로 압송하고 도중에 차례로 가열, 증발, 과열되어 관의 다른 한쪽 끝까지 과열증기로 송출되는 형식의 보일러로 수량이 적어도 되며 부하변동에 대응이 좋다.

10. 보일러의 능력을 나타내는 표시 방법 중 가장 적은 값을 나타내는 출력은?
① 정격 출력   ② 과부하 출력
③ 정미 출력   ④ 상용 출력
[해설] 보일러 출력
(1) 과부하 출력 : 정격출력의 10~20 % 정도 증가
(2) 정격 출력 = 난방부하 + 급탕부하 + 배관부하 + 예열부하
(3) 상용 출력 = 난방부하 + 급탕부하 + 배관부하
(4) 정미 출력 = 난방부하 + 급탕부하

11. 외기온도 5°C에서 실내온도 20°C로 유지되고 있는 방이 있다. 내벽 열전달계수 5.8 W/m² · K, 외벽 열전달계수 17.5 W/m² · K, 열전도율이 2.4 W/m · K이고, 벽 두께가 10 cm일 때, 이 벽체의 열저항(m² · K/W)은 얼마인가?
① 0.27 ② 0.55 ③ 1.37 ④ 2.35

정답 7. ③ 8. ③ 9. ④ 10. ③ 11. ①

[해설] 벽체의 열저항은 열관류율의 역수이다.

$$K = \frac{1}{\frac{1}{5.8} + \frac{0.1}{2.4} + \frac{1}{17.5}} = 3.687 \text{ W/m}^2 \cdot \text{K}$$

열저항 $= \frac{1}{5.8} + \frac{0.1}{2.4} + \frac{1}{17.5} = 0.27 \text{ m}^2 \cdot \text{K/W}$

12. 다음 가습 방법 중 물분무식이 아닌 것은?
① 원심식 ② 초음파식
③ 노즐분무식 ④ 적외선식

[해설] 적외선식은 가습기 종류에 존재하지 않는다.

13. 다음 공기 선도 상에서 난방풍량이 25000 m³/h인 경우 가열코일의 열량(kW)은? (단, 1은 외기, 2는 실내 상태점을 나타내며, 공기의 비중량은 1.2 kg/m³이다.)

① 98.3 ② 87.1
③ 73.2 ④ 61.4

[해설] $\frac{25000 \times 1.2 \times (22.6 - 10.8)}{3600}$
$= 98.33 \text{ kJ/s}$

14. 실내 난방을 온풍기로 하고 있다. 이때 실내 현열량 6.5 kW, 송풍 공기온도 30℃, 외기온도 −10℃, 실내온도 20℃일 때, 온풍기의 풍량(m³/h)은 얼마인가? (단, 공기 비열은 1.005 kJ/kg · K, 밀도는 1.2 kg/m³이다.)
① 1940.2 ② 1882.1
③ 1324.1 ④ 890.1

[해설] 6.5 kJ/s × 3600 s/h
$= Q \times 1.2 \text{ kg/m}^3 \times 1.005 \text{ kJ/kg} \cdot \text{K}$
$\times (30 - 20) ℃$
※ $Q = 1940.298 \text{ m}^3/\text{h}$

15. 공기조화 방식 중 중앙식의 수−공기 방식에 해당하는 것은?
① 유인 유닛 방식
② 패키지 유닛 방식
③ 단일 덕트 정풍량 방식
④ 이중 덕트 정풍량 방식

[해설] 패키지 유닛(FCU) 방식은 냉매 방식이며 덕트 병용 패키지 유닛 방식은 공기−수 방식이다.

16. 유인 유닛 방식에 관한 설명으로 틀린 것은?
① 각 실 제어를 쉽게 할 수 있다.
② 덕트 스페이스를 작게 할 수 있다.
③ 유닛에는 가동 부분이 없어 수명이 길다.
④ 송풍량이 비교적 커 외기 냉방 효과가 크다.

[해설] 유인 유닛 방식은 고속 덕트로 공기를 유인하므로 송풍량이 적어도 되며 이로 인하여 외기 냉방이 어렵다.

17. 가로 20 m, 세로 7 m, 높이 4.3 m인 방이 있다. 아래 표를 이용하여 용적 기준으로 한 전체 필요 환기량(m³/h)은?

실용적 (m³)	500 미만	500~1000	1000~1500	1500~2000	2000~2500
환기 횟수 n[회/h]	0.7	0.6	0.55	0.5	0.42

① 421 ② 361

[정답] 12. ④ 13. ① 14. ① 15. ① 16. ④ 17. ②

③ 331 ④ 253

[해설] 실의 용적 = 20 m × 7 m × 4.3 m = 602 m³
필요 환기량 = 602 m³ × 0.6/h = 361.2 m³/h

18. 공조기용 코일은 관 내 유속에 따라 배열 방식을 구분하는데, 그 배열 방식에 해당하지 않는 것은?

① 풀 서킷
② 더블 서킷
③ 하프 서킷
④ 탑다운 서킷

[해설] 유속에 따른 코일 배열 방식
(1) 풀(full) 서킷 코일 : 일반적인 코일
(2) 더블(double) 서킷 코일 : 유량이 많아서 코일 내의 수속(water velocity)을 줄일 필요가 있을 때 사용하며 수속이 1 m/s를 초과하면 이 방식을 적용하여 수속을 줄인다.
(3) 하프(half) 서킷 코일 : 유량이 적을 때 사용한다.

19. 보일러에서 급수내관을 설치하는 목적으로 가장 적합한 것은?

① 보일러수 역류 방지
② 슬러지 생성 방지
③ 부동팽창 방지
④ 과열 방지

[해설] 급수내관 : 보일러 운전 중에 물이 증발하여 증기로 배출되면 수량이 감소하기 때문에 이를 보충하기 위하여 급수를 하는데 외부의 찬물을 펌프로 공급하면 수관식 보일러 등은 동의 크기가 작아서 증기 발생에 지장을 주기 때문에 동 내부로 파이프를 삽입한다. 여기에 구멍을 뚫고 물을 급수하면 찬물도 예열되고 증발도 원활하게 하며 뜨거운 보일러 물에 찬물을 한꺼번에 넣으면 온도차에 의해 부동팽창이 일어나는 것을 방지한다. 설치장소는 안전저수위보다 50 mm 지점 하부에 위치한다.

20. 다음 중 온수난방과 관계없는 장치는 무엇인가?

① 트랩
② 공기빼기밸브
③ 순환펌프
④ 팽창탱크

[해설] 트랩은 증기 보일러에서 응축수를 빼내는 곳이다.

| 제 2 과목 | 공조냉동설계 |

21. 다음 중 일반적으로 냉방 시스템에서 물을 냉매로 사용하는 냉동 방식은?

① 터보식 ② 흡수식
③ 전자식 ④ 증기압축식

[해설] 물을 냉매로 사용하면 흡수제는 리튬브로마이드를 사용하는 냉동기는 흡수식 냉동기이다.

22. 전열면적 40 m², 냉각수량 300 L/min, 열통과율 3140 kJ/m²·h·℃인 수랭식 응축기를 사용하며, 응축부하가 439614 kJ/h일 때 냉각수 입구 온도가 23℃이라면 응축온도(℃)는 얼마인가? (단, 냉각수의 비열은 4.186 kJ/kg·K이다.)

① 29.42℃ ② 25.92℃
③ 20.35℃ ④ 18.28℃

[해설] 439614 kJ/h
= 300 L/min × 60 min/h × 4.186 kJ/kg·K × $(t_{w2} - 23)$℃
∴ t_{w2}(냉각수 출구 온도) = 28.83℃
439614 kJ/h = 3140 kJ/m²·h·℃ × 40 m² × $\left\{t - \frac{(23 + 28.83)}{2}\right\}$℃
∴ t(응축온도) = 29.42℃

23. 스테판-볼츠만(Stefan-Boltzmann)의 법칙과 관계있는 열 이동 현상은?
① 열 전도 ② 열 대류
③ 열 복사 ④ 열 통과

[해설] 스테판 볼츠만 법칙은 이상적인 흑체의 경우 단위면적당, 단위시간당 모든 파장에 의해 방사되는 총 에너지(E)는 절대 온도(K)의 4제곱에 비례하는 것으로 열 복사에 해당된다.

24. 냉동장치에서 일원 냉동 사이클과 이원 냉동 사이클을 구분짓는 가장 큰 차이점은 무엇인가?
① 증발기의 대수
② 압축기의 대수
③ 사용 냉매 개수
④ 중간냉각기의 유무

[해설] 일원 냉동 사이클은 1개의 냉매로 운전하고 이원 냉동 사이클은 저압측(R-13, R-14, 에틸렌, 메탄)과 고압측(R-12, R-22) 냉매로 운전한다.

25. 물속에 지름 10 cm, 길이 1 m인 배관이 있다. 이때 표면온도가 114°C로 가열되고 있고, 주위 온도가 30°C라면 열전달률(kW)은? (단, 대류 열전달계수는 1.6 kW/m²·K이며, 복사 열전달은 없는 것으로 가정한다.)
① 36.7 ② 42.2
③ 45.3 ④ 96.3

[해설] $Q = KF\Delta T$
$= 1.6 \text{ kW/m}^2 \cdot \text{K} \times \pi \times 0.1 \text{ m} \times 1 \text{ m}$
$\times (114-30)\text{K} = 42.22 \text{ kW}$

26. 다음 그림과 같은 2단 압축 1단 팽창식 냉동장치에서 고단측의 냉매 순환량(kg/h)은? (단, 저단측 냉매 순환량은 1000 kg/h이며, 각 지점에서의 엔탈피는 아래 표와 같다.)

지점	엔탈피(kJ/kg)	지점	엔탈피(kJ/kg)
1	1641.2	4	1838.0
2	1796.1	5	535.9
3	1674.7	7	420.8

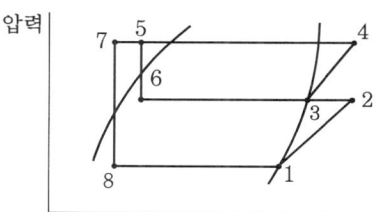

① 1058.2 ② 1207.7
③ 1488.5 ④ 1594.6

[해설] $G_H = G_L \times \dfrac{h_2 - h_7}{h_3 - h_5}$
$= 1000 \times \dfrac{1796.1 - 420.8}{1674.7 - 535.9}$
$= 1207.67 \text{ kg/h}$

27. 불응축가스가 냉동장치에 미치는 영향으로 틀린 것은?
① 체적효율 상승
② 응축압력 상승
③ 냉동능력 감소
④ 소요동력 증대

[해설] 불응축가스가 냉동장치 내에 존재하게 되면 응축압력(고압)이 높아지며 압축비 증대, 즉 비열비가 크면 일어나는 현상과 동일하다.

28. 다음 중 동일한 조건에서 열전도도가 가장 낮은 것은?
① 물 ② 얼음
③ 공기 ④ 콘크리트

정답 23. ③ 24. ③ 25. ② 26. ② 27. ① 28. ③

[해설] 열전도도(W/m·K)
(1) 금속류
- 알루미늄 : 238
- 구리 : 397
- 금 : 314
- 납 : 34.7
- 은 : 427

(2) 비금속류
- 석면 : 0.25
- 유리 : 0.84
- 얼음 : 1.6
- 물 : 0.6
- 나무 : 0.10
- 콘크리트 : 1.3
- 고무 : 0.2

(3) 기체류
- 공기 : 0.0234
- 헬륨 : 0.138
- 수소 : 0.172
- 질소 : 0.0234
- 산소 : 0.0238

29. 냉동기에서 유압이 낮아지는 원인으로 옳은 것은?
① 유온이 낮은 경우
② 오일이 과충전된 경우
③ 오일에 냉매가 혼입된 경우
④ 유압조정밸브의 개도가 적은 경우

[해설] 오일에 냉매가 혼입되면 윤활유의 점도가 묽어지므로 유압이 낮아지는 원인이 된다.

30. 2단 압축 냉동장치에 관한 설명으로 틀린 것은?
① 동일한 증발온도를 얻을 때 단단압축 냉동장치 대비 압축비를 감소시킬 수 있다.
② 일반적으로 두 개의 냉매를 사용하여 −30℃ 이하의 증발온도를 얻기 위해 사용된다.
③ 중간 냉각기는 증발기에 공급하는 액을 과냉각시키고 냉동 효과를 증대시킨다.
④ 중간 냉각기는 냉매증기와 냉매액을 분리시켜 고단측 압축기 액백 현상을 방지한다.

[해설] 두 개의 냉매를 사용하는 경우는 2원 냉동기이다.

31. 다음 그림은 단효용 흡수식 냉동기에서 일어나는 과정을 나타낸 것이다. 각 과정에 대한 설명으로 틀린 것은?

① ①→② 과정 : 재생기에서 돌아오는 고온 농용액과 열교환에 의한 희용액의 온도 증가
② ②→③ 과정 : 재생기 내에서 비등점에 이르기까지의 가열
③ ③→④ 과정 : 재생기 내에서 가열에 의한 냉매 응축
④ ④→⑤ 과정 : 흡수기에서의 저온 희용액과 열교환에 의한 농용액의 온도 감소

[해설] ③→④ 과정 : 발생기 내에서 가열에 의해 수증기가 이탈하여 LiBr 용액이 농축되어 다시 농용액이 되는 과정

32. 다음 중 냉동기유의 역할로 가장 거리가 먼 것은?
① 윤활 작용   ② 냉각 작용

정답 29. ③ 30. ② 31. ③ 32. ③

③ 탄화 작용   ④ 밀봉 작용

[해설] 냉동기유의 역할
(1) 발열 제거(냉각)
(2) 마모 방지(윤활)
(3) 누설 방지(밀봉)
(4) 패킹재료 보호

33. 냉동능력이 5 kW인 제빙장치에서 0℃의 물 20 kg을 모두 0℃ 얼음으로 만드는 데 걸리는 시간(min)은 얼마인가? (단, 0℃ 얼음의 융해열은 334 kJ/kg 이다.)

① 22.2   ② 18.7
③ 13.4   ④ 11.2

[해설] $t = \dfrac{20\,\text{kg} \times 334\,\text{kJ/kg}}{5\,\text{kJ/s}} \times \dfrac{1\,\text{min}}{60\,\text{s}}$
$= 22.267\,\text{min}$

34. 냉장고 방열벽의 열통과율이 0.000117 kW/m²·K일 때 방열벽의 두께(cm)는? (단, 각 값은 아래 표와 같으며, 방열재 이외의 열전도 저항은 무시하는 것으로 한다.)

외기와 외벽면과의 열전달률	0.023 kW/m²·K
고내 공기와 내벽면과의 열전달률	0.0116 kW/m²·K
방열벽의 열전도율	0.000046 kW/m·K

① 35.6   ② 37.1
③ 38.7   ④ 41.8

[해설] $0.000117\,\text{kW/m}^2\cdot\text{K}$
$= \dfrac{1}{\dfrac{1}{0.023} + \dfrac{l}{0.000046} + \dfrac{1}{0.0116}}$ 에서
$l = 0.387\,\text{m} = 38.7\,\text{cm}$

35. 다음 카르노 사이클의 $P-V$ 선도를 $T-S$ 선도로 바르게 나타낸 것은?

 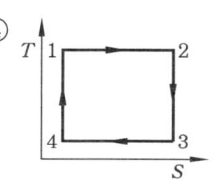

36. 다음 중 흡수식 냉동기의 냉매 흐름 순서로 옳은 것은?

① 발생기 → 흡수기 → 응축기 → 증발기
② 발생기 → 흡수기 → 증발기 → 응축기
③ 흡수기 → 발생기 → 응축기 → 증발기
④ 응축기 → 흡수기 → 발생기 → 증발기

[해설] 흡수식 냉동기의 경우 증발기 → 흡수기 → 열교환기 → 발생기(재생기) → 응축기 순으로 냉매가 흐른다.

37. 다음 중 이중 효용 흡수식 냉동기는 단효용 흡수식 냉동기와 비교하여 어떤 장치가 복수 개로 설치되는가?

① 흡수기   ② 증발기
③ 응축기   ④ 재생기

[해설] 이중 효용 냉동기는 고온의 열원을 두 번 이용하여 냉매의 발생을 극대화하는 방법을 이용한다. 재생기(발생기)를 2개 설치하여 고

[정답] 33. ① 34. ③ 35. ④ 36. ③ 37. ④

온재생기(제1발생기)에서 발생한 고온 냉매증기를 저온재생기(제2발생기)의 가열에 사용하는 방식이다.

38. 다음 중 스크루 압축기의 구성 요소가 아닌 것은?
① 스러스트 베어링
② 숫 로터
③ 암 로터
④ 크랭크축

[해설] 스크루 압축기는 암, 수 치형이 맞물려 압축하는 형태이므로 크랭크축이 없다.

39. 1대의 압축기로 −20℃, −10℃, 0℃, 5℃의 온도가 다른 저장실로 구성된 냉동장치에서 증발압력조정밸브(EPR)를 설치하지 않는 저장실은?
① −20℃의 저장실
② −10℃의 저장실
③ 0℃의 저장실
④ 5℃의 저장실

[해설] 증발압력 조정밸브는 EPR이라고도 하며 증발기의 압력이 일정 이하가 되지 않게 조절하는 밸브로 증발기 출구 밸브 입구측 압력에 의해 작동된다. 그러므로 온도가 가장 낮은 곳에는 역지밸브를 설치해야 한다.

40. 증발기의 착상이 냉동장치에 미치는 영향에 대한 설명으로 틀린 것은?
① 냉동능력 저하에 따른 냉장(동)실내 온도 상승
② 증발온도 및 증발압력의 상승
③ 냉동능력당 소요동력의 증대
④ 액압축 가능성의 증대

[해설] 증발기의 착상은 서리가 존재하는 것으로 냉매와 피냉각체의 열교환을 방해하여 증발압력 저하의 원인이 된다.

제3과목 시운전 및 안전관리

41. 60 Hz, 4극, 슬립 6%인 유도전동기를 어느 공장에서 운전하고자 할 때 예상되는 회전수는 약 몇 rpm인가?
① 240 ② 720 ③ 1690 ④ 1800

[해설] $N = \dfrac{120f}{p} = \dfrac{120 \times 60}{4} = 1800 \text{ rpm}$

$0.06 = \dfrac{N_0 - N}{N_0} = \dfrac{1800 - N}{1800}$

∴ $N = 1692 \text{ rpm}$

42. 변압기의 1차 및 2차의 전압, 권선수, 전류를 각각 E_1, N_1, I_1 및 E_2, N_2, I_2라고 할 때 성립하는 식으로 옳은 것은?

① $\dfrac{E_2}{E_1} = \dfrac{N_1}{N_2} = \dfrac{I_2}{I_1}$

② $\dfrac{E_1}{E_2} = \dfrac{N_2}{N_1} = \dfrac{I_1}{I_2}$

③ $\dfrac{E_2}{E_1} = \dfrac{N_2}{N_1} = \dfrac{I_1}{I_2}$

④ $\dfrac{E_1}{E_2} = \dfrac{N_1}{N_2} = \dfrac{I_1}{I_2}$

43. 다음 신호 흐름 선도와 등가인 블록 선도는?

①

②

③

④

[해설] $G = \dfrac{\Sigma G_i \Delta_i}{\Delta} = \dfrac{GK}{1+GH}$

44. 교류에서 역률에 관한 설명으로 틀린 것은?

① 역률은 $\sqrt{1-(무효율)^2}$로 계산할 수 있다.
② 역률을 이용하여 교류전력의 효율을 알 수 있다.
③ 역률이 클수록 유효전력보다 무효전력이 커진다.
④ 교류회로의 전압과 전율의 위상차에 코사인(cos)을 취한 값이다.

[해설] $\cos\theta$가 크면 각도가 작아지므로 무효전력이 작아진다.

45. 어떤 전지에 5 A의 전류가 10분간 흘렀다면 이 전지에서 나온 전기량은 몇 C인가?

① 1000   ② 2000
③ 3000   ④ 4000

[해설] $Q = It = 5 \times 10 \times 60 = 3000 \, C$

46. 다음 블록 선도의 전달함수는?

① $\dfrac{1}{G_2(G_1+1)}$

② $\dfrac{1}{G_1(G_2+1)}$

③ $\dfrac{1}{G_1 G_2(1+G_1 G_2)}$

④ $\dfrac{1}{1+G_1 G_2}$

[해설] $R - CG_1 G_2 = C$
$R = C + CG_1 G_2 = C(1+G_1 G_2)$
$\therefore \dfrac{C}{R} = \dfrac{1}{1+G_1 G_2}$

47. 사이클링(cycling)을 일으키는 제어는?

① I 제어   ② PI 제어
③ PID 제어   ④ ON-OFF 제어

48. 그림과 같은 △결선회로를 등가 Y결선으로 변환할 때 R_c의 저항 값(Ω)은?

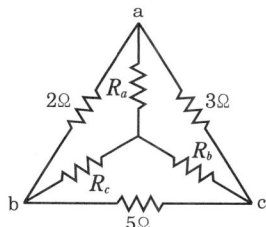

① 1   ② 3
③ 5   ④ 7

[해설] $R_c = \dfrac{2 \times 5}{2+3+5} = 1 \, \Omega$

49. 그림과 같은 회로에서 부하전류 I_L은 몇 A인가?

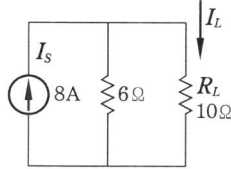

① 1   ② 2
③ 3   ④ 4

[해설] $I_L = 8 \times \dfrac{6}{6+10} = 3 \, A$

정답 44. ③   45. ③   46. ④   47. ④   48. ①   49. ③

50. 다음 중 온도를 임피던스로 변환시키는 요소는?
① 측온 저항체　　② 광전지
③ 광전 다이오드　　④ 전자석

[해설] • 광전지, 광전 다이오드 : 광을 전압으로 변환
• 전자석 : 전압을 변위로 변환

51. 전류의 측정 범위를 확대하기 위하여 사용되는 것은?
① 배율기　　② 분류기
③ 전위차계　　④ 계기용 변압기

[해설] 분류기는 전류의 측정기로 병렬로 연결하며 배율기는 전압의 측정기로 직렬로 연결한다.

52. 근궤적의 성질로 틀린 것은?
① 근궤적은 실수축을 기준으로 대칭이다.
② 근궤적은 개루프 전달함수의 극점으로부터 출발한다.
③ 근궤적의 가지 수는 특성방정식의 극점수와 영점 수 중 큰 수와 같다.
④ 점근선은 허수축에서 교차한다.

[해설] 점근선은 실수축에서만 교차하고 그 수는 $n = p - 2$ 이다.

53. 특성방정식의 근이 복소평면의 좌반면에 있으면 이 계는?
① 불안정하다.
② 조건부 안정이다.
③ 반안정이다.
④ 안정이다.

54. 100 mH의 인덕턴스를 갖는 코일에 10 A의 전류를 흘릴 때 축적되는 에너지(J)는 얼마인가?

① 0.5　　② 1
③ 5　　④ 10

[해설] $W = \dfrac{LI^2}{2} = \dfrac{100 \times 10^{-3} \times 10^2}{2} = 5\,\text{J}$

55. 제어 시스템의 구성에서 제어 요소는 무엇으로 구성되는가?
① 검출부
② 검출부와 조절부
③ 검출부와 조작부
④ 조작부와 조절부

56. 다음 중 제어 동작에 대한 설명으로 틀린 것은?
① 비례 동작 : 편차의 제곱에 비례한 조작신호를 출력한다.
② 적분 동작 : 편차의 적분 값에 비례한 조작신호를 출력한다.
③ 미분 동작 : 조작신호가 편차의 변화 속도에 비례하는 동작을 한다.
④ 2위치 동작 : ON-OFF 동작이라고도 하며, 편차의 정부(+, -)에 따라 조작부를 전폐 또는 전개하는 것이다.

[해설] 비례 동작은 편차에 비례한 조작신호를 출력한다.

57. 일정 전압의 직류 전원 V에 저항 R을 접속하니 정격전류 I가 흘렀다. 정격전류 I의 130 %를 흘리기 위해 필요한 저항은 약 얼마인가?
① $0.6R$　　② $0.77R$
③ $1.3R$　　④ $3R$

[해설] $R' = \dfrac{1}{1.3}R = 0.769\,R$

58. 다음 중 제어계에서 미분 요소에 해당

하는 것은?
① 한 지점을 가진 지렛대에 의하여 변위를 변환한다.
② 전기로에 열을 가하여도 처음에는 열이 올라가지 않는다.
③ 직렬 RC 회로에 전압을 가하여 C에 충전 전압을 가한다.
④ 계단 전압에서 임펄스 전압을 얻는다.

59. 피드백(feedback) 제어 시스템의 피드백 효과로 틀린 것은?
① 정상상태 오차 개선
② 정확도 개선
③ 시스템 복잡화
④ 외부 조건의 변화에 대한 영향 증가

60. 그림에서 3개의 입력단자에 모두 1을 입력하면 출력단자 A와 B의 출력은?

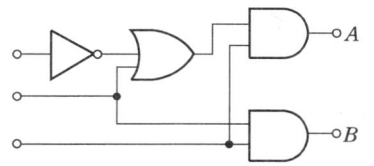

① $A=0$, $B=0$ ② $A=0$, $B=1$
③ $A=1$, $B=0$ ④ $A=1$, $B=1$

제4과목 유지보수공사관리

61. 지역난방의 특징에 관한 설명으로 틀린 것은?
① 대기 오염물질이 증가한다.
② 도시의 방재수준 향상이 가능하다.
③ 사용자에게는 화재에 대한 우려가 적다.
④ 대규모 열원기기를 이용한 에너지의 효율적 이용이 가능하다.

[해설] 지역난방은 광범위한 지역을 1개 또는 몇 개의 열원으로 공급하는 방식으로 고온수 난방(80~100℃)에 쓰이며 대기 오염물질은 적으나 높은 건물에는 공급이 곤란하다.

62. 배수 통기 배관의 시공 시 유의사항으로 옳은 것은?
① 배수 입관의 최하단에는 트랩을 설치한다.
② 배수 트랩은 반드시 이중으로 한다.
③ 통기관은 기구의 오버플로선 이하에서 통기 입관에 연결한다.
④ 냉장고의 배수는 간접 배수로 한다.
[해설] 통기 배관 시공 시 유의사항
(1) 2중 트랩이 되지 않도록 연결한다.
(2) 통기관은 기구의 오버플로 면 150 mm 위에서 입상 통기관에 연결한다.
(3) 통기수직관과 빗물 수직관의 연결을 금지한다.
(4) 통기관과 실내 환기용 덕트의 연결을 금지한다.
(5) 바닥 아래 통기 배관을 금지한다.

63. 냉매 배관 시 흡입관 시공에 대한 설명으로 틀린 것은?
① 압축기 가까이에 트랩을 설치하면 액이나 오일이 고여 액백 발생의 우려가 있으므로 피해야 한다.
② 흡입관의 입상이 매우 길 경우에는 중간에 트랩을 설치한다.
③ 각각의 증발기에서 흡입주관으로 들어가는 관은 주관의 하부에 접속한다.
④ 2대 이상의 증발기가 다른 위치에 있고 압축기가 그보다 밑에 있는 경우 증발기 출구의 관은 트랩을 만든 후 증발기 상부 이상으로 올리고 나서 압축기로 향하게 한다.

[해설] 각각의 증발기에서 흡입주관으로 들어가는 관은 주관의 상부에 접속해야 액 흡입을 방지할 수 있다.

64. 지름 20 mm 이하의 동관을 이음할 때, 기계의 점검 보수, 기타 관을 분해하기 쉽게 하기 위해 이용하는 동관 이음 방법은?
① 슬리브 이음 ② 플레어 이음
③ 사이징 이음 ④ 플랜지 이음

[해설] 플레어 이음(flare joint, 압축접합)은 관의 선단부를 나팔형으로 넓혀서 이음 본체의 원뿔면에 슬리브와 너트에 의해 체결하는 이음이다.

65. 배수 및 통기 배관에 대한 설명으로 틀린 것은?
① 루프 통기식은 여러 개의 기구군에 1개의 통기지관을 빼내어 통기주관에 연결하는 방식이다.
② 도피 통기관의 관경은 배수관의 $\frac{1}{4}$ 이상이 되어야 하며 최소 40 mm 이하가 되어서는 안된다.
③ 루프 통기식 배관에 의해 통기할 수 있는 기구의 수는 8개 이내이다.
④ 한랭지의 배수관은 동결되지 않도록 피복을 한다.

[해설] 도피 통기관의 관경은 배수수평지관 관경의 $\frac{1}{2}$ 이상, 최소 32 mm 이상으로 한다.

66. 배관 용접 작업 중 다음과 같은 결함을 무엇이라고 하는가?

① 용입불량 ② 언더컷
③ 오버랩 ④ 피트

[해설] 언더컷은 용접 불량으로 발생하며, 일반적으로 용접봉의 유지 각도나 운봉 속도가 부적당하거나 용접 전류가 너무 높을 때 생긴다.

67. 다이헤드형 동력 나사 절삭기에서 할 수 없는 작업은?
① 리밍 ② 나사 절삭
③ 절단 ④ 벤딩

[해설] 벤더는 동관이나 강관을 구부릴 때 사용하는 공구이다.

68. 부력에 의해 밸브를 개폐하여 간헐적으로 응축수를 배출하는 구조를 가진 증기 트랩은?
① 버킷 트랩 ② 열동식 트랩
③ 벨 트랩 ④ 충격식 트랩

[해설] 응축수의 유입으로 버킷이 작동하여 상부에 있는 밸브를 열어 응축수 배출을 하며, 하향형일 경우에는 공기도 함께 배출한다.

69. 방열량이 3000 kW인 방열기에 공급하여야 하는 온수량(m³/s)은 얼마인가? (단, 방열기 입구 온도 80℃, 출구 온도 70℃, 온수 평균온도에서 물의 비열은 4.2 kJ/kg·K, 물의 밀도는 977.5 kg/m³이다.)
① 0.002 ② 0.025
③ 0.073 ④ 0.098

[해설] 3000 kJ/s = Q × 977.5 kg/m³ × 4.2 kJ/kg·K × (80−70)K
∴ Q = 0.073 m³/s

70. 주철관의 이음 방법 중 고무링(고무개스킷 포함)을 사용하지 않는 방법은 어느 것인가?
① 기계식 이음 ② 타이톤 이음

③ 소켓 이음 ④ 빅토릭 이음
[해설] 빅토릭 이음은 정제 고무로 접합부를 에 워싸고 위로부터 금속제의 링으로 쥔 이음으로 내진성이 있으며 시공도 간단하다. 소켓 이음은 주로 주철관의 경우 사용하며 마닐라 삼을 접합부의 간극 사이에 넣거나 납을 녹여 넣어 접합하는 방식이다.

71. 온수난방 배관에서 에어 포켓(air pocket)이 발생될 우려가 있는 곳에 설치하는 공기빼기밸브(◇)의 설치 위치로 가장 적절한 것은?

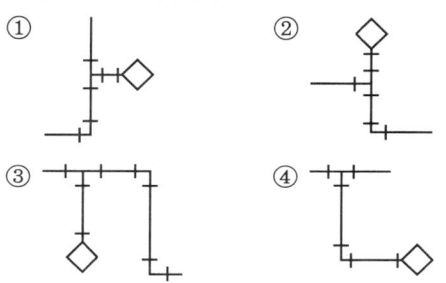

[해설] 공기빼기밸브는 공기가 기체이므로 입상관에서 빼는 것이 효율적이다.

72. 배관 계통 중 펌프에서의 공동 현상(cavitation)을 방지하기 위한 대책으로 틀린 것은?
① 펌프의 설치 위치를 낮춘다.
② 회전수를 줄인다.
③ 양 흡입을 단 흡입으로 바꾼다.
④ 굴곡부를 적게 하여 흡입관의 마찰손실수두를 작게 한다.
[해설] 공동 현상(cavitation) 방지 대책
(1) 유효흡입양정(NPSH)을 고려하여 선정할 것
(2) 충분한 굵기의 흡입관경을 선정할 것
(3) 여과기, 풋밸브 등은 주기적으로 청소할 것
(4) 펌프의 회전수를 재조정할 것
(5) 양 흡입 펌프를 사용하거나 펌프를 액중

에 잠기게 할 것
(6) 순환밸브(릴리프밸브)를 내장시킬 것

73. 저장 탱크 내부에 가열 코일을 설치하고 코일 속에 증기를 공급하여 물을 가열하는 급탕법은?
① 간접 가열식
② 기수 혼합식
③ 직접 가열식
④ 가스 순간 탕비식
[해설] 간접 가열식 : 열교환기를 사용하여 증기 또는 보일러수에 의해 급탕용의 물을 간접 가열하고 저장 탱크 내부로 공급하는 급탕법

74. 냉동장치의 액분리기에서 분리된 액이 압축기로 흡입되지 않도록 하기 위한 액 회수 방법으로 틀린 것은?
① 고압 액관으로 보내는 방법
② 응축기로 재순환시키는 방법
③ 고압 수액기로 보내는 방법
④ 열교환기를 이용하여 증발시키는 방법
[해설] 액분리기의 액 회수 방법
(1) 중력 급액식 : 분리된 액은 다시 증발기로 공급된다.
(2) 압력 급액식 : 팽창밸브로 공급되는 고압액과 열교환하여 과냉각도를 주며 자신은 기화되어 압축기로 흡입되는 방식이다.
(3) 고압 수액기로 보내는 방법 : 액류를 이용하여 수액기로 회수하는 방식이다.

75. 저압 증기의 분기점을 2개 이상의 엘보로 연결하여 한쪽이 팽창하면 비틀림이 일어나 팽창을 흡수하는 특징의 이음 방법은 어느 것인가?
① 슬리브형 ② 벨로스형
③ 스위블형 ④ 루프형
[해설] 신축이음 종류
(1) 슬리브 이음 : 이음 본체의 한쪽 또는 양

정답 71. ② 72. ③ 73. ① 74. ② 75. ③

쪽에 슬리브관을 삽입해, 축방향으로 자유스럽게 이동할 수 있도록 만든 이음으로 물, 온수, 저압 증기, 기름 등의 배관용으로 사용된다.
(2) 벨로스 이음 : 팩리스 이음이라고도 하며, 재료로는 황동과 스테인리스가 있고 벨로스가 신축할 때 슬리브가 함께 움직이며 기밀을 유지한다.
(3) 스위블 이음 : 온수 또는 저압증기의 분기점을 2개 이상의 엘보로 연결하여 한쪽이 팽창하면 비틀림이 일어나 팽창을 흡수하여 온수급탕배관에 주로 사용한다.
(4) 루프 이음 : 곡관식으로 관을 구부리고 또는 이음으로 루프를 만들어 그 위 부분에서 신축을 흡수하는 것으로, 고압용으로 사용한다.

76. 유체 흐름의 방향을 바꾸어 주는 관 이음쇠는?
① 리턴벤드 ② 리듀서
③ 니플 ④ 유니언

[해설] 리듀서는 관경이 다른 관을 이을 때 사용하는 것으로 암나사로 되어 있다.

77. 고가(옥상) 탱크 급수 방식의 특징에 대한 설명으로 틀린 것은?
① 저수시간이 길어지면 수질이 나빠지기 쉽다.
② 대규모의 급수 수요에 쉽게 대응할 수 있다.
③ 단수 시에도 일정량의 급수를 계속할 수 있다.
④ 급수 공급 압력의 변화가 심하다.

[해설] 항상 낙차에 의해 공급하는 방식으로 급수 공급 압력이 일정한 편이다.

78. 다음 중 가스배관에 관한 설명으로 틀린 것은?
① 특별한 경우를 제외한 옥내배관은 매설배관을 원칙으로 한다.
② 부득이하게 콘크리트 주요 구조부를 통과할 경우에는 슬리브를 사용한다.
③ 가스배관에는 적당한 구배를 두어야 한다.
④ 열에 의한 신축, 진동 등의 영향을 고려하여 적절한 간격으로 지지하여야 한다.

[해설] 가스배관은 원칙적으로 최단거리, 직선 시공, 노출 시공, 옥외 시공을 해야 한다.

79. 급수관의 수리 시 물을 배제하기 위한 관의 최소 구배 기준은?
① $\frac{1}{120}$ 이상 ② $\frac{1}{150}$ 이상
③ $\frac{1}{200}$ 이상 ④ $\frac{1}{250}$ 이상

[해설] 물을 배제하기 위해 $\frac{1}{250}$ 이상 하향구배를 해야 한다.

80. 공장에서 제조 정제된 가스를 저장했다가 공급하기 위한 압력탱크로서 가스압력을 균일하게 하며, 급격한 수요 변화에도 제조량과 소비량을 조절하기 위한 장치는?
① 정압기
② 압축기
③ 오리피스
④ 가스홀더

[해설] 가스홀더는 가스의 조성을 균일하게 하며, 공급하는 가스에 일정한 압력을 가하기 위해 사용된다.

정답 76. ① 77. ④ 78. ① 79. ④ 80. ④

CBT 실전테스트 (11)

※ 최근 출제문제를 수검자의 기억의 의해 재구성하였습니다.

제1과목 에너지관리

1. 유효 온도차(상당 외기온도차)에 대한 설명 중 틀린 것은?

① 태양 일사량을 고려한 온도차이다.
② 계절, 시각 및 방위에 따라 변화한다.
③ 실내온도와는 무관하다.
④ 냉방 부하 시에 적용된다.

[해설] 상당 외기온도는 외기온도뿐만 아니라, 일사의 영향, 벽체의 구조에 따른 전열의 시간적 지연, 즉 흡수율을 고려한 것으로 상당 외기온도와 실내온도와의 차를 상당 외기온도차(Equivalent Temperature Difference : ETD)라 하며, 일반적으로 표로 만들어져 있다.

2. 습공기 선도상에서 ①의 공기가 온도가 높은 다량의 물과 접촉하여 가열, 가습되고 ③의 상태로 변화한 경우의 공기 선도로 다음 중 옳은 것은?

①

②

③

④

[해설] ①항은 냉각, 감습
②항은 외기와 환기의 혼합 과정
④항은 냉각, 가습 과정

3. 다음 습공기 선도는 어느 장치에 대응하는 것인가? (단, ①은 외기, ②는 환기, HC = 가열기, CC = 냉각기)

①

②

③

④

[해설] ①: 외기, ②: 환기, ③: 예열, ④: 혼합, ⑤: 가습, ⑥: 가열

정답 1. ③   2. ③   3. ②

4. 다음 조건의 외기와 재순환공기를 혼합하려고 할 때 혼합공기의 건구온도는 약 얼마인가?

- 외기 34℃ DB, 1000 m³/h
- 재순환공기 26℃ DB, 2000 m³/h

① 31.3℃ ② 28.6℃
③ 18.6℃ ④ 10.3℃

[해설] 혼합온도 = $\dfrac{34 \times 1000 + 26 \times 2000}{1000 + 2000}$
= 28.67℃

5. 중앙식 공조 방식의 특징이 아닌 것은?
① 송풍량이 많으므로 실내공기의 오염이 적다.
② 리턴 팬을 설치하면 외기냉방이 가능하게 된다.
③ 소형 건물에 적합하며 유리하다.
④ 덕트가 대형이고 개별식에 비해 설치공간이 크다.

[해설] 중앙식 공조 방식은 빌딩 또는 대형 건물에 적합하다.

6. 공기조화 설비에서 공기의 경로로 옳은 것은?
① 환기덕트 → 공조기 → 급기덕트 → 취출구
② 공조기 → 환기덕트 → 급기덕트 → 취출구
③ 냉각탑 → 공조기 → 냉동기 → 취출구
④ 공조기 → 냉동기 → 환기덕트 → 취출구

[해설] 공조기에는 에어필터, 냉수코일, 온수코일, 가습기, 송풍기 등이 포함되어 있으므로 환기덕트 → 공조기 → 급기덕트 → 취출구 → 실내로 순환이 된다.

7. 공기조화 방식 중 유인 유닛 방식에 대한 설명으로 부적당한 것은?
① 다른 방식에 비해 덕트 스페이스가 적게 소요된다.
② 비교적 높은 운전비로서 개별실 제어가 불가능하다.
③ 각 유닛마다 수배관을 해야 하므로 누수의 염려가 있다.
④ 송풍량이 적어서 외기냉방 효과가 낮다.

[해설] 유인 유닛 방식(IDU)의 특징
  (가) 공기-물 방식이다.
  (나) 송풍기가 없다(압력차에 의한 유인작용 : 고속덕트).
  (다) 겨울철에는 잠열부하 처리가 가능하다.
  (라) 건코일을 사용하므로 드레인 배관이 필요 없다.
  (마) 팬코일 유닛 방식(FCU)에 비해 가격이 싸고 소음이 적으며 수명이 길다.

8. 흡수식 냉온수기에 대한 설명이다. ( ) 안에 들어갈 명칭으로 가장 알맞은 용어는?

"흡수식 냉온수기는 여름철에는 (ⓐ)에서 나오는 냉수를 이용하여 냉방을 행하며 겨울철에는 (ⓑ)에서 나오는 열을 이용하여 온수를 생산하여 냉방과 난방을 동시에 해결할 수 있는 기기로서 현재 일반 건축물에서 많이 사용되고 있다."

① ⓐ 증발기, ⓑ 응축기
② ⓐ 재생기, ⓑ 증발기
③ ⓐ 증발기, ⓑ 재생기
④ ⓐ 발생기, ⓑ 방열기

[해설] 흡수식 냉온수기의 경우 여름에는 증발기를 이용한 냉방을 하며, 겨울에는 난방을 목적으로 재생기(발생기)에서 방출되는 열을 사용한다.

9. 다음 중에서 공기조화기에 내장된 냉각코일의 통과 풍속으로 가장 적당한 것은?
① 0.5~1 m/s   ② 2~3 m/s

정답 4. ② 5. ③ 6. ① 7. ② 8. ③ 9. ②

③ 4~5 m/s   ④ 7~9 m/s

[해설] 코일 통과 풍속은 2~3 m/s가 경제적이며 코일 내의 수속은 1 m/s 전후로 사용된다.

10. 일반적으로 고속 덕트와 저속 덕트는 주덕트 내에서 최대 풍속 몇 m/s를 경계로 하여 구별되는가?
① 5 m/s   ② 10 m/s
③ 15 m/s   ④ 30 m/s

[해설]
- 고속 덕트 : 풍속 15 m/s 이상(20~30 m/s), 전압력은 150~200 mmAq 정도이며, 덕트 스페이스는 작으나 송풍력, 전동기 출력이 증대하므로 설비비가 비싸다. 소음이 크며, 취출구에는 소음상자를 부착하고 고층건물에 이용된다.
- 저속 덕트 : 풍속 15 m/s 이하(8~15 m/s), 전압력은 50~75 mmAq 정도이며 다층건축물, 극장관람석 등에 이용된다.

11. 덕트의 소음 방지 대책에 해당되지 않는 것은?
① 덕트의 도중에 흡음재를 부착한다.
② 송풍기 출구 부근에 플리넘 체임버를 장치한다.
③ 댐퍼 흡출구에 흡음재를 부착한다.
④ 덕트를 여러 개로 분기시킨다.

[해설] 덕트를 여러 개로 분산하면 압력손실이 크므로 이를 보충하려면 공급압력이 높아져 소음이 오히려 가중될 우려가 있다.

12. 냉방부하 중 현열만 발생하는 것은?
① 외기부하   ② 조명부하
③ 인체발생부하   ④ 틈새바람부하

[해설] 극간풍(틈새바람), 인체, 외기부하는 현열과 잠열 모두 포함시켜야 한다.

13. 다음 중 냉방부하에서 잠열을 고려해야 하는 부하는 어느 것인가?
① 인체 발열량
② 벽체 등의 구조체를 통한 전열량
③ 형광등의 발열량
④ 유리의 온도차에 의한 전열량

[해설] 냉방부하에서의 현열 및 잠열 모두 이용하는 것은 인체부하, 극간풍 부하, 외기부하 등 3종류가 있으며 이외의 모든 부하는 현열을 이용한다.

14. 실내의 용적이 20 m³인 사무실에 창문의 틈새로 인한 자연 환기횟수가 4회/h인 것으로 볼 때, 이 자연환기에 의하여 실내에 들어오는 열량(kJ/h)은 약 얼마인가? (단, 외기온도 30℃, 실온 25℃, 또한 외기 및 실온의 절대습도는 0.02 kg/kg, 0.015 kg/kg이다.)
① 1135.27   ② 1478.21
③ 1683.55   ④ 1824.66

[해설] 틈새바람(극간풍)은 현열과 잠열 모두를 계산하여야 한다.
Q_s(현열) = 20 m³ × 1.2 kg/m³ × 4회/h
       × 1 kJ/kg·℃ × (30−25)℃
       = 480 kJ/h
Q_l(잠열) = 20 m³ × 1.2 kg/m³ × 4회/h
       × 2507.4 kJ/kg × (0.02−0.015) kg/kg
       = 1203.55 kJ/h
∴ $Q_s + Q_l$ = 480 kJ/h + 1203.55 kJ/h
       = 1683.55 kJ/h

15. 어떤 방의 냉방 시 q_S = 50000 kJ/h, q_L = 20000 kJ/h이고 노출온도와 실내 온도 차가 10℃일 때 취출풍량을 구하면 얼마인가? (단, 공기의 비열은 1 kJ/kg·℃, 비중량은 1.2 kg/m³이다.)
① 5000 kg/h   ② 6000 kg/h
③ 7000 kg/h   ④ 8000 kg/h

[해설] $q_S = G × C_p × \Delta t$에서

[정답] 10. ③   11. ④   12. ②   13. ①   14. ③   15. ①

$$G=\frac{50000\,kJ/h}{1\,kJ/kg\cdot ℃\times 10℃}$$
$$=5000\,kg/h$$

16. 난방부하가 13000 kJ/h인 사무실을 증기난방하고자 할 때 방열기의 소요방열면적은 약 몇 m²인가? (단, 방열기의 방열량은 표준방열량으로 한다.)

① 4.76　　② 5.28
③ 6.19　　④ 7.40

[해설] • 증기 방열기의 표준 방열량
: 2730 kJ/m² · h = 650 kcal/m² · h
• 온수 방열기의 표준 방열량
: 1890 kJ/m² · h = 450 kcal/m² · h
∴ 증기 소요 방열면적
$$=\frac{13000\,kJ/h}{2730\,kJ/m^2\cdot h}=4.76\,m^2$$

17. 온수난방에 대한 설명으로 틀린 것은?

① 온수의 체적팽창을 고려하여 팽창탱크를 설치한다.
② 보일러가 정지하여도 실내온도의 급격한 강하가 적다.
③ 밀폐식일 경우 배관의 부식이 많아 수명이 짧다.
④ 방열기에 공급되는 온수 온도와 유량 조절이 용이하다.

[해설] 밀폐식의 경우 공기와의 접촉이 차단되어 있으므로 배관 부식이 개방형에 비해 적어 수명이 길어진다.

18. 증기 난방배관에서 증기트랩을 사용하는 이유로서 가장 적당한 것은?

① 관내의 공기를 배출하기 위하여
② 배관의 신축을 흡수하기 위하여
③ 관내의 압력을 조절하기 위하여
④ 증기관에 발생된 응축수를 제거하기 위하여

[해설] 증기 난방배관에서 생성된 응축수가 계속 순환하면 수격작용을 일으키므로 증기 트랩에서 응축수를 제거하는 역할을 한다.

19. 다음 중 증기난방에 사용되는 기기가 아닌 것은?

① 팽창탱크
② 응축수 저장탱크
③ 공기 배출 밸브
④ 증기 트랩

[해설] 팽창탱크는 온수난방에 필요한 기기이다.

20. 보일러의 출력 표시로서 정격출력을 나타내는 것은?

① 난방부하+급탕부하+예열부하
② 난방부하+급탕부하+배관 열손실부하
③ 난방부하+배관 열손실부하+예열부하
④ 난방부하+급탕부하+배관 열손실부하+예열부하

[해설] • 정격출력 = 난방부하+급탕·급기부하+배관부하+예열부하
• 상용출력 = 난방부하+급탕·급기부하+배관부하
• 방열기 출력 = 난방부하+급탕·급기부하

제2과목　　　**공조냉동설계**

21. 열의 이동에 대한 설명으로 옳지 않은 것은?

① 고체 표면과 이에 접하는 유동 유체 간의 열이동을 열전달이라 한다.
② 자연계의 열이동은 비가역 현상이다.
③ 열역학 제1법칙에 따라 고온체에서 저온체로 이동한다.
④ 자연계의 열이동은 엔트로피가 증가하

정답　16. ①　17. ③　18. ④　19. ①　20. ④　21. ③

22. 이상적 냉동 사이클의 상태변화 순서를 표현한 것 중 옳은 것은?

① 단열팽창 → 단열압축 → 단열팽창 → 단열압축
② 단열압축 → 등온팽창 → 단열압축 → 등온압축
③ 단열팽창 → 등온팽창 → 단열압축 → 등온압축
④ 단열압축 → 등온팽창 → 등온압축 → 단열팽창

[해설] 냉동 사이클은 역카르노 사이클이므로 단열압축(압축기) → 등온압축(응축기) → 단열팽창(팽창밸브) → 등온팽창(증발기) 순으로 이루어진다.

23. 15℃의 물로부터 0℃의 얼음을 매시 50 kg을 만드는 냉동기의 냉동능력은 약 몇 kW인가?

① 5.54   ② 6.78
③ 7.72   ④ 8.36

[해설] 15℃ 물 → 0℃ 물 → 0℃ 얼음
$Q = \dfrac{50\,kg/h \times (4.2\,kJ/kg \times 15℃ + 336\,kJ/kg)}{3600\,s/h}$
$= 5.54\,kJ/s = 5.54\,kW$

24. 다음 그림은 이상적인 냉동 사이클을 나타낸 것이다. 설명이 맞지 않는 것은?

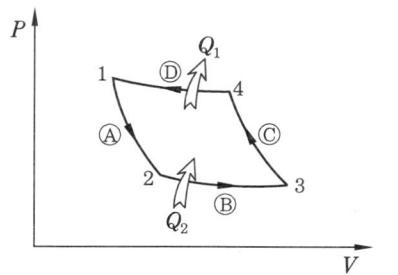

① Ⓐ 과정은 단열팽창이다.
② Ⓑ 과정은 등온압축이다.
③ Ⓒ 과정은 단열압축이다.
④ Ⓓ 과정은 등온압축이다.

[해설] Ⓑ 과정은 등온팽창으로 증발기에 해당된다.

25. 그림과 같은 운전상태에서 운전되는 암모니아 냉동장치에서 피스톤의 배제량이 400 m³/h이고, 체적 효율이 0.80일 때 냉동능력은 얼마가 되는가?

① 157.22 kW   ② 199.36 kW
③ 212.78 kW   ④ 229.53 kW

[해설] $Q = \dfrac{400\,m^3/h \times 0.8}{0.5\,m^3/kg}$
$\times (1659 - 537.6)\,kJ/kg \times \dfrac{1\,h}{3600\,s}$
$= 199.36\,kW$

26. 다음 이원 냉동장치에 대한 설명 중 틀린 것은?

① -70℃ 이하의 초저온을 얻기 위하여 사용한다.
② 팽창탱크는 고온측 증발기 출구에 부착한다.
③ 고온측 냉매로는 비등점이 높고 응축압력이 낮은 냉매를 사용한다.
④ 저온 응축기와 고온측 증발기를 조합한 것을 캐스케이드 콘덴서라고 한다.

[해설] 이원 냉동장치는 고온측 냉동기와 저온측 냉동기 두 대를 조합하여 사용하는 것으로 냉동실의 온도는 -70℃ 이하의 저온이

며 냉동기 정지 또는 외기 침투로 인하여 초저온 냉매의 급격한 증발로 압력이 상승하면 배관 파열 등 피해의 우려가 있으므로 저온측 증발기에 팽창탱크를 연결하여 압력 상승을 방지한다.

27. 그림에서와 같이 어떤 사이클에서 응축온도만 변화하였을 때, 다음 중 틀린 것은? (단, 사이클 A : (A-B-C-D-A), 사이클 B : (A-B′-C′-D′-A), 사이클 C : (A-B″-C′-D′-A)

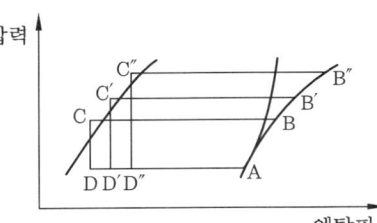

응축온도만 변했을 경우의
압력-엔탈피선도

① 압축비 : 사이클 C>사이클 B>사이클 A
② 압축일량 : 사이클 C>사이클 B>사이클 A
③ 냉동효과 : 사이클 C>사이클 B>사이클 A
④ 성적계수 : 사이클 C<사이클 B<사이클 A

[해설] 냉동효과 : 사이클 A>사이클 B>사이클 C

28. 냉매의 구비 조건 중 맞는 것은?
① 활성이며 부식성이 없을 것
② 전기저항이 작을 것
③ 점성이 크고 유동저항이 클 것
④ 열전달률이 양호할 것

[해설] 냉매의 구비 조건
  ㈎ 증발잠열이 크고 액체의 비열이 작을 것
  ㈏ 점도가 작고 전열이 양호할 것
  ㈐ 절연내력이 크고 전기 절연물을 침식시키지 않을 것
  ㈑ 수분이 침입하여도 냉매의 작용에 지장이 적을 것
  ㈒ 누설이 곤란하고 누설 시 발견이 용이할 것

29. 중간 냉각기의 역할을 설명한 것이다. 틀린 것은?
① 저압 압축 토출가스의 과열도를 낮춘다.
② 증발기에 공급되는 액을 냉각시켜 엔탈피를 적게 하여 냉동효과를 증대시킨다.
③ 고압 압축기 흡입가스 중의 액을 분리시켜 리퀴드백을 방지한다.
④ 저·고압 압축기가 작용함으로써 동력을 증대시킨다.

[해설] 중간 냉각기는 2단 압축기에서 사용하는 것으로 역할은 다음과 같다.
  ㈎ 부스터에서 토출된 가스의 과열도를 제거하여 고단 압축기 소요 동력을 감소시킨다.
  ㈏ 고온 고압의 냉매에 과냉각도를 주어 팽창변 통과 시 플래시가스 발생량을 감소시켜 냉동능력을 증대시킨다.
  ㈐ 고단 압축기로 액 흡입을 방지한다.

30. 암모니아 냉매의 누설검지에 대한 설명으로 잘못된 것은?
① 냄새로써 알 수 있다.
② 리트머스 시험지가 청색으로 변한다.
③ 페놀프탈레인 시험지가 적색으로 변한다.
④ 할로겐 누설검지기를 사용한다.

[해설] 암모니아 냉매 누설검지법
  ㈎ 냄새로 알 수 있다(악취).
  ㈏ 유황초, 유황 걸레 등과 접촉 시 흰 연기가 발생한다.
  ㈐ 리트머스 시험지를 사용한다(적색→청색).

(라) 페놀프탈레인지를 사용한다(백색 → 홍색).
(마) 브라인에 누설 시 네슬러 시약을 사용한다(미색(정상) → 황색(약간) → 갈색(다량)).
※ 할라이드 토치와 할로겐 원소 누설검지기는 프레온 누설에 사용한다.

31. 유량 100 L/min의 물을 15℃에서 5℃로 냉각하는 수 냉각기가 있다. 이 냉동장치의 냉동효과(냉매단위 질량당)가 168 kJ/kg일 경우 냉매 순환량은 얼마인가?
① 25 kg/h
② 1000 kg/h
③ 1500 kg/h
④ 500 kg/h

[해설] 냉동능력
= 100 L/min × 60 min/h × 4.2 kJ/kg·℃
  × (15−5)℃
= 252000 kJ/h
냉동능력 = 냉동효과 × 냉매 순환량
252000 kJ/h = 168 kJ/kg × G
∴ G = 1500 kg/h

32. 왕복동식 압축기의 회전수를 n[rpm], 피스톤의 행정을 S[m]라 하면 피스톤의 평균속도 V_s[m/s]를 나타내는 식은?
① $\dfrac{\pi \cdot S \cdot n}{60}$
② $\dfrac{S \cdot n}{60}$
③ $\dfrac{S \cdot n}{30}$
④ $\dfrac{S \cdot n}{120}$

[해설] 실린더의 상사점과 하사점 사이의 거리를 행정(S)이라 하며 1회전하면 $2S$가 된다.
피스톤의 평균속도 = $\dfrac{2S \times n}{60} = \dfrac{S \times n}{30}$

33. 냉동기유가 갖추어야 할 조건으로 알맞지 않은 것은?
① 응고점이 낮고, 인화점이 높아야 한다.
② 냉매와 잘 반응하지 않아야 한다.
③ 산화되기 쉬운 성질을 가져야 된다.
④ 수분, 산분을 포함하지 않아야 된다.

[해설] 냉동기유의 조건
(가) 응고점이 낮고 인화점이 높을 것
(나) 점도가 적당하고 변질되지 말 것
(다) 수분이 포함되지 않아야 하며 불순물이 없고 절연내력이 클 것
(라) 저온에서 왁스가 분리되지 않고 냉매가스 흡수가 적어야 한다.
(마) 항유화성이 있을 것
(바) 오일 포밍에 대한 소포성이 있을 것

34. 불응축 가스가 냉동기에 미치는 영향에 대한 설명으로 틀린 것은?
① 토출가스 온도의 상승
② 응축압력의 상승
③ 체적 효율의 증대
④ 소요동력의 증대

[해설] 불응축 가스가 존재하게 되면 응축압력이 상승하게 되며 압축기의 토출압력 또한 높아지게 된다. 즉, 압축비의 증대로 체적 효율은 감소하게 되고 동력 소비는 증대된다.

35. 제빙장치에서 두께가 29 cm인 얼음을 만드는 데 48시간이 걸렸다. 이때의 브라인 온도는 약 몇 ℃인가?
① 0℃
② −10℃
③ −20℃
④ −30℃

[해설] $T = \dfrac{0.56 \times t^2}{-t_b}$
여기서, T : 결빙시간
t : 얼음의 두께
t_b : 브라인 온도
$48 = \dfrac{0.56 \times 29^2}{-t_b}$
∴ $t_b = -9.8℃ ≒ -10℃$

36. 증발기 내의 압력에 의해 작동하는 팽창밸브는?

① 정압식 자동 팽창밸브
② 열전식 팽창밸브
③ 모세관
④ 수동식 팽창밸브

[해설] 정압식 자동 팽창밸브 : 증발기 내에서의 증발압력을 일정하게 유지시켜 증발온도를 일정하게 유지하는 방식

37. 응축기와 팽창밸브 사이에 설치되는 기기 순서는?
① 응축기 → 사이트 글라스 → 제습기 → 전자밸브 → 팽창밸브
② 응축기 → 제습기 → 사이트 글라스 → 전자밸브 → 팽창밸브
③ 응축기 → 전자밸브 → 제습기 → 사이트 글라스 → 팽창밸브
④ 응축기 → 제습기 → 전자밸브 → 사이트 글라스 → 팽창밸브

[해설] 냉매 봉입량의 과충전을 방지하기 위해 냉매 액관 중 사이트 글라스를 설치한다.

38. 냉동장치 설치 후 제일 먼저 행하여야 하는 시험은?
① 내압시험   ② 기밀시험
③ 진공방치시험   ④ 냉각시험

[해설] 냉동장치 시험 순서 : 내압 → 기밀 → 누설 → 진공방치 → 충전 → 냉각 → 방열 → 해방 순이나 설치 후 제일 먼저 행하는 시험은 누설시험이다. 누설시험이 없으면 진공시험으로 한다.

39. 암모니아 장치에 유분리기를 설치하려 한다. 유분리기를 어느 위치에 설치하면 작용이 양호한가?
① 증발기와 압축기 사이에서 증발기 가까운 쪽
② 증발기와 압축기 사이에서 압축기 가까운 쪽
③ 압축기와 응축기 사이에서 응축기 가까운 쪽
④ 압축기와 응축기 사이에서 압축기 가까운 쪽

[해설] 암모니아는 윤활유와 분리되는 성질이 있기 때문에 가급적 점도가 강한 응축기 가까운 쪽에 유분리기를 설치하여야 한다.

40. 프레온 냉동장치에서 가용전에 관한 설명 중 옳지 않은 것은?
① 가용전의 용융온도는 75℃ 이하로 되어 있다.
② 가용전은 Sn(주석), Cd(카드뮴), Bi(비스무트) 등의 합금이다.
③ 온도 상승에 따른 이상 고압으로부터 응축기 파손을 방지한다.
④ 가용전의 구경은 안전밸브 최소구경의 1/2 이하이어야 한다.

[해설] 가용전의 구경은 안전밸브 최소구경의 1/2 이상이어야 한다.

제3과목 시운전 및 안전관리

41. 그림에서 a, b 간의 합성저항 정전용량으로 바른 것은?

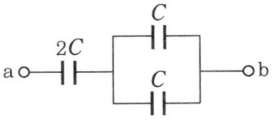

① $4C$ ② $3C$ ③ $2C$ ④ C

[해설] 콘덴서의 직·병렬연결로서
$$\frac{1}{\frac{1}{2C}+\frac{1}{2C}} = \frac{2C \times 2C}{2C+2C} = C$$

[정답] 37. ① 38. ③ 39. ③ 40. ④ 41. ④

콘덴서의 직렬연결은 저항의 병렬연결과 같고, 콘덴서의 병렬연결은 직렬연결과 같다.

42. 다음 회로에서 2 Ω에 흐르는 전류 I_1은 몇 A인가?

① 0.8 ② 1.2 ③ 1.8 ④ 2

[해설] 합성저항 $= 1.8 + \dfrac{2 \times 3}{2+3} = 3$ Ω

전전류 $I = \dfrac{V}{R} = \dfrac{6}{3} = 2$ A

$I_1 = \dfrac{R_2}{R_1 + R_2} \cdot I = \dfrac{3}{2+3} \cdot 2 = 1.2$ A

43. J/s와 같은 단위는 어느 것인가?
① V ② W・s
③ cal ④ W

[해설] 1 W = 1 J/s

44. 다음 그림과 같은 회로망에서 전류를 계산하는 데 옳게 표시한 식은?

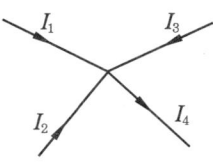

① $I_1 + I_2 + I_3 + I_4 = 0$
② $I_1 + I_2 + I_3 - I_4 = 0$
③ $I_1 + I_2 = I_3 + I_4$
④ $I_1 + I_3 = I_2 + I_4$

[해설] 키르히호프의 제1법칙 $\sum I = 0$
∴ $I_1 + I_2 + I_3 = I_4$, $I_1 + I_2 + I_3 - I_4 = 0$

45. 출력이 3 kW인 전동기의 효율이 80 %이다. 이 전동기의 손실은 몇 W인가?
① 375 ② 750
③ 1200 ④ 2400

[해설] 효율 $= \dfrac{\text{출력}}{\text{출력} + \text{손실}}$

$0.8 = \dfrac{3}{3+x}$

∴ $x = 0.75$ kW $= 750$ W

46. 단상 유도 전동기의 기동 방법 중 기동 토크가 가장 큰 것은?
① 분상 기동형
② 반발 기동형
③ 콘덴서 기동형
④ 셰이딩 코일형

[해설] 단상 유도 전동기의 기동 토크
㈎ 분상 기동형 : 125~150 %
㈏ 반발 기동형 : 400~500 %
㈐ 콘덴서 기동형 : 300 % 이상
㈑ 셰이딩 코일형 : 40~90 %

47. 다음 그림과 같은 접점회로의 논리식은 어느 것인가?

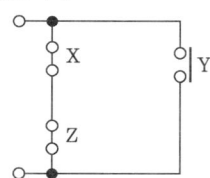

① $X \cdot Y \cdot Z$ ② $X + Y + Z$
③ $X \cdot Z + Y$ ④ $(X+Z) \cdot Y$

[해설] X와 Z는 직렬이므로 AND 회로이고 X, Z와 Y는 병렬이므로 OR 회로이다. 그러므로 $X \cdot Z + Y$가 된다.

48. 논리식 $A \cdot (A+B)$를 간단히 하면?
① A ② B
③ $A \cdot B$ ④ $A + B$

해설 $A \cdot (A+B) = A \cdot A + A \cdot B$
$= A + A \cdot B$
$= A \cdot (1+B) = A$

49. 다음의 전자 릴레이 회로는?

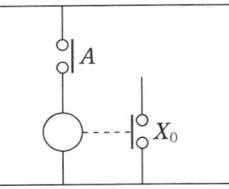

① AND 회로   ② NOR 회로
③ OR 회로   ④ NOT 회로

해설 NOT 회로(논리부정 회로)
논리식 : $X = \overline{A}$

50. 다음 회로 중 AND 논리 회로를 나타낸 것은?

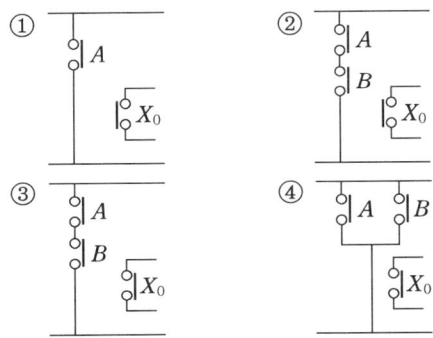

해설 ① NOT 회로
② NAND 회로
③ AND 회로
④ OR 회로

51. 입력신호가 '0'이면 출력은 '1', 입력신호가 '1'이면 출력이 '0'이 되는 논리 회로는?

① AND 회로   ② NOT 회로
③ OR 회로   ④ NAND 회로

해설 입력신호가 '0'일 때 출력은 '1', 입력신호가 '1'일 때 출력이 '0'이면 논리 부정이므로 NOT 회로가 된다.

52. 6극에서 60 Hz의 주파수를 얻으려면 동기 발전기의 회전수는 몇 rpm인가?

① 800   ② 1000
③ 1200   ④ 1500

해설 $N_s = \dfrac{120f}{P} = \dfrac{120 \times 60}{6} = 1200\,\text{rpm}$

53. 냉동제조시설에 설치된 밸브 등을 조작하는 장소의 조도는 몇 lx 이상인가?

① 10   ② 50
③ 150   ④ 200

해설 • 기타 작업 : 75 lx
• 보통 작업 : 150 lx
• 정밀 작업 : 300 lx
• 초정밀 작업 : 750 lx

54. 암모니아 가스의 제독제로 올바른 것은 어느 것인가?

① 물   ② 가성소다
③ 탄산소다 ④ 소석회

해설 암모니아는 물에 체적으로 약 800~900배 정도 용해한다.

55. 냉동장치 내압시험의 설명으로 적당한 것은?

① 물을 사용한다.
② 공기를 사용한다.
③ 질소를 사용한다.
④ 산소를 사용한다.

해설 냉동장치의 내압시험은 물 또는 오일 등 액체의 압력으로 기기 또는 보조기기의 강도를 시험한다.

56. 다음 중 프레온 누설 검사용으로 사용되는 할라이드 토치의 연료로 적합하지 않은 것은?

① 부탄   ② 알코올

정답 49. ④ 50. ③ 51. ② 52. ③ 53. ③ 54. ① 55. ① 56. ④

③ 프로판 ④ 휘발유

[해설] 부탄, 프로판, 알코올 등이 연료로 사용된다.

57. 독성가스를 냉매로 사용하는 냉동기에 수액기 내용적이 몇 L 이상이면 방류둑을 설치하여야 하는가?
① 4000 ② 6000
③ 8000 ④ 10000

[해설] 방류둑 설치기준
독성 : 10000 L 이상 또는 5000 kg 이상

58. 고압가스 안전관리법령에 따라 충전용기는 충전질량 또는 충전압력의 ( )이 충전되어 있는 상태이다. ( ) 안에 적합한 용어는?
① 1/2 이상 ② 1/2 초과
③ 1/2 이하 ④ 1/2 미만

[해설] 충전용기는 1/2 이상이며 잔가스용기는 1/2 미만에 해당된다.

59. 고압가스 안전관리법령에 의하여 공업용 산소와 아세틸렌 용기 색으로 올바른 것은?
① 산소 : 녹색, 아세틸렌 : 황색
② 산소 : 황색, 아세틸렌 : 적색
③ 산소 : 적색, 아세틸렌 : 녹색
④ 산소 : 백색, 아세틸렌 : 청색

[해설] 산소의 용기 및 호스는 녹색이며, 아세틸렌의 용기는 황색, 호스는 적색이다.

60. 다음 중 LPG의 주성분에 해당되는 것은 어느 것인가?
① 프로판, 부탄
② 메탄, 아세틸렌
③ 메탄, 에틸렌
④ 프로판, 수소

[해설] • LPG : 프로판, 부탄
• LNG : 메탄

제4과목 유지보수공사관리

61. 스케줄 번호(Sch No)에 의해 관의 살 두께를 나타내는 강관이 아닌 것은?
① 배관용 탄소 강관(SPP)
② 압력배관용 탄소 강관(SPPS)
③ 고압배관용 탄소 강관(SPPH)
④ 고온배관용 탄소 강관(SPHT)

[해설] 스케줄 번호 $= 10 \times \dfrac{P}{S}$
여기서, P : 사용압력(kg/cm^2)
S : 허용응력(kg/mm^2)
※ 배관용 탄소 강관은 스케줄 번호 표시를 하지 않는다.

62. 다음 동관 중 가장 높은 압력에서 사용되는 관은?
① K형 ② L형
③ M형 ④ N형

[해설] 동관의 높은 압력에 사용하는 순서
K > L > M > N

63. 같은 지름의 관을 직선으로 연결할 때 사용하는 배관 이음쇠가 아닌 것은?
① 소켓(socket) ② 유니언(union)
③ 벤드(bend) ④ 플랜지(flange)

[해설] 벤드는 유체의 흐름이 완만한 곡선을 이루는 곳에 사용한다.

64. 무기질 보온 재료가 아닌 것은?
① 규조토 ② 글라스울
③ 코르크 ④ 탄산 마그네슘

[정답] 57. ④ 58. ① 59. ① 60. ① 61. ① 62. ① 63. ③ 64. ③

[해설] 코르크는 유기질 보온재이다.

65. 탄산 마그네슘 보온재에 관한 설명 중 틀린 것은?
① 열전도율이 극히 작다.
② 300~320℃에서 열분해한다.
③ 습기가 많은 옥외 배관에 적합하다.
④ 석면 85 %, 염기성 탄산 마그네슘 15 %를 섞은 보온재이다.
[해설] 매우 가볍고 250℃ 이하의 관, 탱크 등의 보랭용에 적합하며 염기성 탄산 마그네슘 85 %, 석면 15 %를 배합시킨 것이다.

66. 아래 그림과 같이 호칭직경 20 A인 강관을 2개의 45° 엘보를 사용하여 연결하였다면 강관의 실제 소요길이는 얼마인가? (단, 엘보에 삽입되는 나사부의 길이는 10 mm이고, 엘보의 중심에서 끝단면까지의 길이는 25 mm이다.)

① 212.1 mm　　② 200.3 mm
③ 170.3 mm　　④ 182.1 mm
[해설] $L = l - 2(A-a)$ 에서
$l = \sqrt{150^2 + 150^2} = 212.13$ mm
$A = 25$ mm, $a = 10$ mm
$L = 212.13 - 2(25-10) = 182.1$ mm

67. 동관의 이음에서 기계의 분해, 점검, 보수를 고려하여 사용하는 이음법은?
① 납땜 이음　　② 플라스턴 이음
③ 플레어 이음　　④ 소켓 이음
[해설] 플레어 이음은 플레어 너트를 사용하여 관을 연결하기 때문에 분해·점검·보수가 용이하다.

68. 강관의 나사 이음 시 관을 절단한 후 관 단면의 안쪽에 생기는 거스러미를 제거할 때 사용하는 공구는?
① 파이프 바이스　　② 파이프 리머
③ 파이프 렌치　　④ 파이프 커터
[해설] ① 파이프 바이스 : 작업 시 파이프를 고정 지지하는 공구이다.
② 파이프 리머 : 관의 절단면 거스러미를 제거해 주는 공구이다.
③ 파이프 렌치 : 관을 설치할 때 관의 나사를 돌리는 공구이며 지름 100 mm 이하의 관을 연결할 때 사용한다.
④ 파이프 커터 : 강관을 자를 때 사용하는 공구이다.

69. 도시가스 입상배관의 관지름이 20 mm일 때 움직이지 않도록 몇 m마다 고정장치를 부착해야 하는가?
① 1 m　② 2 m　③ 3 m　④ 4 m
[해설] 도시가스 배관 고정장치
(개) 관경 13 mm 미만 : 1 m
(내) 관경 13 mm 이상, 33 mm 미만 : 2 m
(대) 관경 33 mm 이상 : 3 m

70. 유체의 입구와 출구 방향이 직각으로 되어 있어 유체의 흐름 방향을 90° 변환시키는 밸브는?
① 앵글 밸브　　② 게이트 밸브
③ 체크 밸브　　④ 볼 밸브
[해설] 90° 변환에는 앵글 밸브를 사용한다.

71. 배수트랩의 구비 조건으로서 옳지 않은 것은?

정답　65. ④　66. ④　67. ③　68. ②　69. ②　70. ①　71. ①

① 트랩 내면이 거칠고 오물 부착으로 유해 가스 유입이 어려울 것
② 배수 자체의 유수에 의하여 배수로를 세정할 것
③ 봉수가 항상 유지될 수 있는 구조일 것
④ 재질은 내식 및 내구성이 있을 것

[해설] 배수트랩의 구비 조건
(가) 봉수가 확실하게 유지될 수 있을 것
(나) 구조가 간단하며 평활한 내면을 이루고 오물이 체류하지 않을 것
(다) 유수에 의해 배수로 내면을 세정할 수 있는 자기 세정을 할 것
(라) 청소를 할 수 있는 구조일 것
(마) 재질은 내식 및 내구성이 있을 것

72. 배관의 보온재를 선택할 때 고려해야 할 점이 아닌 것은?
① 불연성일 것
② 열전도율이 클 것
③ 물리적, 화학적 강도가 클 것
④ 흡수성이 작을 것

[해설] 보온재 구비 조건
(가) 열전도율이 작아야 하며 경량일 것
(나) 내습·내열성이 있을 것
(다) 사용온도 범위가 클 것
(라) 내압성이 있어야 하며 시공이 쉬울 것
(마) 구입이 용이할 것
(바) 경제적일 것

73. 기계급기와 자연배기에 의한 환기방식으로 주로 클린룸과 수술실 등에서 주로 적용하는 환기법은?
① 1종 환기법   ② 2종 환기법
③ 3종 환기법   ④ 4종 환기법

[해설] 환기법의 종류
(가) 제1종 환기법 : 급기 팬에 의하여 강제 급기와 배기 팬에 의하여 강제 배기가 된다.
(나) 제2종 환기법 : 급기 팬에 의하여 강제 급기가 되며 자연 배기에 의한다.
(다) 제3종 환기법 : 자연 급기에 의하며 배기 팬에 의하여 강제 배기가 된다.

74. 합성수지류 패킹 중 테플론(teflon)의 내열범위로 옳은 것은?
① -30~140℃   ② -100~260℃
③ -260~260℃   ④ -40~120℃

[해설] 테플론은 불소와 탄소의 강력한 화학적 결합으로 인해 매우 안정된 화합물을 형성함으로써 화학적 비활성 및 내열성, 비점착성, 우수한 절연 안정성, 안정 사용온도(-260~260℃), 낮은 마찰계수 등의 특성이 있다.

75. 다음 그림과 같은 방열기 표시 중 "5"의 의미는?

① 방열기의 섹션 수
② 방열기 사용 압력
③ 방열기의 종별과 형
④ 유입관의 관경

[해설] 방열기 표시
5 : 방열기 절수(섹션 수)
W : 방열기 종류
H : 방열기 형태
20 : 유입관의 직경
15 : 유출관의 직경

76. 급탕 배관 시 주의사항으로 옳지 않은 것은?
① 구배는 중력순환식인 경우 $\frac{1}{150}$, 강제순환식에서는 $\frac{1}{200}$로 한다.
② 배관의 굽힘 부분에는 스위블 이음으

정답 72. ② 73. ② 74. ③ 75. ① 76. ③

로 접합한다.
③ 상향 배관인 경우 급탕관은 하향구배로 한다.
④ 플랜지에 사용되는 패킹은 내열성 재료를 사용한다.

[해설] 급탕관의 경우 상향구배로 해야 한다.

77. 급탕설비에 관한 설명으로 틀린 것은?
① 중앙식 급탕설비에서의 급탕온도는 일반적으로 60℃를 기준으로 한다.
② 증기취입식 기수혼합 가열장치에는 소음을 줄이기 위하여 사이렌서를 설치한다.
③ 배관과 보일러 또는 저장탱크와의 접속에는 역류방지기를 설치한다.
④ 리버스리턴 배관은 배관내 마찰손실수두를 줄이기 위한 방식이다.

[해설] 리버스리턴 배관은 역귀환 방식으로 각 방열기의 급탕배관+환수배관의 길이를 동등하게 하여 공급유량을 동일하게 하기 위함이다.

78. 급탕의 온도는 사용온도에 따라 각각 다르나 계산을 위하여 기준온도로 환산하여 급탕의 양을 표시하고 있다. 이때 환산의 온도로 맞는 것은?
① 40℃
② 50℃
③ 60℃
④ 70℃

[해설] 보일러에서 열을 받아 온도가 높아져 공급되는 배관을 급탕배관이라 하며 환산온도는 60℃를 기준으로 한다.

79. 급탕 속도가 1 m/s이고 순환량이 8 m³/h일 때 급탕 주관의 관경은 약 얼마인가?
① 36.3 mm
② 40.5 mm
③ 53.2 mm
④ 75.7 mm

[해설] $D = \sqrt{\dfrac{4 \times 8}{\pi \times 3600}}$
$= 0.05319 \text{ m} = 53.19 \text{ mm}$

80. 배수설비의 종류에서 요리실, 욕조, 세척 싱크와 세면기 등에서 배출되는 물을 배수하는 설비의 명칭으로 맞는 것은?
① 오수 설비
② 잡배수 설비
③ 빗물배수 설비
④ 특수배수 설비

[해설] 배수의 종류
㈎ 오수 : 수세식 화장실에서 배수되는 물 중 오물을 포함하고 있는 대·소변기, 비데, 변기 소독기 등에서의 배수를 말한다.
㈏ 잡배수 : 세면기, 싱크대, 욕조 등에서 나오는 일반 배수를 말한다.
㈐ 우수배수 : 옥상이나 마당에 떨어지는 빗물의 배수를 말한다.
㈑ 특수배수 : 공장폐수 등과 같이 유해한 물질이나 병원균, 방사능 물질 등을 포함한 물의 배수를 말한다.

CBT 실전테스트 (12)

※ 최근 출제문제를 수검자의 기억의 의해 재구성하였습니다.

제1과목 에너지관리

1. 불쾌지수는 일반적인 열환경 평가지수가 아닌 불쾌감지수라고 할 수 있다. 기후에 따른 불쾌감을 표시하는 불쾌지수는 무엇만을 고려한 지수인가?
① 기온과 기류   ② 기온과 노점
③ 기온과 복사열 ④ 기온과 습도

[해설] 불쾌지수 = 0.72×(건구온도+습구온도) +40.6이므로 불쾌지수는 온도와 습도를 고려하여 만든 것이다.

2. 표준대기압(101.325 kPa)에서 25℃인 포화공기의 절대습도 X_s[kg/kg(DA)]는 약 얼마인가? (단, 25℃의 포화 수증기 분압 P_{ws} = 3.1660 kPa이다.)
① 0.0188   ② 0.0201
③ 0.6522   ④ 0.6543

[해설] 절대습도$(x) = \dfrac{0.622 \times 3.166}{(101.325 - 3.166)}$
$= 0.0201 \, kg/kg$

3. 인위적으로 실내 또는 일정한 공간의 공기를 사용 목적에 적합하도록 공기조화하는 데 있어서 고려하지 않아도 되는 것은?
① 온도   ② 습도
③ 색도   ④ 기류

[해설] 공기조화의 3대 요소
(가) 온도
(나) 습도
(다) 기류
(라) 공기 청결도(4요소)

4. 선도에서 습공기를 상태 1에서 2로 변화시킬 때 감열비(SHF)를 올바르게 나타낸 것은?

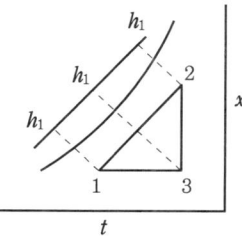

① $\dfrac{(h_2 - h_3)}{(h_2 - h_1)}$ ② $\dfrac{(h_3 - h_1)}{(h_2 - h_1)}$
③ $\dfrac{(h_3 - h_1)}{(h_2 - h_3)}$ ④ $\dfrac{(h_2 - h_1)}{(h_2 - h_3)}$

[해설] 감열비(현열비) = $\dfrac{감열}{(감열 + 잠열)}$

5. 다음 공기 선도상에서 난방 풍량이 25000 CMH일 경우 가열 코일의 열량(kJ/h)은? (단, ①은 외기, ②는 실내 상태점을 나타내며, 공기의 비중량은 1.2 kg/m³이다.)

① 84000   ② 20160
③ 75000   ④ 30500

[해설] Q = 25000 m³/h × 1.2 kg/m³
× (5.4−2.6) kJ/kg = 84000 kJ/h

정답 1. ④ 2. ② 3. ③ 4. ② 5. ①

6. 습공기의 상태변화에 관한 설명 중 옳지 않은 것은?
① 습공기를 가열하면 엔탈피가 증가한다.
② 습공기를 가열하면 상대습도는 감소한다.
③ 습공기를 냉각하면 비체적은 감소한다.
④ 습공기를 냉각하면 절대습도는 증가한다.
[해설] 습공기를 냉각하면 절대습도는 불변이며 상대습도는 증가하게 된다.

7. 습공기선도($t-x$ 선도)상에서 알 수 없는 것은?
① 엔탈피   ② 습구온도
③ 풍속   ④ 상대습도
[해설] 습공기 선도를 이용하여 엔탈피, 건구온도, 습구온도, 상대습도, 노점온도, 절대습도 등을 알 수 있다.

8. 공기조화 방식 중에서 덕트 방식이 아닌 것은?
① 팬코일 유닛 방식
② 멀티존 방식
③ 각층 유닛 방식
④ 유인 유닛 방식
[해설] 팬코일 유닛 방식은 수 방식으로 덕트를 사용하지 않는다.

9. 공조 방식 중 각층 유닛 방식의 특징에 속하지 않는 것은?
① 송풍 덕트의 길이가 짧게 되고 설치가 용이하다.
② 사무실과 병원 등의 각층에 대하여 시간차 운전에 유리하다.
③ 각 층 슬래브의 관통 덕트가 없게 되므로 방재상 유리하다.
④ 각 층에 수배관을 하지 않으므로 누수의 염려가 없다.
[해설] 각층 유닛 방식은 각 층별로 수배관을 하여야 하며 이로 인하여 누수의 우려가 있다.

10. 2중 덕트 방식의 특징 중 옳지 않은 것은?
① 실내부하에 따라 개별제어가 가능하다.
② 2중 덕트이므로 덕트 스페이스는 적게 된다.
③ 실내습도의 완전한 제어가 어렵다.
④ 냉풍 및 온풍이 열매체이므로 실내온도 변화에 대한 응답이 빠르다.
[해설] 2중 덕트이므로 덕트 스페이스는 크게 되며 열 손실이 많다.

11. HEPA 필터에 적합한 효율 측정법은?
① weight법   ② NBS법
③ dust spot법   ④ DOP법
[해설] 계수법(DOP법) : 고성능 필터를 측정하는 방법으로 일정한 크기의 시험입자(0.3 μ)를 사용하여 먼지 계측기로 측정한다.

12. 공기냉각용 냉수 코일의 설계 시 주의 사항 중 옳지 않은 것은?
① 코일을 통과하는 공기의 풍속은 2~3 m/s로 한다.
② 코일 내 물의 속도는 3 m/s 이상으로 한다.
③ 물과 공기의 흐름 방향은 역류가 되게 한다.
④ 코일의 설치는 관이 수평으로 놓이게 한다.
[해설] 코일 내의 물의 속도는 1 m/s 전후가 적당하다.

정답 6. ④ 7. ③ 8. ① 9. ④ 10. ② 11. ④ 12. ②

13. 원심송풍기 번호가 No2일 때 회전날개(깃)의 지름(mm)은 얼마인가?

① 150 ② 200 ③ 250 ④ 300

[해설] 원심송풍기 번호
$= \dfrac{\text{임펠러 날개 지름(mm)}}{150}$ 이므로

임펠러 날개 지름 $= 2 \times 150 = 300$ mm

14. 덕트 시공도 작성 시의 유의사항으로 옳지 않은 것은?

① 덕트의 경로는 될 수 있는 한 최장거리로 한다.
② 소음과 진동을 고려한다.
③ 댐퍼의 조작 및 점검이 가능한 위치에 있도록 한다.
④ 설치 시 작업공간을 확보한다.

[해설] 덕트 설계상의 주의점
(가) 곡관부는 가능한 크게 구부린다.
(나) 덕트의 치수는 가능한 작게 한다(아스펙트 비는 6 이하로 한다).
(다) 덕트의 확대부는 20° 이하로 하고 축소부는 45° 이하로 한다.
(라) 덕트의 경로는 최단거리로 한다.

15. 취출에 관한 용어 설명 중 옳은 것은?

① 내부유인이랑 취출구의 내부에 실내공기를 흡입해서 이것을 취출 1차 공기를 혼합해서 취출하는 작용이다.
② 강하도란 수평으로 취출된 공기가 어느 거리만큼 진행했을 때의 기류 중심선과 취출구 중심과의 수평거리이다.
③ 2차 공기란 취출구로부터 취출되는 공기를 말한다.
④ 도달거리란 수평으로 취출된 공기가 어느 거리만큼 진행했을 때의 기류 중심선과 취출구와의 수직거리이다.

[해설] • 강하도 : 취출구에서 도달거리에 도달할 때까지 생긴 기류의 강하
• 도달거리 : 취출구에서 0.25 m/s의 풍속이 되는 위치까지의 거리
• 2차 공기 : 취출구에서 분출되는 1차 공기에 의해 유인되는 공기

16. 다음 중 냉방 시 열의 종류와 설명이 틀린 것은?

① 인체의 발생열 – 현열, 잠열
② 틈새바람에 의한 열량 – 현열, 잠열
③ 외기 도입량 – 현열 잠열
④ 조명의 발생열 – 현열, 잠열

[해설] 틈새바람(극간풍), 인체, 외기 부하에는 현열과 잠열 모두가 해당되며 나머지 벽체, 유리창, 조명부하 등은 현열만 계산한다.

17. 냉수코일의 냉각부하 147000 kJ/h이고, 통과풍량은 10000 m³/h, 정면풍속 2 m/s이다. 코일입구공기온도 38℃, 출구공기온도 15℃이며, 코일의 입구냉수온도 7℃, 출구냉수온도 12℃, 열관류율은 2346 kJ/m²·h·℃일 때 코일열수는 얼마인가? (단, 습면 보정계수는 1.33, 공기와 냉수의 열교환은 대향류 형식이다.)

① 2열 ② 3열 ③ 5열 ④ 6열

[해설] 전열면적$(F) = \dfrac{10000 \, \text{m}^3/\text{h}}{(2\,\text{m/s} \times 3600\,\text{s/h})}$
$= 1.388 \, \text{m}^2$

$\Delta_1 = 38 - 12 = 26$ ℃
$\Delta_2 = 15 - 7 = 8$ ℃

$MTD = \dfrac{(26-8)}{\ln\left(\dfrac{26}{8}\right)} = 15.27$ ℃

$Q = K \times F \times MTD \times N \times C_{ws}$
여기서, N : 열수
C_{ws} : 습면 보정계수

$147000 = 2346 \times 1388 \times 15.27 \times 1.33 \times N$
∴ $N = 2.22 ≒ 3$ 열

18. 외기온도 −5℃, 실내온도 20℃, 벽면적 20 m²인 실내의 열손실량은 얼마인가? (단, 벽체의 열관류율 8 kJ/m²·h·℃, 벽체 두께 20 cm, 방위계수는 1.2이다.)
① 4800 kJ/h ② 4000 kJ/h
③ 3200 kJ/h ④ 2400 kJ/h

[해설] $Q = K \times F \times \Delta t_m$
$= 8 \text{ kJ/m}^2 \cdot \text{h} \cdot ℃ \times 20 \text{ m}^2 \times \{20-(-5)\}℃ \times 1.2$
$= 4800 \text{ kJ/h}$

19. 다음은 온수난방 배관상의 주의사항을 나타낸 것이다. 틀린 것은?
① 보일러로부터 팽창수조 사이의 팽창관에는 필히 밸브를 부착한다.
② 방열기에는 반드시 공기빼기 밸브를 둔다.
③ 배관은 1/200~1/250 정도의 구배로 하고 가장 높은 곳에 배관 중의 공기가 모이게끔 한다.
④ 배관 도중의 구경이 다른 관과의 연결은 되도록 편심형을 사용하여 공기가 고이지 않도록 한다.

[해설] 팽창관에는 밸브를 부착하지 않는다.

20. 증기 보일러에서 환산증발량에 관한 설명으로 옳은 것은?
① 대기압상태에서 100℃의 포화수를 100℃의 건포화증기로 증발시켜 상태변화시키는 경우의 증발량
② 대기압상태에서 37.8℃의 포화수를 100℃의 건포화증기로 증발시켜 상태변화시키는 경우의 증발량
③ 대기압상태에서 100℃의 포화수를 소요 증기로 증발시켜 상태변화시키는 경우의 증발량
④ 대기압상태에서 37.8℃의 포화수를 소요 증기로 증발시켜 상태변화시키는 경우의 증발량

[해설] 보일러의 증발 능력을 나타내는 방법으로 보일러에 있어서 실제의 증기증발량을 대기압에서 100℃의 물을 100℃의 건포화증기로 만드는 경우의 증발량으로 환산한 것으로 환산증발량 또는 상당증발량이라 한다.

제2과목 **공조냉동설계**

21. 냉동용 압축기를 냉동법의 원리에 의해 분류할 때, 저온에서 증발한 가스를 압축하여 고온으로 이동시키는 냉동법은 어느 것인가?
① 화학식 냉동법
② 기계식 냉동법
③ 흡착식 냉동법
④ 전자식 냉동법

[해설] 압축기를 이용하는 냉동기를 증기압축식 냉동기 또는 기계식 냉동법이라 한다. 이 방법은 냉동, 제빙, 냉방 등 다양하게 사용할 수 있는 것으로 가장 널리 이용되지만 전력소비가 많은 것이 단점이다.

22. 냉동 사이클의 냉매 상태 변화와 관계가 없는 것은?
① 등엔트로피 변화
② 등압 변화
③ 등엔탈피 변화
④ 등적 변화

[해설] 냉동 사이클에서 상태 변화
• 등압 변화 : 증발과정, 응축과정
• 등엔탈피 변화 : 팽창과정
• 등엔트로피 변화 : 압축과정

정답 18. ① 19. ① 20. ① 21. ② 22. ④

23. 다음 냉매 중 가연성이 있는 냉매는?
① R-717 ② R-744
③ R-718 ④ R-502

해설 R-700 단위는 무기질 냉매 표시이며 뒤의 두 자리수는 냉매의 분자량 표시이다.
R-717 : 암모니아
R-744 : 이산화탄소
R-718 : 물
R-502 : 공비혼합냉매
암모니아는 가연성(폭발범위 : 15~28%), 독성(25 ppm) 가스이다.

24. 염화칼슘 브라인에 대한 설명 중 옳은 것은?
① 냉동 작용은 브라인의 잠열을 이용하는 것이다.
② 강관에 대한 부식도는 염화나트륨 브라인보다 일반적으로 부식성이 크다.
③ 공기 중에 장시간 방치하여 두어도 금속에 대한 부식성이 없다.
④ 가장 일반적인 브라인으로 제빙, 냉장 및 공업용으로 이용된다.

해설 염화칼슘 브라인은 공정점 -55℃(비중 1.2~1.24)로서 주로 제빙용, 냉동용으로 많이 사용하며 감열(현열) 상태로 열을 운반한다.

25. 다음 중 2원 냉동 사이클에 대한 설명으로 옳은 것은?
① 팽창탱크는 저압측에 설치하는 안전장치이다.
② 고압측과 저압측에 사용하는 윤활유는 동일하다.
③ 일반적으로 저온측에 사용하는 냉매는 R-12, R-22, 프로판 등이다.
④ 일반적으로 고온측에 사용하는 냉매는 R-13, R-14 등이다.

해설 저압측에는 90번 오일을 사용하며 고압측에는 300번 오일을 사용한다. 저압측에는 R-13, 에틸렌, 프로필렌 등이 냉매로 사용되며 고압측에는 R-12, R-22 등이 사용된다.

26. 다음 그림과 같은 몰리에르(Mollier) 선도상에서 압축냉동 사이클의 각 상태점에 있는 냉매의 상태 설명 중 틀린 것은?

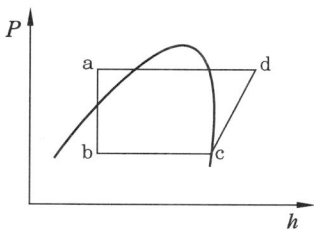

① a점의 냉매는 팽창밸브 직전의 과냉각된 냉매액
② b점은 감압되어 증발기에 들어가는 포화액
③ c점은 압축기에 흡입되는 건포화 증기
④ d점은 압축기에서 토출되는 과열 증기

해설 b점은 교축(감압)되어 습증기상태로 증발기로 유입된다.

27. 열의 이동에 대한 설명으로 옳지 않은 것은?
① 고체 표면과 이에 접하는 유동 유체 간의 열이동을 열전달이라 한다.
② 자연계의 열이동은 비가역 현상이다.
③ 열역학 제1법칙에 따라 고온체에서 저온체로 이동한다.
④ 자연계의 열이동은 엔트로피가 증가하는 방향으로 흐른다.

해설 "열은 높은 곳에서 낮은 곳으로 흐른다."는 것은 열역학 제2법칙에 해당한다.

정답 23. ① 24. ④ 25. ① 26. ② 27. ③

28. 가용전의 구성요소가 아닌 것은?
① Sn(주석) ② Cd(카드뮴)
③ Bi(비스무트) ④ Cu(구리)

[해설] 가용전은 냉매액과 증기가 공존하고 있는 부분에 설치하여 불의사고 시 일정한 온도에서 녹아 고압가스를 외기로 방출함으로써 이상 고압에 의한 장치 폭발을 방지한다. 카드뮴(Cd), 비스무트(Bi), 안티몬(Sb), 주석(Sn), 납(Pb) 등이 주성분이다.

29. 다음은 전자밸브의 응용에 대한 설명이다. 틀린 것은?
① 냉동기의 용량 조절 장치에 사용한다.
② 리퀴드 백 및 액관 조정 장치용으로 사용된다.
③ 냉동기의 온도 조절용으로 사용된다.
④ 프레온 만액식 유회수 장치에 사용된다.

[해설] 온도 조절은 T.C에 의해 작동된다.

30. 고압 차단 스위치가 하는 역할은?
① 이상 고압이 되었을 때 주회로를 차단하여 압축기를 정지시킨다.
② 증발기 내의 이상 고압을 방지하기 위한 것이다.
③ 응축기의 고압 상승을 방지하여 냉각수 펌프의 모터를 차단, 정지시킨다.
④ 수액기 내부의 이상 고압 상승을 방지하기 위하여 설치된 안전장치이다.

[해설] ③ 단수 릴레이에 대한 설명이다.

31. 냉동장치에서 디스트리뷰터의 역할로서 옳은 것은?
① 냉매의 분배
② 흡입가스의 과열 방지
③ 증발온도의 저하 방지
④ 플래시가스의 발생 방지

[해설] 디스트리뷰터는 냉매 분배기라 하며, 여러 대의 증발기로 냉매 공급을 균등하게 하는 역할을 한다.

32. 프레온 냉동장치의 배관공사 중에 수분이 장치 내에 잔류했을 경우 이 수분에 의한 문제점으로 옳지 않은 것은?
① 프레온 냉매와 수분은 거의 융합되지 않으므로 냉동장치 내가 0℃ 이하가 되면 수분은 빙결한다.
② 수분은 냉동장치 내에서 철재 재료 등을 부식시킨다.
③ 증발기 전열 기능을 저하시키고, 흡입관 내 냉매 흐름을 방해한다.
④ 프레온 냉매와 수분은 화합 반응하여 알칼리를 생성시킨다.

[해설] 장치에 수분이 침투하면 미치는 영향
(가) 프레온
 • 팽창변 동결·폐쇄
 • 산(HF, HCl)을 생성하여 장치 부식 촉진
 • 동부착현상 유발
(나) 암모니아 : 수분 1% 함유함에 따라 증발온도 0.5℃ 상승
※ 프레온장치에서는 응축기나 수액기 출구에 건조기(dryer)를 설치하여야 하며 암모니아 장치는 배관상의 압력손실을 이유로 사용하지 않는다.

33. 다음 냉동기기에 관한 설명 중 옳은 것은?
① 온도 자동 팽창밸브는 증발기의 온도를 일정하게 유지 제어한다.
② 흡입압력 조정밸브는 압축기의 흡입압력이 설정값 이상이 되지 않도록 제어한다.
③ 전자밸브를 설치할 경우 흐름 방향을

[정답] 28. ④ 29. ③ 30. ① 31. ① 32. ④ 33. ②

생각할 필요는 없다.
④ 고압측 플로트(float) 밸브는 냉매액의 속도로써 제어한다.

[해설] 온도 자동 팽창밸브는 흡입가스 과열도를 일정하게 유지하여 작동하는 프레온 소형장치에 주로 이용한다. 전자밸브는 흐름방향(화살표)에 유의하여 설치하며 고압측 플로트 밸브는 고압측 액면의 양에 따라 작동한다.

34. 제빙장치에서 두께가 29 cm인 얼음을 만드는 데 48시간이 걸렸다. 이때의 브라인 온도는 약 몇 ℃인가?
① 0℃　　　　　　　② -10℃
③ -20℃　　　　　　④ -30℃

[해설] $T = \dfrac{0.56 \times t^2}{-t_b}$

여기서, T : 결빙시간
　　　　t : 얼음의 두께
　　　　t_b : 브라인 온도

$48 = \dfrac{0.56 \times 29^2}{-t_b}$

∴ $t_b = -9.8℃ ≒ -10℃$

35. 빙축열 방식이 수축열 방식에 비해 유리하다고 할 수 없는 것은?
① 축열조를 소형화할 수 있다.
② 낮은 온도를 이용할 수 있다.
③ 난방 시의 축열대응에도 적합하다.
④ 축열조의 설치장소가 자유롭다.

[해설] 빙축열은 공기와 얼음을 열교환시켜 냉방하는 것으로 난방과는 관계가 없다.

36. 암모니아를 냉매로 사용하는 냉동설비에서 시운전에 사용하면 안되는 기체는 어느 것인가?
① 이산화탄소　　　② 산소
③ 질소　　　　　　④ 일반공기

[해설] 암모니아가스는 가연성가스(폭발범위 : 15~28 %)로 지연성가스인 산소와 반응하면 폭발범위가 15~79 %로 급격히 증가하여 폭발의 우려가 커지므로 반드시 질소 등 불연성가스로 시운전을 하여야 한다.

37. 응축기에서 냉매가스의 열이 제거되는 방법은?
① 대류와 전도　　　② 증발과 복사
③ 승화와 휘발　　　④ 복사와 액화

[해설] 응축기에서는 전도와 대류에 의하여 열을 제거한다.

38. 냉각탑(cooling tower)에 관한 설명 중 맞는 것은?
① 오염된 공기를 깨끗하게 하며 동시에 공기를 냉각하는 장치이다.
② 냉매를 통과시켜 공기를 냉각시키는 장치이다.
③ 찬 우물물을 냉각시켜 공기를 냉각하는 장치이다.
④ 냉동기의 냉각수가 흡수한 열을 외기에 방사하고 온도가 내려간 물을 재순환시키는 장치이다.

[해설] 냉각탑은 냉각수가 응축기에서 냉매로부터 흡수한 열량을 방출하는 역할을 한다.

39. 냉동기에서 성적계수가 6.84일 때 증발온도가 -15℃이다. 이때 응축온도는 몇 ℃인가?
① 17.5　　　　　　② 20.7
③ 22.7　　　　　　④ 25.5

[해설] $COP = \dfrac{T_2}{T_1 - T_2}$

$T_2 = 273 + (-15) = 258 \, K$

정답　34. ②　35. ③　36. ②　37. ①　38. ④　39. ③

$$6.84 = \frac{258}{T_1 - 258}$$
$$\therefore T_1 = 295.71 \text{ K} = 22.7\,°\text{C}$$

40. 일반적으로 사용되고 있는 제상 방법 이라고 할 수 없는 것은?
① 핫 가스에 의한 방법
② 전기가열기에 의한 방법
③ 운전 정지에 의한 방법
④ 액 냉매 분사에 의한 방법

[해설] ①, ②, ③항 이외에 온수 살포에 의한 방법, 브라인 분무에 의한 제상 등이 있다.

제 3 과목 **시운전 및 안전관리**

41. 어떤 부하에 흐르는 전류와 전압강하를 측정하려고 한다. 이때 전류계와 전압계의 접속방법은?
① Ⓐ, Ⓥ에 모두 부하에 직렬접속한다.
② Ⓐ, Ⓥ를 모두 부하에 병렬접속한다.
③ Ⓐ는 부하에 직렬, Ⓥ는 부하에 병렬로 접속한다.
④ Ⓐ는 부하에 병렬, Ⓥ는 부하에 직렬로 접속한다.

[해설]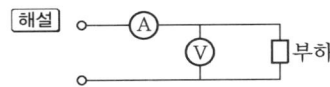

42. 1개의 저항값이 100 Ω인 저항 4개를 접속하여 얻을 수 있는 가장 작은 저항값은 얼마인가?
① 20 Ω   ② 25 Ω   ③ 30 Ω   ④ 35 Ω

[해설] 병렬접속일 때 저항값은 가장 작다.
$$R_0 = \frac{R}{n} = \frac{100}{4} = 25\,\Omega$$
직렬접속일 때 $R_0 = nR$

43. 3상 유도 전동기의 출력이 5 HP, 전압이 200 V, 효율 90 %, 역률 85 %일 때 이 전동기에 유입되는 전류(A)는?
① 6   ② 8   ③ 10   ④ 14

[해설] $\text{FLA} = \dfrac{5 \times \dfrac{75}{102} \times 10^3}{\sqrt{3} \times 200 \times 0.9 \times 0.85} \fallingdotseq 14\,\text{A}$

44. 회전자 바깥지름이 2 m, 50 Hz, 12극인 동기발전기의 주변 속도를 구하면?
① 20 m/s   ② 30 m/s
③ 50 m/s   ④ 100 m/s

[해설] $N_s = \dfrac{120f}{P} = \dfrac{120 \times 50}{12} = 500\,\text{rpm}$
$V = \pi D \dfrac{N_s}{60} = 3 \times 2 \times \dfrac{500}{60} = 50\,\text{m/s}$

45. 다음 그림과 같은 제어계에서 입력을 R, 출력을 C라 할 때 전달함수의 값은?

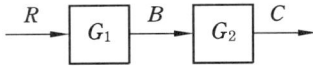

① $G_1 - G_2$ ② $G_1 + G_2$
③ G_1 / G_2 ④ $G_1 \cdot G_2$

[해설] $B = RG_1 \cdots$①, $C = BG_2 \cdots$②
식 ②를 식 ①에 대입하면,
$C = RG_1 \cdot G_2$
$\therefore C/R = G_1 \cdot G_2$

46. 다음 그림에서 논리기호로 표시된 것을 식으로 표시한 것으로 옳은 것은?

X_1 ─┐
X_2 ─┤ AND ├─ F

① $F = \overline{X_1} + \overline{X_2}$
② $F = X_1 \cdot X_2$
③ $F = X_1 \cdot X_2 + X_1 \cdot X_2$
④ $F = \overline{X_1 \cdot X_2}$

정답 40. ④ 41. ③ 42. ② 43. ④ 44. ③ 45. ④ 46. ④

[해설] 2개의 입력 X_1과 X_2가 모두 1일 때만 출력 F가 1이 되는 회로이다.

47. 다음 중 논리회로의 불 대수식을 간략화하는 데 사용되는 규칙으로 옳지 않은 것은?
① $A + 1 = 1$
② $A \cdot A = A$
③ $A + A = A$
④ $\overline{A} = A$

[해설] $\overline{A}$는 부정, A는 긍정이므로 반대의 뜻이 된다.

48. 보일러 온도를 80℃로 유지시키기 위하여 기름의 공급량을 변화시킬 때 조작량에 속하는 것은?
① 80℃
② 온도
③ 기름 공급량
④ 보일러

[해설] 조작량→기름 공급량, 조절부→온도

49. 그림에서 a, b 간의 합성저항 정전용량으로 바른 것은?

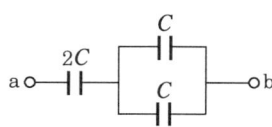

① $4C$
② $3C$
③ $2C$
④ C

[해설] 콘덴서의 직·병렬연결로서
$$\frac{1}{\frac{1}{2C} + \frac{1}{2C}} = \frac{2C \times 2C}{2C + 2C} = C$$

콘덴서의 직렬연결은 저항의 병렬연결과 같고, 콘덴서의 병렬연결은 직렬연결과 같다.

50. 저항 20Ω과 용량 리액턴스 15Ω이 병렬로 된 회로의 위상각은 대략 얼마인가?
① 37°
② 53°
③ 60°
④ 90°

[해설] $\theta = \tan^{-1}\frac{R}{X_C} = \tan^{-1}\frac{20}{15}$
$= \tan^{-1} 1.333 ≒ 53°$

51. 60 Hz의 전원에 접속된 4극 3상 유도전동기에서 슬립이 0.004일 때의 회전속도(rpm)는 얼마인가?
① 1800
② 1728
③ 1700
④ 1642

[해설] $N_s = \frac{120f}{P} = \frac{120 \times 60}{4} = 1800$ rpm
$N = N_s(1-s) = 1800(1-0.04) = 1728$ rpm

52. 다음 시퀀스 회로를 논리식으로 나타낸 것은?

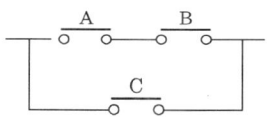

① $A \cdot B \cdot C$
② $(A \cdot B) + C$
③ $A \cdot (B + C)$
④ $(A + B) + C$

[해설] A와 B는 직렬연결이며 C와는 병렬연결이므로 $(A \cdot B) + C$로 표기된다.

53. 안전대용 로프의 구비조건으로 잘못된 것은?
① 몸무게를 지탱할 수 있을 만큼 충분한 강도를 가질 것
② 내마모성이 클 것
③ 부드러우며 미끄러지지 않을 것
④ 완충성이 작을 것

[해설] 안전 로프는 완충성이 커야 한다.

54. 동절기에는 공기가 건조해 상대습도를 높여야 한다. 적절한 습도는?
① 50% 이하
② 50% 이상
③ 60% 이하
④ 60% 이상

[해설] 동절기에는 정전기 발생을 방지하기 위하여 상대습도를 60 % 이상으로 한다.

55. 고압가스가 충전되어 있는 용기는 몇 ℃ 이하에서 보관하여야 하는가?
① 40　② 60　③ 80　④ 100
[해설] 고압가스 용기 및 LPG 용기, 도시가스 배관 등은 모두 40℃ 이하로 유지하여야 한다.

56. 압축기 최종단에 부착된 안전밸브의 검사주기는?
① 3개월에 1회 이상
② 6개월에 1회 이상
③ 1년에 1회 이상
④ 2년에 1회 이상
[해설] 안전밸브 검사주기
- 압축기 최종단에 부착된 안전밸브 : 1년에 1회 이상
- 압축기 최종단에 부착된 안전밸브 이외의 안전밸브 : 2년에 1회 이상

57. 감각온도(ET)를 결정하는 요소가 아닌 것은?
① 온도　② 습도
③ 압력　④ 기류
[해설] 감각온도는 유효온도라고도 하며 온도, 습도, 기류에 의해 결정된다.

58. 안전모를 쓸 때 모자와 머리 끝 부분과의 간격은 몇 mm 이상 되도록 조절해야 하는가?
① 20　② 25
③ 30　④ 40
[해설] 충격 전달을 예방하기 위하여 안전모와 머리 끝 부분의 간격은 25 mm 이상이 되어야 안전하다.

59. 색을 식별하는 작업장의 조명색으로 가장 적합한 것은?
① 황색　② 황적색
③ 황녹색　④ 주광색
[해설] 물건을 구분하기 위해서는 ①, ②, ③의 광원색이 유용하나 색을 식별하기 위해서는 주광색이 적정하다.

60. 직경이 다른 두 대의 수액기를 동일 기초 위에 설치하려고 한다. 안정성을 고려하여 가장 이상적인 설치 방법은?
① 상단을 일치시킨다.
② 하단을 일치시킨다.
③ 중간 단을 일치시킨다.
④ 특별한 설치를 하지 않는다.
[해설] 안전공간 확보를 위하여 상단을 일치시켜야 한다.

제 4 과목　유지보수공사관리

61. 사용 압력이 40 kg/cm²인 관의 허용응력이 5 kg/mm²일 때의 스케줄 번호는?
① 120　② 60
③ 160　④ 80
[해설] 스케줄 번호 $= 10 \times \dfrac{40}{5} = 80$

62. 고온고압용 관 재료의 구비 조건 중 틀린 것은?
① 유체에 대한 내식성이 클 것
② 고온에서 기계적 강도를 유지할 것
③ 가공이 용이하고 값이 쌀 것
④ 크리프 강도가 작을 것
[해설] 장시간의 하중으로 재료가 계속적으로

정답　55. ①　56. ③　57. ③　58. ②　59. ④　60. ①　61. ④　62. ④

서서히 소성변형을 일으키는 것을 크리프라고 하며, 파단되는 순간의 최대 하중을 크리프 강도라고 한다. 배관에서는 크리프 강도가 커야 소성변형을 막을 수가 있다.

63. 다음 동관 중 가장 높은 압력에서 사용되는 관은?
① K형   ② L형
③ M형   ④ N형

[해설] 동관의 높은 압력에 사용하는 순서
K > L > M > N

64. 다음 중 유기질 보온재는?
① 탄산 마그네슘   ② 석면
③ 규조토   ④ 펠트

[해설] • 무기질 : 석면, 암면, 규조토, 탄산 마그네슘, 글라스울, 다포유리 보온재, 슬래그울, 펄라이트, 규산칼슘, 세라믹 파이버
• 유기질 : 펠트, 코르크, 기포성 수지

65. 급수 배관에 이슬이 발생하는 것을 방지하는 방로 피복이 불필요한 곳은?
① 콘크리트 바닥 속의 배관
② 옥외 노출 배관
③ 욕조벽중 배관
④ 옥내 노출 배관

[해설] 배관의 표면 온도가 대기 중의 노점 온도 이하 시 공기 중의 수분이 응축 결로하여 보온 효율 저하, 보온재 파손, 배관의 부식, 강도 저하를 초래한다.

66. 다음은 테플론에 대한 설명이다. 잘못된 것은?
① 내열 범위는 $-260 \sim +260$°C이며, 내열 범위가 넓다.
② 약품이나 기름에 침해된다.
③ 합성수지 제품의 패킹재이다.
④ 탄성이 부족하다.

[해설] 테플론은 합성수지 중 가장 우수하며 기름에도 침해되지 않는다. 탄성이 부족하므로 석면, 고무, 웨이브형 금속판과 함께 사용한다.

67. 열팽창에 의한 배관의 신축이 방열기에 영향을 주지 않도록 방열기 주변에 설치하는 신축 이음쇠는?
① 신축곡관
② 스위블 조인트
③ 슬리브형 신축 이음
④ 벨로스형 신축 이음

[해설] 스위블형 신축 이음
(가) 이음부의 나사 회전을 이용하므로 큰 신축의 흡수 시 누설 우려가 있다.
(나) 배관 곡부에서 유체의 압력 손실이 있다.
(다) 비틀림에 의하여 신축을 흡수하므로 엘보가 2개 이상 필요하며 주로 방열기 주변에 설치한다.

68. 호칭지름 20 A의 강관을 곡률 반지름 200 mm로 120°의 각도로 구부릴 때 강관의 곡선길이는 약 몇 mm인가?
① 390   ② 405
③ 419   ④ 487

[해설] $L = 2 \times \pi \times r \times \dfrac{\theta}{360}$
$= 2 \times \pi \times 200 \times \dfrac{120}{360} = 418.67 \text{mm}$

69. 두 개의 90° 엘보의 직관길이 $l = 262$ mm인 관이 그림처럼 연결되어 있다. $L = 300$ mm이고 관 규격이 20 A이며 엘보의

정답 63. ① 64. ④ 65. ① 66. ② 67. ② 68. ③ 69. ②

중심에서 단면까지의 길이 $A = 32$ mm일 때 물린 부분 B의 길이는 몇 mm인가?

① 12   ② 13   ③ 14   ④ 15

해설 $L = l + 2(A - B)$에서
$300 = 262 + 2(32 - B)$
$B = 13$ mm

70. 지름 20 mm 이하의 동관을 이음할 때나 기계의 점검, 보수 등으로 관을 떼어내기 쉽게 하기 위한 동관의 이음 방법은?

① 슬리브 이음   ② 플레어 이음
③ 사이징 이음   ④ 플라스틴 이음

해설 지름 20 mm 이하의 동관에는 플레어 이음을 한다.

71. 보온재의 선정 조건으로 적당하지 않은 것은?

① 열전도율이 작아야 한다.
② 안전 사용 온도에 적합해야 한다.
③ 물리적·화학적 강도가 커야 한다.
④ 흡수성이 작고, 부피와 비중이 커야 한다.

해설 보온재는 내습성이 좋아야 하며 부피와 비중은 작아야 시공이 용이하다.

72. 냉동장치의 액순환 펌프의 토출측 배관에 설치되는 밸브는?

① 게이트 밸브   ② 콕
③ 글로브 밸브   ④ 체크 밸브

해설 액순환 펌프식 증발기의 경우 저압 수액기에서 송출된 냉매 액을 펌프에 의하여 증발기로 강제 순환시키는 방식으로 펌프 토출측에서 역류되는 것을 방지하기 위하여 역류 방지 밸브를 설치해야 한다.

73. 베이퍼로크 현상은 액의 끓음에 의한 동요를 말한다. 이를 방지하는 방지법이 아닌 것은?

① 실린더 라이너의 외부를 가열한다.
② 흡입배관을 크게 하고 단열 처리한다.
③ 펌프의 설치위치를 낮춘다.
④ 흡입관로를 깨끗이 청소한다.

해설 유압이나 연료 회로 내에서 과도한 사용이나 과열 또는 부품과 오일의 불량으로, 해당 기구의 회로 내에 부분적인 증발로 기포가 발생하여 압력의 전달, 연료의 공급이 중단되거나 불량인 상태를 말한다.

74. 열을 잘 반사하고 내열성이 있고 난방용 방열기 등의 외면에 도장하는 도료로 맞는 것은?

① 산화철 도료   ② 광명단 도료
③ 알루미늄 도료   ④ 합성수지 도료

해설 알루미늄 도료 : 열의 반사와 내기후성이 우수하며 옥외 도장이나 녹 방지용으로 쓰이는 페인트로 도장 후에는 은색으로 마무리한다.

75. 급수관의 길이가 15 m, 내경이 40 mm일 때 관내 유수속도가 2 m/s라면 이때의 마찰손실수두는? (단, 마찰손실계수 $\lambda = 0.04$이다.)

① 1.5 m   ② 3.06 m
③ 6.08 m   ④ 6.12 m

해설 마찰손실수두(H)

$= \lambda \times \dfrac{l}{d} \times \dfrac{V^2}{2g}$

$= 0.04 \times \dfrac{15\,\text{m}}{0.04\,\text{m}} \times \dfrac{(2\,\text{m/s})^2}{2 \times 9.8\,\text{m/s}^2} = 3.06\,\text{m}$

정답 70. ② 71. ④ 72. ④ 73. ① 74. ③ 75. ②

76. 급수배관에서 공기실의 설치 목적으로 가장 적당한 것은?
① 유량 조절
② 유속 조절
③ 부식 방지
④ 수격작용 방지

[해설] 급수배관에 공기가 존재하게 되면 유체의 흐름을 방해하고 소음 및 진동을 유발하므로 에어벤트를 설치하여 공기를 제거함으로써 수격작용을 방지할 수 있다.

77. 급탕배관과 온수난방배관에 사용하는 팽창탱크에 관한 설명이다. 적합하지 않은 것은?
① 고온수난방에는 밀폐형 팽창탱크를 사용한다.
② 물의 체적 변화에 대응하기 위한 것이다.
③ 팽창탱크를 통한 열손실은 고려하지 않아도 좋다.
④ 안전밸브의 역할을 겸한다.

[해설] 팽창탱크 설치 목적
㈎ 운전 중 장치 내의 온도 상승으로 생기는 물의 체적 팽창과 그의 압력을 흡수한다.
㈏ 운전 중 장치 내를 소정의 압력으로 유지하여 온수온도를 일정하게 유지한다.
㈐ 팽창된 물의 배출을 방지하여 장치의 열손실을 방지한다.
㈑ 장치 휴지 중에도 배관계를 일정 압력 이상으로 유지하여 물의 누수 등으로 발생하는 공기의 침입을 방지한다.
㈒ 개방식 팽창탱크에 있어서는 장치 내의 공기를 배출하는 공기배출구로 이용되고, 온수 보일러의 도피관으로도 이용된다.
㈓ 팽창탱크에는 팽창관 외 오버플로관, 안전밸브, 물 보급장치 등을 갖추고 있다.

78. 배수관에서 자정 작용을 위해 필요한 최소 유속으로 적당한 것은?
① 0.1 m/s
② 0.2 m/s
③ 0.4 m/s
④ 0.6 m/s

[해설] 배수관은 배수의 흐름에 의하여 자정 작용이 일어나도록 설계해야 하며 일반 배수에서 자정 작용을 위해 필요한 최소 유속은 0.6 m/s로 권장하고 있다.

79. 통기관을 접속하여도 장시간 위생기기를 사용하지 않을 때 봉수 파괴가 될 수 있는 원인으로 가장 적당한 것은?
① 자기 사이펀 작용
② 흡인작용
③ 분출작용
④ 증발작용

[해설] 장시간 사용하지 않았을 때 봉수가 파괴되는 것은 봉수 액의 지속적인 증발로 봉수 액의 공급이 이루어지지 않기 때문이다.

80. 냉·온수 배관법 중 역환수(reverse return) 방식에 대한 특징이 아닌 것은?
① 유량 밸런스를 잡기 어렵다.
② 배관 스페이스가 많이 필요하다.
③ 배관계의 마찰저항이 거의 균등해진다.
④ 공급관과 환수관의 길이를 거의 같게 하는 배관 방식이다.

[해설] 역환수방식은 공기 조화 유닛을 여러 대 배열하여 설치하는 경우에 온수 또는 냉수를 공급하는 배관 방식의 반환관의 한 형식으로 배관 원근 거리의 차에 의한 유량의 극단적인 치우침을 적게 하는 배관 방식이다.

[정답] 76. ④ 77. ③ 78. ④ 79. ④ 80. ①

CBT 실전테스트 (13)

※ 2022년 3월 5일에 실제 출제되었던 문제입니다.

제1과목 에너지관리

1. 다음 온열 환경 지표 중 복사의 영향을 고려하지 않는 것은?
① 유효온도(ET)
② 수정유효온도(CET)
③ 예상온열감(PMV)
④ 작용온도(OT)

[해설] 온열 환경 지표 : 온도 변화에 의해 인체가 느끼는 스트레스 등을 평가 또는 표현하기 위해, 온열 환경에 의한 인체 영향을 척도로 표현한 지표
① 유효온도 : 사람이 느끼는 감각을 온도, 습도, 풍속의 세 요소와의 조합으로 나타낸 것
② 수정유효온도 : 유효온도는 복사열을 고려하지 않은 상태이므로 복사열에 대한 영향을 고려한 지표를 수정유효온도라 한다.
③ 예상온열감 : 인체의 환경에 대한 감각을 정량화한 수치
④ 작용온도 : 건구온도, 기류, 주위 벽의 복사온도의 종합적인 효과를 나타낸 것

2. 주간 피크(peak) 전력을 줄이기 위한 냉방 시스템 방식으로 가장 거리가 먼 것은 어느 것인가?
① 터보 냉동기 방식
② 수축열 방식
③ 흡수식 냉동기 방식
④ 빙축열 방식

[해설] 터보 냉동기는 임펠러의 고속 회전에 의한 원심력으로 냉매 가스를 압축하는 냉동 방식으로 주로 대용량의 공기 조화용으로 많이 사용하며, 고속 회전(10000~12000 rpm)에 의한 동력 소비가 크므로 주간 피크 전력에는 사용하지 않는다.

3. 다음 중 실내 공기 상태에 대한 설명으로 옳은 것은?
① 유리면 등의 표면에 결로가 생기는 것은 그 표면온도가 실내의 노점온도보다 높게 될 때이다.
② 실내 공기 온도가 높으면 절대습도도 높다.
③ 실내 공기의 건구온도와 그 공기의 노점온도와의 차는 상대습도가 높을수록 작아진다.
④ 건구온도가 낮은 공기일수록 많은 수증기를 함유할 수 있다.

[해설] ① 표면온도가 실내 노점온도보다 낮아야 유리면에 결로가 발생한다.
② 실내 공기 온도가 높으면 상대습도는 감소하고 절대습도는 불변이다(습공기선도 참조).
④ 건구온도가 높아야 수증기 함유량이 증가한다.

4. 열교환기에서 냉수코일 입구측의 공기와 물의 온도차가 16℃, 냉수코일 출구측의 공기와 물의 온도차가 6℃이면 대수평균온도차(℃)는 얼마인가?
① 10.2   ② 9.25
③ 8.37   ④ 8.00

[해설] $MTD = \dfrac{\Delta_1 - \Delta_2}{\ln\left(\dfrac{\Delta_1}{\Delta_2}\right)} = \dfrac{16-6}{\ln\left(\dfrac{16}{6}\right)} = 10.195$

정답 1. ①   2. ①   3. ③   4. ①

5. 습공기를 단열 가습하는 경우 열수분비 (u)는 얼마인가?

① 0 ② 0.5 ③ 1 ④ ∞

[해설] 열수분비 = $\dfrac{\text{엔탈피 변화}}{\text{절대습도 변화}}$ 에서 단열이면 엔탈피는 불변이 되며 가습은 절대습도의 증가이므로 분모가 계속 커지게 되어 "0"에 가까워지게 된다.

6. 습공기 선도($t-x$ 선도)상에서 알 수 없는 것은?

① 엔탈피 ② 습구온도
③ 풍속 ④ 상대습도

[해설] $t-x$ 선도에서는 건구온도, 습구온도, 상대습도, 절대습도, 엔탈피 등을 구할 수 있으며, 풍속은 덕트 선도 또는 풍량과 단면적에 의해서 구해야 한다.

7. 다음 중 풍량 조절 댐퍼의 설치 위치로 가장 적절하지 않은 곳은?

① 송풍기, 공조기의 토출측 및 흡입측
② 연소의 우려가 있는 부분의 외벽 개구부
③ 분기 덕트에서 풍량 조정을 필요로 하는 곳
④ 덕트계에서 분기하여 사용하는 곳

[해설] 풍량 조절 댐퍼는 덕트 속을 통과하는 풍량을 조절하기 위한 것으로 연소의 우려가 있는 개구부에는 설치를 금하고 있으며 주로 송풍기의 흡입측 및 토출측에 사용하고 있다.

8. 수랭식 응축기에서 냉각수 입·출구 온도차가 5℃, 냉각수량이 300 LPM인 경우 이 냉각수에서 1시간에 흡수하는 열량은 1시간당 LNG 몇 Nm^3을 연소한 열량과 같은가? (단, 냉각수의 비열은 4.2 kJ/kg·℃, LNG 발열량은 43961.4 kJ/Nm^3, 열손실은 무시한다.)

① 4.6 ② 6.3
③ 8.6 ④ 10.8

[해설] 냉각수 흡수열량 = LNG 발열량
300 kg/min × 60 min/h × 4.2 kJ/kg·℃
× 5℃ = 43961.4 kJ/Nm^3 × A[Nm^3/h]
∴ A = 8.598

9. 다음 중 덕트의 분기점에서 풍량을 조절하기 위하여 설치하는 댐퍼로 가장 적절한 것은?

① 방화 댐퍼 ② 스플릿 댐퍼
③ 피벗 댐퍼 ④ 터닝 베인

[해설] 댐퍼의 종류
- 루버 댐퍼 : 취출구·취입구에서 풍량 조절
- 볼륨 댐퍼 : 덕트 중간에서 풍량 조절
- 방화 댐퍼 : 화재 시 화염이 덕트 내로 침입하는 것을 방지
- 스플릿 댐퍼 : 분기점에서 풍량 조절

10. 증기난방 방식에 대한 설명으로 틀린 것은?

① 환수 방식에 따라 중력환수식과 진공환수식, 기계환수식으로 구분한다.
② 배관 방법에 따라 단관식과 복관식이 있다.
③ 예열시간이 길지만 열량 조절이 용이하다.
④ 운전 시 증기 해머로 인한 소음을 일으키기 쉽다.

[해설] 증기난방의 특징
(1) 잠열을 이용하기 때문에 증기 순환이 빠르고 열의 운반능력이 크다.
(2) 예열시간이 온수난방에 비해 짧다.
(3) 방열면적과 관경을 온수난방보다 작게 할 수 있다.
(4) 설비비 및 유지비가 저렴하다.
(5) 한랭지에서 동결의 우려가 적다.

(6) 외기온도 변화에 따른 방열량 조절 및 제어가 곤란하다.
(7) 방열기 표면온도가 높아 화상의 우려가 있다.
(8) 상부와 하부 온도 차이로 쾌적성이 낮다.
(9) 응축수 환수관 내의 부식으로 장치의 수명이 짧다.
(10) 열용량이 작아서 지속난방보다는 간헐 난방에 사용한다.

11. 공기 중의 수증기가 응축하기 시작할 때의 온도, 즉 공기가 포화상태로 될 때의 온도를 무엇이라고 하는가?
① 건구온도　　② 노점온도
③ 습구온도　　④ 상당외기온도

[해설] 상당외기온도는 냉난방 부하를 계산할 때에 단순히 실내외 온도 차이뿐만 아니라 일사(복사)의 영향을 고려한 외기온도 차를 표현한 것이며 수증기의 응축은 노점온도 이하로 낮아졌기 때문이다.

12. 다음 중 일반 사무용 건물의 난방 부하 계산 결과에 가장 작은 영향을 미치는 것은?
① 외기온도
② 벽체로부터의 손실열량
③ 인체 부하
④ 틈새바람 부하

[해설] 인체 부하는 인체에서 발생하는 현열과 잠열을 나타내는 것으로 난방 부하에는 오히려 열을 가하는 것이므로 제외하며 냉방 부하에는 제거해야 할 열량이다.

13. 에어와셔 단열 가습 시 포화 효율(η)은 어떻게 표시하는가? (단, 입구공기의 건구온도 t_1, 출구공기의 건구온도 t_2, 입구공기의 습구온도 t_{w1}, 출구공기의 습구온도 t_{w2}이다.)

① $\eta = \dfrac{(t_1 - t_2)}{(t_2 - t_{w2})}$　　② $\eta = \dfrac{(t_1 - t_2)}{(t_1 - t_{w1})}$

③ $\eta = \dfrac{(t_2 - t_1)}{(t_{w2} - t_1)}$　　④ $\eta = \dfrac{(t_1 - t_{w1})}{(t_2 - t_1)}$

[해설] 에어와셔는 공기 조화기의 일부를 구성하는 것으로 냉수와 온수를 분무 상태로 해서 공기 세정을 하는 장치이다. 케이싱 속에 여러 개의 스프레이 노즐을 설치해서 물을 분무하고 대부분 분무수와 반대 방향으로 공기를 흐르게 하여 공기의 냉각·감습·가열·가습을 하는 동시에 공기 속의 이물질 일부를 제거할 수 있다. 단열 가습 시 포화 효율은 (입구공기의 건구온도-출구공기의 건구온도)/(입구공기의 건구온도-입구공기의 습구온도)로 나타낸다.

14. 정방실에 35 kW의 모터에 의해 구동되는 정방기가 12대 있을 때 전력에 의한 취득열량(kW)은 얼마인가? (단, 전동기와 이것에 의해 구동되는 기계가 같은 방에 있으며, 전동기의 가동률은 0.74이고, 전동기 효율은 0.87, 전동기 부하율은 0.92이다.)
① 483　　② 420
③ 357　　④ 329

[해설] 취득열량
$= \dfrac{35\,\text{kW/대} \times 12\text{대} \times 0.74 \times 0.92}{0.87}$
$= 328.66\,\text{kW}$

15. 보일러의 시운전 보고서에 관한 내용으로 가장 관련이 없는 것은?
① 제어기 세팅 값과 입/출수 조건 기록
② 입/출구 공기의 습구온도
③ 연도 가스의 분석
④ 성능과 효율 측정 값을 기록, 설계 값과 비교

[해설] 보일러 시운전은 보일러를 설치한 후

처음으로 점화하여 증기의 발생 상태를 점검하는 것으로 입/출구 공기의 습구온도와는 무관하다.

16. 다음 중 용어에 대한 설명으로 틀린 것은?
① 자유면적 : 취출구 혹은 흡입구 구멍 면적의 합계
② 도달거리 : 기류의 중심속도가 0.25 m/s에 이르렀을 때, 취출구에서의 수평거리
③ 유인비 : 전공기량에 대한 취출공기량(1차 공기)의 비
④ 강하도 : 수평으로 취출된 기류가 일정 거리만큼 진행한 뒤 기류중심선과 취출구 중심과의 수직거리

[해설] 유인비 = $\dfrac{1차\ 공기량 + 2차\ 공기량}{1차\ 공기량}$

여기서, 1차 공기량은 취출구로부터 취출된 공기량, 2차 공기량은 취출공기(1차 공기)로부터 유인되어 운동하는 실내 공기량이다.

17. 증기난방과 온수난방의 비교 설명으로 틀린 것은?
① 주 이용열로 증기난방은 잠열이고, 온수난방은 현열이다.
② 증기난방에 비하여 온수난방은 방열량을 쉽게 조절할 수 있다.
③ 장거리 수송으로 증기난방은 발생증기압에 의하여, 온수난방은 자연순환력 또는 펌프 등의 기계력에 의한다.
④ 온수난방에 비하여 증기난방은 예열부하와 시간이 많이 소요된다.

[해설] 문제 10번 해설 참조

18. 공기조화 시스템에 사용되는 댐퍼의 특성에 대한 설명으로 틀린 것은?

① 일반 댐퍼(volume control damper) : 공기 유량 조절이나 차단용이며, 아연 도금 철판이나 알루미늄 재료로 제작된다.
② 방화 댐퍼(fire damper) : 방화벽을 관통하는 덕트에 설치되며, 화재 발생 시 자동으로 폐쇄되어 화염의 전파를 방지한다.
③ 밸런싱 댐퍼(balancing damper) : 덕트의 여러 분기관에 설치되어 분기관의 풍량을 조절하며, 주로 T.A.B 시 사용된다.
④ 정풍량 댐퍼(linear volume control damper) : 에너지 절약을 위해 결정된 유량을 선형적으로 조절하며, 역류 방지 기능이 있어 비싸다.

[해설] 정풍량 댐퍼는 역류 방지 기능이 없으며, 역류 방지 기능이 있는 댐퍼는 역풍방지 댐퍼이다.

19. 공기조화기의 T.A.B 측정 절차 중 측정 요건으로 틀린 것은?
① 시스템의 검토 공정이 완료되고 시스템 검토보고서가 완료되어야 한다.
② 설계도면 및 관련 자료를 검토한 내용을 토대로 하여 보고서 양식에 장비 규격 등의 기준이 완료되어야 한다.
③ 댐퍼, 말단 유닛, 터미널의 개도는 완전 밀폐되어야 한다.
④ 제작사의 공기조화기 시운전이 완료되어야 한다.

[해설] T.A.B는 공기조화설비에 대한 종합 시험 조정으로 시험, 조정 및 균형(Testing, Adjusting & Balancing)이라는 뜻이며 측정 요건으로는 소음 측정, 계통 검토, 공기분배계통의 성능 측정 및 조정, 자동제

정답 16. ③ 17. ④ 18. ④ 19. ③

어계통의 작동 성능 확인, 물분배계통의 성능 측정 및 조정, 최종 점검 및 조정, 종합보고서 작성 등이 있다.

20. 강제순환식 온수난방에서 개방형 팽창 탱크를 설치하려고 할 때, 적당한 온수의 온도는?

① 100℃ 미만　　② 130℃ 미만
③ 150℃ 미만　　④ 170℃ 미만

[해설] 팽창탱크는 운전 중 장치 내의 온도 상승으로 생기는 물의 체적 팽창과 그의 압력을 흡수하는 것으로 온수난방의 경우 물의 온도는 100℃ 미만이 되어야 한다.

제2과목　공조냉동설계

21. 부피가 0.4 m³인 밀폐된 용기에 압력 3 MPa, 온도 100℃의 이상기체가 들어 있다. 기체의 정압비열 5 kJ/kg·K, 정적비열 3 kJ/kg·K일 때 기체의 질량(kg)은 얼마인가?

① 1.2　　② 1.6
③ 2.4　　④ 2.7

[해설] R(기체상수) $= C_p - C_v = 5 - 3 = 2$
$PV = GRT$에서
$G = \dfrac{PV}{RT} = \dfrac{3000\,\text{kN/m}^2 \times 0.4\,\text{m}^3}{2\,\text{kJ/kg·K} \times 373\,\text{K}}$
$= 1.6\,\text{kg}$

22. 온도 100℃, 압력 200 kPa의 이상기체 0.4 kg이 가역단열과정으로 압력이 100 kPa로 변화하였다면, 기체가 한 일(kJ)은 얼마인가? (단, 기체 비열비 1.4, 정적비열 0.7 kJ/kg·K이다.)

① 13.7　　② 18.8
③ 23.6　　④ 29.4

[해설] $W = \dfrac{RT_1}{k-1}\left\{1 - \left(\dfrac{P_2}{P_1}\right)^{\frac{k-1}{k}}\right\}G$
$= \dfrac{0.28 \times 373}{1.4-1}\left\{1 - \left(\dfrac{100}{200}\right)^{\frac{1.4-1}{1.4}}\right\} \times 0.4$
$= 18.76\,\text{kJ}$

※ $k = \dfrac{C_p}{C_v}$에서 $C_p = kC_v = 1.4 \times 0.7 = 0.98$
$R = C_p - C_v = 0.98 - 0.7 = 0.28$

23. 70 kPa에서 어떤 기체의 체적이 12 m³이었다. 이 기체를 800 kPa까지 폴리트로픽 과정으로 압축했을 때 체적이 2 m³으로 변화했다면, 이 기체의 폴리트로픽 지수는 약 얼마인가?

① 1.21　　② 1.28
③ 1.36　　④ 1.43

[해설] $n = \dfrac{\ln\dfrac{P_2}{P_1}}{\ln\dfrac{V_1}{V_2}} = \dfrac{\ln\dfrac{800}{70}}{\ln\dfrac{12}{2}} = 1.36$

24. 공기 정압비열(C_p, kJ/kg·℃)이 다음과 같을 때 공기 5 kg을 0℃에서 100℃까지 일정한 압력하에서 가열하는 데 필요한 열량(kJ)은 약 얼마인가? (단, 다음 식에서 t는 섭씨온도를 나타낸다.)

$$C_p = 1.0053 + 0.000079 \times t\,[\text{kJ/kg·℃}]$$

① 85.5　　② 100.9
③ 312.7　　④ 504.6

[해설] $C_p = 1.0053 + 0.000079 \times t$
$= 1.0053 + 0.000079 \times \dfrac{0+100}{2} = 1.00925$
$Q = 5\,\text{kg} \times 1.00925\,\text{kJ/kg·℃} \times (100-0)℃$
$= 504.6\,\text{kJ}$

25. 흡수식 냉동기의 냉매의 순환 과정으로 옳은 것은?

정답　20. ①　21. ②　22. ②　23. ③　24. ④　25. ①

① 증발기(냉각기) → 흡수기 → 재생기 → 응축기
② 증발기(냉각기) → 재생기 → 흡수기 → 응축기
③ 흡수기 → 증발기(냉각기) → 재생기 → → 응축기
④ 흡수기 → 재생기 → 증발기(냉각기) → 응축기

[해설] 흡수식 냉동기의 냉매 순환 과정: 증발기 → 순환펌프 → 열교환기 → 재생기(발생기) → 응축기 → 증발기

26. 증기터빈에서 질량유량이 1.5 kg/s이고, 열손실률이 8.5 kW이다. 터빈으로 출입하는 수증기에 대하여 그림에 표시한 바와 같은 데이터가 주어진다면 터빈의 출력(kW)은 약 얼마인가?

$\dot{m}_i = 1.5$ kg/s
$z_i = 6$ m
$v_i = 50$ m/s
$h_i = 3137.0$ kJ/kg

control surface
터빈

$\dot{m}_e = 1.5$ kg/s
$z_e = 3$ m
$v_e = 200$ m/s
$h_e = 2675.5$ kJ/kg

① 273.3 ② 655.7
③ 1357.2 ④ 2616.8

[해설] $Q_L = w_t + \dot{m}(h_e - h_i) + \dfrac{\dot{m}}{2}(v_e^2 - v_i^2) \times 10^{-3} + \dot{m}g(z_e - z_i) \times 10^{-3}$

$-8.5 = w_t + 1.5(2675.5 - 3137)$
$\quad + \dfrac{1.5}{2} \times (200^2 - 50^2) \times 10^{-3}$
$\quad + 1.5 \times 9.8 \times (3-6) \times 10^{-3}$

$-8.5 = w_t - 692.25 + 28.125 - 0.0441$

∴ $w_t = -8.5 + 692.25 - 28.125 + 0.0441$
$\quad = 655.67$ kW

27. 이상기체 1 kg이 초기에 압력 2 kPa, 부피 0.1 m³를 차지하고 있다. 가역등온 과정에 따라 부피가 0.3 m³로 변화했을 때 기체가 한 일(J)은 얼마인가?

① 9540 ② 2200
③ 954 ④ 220

[해설] 일정한 온도를 유지하면서 부피와 압력을 변화시키는 과정을 등온과정이라 하며 온도가 일정하기 때문에 기체나 물질의 내부에너지는 변하지 않으므로 계에 흡수된 열은 계가 한 일과 같다.

$W = P_1 V_1 \ln \dfrac{V_2}{V_1}$

$= 2000 \text{ N/m}^2 \times 0.1 \text{ m}^3 \times \ln \dfrac{0.3}{0.1} = 219.7$ J

28. 냉동사이클에서 응축온도 47℃, 증발온도 −10℃이면 이론적인 최대 성적계수는 얼마인가?

① 0.21 ② 3.45
③ 4.61 ④ 5.36

[해설] $COP = \dfrac{T_2}{T_1 - T_2} = \dfrac{263}{320 - 263} = 4.61$

※ $T_1 = 273 + 47 = 320$ K
$T_2 = 273 + (-10) = 263$ K

29. 압축기의 체적 효율에 대한 설명으로 옳은 것은?
① 간극 체적(top clearance)이 작을수록 체적 효율은 작다.
② 같은 흡입압력, 같은 증기 과열도에서 압축비가 클수록 체적 효율은 작다.
③ 피스톤 링 및 흡입 밸브의 시트에서

[정답] 26. ② 27. ④ 28. ③ 29. ②

누설이 작을수록 체적 효율이 작다.
④ 이론적 요구 압축동력과 실제 소요 압축동력의 비이다.

[해설] 체적 효율 = $\dfrac{\text{실제적인 피스톤 압출량}}{\text{이론적인 피스톤 압출량}}$
간극 체적(통극 체적)이 작을수록, 시트 등에서 누설이 작을수록, 압축비가 작을수록 체적 효율은 증가한다.

30. 냉동장치에서 플래시가스의 발생 원인으로 틀린 것은?
① 액관이 직사광선에 노출되었다.
② 응축기의 냉각수 유량이 갑자기 많아졌다.
③ 액관이 현저하게 입상하거나 지나치게 길다.
④ 관의 지름이 작거나 관내 스케일에 의해 관경이 작아졌다.

[해설] 응축기에 냉각수량이 증가하게 되면 냉매와 열 교환이 잘되어 플래시가스의 발생을 줄일 수 있다.

31. 프레온 냉동장치에서 가용전에 대한 설명으로 틀린 것은?
① 가용전의 용융온도는 일반적으로 75℃ 이하로 되어 있다.
② 가용전은 Sn, Cd, Bi 등의 합금이다.
③ 온도 상승에 따른 이상 고압으로부터 응축기 파손을 방지한다.
④ 가용전의 구경은 안전밸브 최소구경의 1/2 이하이어야 한다.

[해설] 가용전은 토출가스의 영향을 직접적으로 받지 않는 응축기 또는 수액기 상부에 설치하며 68~75℃ 정도에서 용융된다. Cd, Bi, Sb, Sn, Pb 등으로 이루어져 있으며 안전밸브 구경의 1/2 이상의 크기로 되어 있어야 한다.

32. 흡수식 냉동기에 사용되는 흡수제의 구비 조건으로 틀린 것은?
① 냉매와 비등온도 차이가 작을 것
② 화학적으로 안정하고 부식성이 없을 것
③ 재생에 필요한 열량이 크지 않을 것
④ 점성이 작을 것

[해설] 흡수제와 냉매의 비등점 차이가 커야 흡수제 증발을 막을 수 있다.

33. 클리어런스 포켓이 설치된 압축기에서 클리어런스가 커질 경우에 대한 설명으로 틀린 것은?
① 냉동능력이 감소한다.
② 피스톤의 체적 배출량이 감소한다.
③ 체적 효율이 저하한다.
④ 실제 냉매 흡입량이 감소한다.

[해설] 클리어런스 포켓은 주로 프레온 냉동장치에서 용량 제어 목적으로 사용하며 클리어런스가 커지면 압축하는 냉매량이 감소하게 되어 냉매 흡입량도 감소하게 된다.

34. 이상기체 1 kg을 일정 체적하에 20℃로부터 100℃로 가열하는 데 836 kJ의 열량이 소요되었다면 정압비열(kJ/kg·K)은 약 얼마인가? (단, 해당 가스의 분자량은 2이다.)
① 2.09 ② 6.27
③ 10.5 ④ 14.6

[해설] $\delta q = du + Pdv = dh - vdP$에서 정적과정이므로 $\delta q = du = C_v dT$
$\Delta Q = m C_v (T_2 - T_1)$가 되어
$C_v = \dfrac{\Delta Q}{m(T_2 - T_1)} = \dfrac{836}{1 \times (100 - 20)}$
$= 10.45 \text{ kJ/kg} \cdot \text{K}$
$\therefore C_p = C_v + R = C_v + \dfrac{\overline{R}}{M}$
$= 10.45 + \dfrac{8.3145}{2} = 14.6 \text{ kJ/kg} \cdot \text{K}$

정답 30. ② 31. ④ 32. ① 33. ② 34. ④

35. 20℃의 물로부터 0℃의 얼음을 매 시간당 90 kg을 만드는 냉동기의 냉동능력(kW)은 얼마인가? (단, 물의 비열은 4.2 kJ/kg·K, 물의 응고 잠열은 335 kJ/kg이다.)

① 7.8 ② 8.0
③ 9.2 ④ 10.5

[해설] 냉동능력
$= \dfrac{90\text{kg/h} \times (4.2\text{kJ/kg·K} \times 20\text{K} + 335\text{kJ/kg})}{3600\text{s/h}}$
$= 10.475 \text{ kJ/s(kW)}$

36. 2차 유체로 사용되는 브라인의 구비 조건으로 틀린 것은?

① 비등점이 높고, 응고점이 낮을 것
② 점도가 낮을 것
③ 부식성이 없을 것
④ 열전달률이 작을 것

[해설] 브라인은 현열(감열) 상태로 열을 운반하므로 열전달률이 좋아야 하며 2차 냉매로 냉동장치 밖을 순환한다.

37. 카르노 사이클로 작동되는 기관의 실린더 내에서 1 kg의 공기가 온도 120℃에서 열량 40 kJ를 받아 등온팽창한다면 엔트로피의 변화(kJ/kg·K)는 약 얼마인가?

① 0.102 ② 0.132
③ 0.162 ④ 0.192

[해설] $\Delta S = \dfrac{\Delta Q}{T} = \dfrac{40 \text{kJ/kg}}{(273+120)\text{K}}$
$= 0.1017 \text{ kJ/kg·K}$

38. 표준 냉동사이클의 단열 교축 과정에서 입구 상태와 출구 상태의 엔탈피는 어떻게 되는가?

① 입구 상태가 크다.
② 출구 상태가 크다.
③ 같다.
④ 경우에 따라 다르다.

[해설] 단열 교축 작용은 팽창밸브에서 일어나는 현상으로 압력과 온도는 낮아지나 엔탈피는 불변인 상태가 되며, 온도가 낮아지는 만큼 플래시가스가 발생하게 된다.

39. 온도식 자동팽창밸브에 대한 설명으로 틀린 것은?

① 형식에는 일반적으로 벨로스식과 다이어프램식이 있다.
② 구조는 크게 감온부와 작동부로 구성된다.
③ 만액식 증발기나 건식 증발기에 모두 사용이 가능하다.
④ 증발기 내 압력을 일정하게 유지하도록 냉매유량을 조절한다.

[해설] 온도식 자동팽창밸브는 흡입가스의 과열도를 일정하게 유지하는 역할을 한다.

40. 다음 중 검사질량의 가역 열전달 과정에 관한 설명으로 옳은 것은?

① 열전달량은 $\int PdV$와 같다.
② 열전달량은 $\int PdV$보다 크다.
③ 열전달량은 $\int TdS$와 같다.
④ 열전달량은 $\int TdS$보다 크다.

제3과목 **시운전 및 안전관리**

41. 기계설비법령에 따라 기계설비 발전 기본계획은 몇 년마다 수립·시행하여야 하는가?

① 1 ② 2 ③ 3 ④ 5

[정답] 35. ④ 36. ④ 37. ① 38. ③ 39. ④ 40. ③ 41. ④

[해설] 기계설비법은 기계설비산업의 발전을 위한 기반을 조성하고 기계설비의 안전하고 효율적인 유지관리를 위하여 필요한 사항을 정함으로써 국가경제의 발전과 국민의 안전 및 공공복리 증진에 이바지함을 목적으로 한다. 국토교통부장관은 기계설비산업의 육성과 기계설비의 효율적인 유지관리 및 성능확보를 위하여 기계설비 발전 기본계획을 5년마다 수립·시행하여야 한다.

42. 고압가스 안전관리법령에 따라 (   ) 안의 내용으로 옳은 것은?

"충전용기"란 고압가스의 충전질량 또는 충전압력의 (㉠)이 충전되어 있는 상태의 용기를 말한다.
"잔가스용기"란 고압가스의 충전질량 또는 충전압력의 (㉡)이 충전되어 있는 상태의 용기를 말한다.

① ㉠ 2분의 1 이상, ㉡ 2분의 1 미만
② ㉠ 2분의 1 초과, ㉡ 2분의 1 이하
③ ㉠ 5분의 2 이상, ㉡ 5분의 2 미만
④ ㉠ 5분의 2 초과, ㉡ 5분의 2 이하

[해설] 고압가스 안전관리법 시행규칙 제2조
(1) "충전용기"란 고압가스의 충전질량 또는 충전압력의 2분의 1 이상이 충전되어 있는 상태의 용기를 말한다.
(2) "잔가스용기"란 고압가스의 충전질량 또는 충전압력의 2분의 1 미만이 충전되어 있는 상태의 용기를 말한다.

43. 기계설비법령에 따라 기계설비 유지관리교육에 관한 업무를 위탁받아 시행하는 기관은?

① 한국기계설비건설협회
② 대한기계설비건설협회
③ 한국공작기계산업협회
④ 한국건설기계산업협회

[해설] 대한기계설비건설협회의 주된 업무는 다음과 같다.
• 시공능력평가업무
• 성능점검능력평가
• 건설업종 표준하도급
• 건설공사통보
• 해외건설업종 표준하도급
• 기재사항 변경신고
• 기계설비 유지관리교육

44. 고압가스 안전관리법령에서 규정하는 냉동기 제조 등록을 해야 하는 냉동기의 기준은 얼마인가?

① 냉동능력 3톤 이상인 냉동기
② 냉동능력 5톤 이상인 냉동기
③ 냉동능력 8톤 이상인 냉동기
④ 냉동능력 10톤 이상인 냉동기

[해설] 고압가스 안전관리시행령 제5조 : 냉동기 제조는 냉동능력이 3톤 이상인 냉동기를 제조하는 것을 말한다.

45. 다음 중 고압가스 안전관리법령에 따라 500만원 이하의 벌금 기준에 해당되는 경우는?

㉠ 고압가스를 제조하려는 자가 신고를 하지 아니하고 고압가스를 제조한 경우
㉡ 특정고압가스 사용신고자가 특정고압가스의 사용 전에 안전관리자를 선임하지 않은 경우
㉢ 고압가스의 수입을 업(業)으로 하려는 자가 등록을 하지 아니하고 고압가스 수입업을 한 경우
㉣ 고압가스를 운반하려는 자가 등록을 하지 아니하고 고압가스를 운반한 경우

① ㉠   ② ㉠, ㉡
③ ㉠, ㉡, ㉢   ④ ㉠, ㉡, ㉢, ㉣

[해설] ㉢, ㉣항은 2년 이하의 징역 또는 2천만원 이하의 벌금에 해당된다.

46. 전류의 측정 범위를 확대하기 위하여

사용되는 것은?
① 배율기 ② 분류기
③ 저항기 ④ 계기용 변압기

[해설] ① 배율기 : 전압계의 측정 범위를 확대하기 위해서 계기의 내부 회로에 직렬로 접속하는 저항기
② 분류기 : 전류계에 병렬 접속시켜 전류 측정 범위를 넓히기 위한 저항기
③ 저항기 : 금속, 비금속의 저항체에 단자를 붙여 고정저항 또는 가변저항을 얻는 장치
④ 계기용 변압기 : 교류 전압계의 측정 범위를 확대하고, 또는 고압 회로와 계기와의 절연을 위해 사용하는 변압기

47. 다음 중 절연저항 측정 시 가장 적당한 방법은?
① 메거에 의한 방법
② 전압, 전류계에 의한 방법
③ 전위차계에 의한 방법
④ 더블 브리지에 의한 방법

[해설] 메거는 전선로나 전동기 등의 절연저항을 측정하는 기구이다.

48. 저항 100Ω의 전열기에 5A의 전류를 흘렸을 때 소비되는 전력은 몇 W인가?
① 500 ② 1000
③ 1500 ④ 2500

[해설] $P = IV = I^2 R = 5^2 \times 100 = 2500$ W

49. 유도전동기에서 슬립이 "0"이라고 하는 것은?
① 유도전동기가 정지 상태인 것을 나타낸다.
② 유도전동기가 전부하 상태인 것을 나타낸다.
③ 유도전동기가 동기속도로 회전한다는

것이다.
④ 유도전동기가 제동기의 역할을 한다는 것이다.

[해설] (1) 동기속도는 전원의 주파수에 비례하고 자극의 수에 반비례한다.
$$\text{동기속도(rpm)} = \frac{120 \times \text{주파수}}{\text{자극의 수}}$$
(2) 슬립 "0"은 유도전동기가 동기속도로 회전한다는 의미이다.

50. 다음 논리식 중 동일한 값을 나타내지 않는 것은?
① $X(X+Y)$
② $XY + X\overline{Y}$
③ $X(\overline{X}+Y)$
④ $(X+Y)(X+\overline{Y})$

[해설] ① $X(X+Y)$
$= X + XY = X(1+Y) = X$
② $XY + X\overline{Y} = X(Y+\overline{Y}) = X$
③ $X(\overline{X}+Y) = X\overline{X} + XY = XY$
④ $(X+Y)(X+\overline{Y}) = X \cdot X + X\overline{Y}$
$+ XY + Y\overline{Y} = X(1+Y) = X$

51. $i_t = I_m \sin \omega t$인 정현파 교류가 있다. 이 전류보다 90° 앞선 전류를 표시하는 식은?
① $I_m \cos \omega t$
② $I_m \sin \omega t$
③ $I_m \cos(\omega t + 90°)$
④ $I_m \sin(\omega t - 90°)$

52. $i = I_{m1} \sin \omega t + I_{m2} \sin(2\omega t + \theta)$의 실횻값은?
① $\dfrac{I_{m1} + I_{m2}}{2}$ ② $\sqrt{\dfrac{I_{m1}^2 + I_{m2}^2}{2}}$

[정답] 47. ① 48. ④ 49. ③ 50. ③ 51. ① 52. ②

③ $\sqrt{\dfrac{I_{m1}^2 + I_{m2}^2}{2}}$ ④ $\sqrt{\dfrac{I_{m1} + I_{m2}}{2}}$

53. 그림과 같은 브리지 정류회로는 어느 점에 교류 입력을 연결하여야 하는가?

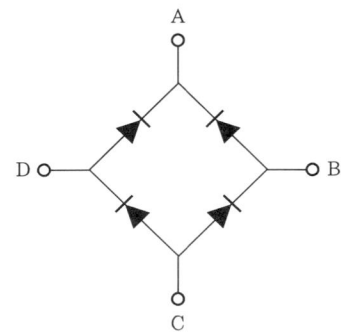

① A-B점   ② A-C점
③ B-C점   ④ B-D점

[해설] 전류는 항상 +에서 -로 흐르며 위쪽이 +일 때는 왼쪽 위 다이오드를 통해 +가 나와서 부하를 통해 -로 들어가 오른쪽 아래 다이오드를 통해 왼쪽 -로 들어가게 된다. 반대로 아래가 +일 때는 오른쪽 위 다이오드→부하→왼쪽 아래 다이오드→입력으로 흐르게 된다. 즉, 입력 극성이 어떻게 되든 출력은 항상 위쪽이 +, 아래쪽이 -로 되어 흐르므로 결국 교류는 직류가 된다. 이때 교류 입력은 B-D가 된다.

54. 추종제어에 속하지 않는 제어량은?

① 위치   ② 방위
③ 자세   ④ 유량

[해설] 추종제어는 목표값이 임의의 시간적 변화를 하는 경우, 제어량을 그것에 추종시키기 위한 제어로 위치, 방위, 자세 등이 포함된다.

55. 직류·교류 양용에 만능으로 사용할 수 있는 전동기는?

① 직권 정류자 전동기

② 직류 복권 전동기
③ 유도 전동기
④ 동기 전동기

[해설] 단상 직권 정류자 전동기는 직류·교류 양용에 사용 가능하며 회전속도에 비례하는 기전력이 전류와 동상으로 유기되어 회전속도를 증가시킬수록 역률이 개선된다.

56. 배율기의 저항이 50 kΩ, 전압계의 내부 저항이 25 kΩ이다. 전압계가 100 V를 지시하였을 때, 측정한 전압(V)은?

① 10   ② 50
③ 100   ④ 300

[해설] $V_o = \dfrac{V}{R}(R_m + R) = \dfrac{100}{25}(50 + 25)$
     $= 300 \text{ V}$

여기서, R_m : 배율기 저항
     R : 전압계 내부 저항
     V : 전압계 지시 전압

57. 아래 그림의 논리회로와 같은 진리값을 NAND 소자만으로 구성하여 나타내려면 NAND 소자는 최소 몇 개가 필요한가?

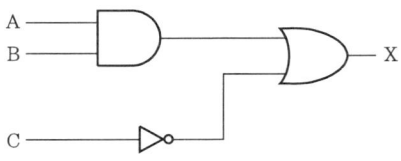

① 1   ② 2
③ 3   ④ 5

[해설] NAND 회로는 AND 회로의 부정으로 A 또는 B가 부정이 되어야 하므로 소자는 2개가 되어야 한다.

58. 궤환제어계에 속하지 않는 신호로서 외부에서 제어량이 그 값에 맞도록 제어계에 주어지는 신호를 무엇이라 하는가?

① 목표값　　　② 기준 입력
③ 동작 신호　　④ 궤환 신호

[해설] 시퀀스 제어계의 구성요소
(1) 제어대상 : 기계, 프로세스, 시스템의 대상이 되는 전체 또는 일부분
(2) 제어장치 : 제어하기 위하여 제어대상에 부가되는 장치
(3) 제어요소 : 동작 신호를 조작량으로 변환하는 요소이며 조절부와 조작부로 구성된다.
(4) 목표값 : 입력 신호이며 보통 기준 입력과 같은 경우가 많다.
(5) 제어량 : 제어되어야 할 제어대상의 양으로 보통 출력이라 한다(회전수, 온도 등).
(6) 기준 입력 : 제어계를 동작시키는 기준으로서 직접 폐회로에 가해지는 입력 신호이며 목표값에 대해 일정한 관계를 가진다.
(7) 되먹임 신호 : 제어량을 목표값과 비교하기 위하여 궤환되는 신호
(8) 조작량 : 제어장치로부터 제어대상에 가해지는 양
(9) 동작 신호 : 기준 입력과 주 피드백 신호와의 차로 제어동작을 일으키는 신호
(10) 외란 : 설정값 이외의 제어량을 변화시키는 모든 외적 인자

59. 그림과 같은 전자 릴레이 회로는 어떤 게이트 회로인가?

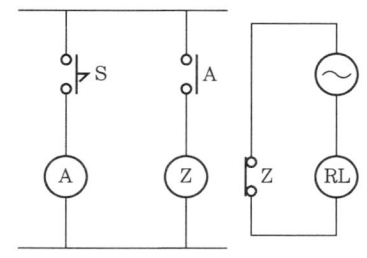

① OR　　　　　② AND
③ NOR　　　　④ NOT

[해설] S와 A는 정상적 흐름이나 Z가 부정을 나타내고 있으므로 이는 논리 부정을 표시하는 것으로 NOT 회로에 해당된다.

60. 제어량에 따른 분류 중 프로세스 제어에 속하지 않는 것은?
① 압력　　　　② 유량
③ 온도　　　　④ 속도

[해설] 프로세스 제어는 온도, 유량, 압력, 액면 레벨, 조성, pH 등의 공업량인 경우의 자동 제어를 말한다.

제4과목　유지보수공사관리

61. 급수배관 시공 시 수격작용의 방지 대책으로 틀린 것은?
① 플래시 밸브 또는 급속 개폐식 수전을 사용한다.
② 관 지름은 유속이 2.0~2.5 m/s 이내가 되도록 설정한다.
③ 역류 방지를 위하여 체크 밸브를 설치하는 것이 좋다.
④ 급수관에서 분기할 때에는 T 이음을 사용한다.

[해설] 수격작용은 급격한 밸브 개폐 또는 액체 배관의 경우에는 기체의 혼입, 기체 배관의 경우에는 액체의 혼입 등에 의하여 관내의 유속이 급변하는 경우에 발생하는 이상 압력으로 진동과 높은 충격음을 일으킨다. 그러므로 수격작용을 방지하기 위하여 밸브의 급격한 개폐는 삼가야 한다.

62. 다음 중 사용압력이 가장 높은 동관은 어느 것인가?
① L관　　　　② M관
③ K관　　　　④ N관

[해설] 동관의 사용압력 순서 : K>L>M>N

63. 공조 설비 중 덕트 설계 시 주의사항으로 틀린 것은?

정답　59. ④　60. ④　61. ①　62. ③　63. ②

① 덕트 내 정압손실을 적게 설계할 것
② 덕트의 경로는 가능한 최장거리로 할 것
③ 소음 및 진동이 적게 설계할 것
④ 건물의 구조에 맞도록 설계할 것

[해설] 덕트 및 공조 배관은 가급적 최단거리, 직선 시공을 원칙으로 한다.

64. 가스배관 시공에 대한 설명으로 틀린 것은?
① 건물 내 배관은 안전을 고려, 벽, 바닥 등에 매설하여 시공한다.
② 건축물의 벽을 관통하는 부분의 배관에는 보호관 및 부식 방지 피복을 한다.
③ 배관의 경로와 위치는 장래의 계획, 다른 설비와의 조화 등을 고려하여 정한다.
④ 부식의 우려가 있는 장소에 배관하는 경우에는 방식, 절연조치를 한다.

[해설] 가스배관 시공의 원칙
(1) 최단거리 시공
(2) 직선 시공
(3) 노출 시공
(4) 옥외 설치

65. 증기배관 중 냉각 레그(cooling leg)에 관한 내용으로 옳은 것은?
① 완전한 응축수를 회수하기 위함이다.
② 고온 증기의 동파 방지 설비이다.
③ 열전도 차단을 위한 보온 단열 구간이다.
④ 익스팬션 조인트이다.

[해설] 증기 공급관의 관말부의 최종 분기 이후에서 트랩에 이르는 배관은 여분의 증기가 충분히 냉각되어 응축수가 될 수 있도록 보온 피복을 하지 않은 나관 상태로 1.5 m 이상의 냉각 레그를 설치해야 한다. 즉, 냉각 레그는 응축수를 회수하기 위하여 설치한다.

66. 보온재의 구비 조건으로 틀린 것은?
① 표면시공이 좋아야 한다.
② 재질 자체의 모세관 현상이 커야 한다.
③ 보랭 효율이 좋아야 한다.
④ 난연성이나 불연성이어야 한다.

[해설] 보온재가 모세관 현상이 크면 흡수한 수분에 의하여 보온 효과가 떨어지게 된다.

67. 신축 이음쇠의 종류에 해당하지 않는 것은?
① 벨로스형   ② 플랜지형
③ 루프형   ④ 슬리브형

[해설] 신축 이음의 종류에는 루프 이음, 슬리브 이음, 벨로스 이음, 스위블 이음, 상온 스프링 등이 있으며 플랜지 이음은 동일 관경을 이을 때 사용한다.

68. 고압 증기관에서 권장하는 유속 기준으로 가장 적합한 것은?
① 5~10 m/s   ② 15~20 m/s
③ 30~50 m/s ④ 60~70 m/s

[해설] 고압 증기 배관의 유속은 40~60 m/s 정도이고 최대 유속은 75 m/s이며 일반적인 권장 유속은 30~50 m/s이다.

69. 증기난방의 환수 방법 중 증기의 순환이 가장 빠르며 방열기의 설치 위치에 제한을 받지 않고 대규모 난방에 주로 채택되는 방식은?
① 단관식 상향 증기 난방법
② 단관식 하향 증기 난방법
③ 진공환수식 증기 난방법
④ 기계환수식 증기 난방법

[해설] 진공환수식은 환수관 내를 진공펌프에 의해 진공 상태로 만들고, 난방기로부터 배출되는 응축수를 효율적으로 급수펌프의 리시버 내로 되돌려 보일러로 급수하는 방

정답 64. ① 65. ① 66. ② 67. ② 68. ③ 69. ③

식의 증기 난방법으로 보일러, 방열기의 설치 위치에 제한을 받지 않으며 대규모 건축물에 적합한 방식이다.

70. 온수난방 배관 시 유의사항으로 틀린 것은?

① 온수 방열기마다 반드시 수동식 에어벤트를 부착한다.
② 배관 중 공기가 고일 우려가 있는 곳에는 에어벤트를 설치한다.
③ 수리나 난방 휴지 시의 배수를 위한 드레인 밸브를 설치한다.
④ 보일러에서 팽창탱크에 이르는 팽창관에는 밸브를 2개 이상 부착한다.

[해설] 보일러에서 팽창탱크에 이르는 팽창관에는 밸브 등 기기를 설치하지 않는다.

71. 강관에서 호칭관경의 연결로 틀린 것은 어느 것인가?

① 25A : $1\frac{1}{2}$B   ② 20A : $\frac{3}{4}$B
③ 32A : $1\frac{1}{4}$B   ④ 50A : 2B

[해설] 강관 호칭경에서 A는 mm, B는 inch로 표기되며 25A = 1B이다.

72. 펌프 주위 배관에 관한 설명으로 옳은 것은?

① 펌프의 흡입측에는 압력계를, 토출측에는 진공계(연성계)를 설치한다.
② 흡입관이나 토출관에는 펌프의 진동이나 관의 열팽창을 흡수하기 위하여 신축 이음을 한다.
③ 흡입관의 수평 배관은 펌프를 향해 $\frac{1}{50} \sim \frac{1}{100}$의 올림구배를 준다.
④ 토출관의 게이트 밸브 설치 높이는 1.3 m 이상으로 하고 바로 위에 체크 밸브를 설치한다.

[해설] 펌프 흡입측에는 연성계 또는 진공계를 토출측에는 압력계를 설치해야 하며 펌프의 운전 중 진동을 흡수하기 위하여 흡입 및 토출측에 플렉시블 이음을 한다.

73. 중·고압 가스배관의 유량(Q)을 구하는 계산식으로 옳은 것은? (단, P_1 : 처음 압력, P_2 : 최종 압력, d : 관 내경, l : 관 길이, s : 가스 비중, K : 유량계수이다.)

① $Q = K\sqrt{\dfrac{(P_1-P_2)^2 d^5}{s \cdot l}}$

② $Q = K\sqrt{\dfrac{(P_2-P_1)^2 d^4}{s \cdot l}}$

③ $Q = K\sqrt{\dfrac{(P_1^2-P_2^2) d^5}{s \cdot l}}$

④ $Q = K\sqrt{\dfrac{(P_2^2-P_1^2) d^4}{s \cdot l}}$

[해설] 중·고압 배관 유량을 구하는 식은 ③항이 되며 저압 배관 유량을 구하는 식은 $(P_1^2 - P_2^2)$ 대신 H(허용압력손실 : mmAq)가 들어간다.

74. 보온재의 열전도율이 작아지는 조건으로 틀린 것은?

① 재료의 두께가 두꺼울수록
② 재질 내 수분이 작을수록
③ 재료의 밀도가 클수록
④ 재료의 온도가 낮을수록

[해설] 보온재의 열전도율은 보온재의 밀도(kg/L)와 무관하며 두께와 연관성이 있다.

75. 다음 중 증기 사용 간접 가열식 온수 공급 탱크의 가열관으로 가장 적절한 관

정답 70. ④ 71. ① 72. ②, ③ 73. ③ 74. ③ 75. ③

은 어느 것인가?
① 납관   ② 주철관
③ 동관   ④ 도관

[해설] 주철관은 수도·가스·배수 등의 매설용 관으로 많이 사용하고 납관과 도관은 증기 사용에 부적당하며 증기 배관에는 전열이 좋은 동관을 사용한다.

76. 펌프의 양수량이 60 m³/min이고 전양정이 20 m일 때, 벌류트 펌프로 구동할 경우 필요한 동력(kW)은 얼마인가? (단, 물의 비중량은 9800 N/m³이고, 펌프의 효율은 60%로 한다.)
① 196.1   ② 200.2
③ 326.7   ④ 405.8

[해설] 소요동력
$$= \frac{9.8\,\text{kN/m}^3 \times 60\,\text{m}^3/\text{min} \times 20\,\text{m}}{60\,\text{s/min} \times 0.6}$$
$= 326.66\,\text{kN}\cdot\text{m/s} = 326.66\,\text{kW}$
※ $1\,\text{J} = 1\,\text{N}\cdot\text{m},\ 1\,\text{kW} = 1\,\text{kJ/s}$

77. 다음 중 주철관 이음에 해당되는 것은?
① 납땜 이음   ② 열간 이음
③ 타이톤 이음   ④ 플라스턴 이음

[해설] 타이톤 이음은 관과 소켓관 사이에 고무링을 끼우고 서로 밀착시키는 방법으로 주로 주철관 이음에 사용한다. 플라스턴 이음은 동관이나 납관의 접합 방법의 하나로 납과 주석을 합금하고 이것에 중성 용제를 혼합한 플라스턴을 이음 부분에 삽입한 다음 가열하여 접합하는 이음이다.

78. 전기가 정전되어도 계속하여 급수를 할 수 있으며 급수 오염 가능성이 적은 급수 방식은?
① 압력탱크 방식
② 수도직결 방식
③ 부스터 방식
④ 고가탱크 방식

[해설] 수도직결 급수방식은 수도 본관에서 양수기, 급수전으로 바로 공급하는 방식으로 설비비가 가장 저렴하고, 물의 오염 가능성도 가장 낮다. 정전 시에도 급수할 수 있는 등의 장점이 있으며 2층 건물 정도의 주택, 소규모 건물에 많이 이용되고 있다.

79. 도시가스의 공급설비 중 가스 홀더의 종류가 아닌 것은?
① 유수식   ② 중수식
③ 무수식   ④ 고압식

[해설] 가스 홀더의 종류에는 저압식으로 유수식, 무수식이 있으며, 중·고압식으로 원통형, 구형이 있다.

80. 강관의 두께를 선정할 때 기준이 되는 것은?
① 곡률 반경   ② 내경
③ 외경   ④ 스케줄 번호

[해설] 스케줄 번호는 강관의 두께를 나타내는 번호로서 외경은 같더라도 두께에는 각각 차이가 있을 수 있는데, 이 관계를 나타내는 것이 스케줄 번호이다.

스케줄 번호(SCH) $= 10 \times \dfrac{P}{S}$

여기서, P : 사용압력(kg/cm²)
S : 허용응력(kg/mm²)

정답 76. ③   77. ③   78. ②   79. ②   80. ④

CBT 실전테스트 (14)

※ 2022년 4월 24일에 실제 출제되었던 문제입니다.

제1과목 에너지관리

1. 습공기의 상대습도(ϕ)와 절대습도(w)와의 관계식으로 옳은 것은? (단, P_a는 건공기 분압, P_s는 습공기와 같은 온도의 포화수증기압력이다.)

① $\phi = \dfrac{w}{0.622} \dfrac{P_a}{P_s}$

② $\phi = \dfrac{w}{0.622} \dfrac{P_s}{P_a}$

③ $\phi = \dfrac{0.622}{w} \dfrac{P_s}{P_a}$

④ $\phi = \dfrac{0.622}{w} \dfrac{P_a}{P_s}$

2. 난방방식 종류별 특징에 대한 설명으로 틀린 것은?

① 저온 복사난방 중 바닥 복사난방은 특히 실내기온의 온도분포가 균일하다.
② 온풍난방은 공장과 같은 난방에 많이 쓰이고 설비비가 싸며 예열시간이 짧다.
③ 온수난방은 배관부식이 크고 워밍업 시간이 증기난방보다 짧으며 관의 동파 우려가 있다.
④ 증기난방은 부하변동에 대응한 조절이 곤란하고 실온분포가 온수난방보다 나쁘다.

[해설] 온수난방의 특징
(1) 난방부하의 변동에 대한 온도조절이 용이하다.
(2) 열용량이 크므로 보일러 정지 시에도 급격한 실내온도 변화가 적다.
(3) 실내공기의 상하 온도차가 작아 증기난방보다 쾌감도가 양호하다.
(4) 온수의 순환시간과 예열에 장시간이 필요하고, 연료소비량도 많아진다.
(5) 증기난방에 비해 방열면적과 관경이 커지며 설비비가 높아진다.
(6) 한랭지에서는 난방 정지 시 동결의 우려가 있다.
(7) 저온수용 보일러는 사용압력에 제한이 있으므로 고층건물에는 부적당하다.

3. 덕트의 경로 중 단면적이 확대되었을 경우 압력 변화에 대한 설명으로 틀린 것은 어느 것인가?

① 전압이 증가한다.
② 동압이 감소한다.
③ 정압이 증가한다.
④ 풍속은 감소한다.

[해설] 풍량이 일정한 가운데 단면적이 증가하면 풍속은 감소하게 된다. 또한 운동에너지는 감소하게 되므로 정압은 상승하며 전압은 일정하게 된다(베르누이의 정리).

4. 건축의 평면도를 일정한 크기의 격자로 나누어서 이 격자의 구획 내에 취출구, 흡입구, 조명, 스프링클러 등 모든 필요한 설비요소를 배치하는 방식은?

① 모듈 방식   ② 셔터 방식
③ 펑커루버 방식   ④ 클래스 방식

[해설] 모듈 방식: 하나의 시스템을 위하여 여러 개의 독자적인 모듈을 나뉘도록 설계하는 방법으로, 각 모듈은 다시 하나의 시스템으로 간주되어 이러한 작업을 반복적으로 계속 수행할 수도 있으며 이와 같은 경우

정답 1. ① 2. ③ 3. ① 4. ①

시스템에 고장이나 오류가 생길 때 발견하기 쉽고 교정하기도 쉬운 장점이 있다.

5. 습공기의 가습 방법으로 가장 거리가 먼 것은?
① 순환수를 분무하는 방법
② 온수를 분무하는 방법
③ 수증기를 분무하는 방법
④ 외부공기를 가열하는 방법

[해설] 습공기의 가습 방법
(1) 수증기를 공기류 속에 분무하는 방법
(2) 에어 와셔에 단열 가습하는 방법
(3) 에어 와셔에 온수를 분무하는 방법
(4) 소량의 물 또는 온수를 분무하는 방법
(5) 가습 팬을 사용하여 증발하는 수증기를 이용하는 방법

6. 공기조화설비를 구성하는 열운반장치로서 공조기에 직접 연결되어 사용하는 펌프로 가장 거리가 먼 것은?
① 냉각수 펌프
② 냉수 순환펌프
③ 온수 순환펌프
④ 응축수(진공) 펌프

[해설] 냉각수 펌프는 냉동장치의 응축기에서 냉매의 응축잠열을 이용하는 데 사용하는 냉각수를 공급하는 펌프로 공기조화설비의 열운반장치에는 해당되지 않는다.

7. 저압 증기난방 배관에 대한 설명으로 옳은 것은?
① 하향공급식의 경우에는 상향공급식의 경우보다 배관경이 커야 한다.
② 상향공급식의 경우에는 하향공급식의 경우보다 배관경이 커야 한다.
③ 상향공급식이나 하향공급식은 배관경과 무관하다.
④ 하향공급식의 경우 상향공급식보다 워터해머를 일으키기 쉬운 배관법이다.

[해설] 증기 공급 방식에 따른 분류
(1) 상향식 : 증기주관을 건물의 하부에 설치하고 수직관에 의해 방열기에 증기를 공급하며, 입상관의 관경을 크게 하고 증기의 유속을 느리게 한다.
(2) 하향식 : 증기주관을 건물의 상부에 설치하고 수직관에 의해 방열기에 증기를 공급하며, 상향공급식보다 관경을 작게 할 수 있다.
(3) 상하 혼용식 : 온도 차이를 줄이기 위해 혼용하는 방식으로 대규모 건축물에 사용한다.

8. 현열만을 가하는 경우로 $500\ m^3/h$의 건구온도(t_1) 5℃, 상대습도(Ψ_1) 80%인 습공기를 공기 가열기로 가열하여 건구온도(t_2) 43℃, 상대습도(Ψ_2) 8%인 가열공기를 만들고자 한다. 이때 필요한 열량(kW)은 얼마인가? (단, 공기의 비열은 1.01 kJ/kg·℃, 공기의 밀도는 1.2 kg/m³이다.)

① 3.2 ② 5.8
③ 6.4 ④ 8.7

[해설] $Q = Q_o \times \gamma \times C_p \times \Delta t$
$= \dfrac{500\ m^3/h \times 1.2\ kg/m^3 \times 1.01\ kJ/kg \cdot ℃ \times (43-5)℃}{3600\ s/h}$
$= 6.39\ kJ/s ≒ 6.4\ kW$

정답 5. ④ 6. ① 7. ② 8. ③

9. 다음 중 열전도율(W/m·℃)이 가장 작은 것은?

① 납 ② 유리
③ 얼음 ④ 물

[해설] 열전도율이란 어떤 물질이 단위 시간 동안 이동시킬 수 있는 열의 양을 나타낸 것으로 W/m·K로 표시되며, 1m 두께의 물질이 1K의 온도로 몇 와트의 열을 한쪽 끝에서 다른 쪽 끝으로 이동시킬 수 있는지를 표현한 것이다.
물 : 0.6, 납 : 34.3, 유리 : 0.8, 얼음 : 1.6, 공기 : 0.026

10. 아래 표는 암모니아 냉매설비 운전을 위한 안전관리 절차서에 대한 설명이다. 이 중 틀린 내용은?

㉠ 노출확인 절차서 : 반드시 호흡용 보호구를 착용한 후 감지기를 이용하여 공기 중 암모니아 농도를 측정한다.
㉡ 노출로 인한 위험관리 절차서 : 암모니아가 노출되었을 때 호흡기를 보호할 수 있는 호흡보호프로그램을 수립하여 운영하는 것이 바람직하다.
㉢ 근로자 작업 확인 및 교육 절차서 : 암모니아 설비가 밀폐된 곳이나 외진 곳에 설치된 경우, 해당 지역에 근로자 작업을 할 때에는 다음 중 어느 하나에 의해 근로자의 안전을 확인할 수 있어야 한다.
  ㈎ CCTV 등을 통한 육안 확인
  ㈏ 무전기나 전화를 통한 음성 확인
㉣ 암모니아 설비 및 안전설비의 유지관리 절차서 : 암모니아 설비 주변에 설치된 안전대책의 작동 및 사용 가능 여부를 최소한 매년 1회 확인하고 점검하여야 한다.

① ㉠ ② ㉡
③ ㉢ ④ ㉣

[해설] 암모니아 설비 주변에 설치된 안전대책의 작동 및 사용 가능 여부를 최소 분기별로 확인하고 점검하여야 한다.

11. 외기에 접하고 있는 벽이나 지붕으로부터의 취득 열량은 건물 내외의 온도차에 의해 전도의 형식으로 전달된다. 그러나 외벽의 온도는 일사에 의한 복사열의 흡수로 외기온도보다 높게 되는데 이 온도를 무엇이라고 하는가?

① 건구온도 ② 노점온도
③ 상당외기온도 ④ 습구온도

[해설] 상당외기온도는 일사가 가지는 효과를 외부공기온도에 가산한 값으로 다음과 같이 나타낸다.

상당외기온도
$= 외기온도 + \dfrac{수열\ 면의\ 흡수율}{열전달률} \times 일사량$

12. 보일러의 스케일 방지 방법으로 틀린 것은?

① 슬러지는 적절한 분출로 제거한다.
② 스케일 방지 성분인 칼슘의 생성을 돕기 위해 경도가 높은 물을 보일러수로 활용한다.
③ 경수연화장치를 이용하여 스케일 생성을 방지한다.
④ 인산염을 일정 농도가 되도록 투입한다.

[해설] 보일러 스케일의 원인은 물의 경도가 높은 Ca^{2+}, Mg^{2+} 이온이므로 이를 제거하여 사용하는 것이 방지법이 된다.

13. 습공기 선도상의 상태 변화에 대한 설명으로 틀린 것은?

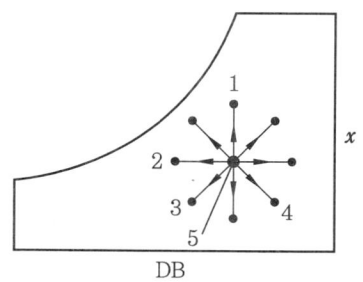

정답 9. ④ 10. ④ 11. ③ 12. ② 13. ③

① 5 → 1 : 가습
② 5 → 2 : 현열냉각
③ 5 → 3 : 냉각가습
④ 5 → 4 : 가열감습

[해설] 5→3의 경우 온도와 습도가 모두 낮아졌으므로 냉각감습이 된다.

14. 다음 중 보온, 보랭, 방로의 목적으로 덕트 전체를 단열해야 하는 것은?
① 급기 덕트   ② 배기 덕트
③ 외기 덕트   ④ 배연 덕트

[해설] 급기 덕트는 냉각기 또는 가열기, 가습기에서 열 교환하여 실내로 공급되는 상태이므로 보온, 보랭, 방로를 위하여 덕트 전체를 단열조치를 하여야 한다.

15. 어느 건물 서편의 유리 면적이 40 m² 이다. 안쪽에 크림색의 베네시안 블라인드를 설치한 유리면으로부터 침입하는 열량(kW)은 얼마인가? (단, 외기 33℃, 실내공기 27℃, 유리는 1중이며, 유리의 열통과율은 5.9 W/m²·℃, 유리창의 복사량(l_{gr})은 608 W/m², 차폐계수는 0.56이다.)
① 15.0   ② 13.6
③ 3.6   ④ 1.4

[해설] 유리창으로부터 침입하는 열량
(1) 복사열량 $= \dfrac{608 \, W/m^2 \times 40 \, m^2 \times 0.56}{1000}$
$= 13.6192 \, kW$
(2) 전도열량
$= \dfrac{5.9 \, W/m^2 \cdot ℃ \times 40 \, m^2 \times (33-27)℃}{1000}$
$= 1.416 \, kW$
∴ 13.6192 kW + 1.416 kW = 15.035 kW

16. T.A.B 수행을 위한 계측기기의 측정 위치로 가장 적절하지 않은 것은?
① 온도 측정 위치는 증발기 및 응축기의 입·출구에서 최대한 가까운 곳으로 한다.
② 유량 측정 위치는 펌프의 출구에서 가장 가까운 곳으로 한다.
③ 압력 측정 위치는 입·출구에 설치된 압력계용 탭에서 한다.
④ 배기가스 온도 측정 위치는 연소기의 온도계 설치 위치 또는 시료 채취 출구를 이용한다.

[해설] 유량계는 액체 또는 기체의 선형, 비선형, 질량 또는 체적 유량을 측정하는 데 사용되는 계측기기이며 유체 흐름이 일정하게 흐르는 곳 또는 배관의 교축, 팽창되는 곳에 설치하여 유량을 측정하게 된다.

17. 난방부하가 7559.5 W인 어떤 방에 대해 온수난방을 하고자 한다. 방열기의 상당방열면적(m²)은 얼마인가? (단, 방열량은 표준방열량으로 한다.)
① 6.7   ② 8.4
③ 10.2 ④ 14.4

[해설] 상당방열면적 1 m²당 온수 : 450 kcal/h, 증기 : 650 kcl/h이다.
온수난방이므로
$450 \times \dfrac{4.2 \, kJ}{3600 \, s}$ (1 kcal=4.2 kJ)
$= 0.525 \, kW = 525 \, W$
상당방열면적 $= \dfrac{7559.5 \, W}{525 \, W/m^2} = 14.399 \, m^2$

18. 에어 와셔 내에서 물을 가열하지도 냉각하지도 않고 연속적으로 순환 분무시키면서 공기를 통과시켰을 때 공기의 상태변화는 어떻게 되는가?
① 건구온도는 높아지고, 습구온도는 낮아진다.
② 절대온도는 높아지고, 습구온도는 높아진다.

③ 상대습도는 높아지고, 건구온도는 낮아진다.
④ 건구온도는 높아지고, 상대습도는 낮아진다.

[해설] 물을 가열, 냉각 없이 순환 분무를 할 경우 가습 효과가 있으므로 상대습도는 높아지며 건구온도는 낮아지게 된다. 고온의 수증기를 분무하면 건구온도는 증가하게 된다.

19. 크기에 비해 전열면적이 크므로 증기 발생이 빠르고, 열효율도 좋지만 내부 청소가 곤란하므로 양질의 보일러수를 사용할 필요가 있는 보일러는?
① 입형 보일러
② 주철제 보일러
③ 노통 보일러
④ 연관 보일러

[해설] 연관 보일러는 여러 개의 연관이 배치된 보일러이며 그 속으로 열 가스를 통해 바깥쪽의 보일러 몸체 안의 물을 가열하는 형식으로 전열면적이 크고 취급하기 쉽다. 크기가 작아도 되며 증기의 발생도 빠르고 열효율도 좋으므로 공장에서 널리 사용되지만 내부 청소 곤란으로 지하수를 사용하기가 어려운 단점이 있다.

20. 온수난방과 비교하여 증기난방에 대한 설명으로 옳은 것은?
① 예열시간이 짧다.
② 실내온도의 조절이 용이하다.
③ 방열기 표면의 온도가 낮아 쾌적한 느낌을 준다.
④ 실내에서 상하온도차가 작으며, 방열량의 제어가 다른 난방에 비해 쉽다.

[해설] 증기난방의 특징
(1) 잠열을 이용하기 때문에 증기 순환이 빠르고 열의 운반능력이 크다.
(2) 예열시간이 온수난방에 비해 짧다.
(3) 방열면적과 관경을 온수난방보다 작게 할 수 있다.
(4) 설비비 및 유지비가 저렴하다.
(5) 한랭지에서 동결의 우려가 적다.
(6) 외기온도 변화에 따른 방열량 조절 및 제어가 곤란하다.
(7) 방열기 표면온도가 높아 화상의 우려가 있다.
(8) 상부와 하부 온도 차이로 쾌적성이 낮다.
(9) 응축수 환수관 내의 부식으로 장치의 수명이 짧다.
(10) 열용량이 작아서 지속난방보다는 간헐난방에 사용한다.

제2과목 공조냉동설계

21. 공기 압축기에서 입구 공기의 온도와 압력은 각각 27°C, 100 kPa이고, 체적유량은 0.01 m³/s이다. 출구에서 압력이 400 kPa이고, 이 압축기의 등엔트로피 효율이 0.8일 때, 압축기의 소요 동력(kW)은 얼마인가? (단, 공기의 정압비열과 기체상수는 각각 1 kJ/kg·K, 0.287 kJ/kg·K이고, 비열비는 1.4이다.)
① 0.9
② 1.7
③ 2.1
④ 3.8

[해설] 소요 동력(kW)
$$= \frac{k}{k-1} \frac{P_1 V_1}{\eta_{ad}} \left[\left(\frac{P_2}{P_1} \right)^{\frac{k-1}{k}} - 1 \right]$$
$$= \frac{1.4}{1.4-1} \times \frac{100 \times 0.01}{0.8} \left[\left(\frac{400}{100} \right)^{\frac{1.4-1}{1.4}} - 1 \right]$$
$$= 2.13 \text{ kW}$$

22. 다음은 2단 압축 1단 팽창 냉동장치의 중간냉각기를 나타낸 것이다. 각 부에 대한 설명으로 틀린 것은?

정답 19. ④ 20. ① 21. ③ 22. ④

① a의 냉매관은 저단압축기에서 중간냉각기로 냉매가 유입되는 배관이다.
② b는 제1(중간냉각기 앞)팽창밸브이다.
③ d 부분의 냉매 증기온도는 a 부분의 냉매 증기온도보다 낮다.
④ a와 c의 냉매순환량은 같다.

[해설]
• a : 증발기에서 증발한 저단 냉매순환량이 부스터에서 압축되어 중온, 중압의 과열증기 상태로 중간냉각기에 유입되는 형태이다.
• b : 응축기에서 응축된 고온, 고압의 포화액이 제1팽창밸브로 유입되는 상태이다.
• d : a에서 유입된 중온, 중압의 과열도를 중간냉각기에서 제거하여 고단 압축기로 흡입되는 과정이다.
• a : 저단 냉매순환량, c : 고단 냉매순환량 (저단 냉매순환량+중간단 냉매순환량)

23. 흡수식 냉동기의 냉매와 흡수제 조합으로 가장 적절한 것은?
① 물(냉매)-프레온(흡수제)
② 암모니아(냉매)-물(흡수제)
③ 메틸아민(냉매)-황산(흡수제)
④ 물(냉매)-디메틸에테르(흡수제)

[해설] 흡수식 냉동기
냉매와 흡수제 : 암모니아→물, 물→리튬브로마이드(취화리튬)

24. 견고한 밀폐 용기 안에 공기가 압력 100 kPa, 체적 1 m³, 온도 20℃ 상태로 있다. 이 용기를 가열하여 압력이 150 kPa이 되었다. 최종상태의 온도와 가열량은 각각 얼마인가? (단, 공기는 이상기체이며, 공기의 정적비열은 0.717 kJ/kg · K, 기체상수는 0.287 kJ/kg · K이다.)
① 303.2 K, 117.8 kJ
② 303.2 K, 124.9 kJ
③ 439.7 K, 117.8 kJ
④ 439.7 K, 124.9 kJ

[해설] 샤를의 법칙에 의하여
$$\frac{100\,kPa}{293\,K} = \frac{150\,kPa}{T}$$
$T = 439.5\,K$
이상기체 상태방정식에 의하여
$PV = GRT$에서
$$G = \frac{PV}{RT} = \frac{100\,kN/m^2 \times 1\,m^3}{0.287\,kJ/kg \cdot K \times 293\,K}$$
$= 1.189\,kg$
$Q = GC\Delta t$
$= 1.189\,kg \times 0.717\,kJ/kg \cdot K \times (439.5 - 293)K$
$= 124.89\,kJ$

25. 밀폐계에서 기체의 압력이 500 kPa로 일정하게 유지되면서 체적이 0.2 m³에서 0.7m³로 팽창하였다. 이 과정 동안에 내부에너지의 증가가 60 kJ이라면 계가 한 일(kJ)은 얼마인가?
① 450
② 310
③ 250
④ 150

[해설] $W = 500\,kN/m^2 \times (0.7 - 0.2)m^3$
$= 250\,kN \cdot m = 250\,kJ$

26. 이상기체가 등온과정으로 부피가 2배로 팽창할 때 한 일이 W_1이다. 이 이상기체가 같은 초기조건하에서 폴리트로픽 과정($n=2$)으로 부피가 2배로 팽창할 때 W_1 대비 한 일은 얼마인가?
① $\frac{1}{2\ln 2} \times W_1$
② $\frac{1}{\ln 2} \times W_1$

③ $\dfrac{\ln 2}{2} \times W_1$ ④ $2\ln 2 \times W_1$

[해설] $n = \dfrac{W_1}{W} \times \dfrac{1}{\ln\left(\dfrac{V_2}{V_1}\right)} \rightarrow 2 = \dfrac{W_1}{W} \times \dfrac{1}{\ln 2}$

$W = \dfrac{1}{2\ln 2} \times W_1$

27. 증발기에 대한 설명으로 틀린 것은?
① 냉각실 온도가 일정한 경우, 냉각실 온도와 증발기내 냉매 증발온도의 차이가 작을수록 압축기 효율은 좋다.
② 동일 조건에서 건식 증발기는 만액식 증발기에 비해 충전 냉매량이 적다.
③ 일반적으로 건식 증발기 입구에서의 냉매의 증기가 액냉매에 섞여 있고, 출구에서 냉매는 과열도를 갖는다.
④ 만액식 증발기에서는 증발기 내부에 윤활유가 고일 염려가 없어 윤활유를 압축기로 보내는 장치가 필요하지 않다.

[해설] 만액식 증발기는 증발기에 항상 액이 있는 상태(액 : 가스=75 : 25)이며 오일이 증발기로 들어오게 되면 오일을 따로 회수하는 장치가 필요하다. 액순환식 증발기의 경우 액 펌프에 의해 순환되므로 증발기에 오일이 고일 우려가 없다.

28. 다음 중 압력 값이 다른 것은?
① 1 mAq
② 73.56 mmHg
③ 980.665 Pa
④ 0.98 N/cm²

[해설] 대기압=1.0332 kg/cm²
=76 cmHg(760 mmHg)
=10.332 mAq=10.332 H₂O
=101325 Pa
=101325 N/m²(10.1325 N/cm²)

동일한 단위로 환산하면
② $73.56\,\text{mmHg} \times \dfrac{10.332\,\text{mAq}}{760\,\text{mmHg}} = 1\,\text{mAq}$
③ $980.665\,\text{Pa} \times \dfrac{10.332\,\text{mAq}}{101325\,\text{Pa}} = 0.099\,\text{mAq}$
④ $0.98\,\text{N/cm}^2 \times \dfrac{10.332\,\text{mAq}}{10.1325\,\text{N/cm}^2}$
$= 0.999\,\text{mAq}$

29. 냉동기에서 고압의 액체 냉매와 저압의 흡입증기를 서로 열 교환시키는 열교환기의 주된 설치 목적은?
① 압축기 흡입증기 과열도를 낮추어 압축 효율을 높이기 위함
② 일종의 재생 사이클을 만들기 위함
③ 냉매액을 과랭시켜 플래시가스 발생을 억제하기 위함
④ 이원 냉동 사이클에서의 캐스케이드 응축기를 만들기 위함

[해설] 열교환기의 설치 목적
• 저온·저압의 흡입가스에 과열도를 주어 성적계수를 증대시킨다.
• 고온·고압의 냉매액에 과냉각도를 주어 팽창밸브 통과 시 플래시가스 발생량을 감소시켜 냉동능력을 증대시킨다.
• 압축기로 액 흡입을 방지시킨다.

30. 피스톤 – 실린더 시스템에 100 kPa의 압력을 갖는 1 kg의 공기가 들어 있다. 초기 체적은 0.5 m³이고, 이 시스템에 온도가 일정한 상태에서 열을 가하여 부피가 1.0 m³이 되었다. 이 과정 중 시스템에 가해진 열량(kJ)은 얼마인가?
① 30.7 ② 34.7
③ 44.8 ④ 50.0

[해설] $\delta q = du + Pdv$에서 등온과정이므로
$\delta q = Pdv$
$Q = mC\ln\dfrac{V_2}{V_1} = mP_1V_1\ln\dfrac{V_2}{V_1}$

$$= 1 \times 100 \times 0.5 \times \ln\left(\frac{1.0}{0.5}\right) = 34.657 \, \text{kJ}$$

31. 다음 조건을 이용하여 응축기 설계 시 1 RT(3.86 kW)당 응축면적(m²)은 얼마인가? (단, 온도차는 산술평균온도차를 적용한다.)

- 방열계수 : 1.3
- 응축온도 : 35℃
- 냉각수 입구온도 : 28℃
- 냉각수 출구온도 : 32℃
- 열통과율 : 1.05 kW/m² · ℃

① 1.25　　② 0.96
③ 0.74　　④ 0.45

[해설] $3.86 \, \text{kW} \times 1.3$
$= 1.05 \, \text{kW/m}^2 \cdot \text{℃} \times F \times \left(35 - \frac{28+32}{2}\right)\text{℃}$
$\therefore F = 0.9558 \, \text{m}^2$

32. 역카르노 사이클로 300 K와 240 K 사이에서 작동하고 있는 냉동기가 있다. 이 냉동기의 성능계수는 얼마인가?

① 3　　② 4
③ 5　　④ 6

[해설] 성능계수 $= \dfrac{T_2}{T_1 - T_2} = \dfrac{240}{(300-240)} = 4$

33. 체적 2500 L인 탱크에 압력 294 kPa, 온도 10℃의 공기가 들어 있다. 이 공기를 80℃까지 가열하는 데 필요한 열량(kJ)은 얼마인가? (단, 공기의 기체상수는 0.287 kJ/kg · K, 정적비열은 0.717 kJ/kg · K이다.)

① 408　　② 432
③ 454　　④ 469

[해설] $PV = GRT$에서
$G = \dfrac{PV}{RT} = \dfrac{294 \, \text{kN/m}^2 \times 2.5 \, \text{m}^3}{0.287 \, \text{kJ/kg} \cdot \text{K} \times 283 \, \text{K}}$
$= 9.05 \, \text{kg}$
$Q = GC\Delta t$
$= 9.05 \, \text{kg} \times 0.717 \, \text{kJ/kg} \cdot \text{K} \times (80-10)\text{K}$
$= 454.22 \, \text{kJ}$

34. 다음 그림은 냉동 사이클을 압력-엔탈피(P-h) 선도에서 나타낸 것이다. 다음 설명 중 옳은 것은?

① 냉동 사이클이 1-2-3-4-1에서 1-B-C-4-1로 변하는 경우 냉매 1 kg당 압축일의 증가는 $(h_B - h_1)$이다.

② 냉동 사이클이 1-2-3-4-1에서 1-B-C-4-1로 변하는 경우 성적계수는 $[(h_1-h_4)/(h_2-h_1)]$에서 $[(h_1-h_4)/(h_B-h_1)]$로 된다.

③ 냉동 사이클이 1-2-3-4-1에서 A-2-3-D-A로 변하는 경우 증발압력이 P_1에서 P_A로 낮아져 압축비는 (P_2/P_1)에서 (P_1/P_A)로 된다.

④ 냉동 사이클이 1-2-3-4-1에서 A-2-3-D-A로 변하는 경우 냉동효과는 (h_1-h_4)에서 (h_A-h_4)로 감소하지만, 압축기 흡입증기의 비체적은 변하지 않는다.

[해설] 냉동 사이클에서 증발압력은 높을수록, 응축압력은 낮을수록 성적계수가 양호하다.
① 압축일의 증가는 $(h_B - h_2)$이다.

③ 압축비= P_2/P_A (고압절대압력/저압절대압력)
④ 흡입증기의 비체적과 증발잠열은 온도가 낮아질수록 증가한다.

35. 다음 중 증발기 내 압력을 일정하게 유지하기 위해 설치하는 팽창장치는?
① 모세관
② 정압식 자동 팽창밸브
③ 플로트식 팽창밸브
④ 수동식 팽창밸브

[해설] 정압식 자동 팽창밸브의 특징
(1) 증발압력이 높아지면 밸브가 닫히고 낮아지면 밸브가 열려 증발압력을 항상 일정하게 유지하며 개폐된다.
(2) 냉동부하의 변동에 관계없이 증발압력에 의해서만 작동되므로 부하변동이 적은 소용량에 적합하다.
(3) 냉동부하의 변동이 심한 곳에 사용되면 과열압축 및 액압축이 발생되기 쉽다.
(4) 냉동기가 정지하면 증발압력이 상승하여 자동적으로 밸브가 닫힌다.
(5) 주로 냉수 또는 브라인의 동결방지용으로도 사용된다.

36. 외기온도 -5℃, 실내온도 18℃, 실내습도 70%일 때, 벽 내면에서 결로가 생기지 않도록 하기 위해서는 내·외기 대류와 벽의 전도를 포함하여 전체 벽의 열통과율(W/m²·K)은 얼마 이하이어야 하는가? (단, 실내공기 18℃, 70%일 때 노점온도는 12.5℃이며, 벽의 내면 열전달률은 7 W/m²·K이다.)
① 1.91   ② 1.83
③ 1.76   ④ 1.67

[해설] $7W/m^2 \cdot K \times F \times (18-12.5)K$
$= K \times F \times \{18-(-5)\}K$
∴ $K = 1.67 W/m^2 \cdot K$

37. 다음 중 이상기체에 대한 설명으로 옳은 것은?
① 이상기체의 내부에너지는 압력이 높아지면 증가한다.
② 이상기체의 내부에너지는 온도만의 함수이다.
③ 이상기체의 내부에너지는 항상 일정하다.
④ 이상기체의 내부에너지는 온도와 무관하다.

[해설] 이상기체의 내부에너지와 엔탈피는 온도만의 함수이며 온도가 변하지 않는 공정에서는 내부에너지와 엔탈피도 변하지 않는다. 즉, 등온과정에서는 내부에너지 변화도 0, 엔탈피 변화도 0이 된다.

38. 다음 중 냉매를 사용하지 않는 냉동장치는?
① 열전 냉동장치
② 흡수식 냉동장치
③ 교축팽창식 냉동장치
④ 증기압축식 냉동장치

[해설] 열전 냉동장치는 반도체를 이용한 냉동장치이며 펠티어효과로 작동한다.

39. 냉동장치의 냉동능력이 38.8 kW, 소요동력이 10 kW이었다. 이때 응축기 냉각수의 입·출구 온도차가 6℃, 응축온도와 냉각수 온도와의 평균온도차가 8℃일 때, 수랭식 응축기의 냉각수량(L/min)은 얼마인가? (단, 물의 정압비열은 4.2 kJ/kg·℃이다.)
① 126.1   ② 116.2
③ 97.1   ④ 87.1

[해설] 응축기 방열량 = 38.8+10 = 48.8 kW
= 48.8 kJ/s = 48.8×60 kJ/min
48.8×60 kJ/min = G×4.2 kJ/kg·℃×6℃
∴ G = 116.19 kg/min(L/min)

정답 35. ②　36. ④　37. ②　38. ①　39. ②

40. 열과 일에 대한 설명으로 옳은 것은?
① 열역학적 과정에서 열과 일은 모두 경로에 무관한 상태 함수로 나타낸다.
② 일과 열의 단위는 대표적으로 Watt(W)를 사용한다.
③ 열역학 제1법칙은 열과 일의 방향성을 제시한다.
④ 한 사이클 과정을 지나 원래 상태로 돌아왔을 때 시스템에 가해진 전체 열량은 시스템이 수행한 전체 일의 양과 같다.

[해설] 열역학적 과정
- 상태 함수는 함숫값이 경로와 무관한 물리량으로 내부에너지, 엔트로피, 온도, 압력 등이 있다.
- 경로 함수는 경로에 따라 그 값이 달라지는 물리량으로 일과 열이 해당된다.
- 일의 단위 : J(joule), 열의 단위 : cal, 일률의 단위 : W
- 열역학 제1법칙 : 기계적 일은 열로 변하고, 열은 기계적 일로 변하는 비율은 일정하다. 방향성은 열역학 제2법칙에 해당된다.

제3과목 시운전 및 안전관리

41. 산업안전보건법령상 냉동·냉장 창고시설 건설공사에 대한 유해위험방지계획서를 제출해야 하는 대상시설의 연면적 기준은 얼마인가?
① 3천제곱미터 이상
② 4천제곱미터 이상
③ 5천제곱미터 이상
④ 6천제곱미터 이상

[해설] 제출 대상
- 지상높이가 31 m 이상인 건축물 또는 인공구조물, 연면적 30000 m^2 이상인 건축물 또는 연면적 5000 m^2 이상의 문화 및 집회시설(전시장 및 동물원·식물원은 제외한다)·판매시설
- 운수시설(고속철도의 역사 및 집배송시설은 제외한다)·종교시설·의료시설 중 종합병원
- 숙박시설 중 관광숙박시설·지하도상가 또는 냉동·냉장 창고시설의 건설·개조 또는 해체
- 연면적 5000 m^2 이상 냉동·냉장 창고시설의 설비공사 및 단열공사
- 최대 지간길이가 50 m 이상인 교량 건설 등 공사
- 터널 건설 등의 공사
- 다목적댐, 발전용댐 및 저수용량 2천만 톤 이상의 용수 전용 댐·지방상수도 전용 댐 건설 등의 공사
- 깊이 10 m 이상인 굴착공사

42. 기계설비법령에 따른 기계설비의 착공 전 확인과 사용 전 검사의 대상 건축물 또는 시설물에 해당하지 않는 것은?
① 연면적 1만 제곱미터 이상인 건축물
② 목욕장으로 사용되는 바닥면적 합계가 500제곱미터 이상인 건축물
③ 기숙사로 사용되는 바닥면적 합계가 1천제곱미터 이상인 건축물
④ 판매시설로 사용되는 바닥면적 합계가 3천제곱미터 이상인 건축물

[해설] ③항의 경우 2000 m^2 이상(기숙사, 의료시설, 유스호스텔, 숙박시설 등)

43. 고압가스안전관리법령에 따라 "냉매로 사용되는 가스 등 대통령령으로 정하는 종류의 고압가스"는 품질기준으로 고시하여야 하는데, 목적 또는 용량에 따라 고압가스에서 제외될 수 있다. 이러한 제외 기준에 해당되는 경우로 모두 고른 것은?

가. 수출용으로 판매 또는 인도되거나 판매 또는 인도될 목적으로 저장·운송 또는 보관되는 고압가스
나. 시험용 또는 연구개발용으로 판매 또는 인도되거나 판매 또는 인도될 목적으로 저장·운송 또는 보관되는 고압가스(해당 고압가스를 직접 시험하거나 연구개발하는 경우만 해당한다)
다. 1회 수입되는 양이 400킬로그램 이하인 고압가스

① 가, 나 ② 가, 다
③ 나, 다 ④ 가, 나, 다

[해설] 품질유지 대상인 고압가스의 종류에서 제외 기준
- 수출용으로 판매 또는 인도되거나 판매 또는 인도될 목적으로 저장·운송 또는 보관되는 고압가스
- 시험용 또는 연구개발용으로 판매 또는 인도되거나 판매 또는 인도될 목적으로 저장·운송 또는 보관되는 고압가스(해당 고압가스를 직접 시험하거나 연구 개발하는 경우만 해당한다)
- 1회 수입되는 양이 40킬로그램 이하인 고압가스

44. 고압가스안전관리법령에 따라 일체형 냉동기의 조건으로 틀린 것은?
① 냉매설비 및 압축기용 원동기가 하나의 프레임 위에 일체로 조립된 것
② 냉동설비를 사용할 때 스톱밸브 조작이 필요한 것
③ 응축기 유닛 및 증발 유닛이 냉매배관으로 연결된 것으로 하루 냉동능력이 20톤 미만인 공조용 패키지에어콘
④ 사용장소에 분할 반입하는 경우에는 냉매설비에 용접 또는 절단을 수반하는 공사를 하지 않고 재조립하여 냉동 제조용으로 사용할 수 있는 것

[해설] 일체형 냉동기란 (1)부터 (4)까지 또는 (5)에 적합한 것과 응축기 유닛과 증발기 유닛이 냉매배관으로 연결된 것으로 1일의 냉동능력이 20톤 미만인 공조용 패키지에어콘 등을 말한다. (고압가스용 냉동기 제조의 시설·기술·검사기준)
(1) 냉매설비 및 압축기용 원동기가 하나의 프레임 위에 일체로 조립된 것
(2) 냉동설비를 사용할 때 스톱밸브 조작이 필요 없는 것
(3) 사용장소에 분할·반입하는 경우에는 냉매설비에 용접 또는 절단을 수반하는 공사를 하지 아니하고 재조립하여 냉동제조용으로 사용할 수 있는 것
(4) 냉동설비의 수리 등을 하는 경우에 냉매설비 부품의 종류·설치개수·부착위치 및 외형치수와 압축기용 원동기의 정격출력 등이 제조 시와 동일하도록 설계·수리될 수 있는 것
(5) (1)부터 (4) 이외에 한국가스안전공사가 일체형 냉동기로 인정하는 것

45. 기계설비법령에 따라 기계설비성능점검업자는 기계설비성능점검업의 등록한 사항 중 대통령령으로 정하는 사항이 변경된 경우에는 변경등록을 하여야 한다. 만약 변경등록을 정해진 기간 내 못한 경우 1차 위반 시 받게 되는 행정처분 기준은 어느 것인가?
① 등록취소
② 업무정지 2개월
③ 업무정지 1개월
④ 시정명령

[해설] 기계설비성능점검업의 등록사항을 변경해야 할 경우 변경등록을 하지 않을 때 행정처분은 다음과 같다.
- 1차 : 시정명령
- 2차 : 업무정지 1개월
- 3차 : 업무정지 2개월

46. 엘리베이터용 전동기의 필요 특성으로 틀린 것은?
① 소음이 작아야 한다.
② 기동 토크가 작아야 한다.
③ 회전부분의 관성모멘트가 작아야 한다.
④ 가속도의 변화비율이 일정 값이 되어야 한다.

[해설] 엘리베이터 전동기의 경우 기동 토크가 커야 하며 반면 기동 전류는 작아야 한다. 또한 기동 횟수가 많으므로 열적으로 견딜 수 있어야 한다.

47. 다음은 직류 전동기의 토크 특성을 나타내는 그래프이다. (A), (B), (C), (D)에 알맞은 것은?

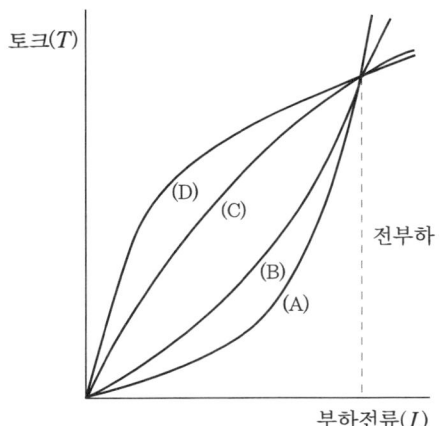

① (A) : 직권발전기, (B) : 가동복권발전기
  (C) : 분권발전기, (D) : 차동복권발전기
② (A) : 분권발전기, (B) : 직권발전기
  (C) : 가동복권발전기, (D) : 차동복권발전기
③ (A) : 직권발전기, (B) : 분권발전기,
  (C) : 가동복권발전기, (D) : 차동복권발전기
④ (A) : 분권발전기, (B) : 가동복권발전기
  (C) : 직권발전기, (D) : 차동복권발전기

[해설] 직류 전동기의 종류
- 직권발전기 : 전기자 권선과 계자 코일이 직렬로 연결된 발전기
- 분권발전기 : 전기자 권선과 계자 코일이 병렬로 연결된 발전기
- 복권발전기 : 전기자 권선과 계자 코일이 직렬과 병렬로 연결된 발전기
- 가동복권발전기 : 복권발전기에서 직권 계자 기자력이 분권 계자 기자력에 합쳐지는 것
- 차동복권발전기 : 복권발전기에서 직권 계자 기자력이 분권 계자 기자력에 상반되는 방향으로 작용하는 것

48. 서보전동기는 서보기구의 제어계 중 어떤 기능을 담당하는가?
① 조작부   ② 검출부
③ 제어부   ④ 비교부

[해설] 제어요소 : 조절부 + 조작부
- 조절부 : 제어요소 동작에 필요한 신호를 조작부에 보내는 부분
- 조작부 : 받은 신호를 조작량으로 바꾸어 제어대상에 보내는 부분

49. 그림과 같은 유접점 논리 회로를 간단히 하면?

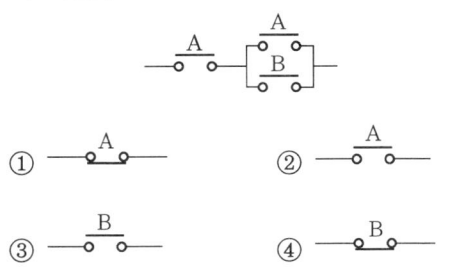

[해설] AND, OR 회로 모두 논리 회로 표시이다.

50. 10 kVA의 단상 변압기 2대로 V 결선하여 공급할 수 있는 최대 3상 전력은 약 몇 kVA인가?

정답 46. ② 47. ① 48. ① 49. ② 50. ②

① 20　　　　② 17.3
③ 10　　　　④ 8.7

[해설] 2대로써 V결선으로 공급하는 경우
$10 \times \sqrt{3} = 17.32\,kVA$

51. 교류에서 역률에 관한 설명으로 틀린 것은?

① 역률은 $\sqrt{1-(무효율)^2}$ 로 계산할 수 있다.
② 역률을 이용하여 교류전력의 효율을 알 수 있다.
③ 역률이 클수록 유효전력보다 무효전력이 커진다.
④ 교류회로의 전압과 전류의 위상차에 코사인(cos)을 취한 값이다.

[해설] 역률 값은 0부터 1 사이의 값을 갖고 역률이 클수록 효율이 좋아진다. 따라서 역률이 클수록 무효전력보다 유효전력이 커지게 된다.

52. 아날로그 신호로 이루어지는 정량적 제어로서 일정한 목표값과 출력값을 비교 · 검토하여 자동적으로 행하는 제어는?

① 피드백 제어　　② 시퀀스 제어
③ 오픈루프 제어　　④ 프로그램 제어

[해설] 자동제어
① 피드백 제어 : 제어 대상의 시스템에서 그 장치의 출력을 확인하면서 목표치에 접근하도록 조절기의 입력을 조절하는 제어 방법
② 시퀀스 제어 : 미리 정한 조건에 따라서 그 제어 목표 상태가 달성되도록 정해진 순서대로 조작부가 동작하는 제어
③ 오픈루프 제어 : 출력을 제어할 때 입력만 고려하고 출력은 전혀 고려하지 않는 개회로 제어 방식
④ 프로그램 제어 : 목표값이 미리 정해진 시간적 변화를 하는 경우, 제어량을 그것에 추종시키기 위한 제어

53. $G(s) = \dfrac{2(s+2)}{(s^2+5s+6)}$ 의 특성 방정식의 근은?

① 2, 3　　　　② -2, -3
③ 2, -3　　　④ -2, 3

[해설] 전달함수의 분모가 특성 방정식이므로
$s^2+5s+6 = (s+2)(s+3)$
$\therefore s = -2, -3$

54. $R=8\,\Omega$, $XL=2\,\Omega$, $XC=8\,\Omega$의 직렬회로에 100 V의 교류전압을 가할 때, 전압과 전류의 위상 관계로 옳은 것은?

① 전류가 전압보다 약 37° 뒤진다.
② 전류가 전압보다 약 37° 앞선다.
③ 전류가 전압보다 약 43° 뒤진다.
④ 전류가 전압보다 약 43° 앞선다.

[해설] $\theta = \tan^{-1}\left(\dfrac{XC-XL}{R}\right)$
$= \tan^{-1}\left(\dfrac{8-2}{8}\right) = \tan^{-1}\left(\dfrac{3}{4}\right) = 36.87°$

55. 역률이 80%이고, 유효전력이 80kW일 때, 피상전력(kVA)은?

① 100　　　　② 120
③ 160　　　　④ 200

[해설] 역률 = $\dfrac{유효전력}{피상전력}$

$\therefore$ 피상전력 = $\dfrac{유효전력}{역률}$
$= \dfrac{80}{0.8} = 100\,kVA$

56. 직류 전압, 직류 전류, 교류 전압 및 저항 등을 측정할 수 있는 계측기기는?

① 검전기　　　② 검상기
③ 메거　　　　④ 회로시험기

[정답] 51. ③　52. ①　53. ②　54. ②　55. ①　56. ④

[해설] 계측기기
① 검전기 : 물체나 전기 회로에 전기가 있나 없나를 검사하기 위하여 사용하는 계기나 장치
② 검상기 : 3상 회로의 상회전이 바른지의 여부를 눈으로 확인하는 기기
③ 메거 : 절연저항을 측정하는 기기
④ 회로시험기 : 저항, 직류·교류 전압, 직류 전류 등을 측정할 수 있는 기기

57. 자장 안에 놓여 있는 도선에 전류가 흐를 때 도선이 받는 힘은 $F=BIL\sin\theta$ [N]이다. 이것을 설명하는 법칙과 응용기기가 알맞게 짝지어진 것은?
① 플레밍의 오른손 법칙-발전기
② 플레밍의 왼손 법칙-전동기
③ 플레밍의 왼손 법칙-발전기
④ 플레밍의 오른손 법칙-전동기

[해설] 플레밍의 법칙
- 왼손 법칙 : 도선에 대하여 자기장이 미치는 힘의 작용 방향을 정하는 법칙(전동기 원리)
- 오른손 법칙 : 자기장 속을 움직이는 도체 내에 흐르는 유도 전류의 방향과 자기장의 방향(N극에서 S극으로 향한다), 도체의 운동 방향과의 관계를 나타내는 법칙(발전기 원리)

58. 다음의 논리식을 간단히 한 것은?

$$X=\overline{AB}C+\overline{AB}\overline{C}+A\overline{B}C$$

① $\overline{B}(A+C)$ ② $C(A+\overline{B})$
③ $\overline{C}(A+B)$ ④ $\overline{A}(B+C)$

[해설] $X=\overline{AB}C+\overline{AB}\overline{C}+A\overline{B}C$
$=\overline{B}(\overline{A}C+\overline{A}\overline{C}+AC)$
$=\overline{B}(A+C)$

59. 전압을 인가하여 전동기가 동작하고 있는 동안에 교류 전류를 측정할 수 있는 계기는?
① 후크 미터(클램프 미터)
② 회로시험기
③ 절연저항계
④ 어스 테스터

[해설] 계측기기
① 후크 미터 : 도선에 흐르는 교류는 도선의 주위에 자장을 형성하는데, 이 자장을 이용하여 전류를 측정한다.
② 회로시험기 : 저항, 직류·교류 전압, 직류 전류 등을 측정할 수 있는 기기
③ 절연저항계 : 절연저항을 측정하는 기기로 메거라고도 한다.
④ 어스 테스터 : 접지저항을 측정하는 기기

60. 그림과 같은 단자 1, 2 사이의 계전기 접점회로 논리식은?

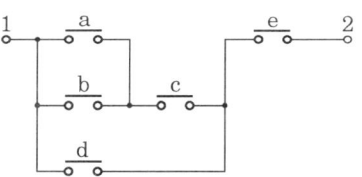

① {(a+b)d+c}e   ② {(ab+c)d}+e
③ {(a+b)c+d}e   ④ (ab+d)c+e

[해설] a와 b는 병렬연결이며 (a+b)와 c는 직렬연결이다. {(a+b)c}와 d는 병렬연결이므로 {(a+b)c+d}가 된다. e와는 직렬연결이므로 최종적으로 ③이 된다.

제4과목 유지보수공사관리

61. 배수 배관이 막혔을 때 이것을 점검, 수리하기 위해 청소구를 설치하는데, 다음 중 설치 필요 장소로 적절하지 않은 곳은?

[정답] 57. ② 58. ① 59. ① 60. ③ 61. ③

① 배수 수평 주관과 배수 수평 분기관의 분기점에 설치
② 배수관이 45° 이상의 각도로 방향을 전환하는 곳에 설치
③ 길이가 긴 수평 배수관인 경우 관경이 100 A 이하일 때 5 m마다 설치
④ 배수 수직관의 제일 밑 부분에 설치

[해설] 길이가 긴 수평 배수관에서 청소구를 설치할 때 100 A 이하인 경우 15 m, 100A 이상인 경우 30 m마다 설치하여야 한다.

62. 증기와 응축수의 온도 차이를 이용하여 응축수를 배출하는 트랩은?
① 버킷 트랩
② 디스크 트랩
③ 벨로스 트랩
④ 플로트 트랩

[해설] 트랩의 종류와 역할
① 버킷 트랩 : 응축수의 유입으로 버킷이 작동하여 상부에 있는 밸브를 열어 응축수를 배출하며, 하향형일 경우 공기도 함께 배출한다.
② 디스크 트랩 : 드레인이 스팀 트랩 내에 고이면 트랩 내의 온도가 낮아져서 변압실 내의 압력이 저하되기 때문에 디스크를 들어 올리므로 드레인이 배출된다.
③ 벨로스 트랩 : 열동식 증기 트랩이라고도 하며 방열기에 생긴 응축수를 증기와 분리하여 보일러에 환수시킨다.
④ 플로트 트랩 : 플로트의 부력으로 드레인 수위에 따라 상하 변동하며, 이것이 레버에 직결된 밸브를 개폐하여 드레인을 배출하는 플로트식 증기 트랩이다.

63. 정압기의 종류 중 구조에 따라 분류할 때 아닌 것은?
① 피셔식 정압기
② 액시얼 플로식 정압기
③ 가스미터식 정압기
④ 레이놀드식 정압기

[해설] 정압기 기능 및 종류
• 정압기(governor) : 도시가스 압력을 사용처에 알맞게 낮추는 감압 기능
• 직동식 정압기 : 구조가 간단하고 유지관리가 용이하나 출구 측 압력을 일정하게 유지하기 어렵다.
• 피셔식 정압기 : 정특성, 동특성 모두 양호하다.
• 액시얼 플로식 정압기 : 정특성, 동특성 모두 양호하다.
• 레이놀드식 정압기 : 정특성은 좋으나 안정성이 나쁘며 외형이 크다.

64. 슬리브 신축 이음쇠에 대한 설명으로 틀린 것은?
① 신축량이 크고 신축으로 인한 응력이 생기지 않는다.
② 직선으로 이음하므로 설치 공간이 루프형에 비하여 작다.
③ 배관에 곡선부가 있어도 파손이 되지 않는다.
④ 장시간 사용 시 패킹의 마모로 누수의 원인이 된다.

[해설] 신축 이음
• 슬리브 이음 : 신축량이 크고 설치 공간이 작아도 가능하며 활동부 패킹의 파손 우려가 있고 급탕, 난방용으로 많이 사용된다.
• 벨로스 이음 : 주름관 모양으로 신축을 잘 흡수하고 급탕 및 스팀 배관에 주로 사용되며, 설치 공간이 작다. 주로 저압용으로 사용한다.
• 신축곡관 : 파이프를 ㄷ자형으로 설치하여 신축을 흡수하며 고압용 스팀 배관용으로 많이 사용한다.
※ 보일러 배관이 보통 강관의 경우 약 30 m마다, 동관은 20 m마다 신축 이음 배관을 설치하며 곡관부 이음에는 스위블 이음(엘보 2개 이상 사용)을 하여야 한다.

[정답] 62. ③ 63. ③ 64. ③

65. 간접 가열 급탕법과 가장 거리가 먼 장치는?

① 증기 사일런서
② 저탕조
③ 보일러
④ 고가수조

[해설] 중앙식 급탕법의 종류
(1) 직접 가열식 : 온수 보일러로 가열한 온수를 저탕탱크에 모아두고 저탕탱크 위에 세운 급탕주관에서 각 지관을 거쳐 각 층 기구에 급탕한다. 팽창관은 장치 안에서 생긴 증기나 공기를 배출함과 동시에 물의 팽창에 따른 위험을 방지하며 안전밸브의 역할을 한다. 온수 보일러에는 주철제 또는 강관제 보일러가 사용되며, 배관 방법에는 단관식과 복관식이 있다.
- 단관식 : 급탕관이 하나이므로 온수가 순환하지 않아 급탕전을 열었을 때 처음에는 식은 물이 나와 불편하지만 설비비가 절약되기 때문에 소규모 급탕설비에 많이 쓰인다.
- 복관식 : 자연순환식은 온수의 온도차에 의하여 온수를 자연순환시키고, 강제순환식은 순환펌프로 온수를 순환시키며 대규모 급탕설비에 많이 쓰인다.
(2) 간접가열식 : 고온수나 증기를 이용하며 저탕탱크 내에 가열코일을 설치하고, 이 코일에 증기 또는 열탕을 통해서 저탕탱크의 물을 간접적으로 가열하는 방식으로 고압용 보일러가 불필요하다.
※ 증기 사일런서는 증기(스팀)를 가지고 유체(물, 가열체)를 가열하는 장치로서 증기를 직접 살포함으로써 증기의 현열과 잠열을 모두 흡수할 수 있으므로 가열 효과가 크나 커다란 소음을 동반하는 문제가 발생한다.

66. 강관의 종류와 KS 규격 기호가 바르게 짝지어진 것은?

① 배관용 탄소 강관 : SPA
② 저온 배관용 탄소 강관 : SPPT
③ 고압 배관용 탄소 강관 : SPTH
④ 압력 배관용 탄소 강관 : SPPS

[해설] 강관의 종류와 기호
- 배관용 탄소강 강관 : SPP
- 압력 배관용 탄소강 강관 : SPPS
- 고압 배관용 탄소강 강관 : SPPH
- 고온 배관용 탄소강 강관 : SPHT
- 저온 배관용 탄소강 강관 : SPLT
- 배관용 스테인리스강 강관 : STS

67. 폴리에틸렌 배관의 접합 방법이 아닌 것은?

① 기볼트 접합
② 용착 슬리브 접합
③ 인서트 접합
④ 테이퍼 접합

[해설] 기볼트 접합은 석면 시멘트관을 접합하는 데 사용하며, 접합 부분에서 10° 이내로 굴곡이 가능하기 때문에 진동이 있는 장소에 적합하다.

68. 배관 접속 상태 표시 중 배관 A가 앞쪽으로 수직하게 구부러져 있음을 나타낸 것은?

① A ─⊙
② A ─○
③ A ─○─
④ A ─×─

[해설] ① : 배관 A가 앞쪽으로 수직하게 구부러져 오는 밸브
② : 배관 A가 뒤쪽으로 수직하게 구부러져 가는 밸브
③ : 뒤쪽으로 가는 티(가운데 까만 원이

[정답] 65. ① 66. ④ 67. ① 68. ①

있는 경우 : 앞쪽으로 오는 티)
④ : 용접 이음

69. 증기보일러 배관에서 환수관의 일부가 파손된 경우 보일러 수의 유출로 안전수위 이하기 되어 보일러 수가 빈 상태로 되는 것을 방지하기 위해 하는 접속법은?
① 하트포드 접속법
② 리프트 접속법
③ 스위블 접속법
④ 슬리브 접속법

[해설] 보일러 접속법
- 하트포드 접속법 : 저압 증기난방의 습식 환수방식에 있어 보일러의 수위가 환수관의 접속부 누설로 인한 저수위사고가 일어나는 것을 방지하기 위해 증기관과 환수관 사이 표준수면에서 50 mm 아래로 균형관을 설치하는 방법
- 리프트 접속법 : 증기난방설비에서 고압 증기를 이용하여 응축수를 높은 곳으로 올리는 방법이다.
※ 슬리브와 스위블 이음은 신축 이음의 종류이다.

70. 도시가스 입상배관의 관 지름이 20 mm 일 때 움직이지 않도록 몇 m마다 고정 장치를 부착해야 하는가?
① 1 m   ② 2 m
③ 3 m   ④ 4 m

[해설] 도시가스 입상배관의 고정 장치
- 관 지름 13 mm 미만 : 1 m
- 관 지름 13 mm 이상~33 mm 미만 : 2 m
- 관 지름 33 mm 이상 : 3 m

71. 증기난방 배관 시공법에 대한 설명으로 틀린 것은?
① 증기주관에서 지관을 분기하는 경우 관의 팽창을 고려하여 스위블 이음법으로 한다.
② 진공환수식 배관의 증기주관은 $\frac{1}{100} \sim \frac{1}{200}$ 선상향 구배로 한다.
③ 주형방열기는 일반적으로 벽에서 50~60 mm 정도 떨어지게 설치한다.
④ 보일러 주변의 배관 방법에서는 증기관과 환수관 사이에 밸런스관을 달고, 하트포드 접속법을 사용한다.

[해설] 증기 공급관의 경우 순기울기(하향기울기)일 때에는 $\frac{1}{250}$ 이상, 역기울기(상향기울기)일 때에는 $\frac{1}{50}$ 이상으로 하며 환수관의 경우는 순기울기 $\frac{1}{200} \sim \frac{1}{300}$ 로 한다.

72. 급수배관에서 수격현상을 방지하는 방법으로 가장 적절한 것은?
① 도피관을 설치하여 옥상탱크에 연결한다.
② 수압관을 갑자기 높인다.
③ 밸브나 수도꼭지를 갑자기 열고 닫는다.
④ 급폐쇄형 밸브 근처에 공기실을 설치한다.

[해설] 수격작용은 관로 내의 물의 운동 상태를 갑자기 변화시킴에 따라 생기는 물의 급격한 압력 변화의 현상으로 이로 인하여 관로 내에 진동과 충격음이 발생하고 심할 때는 고장의 원인이 된다. 그러므로 급수배관에서는 공기실을 설치하여 이를 방지한다.

73. 홈이 만들어진 관 또는 이음쇠에 고무링을 삽입하고 그 위에 하우징(housing)을 덮어 볼트와 너트로 죄는 이음 방식은?
① 그루브 이음   ② 그립 이음
③ 플레어 이음   ④ 플랜지 이음

[정답] 69. ① 70. ② 71. ② 72. ④ 73. ①

[해설] 그루브 이음은 접합하는 모재에 홈(그루브)을 둔 이음이다.

74. 90℃의 온수 2000 kg/h을 필요로 하는 간접가열식 급탕탱크에서 가열관의 표면적(m²)은 얼마인가? (단, 급수의 온도는 10℃, 급수의 비열은 4.2 kJ/kg·K, 가열관으로 사용할 동관의 전열량은 1.28 kW/m²·℃, 증기의 온도는 110℃이며 전열효율은 80 %이다.)

① 2.92　　② 3.03
③ 3.72　　④ 4.07

[해설] 온수와 동관의 열 교환이 이루어지므로
$2000\,kg/h \times 4.2\,kJ/kg\cdot K$
$\times (90-10)℃ \times \dfrac{1\,h}{3600\,s}$
$= 1.28\,kW/m^2\cdot ℃ \times F \times \left(110 - \dfrac{10+90}{2}\right)℃$
$\times 0.8$
$\therefore F = 3.03\,m^2$

75. 급수배관에서 크로스 커넥션을 방지하기 위하여 설치하는 기구는?

① 체크 밸브
② 워터해머 어레스터
③ 신축 이음
④ 버큠 브레이커

[해설] 크로스 커넥션이란 교차 연결을 의미하는 것으로 급수배관에 오수가 역류하는 현상이다. 물이 역사이펀 작용에 의해 상수계통으로 역류하는 것을 방지하기 위해 급수관 안에 생긴 차압에 대해 자동적으로 공기를 보충하는 장치가 버큠 브레이커이다.

76. 아래 강관 표시 방법 중 "S-H"의 의미로 옳은 것은?

SPPS-S-H-1965, 11-100A×SCH40×6

① 강관의 종류　　② 제조 회사명
③ 제조 방법　　　④ 제품 표시

[해설] S-H는 열간가공 이음매 없는 관으로 제조 방법에 해당된다.
・S-C : 냉간가공 이음매 없는 관
・E-C : 냉간가공 전기저항 용접 관
・S-A : 열간가공 아크 용접 관
・A-C : 냉간가공 아크 용접 관

77. 냉풍 또는 온풍을 만들어 각 실로 송풍하는 공기조화 장치의 구성 순서로 옳은 것은?

① 공기 여과기 → 공기 가열기 → 공기 가습기 → 공기 냉각기
② 공기 가열기 → 공기 여과기 → 공기 냉각기 → 공기 가습기
③ 공기 여과기 → 공기 가습기 → 공기 가열기 → 공기 냉각기
④ 공기 여과기 → 공기 냉각기 → 공기 가열기 → 공기 가습기

[해설] 공기조화기 장치 구성 : 공기 여과기 → 공기 냉각기 → 공기 가열기 → 공기 가습기 → 송풍기

78. 롤러 서포트를 사용하여 배관을 지지하는 주된 이유는?

① 신축 허용　　② 부식 방지
③ 진동 방지　　④ 해체 용이

[해설] 서포트는 배관의 중량을 밑에서 위로 지지하는 장치이다.
・롤러 서포트 : 축 방향 이동을 허용하면서 중량을 지지하는 신축 허용이다.
・리지드 서포트 : 빔 위에 배관을 올려서 지지한다.
・스프링 서포트 : 스프링 탄성 성질을 이용하여 지지한다.
・파이프 슈 : 파이프에 직접 접속하여 수평부, 곡관부를 지지한다.

정답 74. ②　75. ④　76. ③　77. ④　78. ①

79. 다음 중 배관의 끝을 막을 때 사용하는 이음쇠는?

① 유니언　　② 니플
③ 플러그　　④ 소켓

[해설] 배관 끝을 막을 때는 맹캡, 맹플랜지, 플러그 등을 사용한다.

80. 다음 보온재 중 안전사용온도가 가장 낮은 것은?

① 규조토
② 암면
③ 펄라이트
④ 발포 폴리스티렌

[해설] 안전사용온도
　① 규조토 : 500℃ 이하
　② 암면 : 400℃ 이하
　③ 펄라이트 : 650℃ 이하
　④ 발포 폴리스티렌 : 70℃ 이하

[정답] 79. ③　80. ④

공조냉동기계기사 필기
과년도 출제문제

2026년 1월 10일 인쇄
2026년 1월 15일 발행

저자 : 마용화
펴낸이 : 이정일

펴낸곳 : 도서출판 **일진사**
www.iljinsa.com

(우) 04317 서울시 용산구 효창원로 64길 6
대표전화 : 704-1616, 팩스 : 715-3536
이메일 : webmaster@iljinsa.com
등록번호 : 제1979-000009호(1979.4.2)

값 24,000원

ISBN : 978-89-429-2044-0

* 이 책에 실린 글이나 사진은 문서에 의한 출판사의
동의 없이 무단 전재 · 복제를 금합니다.